1969年10月29日午前7時ごろ，東京都立大学正門前にて撮影。左端が野沢協。機動隊を導入しての全学バリケード封鎖解除に反対して，封鎖した正門前に座り込む助教授，助手たち。当局側教官（腕章）の説得を受けている。

（『山梨日日新聞』1969年10月30日掲載。写真提供＝共同通信社）

1987 年 3 月，自宅の書斎にて。完成した手書き原稿の山とともに。
（法政大学出版局担当編集者，藤田信行撮影）

荒《あら》野《の》にて

野沢協評論集成

法政大学出版局

荒野にて　野沢協評論集成

目次

第一部　思想史研究

第二部　学生時代の作品

第三部　革命と文学

第四部　翻　訳

解　説

翻訳・論文等目録

凡　例

一、著者の未発表原稿やノート、単行本未収録作品、新聞・雑誌記事、現在入手困難な書籍にふくまれる文章などから、重要と思われるものを選んで収録した。

一、多岐にわたる作品を「思想史研究」「学生時代の作品」「革命と文学」「翻訳」の四部門に分類し、各部門内では発表・執筆年代順に排列した。

一、各収録作品の末尾に、初出と発表年月日、あるいは執筆時期と推定されるものを示した。

一、編集委員による収録作品の解説を巻末に附した。

一、原則として原テクストを可能なかぎり忠実に再現し、難読と思われる字句には〔　〕つきのルビを加えた。ただし自筆稿中の略字・旧漢字は、現代の出版物に通常用いられる文字・字体に改めた。

一、明らかな誤字・脱字は修正したが、独自の用字と判断されるものはこれを保存し、〔ママ〕を添えた。

一、『愛国者の手紙』以外の作品に附された後註は傍註に改め、必要に応じて編註を加えた。

一、右記諸原則とは異なる方針で編集した部分をふくむ作品は、それについての説明を解説に加えた。

第一部　思想史研究

ルイ十四世末期の哲学的旅行記

一六八五年から一七一五年の三〇年間、「ルイ大王の輝ける治世」のこの惨憺たる幕切れの時期が、同時に欧洲の先進的な各国にとって近代的思想の形成史上極めて実り豊かな時期だったことは、アザール[1]以来今では常識となっている。フランス一国に限っても、デカルト哲学や従来暗流としてあった宗教的自由思想がこの時期になんらかの形で発展総合され、旧イデオロギーの全面的な破壊作業を始めると共に、新しい人間観、社会観の形成という積極的な仕事をも或る程度なしとげたというアザールの評価は、恐らく動かない所であろう。古典主義時代と啓蒙時代の中間に置かれたこの時期について彼が下した一般的な評価に立ちながら個々の思想の具体的位置づけを与えることは今後に残された仕事であるが、その一つの側面としてこの時期にかなりの流行を見た架空の哲学的旅行記について、代表的な作家ティソ・ド・パトを中心に一瞥して見たいと思う。

フランス啓蒙思想が単に抽象的思考の産物ではなく、前時代からの多くの旅行記等が齎《もたら》した異った社会や思想に関する具体的な知識に裏づけられていたことは、すでにランソンが指摘している[2]。旅行記の流行は前世紀から始っていた。一六六三年のシャプランの手紙は、凋落した小説に代って当時宮廷でも市中でも旅行記が専《もっぱ》らもてはやされてい

(1) P. Hazard : La crise de la conscience européenne

(2) G. Lanson : Origine et premières manifestations de l'esprit philosophique dans la littérature française de 1675 à 1748 ——Le rôle de l'expérience dans la formation de la philosophie du XVIIIe siècle en France

たことを伝えている。これは単に流行の変遷という以上の大きな意義をもっていた。なぜならエスイタ会の宣教師の記録から冒険家や流れ者のメモワールに到るまで当時の旅行記の多くは異教徒や未開人との比較を多少とも念頭に置いており、彼らの徳性や幸福な生活を美化することによって母国の人間や社会への批判の具を暗黙の裡に提供していたからである。ランソン流の言い方をすれば、前世紀のこの旅行記の流行の内に啓蒙思想の経験的な素材は或る程度準備されていたともいえる。

一六七〇年代から相次いで出た架空旅行記を余りに現実の旅行記の延長線上に置くアトキンソン(3)の見方には異論もあるが、しかしこれが一般的な旅行記の流行を土壌とし、又そこから多くの材料を仰いでいることは否定できない。いわばこれらの作品は現実の旅行記が齎した豊富な資料を取捨選択し、物語の現実性を増すための細部の描写をも屡々《しばしば》そこから借りながら、しかもそれらの旅行記に従来暗々裡に含まれていた批判的、ユートピア的な性格を最初から意図的に押しだして、作者の空想の内に独自の世界を作り上げたものである。ランソンの言うように異る世界から齎された各種の経験的素材が啓蒙思想形成の一因子だとするならば、現実の旅行記に依存し務めてそれらしい形をとりながら、しかも作者の批判や願望の結晶としてそれぞれ独自の世界を描きだしたこれらの作品は、経験的な素材がなんらかの意識的な抽象作用を経て次第に思想へ転化してゆく一つの段階として注目されてよいのではなかろうか。

以下十七世紀初頭からティソまでのこの系列の作品の歴史を概観しておこう。

＊

フランス最初のユートピア物語は一六一六年に出た作者不明の『偉大で驚嘆すべきアンタンジル王国の物語』である。これはバンドンに滞在中の著者がアンタンジル国（位置は今のオーストラリア）の大使から聞いたその国の紹介という形をとっているが、これをオランダの国造りの参考資料にしたいという献辞の文句でもわかる通り、内容は多分に現実的な社会改造プランである。詳論の暇はないが、この国では国王は選挙され形式的な権限しかないこと、鉱山と大部分の土地が国有であること、商工業の奨励、労働の義務、貧民救済、売官防止のための官職の抽籤等を特徴的な点としてあげておこう。トマス・モアの焼き直しも多いが、ともかく革新的な新教徒と見られる著者が現実的な意図から描いた理想国家の明細な見取図である。

その後約六〇年間はこの系列の作品にとって全く不毛な時代だった。これは絶対王制の最盛期という時代的条件を考えればむしろ当然であろう。この期間に現れた空想旅行記はシラノの『日月世界旅行記』ただ一つであるが、これも作品の性格上今は取上げない。

ユートピア的な旅行記がフランス文学に再登場するのは絶対主義が次第に矛盾を深めてゆく一六七〇年代の後半である。七六年の『知られたるオーストラリア』（ガブリエル・ド・フォワニー）、七七―七九年の『セヴァランブ物語』（ドニ・ヴェラス・ダレ）とこの時期は相次いで二つの哲学的旅行記を出現させており、この種の作品の流行はここに始ると言ってよい。だが六〇年間の断絶は作品の形式にも内容にも根本的な変化を齎していた。形式的には物語的要素が著しく増したことである。『アンタンジル』が社会改造の単なる青写真であるのに対し、『オーストラリア』は主人公サドゥールの冒険談で、数次の難船や大肉食鳥との格闘など無数の挿話が織り込まれている。これはこの種の作品が現実の旅行記の流行に便乗して現れたという点から見ても当然のことであろう。『セヴァランブ』についても程度の差はあれ同じことが言える。この二つが各所で現実の旅行記に取材していることはすでに実証されている。(4)

しかしより重要な変化はそれらの内容が制度上の個々の改革案よりも一層多く思想的な諸問題、特に宗教的問題にあてられていることである。『オーストラリア』の中心をなすのは主人公と架空の国の古老の対話で、作者はこの古老の口を介してキリスト教の教義や宗教的迫害、私有財産等に批判を加え、特にキリスト教と啓示宗教一般に対する

（3） G. Atkinson : The Extraordinary voyage in French literature before 1700 ——The Extraordinary voyage in French literature from 1700 to 1720

（4） A. Le Breton : Le roman au XVIIIᵉ siècle

攻撃は未曾有の激しさで展開されている。理神論の立場からする啓示宗教批判は『セヴァランブ』でも主要な位置を占めている。

この二作はすべての点でその後の哲学的旅行記のありかたを決定したと言ってよい。物語的要素と哲学や宗教論議の混合、現実の旅行記からの取材という形式的な面だけでなく、内容的にも啓示宗教批判と宗教的欺瞞の暴露がこれ以後多くの哲学的旅行記の中心的な主題となった。いわばこの二作を機に、以前から地下を流れていた宗教的自由思想は絶対主義の矛盾の激化という時代的背景のもとに、各種の旅行記が齎した経験的素材と明確な形で結びついたのである。理神論的な思想はすでに十七世紀前半からラ・モット・ル・ヴァイエ、ノーデらの自由思想家の手で暗黙の裡に育まれていた。表面上彼らは啓示や奇蹟を否定しなかったが、腐蝕力のある懐疑論や「超自然」に対する合理主義的な検討によって神の存在と法則的な世界支配という一点を除く啓示宗教のすべての教義に暗黙の疑問を投げ、歴史的宗教の相対性と欺瞞性をつく恰好の論拠を与えていた。こうした流れを汲んだ人々にとって多くの旅行記が齎したペルシャ、インド、中国、アメリカ等の宗教事情の紹介が絶好の材料だったことは当然である。ガルシラソの『インカの歴史』がのべるインカ人の神やベルジュロンが紹介するダッタン人の神は殆ど理神論者の神であり、ベルニエ神父はスピノザ的な見解さえも中国人の意見として伝えている。これらの資料が自由思想家の宗教観の有力な裏づけとなり、それに肉づけを与える力となったことは否定できない。逆に又この旅行記が齎した未整理な経験的素材は伝統的な自由思想の篩《ふるい》に通され意識的な取捨選択を経ていわば理論化されたのであり、思想の胎内へ吸収されていったのである。現実の旅行記と近接した地点に生れた哲学的旅行記は、この思想と経験的素材の相互浸透の原初的な表現であるとも言える。これらの作品が啓蒙思想家に受けつがれる宗教的自由思想の吹き溜りの観を呈したのも理由のないことではなかった。

『セヴァランブ』以後の架空旅行記の系列は主なものだけでもフェヌロン『テレマクの冒険』(一六九九)、ジルベール『カレジャヴァ物語』(一七〇〇)、ミソン『フランソワ・ルガ一行の旅行と冒険』(一七〇八)と続いている。ラオンタン『著者と良識ある未開人との奇妙な対話』（一七〇三）もこの系列に入れてよかろう。フェヌロンを例外として他の作品の思想内容は物語性の稀薄なジルベールのものも博物学的記述の詳しいミソンのものも先の二つと大差はない。ここでは、ジルベールについては前出のヴァイエやデカルト、ベールの影響が顕著な点と「幸福に対する万人の権利」という彼の主張の近代性、ラオンタンについては私有財産に一切の悪の根源を見るルソー的な見解や圧制に対する被圧迫者の立ち上りを呼びかける革命家的な激しさを指摘するだけにとどめよう。

＊

しかし作品の思想内容から見て最も注目に値するのはティソ・ド・パトの『ジャック・マセの旅行と冒険』（一七一〇）、『フランチェスコ会のピエール・ド・メザンジュ神父の生涯と冒険とグリーンランド旅行』（一七二〇）であろう。特に前者は『ロビンソン・クルーソー』への影響も云々される[5]文学史的にも興味ある作品である。以下その粗筋を紹介しておこう。

メルセンヌや数学者デザルグの友人マセは「さまよえるユダヤ人」との邂逅から未知の国への興味を唆られ、二二才でマルチニク行の船に船医として乗組みディエプを出港する。船は遭難したが英国船に救助されてリスボンに着き、マセはここに暫く滞在、やがて又東インド諸島行の船に乗る。しかしこの船も遭難し未知の土地（オーストラリア）へ漂着する。マセはここで仲間二人と奥地を探険にゆき、森や湖や険しい山をこえて人界に出る。途中で仲間の一人は死ぬ。着いた所は自由平等の理想境で、連れの仲間に時計作りの腕がある所から二人は宮廷で優遇される。時計欲しさに国王の側室が仲間を誘惑する話など多くの挿話があるが、五年も滞在するうち郷愁にかられた二人は洞穴から脱出し、海岸で遭難当時の仲間に会う。やがて彼らは救出されゴアに着いてマセは外科医を開業するが、宗教裁判所へ

（5） D. R. McKee : Simon Tyssot de Patot and the seventeenth-century background of critical deism

密告され終身漕役を宣告される。しかし漕役船は海賊に襲われ、マセはアフリカで回教徒の奴隷になる。十五年後七三才のマセは偶然弟の知人に会って買い戻され、ロンドンの弟の家で幸福な晩年を送るという所で物語は終っている。

この筋書から見ても誠に波瀾万畳《ママ》の物語で、その点は『グリーンランド』も同じだが、しかし『ジャック・マセ』の殆ど三分の一を占めるのはこうした冒険談とはおよそ不似合な哲学、宗教の論議である。架空の国の牧師、宗教裁判所の牢獄で会う「世界宗教主義者」の中国人、奴隷仲間にいた「天使のように優しい」無神（又は理神）論者らの口を借り、又は主人公の意見としてのべられる作者の自然観や宗教観がむしろ作品の主要な内容をなしている。詳論の暇はないが、重要な問題点だけをあげておこう。

まず注目すべきことはデカルト哲学の影響である。オランダ在住の数学教師という作者の特殊条件からもくるが、『ジャック・マセ』には天文学や地殻構造から顕微鏡に到る迄自然科学の論議が随所に展開されており、いずれも延長と運動で一切を説明する機械論的物理学に立っている。『グリーンランド』にも数十頁に亘る宇宙発生論があるが、これもデカルトの渦動理論そのままで微小粒子、粗い粒子、角のとれた粒子等デカルト的な概念に基いている。その意味でこれらの作品はフォントネル等と並ぶデカルト物理学の文学的普及形態と言ってもよい。

だが作者はデカルト哲学を全面的に肯定しているのではない。『ジャック・マセ』の最初で主人公は『省察』を読むが、この形而上学からは「推理が巧いという以外何も残らなかった」と言っている。そこから彼は次のようにのべる。「物体以外のことにかかずらってはいけない。物体の本質、形、数、特性、運動により起る変化、又そこに見られる社会の福祉や知性と人知の増進に最も役立つことに範囲を限るべきだ。」デカルトの形而上学へのこの否定的態度は実体論と認識論に最も明瞭に現れている。作者はデカルト流の二元論に反対して、思惟のみを属性とし肉体を離れても存在しうる魂という精神的実体は理解できないと言う。これがデカルト的な本有観念の否定に落着くのは当然であろう。彼によれば概念も想像も皆感覚器官の特殊な触覚の所産であり、感覚こそ一切の認識と理性の唯一の根源なのである。いわば作者はデカルトの方法論や機械論的自然観を継承しながら、その形而上学や二元論を拒否して、この哲学を専ら唯物論的に変形しているわけである。

とすれば、こと神に関しても「神の意志とは我々が自然の秩序、運行、声と呼ぶもの」で、「天啓と称するのは一般人の弱さを利用し特定の意図と計画をもって彼らを瞞そうとする者が考えだした欺瞞にすぎない」と彼が言うのは当然であろう。特殊的な神意を否定し啓示宗教を欺瞞視するのはフォワニー以来哲学的旅行記の通例なので更《あらた》めて取上げないが、ただ『グリーンランド』で作者が従来の理神論からスピノザ説へ明瞭に移行しているのは注目される。グリーンランド人の意見として彼は次のように言う。「神は存在一切と区別されずそれと異る所のない内在因にすぎない。従って物質は神と同じく永遠である……二つの無限（神と物質）を調和させるのに困難があり矛盾さえあるのを私は知っている。だが……それは二つを互に独立のものと見るからにすぎない。実はこの二つは一つの全体の各部分と考えるべきで、これらはそれ自体不可分なのである。」その他『エチカ』の翻訳に類する箇所も散見するが、結局デカルトを唯物論的に継承した作者は神と世界の二元性という理神論の弱点を克服するために、神と物質世界を同一化し神を物質的な運動法則に還元する立場を選んだわけである。ここでは汎神論は神秘主義としてでなく、より整合的な唯物論のための一種の媒介として用いられている。

この立場に立つ限り聖書の権威も絶対性も凡《およ》そ問題にはならない。『ジャック・マセ』の中の『蜜蜂の寓話』はキリスト教の教義の嘲弄的なパロディーであるが、その他この作品は創造、原罪、受肉、肉の復活、天国と地獄、聖書の神観等文字通り教義のあらゆる点を詳細に否定しつくしている。モーゼ五書はエズラ時代の作であり、ノアの洪水は局地的現象で、肉の復活も地球の面積と人体の大きさから見て数学的に不可能であるなど、個々の論議を今紹介する必要もないが、ともかくこれはスピノザの『神学政治論』と共に聖書の不可侵性という前提を取払い、その記述を合理的科学的な検討の対象として縦横に批判のメスを揮った特異なものと言ってよい。

以上がこの二作の主要な思想内容であるが、これらの作品が従来の架空旅行記に比べて、哲学的な幅と深さを著しく増していることは注目すべきであろう、フォワニー以来の架空旅行記の中心をなしていた理神論的な宗教批判は、ここで始めて認識論や実体論までも含む整合的な哲学的基礎づけを与えられたのである。啓示宗教に対する伝統的な攻撃は、これらの作品によってカルテジァニスムを土台とする全体的な哲学の一部に組み入れられたと見ることができる。自由思想の歴史の中で、この二作が重要な位置を占めているのはそのためである。

ただ厳密に言ってこれらの内容の内どれだけが作者の独創であるかは疑わしい。デカルトの唯物論的変形はレジスがすでに試みているし、聖書の記述の合理的批判はエズラ説、洪水局地論等多くの面で影響の著しい『神学政治論』を除いても、前時代の自由思想家やホッブズ、英国理神論者等が豊富な材料を与えており、それとの影響関係は資料的にも跡づけられる。(6) 従ってこの作者の役割は独創的な思想家のそれと言うより、むしろ前世紀の思想的遺産を再整理しそれを物語的な形式で大衆化した普及家の役割だったと言うべきであろう。しかしデカルト哲学の基盤に立ちながらその形而上学的要素を除き、唯物論化されたこの哲学を軸として宗教的自由思想の断片的遺産を総合し、更に唯物論を一層徹底させる媒介としてスピノザ説をも吸収するという彼のありかたは、折衷的ではあれ十七世紀から十八世紀への全般的な思想発展の過程を典型的に示してはいないだろうか。又こうした作品が相当な普及を見たこと(『ジャック・マセ』は出版後五〇年間に五版を数え英訳二つ、独訳一つが出ている)は、啓蒙思想を生みだし又受けいれた全体的な土壌の形成を知る一つの資料とはならないだろうか。

*

こうして、十七世紀の自由思想と当時流行した各種の旅行記の経験的素材を結びつけ両者の相互浸透のいわば原初的表現として現われた哲学的な架空旅行記は、自由思想の発展の一般的な流れに沿って思想内容でも当初の単なる啓示宗教批判からより整合的な唯物論へと進んでいった。この発展の鍵がジルベール次いでティソに見られるデカルト哲学の発展的継承と、それを軸とする自由思想の遺産の再編成にあったことは前述の通りである。これは或る面でベールにおける自由思想の展開の過程とも軌を一にしているが、いずれにせよこのような過程を経て前時代の自由思想は始めて近代思想の発展の本流に吸収されていったのである。

これらの作品は架空の冒険談と思想的な論議の不自然な混合というその形式の宿命から、文学的な形象化も厳密な論理追究も共に阻まれて、文学的にも思想的にも遂に一流の作品を生むことができなかった。だがスピノザ、ライプニッツ、ベールらの巨大な業績の背後で、物語的要素との混合により批判的な思想を大衆化したこれらの作品の普及者としての役割は、啓蒙思想の形成過程を全体的に知る上で無視しえないのではなかろうか。忘れられたこれらの哲学的旅行記をあえて取上げたゆえんである。

尚《なお》これらの作品は空想的社会主義や所謂《いわゆる》プレ・ロマンチスムとの関係でも問題になるが、紙数の関係上触れなかった。

（『世界文学』十七号、一九五八年十二月）

（6）　前註参照。〔編註　初出誌の後註では、ここにも註番号5が振られている。〕

十七世紀フランスの懐疑論

――ラ・モット・ル・ヴァイエとピエール・ベールを中心に――

まえがき

ルネサンス思想と啓蒙思想を結ぶ媒介となった十七世紀の自由思想家は、十九世紀の末から一部の学者の注目をひくようになった。一八九六年に出たペランの『十七世紀フランスの自由思想家』を始め、ラシェーヴルの叢書、ビュソンの『シャロンからパスカルにいたるフランス宗教思想』、アダンの『テオフィル・ド・ヴィヨと一六二〇年のフランス自由思想』、パンタールの『十七世紀前半の学問的自由思想』などいくつかの研究や複刻が出版されたが、なかでもパンタールの著書は、エピクロス哲学を復活したガサンディ（一五九二―一六五五年）や、ラ・モット・ル・ヴァイエ*（一五八三―一六七二年）、ガブリエル・ノーデ（一六〇〇―五三年）、ギ・パタン（一六〇二―七二年）ら学者的自由思想家に関する研究として画期的なものである。パンタールの研究対象はフロンドの乱（一六四八―五三年）以前であるが、それ以後の自由思想の流れはフロンドの乱の壊滅と共に一時的に影をひそめ、十七世紀末のサン・テヴルモン（一六一〇―一七〇三年）や特にピエール・ベール**（一六四七―一七〇六年）によってその遺産が改めて受けつがれ十八世紀に伝えられたというのが彼の結論である。学問的な自由思想がフロンドの乱で跡を断つという説には疑問の余地があるが、いずれにしろこの自由思想が主としてベールによって発展的に継承され、啓蒙思想を生みだす土壌となったということは、研究家の一致した見解である。

＊　ルイ十四世の教育掛をつとめた学者。アカデミー会員。

＊＊　新教徒の哲学者。宗教的迫害によりオランダへ亡命し、そこで客死した。思想の自由を果敢に主張した先駆者で、その『歴史批評辞典』は十八世紀啓蒙思想の豊かな源泉とされる。マルクスは彼を〈十七世紀的意味での最後の形而上学者で十八世紀的意味での最初の哲学者〉と評している。

これはベールの研究家も認めており、デルヴォルヴェからラコスト、更に最近のポール・アンドレに至るまで、自由思想家とベールの関連を示唆することはベール研究家の通例となっている。しかしこの指摘はいずれも漠然としたもので、この点の具体的な究明は未だに行なわれていないようである。以下の文章はこの点に関連したものであるが、問題の全面的な究明は非常に困難なので、さし当りパンタールが十七世紀前半の自由思想家の中心とみなしたラ・モット・ル・ヴァイエ（以下ヴァイエと略す）に問題を限定したい。

ベールが青年時代からヴァイエを愛読し彼を高く評価していたことは、書翰《しょかん》を見れば明らかである。一六七二年頃からヴァイエの名前はしばしばベールの手紙に出てきており、特に一六七五年七月二一日の兄弟あての手紙では、ベールはヴァイエとガブリエル・ノーデを並べて、「僕はラ・モット・ル・ヴァイエ氏とノーデ氏が今世紀で一番本を読み、俗見から一番純化された精神をもっていた二人の学者だと思います」とのべている。その他「プルタルコスに最も近いフランスの作家」とか「最も有能な人」など、ヴァイエへの讃辞は多い。ヴァイエの影響はベールの作中に文献的にもかなり容易に確認することができる。最初の代表作『彗星論』（一六八二年）や『マンブール神父のカルヴィニスム史にたいする一般的批判』（一六八二年）の冒頭に見られる歴史記述の確実性に対する懐疑的見解には、ヴァイエの『歴史論』（一六三八年）の影響が濃く、特に『彗星論』の九四、九六章（一六八三年版による）はこの『歴史論』のアレンジとも考えられる。同じく『彗星論』で展開される各種の迷信に対する批判にもヴァイエから材料を借りたと思われるふしが多い。しかしこの二人の個々の文章の類似よりも一層重要な問題は、思想の根本的な点における両者の類似性と相違性であろう。この点でも問題は多岐にわたっており、宗教と道徳の関係、いわゆる自律的道徳観の問題、宗教的寛容の主張など、幾つかの面でこの二人の思想的な類縁関係をあげることができる。ただこれらのすべての点にふれる余裕はないので、今は一応二人の懐疑論について概括的な点だけをのべることにしたい。ベールは懐疑論者といわれており、またヴァイエも十七世紀中葉の代表的な懐疑家であるが、ここではまずヴァイエの懐疑論の内容をのべ、次にそれとベールのいわゆる懐疑論とを比較することによって、ベールにおける自由思想の遺産継承の一つの側面を検討したいと思う。

一　ラ・モット・ル・ヴァイエの懐疑論

1

ヴァイエは処女作の冒頭から晩年まで古代懐疑論の継承者として自他共に任じていた。一六三〇年に発表した処女作『古代の人に模した四つの対話』の最初の一篇「懐疑哲学について」は、ピュロン、*ヤクストゥス・エンピリクス**ら古代懐疑論者の主張を説明したもので、ここでもすでに論拠の均重性からエポケー（判断停止）を媒介としてアタラクシア（不動心）へという古代懐疑論の定式がそのまま受けつがれている。ヴァイエのピュロン主義の基本的な構造を知っていただくために、その中心的な部分をここに引用しておこう。

哲学の諸流派中これ（懐疑論）ほど望ましい到達点を示すものはないし、これほど嵐や激動を免れた港へつれてゆくものもない。最初のうち、私は感覚的な事柄や思惟的な事柄について真の外観と偽の外観をしらべていたが、程なく私は論拠の均等の内に身をおいていることに気がついた。両方に同じ重さがかかるので、秤は平なままで、どちらへ傾いてよいのかわからなかった。我々の派ではこれを論拠の均重性というが、それは私の精神に根をおろすや否や、そこにあのすぐれたエポケー即ち何事も軽はずみに主張しないという停止状態を生みだした。その時、自分ではまだ道の終りからひどく距っていると思っていたのに、私は知らぬまにそこへ着いていたことに気がついた。なぜなら影が物体へ離れがたく付き従っているように、神的な二人の道づれが忽ちエポケーの所へやってきたからである。一つはさまざまな見解に関するアタラクシアで、混乱動揺を些かも知らぬ精神の状態またはありかたであり、も一つは情念に関するメトリオパティアで、正しい道理の掟と命令に従って情念を律するものである。

＊　前三六〇―二七〇年頃の人。ギリシアの代表的懐疑論者。
＊＊　西暦二〇〇年頃の人。経験派の医学者であり、哲学者であった。ギリシアの懐疑論を集大成した。

このエポケーやアタラクシアの前提をなす真理認識の可能性の問題を割合系統的に論じたのは、『懐疑哲学の疑いが学問に大いに役立つことを示すための論』（一六六九年）であろう。ここで、作者は哲学を論理学、自然学、倫理学の三つに分け順次俎上にのぼせてゆくが、まず論理学では、曖昧な言葉や詭弁的な論理が正確な言葉や正しい論理と区別できないほど混合していることをあげ、判断を中止しない限り、詭弁家のそしりを免れることはできないという。また自然を見ても、その作用の巧妙さは人智をこえており、自然の諸問題に関する異見の対立は人間の自然認識の本質的な不確実性を立証している。道徳にも普遍的に妥当するものはどこにもない。善悪一切は時と所に支配される相対的なもので、理論的にも、行為の原理、自由意志と神の予定、最高善の問題など、どこにも確定した意見は一つもない。結論として、論理学、自然学、倫理学という三本の柱で組み上げられた哲学の全体系は単なる不確実な見解の集積にすぎないということになる。

この小論はエポケーの必要を説いた一種の概論で、ここから引出される結論は、第一に、一切は疑わしく確実なものは一つもない以上、判断中止と中立性の内に閉じこもらねばならないこと、更に第二点として、確実性に達しえない無力な理性とは反対に、神の啓示は絶対の真理であるから、理性に頼らず信仰内容をただ無条件的に受けいれる時、人は始めて確実性に達しうるという二つの点である。

この第二点は他でも彼がたえず強調していることで、彼の懐疑論がキリスト教的懐疑論といわれる所以である。年代的にこれが最初に現われるのは前記の処女作につづく同じ作者の『五つの対話』にある「神格について」であるが、ここでは冒頭から信仰と懐疑の両立が説かれている。人間の自力による認識の無力を痛感しているピュロン主義者は啓示の真理には全面的盲目的に服従する、これこそ聖書の説く謙虚さである――というのがヴァイエの論理で、彼はその支えに、エペソ書四章一四節の「また我らもはや童ならず。人の欺きごとと惑わしのてだてなる悪だくみとより起るさまざまの教えの風に吹きまわされず」という句やヘブル書一三章九節の言葉をあげ、「この使徒の言葉の重要性を測り、諸学問の身の程知らずな傲慢さに対して我らのエポケーが最も大胆に唱えたこととこれらの言葉を比べる時、我々はそこに非常に大きな一致を発見し、懐疑論がキリスト教への完全な入門と名づけうることを告白せざるをえない」といっている。『憤懣話』(一六六一年)でも「キリスト教的懐疑論者の魂は、雑草を除き無数の学者の危険な公理という悪草を抜き去った畑のようなもので、しかる後に神の恩寵という露を受けいれるのである」といい、同様の指摘は至る所に見られる。ここで注意すべきことは、古代懐疑論のエポケーがキリスト教的な「謙譲さ」に、またアタラクシアが不動の信仰に、それぞれかなり無雑作な形で置きかえられていることである。ピュロン主義や中期アカデメイア*の懐疑論を受けついだヴァイエは、この懐疑論の論理構造そのものは温存しながら、なおかつその過程と帰結の双方をキリスト教的な等価物、というよりは等価物とみなしたもので置きかえて、懐疑論のキリスト教化を試みたものといえる。この試みが成功したか否かは後にのべるように多分に疑問としなければならないが、ともかく『散策』(一六六二年)の第二対話で、ヴァイエ自身と見られる登場人物に向ってその相手が「あなたは懐疑論から不純なものをとり除き、聖パウロの権威のもとに懐疑論をキリスト教化されました」といっているのも、あながち理由のないことではない。

* アカデメイアは元来プラトンの学校だが、前三―二世紀の中期アカデメイアはアルケシラオスに始まり、懐疑論や蓋然論をとなえた。

なお、懐疑論が信仰の導きになるという思想は、すでにシャロン[*]の『知恵について』(一六〇一年)の中にもある。魂を神に向け聖霊の訪れに備えるには、先ず、魂を白紙の状態に還さねばならない。この「新しい所有者を立てるために古い所有者を追い出す」仕事を最も効果的に行なうのが懐疑論で、従って懐疑論は信仰に奉仕するというのがシャロンの主張の骨子であるが、この点でシャロンとヴァイエの間の関連は容易に指摘できる。

* モンテーニュの懐疑論を体系化した思想家(一五四一―一六〇三年)。

2

しかし懐疑と信仰は果してヴァイエにおいてこうした矛盾のない両立関係にあったのだろうか。彼の作品を検討する時、我々はこの表面的な主張とは逆にこの両者が非常に緊張した関係にあったことがわかる。それは彼の懐疑が一見絶対視されている信仰内容そのものをも埒外においていないからであり、彼の懐疑論が神学的な色彩を相当程度に帯びているからである。自由思想の流れの中で彼の懐疑論を見る時、最も興味をひくのはまさしくこの面である。

教義に関する問題を扱ったものでは、先にあげた「神格について」が代表的なものといえよう。ここでは天動説や対蹠点の否定など聖書的自然観の誤りのみでなく、神の存在や摂理の問題などについても無神論を始めとする非正統的な見解が詳説されている。例えば神の存在については、トマス・アクイナスの五つの証明と並んで、自然現象に対する恐怖や政治的必要などから宗教の発生を説明しようとしたエピクロスやペトロニウスらの説が紹介され、その他古代の多くの人々の無神論的な言動がいわばこれ見よがしな調子で列挙されている。摂理の有無についても肯定否定の両論が展開される。こうした同一命題に対する賛否両論の交互的な展開はアカデメイアの伝統的な論争形式を借りたものであるが、この作品では、明らかに非正統的な見解の開陳に重点が置かれている。作者はいわば舞台裏に隠れていて、雑多な見解を次々とくりだしながら教義に異論を挟んでゆく。紹介する個々の意見に彼は何の責任も負わないが、こうした諸説の紛糾の中で、教義の絶対性はすりへらされ、結局、信仰内容も皆疑わしいという印象しか読者には残らないような仕組になっている。『霊魂の不滅に関するキリスト教的小論』（一六二七年）でも不滅を肯定する三十三の論拠（この中にはかなりいかがわしいものがあり、それらはことさら論拠の薄弱さを嘲笑するために挙げたものとしか思われない）と共に否定的な多くの意見をあげ、所詮霊魂の不滅を論議の余地のない仕方で証明することは不可能であるとしている。「理性の力だけで霊魂の非物質性を認識し、それが不滅であることの完全な確証を握ろうというのは多分に身の程知らずな振舞である」が、同じことは三位一体、受肉、肉の復活など教義の他の点についてもいえるという。限定を付した言い方であるが、「論争を絶対に許されぬ信仰箇条を除いて、真の宗教そのものにも学校で論議の種にならぬようなものは殆ど一つもない」とか「福音書の掟についても純然たる信仰の問題を除いて殆ど一切が疑わしい」というような言葉は、彼の著作の至る所に見られる。

教義の問題と並んで重要なもう一つの側面は、古代の典籍や多くの旅行記から材料を得た宗教の比較研究である。「神格について」の後半はこれを扱っているが、後期の作である『書簡形式の小論』（一六四七―六〇年、五巻）の第九三、一〇二、一一六の各篇は、キリスト教やユダヤ教と異教の間にある習慣や神話の類似性という問題をさらに掘り下げている。例えば、割礼もユダヤ教の専売ではなく、アメリカの各地に同じ習慣がある。洗礼も回教徒やエチオピア人の間で行なわれており、バラモン教では米粒で、東インド諸島の或る所では神聖視された牛の小便で洗礼をする。告解、安息日、聖骨崇拝などは偶像教でも広く見られる。予言や奇蹟はいうまでもない。イスラエル人は神に選ばれた民族とされているが、メキシコ人は自分を悪魔に選ばれた民族と考えており、イスラエル人がカナンの地へ導かれたと同様に自分らも悪魔の導きで約束の地を得たのだと信じている。さらに、聖書特に旧約の記述と古代の異教伝説の間には多くの類似があり、特にアダムとサツルヌス、モーゼとバッカス、同じくモーゼとゾロアストルの比較をヴァイエは詳細に論じている。こうした相互の共通点は神を模倣する悪魔の仕業で、悪魔は予知能力があるために将来正しい宗教が行なうことを前もって異教の間に行なわせたのだ、とヴァイエはテルトゥリアヌス*に従って説明しているが、これが彼の本心であるとは思われない。逆に『書簡形式の小論』第九三篇は、キリスト教やユダヤ教が異教から多くの要素を受けついだことを認めている。こうした宗教の比較研究は、もちろんヴァイエの独創ではなく、同時代にもJ・G・ヴォシウス、グロチウス、ボシャールらが同じ試みをしているが、多少とも護教的な性格をもったこれらの作家のものとは逆に、ヴァイエの作品を暗黙に支配しているのは宗教的な相対主義である。キリスト教のみが真の宗教で他は偽の宗教だという伝統的な確信は、無数の宗教現象の比較検討の中で客観的には証明不可能なものとなっている。いわゆる真の宗教も信仰の目で見ない限り、本質的には異教と変りなく、「多くの宗教の一つ」或いは「多くの迷信の一つ」にすぎないのではないか――鋭敏な読者は当然こうした疑問を感じとったに違いない。アントワヌ・アルノーが或る個所で「これは彼がキリスト教徒でなかったことをはっきり示している」といったのは誇張の嫌いがあるが、いずれにしろ例えば『書簡形式の小論』第一〇二篇にある「たしかに人はどれほど分別があっても、信仰によって真の宗教へ固く結びついていない限り、全世界に拡がる宗教のこの多様性を見るたびに頭がたえずクラクラするのを避けられない」という言葉などは、ヴァイエの宗教的懐疑を実感をもって伝えたものといってよい。

＊　二―三世紀のキリスト教教父。カルタゴ教会の監督。

こうした懐疑論の底を流れているのは、俗見に対する作者の徹底的な軽蔑と憎悪である。民の声は神の声といわれ、「万人の意見の一致」は神の存在の証明にも有力な論拠とされるが、しかし民衆の一致した意見はヴァイエによれば殆ど皆誤りである。ここでいう民衆とは、もちろん批判精神を欠いた者という意味で、先の「懐疑哲学について」でヴァイエもいうように、「貴族も職人も王侯も法官も農夫もこの点では同じものにすぎない」。「気違いの数はどこでも無限だが、理性的人間の数は怪物よりも稀だ」とさえ彼はいっている。こうした意味での民衆は哲学者の敵で、哲学者は何よりも俗見の感染を警戒しなければならない。「我々が最大の力を発揮せねばならないのはこの大衆の奔流に抗してであると私は常々考えてきた」――これは「神格について」の言葉であるが、さらに『常識がないという一般的な言い方にかんする懐疑的小論』（一六四六年）でも彼は次のようにいっている。「群衆ほど馬鹿な者があるというのか。踏みならされた道が獣の道ではないというのか。習慣化した先入主なしに物事を検討する所までひとたび精神を解放すると、最も普遍的に受けいれられた意見ほど確実に誤りのものは殆どないことにやがて気がつくだろう。」批判力をもたぬ精神的な賤民に対するこの軽蔑と、それからの意識的な隔絶は、特に初期の作品では屢〻ヒステリカルな激しさで強調されているが、ここにも当時の批判的な思想家の共通の態度を見ることができる。

3

しかし明らかに教権に対する顧慮からであろう、こと宗教に関する限りヴァイエはここで急転回をする。宗教的懐疑をこれ以上推し進める代りに、彼は再びキリスト教的懐疑論の一般的主題に立ち戻ってゆく。理性の場における信仰内容の不確実性という前提から彼が引きだす結論は、逆に神的な事柄における理性の無力性であり、理性の働きを全く止めた教会への盲目的な服従である。「キリスト教徒の名誉は理性にもとづくことではなく、信仰の中へ固く閉じこもることである」というのは『書簡形式の小論』第九九篇の文句だが、同様の言葉は彼の著作に数限りなく発見される。理性的判断を中止した上での信仰の安息というこの主張は一種の信仰絶対論で、そこからヴァイエとパスカルを同列におくウィケルグレンの見解なども出てくるのであるが、しかし我々はこの信仰絶対論が果した複雑な役割を考えねばならない。

元来信仰絶対論は、「信じるために理解し、理解するために信じる」というアウグスチヌスの定式に要約される信と知の調和、いわゆるアウグスチヌス主義が崩れた所に生じたもので、信仰と理性という両者の間の鋭い矛盾の自覚であった。信仰と理性が相互に助け補いながら共々に弁証法的発展をするという楽天観が中世末期から近世にかけて大きな打撃を受けたのは当然であろう（最後のスコラ学者といわれるウィリアム・オッカムなどにも、すでにこの危機意識がある）。しかしそこから生れる信仰絶対論は、全く相反する二重の性格をもっていた。信仰者の立場からすればこれは理性の攻撃から伝統的な信仰を防衛する護教論の最後の一線で、不合理なるが故に信じるというテルトゥリアヌス流の思想にすら立ち帰って、啓示の超越的な絶対性という唯一の砦にたてこもることを意味した。しかし一面信仰絶対論は、懐疑家や反宗教家の陣営からも絶好の武器として利用された。この場合、信仰絶対論は信仰者の言葉を借りて信仰の背理をつき、信仰から理性的根拠という支柱を奪い、それを臆見や迷信と区別しがたくするという全く逆の機能を果した。懐疑家や反宗教家は、理性の蔑視や啓示の超越性の主張を掲げることにより安んじて宗教の非合理をつくことができたし、信仰絶対論はここでは逆に理性の立場からする宗教批判を合法化する隠れ蓑となった。その道徳論や救拯《きゆうじよう》論から見て理神論的な傾向を多分に持っていたと思われるヴァイエの場合にも、信仰絶対論は本来こうした性格を或る程度まで帯びていた。「天が我々に啓示したこれらの崇高な真理は皆論証不可能な原理であり、我々が自己の救霊の友であるならば、それをあまり好奇心をもって味わうよりも思い切って呑みこんでしまうべきだ」という『書簡形式の小論』第二五篇の意味深長な言葉と、「神格について」で紹介される「人間的な度合が最も少なく、無茶苦茶とはいわぬまでも超自然的な度合が最も多い宗教は、理性の検討に付されることが少ないだけに常に一層頑強に主張され、またそれ故に全く天上的なものに見える筈だ」という言葉は、いわばカルタの裏表の関係にあるにすぎない。理性が信仰の味方として無力なだけでなく、破壊的な原理として信仰に敵対するということを、ヴァイエも意識していたようである。二重真理説によって教権の追求を逃れたポンポナッツィ*を彼が賞讃しているのもその現われであるが、さらに『書簡形式の小論』第一〇二篇では、同じ奇蹟がキリスト教徒にも異教徒にもそれぞれ自分に都合よく解釈されている一例をあげて、ヴァイエは次のようにのべている。「精神が自分の力しかもたない時にどうしてよいか分らなくなるような同様の例が無数にあげられる。なぜなら精神は真偽を見分けられないので、無神論と大差ない無宗教か無関心に陥ってしまうから。」ヴァイエを無神論者と評した友人ギ・パタンは、恐らくこうした言葉の裏の意味に気づいていたに違いない。

* イタリア・パドヴァの哲学者でアリストテレス学派の人(一四六二—一五二四年)。霊魂の不滅を否定したために教会の査問にかけられたが、自分は哲学者としては不滅を否定するが、キリスト教徒としてはそれを信じるとのべて、追求を逃れた。なお、フランスの自由思想に対する彼の影響は非常に大きく、ヴァイエの『霊魂の不滅に関するキリスト教的小論』もポンポナッツィから来た部分が

多い。

4

だが誇張は避けねばならない。ヴァイエの信仰絶対論の裏の意味がどうであったにせよ、キリスト教的懐疑論の主眼は、やはり懐疑論が信仰に無害であることの証明におかれていた。エチエンヌ、ケルヴィレなどの、ヴァイエ研究家が彼の懐疑論の防禦的性格を指摘する理由もここにある。しかし、多分に神学的なこの懐疑論が信仰の友であり僕《しもべ》であるというのは事実だろうか。懐疑論のキリスト教化はもともと成功の見込みのある試みだろうか。一見して明らかなように、信仰内容も含む一切に対する疑いというこの懐疑論の内容と、飽くまでも正統的な「キリスト教的」懐疑論という形式の間には大きな矛盾があった。諸説の対立を確認することから判断中止へ、そして判断中止を聖書のいう「謙譲さ」に置きかえた上で、不動の信仰と同一視されるアタラクシアへというのが彼の懐疑論の一貫した構造であるが、しかしピュロンのいうアタラクシアと不動の信仰とは本来等価物ではない。前者は、定言的な一切の判断や選択を控えて蓋然性と真実らしさの範囲に留る全く非決定的な状態であるが、後者は、最高度に定言的な選択であり決定である。この相違を無視して古代懐疑論の論理に異質な結論を接木した場合には、前提そのものが無意味になる外はない。なぜなら、信仰内容の無条件的承認という帰結は、論理の筋道では最後に来るものであっても実際は論理の展開以前から動かすべからざる方向として与えられているのであり、またそうだとすれば、始めからわざわざ疑う必要などはないからである。懐疑そのものを有意義ならしめるには、信仰の絶対性という不動の枠を取り除き、信仰内容をも蓋然性や真実らしさの水準まで引下げなければならない。天啓の不可侵性というそもそもの大前提を取り払わねばならない。要するに宗教的懐疑という内容を生かして「キリスト教的」という形式を捨てるか、またはこの形式のために内容を犠牲にするか、二つに一つしかないのである。宗教的側面に関する限りヴァイエの懐疑論はこうした矛盾の上に立っていた。そしてこの矛盾の展開が、或る意味で彼の懐疑論の歴史でもある。

先に見たように、「神格について」、『霊魂の不滅に関するキリスト教的小論』など、主として初期の著作では、宗教的ドグマに対する作者の疑惑がかなり露骨に現われている。信仰に対する懐疑論の効用が極力主張されているにしても、作者の狙いは明らかにエポケーから不動の信仰への過程ではなく、信仰絶対論を一種の中和剤として利用しながら非正統的な見解を存分に展開し、信仰内容の理論的確実性を磨滅させることにあった。ここでは正統的な形式が内容を犠牲にするどころか、逆に内容が形式に対して優位を占め、それを自己に有利な方向に利用しているのである。しかしこの関係は時と共に漸次形を変えていった。

一般にヴァイエの後期の作品に対する研究家の軽視には多少不当なものがある。後期の著作が一概に初期のものの単なる繰り返しとはいえないが、しかし全般的に後期の作では批判的内容が著しく薄れていることは否定できない。教権との抵触を恐れる気持から語調は極めて慎重で、懐疑論の論理構造は変らないにしろ信仰内容への疑惑は努めて押し隠され、一般に理性の無力の自覚から信仰の安息へ至る過程に最大の力点が置かれている。この懐疑論のキリスト教的性格の強調は『書簡形式の小論』第一五〇篇で、「私がこんなに説教家めいているのを見て君はさぞびっくりするだろう」とヴァイエ自身もいうほどである。後期の作品を概して支配しているこの傾向の根元は、いわばピュロン主義者的な保守主義で、習慣や既成の権威に対する完全な無抵抗といってよい。「習慣に順応するために一般人の狂愚《きょうぐ》へ自由に笑いながらついてゆく人が恐らく一番頭のよい人だろう」という『書簡形式の小論』第二篇の言葉はこの点で特徴的である。もちろん宗教問題でもこの保守主義の根底にあるのは信仰の燃焼や教義への強い内的確信ではなく、逆に信仰の冷却と内的確信の欠如であるが、しかし批判の権利そのものも表向きは放棄して、権威と習慣に対してはその合理不合理に拘らず絶対的に順応するというこの保守主義は、或る面では保守主義として最も徹底したものであろう。教会の決定がいかに不合理でも個人の判断を殺して従うべきだというのは後期で始めていわれることではない。しかし繰返しいうように初期作品では、信仰内容の盲目的承認を説く言葉が逆に知と信を分離させ、さらに批判的な検討に一種の隠れがを与えていた。だが批判的内容が次第に影をひそめた後期の作でなおかつ教権への絶対的服従のみが一方的に強調される時、その意味は全く別である。それは一般に独創的な思索や批判的精神の活動を封じて一切の不合理性を擁護するための理論ともなる。少なくとも護教論者の主張と形の上ではなんら変りないのである。こうした後期作品の傾向を『アカデメイア的講解』(一六六四―六六年、三巻) 二六の次のような文句が典型的に示している。「実際国王の秘密を余り探り余り知ろうとするのは殆ど常に危険なことだが、神が自分で知るために取っておいたものを余り探ろうとするのは比較にならないほど一層危険なことである。」しかし懐疑論の内容と形式の関係でいうならばこれはまさしく初期作品の裏返しである。かつては自由な批判の隠れがであった懐疑論のキリスト教的な形式が、無信仰という非難や作者の地位の変化、さらに絶対主義強化の思想的支柱となったカトリック復興の非常な社会的圧力によって逆に本来の批判的内容を圧し殺し、形式のみを残したこの懐疑論は、不信者の護教論ともいえる皮肉な存在に変ってゆく――これが一言でいってヴァイエの懐疑論の辿った道であった。本来は多分に手段であったものが何時しか目的と化し、宗教的な懐疑を合法化しようとする意図が逆にこの懐疑そのものを窒息させてしまったわけである。この変化を促した諸原因を詳説するいとまがないのは残念であるが、いずれにしろ内在的な要因として神学的色彩をもった懐疑論のキリスト教化という、元来無理な試みから来た懐疑論の内容と形式の矛盾が、ヴァイエをここまで追いこんだといえる。この矛盾は結局いずれかの犠牲によってしか解決できなかったのである。これはいまだ微力であった当時の自由思想の一つの奇妙な悲劇であろう。

二　ラ・モット・ル・ヴァイエとピエール・ベール

1

以上がヴァイエの懐疑論の概観であるが、そこからおのずから彼とベールの間の若干の共通点や相違点が浮び上ってくる。ベール研究家ラコストは、ヴァイエの懐疑論が神学的性格を帯びていた点にベールとの関連を見ようとするが、そうした一般的性格や或いは「万人の意見の一致」への不信という基本的な態度のみでなく、ヴァイエの論法そのものにも明らかにベールに受けつがれるものがあった。教義の諸命題に対する賛否両論の展開の中で、舞台裏に隠れた作者が非正統的な見解を次々とくり出し、それとの摩擦で信仰内容の絶対性をすり減らしてゆく彼の初期作品の手法は、そのまま『歴史批評辞典』（一六九七年、ベールの代表作）の手法である。またこの手法によって信仰内容の相対性と不確実性を徹底的に印象づけた後で、テルトゥリアヌス流の信仰絶対論で表面を糊塗し、むしろこの懐疑こそ信仰の安息を齎す最上の道だと説く皮肉な底意のある論法、そして、信仰の超越的真理を擁護するかに見えるこの論理によって実際は逆に信仰から理性的根拠という支えを奪い、それを単なる臆見の域にまで引下げてしまうというのも、程度の差はあれ二人に共通した点である。要するにベールで極めて進んだ形をとる批判的懐疑論の基本的な論理は、すでに或る程度までヴァイエの中に準備されているのである。事実この二人の懐疑論は伝統的な神学や形而上学の破産と無力に対する同じ自覚の現われではなかったろうか。神学の諸問題について「これらの問題では守るより攻める方が、建設するより破壊する方がずっとたやすい」という『書簡形式の小論』第一五〇篇の言葉は、そのままベールの言葉といってもよい。若い頃からヴァイエの著書に親しんでいたベールが、その懐疑論を形成する過程でヴァイエの思想や筆法を有力な素材として用いたというのも考えられないことではない。もちろんその場合にも、ベールはヴァイエの懐疑論をそのままの形で受けついだのではなかった。正統的な形式が結局批判的な内容を窒息させたヴァイエの懐疑論を、ベールは再びもとの線まで引き戻し、それを新しい土台の上に再編成して、そこに含まれた可能性を発展させたのである。この過程を知るには二人の間の最も基本的な幾つかの相違点を理解しなければならない。

2

第一に重要なのは二人の立っていた土台の根本的相違である。マドモワゼル・ド・グルネー（モンテーニュの養女）の蔵書を遺贈されたヴァイエは、モンテーニュの思想的後継者で、十七世紀における最後の人文主義者の一人だった。彼にとって人間の思考の基本的原型はすべて古代の典籍の中にあるのであって、学問も認識もこれを離れてはありえなかった。むしろ彼のいう学問は「博識《エリュディション》」を第一義的なものとしていた。彼は、古代に対する殆ど排他的な愛着を『散策』（一六六二―六三年、三巻）の第二対話で次のようにのべている。「君に白状するが、近代人より古代人の方がずっと私を満足させる。近代人が古代人に似ていない限り、学識深く賞讃すべき古代の俤を多少とも留めていない限り、私には殆ど面白くない。」この「博識」としての彼の学問的蓄積は驚異的なものであったが、それは一面彼の限界でもあった。無数の引用に埋まった彼の著作の内容は、概して博大な歴史的知識の平面的な羅列で、その懐疑論自体も、異なる事実や学説の突き合わせという域を出なかったからである。これらの事実や学説を主体的に判断し批判し整理する確乎たる方法を、彼は生涯見出すことができなかった。この点はデカルトに対する彼の不信とも関連している。『書簡形式の小論』第一三八篇は、デカルトのタブラ・ラサの試みを秦の始皇帝の焚書坑儒にも比すべき暴力的な行為として非難しているが、たしかに古代の無条件的な愛好者だったヴァイエが、近代的世界観の形成に不可欠な過程だった方法的な整理に非常な抵抗を感じたのは想像にかたくない。この人文主義の残滓と近代的方法の欠除のために、結局彼は懐疑そのものを絶対化せざるをえなかったし、事実の涯しない蒐集という域を脱することができなかったのである。同じ理由から、彼のいうピュロン主義者は批判の基準《クリテリオム》を持たぬ受動的な記述者にすぎなくなった。彼の懐疑論が容易にキリスト教化させられた一半の理由はこの受動性にある。

ここにヴァイエとベールの根本的な分岐点が発見される。もともと気質的にもベールはモンテーニュやヴァイエのような従来の懐疑論者とは違っていた。性格的にベールは、懐疑を心地のよい枕にするという満ち足りた懐疑家ではなく、迷路のような神学論争の中で、自分の論理から引き出される結論に救いの可能性さえもかけた、伝統的な教会理論家のタイプだった。ポール・アンドレはこれをモンテーニュと比較して、次のようにのべている。「モンテーニュは懐疑家の気質を持っているが、ベールにはそれがない。モンテーニュは矛盾した事柄を楽しげに考えており、それによって彼は生活のリズムに従ってさまざまな眺めを提出する。ベールは矛盾した事柄に反対しながら思考しており、それに依存するのを苦しむ教義論者としてなおかつそれに依存している。モンテーニュでは性格の否定面が肯定的に作用して、選択の拒否から彼の柔軟で豊かな理解力が生れる。ベールでは性格の肯定面が否定的に作用している。」しかしこれは単なる気質の違いという以上に、より本質的な思考方法の問題として考えなければならない。ベールにおけるデカルトの影響について、極端な結論を出すことは許されないにしろ、彼がデカルトの開拓した批判的な合理主義の流の中に位置していたことは否定できないからである。「明証的に真であると認めることなしには云々」という確実な認識に達する手段としてデカルトがあげた第一の規則は、或る程度までベール自身のものでもあった。或る程度までといったのは、ベールが明証性の範囲をさらに狭めて、まやかしの明証性と絶対的明証性とを区別しているからである。しかし絶対的明証性の範囲がいかに狭くとも、真理の基準はこの明証性の内にしかないこと、またそれによる真理認識の門戸が理性に対して決してア・プリオリに閉されたものではないことをベールは知っていた。こうした前提に立って、ベールはデカルト主義の批判的な側面を専ら発展させ、神学や形而上学の全体を支配する非明証性に立ち向ったのである。これは、コギトの肯定的命題を足がかりとして演繹的な推理により独自の形而上学や自然哲学を樹立したデカルトとは逆の方向で、いわばデカルト的な方法に含まれた可能性を極度に非独断論的な方向に発展させたものといえる。ベールが明証性の範囲を著しく狭めたことや、理性を建設的な原理としてよりはむしろ破壊的な原理としてより多く考えていた所から、彼は懐疑論者といわれるのであるが、しかしその懐疑論の本質が、理性の光と明証性という基準によって一切を白紙の状態で批判検討する態度であることを忘れてはならない。事実ベールは、例えば『歴史批評辞典』のピュロンの項で、ピュロン主義は蓋然的な仮説と経験のみに頼る自然科学者の方法と一致することをのべて、「この点でこれらの哲学者（自然科学者）は皆アカデメイア派であり、ピュロン主義者である」とすらいっている。批判的合理主義を背骨としたこの懐疑論がエポケー→アタラクシアという古代懐疑論の定式と無縁であるのは当然である。従って、懐疑を絶対化し主体的判断のいかなる基準も持てなかったヴァイエの懐疑論のように傍観的受動的な記述者の地位に甘んじなかったのも当然であろう。キリスト教的な「謙譲」と容易に混同されるヴァイエの懐疑論の受身な性格に対して、ベールのそれは著しく積極的攻撃的である。

ベールがピュロン主義に始めて言及しているのは、一六七三年一月三一日のミニュトリあての手紙で、当時からベールはピュロン主義に非常な魅力を感じているようだが、ここでも彼が着目しているのはピュロン主義が持つ論争の武器としての性格である。「実際多くの人がピュロン主義に傾いたのは異とすべきではありません。なぜならそれはこの世で一番便利なものだからです。あなたは時に非常な困惑を与える〈お前もそうではないか〉という例の論法をこわがる必要もなく、出会いがしらに誰とでも平気で論争ができます。反駁を恐れることは少しもありません。というのは、何も主張しないのですから、あなたは世界中のどんな詭弁や理窟にでも平気で身を任すことができるからです。どんな意見でもかまいません。あなたは絶対に守勢を取らされることはありません。」と彼はその手紙でのべている。彼の懐疑論が単なる論争のテクニックだというのはもちろん誤りだが、強靱な弁証家だったベールが、懐疑論のこの論争の武器としての性格を存分に駆使したことは否定できない事実であろう。

3

だが最も重要な問題はベールにおける理性と信仰の相互関係である。先にのべたように、ヴァイエのピュロン主義は、表面上理性の名による定言論者のたわ言から精神を洗い清める福音への道案内で、実質的にもそれは信仰の絶対性の名の下に批判精神の敗北を宣告するものとなり終った。しかしベールの場合この両者の関係は別の様相を呈している。前述のようにベールの懐疑論は批判的合理主義の特殊な発展形態で、明証性という基準によって一切を批判検討する態度だった。しかも理性と信仰は別の領域に属する物で相互に侵すことはできないという考え方は、初期のベールにおいてすでに覆えされていた。『「強いて入らしめよ」というイエス・キリストの言葉にかんする哲学的註解』(一六八六年)で彼はこういっている。「我々に提出される一切を控訴のない最終審として裁く最高法廷は、自然的光明または形而上学の公理によって語る理性である。そこから必然的に、すべて個々のドグマは聖書に含まれる物として主張されたにせよ、他の仕方で提出されたにせよ、自然的光明の明断判明な観念によって論駁される場合には誤りである。」いかに盲目的と見える信仰も結局は各人の理性的判断に依存するとベールは考える。『マンブール神父のカルヴィニスム史にたいする一般的批判』でベールはこうもいっている。「教会の判断によらねばならぬという時、それは理性へ立ち帰ることではなかろうか。なぜなら自分の判断より教会の判断を選ぶ者も当然〈教会は俺より知恵がある。だから俺より信用がおける〉という推理によってそうするのではないか。……もし各人が理性を暗く惑いやすい原理としてそれを信用すべきでないなら、〈教会は俺より知恵がある〉と理性がいってもそれを信用してはならぬことになる。」ここではヴァイエが唱え続けた理性の完全な滅却と教会への盲目的服従という主張がすでに打破られている。これはヴァイエにおいて批判的精神の活動を閉じこめていた枠を取払い、非明証性に対する攻撃に無制限な活動の場を与えることではないだろうか。こうしてベールはヴァイエが遠慮がちにしか立入らなかった神学論争の場へ明証性という基準をもってむしろ荒々しく踏込んだのである。この意味でベールの懐疑論は、敗北に終ったヴァイエのピュロン主義とは逆の道を辿ったといえる。最早これはキリスト教化された懐疑論ではなく、結果的には宗教と敵対した懐疑論であった。(さきのピュロンの項でもピュロン主義が危険なのは専ら神学に対してであるとベールははっきりとのべており、同様の指摘は『辞典』の内に数多く見られる。)

4

もちろんベールも懐疑論のこうした性格のみを主張したわけではない。いずれにしろ彼も何処かで正統的な信仰との折合をつけなければならなかった。そこからヴァイエと同様ベールも懐疑論が信仰の友だということを一方では唱えている。しかしこの結論に至る論理の過程は二人の間で全く正反対だった。ヴァイエによると、ピュロン主義は信仰の障碍物を取除き福音の露払いをする肯定的な媒介である。だがベールの論法はそうではない。例えば『歴史批評辞典』の「補遺」にある「ピュロン主義者について」という論文で彼は次のようにいう。「信仰の価値は、その対象である啓示された真理が我々の精神のあらゆる力を凌駕すればするほどますます大きくなる。なぜなら、それを反駁する自然的理性の多くの準則によって対象の不可解な性格がつのればつのるほど、我々はその事柄がさして信じるにかたくない場合よりも理性に対する一層強い嫌悪を神の権威へ捧げねばならないし、またそれ故に我々は一層神に服従し、一層大きな尊敬のしるしを神へ捧げることになるからである。……神の約束にもとづいて元々至極本当らしい事柄を希望することには大した価値はなかった。この価値は、その約束があらゆる外観によって否定されることにあったのである。またこうもいおう。最も価値の高い信仰とは、理性に最も反した真理を神の言葉にもとづいて胸に抱くような信仰であると。」この論法に従えば理性は本来信仰に不要な異質物で、信仰は不合理であればあるほど一層純度の高いものになる。それゆえ信仰の価値を高めるには、信仰に対する理性的な確信を出来る限りくじかなければならない。従って反宗教的なピュロン主義は逆に信仰の最大の奉仕者になる。またピュロン主義が多くの難問によって信仰内容を窮地に陥れることはかえって信仰を覚醒させ護教的な努力の刺戟になるから、この面でもピュロン主義は宗教に奉仕するのだとベールはいっている。いずれにしろピュロン主義は理性の世界でドグマの権威を破砕すればするほどますます信仰の友になるのであり、ヴァイエのいうように肯定的媒介ではなく否定的媒介として信仰に仕えているということになる。こうしてヴァイエでは理性の無力とその全面的敗北によって救われた信仰の権威が、ベールでは、理性による批判の圧倒的な破壊力と自ら不合理性の中に閉じこもることによってしかこれと対抗できない信仰の無力を認めることによって、逆説的な形で擁護されるのである。むしろ擁護されるような外観を呈するわけである。

この論理から直ちに引出される結論は、理性と信仰のうち一方を選び他の一方はその痕跡までも棄てねばならないということである。信仰の道を取りつつ理性の証明に頼るのは信仰の取り分を減らしてその値打を下げるものであるし、理性に従いながら信仰に制約されるのは精神の弱さ以外の何物でもない。理性に従って信仰を棄てるか啓示に従って理性とは決定的に手を切るか、二つに一つしかないのである。「ピュロン主義者について」はこの二者択一の必要を次のようにのべている。「哲学と福音書のどちらかをどうしても選ばねばならぬ。もしも明証的な一般概念に合致したものしか信じたくないなら哲学を取ってキリスト教から去り給え。もしも宗教の不可解な神秘を信じたいならキリスト教を取って哲学から去り給え。明証性と不可解性を同時に持つことはできないから……必然的に選ばねばならない。もしも丸テーブルの便利さに満足しないなら四角いテーブルを作り給え。同じテーブルが丸テーブルの便利さと四角いテーブルの便利さを共に提供するなどということを求め給うな。」

これは信仰も理性の検討に付さるべきだという初期作品の論理とは一見矛盾しているように見える。しかし信仰と理性の間の垣を取払い信仰の世界を支配する非明証性と非合理性を徹底的に追究したベールにとって、正統的な信仰との関係をたとえ表面的にでも取りつくろうための最後の手段はこういう極端な二重真理説以外になかったのではあるまいか。従って、理性的な批判に無制限な活動の場を与えたベールにして始めて、信仰と理性の間の決定的な断絶と二者択一を主張しえたともいえる。このように、教権に屈したヴァイエの懐疑論をデカルト主義という別の土台の上で強力に再編成し、ヴァイエにおいて批判精神の活動を封じこめていた信仰内容の不可侵性という枠を取り払い、ヴァイエでもすでに意識されていた信仰と理性の分離と対立を抜き差しならない二律背反にまで持ち込んだのは明らかにベールの作業だった。しかしこの丸テーブルと四角いテーブルの譬えは、いわば理性と信仰の伝統的な葛藤のクライマックスである。理性や哲学という一切の異質物を排除して最高の純一性にまで高められた信仰は、一転してそれ自体最も恥ずべき無知迷信と区別しがたくなってしまう。そして批判的懐疑論の歴史的使命もここで終ったといってよい。あとは宗教の不可解な神秘とは無関係な場で明証的な一般概念に合致した新しい世界観を作るという仕事である。ヴォルテール、ディドロ、エルヴェシウスら啓蒙思想家が登場する地盤がここで確立されたといってもいいすぎではないだろう。(ベール自身も一層積極的な面では新しい科学的実証的な方法の開拓者として啓蒙思想家の最初に名を連ねている。詳しくのべるいとまはないが、彼においても懐疑論は一種の実証主義へ脱皮しつつある。)

従ってベールの影響が懐疑論という形では十八世紀へ殆ど伝えられなかったのは当然であろう。神学や形而上学の破壊過程でこそ意味があった懐疑論も、それに続く新しい建設の過程ではそれほど必要ではなかったし、場合によっては有害でさえあった。ベール以後懐疑論をまとまった形で唱えた作品として辛うじて名をあげることができるのは、ピエール・ダニエル・ユエの*『人間精神の無力に関する哲学論』(一七二二年)であるが、しかし合理主義を打倒し信仰の権威を守ろうという護教的な意図から生れたこの作品は、ベールの場合とは逆に、信仰の無謬性の主張とデカルト主義への攻撃に満ちた多分に逆行的な性格のものである。これはいわばヴァイエの懐疑論のキリスト教的形式のみを踏襲したもので、ヴァイエの批判的内容を受けついだベールとは対照的なものであった。こうしてヴァイエに見られた懐疑論の内容と形式の矛盾は、彼の死後半世紀の間にベールとユエという懐疑論の正反対な二つのタイプを作り出したのである。しかし逆行的なユエの懐疑論は、当然何の影響も残さずに忘れ去られてしまった。懐疑論の歴史的使命はすでにベールで果されてしまっていたからである。ヴァイエはモンテーニュと同じように懐疑論について常々面白い譬えを使っていた。それによると、懐疑とは下剤のようなもので、体内の毒素を排泄させる下剤が毒素と共にそれ自身も体の外へ排泄されるのと同じ運命を辿るのだという。この例はたしかセクストゥス・エンピリクスからの借り物であるが、懐疑論というものの意味と役割を巧みにいい当てたものといえよう。

* 私はユエの作品をベール以後のものとしてあげたが、ユエ（一六三〇―一七二一年）はベールより十七歳も年長である。ユエはヴァイエとも交渉のあった人で、二人の関係は興味のある問題を提出している。前述のようにヴァイエの宗教的懐疑論の一つの素材は宗教の比較研究であったが、ユエも一六七九年の『福音の証明』や一六九〇年の『オーネイの諸問題』で、この比較を一層大がかりに行なっている。ヴァイエにも見られたモーゼとバッカス、モーゼとゾロアストルの比較は、ユエでもより詳細に行われており、異教とキリスト教の間の信仰箇条や習慣の類似という問題は『オーネイの諸問題』の中心主題である。しかしこの比較研究は、宗教的相対主義を表わしていたヴァイエの場合とは違い、ユエの比較論は、全く護教的な意図から出たものだった。『福音の証明』は、スピノザの『神学政治論』、マーシャムやスペンサーらユダヤ教の絶対性の否認などの英国の学者の説への反駁として、異教の神々が皆モーゼを原型にしており、従ってイスラエルの宗教がいかなる異教よりも古い歴史をもつことを論証しようとしたもので、モーゼとバッカスの比較も専らバッカスの内にモーゼの痕跡を発見するためにすぎない。『オーネイの諸問題』で異教とキリスト教の類似を強調するのも、キリスト教の信仰内容が特殊的なものでなく全人類的な「万人の意見の一致」によって支えられていることを明らかにして、信仰の不合理に対する合理主義者の攻撃に答えるためである。このように宗教の比較研究という同一主題は、ヴァイエでは懐疑論や宗教的相対主義、ユエでは伝統的な信仰の擁護という相反した二つの目的に利用されている。ユエは、ヴァイエが使った武器を護教的な目的に逆用しようとしたのである。しかしユエがこの比較から引出した結論は全く荒唐無稽なもので、彼の善意にも拘らずこの護教論に含まれる危険な芽はアルノーらに厳しく論難された。ユエがその後キリスト教的懐疑論へ決定的に傾いたのも、恐らくはこうした護教論の無力性と危険を認めて、さらに一歩後退したことを示すものであろう。

〔附記〕 これは、一九五八年度フランス文学会例会で筆者が発表した報告であることをお断りしておく。

（日本大学講師）

（『思想』四二六号、一九五九年十二月）

ドルバック『キリスト教暴露』解説

ドルバック――その生涯と作品

一　「哲学界の司厨長」

1　エデスハイム――ライデン

のちのドルバック男爵ポール＝アンリ・ティリは一七二三年一二月八日、ライン河沿いのプファルツ公国の小都市エデスハイムに生まれた。ここはもちろんドイツの一部で、彼はもともとドイツ人であるから、名前も正確にはパウル＝ハインリヒ・ディートリヒと呼ぶべきであろう。

父親のヨハン＝ヤコブス・ディートリヒと、七才で失った母親のヤコベア・ホルバッハについては、ほとんどなにひとつ知られていない。しかし、ドルバックの将来を物心両面で決定したのは、この両親ではなく、母方の伯父にあたるフランツィスクス＝アダム・ホルバッハであった。この伯父はルイ一四世末期にパリへ移住して、事業で産をきずき、フランスの国籍とともに、貴族の称号と男爵の位を得ていた。少年ポール・ティリは、一二才の時、この伯父につれられてパリへ出、伯父にならってフランス国籍を得、やがて伯父の死により、その男爵位と財産と、オランダのマーストリヒトの近くにある若干の領地を相続することとなる。ドルバックを敵視していたルソーが『告白』の中で、彼は「成りあがり者の息子で、たいした金満家だった」と書いているのは、「成りあがり者の甥」の誤りではあるが、いずれにせよ、彼が得ていた終身年金六万リーヴルという額は当時として莫大なものであったらしい。

ドルバックに関する現在まで唯一の綜合的な研究を著わしたピエール・ナヴィルは、親がわりをつとめたこの金満家の伯父が少年ドルバックの心にのちの反宗教思想の種子を播いたと推測しているが、それを裏付けるたしかな証拠があるわけでもない。確実なのは、この伯父が一七四四年に少年をオランダのライデン大学へ遊学させたことである。オランダは前世紀来、デカルト、スピノザ、ピエール・ベールなどが旺盛な知的活動を展開していた「自由の地」で、ドルバック在学当時のライデン大学でも、ライデン瓶の発明で有名な物理学者ミュッセンブルークなどが教鞭をとっていた。ドルバックがこの先進国オランダで、のちに発揮する豊富な自然科学的知識の基礎を得たこと、また、当時この国を風靡していた宗教上の自由思想の感化をも多分に受けたであろうことは想像にかたくない。

ドルバックがオランダにあったのは、オーストリア王位継承戦争（一七四〇—四八年）のさなかだったが、この戦争が終わった翌年、彼はパリへもどってフランスの国籍を得、翌一七五〇年には親類のデーヌ家の娘バジール＝ジュヌヴィエーヴと結婚した（この妻は四年後に死に、ドルバックはその妹シャルロット＝シュザンヌを後妻として迎える）。そして、二七才で年金生活者となった彼は、パリのロワイヤル・サン＝ロック街に立派な屋敷を買い、それに義母デーヌ夫人のものだったマルヌ川に近いグランヴァルの館を加えて、富裕なブルジョワとしての生活をはじめるのである。それは、『百科全書』の刊行によって旧思想に対する啓蒙派の総攻撃が開始されるのとほぼ時を同じくしていた。

2 パリ

ドルバックがディドロ、ルソー、グリムらの啓蒙思想家、とりわけ終生の親友だったディドロといつ、いかにして相識ったかは明らかでない。ルソーは先に引用した『告白』の文章の中で、次のように語っている。「のちに彼〔グリム〕がエピネ夫人と親しくなるまで、われわれの主な会合場所はドルバック男爵の邸であった。このいわゆる男爵は成りあがり者の息子で、たいした金満家だった。彼はその金を善い方に使って、邸へは文学者や才芸のある人たちを招待した。自分にも才学があって、そういう人たちの間に立ちまじっても遜色はなかった。ずっと以前からディドロと関係のあった彼は、まだ私の名があらわれない頃にも、彼を介して私に交際を求めてきた……」

このルソーの文章は一七五〇―五二年頃の出来事を語ったものであるが、彼がいう「ずっと以前から」とはどれくらいの時期を指すのか。ユベールからナヴィル、シャルボネルにまで到るドルバック研究家たちは、ドルバックの『百科全書』執筆陣への参加が一七五一年七月に出版されたその第一巻からではなく、一七五二年に出た第二巻からであること、その他から、ドルバックとディドロとの交友開始の時期をほぼ一致して一七四九年に置いている。ディドロとドルバックが相会した時期や、その頃のドルバックの思想のあり方などは、ディドロの唯物論への接近にドルバックがいかなる役割を演じたかというディドロ研究上の問題にもつながってくるが、この解説ではそこにまで立ちいる余裕はない。ここではただ、ドルバックとディドロらの交友は、ドルバックがライデン大学からパリへ帰った一七四九年からすでに始まっていたらしいこと、また、当時からすでに無神論者だったドルバックがディドロの無神論・唯物論への接近に少なからぬ影響を及ぼしたというのが最近のトパジオにまで到るドルバック研究の定説であり、ドルバックの唯物論をディドロのそれの「猿まね」と見るユベールですらこの逆方向の影響関係を全面的には否定していないこと、ぐらいを確認しておけば足りよう。

3 『百科全書』

一七五二年に刊行された『百科全書』第二巻の巻頭で、ディドロは、この巻から執筆陣に加わったドルバック（名はあげていないが）を、次のような言葉で読者に紹介している。

「われわれは、鉱物学、冶金学、物理学にきわめて精通した、ドイツ語を母国語とする或る人に、とりわけ多くのものを負うている。この人は、これらのさまざまな問題について、莫大な数の論文を寄稿された。その内のかなりの分量は、この第二巻にすでに見られるはずである。……ドイツがこの分野でいかに豊富なものを持っているかは周知のとおりであるし、われわれはしたがって、本書にはこの広範囲な題目につき、フランス語の書物の内には探しても見当らぬ興味深い新しい事柄が多量に盛られていると断言してはばからない。」

こうして『百科全書』にデビューしたドルバックは、以後この辞典が完結するまで、ディドロが言うとおりまさに莫大な数の論文を執筆しつづける。執筆項目は計三七六、内容的には「化石」「氷河」「海」「山」「地層」などの地質学関係と、「石炭」「銅」「錫」「鉄」「鉱脈」などの化学・鉱物学関係、「冶金」「はんだづけ」などの金属工学関係が多く、さらにドイツ関係（「帝国議会」「皇帝」）や「発音」などの項にまで及んでいる。

もともと『百科全書』は、「すべての分野における人間精神の努力の全体図」を示すという「趣意書」の言葉にもあるとおり、市民階級の立場からする、自然と人間に関する万般の知識の実践的な統一をめざしたもので、自然科学や、とりわけ市民階級の手に蓄積された生産諸技術に積極的な照明を当て、哲学、芸術、歴史等とならんで、それらを実践的な世界認識の有機的な一構成部分たらしめることが、全篇をつらぬくひとつのライトモチーフとなっていた。この辞典が狭義の「イデオロギー闘争」にとどまらず、市民階級の手による全体的な「世界の征服」——自然と社会を包含する——の最良の武器となりえた理由も、またそこにあったといえる。このことを念頭におくならば、上にあげたドルバック執筆の諸項目が、その後の産業発展の鍵をにぎる鉱業、冶金、化学部門に経験的に蓄積された諸種の知識や技術の総括、およびその普及にもっぱらあてられていたことも、地味な作業とはいえ、その歴史的な意味を軽視することはできないだろう。

ドルバックによる科学技術の紹介・普及活動は、しかしそれだけにはとどまらなかった。辞典執筆の過程で、おそらく彼は、先進技術の紹介をより完璧ならしめたいという欲求にかられたのであろう、やがて立てつづけに生国ドイツが生みだした多くの科学技術書の飜訳作業を開始した。一七五二年から六〇年前後にかけて、ドルバックの手になる化学・鉱物学関係の飜訳書が、こうしてぞくぞくと公刊されることとなる。その皮切りは、ザクセンのガラス製造技術の秘法を紹介したクンケルその他の『ガラス製造術』であり、以下、鉱物資源の総覧ともいえるヴァレリウスの

『鉱物学』、ドイツ国内における各種鉱物資源の所在地を明示したヘンケルの『鉱物学入門』、冶金の理論と実際、各種の合金に関する実験をのべたゲラートの『冶金化学』、地質学ではビュフォンをしのぐといわれるレーマンの『物理学・博物学・鉱物学・冶金学論文集』〔第一巻「鉱山術」、第二巻「金属組成論」、第三巻「地層の自然誌論」〕、黄鉄鉱やそれに類似する鉱物の起源・属性・用途を論じたヘンケルの『黄鉄鉱学』、溶鉱術、溶出術、浸漬《しんし》術等を一覧したオルシャルの『冶金学著作集』、燃素説で有名なシュタールの『硫黄論』と続いている。これらの科学書の多くは、現場技術者の手に経験的に蓄積された生産技術の紹介書であるが、こうした選択にもすでに、ドルバックの科学普及活動が持っていたすぐれて実践的な性格を読みとることができる。飜訳は解説的な註や、時には訳者の見解をも添えたきわめて良心的なもので、訳者がこれによりペテルブルグ〔ロシア〕とマンハイム〔プファルツ〕の両アカデミーの会員に挙げられたことから見ても、この飜訳活動が国際的に高い評価を得ていたことがわかる。

「三〇年程前から、わが国で博物学や化学が急速な進歩をとげたのは、大部分ドルバック男爵のおかげである」とネジョンもドルバックの歿後に語っている。

『百科全書』は一七五一年の第一巻から一七五七年の第七巻までほぼ順調に刊行されたが、やがて当然のことながら激しい弾圧がおそいかかった。一七五九年一月二三日、パリ高等法院はエルヴェシウスの『精神論』やヴォルテールの『自然宗教』を含む他の七点の著作とともに、『百科全書』の既刊分七冊を「反宗教文書」として断罪し、それを追うように、三月八日には閣議決定による出版許可の取り消し、九月三日にはローマ法王クレメンス一三世による断罪とあいついだ。「哲学者」陣営にも動揺が生じた。ディドロと並ぶ共同監修者のダランベールも「脱走」〔ディドロの言葉〕し、辞典の出版に当っていた書店主ル・ブルトンの背信行為も起こった。

この危機の中で、ディドロとともに『百科全書』を守り、その継続のための核となったのは、ドルバックとジョークールの二人であった。ディドロのグリム宛手紙には、一七五九年二月、ディドロ、ドルバック、ジョークールがル・ブルトン書店でダランベールと会い、その引きとめを試みた会合の模様が語られているが、もちろん、『百科全書』の続刊を確保するためのドルバックの尽瘁《じんすい》――特に書店主や執筆者との折衝――はこの一度の会合だけにはとどまらなかった。

発禁に処せられた『百科全書』を国外――オランダまたはスイス――で継続刊行することも、当然考えられるひとつの案であった。ドルバックも国外移転説に傾いていたらしく、外国で『百科全書』の出版を続行する場合には財政援助を惜しまない旨、ディドロにくりかえし申し入れていたらしい。ディドロのグリム宛手紙には、「男爵はあきもせず例の申し出をしています。でも僕には、あんなに横暴で移り気な男と危い橋を渡る勇気はありません」という言葉が見える。ドルバックに対する珍らしく敵意に満ちたこの表現は、親密な友人同士にありがちなごく一時的ないさかいが言わせたものと想像されるが、いずれにせよディドロは『百科全書』の国外移転を頑強に拒みつづけた。もはや残された道は、いつの日か禁が解かれるのを待ちながら、後続部分の発行準備を進めることしかありえない。ディドロ、ドルバックらが最後に選んだのもそれであった。一七五九年の出版許可取り消しの日から、弾圧がややゆるんだ一七六五年、本文の残りの一〇巻が同じル・ブルトン書店からまとめて刊行される日まで、約六年、彼らは営々と、しかもひそかに、原稿の蒐集整理、図版の取りそろえ等の作業をつづけた。

それにしても、無数の執筆者や写字生、図版のために動員される版画師等への謝礼をはじめ、こうした長期の活動を支える財源を、彼らはどこから得ていたのか。シャルボネルは、ここでドルバック男爵の莫大な資産が「哲学者」たちのこの共同の事業のために惜しげなく投入されたと推測している。これは実証しがたい点ではあるが、少なくとも、ドルバックの精神的・物質的な支援、とりわけディドロに仕事場として開放されたパリの邸やグランヴァルの別邸がなかったならば、辞典の継続と完結は到底ありえなかったというその指摘は正しいだろう。とすれば、『百科全書』完成の功績も、第一にはもちろんディドロ、そして第二には、ドイツ生まれのこの男爵にあったと言っても過言ではあるまい。

4　サロンと仕事場

ドルバックがパリのロワイヤル・サン＝ロック街の邸でサロンを開き、啓蒙派を中心とする多数の学者・文人を集めたのは、ライデン大学への遊学をおえてパリへもどってから間もなくであった。この館には豊富な蔵書や、フランス、オランダ、フランドルなどの名画、さらには博物標本室などもそなえられ、ここで毎週二回、木曜と日曜に開かれた午後の集まりは、『百科全書』を共同で生みだした革新的な思想家たちの社交を兼ねた主要な意見交換の場となっていた。そこに集まった人々は、ディドロ、グリム、シュアール、ガリアーニ、ダランベール、ビュフォン、ルソー、サン＝ランベール、モルレ、マルモンテル、エルヴェシウス、ブーランジェ、ネジョン、ダミラヴィル、ラグランジュ、レイナル、デュクロ、チュルゴ……。この名簿はほぼ当時の「哲学者」陣営の一覧表にひとしい。

一八世紀中葉のパリには、同じく有名人を集めたデファン夫人のサロン、ジョフラン夫人のサロン、レスピナス嬢のサロン、エルヴェシウス夫人のサロンなどがあり、構成員もドルバックのサロンとかなり重なりあっているが、しかし、このロワイヤル・サン＝ロック街の集まりは、「まだアカデミーしかなかった当時にあって、この家はさながら学士院であった」というガラの証言にも見られるとおり、いわば「硬派」の学術サロンで、社交場というよりもむしろ、思想を中心として集まった「哲学者」たちの自由で濶達な討論の場であった。このサロンを「王座と祭壇をくつがえすための大陰謀のセンター」としたジャンリス夫人やラ・アルプの敵意に満ちた証言も、或る意味では、ドルバックのサロンが持っていた思想的性格の強さを物語るものといえよう。

このサロンは、主催者ドルバックを始めとするそのメンバーの旺盛な知的活動によって、全ヨーロッパ的な名声を博していた。そこに出席するのを「名誉とした」多くの外国人の内には、ヒューム、アダム・スミス、ギボン、スターン、シェルバーン、ウォルポール、ベッカリーア、ベンジャミン・フランクリンなどの名も見られる。そこの雰囲気をもっともよく伝えているのは、モルレの『回想録』の次の文章であろう。

「ドルバック男爵は週二回、日曜と木曜に定期的な晩餐会を催していた。文筆家や、学芸を愛し、あるいは自らそれにたずさわる上流人士や外国人が、一〇人、一二人、多い時は一五人も二〇人もその会に——ほかの曜日では駄目だったわけではないが——集まった。こってはいないが味のいい御馳走、すてきなぶどう酒にすてきなコーヒー。議論はしょっちゅう起こったが、けっして喧嘩にはならなかった。道理をわきまえた、教育のある人間にふさわしい、粗野に堕さない程度の質朴な態度と、羽目をはずさぬ本当の意味の陽気さが満ちあふれていた。要するに、実に魅力的なサロンだったのである。このことは、当時の習慣として二時頃にやってきながら、しばしば晩の七時、八時になってもみんな残っていたという一事からしてもわかる。

かつてその例を見ないほど自由で活発で教訓に満ちた会話が行なわれたのは、ほかならぬこの会であった。私が〈自由な〉というのは、哲学や宗教や政治の問題についてである。別な意味で〈自由な〉〈みだらな〉ざれごとなどは、そこから追放されていたからだ。

どんなに突飛な見解でも、哲学者がどこかで主張しなかったものはない、とキケロはなにかの本で言っている。私も同様にこう言おう。政治上、宗教上のどんなに大胆な意見でも、そこに提出され、多くは非常に巧妙かつ深遠な形で賛否の議論が戦わされなかったものはない、と。

……ルーとダルセが土の理論を展開し、マルモンテルが『文学原論』にまとめられた立派な原理を語り、レイナルがリーヴルやスーやドゥニエを駆使して、スペインのフィリッピン貿易やベラクルス貿易、イギリスの植民地貿易などを論じ、ナポリ大使やガリアーニ師がイタリア風の長いコント——これは一種のドラマで、みんな終りまで拝聴した——を話し、ディドロが哲学や芸術や文学の問題を扱って、その多弁と饒舌と霊感を受けたような顔つきで長時間みなの注意を奪うのを、私が見聞したのはその席である。

私よりも数等段すぐれたこの人々と並んで、あえて自分の例を引くことが許されるならば、私自身が国家経済に関する自分の原理を一再ならず展開したのもその席である。

また――このことも言っておかねばならない――ディドロやルー博士や善良な男爵自身が、私のように彼らの教説を信じない者にとっても非常に模範となるような説得力と誠意と誠実さを以て、『自然の体系』の絶対的無神論を定言的に主張したのもその席である。

なぜなら、このサロンは〈哲学的〉――この言葉にしばしば与えられる良くない意味で――なものではあったが、そういう極端に自由な意見は全員のものではなかったからだ。われわれの多くは有神論者《テイスト》だったし、それをすこしも恥とせずに果敢な防戦をした。しかし、防戦はしながらも、こういうしつけのいい無神論者をいつも愛していたのである。」

ロワイヤル・サン＝ロック街の延長は、グランヴァルの別邸であった。ドルバック一家は年の約半分をこの田舎ですごしていた。この別邸にももちろん多くの友人知己が訪れたが、ここはドルバックにとって、何よりも執筆・刊行活動のための仕事場だったらしい。彼の著述は主としてここでなされたし、のちに述べる地下出版のための「工場」もここに置かれていた。ディドロもしばしばここに滞在し、この邸を『百科全書』その他のための仕事場にあてていたことは、その書簡から容易にうかがうことができる。

もちろん、『百科全書』の準備作業にはドルバックも積極的に参加していた。また、ディドロの手紙にもあるように、ドルバックの執筆・刊行活動には、原稿の整理、校閲などの面で、ディドロの手が少なからず入っていた。つまり、グランヴァルの別邸は、百科全書派の中核をなすこの二人の思想家のもっとも緊密な「共同作業」の場だったのである。一八世紀の思想運動の中で、このグランヴァルの名が重要視されるゆえんもそこにある。

革新的な学術サロンの主催者で、ディドロと『百科全書』のパトロン、そして自らも科学技術書の飜訳や『百科全

書』への執筆などを行なっている素人学者――一言で言えば、おのれも多少は筆をとる大金持の文芸保護者《マエケーナス》、というのが世間に知られたドルバック男爵の姿であった。こうした彼をグリムが「哲学界の司厨長」と名づけていることは、伝統的にドルバック批判者たちが彼のサロンの盛況をそこで出される料理と酒の良さに帰していることと思い合わせれば、けだし言いえて妙である。

二　地下の宣伝家

1　秘密出版

表の顔が仮面だったのではない。しかし、ドルバックを深く識る者は、この鷹揚な金満家の背後に、非合法文書の秘密刊行者（兼執筆者）、無神論・唯物論の地下のプロパガンディストという別の男爵があることを知っていた。この裏の顔は、その秘密を知っていた彼ら自身が固く口を緘《かん》することによってのみ辛うじて保たれていたものではあったが。

ドルバックが危険な地下出版を決意した動機はかならずしも明瞭でない。ただ、ドルバックとその協力者たちによる地下出版物が一七六一年以後に集中していることから見て、先にも述べた一七五八―九年の激しい思想弾圧（エルヴェシウス『精神論』や『百科全書』の発禁）がその一因をなしていたことは明らかであろう。この弾圧によってエルヴェシウスは沈黙し、以後は、もっぱら死後の発表を目的として『人間論』の執筆をひそかにつづけた。『百科全書』が第八巻以後の刊行を六年間待ったのは、前述のとおりである。

沈黙と並ぶ他のひとつの解決策は、思想表現を合法出版で許容される限度内にとどめ、間接表現やほのめかしなど各種の技巧を高度に駆使して、検閲と「かくれんぼ」を演じることであった。しかし、この方法は検閲の厳重化に応じて思想表現そのものを無限に後退させる危険をはらんでいたし、またドルバックには、「しっぽをつかまれないように書くことは、往々にして誰のためにも書かないことを意味する」という『自然の体系』の言葉にも見られるような、「すべてを語る」ことへの強烈な欲求があった。

思想弾圧のもとで「すべてを語る」ためには、もはや秘匿出版という古くて新しい手段しかない。ドルバックはこうして、自己の思想の十全な表現を守りぬくため、現在と未来における自身の文名をも犠牲にして、絶対的な「匿名」という堅固な砦にたてこもったのであろう。

一七六一年の『キリスト教暴露』を皮切りに、こうして約四〇篇の秘匿刊行物がたてつづけに出版された。ディドロの当時の手紙も、「主の家には砲弾の雨が降っています。この無茶な砲兵たちの誰かがそれでまずいことになりはしないかと、私は心配でたまりません。いわくトーランドの英語本から訳した（あるいは訳したといつわった）哲学書簡、いわく『ユージェニーへの手紙』、いわく『神聖伝染』、いわく『予言の検討』、いわく『ダビデ、または神のみ心にかなった者の生涯』。無数の悪魔が解き放たれたわけです。……ああ、神の子が戸口におられるのではないでしょうか。エリヤの到来が近いのではないでしょうか。反キリストの支配が迫っているのではありますまいか」と、こうした文書の氾濫を或る種の驚きをもって語っている。

秘匿文書の内容は、ドルバック自身の著作（もちろん、彼の名を冠したものは一点もない）、ホッブズ、トーランド、コリンズなど、批判的理神論者を主とするイギリスの自由思想家の著作の仏訳、『トラシブーロスからレウキッペーへの手紙』や『軍人哲学者』など、前代からフランスでひそかに流布していた反宗教的な手写本の活字化、など多岐にわたるが、いずれも宗教的イデオロギーへの激烈な攻撃文という共通の性格をそなえていた。つまり、これらは反宗教運動の一種の宣伝パンフレットとして大量生産されたのである。それらの徹底した匿名性、非人格性も、ひとつにはこのような刊行意図に由来するものであろう。

ここで注目せねばならないのは、これらの文書が宣伝パンフレットという右の性格をも反映して、当時なりにきわめて組織的な方法で生産、販布されたことである。これらの刊行はけっしてドルバック一人の作業ではなく、写字生や校閲者、レポ、秘密発送者など、多くの人々の集団作業によって行なわれた。「地獄店」と呼ばれる一種の工場システムによってグランヴァルの別邸でまず原稿が作成され、レポを介してアムステルダムのマルク＝ミシェル・レイ書店へ送られ、秘密のルートでオランダから直接に、またはロンドン経由でフランスへ逆輸入されるのが定石だったらしい（ロンドンで印刷されたものや、『キリスト教暴露』のようにフランス国内で印刷されたものもあるから、必ずしもこの形態がすべてではないが）。原稿作成段階での主な協力者は、碩学の無神論者でのちにディドロ全集を刊行するジャック＝アンドレ・ネジョンとその弟、ドルバックの子供たちの家庭教師をつとめていたラグランジュなどであった。

一九世紀初頭のバルビエは、「私はよくネジョン氏から、ドルバック男爵の家の常連ですら、オランダの印刷所ですられた哲学書の著者がこの男爵であることを知らなかった、と聞かされた。男爵は自分の原稿をネジョン氏にあずけ、ネジョン氏はそれを安全なルートでマルク＝ミシェル・レイへ送り、レイは印刷した本をフランスへ発送して、ドルバック氏は、自分ですら一部も入手していない自著の話を食卓でしばしば聞かされたらしい」と語っているが、この言葉がほぼ大筋において正しいことは、ダミロンが紹介しているネジョンの弟の証言などによってたしかめることができる。

印刷した本のフランス持ち込みには、行商人の手を借りたり、偽の表紙をつけたり、貴族や軍人や商人の旅行鞄にしのばせるなど、さまざまな手段が用いられた。また、かなりの部分は、まずロンドンへ送られ、当時流行のイギリス小説などと共にフランスへ持ちこまれたらしい。一八世紀後半の禁書売買を研究したブランは、警察の古記録から、一七七二年、ドルバックの著作を一一人の客に売ったため逮捕され、バスチーユ投獄二年、ついで首輪の刑と九ヵ月の追放刑に処せられたストラスブールのストックドルフ未亡人の例をあげているが、同様のケースは他にも少なからずあったことであろう。

ドルバックのこうした秘密活動は、彼のサロンの客の内でも比較的少数の者にしか知られていなかったようである。また、それを知る者も秘密を守り、固く黙して語らなかったらしい。このへんの事情を伝えるのは、モルレの『回想録』の次の一節である。

「このサロンのひとつの功績は……一〇人の人間が知っていながら、それを隠すことがわれわれの一人にとって肝要なものであった秘密を、二〇年にわたって守りぬいた口の固さである。ドルバック男爵は、その後世間にも知られたとおり、『自然の体系』や『自然政治』や『キリスト教暴露』の著者で、ブーランジェの著作や、アムステルダムのマルク＝ミシェル・レイ書店から出た大部分の作品の刊行者だった。とくに『自然の体系』は完全な無神論の教理問答書のようなもので、政府や国王もついでにやっつけられていた。

疑いもなく、われわれの内かなりの者は、こうした本が男爵のものであることを知っていた。男爵の主義や会話で言うことが、この本にも書かれていたからである。少なくとも、ずっとあとでわかったように、マルモンテル、サン＝ランベール、シュアール、シュヴァリエ・ド・シャトリュ、ルー、ダルセ、レイナル、エルヴェシウス、それに私は、このことをひそかに確信していたと言ってよい。われわれはいつもいっしょに生活していたが、男爵が死ぬまで誰一人として、この点について知っていることを他の人には打ち明けなかった。ほかの者も自分と同じ程度には知っていると、それぞれに思ってはいたが。

やたらなことをしたら友人が危険な目にあうという考えが、信頼に満ちた友情にも沈黙を課していた。これほど固く秘密が守られたことは、哲学と文芸の名誉として、末ながく記憶さるべきであると思う。」

2　神との戦い

秘密出版されたこれらの反宗教文書中、ドルバック自身の手になるものは以下のとおりである。

『キリスト教暴露』（一七六一年、ブーランジェの作品といつわる）
『ポケット神学』（一七六七年、ベルニエ師の作品といつわる）
『神聖伝染』（一七六八年、トレンチャードの作品の仏訳といつわる）
『ユージェニーへの手紙』（一七六八年、某エピクロス主義者の作品といつわる）
『聖パウロの生涯と著作の批判的検討』（一七七〇年、ブーランジェの作品といつわる）
『イエス・キリストの批判的歴史』（一七七〇年、英語からの飜訳といつわる）
『聖者一覧』（一七七〇年）

なおこれ以外にも、匿名の『宗教の残虐さについて』（一七六八年）、コリンズ『ユダヤ教の精神』（一七六九年）、デュマルセ『偏見論』（一七六九年）、ミラボー『ユダヤ人に関する古代人の見解』（一七六九年）をドルバックのものとする説もある。

これらの著作は、最後にあげた不確実な四篇も含めて、発行年代はほぼ一六六七年から七〇年までの四年間に集中しており、ドルバックが刊行者として世に出した他の著作家のものも加えれば、この四年間に二三点の反宗教文書が公にされたことになる。これらは内容的には同工異曲のもので、同じテーマや同じ表現の再説、くりかえしが多い。宗教は無知と欺瞞の産物であり、神の摂理や神意の啓示は不合理であり、奇蹟や予言は僧侶のペテンであり、キリスト教は愚劣な教理と有害な道徳律と危険な教会制度を持った社会の敵である――こうした主張があらゆる著作の中でくりかえし説かれるのである。これは、それらの文書が持つ宣伝パンフレットという性格から必然的に出たものであった。独創性や斬新さではなく、もっぱら大衆的な効果をねらう宣伝家にとっては、同一命題のたえざる反復、くりかえし、同種の文書の大量の発行などは、むしろ悪徳であるよりも美徳であろう。「彼の態度は、いつまでも同じ打撃を加えつづける戦士の態度であった。敵はまだ倒れないのだから、そうすることは必要だったのだ」とシャルボネルも語っている。

ドルバックのキリスト教批判は、内容的にほぼ三つの部分からなっている。第一はキリスト教の「不合理性」の批判、第二はその「道徳的有害性」、第三は「政治的有害性」の批判である。

第一の部分には、キリスト教の神観や摂理観、予言や奇蹟、そして受肉や三位一体を始めとする全教理体系の批判が含まれる。

たとえば、一七七〇年の『イエス・キリストの批判的歴史』は、キリスト教信仰の土台である福音書について次のような言葉を述べている。「福音書は良識のある人間には不愉快な東洋風の小説で、もっぱら無学な人間や愚か者や細民のために——そういう連中しかだませないから——書かれているようである。……無学で無教養な四人の男がイエス・キリストの伝記をなす覚書の真の著者だと言われている。キリスト教徒はこの四人の証言にもとづいて、彼らがとなえた宗教を受けいれ、全く矛盾した事柄や、全く信じられない行動や、全く驚くべき不思議や、全くちぐはぐな体系や、全く不可解な教理や、全く不愉快な秘義を採用するように義務づけられているのである。」

また、「簡易キリスト教辞典」と副題にある『ポケット神学』は、啓示、奇蹟、霊魂不滅の各項について、それぞれ次のような説明を与えている（但し、この作品は「ベルニエ師の著」といつわっているため、正面切った否定論よりもむしろ揶揄的な記述が多い）。「啓示——神意の表示……。〈啓示《レヴェラション》〉は〈夢みる《レヴェ》〉からくる。神は地上のいたる所で自らを啓示したが、真正の啓示は明らかに、われわれに代って夢を見た夢想家たちの啓示以外にない。いちばん安全な道は、それを信じることである。特に、彼らの聖なる夢想の真実性を疑うと、しばり首になるおそれがある場合には。」「奇蹟——超自然的な業、つまり、不変の神が自然に与えた賢明な法則に反する業。信仰があれば、いくらでも奇蹟ができる。信仰が衰えると奇蹟も見られなくなり、自然は順調に運行する。」「不死——人間の魂の特質。周知のとおり、人間の魂は霊であるが、霊というのはわれわれの知らない実体である。そこから、魂はわれわれが知っている他の物のように壊廃《かいはい》しないということが論証される。人間の魂が不死であるのは、教会にとって肝要なことである。でないと、われわれは教会の司祭たちを必要としなくなり、僧族は破産せざるをえなくなるから。」

こうした理性主義的批判はキリスト教教理体系のあらゆる部分に対して展開されるが、中でもドルバックが最大の力点を置いたのはユダヤ＝キリスト教的な神観に対する批判である。キリスト教の神は、アダムの罪による全人類への帰罪や、洪水による懲罰、ユダヤ民族への偏愛、人間の大多数に加える永劫の刑罰などが示すとおり、至高の存在たるにふさわしくない不正で残虐な神であり、このような神をあがめること自体がキリスト教の虚偽性と不道徳性を物語る、とドルバックは言う。あらゆる著作でくりかえし説かれるこのエホバ批判の原型は、『キリスト教暴露』中にある次のような一節であろう。

「つまりキリスト教は、ユダヤ教徒のおそろしい神を受けつぎ、それをいっそう残酷なものにした。キリスト教の描く神は、人間の精神に考えられる限りのもっとも気ちがいじみた、もっとも狡猾で残酷な暴君である。キリスト教によると、それは臣下に対して文字どおり悪魔もそこのけの不正で野蛮な仕打ちをする。」

しかし、キリスト教の神観や教理体系へのこの理性主義的批判は、ドルバックのキリスト教攻撃の中心部分をなすものではない。すでにヴォルテールも、理神論的な立場から旺盛な教理批判を展開していたし、こうした角度からするキリスト教批判は当時としてけっして珍しいものではなかったと言える。ドルバックの宗教批判の特色は、むしろ、強い実践的関心に裏打ちされたキリスト教への道徳的、政治的な批判であった。ヴォルテールは宗教を不合理だが有用なものとみなしたが、ドルバックにとっては、宗教は不合理である前に、まず社会的に有害無益なものだったのである。

キリスト教に対するドルバックの道徳的批判を考える際に、まず念頭に置かねばならないのは、『キリスト教暴露』

の冒頭にある次の短い一句である。「理性的存在はなにごとにつけ、自分の幸福と他人の幸福をめざさねばならない。」この功利主義的な発言の内に、ドルバックの道徳観の一切が要約されると言っても過言ではない。ドルバックによれば、倫理的な価値判断の唯一の規準は、個人と社会の幸福に対する当該事物の「効用」であって、宗教あるいは宗教道徳の価値もまたこのような規準によって測られなければならないのである。

しかしキリスト教は、個人と社会の幸福の追求ではなく、まさにそれの禁圧、抑止、断念を以て価値としている。一七六八年の『ユージェニーへの手紙』は、「美徳」の観念にあらわれた「地上の道徳」とキリスト教道徳との根本的な対立を、次のような言葉で指摘している。「理性と良識のおぼろげな光によると、〈美徳〉とは、いっしょに社会生活をしている人々を幸福にし、この人々に現実的に役立つような習慣化した心がけであり、それを持つことによってわれわれは、他人をもわれわれ自身の福祉に留意させられるのである。しかし、キリスト教で美徳と呼ばれているのは、超自然的な恩寵がなくては獲得できず、かりに獲得した場合には、われわれ自身にもこの世の他の人々にも無益で不都合であるような、そういう心がけにすぎない。……彼らの道徳はすべて、地上の生活に嫌悪を抱かせて、わかりもしない天国にもっぱら愛着させることを唯一の目的としている。この道徳は現世の幸福をいささかも目的とするものではない。」こうして、それがもたらす現実的な諸結果を見るまでもなく、キリスト教道徳はその基本的な原理からして全くの「反道徳」なのである。

ここから次に、キリスト教の徳目や実践に対する個別的な批判が始まる。キリスト教の三大徳目の第一である「信仰」は、人間の理性を惑わせ、幸福に関する誤った観念を育て、まま許すべからざる犯罪を神の名において犯させること、「希望」は現世の幸福の放棄を意味し、「愛」は異なる信仰を持つ者へのすさまじい憎しみを意味すること、「謙虚」は自己蔑視を生み、社会に役立つ正当な名誉心を喪失させること、独身の奨励は人口の減少をきたし、隠棲の勧めは寄生的な人口の肥大化を生むこと、また総じて、地上の富を蔑視するこの道徳は商工業の発展や、国にとって不可欠な防衛努力を阻害すること……

しかし、キリスト教の社会的な害悪の内で、ドルバックがもっとも強く非難するのは、狂信と不寛容が社会の成員の間に持ちこむ不和や対立、そこからくる戦争や迫害や数知れぬ犯罪である。「その宗教の有害な原理によると、キリスト教徒は神の敵と名指しされた人々を憎悪し迫害する絶対の義務を負わされている。すぐに怒りだし、全く故意ならざる考えや意見にすら腹を立てる、そういう苛酷な主人〔神〕を何物にもまして愛さねばならないと考えるや否や、彼らはたちまち、この主人のために熱意を示し、この主人の喧嘩に加わり、自らを神として、つまり自分たちの残虐さを無制限にふるって、この主人の仇を討つことが自分の義務だと思うようになる」(『ユージェニーへの手紙』)。

このようにキリスト教道徳は、原理においても結果においても、個人と社会の現実的な幸福をめざす地上の道徳とは相容れない。「宗教道徳は聖者を作り、政治道徳は市民を作る」というドルバックの言葉は、このことを意味している。

ドルバックによると、政治も社会の福祉をめざすものとして道徳の一部分をなすから、宗教の政治的有害性も道徳的有害性と厳密には区別しがたい。歴史的な実例を豊富にあげながらこの哲学者が説く宗教の政治的害悪は、政治権力と宗教の相互関係のありように応じて、ほぼ二つのタイプに大別される。

第一は、政治権力と宗教との癒着が行なわれた場合である。この場合には、一方における暴政と他方における迷信の支配とのとめどない相乗作用が起こる。宗教は政治権力を神権的なもの、地上における「神の似姿」と称して、君主の圧制を聖別し、人民には絶対的な服従を説いて暴君の支配の安泰をはかり、政治権力はその返礼として、聖職者に諸種の特権や巨富を与え、これらの聖職者の権威を否認する宗教上の反対派を武力によって弾圧して、正統教会の支配を維持させる。「この二つの厄介者は、諸国民を盲目にし不幸にするために提携する。両者とも、恐怖と無知と臆見によって支配する。二つながらに人間の理性と真理の不倶戴天の敵であり、両者は互に支えあう。迷信は精神を惑わし酔わせ、暴政はそれを従属させ打ちひしぐ。前者は後者が行なう暴虐を正当化し、一方は、それが他方に許す犯罪を人民によってつぐなわせ、他方がその劫掠《こうりゃく》を自由に行なえるように、この世界を、人間が呻きつつ暮さねばならぬ仮の宿だと思わせる。一言にして言えば、専制君主が臣民を身ぐるみ剝いでも罰せられぬように、僧侶が臣民をおののかせ、武装解除しているのが、いたるところで見られるのである」(『神聖伝染』)。

しかし、主権者と聖職者の間にひとたび対立が生じるや、状況はたちまちにして一変する。その場合、聖職者は自己の精神的権威を利用して、人民に主権者への反抗をそそのかし、「人間よりも神に従うべきである」という原理によって内乱をあおる。「迷信で盲目にされた人民が神と地上の君主の間で迷うことなどめったにない。僧侶は見えない君主〔神〕の目に見える代弁者であるから、予断を持った精神に対しては絶大な信用を持っており、人民の無知は人民をも主権者をも僧侶の意のままにしてしまう」(『ユージェニーへの手紙』)。僧侶にそそのかされた狂信者の反抗はしばしば王位の転覆や国王の弑逆《しぎゃく》を生み、宗教の手で倫理的な束縛から解き放たれた暴民によってあらゆる犯罪行為が犯される。

暴政の共犯者であれ、内乱の指嗾《しそう》者であれ、いずれにしろ宗教は国家にとってきわめて有害なものでしかない。政治権力との関係のいかんにかかわらず、宗教が政治にとって常に否定的要因としかならないのは、ドルバックによれば、聖職者が独自の命令体系を持つ「国家内の国家」を形成しているからである。これは、聖職者がローマ法王への忠誠をすべてに優先させるカトリック教会において特にいちじるしい。本来「国家」は、社会とその成員の現世的利益の確保を目的として合理的に組織さるべきものであるから、宗教という不合理な要素の介入(それは「狂信」によって、国家をその本来的使命から逸脱させる)や、まして僧侶団の別種の権力への組織化は、国家の存在目的と根本的に相容れない。つまり、政治権力と宗教との癒着と対立という二つの相の根底にあるのは、政治権力と宗教権力との根源的な対抗関係であり、両者の癒着と提携も実は、政治権力が宗教権力に屈従し、君主自体が僧侶の奴隷頭になりさがった国家の堕落形態にすぎないのである。宗教が政治にとって常に有害なのは、現世的利益の確保を目的とする国家と非現世的利益の確保を目的とする教会とのこの基本的な対抗関係からくる、とドルバックは断定している。

以上が、ドルバックの宗教批判のおおよその論理であった。そこでは、神の「不道徳性」という観念を手がかりに、理性主義的な教理批判はキリスト教への道徳的批判に転移され、道徳的批判は政治的批判にまで組織化されて、すべてはおのずから政治の問題へと収斂してゆく。ドルバックの宗教批判の特色は、「宗教批判からすべての結論を引きだした」(シャルボネル)その無神論的な徹底性とともに、ひとつには、この批判が基本的には「政治批判」として展開されていることである。

したがって、ドルバックが提出する「迷信」の克服策も徹頭徹尾政治的である。前項でも述べたとおり、国家内に二つの権力が並存し、相互に敵対しあっていることが、ドルバックによれば宗教の社会的、政治的害悪の主たる根源をなしていた。「迷信」の克服が「国家内の国家」たる宗教権力の打倒によって始まるという主張がそこから当然生みだされる。その場合、宗教権力と敵対するのはまず政治権力そのものであり、迷信の「第一の犠牲者」たる君主自体であるから、宗教権力の打倒もまた君主の事業とされている。まず君主に自己の真の利益と国家の真の目的を自覚させ、ついでこの君主の手により、自己の権力と本質的に敵対する宗教権力を打倒するための強力な施策を行なわせること——これが迷信克服の第一段階である。宗教権力の打倒とは、具体的には僧族財産の没収、その特権の廃止や政治介入の禁止を意味する。「人々の軽信によって獲得した巨大な財産の一部を僧族から奪いとり、主権をおかすその権力を制限ないし全廃し、その特典や、なんの根拠もない有害な特権を取り上げ、僧族の成員に少なくとも平和な市民になることを強制すれば、君主はいつの日か、人民の苦しみを和らげ、人民に勇気をとりもどさせ、より活動的で、より勤勉で、より思慮のある、より穏かでより忠順な臣民を作り出すことができるであろう」(『ユージェニーへの手紙』)。

「政教分離」の一言で要約されるこの「啓蒙君主」の施策のひとつの重要な柱は、全般的な寛容令による「思想の自由」の確立である。迷信から脱した君主のもとでは、宗教上のあらゆる見解が(もちろん無神論も含めて)全く同一の資格で許容されねばならない。これによって、真理と誤謬、道理と迷信は同じ条件で競争しうるようになる。思想弾圧というハンディキャップが消滅して、真理が誤謬と対等の位置に立つならば、真理の勝利はまさに自明である。「君主が精神に自由をあたえ、理性が狂愚《きょうぐ》と戦うのを許しさえすれば、迷信はひとりでに崩壊してしまう。寛容と思想の自由は、宗教的な狂信をさます正真正銘の解毒剤である」(『キリスト教暴露』)。こうして、すでに啓蒙された君主についで、人民も最終的に迷信の支配を脱し、もっぱら理性にのみもとづく「神なき社会」が到来するのである。「人類の歴史と経験が証明するとおり、超自然的な諸宗教は、道徳的には無益であり、政治的には危険であり、科学的な理性の進歩に反し、起源においても教義においてもその代表者においてもひとしく邪悪なものである。今や、自然の現実的与件と一致して、人間にも社会にも有益な自然的信念の体系を以てそれらに代える時が来た」と『神聖伝染』の序文は語っている。

このように、君主の啓蒙→啓蒙された君主による政教分離の推進→思想の自由を基礎とする大衆啓蒙、というのが、ドルバックが考えた迷信打倒のおおよその道筋であった。ここに見られる君主のヘゲモニーへの強い期待は、理論的には、政治権力と宗教権力との癒着と対立という二つの相の内、後者をより本質的なものとする「二つの権力」観から発しているが、最終的にはそれを、君主制の「上から」の改革に期待を寄せた大ブルジョワジーの階級的立場の反映であるとするナヴィル、シャルボネルらの解釈も、大筋においては正しいだろう。この点でドルバックの迷信打破の道筋は、同じく唯物論者でも、専制権力と宗教との癒着の側面を本質的なものと見て、反宗教の闘いを人民による専制権力打倒の闘いの一部としてとらえたジャン・メリエなどの展望とは鋭く対立しているのである。

いずれにしろ、「神なき社会」に到るこの道は、ドルバックのその後の思索によってさらに具体化されてゆく。「啓蒙君主」の手による国家改造計画は、彼が晩年に著わした『自然政治』や特に『道徳支配』によってその全貌を示すはずである。そして、『神聖伝染』の序文にあった、超自然的宗教に代る「自然的信念の体系」を明示したのが、次に紹介するドルバックの主著『自然の体系』にほかならない。

「人々の幸福に有効にたずさわろうと思うならば、天上の神々から改革を始めねばならない」(『自然の体系』)とドルバックは語っている。一七六〇年代のドルバックが全精力を傾けた数多い反宗教文書の著述と刊行の意図をこれ以上適確に語った言葉はあるまい。しかし、この作業の中で、反宗教運動の哲学的基礎づけの要求や、宗教に代る合理的「信念体系」の提示の必要をこの哲学者が感じたとしても不思議ではない。一八世紀のフランスが生んだ無神論的唯物論のもっとも体系的な著述である『自然の体系』は、おそらく、反宗教運動の過程で著者が感じたこのような二重の必要から書かれたものであろう。とすれば、この大作は晩年の体系的諸作の始まりであると同時に、前代の反宗教的著作の集約的な総決算ということになる。

3 『自然の体系』

一七七〇年にジャン＝バチスト・ド・ミラボーの名で公刊された『自然の体系、または、物質界と精神界の法則』は、内容的にほぼ三つの部分からなっている。第一は第一巻の一章から五章までを占める自然論、第二は同六章から一七章までを占める人間論、そして第三は、第一巻の最後の二章と第二巻の全体にわたる無神論の祖述である。

まず開巻劈頭《へきとう》、ドルバックは自然と人間との相互関係を次のような言葉で規定している。「人間は自然の作物であり、自然の中に存在し、自然の法則に従い、自然から脱することはできない。思惟によってすら自然から出られない。」したがって人間には、「彼がその一部をなしている大きな全体」(自然)以外には何物もあり得ない。存在するすべてのものの集合であるこの自然は、もっぱら物質とその運動からなっており、「さまざまな物質と、それらのさまざまな結合、宇宙に見られるさまざまな運動の結果」にすぎない。人間も自然の一部である限り、もっぱら物理的な存在であり、「人間の精神面も、この物理的存在を或る観点から、つまり、人間の特殊な組織にもとづくその行動の仕方の或る物との関連において、考察したものにほかならない。」物的自然の一部として、人間は諸物を支配する同じ全体的な法則に従っており、宗教、道徳、立法、統治などの研究においても、物的自然の研究と同じ手続き（自然学と経験）が要求される。百科全書派中でもなお支配的な「自然＝精神」の二元論をしりぞけた・このような自然の一元性という観念が、『自然の体系』のまず大前提をなしている。

物質の運動は、自然の外に位する神から与えられたものではない。「この自然はどこからその運動をもらったのか、と人は言うだろう。私は答えたい。自然は大きな全体であり、したがってその外には何も存在し得ないのだから、それは自分自身からであると。運動は物質の本質から必然的に生じるありかたなのだと。物質は自己のエネルギーによって運動するのだと。」運動は物質の本質であるから、あらゆるものは運動しており、静止は単なる外見にすぎない。また、運動はデカルトが言うような単なる空間的な位置変化ではなく、物質の本質的な力、エネルギーであって、醱酵、生殖、成長、生命、思考などもすべて物質のこの運動から生じる。物質もその運動も永遠であるから、世界の「創造」という観念はしりぞけられる。

ドルバックの物質観には、燃素説の唱導者シュタールの影響が色濃い。それによると、物質は硬さの原理である土と、物体の結合を促す媒介物である水と、運動に必要な空間を他の諸元素に与える空気と、活動の原理で醱酵や生命の因となる火または「燃素」という四元素からなっており、それらの粒子が作用と反作用、結合と分離、牽引と反撥をくりかえしながら、万物を形作っている。こうして、「始めもなく永久に終りもない、生成と破壊、結合と分解の巨大な円環」が形成される。物質のこの運動は恒常的、必然的な法則に従っており、いかに複雑な運動も、実は単純な運動の複合にすぎない。ドルバックがあげている基本的な運動法則は、まず、万物が自己保存を目的として運動すること（慣性）、またそのために「自己の存在を強めるような物質を引き寄せ」（引力）、「自己の存在を弱めたり傷つけたりするおそれのある物質を遠ざける」（斥力）ことである。自然はこの自己の法則から瞬時も離反することがないから、「われわれが見るすべてのものは必然的である。つまり、現にある以外の仕方では存在しえない。」「秩序」も「無秩序」も人間の主観的観念であって、自然の内には存在しない。「偶然」も人間の無知から生まれた観念にすぎない。

自然は一体のものであり、動物、植物、鉱物などの区分はいわば便宜的なもので、「……地中に形成された小石から……太陽まで、じっと動かない牡蠣《かき》から動き考える人間まで、途切れることのない漸進、結合と運動の永久的な連鎖」が存在するから、「自然論」と「人間論」とを区別すること自体、元来は意味をなさない。

事実、『自然の体系』のもっとも大きな特色のひとつは、物的自然の諸現象を説明する上記の「物理法則」を、肉体のみならず精神現象をも含む全人間に厳密に適用していることである（この点では、ラメトリなどよりも更に徹底している）。「生まれてから死ぬまで人間が呈するすべての現象の内には、自然のあらゆる存在に共通する法則に合致した、必然的な因果の連続しか見られない。……人間がすること、人間の内に起こることは皆、慣性、自己引力、引力と斥力、自己保存の傾向、一言で言えば、われわれが見るすべての存在と共通したエネルギーの結果である。このエネルギーが人間においては、その特殊な本性にもとづく特殊な仕方で現われるにすぎない。」人間を他の存在から区別するこの特殊な本性とは、物質の高度な組織であり、具体的には、「巣のまんなかにぶらさがっている蜘蛛のように」脳が神経系の中枢にあって、肉体に起こるあらゆる変化を敏速に察知する、という身体組織の高度な仕組を意味している。自然発生の実験や消化吸収の例からも明らかなように、無感覚な物質の「動物化」という現象は日常的に観察されるが、物質はその組織化の或る段階で感性を獲得ないし顕在化するのと同様に、それのさらに高度な段階においては「思惟するもの」となるのである。感覚も思惟も全く物理的な現象であるから、「魂」という非物質的な存在を想定する必要はない。「魂とは、身体の本性と特殊な組織からして可能となった若干の機能、能力との関連において考察された身体そのものにすぎない。」

ドルバックの「心理学」は、他の「哲学者」らのそれと同じく、ロックないしはコンディヤックの感覚論に多くのものを負うている。すべての知的能力は感覚能力に由来し、感覚経験に先立つ「本有観念」は存在しない。感覚とは物質的な対象によって感官にひきおこされた物理的な動揺であり、知覚とはその動揺が脳に伝達されたもの、観念とは感覚や知覚を生んだこの対象の映像である。感官の衝撃を伝達された脳は、「受けとった種々の変様や観念を自身の内に発見し感じ、それを結合し、分離し、拡大し、縮小し、更新する等の力、つまり〈思惟能力〉を持っている。したがって思惟は、脳が外的対象から受けとった変様、ないし自分自身に与える変様の知覚にすぎない。」反省も記憶も想像も意志も判断も、このメカニズムによって説明される。言うまでもなく、これは感覚論の唯物論的な徹底化を意味する。

前述のように人間は全く物理的な存在で、非物質的な魂はありえないから、もちろん「霊魂の不滅」もない。また「自由意志」も存在しない。けだし、人間を含む全自然は原因と結果の必然的な連鎖から成り立つからである。人間の欲望、観念、意志、選択もすべて必然的なもので、彼自身が自由にしうるものではない。「〈自由である〉とは、われわれがわれわれ自身の内に持つ必然的な動機に従うこと」、いわば「自己に内包された必然性」を意味するにすぎない。

ドルバックによると、この厳格な決定論は道徳を麻痺させるものではない。むしろ、それによる人間の行動の規則性に立脚してこそ、道徳も教育も立法も、さらに社会生活そのものが始めて可能となるのである。そこから、「教育とは必然を子供に示すことにすぎない。立法とは必然を政治体の成員に示すこと、道徳とは人間の相互関係の必然を理性的存在に示すことである」という有名な定式が生まれる。要するに、人間の行動を支配する必然性の認識こそが、人間の本性に立脚した合理的な道徳と合理的な政治の基礎となるのである。

このような人間社会の合理的な組織化を非理性的な要素の介入によって阻害するのが、宗教的な迷信にほかならない。『自然の体系』の第二巻は、もっぱらこの宗教への批判にあてられている。

ドルバックによれば、「神」の観念は人間の無知と恐怖の所産にすぎない。自然の災害や天候の不順、饑饉、疫病など、自己をとりまく外界の脅威に、人間は発生以来常にさらされてきた。自然から身を守るすべを知らない人間の恐怖と、これらの脅威の原因に対する無知とは、互に相寄って、これらの「悪」がなんらかの人格的存在によってひき起こされるという謬見を人の心に植えつけた。これが、まず「偶像」という形で表現された神の観念の起源であるが、この観念はやがて形成された僧侶階級の手で積極的に維持培養され、僧侶が独占する教育によって世代から世代へ受けつがれ、人間をこの架空の存在に常に隷属させてきた。「臆見の力は、もっとも絶対的な君主の力よりも強い」からである。人間はこうして自己の真の利益を見失い、甘んじて聖職者の奴隷となった。「あらゆる国で、宗教は道徳に手を貸すどころか、道徳をくつがえし、一掃した。宗教は人々を団結させるのではなく、人々を仲間割れさせた。愛しあい助けあうかわりに、人々は、いずれにせよ常軌を逸した臆見のために喧嘩をし、さげすみあい、憎みあい、迫害しあい、殺しあった。……君主は臣民に対して武器を取り、市民は市民と戦争し、父は子を憎み、子は父の胸に刃《やいば》を突き立て、夫婦は離別し、親類も親類と思わず、すべての絆が断ち切られて、社会はわれとわが身を引き裂いた。」架空な「神」の観念は、人間の数限りない不幸を生みだす「パンドラの筐《はこ》」となったのである。

迷信がもたらすこれらの不幸の根を断ち切って、理性にのっとった人間社会の組織化を行なうためには、これらの悪の根源である神の観念そのものと絶縁しなくてはならない。ドルバックによれば、まさに無神論こそ、「人類に有害な妄想をうちこわし、人々を自然と経験と理性へつれもどす」ものなのである。

『自然の体系』は一七七〇年八月、パリ高等法院によって断罪された。

ヴォルテールの反駁文『神――「自然の体系」に答う』が発表されたのも同じ月である。その前後のヴォルテールの書簡を見れば、「反迷信」闘争のこの輝やける旗手ですらが、『自然の体系』の徹底した無神論を前にして、いかに大きなとまどいといらだちを感じていたかを知ることができる。「著者が誰であれ、それは知らずにすますべきことです。しかし、現在の状況のもとで、私が彼の主義を承認しないのを人に知ってもらうことが、私には何よりも重要なことでした。……褒賞と懲罰を与える神が存在するという説を支持することは、常に至当なことだと思います。社会はこうした見解を必要としているのですから」（一一月一日、リシュリュー公宛）。

理神論者で目的原因論の信奉者だったヴォルテールが、神を否認し厳格な決定論を主張する『自然の体系』に賛同しえなかったことは異とするに足りない。しかし、この不賛成を広く世に知らせることが「私には何よりも重要なこと」と彼が考えたのは、おそらく、この「過激」な文書が啓蒙の事業全体を危地に立たせることを恐れたからでもあろう。その意味では、一一月二日のダランベール宛の手紙が、「この本は国王や全宮廷の目にすべての哲学者を唾棄すべきものに変えてしまいました」と述べているのは重要である。

こうしてヴォルテールは、おそらく彼なりの啓蒙の路線を不測な攻撃から守るためであろう、ドルバックとの連帯を公式に否認した。グリムやダランベールの反応も否定的だった。『自然の体系』は、まさにその理論的徹底性のゆえに、啓蒙派の多くからも見捨てられたのである（例外はディドロであったが）。その後の歴史に示された『自然の体系』への根強い蔑視や敵意は、ほぼこの瞬間にきまったと言ってもよい。

4 『自然の体系』以後

「道徳的には無益で、政治的には危険」な宗教の批判、この宗教に代るべき無神論的唯物論の信念体系の提示——ドルバックによればこのような作業は、「自然」と「経験」と「理性」にもとづく合理的な社会組織を実現するための不可欠な準備過程をなすものであった。『自然政治』（一七七三年）、『社会の体系』（一七七三年）、『普遍道徳』（一七七六年）など、『自然の体系』以後のドルバック晩年の諸大作がことごとく道徳と政治の問題にあてられているのも、その意味ではきわめて自然なことであったと言える。

ドルバックの道徳論は、一言で言えば、人間の行動の究極的な動機を「自己保存」と「幸福の追求」（彼によれば、これは自然の基本的な運動法則である「慣性」の表現であり、同じく、物理的な「引力」と「斥力」は人間の場合「快楽の追求」と「苦痛の回避」にあらわれるという）に置き、この幸福にとっての「有用性」を唯一の価値規準とする、徹底した功利主義の道徳論である。またその政治論は、各個人の利益追求に基礎を置くロック型の「社会契約」観念を出発点とし、個人の「自由」と「財産」と「安全」の確保を目的とする典型的なブルジョワ自由主義の政治論である。そこでは、「革命の権利」も理論的には承認されるが、現実的には、それの行使は有害無益なものとして斥けられる。ドルバック最後の著書である『道徳支配』（一七七六年）が国王ルイ一六世による「上から」の改革に期待を寄せ、憲法制定、言論・思想の自由、世襲貴族制や領主的諸特権の廃止、政教分離、離婚の自由などを含むフランス社会の具体的な改造案を呈示していることも、このような著者の立場を物語っている。「哲学的には急進的で、社会的には穏健」という啓蒙思想家の大方への評価が、ここでもまた当てはまるのである。

やがて勃発するフランス革命は、王制を廃止し、ドルバックが期待を寄せたルイ一六世を断頭台にのぼせ、この男爵の社会改造計画を荒々しく踏みこえていった。しかし、ドルバックにはそれも本望だったかもしれない。なぜなら、「人間精神は後もどりしないように出来ている。それの本質は不断に完成してゆくことである」と『自然の体系』にもあるとおり、ドルバックは、自己の思想をもいずれは過去のものとしてゆく人間精神のとどまることのない進歩を確信していたからである。

一世を震撼させた多量の反宗教文書の著述、刊行から、反宗教の立場を哲学的に基礎づける無神論的唯物論体系の創出、そしてそれの実践的帰結である理性的道徳と「神なき社会」の構想へと、自己の論理の道筋を最後まで辿り終わったドルバックは、『道徳支配』以後の一三年間、『普遍道徳』の縮約版（死後出版）の作成をのぞいては再び筆をとろうとしなかった。

ドルバックがパリのロワイヤル・サン＝ロック街の邸で息を引きとったのは、一七八九年一月二一日（六六才）である。それは、フランス大革命の発端となった三部会の召集状が発せられるわずか三日前のことであった。

三 『キリスト教暴露』について

一七六一年に秘匿出版された『キリスト教暴露』は、ドルバックの哲学、宗教関係の著述（または刊行物）として最初のものであった。ここでは、著者はまだ明確な無神論者として登場してはいないが、しかし、教理批判から道徳的、政治的批判へ、さらに「宗教道徳」に代るべき「政治道徳」の提唱へと続く論理の展開や、その各段階における批判の論点などは、その後の一連の反宗教パンフレットや、同じく宗教批判にあてられた『自然の体系』第二巻の内容を明らかに予告しており、その意味では、「『キリスト教暴露』には、ドルバックがのちに展開する反キリスト教のテーマがすべて見られる」（ナヴィル）と言ってもよい。ちなみに、くりかえしの多い、多分に平板な文体も、以後のドルバックを十二分に予告している。

『キリスト教暴露』は「一七五六年、ロンドンで出版」と銘うっているが、これは偽装にすぎない。また、「一七五八年五月四日」と日付を付した序文の註に「私は『東洋的専制主義の起源に関する研究』の中でこの真実を全面的に明らかにした」とあるのは、『東洋的……』がドルバック・サロンの常連だったニコラ＝アントワーヌ・ブーランジェ（一七二二―五九）の作であることからして、『キリスト教暴露』をブーランジェの著作と見せかけるための巧妙な術策と思われる。自身の著作を物故した（したがって弾圧の及ばない）他人の作といつわって出版するのはドルバックの常套策であったが、この方法が始めて使用されたのも『キリスト教暴露』であった。

しかし、この註はまた逆に、『キリスト教暴露』の真の発行年代を推定する手がかりをも与えてくれる。もともと、この著作をブーランジェのものとする偽装が成立するためには、『東洋的……』がブーランジェの作であることが広く知られていなければならない。ところで、『東洋的……』がほかならぬドルバックの手でブーランジェの名を冠して出版されたのは、ブーランジェの死後二年をへた一七六一年であった。したがって、『キリスト教暴露』が公にされたのは、一七五六年ではなく一七六一年以後ということになる。

一九世紀初頭の書誌学者バルビエは、その『匿名著作辞典』の中で、『キリスト教暴露』の出版の「真相」を明らかにしている。それによると、この著作の原稿は、著者から、当時軍人としてナンシーに駐屯していた友人のサン＝ランベールに送られ、その町のルクレールという書店によって一七六一年に少数部数印刷され、それらはサン＝ランベールの友人の将校たちにより、旅行鞄の底に隠されて、ひそかにパリへ運ばれたという。この説はドルバックの助手だったネジョンから直接聞いたものとされるだけに確度が高く、現在でも、研究家たちは皆このバルビエ説を採用している。しかし、バルビエ説によっても一七六一年版はごく少数部数で、『キリスト教暴露』が広く読者に提供されたのは、いずれにせよ一七六六年のオランダ版と一七六七年のパリ版によってであった。この飜訳の底本は一七九四年版（『ブーランジェ著作集』所収のもの）である。

『キリスト教暴露』が出版された時、グリムは手紙の中で、「こんなにすさまじい、大胆不敵な本は、いまだかつて世界のどこでも出たことがありません」と書いている。この本は当時一部でヴォルテールのものと疑われたらしく、ヴォルテールも同じく手紙で次のような否認の言葉を述べている。「故ブーランジェ氏の『キリスト教暴露』が私のものだと言われていますが、事情を知った人はこの作をけっして私のものだとしていないことを保証いたします。……これは私の主義と正反対の本です。この本は、私が忌み嫌う無神論へ導くものですから。……市民としても、私は同じくこの本を排斥します。著者はあまりに権力を敵視しているように見えます。」

この二つの発言はいずれも、『キリスト教暴露』の或る意味では名誉な世評を物語るものといえよう。

＊　＊　＊

ドルバックの日本語訳が出版されるのは本書が二度目である。彼の主著『自然の体系』の最初の部分（約三分の一）が、当時日本評論社から刊行されていた「世界古典文庫」の一冊として高橋安光、三宅徳嘉両氏の訳で出版されたのは、終戦間もない昭和二四年の一一月であった。やがて「世界古典文庫」は廃刊となり、後続の飜訳はついに日の目を見ることなく終わった。現在では既刊分も入手不可能であり、ドルバックの名を知る者は大学のフランス文学科の学生中でも数少ない。

『自然の体系』の第一巻が訳出刊行されてから、やがて二〇年となる。当時、薄汚れた紙に印刷されたこの「唯物論の古典」を学生服のポケットに持ち歩いていた私が、めぐりめぐって今、この第二の訳書の「あとがき」を書いている。

昭和二四年のわが国では、おそらく、『自然の体系』に盛られた一八世紀唯物論のひとつの集約的な体系を、いわば「出来上ったもの」として摂取することが、それなりに大きな必要事と考えられていたのであろう。その体系摂取の努力がなかばで崩れてから一九年、今は主著『自然の体系』からではなく、作者にとって唯物論体系創出のはるかな原点に位した現状告発と偶像破壊のこの薄い「パンフレット」から、日本のドルバック紹介はあらためて再出発せねばならなくなった。ただそれだけの経緯にも、私たちが生きてきた戦後二十余年の歴史の複雑な屈折を思わずにはいられない。

原点から完成された体系へ、『キリスト教暴露』から再び『自然の体系』へと、私たちが自力で到達できるのはいつの日のことであろうか。

訳　者

（ドルバック『キリスト教暴露』野沢協訳、古典文庫24、現代思潮社、一九六八年九月三十日発行）

グノーシス派（講義ノート）

Ⅰ　総論

ａ　グノーシス（gnôsis）はギリシャ語で認識を意味するが、ここでいう認識とは、一般的な知識でも理性的な認識でもなく、密儀的、超自然的な救済知であり、それは秘密の啓示によって、極めて少数の人間に与えられ、それを与えられた者のみが救いに与《あずか》るとされている。従ってこのグノーシスは、一般信者のピスティス（信仰）とは対立する。グノーシス諸派は概して、人類を〈霊的人間〉（プネウマティコイ）、〈精神的人間〉[二]（プシュキコイ）、〈物質的人間〉（ヒューリコイ）の三種に大別し（とくにヴァレンチノスの場合）、霊的人間は、神性に充ちて、このグノーシスにより確実に救われる者、精神的人間は、神性のかすかな火花はあるが、救済がたしかでない者、物質的人間は救済不能な者、とみなした。この救済知に与りうる者は、ごく少数であり、バシレイデスによれば、「このグノーシスを持ちうる者はきわめて少い。千人に一人か、一万人に二人である」（エイレナイオス『異端反駁』[三] *Adversus haereses*）といわれる。

尤《もっと》も、秘儀に与った少数者と一般信徒とを区別することは、正統教会内のアレクサンドリアのクレメンス（一五〇頃―二一一）、オリゲネス（一八五―二五四）等の教父にもあり、その意味で彼らはグノーシスの影響下にある教父とされている。

密儀的な知識による救済を説くこのグノーシス思想は、キリスト教の枠をもこえる古代末期の一大思想運動で、全体として、ヘレニズム文化（哲学的には、グノーシスの祖ともいわれるプラトン、プロチノス等）と東方の諸宗教との混淆から発生したものであるが、その構成要素としては、古代バビロニアの占星学的、密儀的要素、ペルシャのゾロアスター教的要素（善悪二元論）、エジプト的要素（イシス、オシリス）、小アジアのキュベレ神的要素、ギリシャ的思弁の要素、インドの仏教的要素、ユダヤ教的一神教の要素、ユダヤ的キリスト教の要素、異邦的キリスト教の要素等があげられ、それぞれの複合によって、無数の型の思想を生じた。キリスト教的グノーシス、ユダヤ教的グノーシス（エビオン派、エッセネ派〔死海文書〕）、エジプト的グノーシス（『ピスティス・ソフィア』〔三〕 *Pistis Sophia*）、后《のち》にはイスラム的グノーシス等があるが、全体として三世紀末から衰退しはじめ、多分に類似の思想内容をもつマニ教に漸次吸収されていった。ここでは、一応、キリスト教的グノーシスのみを対象とする。

b　キリスト教的グノーシスは一世紀末に現われ、最後的には五世紀頃までつづく（もちろん、これは思想運動としてのグノーシス主義のことであって、その影響や流れは、一連の神秘主義や異端説の内に、近代に至るまでつづく。エックハルト、ベーメ、スエーデンボリ、サン・マルタン等は前者に属し、カタリ派等は後者に属する）。その祖は、半ば伝説中の人物で、使徒たちから聖霊を金で買おうとしたと使徒行伝に伝えられるサマリア出身の魔術師シモン（クレメンス書簡によれば、彼はキリストの向うをはって、死後三日目に甦るために、土中に生きうめにされたが、失敗して死んだという）とされているが、その後、数多くの思想家を輩出した。プラトニズムの影響を受け、流出説をとるアレクサンドリア系に属するものとしては、ケリントス（エイレナイオスによれば、ヨハネ伝福音書はケリントス反駁のために書かれたという）、バシレイデス（ハドリアヌス帝（一一七―一三八）の時代にアレクサンドリアで教え、一派をなした）、カルポクラテス（二世紀前半、アレクサンドリアで永く生活したが、アニケトゥス法王（一五五―一六六）の時代に、その教説がローマに弘められた）、ヴァレンチノス（一〇〇頃―一六五以后、後出）等、ゾロアスター教の影響を受けて、多かれ少かれ二元論に立脚するシリア系に属するものとしては、メナンドロス

（サマリアの人でシモン・マゴス〔四〕の弟子といわれる）、メナンドロスの弟子サトルニロス（サトゥルニヌス、二世紀前半のアンチオキアの人で、使徒ペテロの友人グラウキアスの教えをうけたと称した）、サトルニロスの弟子でエンクラト派異端を開いたタティアノス、ローマで教えを説いたケルドン（一四〇頃）、ケルドンの弟子で、しかし独自の道を開いたマルキオン（八五頃―一六〇頃、後出）等があげられる。

c　グノーシス派の基本問題

グノーシス派のあらゆる思弁を発想において支えていたものは、世界と人間の悲惨についての痛切な意識であり、この世界において、人間は異邦人でしかありえないという徹底した疎外感であった。そこから、〈悪の問題〉が彼らの中心的な問題となる。この世界の悪はどこから来るか、悪は何故に存在するか、という問いかけが、常に彼らの口をついて出た。

テルトゥリアヌス（一六〇頃―二二二）『異端者に対する処方』*De praescriptionibus adversus haereticos* ――「哲学者と異端者は同じ主題を扱い、同じ疑問にはまり込む。すなわち悪はどこから来るのか、そしてなぜそれは存在するのか。人間はどこから来るのか、そしてどのようにして。またヴァレンチノスが最近提起したように、神の原理は何かと問うのである」（三〇〇頁）。

又、エピファニオス（三一五―四〇三、キプロス島サラミスの司教。オリゲネス派を反駁した『薬籠』*Panarion* をあらわした）も、その『薬籠』中で、バシレイデスにとって、悪の起源の問題は一種の強迫観念をなしていた、と伝えている。

当時の正統教会は、キリストによる罪のあがないの問題に関心を集中して、罪の起源については理論らしい理論をもたなかった。初代キリスト教徒が目にしたこの世界は、一方では堕落と腐敗、もう一方では苦しみと迫害にみちた悪の世界であったが、このような世界がいかにして生じたかについては、満足な解答はなされなかった。この問いは云いかえれば、神が万物の創造者であり、全能かつ至善であるのに、その神がかような世界の存在を許したのはなぜか、ということです。[五]すでにパウロも、この世界と、人間の魂は死と罪とサタンという悪しき力のとりこになっている、と語っているが、こうした現状のよってきたる理由が、当然問われなければならなかった。もとより、「ひとりの人によって罪がこの世に入り、又罪によって死が入ってきたように、こうして、すべての人が罪を犯したので、死が全人類に入りこんだのである」（ローマ人への手紙[六]、五・一二）、「ひとりの罪過によって、そのひとりを通して死が支配するにいたった」（仝《どう》、五・一七）等とあるごとく、正統思想にも、アダムの堕罪というひとつの説明原理は存在する。しかし堕罪は〈悪〉そのものの原因ではなく、結果であり、堕罪が何故に生じたか、又神によって黙許されたかが、次に説明されねばならない。正統思想は、これに対する解答をなんら用意していなかった。こうして、〈悪〉と〈悲惨〉の観念につかれた〈哲学者や異端者〉たちは、正統教会の助けをかりずに、独自にその解決を求めなければならなかったのである。彼らの多くは、そこから二元論に走った。[1]

d　世界と人間

グノーシス派は、総じて世界を暗黒そのものと見る。世界は死と苦しみと悪の場所であり、〈夜〉、〈砂漠〉、〈掃きだめ〉等にたとえられる。「世界は荒れはてた野獣の巣窟である」とヘラクレオン（ヴァレンチノスの弟子）は云い、バシレイデスも「銹《さ》びが鉄をおおうように、不安と悲惨がわれわれの生存につきまとっている」と云う。ローマのヒッポリュトス（一六〇頃―二三五）の『哲学的思想』[七] *Philosophumena* が伝える当時のキリスト教的グノーシスの二派の讃美歌は、次のようにうたっている。

イエスは云った　見よ　父よ

悪につきまとわれた　地上において
あなたの息吹きから離れ　人間の魂は空しくさまよう
苦い混沌を逃れようとするが
いかにしてそれを渡るかを知らない

世界全体が悪なのであり、この世界は文字どおり、神に見放された世界である。悪は〈存在〉に付随するものではなくて、まさに〈存在〉そのものであるとすら云える。

しかもこの世界は、〈夜〉であり〈砂漠〉であると共に、かたく密閉されており、〈外部の闇〉、〈大きな海〉、〈鉄の壁〉によって、上天の霊的世界から完全に遮断されている。この〈壁〉（＝天）にさえぎられて、世界から逃れることは誰にもできない。「外部の闇は尾を口にくわえた大きな龍である。それは世界の彼方にあり、全世界をとりまいている」（『ピスティス・ソフィア』）。

このペシミズム、このような世界苦の自覚は、キリスト教的グノーシスが風靡した古代社会解体期の不安や動揺と少なからず関連していることは想像に難くない。彼らが地上の権力や支配や暴君の存在などを、世界悪の典型としてのべていることの内に、被圧迫者の或る種の抗議を見る歴史家もいるが、いずれにせよ、ローマの国家宗教等に見られる〈個人〉と〈社会〉〈国家〉との強固の紐帯が断ち切られ、解体しつつある社会の中で、完全に

（1）「宗教的二元論は……悪の具体的かつ苛酷な特性によって、苦悩のなかに投げ込まれた多くの人間が、周期的に再発見する解答である」（S. Hutin）、「二元論的時期があり、それはほとんどいつも深刻な変化の時期であるように思われる」〔八〕（Simone Pétrement, *Le dualisme dans l'histoire de la phiosophie et des religions*, p. 77）。

孤絶した各個人が、歴史の重みに耐えてゆかねばならなかったこの時期の人間の悲劇的な存在状況が、正統キリスト教よりもさらに鋭い形で、ここに投影していると見ることは容易であろう。

人間はこのような世界に〈投げこまれ〉、〈とじこめられた〉。人間には元来〈神性〉の火花があり、又そうである限り、悪に充ちみちたこの世界で、人間は所詮〈異邦人〉allotrios（この言語は、グノーシス文献にたえず登場する）にすぎない。肉体や情念はともかく、その霊においてはより高い世界の出であった人間は、いわばこの下級の世界に〈流刑〉に処せられたのであり、もとの故里に恋いこがれている。このような〈世界の囚われ人〉が救われて故郷へもどるためには、ほかならぬ密儀的なグノーシスによるほかはない。そこから、神や宇宙についての、グノーシス派の壮大な思弁が展開される。

e 真の神とデミウルゴスとアイオーン

グノーシス派の思弁の最大の共通点とされるのは、神と世界との完全な切断である。正統教理によれば、世界は神によって創造され、又統御されるものであるが、グノーシス派によれば、神は全くこの世界から超越しており、この世界と直接にはなんのかかわりもない。キリスト教的グノーシス中でももっとも深遠な思弁を展開したバシレイデスによれば、神は三六五の天によって世界からへだてられている（一般には七ないし八という数が採用されるが）。この神は慈愛の神であって、〈義〉の神ではない（慈愛と義は両立しないから）が、いずれにせよ〈知られざる神〉agnostos theosであって、この世界の過程には、なんら自己を現すことをしない。

さらに、バシレイデス等、強度に思弁的なグノーシスによると、この真の神は全く理解を絶したものとされている。この神については、〈それは存在する〉と云うことすらできない（その意味で、これは〈存在しない神〉である）。

この神は、一切の言表をこえるがゆえに、〈それは理解を絶する〉と云うことすら許されない。バシレイデスによれば、「神は何ものでもなかった。物質でもなく、本質でもなく、単純なものでもなく、複合されたものでもなく、可知的でもなく、不可知的でもなく、不可感的でもなく、人間でもなく、天使でもなく、神でもなく、概して名をもつ何ものでもない」（ヒッポリュトスに引用）[九]。又、同じくヒッポリュトスの引用のカルポクラテスの弟子エピファニオスの言葉「理解できず、表現できず、命名できない第一原理が存在した」。

しかし、なおかつ万物はこの至高の神から発する。神の超越性、不可知性をもっとも高唱したバシレイデスにおいてすら、神は生成であり、その内部に〈万物の種子〉panspermia を内包する。ヒッポリュトスはバシレイデスの次のような言葉を引用している。

「孔雀やもっと多彩な形態と色彩をもつ他の鳥の卵のような、多くの斑点とさまざまな色に飾られた鳥の卵は、実際にはひとつでありながら、その形態と色彩と組成によってたがいに大いに異なる、多くの種類の存在をそれ自身の内に含んでいる。存在しない神によって置かれたこの世界の種子も同様である。この種子はそれ自身存在しないにもかかわらず、きわめて多様な形態と実体を同時に含んでいる」。

バシレイデスの場合、この〈万物の種子〉から生れるものは三六五の天であり、その最下天の天使らがこの世界を作り出すのであるが、一般には、神から直接派生（ないし流出）するものは、半ば神的な存在者で、多くは宇宙における諸力をあらわすアイオーン（永遠なる者）である。アイオーンの数は流派によって一定しない。八、一〇、一二、三〇（ヴァレンチノス）など、多くの場合、それらは男のアイオーンと女のアイオーンとが対をなしている。ヴァレンチノスの場合、計三〇のアイオーン中、上級の八アイオーンは、次のような二個ずつの組をなす。ビュトス（深淵）とシゲ（沈黙）（この二つは神の属性）、ヌース（叡知）とアレテイア（真理）、ロゴス（言葉）とゾエ（生命）、アントロポス（人間）とエクレシア（教会）。この場合、アイオーンは半ばプラトンのイデアに当る抽象物であるが、後期のグノーシスになると、アイオーンはより具体的なものとなり、ギリシャ語のみならず、ヘブライ語、エジプト語等からきた奇怪な名をつけられて、その群は複雑をきわめるようになる。そして、これらのアイオーンは、いずれにせよ、知性、意志、欲望をそなえたものとして擬人化されており、その対立、葛藤が天界のドラマを形成するのである。これは半ば以上神話の世界に属している。

神とこれらの諸アイオーンとは、プラトンのイデア界とも類似する〈プレロマ（プレーローマ）〉pleroma（充満）界を作っているが、感覚的なこの世界は、プレロマ界に生じた堕落の結果として発生する。一般には、アイオーンのひとつの〈好奇心〉ないしは〈欲望〉によって、まず堕落が起り、そこから新しい一連の流出が起って、最后に〈造物主〉（デミウルゴス）が生れ、それがこの世界を作ったという図式が用いられる。又、場合により（『ピスティス・ソフィア』など）、この造物主は単数ではなく複数である。

現実世界はおしなべて悪であるから、それを作った造物主も、当然悪しき存在である。それがしばしばヘブライ語でヤルダバオート（混沌の息子）、サバオート（万軍の神）等と呼ばれるのもそのような含意からである。ペラトゥス派の或るグノーシス思想家は、「この世界の主は血を好む」と云っており、別のグノーシス主義者も造物主について、「君の神は悪者である……彼は天の王国の敵であり、その顔は猪に似て、歯が口からとびだし、後向きに獅子の姿をした第二の顔をつけている」とのべている。真の神に敵対するこの兇悪な造物主が、この世界を作り、それを支配しているのである。しかし、時によると、この造物主は、積極的に兇悪な存在であるよりも、むしろ〈運命〉に近い、盲目的な存在と考えられる。たとえば、ユスチノスによれば、造物主は「先見の明にも、知識にも、洞察力にも恵まれていない」（ヒッポリュトス）であり、ケリントスによっても、神の存在すら知らない或る盲目的な力である。又、造物主は、ただ拙劣なだけで、造化の作業に失敗しただけであるともされる。例えば同じヒッポリュトスは、ヴァレンチノスの弟子マルコスの一派についてこう云っている。

「マルコス派が云うには、デミウルゴスは上位にあるオグドアス(2)の果てしなく、永遠にして、すべての限界と時間に無縁な本質を模倣しようとしたが、その安定と永続を再現することはできなかった。なぜなら彼自身が欠陥の産物だったからである。そこでオグドアスの永遠に近づくために、彼は時間、瞬間、無数の年の連続をつくりだし、その時間の集積によって、オグドアスの無限を模倣したと思い込んだのであった」。

キリスト教的グノーシス派は、多くの場合、この造物主を旧約聖書の神と同一視している。つまり、旧約の神は下級の神であり、真の神はこの創造に関与しないというわけである。こうして、神と世界との分離と対立は、更に、天界に位する上位の神と、可見的世界を司る下位の神（ないし力）の分離対立という形で再生産される。こうして、可見世界に存在する諸悪の責任は、真の神から解除されることになり、その責めはもっぱら、兇悪又は無能な造物主に帰せられることとなる。

f　宇宙的二元論

しかし、善なる神と、悪なる世界は、単に分離しているだけではない。世界の内部でも、善悪の二元は対立しつつ混在している。より正確に云えば、神的な（従って善な）ものの一部は、天界から盗みとられて、この地上に閉じこめられている。それは人間の霊である。このような混在は、宇宙的な或るカタストローフによって生じたのであり、その結果、光の一部が闇の中にとじこめられたのである。エジプトの或るグノーシス文書の中で、悪魔的な諸力は次の

(2)　上天の四組の八アイオーンをさす。

ように云う、「われわれは天から小片を取った。それを地の小片と混ぜ、溶かし、人間を作ったのだ」。この文章でも、悪魔的な諸力は造化の神と目されているが、事実、多くのグノーシス学説において、造物主は天の神から光や火花を奪って、それを〈地上のエルサレム〉たる物質中に引き入れたとされている。こうして、世界に対して異邦人である人間の高貴な〈霊〉と、爾余の万物との間の葛藤がこの世界の内部で展開される。人間は可能な限り、〈物質〉から超脱して、ひたすら天の故里へ帰ることに努力せねばならない。「この闇の物質からわれを救い給え」「世界全体とそれが含むすべての物質を断念しなさい」などという『ピスティス・ソフィア』の言葉もそれを示しているし、グノーシス派の特質のひとつである極端な禁欲主義（特に、生殖行為の全面禁止）もそこからくる。そして又、人間の霊をこの闇の世界から救出するための救済の道が、天なる神の例外的な介入によって開かれなければならないのである。

g　救済主

一部のグノーシス派にとっては、密儀的なグノーシス（と、それを啓示する予言者）のみで救済は達成されるが、多くのグノーシス派にとっては、神につかわされた救い主によって、上天と物質の間の深淵に橋がかけられる必要があった。救い主は、この世界を支配する諸力や造物主をあざむいて、地上に来臨する。『ピスティス・ソフィア』の中で、世界の諸力をあらわすアルコーン（支配者）は次のように云う。「プレロマの主はわれわれの知らぬ間に、いかにしてわれわれのあいだを通り抜けたのか」。又、グノーシス的な〈トマス行伝〉もこう云わせている。「われわれは彼を知らないでいた。彼はわれわれをそのもっとも哀れな外形と、貧しさと、惨めさによってだました」。又、或る派（セツ派）によると、救い主は蛇の姿をとって、この世に天下ったとされる。更に、救い主は、この世の諸力をあざむいたのではなく、それと闘って、世界に侵入したと説く者もいる。紀元五世紀に低メソポタミア（チグリス、ユーフラテスのデルタ）に宗団を作り、洗者ヨハネを奉じて、〈ヨハネ派キリスト教徒〉と称したマンデイスム[一〇]の聖典には、次のようにある。「彼は彼ら（アルコーンたち）の歩哨を打ち砕き、その要塞に穴を開けた」。あざむいてであれ、闘ってであれ、いずれにせよ救い主はこうして地上に天下り、物質界にとらわれていた神の火花を解き放ちにきたのである。

キリスト教的グノーシス派では、云う迄もなく、イエス・キリストがその救い主である。但し、彼らはすべて、イエスについての真相を、自分たちのみが秘密な伝承によって知っているのだと云い、それを一般信徒には解放されないひとつの秘伝と化している。教派によって、イエスはアイオーンのひとつであったり、神からの流出物である永遠の〈善なる神〉であったり、或いは、この救世の事業のためにはじめて生みだされた〈神自身の分身〉であったりする。しかし、いずれにせよ、キリストは神的な存在であるから、人間であることは考えられない。なぜなら、人間は、造物主という低次の神によって作られたものにすぎないからである。キリストは人間の形をとって現われたにすぎない。こうして彼らはすべて、仮現説（docétisme）的なキリスト論を主張する。従って、受肉も受難も否定され、マリアの役割もきわめて僅かなものとなる。たとえば、ケリントスは神的キリストと人間イエスを分離して、イエスは神の養子となったという養子説をとる。イエスはマリアとヨセフの子であるが（処女生誕の否定）、受洗後、神的キリストが鳩の形をなして人間イエスの上に降ったという。そして、最後に、キリストはイエスから立ち去り、人間イエスのみが受難したととく。バシレイデスによれば、人類を滅亡から救うために、神の〈初子のヌース〉Primogenitus Nusであるキリストが人間として遣わされたが、十字架にかけられたのは、キリストではなく、その身代りとして、イエスに変貌させられたキレネのシモンなる男であり、イエスはこのシモンの形をとって人々を嘲笑しながら、やがて神のもとへ帰っていったという。

ヴァレンチノスによっても、イエスはマリアから生れたのではなく、〈水が管を通るように〉マリアを通して来臨したのであり、元来人間の形をとったにすぎないから、その体も人間のそれとは異質のものであるという。アレクサンドリアのクレメンスに引用されるヴァレンチノスの次のような言葉を参照(一二)。「彼（イエス）は食べかつ飲んだが、排泄しなかった。その純潔の力は強いので、彼の内では食物は腐敗しなかった。彼の内にはいかなる腐敗も存在しなかったからである」。

ケリントス、バシレイデスらがキリストの受難に反撥した（なぜなら、神は〈受苦不可能〉impassibleなはずであるから）のに対し、マルキオンはキリストの生誕に反撥し、受難を認める。彼によれば、キリストは神の使者（一人子）として、「チベリウス帝の第一五年（西暦二九年）に、救いの霊として、ガリラヤの町カペナウムへ降った」のである。つまり、キリストの生誕も、幼子からの生長も否定され、成年の姿でとつぜん天下ったとされている。なぜなら、キリストが生れ、育つということは、彼が造物主に属することを意味するものにほかならないからである。但し、マルキオンの弟子アペルス（アペレス）は、師のいうこの絶対的仮現説を修正して、ヴァレンチノス的な相対的仮現説をとる。彼によれば、キリストは、普通の仕方で生れたのではないが、なおかつ、現実的なひとつの肉体をもっていたという。しかしこの肉体は、上天のエーテルで作られた特異な肉体ではあったが。

このように、グノーシス派のキリスト論は、多かれ少かれ仮現説をとりながら、細部においては多様な姿を呈しているが、ともかく、天からつかわされた救い主の秘教的な教えによって、人間は暗黒への隷属を断ち切られ、肉から解脱し、かつては自らもその一部であった天上の光に向けて昇ってゆくことができるのである。人間はここにおいて、当初の非物質的、超時間的な存在を再び獲得する。そこに人間の救いがある。

「あなた方はもともと不死である。永遠の生命の子であり、死を使い果たし溶解させるために死を分かち合い、死があなた方の内で、あなた方によって死ぬことを望むのである。というのもあなた方が自分自身を溶かされることなく宇宙を溶かすとき、あなた方は創造とすべての腐敗を支配するからである」（ヴァレンチノス、アレクサンドリアのクレメンスに引用）。

以上がグノーシス思想の一般的な内容であるが、次に、二世紀のキリスト教的グノーシス派の最も代表的な存在であるヴァレンチノスとマルキオンの所説について、多少詳細に検討することとしたい。前者はキリスト教的グノーシス中、もっともギリシャ的、新プラトン主義的なものであり、後者は逆にもっともヘブライ的、パウロ主義的なものということができる。

II　ヴァレンチノス

伝記

エジプトの人といわれ、アレクサンドリアで宗教、哲学（特にプラトン）を学んだのち、一三六年ごろローマに来た。学識と弁舌をかねそなえていたが、司教就任を果さず、ために正統教会を去って、独自の異端説をといたといわれる。一六五年頃ローマを去り、キプロス島で学派を創始したという。なお、ローマで一時自説をすて、正系に帰順したが、それも短期間に終った、とモレリは云う。歿年は不明だが、ともあれヴァレンチノスにはプトレマイオス、テオドトス、ヘラクレオンなどすぐれた弟子が多く、特に一七〇—九〇頃のマルコスは更に多くの弟子を作り、このマルコス派を通じて、ヴァレンチノスの教えは全ローマ帝国、とくにゴール地方に弘まった。なお、ヴァレンチノスの『真理の福音』[二二]は一九五七年にはじめて発表されている。

ヴァレンチノス派の学説

ヴァレンチノス派の学説は、ヴァレンチノス自身のそれとは、いささか異るようである。その後〈神話化〉される以前の原ヴァレンチノス主義は、『真理の福音』によれば、次のようなものであった。いずれにしろここには、後述のマルキオンに見るような反ユダヤ教的な色彩はいささかも存在しない。

はじめ神は、自らが産出したアイオーンをも含めて、万物を自己の内に包含していたが、このアイオーンたちは神を知らぬ無知の状態にあった。こうして〈誤謬〉〈不安〉〈忘却〉〈恐怖〉が生れた。その内〈誤謬〉は、〈真理〉を知らないまま、独自に諸物の製作を行った。この被造物の状態は、〈欠乏〉であり、〈空虚〉の中で、その素材の練り上げを始め、独自に諸物の製作を行った。この被造物の状態は、〈欠乏〉であり、それは神を知らないことからくる。人間も、こうした状態では、不安定であり、悪夢のような生活を送っていた。しかし、神の最愛の子であり、御言葉であり、〈神の名〉の受肉した憐み深いイエス・キリストが、アイオーンと人間たちに救いのグノーシスを啓示するために天下った。彼はルカ伝の云うように神殿で教えたのではなく、学校で教えを説いたが、いずれにせよ、受難し、死んだ。彼が死んだとき、「彼は、滅びに任されるこれらのぼろ（肉体）をはぎとって、不壊のもの」となり、〈神の舌〉である聖霊によって甦った。そして、甦ったキリストは、救いの道となり、グノーシスそのものとなって、人々を救済に招くのである。キリストが来臨した結果、〈神の名〉を思うグノーシス教徒は、彼の内に〈自己の根〉を認め、〈この唯一の存在〉に向って上昇しようとし、決して〈地獄〉に落ちることがない。「父は彼らの内にあり、彼らは父の内にある」。

ここにはまだ、父なる神と〈造物主〉との明確な分離はない。但し、〈誤謬〉はここで、造物主と類似の役割を負わされて、〈真理〉を模倣して、その〈素材〉を独自に練り上げる、とされている。ここにも、すでに、一種の二元論が感じられる。

その後、ヴァレンチノス以后のヴァレンチノス主義は一層精緻化、かつ〈神話化〉する。それは本来のアレクサンドリア派的要素に、シリア系（つまり明確に二元論的な）グノーシスの要素を加え、ピュタゴラス的数理論、プラトン的彼岸信仰等をうって一丸とする壮大な体系を構築する。堕落と救済のこの教えは、いわば、〈プレロマ内界〉〈中間界〉〈宇宙界〉の三界にまたがる一大神話劇であり、ある人の言によれば、さながら天馬空を行くが如きものがある。一九四九年に、G・クィスペルは、エイレナイオス、クレメンス、ヒッポリュトス等に引かれた断片にもとづいて、「ヴァレンチノスのもとの教説」（ヴァレンチノス派の、というべし）の再構成を試みたが、それによると、ヴァレンチノス主義はほぼ次のような内容のものとされる。

ヴァレンチノス派の世界は、前述のとおり、〈プレロマ内界〉〈中間界〉〈宇宙界〉の三界によって構成されるが、第一のプレロマ内界は、まず〈深淵《ビュトス》〉と〈沈黙《シゲ》〉の根元的二原理（神の二つの属性。或る箇所で、その内の〈深淵〉が〈父〉〈完全な父〉ともいわれて、究極的な単一の原理をなしている）から、〈叡知《ヌース》〉〈真理《アレティア》〉が流出し、さらに後者から他のアイオーンがそれぞれ男女の対をなして流出して、合計三〇のアイオーンが存在している。三〇番目、つまり最下位のアイオーンは〈知恵〉（ソピア〔ソフィア〕）であるが、彼女は堕落して、配偶者なしに自分の子を流出しようとし、その結果、奇怪な形をした出来そこないの子を生んだ。彼女はそれを見て、恥じと不快感にとらわれたが、他のアイオーンたちは彼女をあわれみ、神に懇願したので、神は〈叡知〉〈真理〉という二人の夫婦アイオーンに、新たに二つのアイオーン、つまり〈キリスト〉（クリストス）と〈聖霊〉（プネウマ）の産出を命じ、その二つのアイオーンの手で〈知恵〉は救われる（最初の救済）。同時に神は、新しいアイオーン、〈境界〉（ホロス）を派遣して、プレロマ内界と中間界を切りはなし、〈知恵〉が生んだ出来そこないの子供を中間界に追放する。〈知恵〉が生んだこの子供、つまり、始めて生じた下等な流出物は、はじめ〈思念〉（エンテュメシス）と呼ばれるが、中間界に流されてからは、アカモート（ヘブライ語で〈知恵〉の意）と称される。彼女は、闇と空虚の中で、歎き悲しんでいるが、再びクリストスとプネウマが彼女を憐れんで、天下り、彼女に形を与える（以前の彼女は出来そこないの怪物だった）。クリストスとプネウマはそのままプレロマ内界に去るが、アカモートはそれを追いかけてゆこうとする。しかし、〈境界〉にさえぎられて行くことができない。一度、天界のクリストスとプネウマに接し乍《なが》ら、再びそれを見失ったアカモートは、自分に形を与えてくれた者はだれか、クリストスとプネウマはどこへ去ったのか、なぜ自分はこれらの至福の存在と共にいることができないのか、と反問し、苦しみと不安にかられる。そして、この苦しみの中で、自分を見すてた者に懇願の祈りを捧げる。

この祈りと歎きの声は、プレロマ内界にいるクリストスや他のアイオーンたちの耳に達し、彼らは、アカモートを救うために、全プレロマ界の共通の子である〈イエス〉というアイオーンを中間界に派遣する（第二の救済）。〈イエス〉が下ったとき、アカモートは、〈怖れ〉〈悲しみ〉〈不安〉〈懇願〉という四つの情念にとらえられていた。アカモートの配偶者となった〈イエス〉は、妻の苦しみをなぐさめ、アカモートのすぐれた点が情念によって滅ぼされないように、これらの情念を彼女から取り去り、それをおのおの、恒久的な存在物と化する。つまり、〈怖れ〉を精神的な本質に、〈悲しみ〉を物質的な本質に、〈不安〉を悪虞の本質に、〈懇願〉を精神的な本質へ至る道に変える。情念の実体化によって生じたこの四者は、可見的な宇宙界の源泉となるが、その内、〈怖れ〉の実体化によって生れた精神的な本質こそが、とりもなおさず、万物の作り主〈造物主〉（デミウルゴス）である。〈造物主〉は、〈悲しみ〉から生じた〈物質〉（ケノーマ＝〈空虚〉〈不在〉）を使って、宇宙界の万物を作った。彼は母のアカモートのことも、祖母のソピアのことも知らず、自ら最高の神と自負していたが、彼自身全く下位の存在であり、欠陥から生じたものなので、それの造化も天界の完全性、不変性に及ぶべくもなかった。この〈造物主〉と、たまたま少量の精神を宿していた人間たちを回心させるため、〈下のキリスト〉、つまり、ナザレのイエスが遣わされた（第三の救済）。彼は物質的な存在ではなく、精神的な存在であり、処女を通って生れた。そして、受洗の時、かつてアカモートを救った全プレロマ界の子である〈イエス〉（上のキリスト）が、鳩の形をとって、この〈下のキリスト〉の上に天下った。造物主は、彼の話をきいて悔い改めるようになった。十字架にかけられたのは、〈下のキリスト〉のみであり、〈イエス＝上のキリスト〉は受難していない。しかも、十字架死に際して、〈イエス〉は自ら死を破壊し、〈下のキリスト＝人間イエス〉の死体を甦らせ、それを天にはこんだ。〈下のキリスト〉は今、回心した〈造物主〉の右にすわって、選ばれた人間に、プレロマ内界への道を指し示している。今はさし当り、霊的な人間もアカモートと共に中間界に〈休んで〉いるが、やがてプレロマ内界へ上って、〈神を見〉、〈聖なる結婚の神秘的な秘儀〉に与るはずである。

以上がヴァレンチノス派の救済論の大要であるが、ここでも明らかなとおり、堕落や悪はまず天界で起り、それが中間界から宇宙界へと順次伝達される、という形式がとられている。救済も同じく、プレロマ界にはじまり、中間界と宇宙界で次に生じるが、この三つの世界に応じて、救い主も、①ソピアを救ったクリストス、②アカモートを救ったイエス、③造物主と人間を救った〈下のキリスト〉（ユダヤ的メシヤ）という三者が考えられている。しかし、この三者は、別個の存在ではなく、同じ救済力のことなる発現と見るべきであろう。いずれにせよ、この理論は、悪の解釈原理として、それの神的起源を説いた先験的堕罪説に立脚している点が、長所でもあり、又短所でもあるといえる。

III　マルキオン

ヴァレンチノス派からマルキオンに目を転じるとき、われわれはここに、一般のグノーシス派とは全く異質な世界を見出す。ここには、ヴァレンチノス派に見るようなケンランたる思弁もなく、神話的な神統論もない。アイオーン、アルコーンその他、一般グノーシス派をいろどる哲学的思弁を全面的に排除したマルキオンの教説は、すべて、「救いに価しない人間が、なおかつ救いに招かれた」という福音の中心的な神秘の高唱に向けられており、壮大な体系の構築よりも、むしろ、倫理的、実践的な「いかに生くべきか、何を信ずべきか」という基本的な問題の解決に全精力を傾注しているかに見える。マルキオンを「パウロとアウグスチヌスの間の最大の思想家」と評したアドルフ・フォン・ハルナックの言葉にはいささか誇張があるとしても、[3]又、マルキオンと一般グノーシス派との対立面のみを強調する彼のマルキオン讃歌が、その後のハンス・フォン・ゾーデンやE・C・ブラックマンの研究によって多少修正さ

（3）　Adolf von Harnack, *Marcion, Das Evangelium vom fremden Gott*, 1921（『マルキオン、見知らぬ神からの福音』）。

れたとしても、[4]なおかつマルキオンが一種過激パウロ主義者として、[5]一般グノーシス派と明らかに異なる相貌をもつことは否定できない[一三]。

〈伝　記〉

紀元八五年頃、小アジアのポントゥス地方（黒海の南岸）のシノペに生れ、幼時はカトリック教会で育てられた。ヒッポリュトスによれば、彼の父はシノペの司教だったといわれるが、彼自身は富裕な船主だった。[6]法王ヒギヌスの時代、およそ紀元一三六―一四〇年頃、おそらくは自分の船でローマに出、独自の説をなした。ローマに上る以前から小アジアで自説を説き、ポリュカルポス（六九頃―一五五頃。スミルナの司教、そこで殉教）の承認をえようとしたが、「君を承認する――但し、サタンの初子として」と拒否されたことが、ポリュカルポスの弟子だったエイレナイオスによって伝えられている。これはスミルナで起ったこととされているが、或いは、マルキオンが自派を創始したあと、ポリュカルポスがローマに旅した時のこととも考えられる。マルキオンがなぜローマへ上ったかについては、さまざまな解釈がされている。E・C・ブラックマンは、(1)小アジアでもすでにマルキオンは疑惑の目で見られており、そこから逃げる必要があったこと、(2)ローマは世界の都であり、そこで一旗上げれば、地方で一派をなすよりはるかに効果的であったこと、の二つの理由を上げているが、ロバート・M・グラントは、マルキオンの移住を当時の政治情勢と関連させて考える。[7]ハドリアヌス帝の治下に、バル・コクバの指導のもとに起された第二次ユダヤ反乱（一三二―一三五）は丁度その頃に終っており、当時ローマ帝国の東部では、ユダヤ人（及び、ユダヤ人と混同されていたキリスト教徒）の組織的な殺戮が行われていた。グラントは、マルキオンの小アジア逃亡はこの殺戮への恐怖が動機であり、又、マルキオンがユダヤ教攻撃をはげしく展開したのも、キリスト教とユダヤ教との結びつきを絶って、それによりキリスト教徒をユダヤ迫害の巻きぞえにしないためであった、と云う。しかし、いずれの解釈も、明確に実証されているわけではない。いずれにせよ、マルキオンはローマに来て、キリスト教の或る宗団に属し、それに二〇万セステルティウスの寄進をした。一説によると、これは異端の嫌疑をはらすためだったといわれるが、テルトゥリアヌスなどは、ローマに来た頃、マルキオンはまだ正統的な信者だったと伝えている。しかし、ほどなく彼は独自の説をもって登場する。彼は自説をかかげて名のりをあげ、ローマの教会の長老たちを一堂に集めて、自説の承認を求めたという。これは、現在知られている限り、ローマで開かれた初の宗教会議だったが、エピファニオスやフィラストリウスの言によると、そこで彼は、ルカ伝五・三六、仝、六・四三にかんする長老たちの解釈をたずね、同時に自らの解釈（おそらくは、ユダヤ教とキリスト教との分離、及び二神論）を示したという。[8] しかし、長老たちは、マルキオンの説を承認するどころか、逆に彼を破門したので、ローマ教会の指導者になるという夢がくずれたマルキオンは、教会を割って出、新たな対立教会の組織をはじめた。テルトゥリアヌスの伝えるところによると、マルキオン派は、キリストとマルキオンとの間に一一五年六ヶ月半の歳月が流れたと云っていたといわれ、同派が記念した日を、マルキオンのポントゥス出発（ビルの説[一四]）ではなく、彼の離教の日（ハルナックの説――この方が正しかろう）と考えるならば、彼が正統教会と

（4） Hans von Soden, *Zeitschrift für Kirchengeschichte*（『教会史雑誌』）vol. XL 所載の論文。E. C. Blackman, *Marcion and his influence*, 1948. 邦訳文献では、ニーグレン『アガペーとエロース――キリスト教の愛の歴史の研究』、新教出版社、一九五四―一九六三（Anders Nygren, *Den kristna kärlekstanken genom tiderna. Eros och Agape*, 1930-36）。

（5） たとえばパウロの次の言葉、「我らのなお弱かりし時、キリスト定まりたる日に及びて、敬虔ならぬ者のために死に給えり。……我らがまだ罪人たりし時、キリスト我らのために死に給いしによりて、神は我らに対する愛をあらわし給えり」（ロマ書第五章、六―八節）。

（6） テルトゥリアヌスの『異端者に対する処方』は、まずマルキオンを次のような言葉で呼んでいる。「マルキオン、ポントゥスの船主にしてストア主義の学徒」（三二八―三九六頁）。

（7） Robert M. Grant, *Gnosticism and early Christianity*, 1959.

（8） ルカ伝五・三六「それからイエスは又ひとつの譬を語られた。〈だれも、新しい着物から布ぎれを切りとって、古い着物につぎを当てる者はない。もしそんなことをしたら、新しい着物を裂くことになるし、新しいのから取った布ぎれも古いのに合わないであろう〉」。ルカ伝六・四三「悪い実のなるよい木はないし、又良い実のなる悪い木もない」。

袂を分ったのは紀元一四四年ということになる。これは一五一九年のルターの離教と類似した最初の〈プロテスタント〉的離教であった。

なお、マルキオンの思想形成にかんして常に論議される問題は、同じころローマにあったシリア系グノーシスの思想家ケルドンとの関係である。エイレナイオスによれば、ケルドンは法王ヒギヌスの時代（一三六―一四〇頃）にローマにあったといわれるから、マルキオンがローマで彼に会ったことは十分に考えられる。ケルドンは、旧約の神は啓示によって知られる義の神であるが、父なる神は慈愛の神であり、それはキリストによって始めて知らされた、とひそかに説いていた。すでに哲学者のフィロンも、旧約中の神の名には二つあり、創造者、審判者としての神は〈主〉（ヤーヴェ〔ヤハウェ〕）と呼ばれ、その善性や慈愛との関連では〈神〉（エロヒム）と呼ばれている、と指摘しているが、ケルドンはこの二つの名称を二つの神という形におきかえて、旧約の神＝ヤーヴェ、父なる神＝エロヒムという二神論を説いていたわけである（この点はマルキオンも同じ）。ケルドンの異端説はローマ教会内でしばしば摘発され、彼はいくども破門でおびやかされたが、そのたびに、公に服従を誓い、しばらくして又異端説の宣伝を始める、ということをくりかえしていたらしい。エイレナイオスははっきりと、ローマに着いたのち、マルキオンはケルドンの影響で道を誤った、と断言しているが、現代の史家は総じて、この点にはかなり懐疑的である。マルキオンはグノーシス派ではない、というハルナックはいう迄もないが、マルキオンとグノーシス派とのつながりを認めるグラントやブラックマンでも、ケルドンの影響はマルキオンにとって、決定的なものではなかったという。「マルキオンは（ケルドンと）同様の意見を、自分一人でも十分に見つけることができただろう。少なくとも、彼は道を誤る用意ができていたのである」（グラント）。ブラックマンは、グラントよりやや積極的ではある。「マルキオンがローマ到着（たぶん一三九年）後程なくケルドンに会ったことは、十分に考えられる。そして、マルキオンがその時まだ自分の体系を十分に練り上げていなかったと仮定すれば、ケルドンの影響がそれの完成に彼を導いたということも、ありそうなことである。マルキオンが小アジアを去ってローマへきたとき、彼がいまだに疑問を抱いていて、修正の余地を残していた、単に信者をつのるだけではなく、彼がすでに抱いていた信念を一層固めさせてくれるような教師を見つけようと望んでいた、ということも、可能なことではある。その場合、ケルドンがこの教師にならなかったであろうか。又、マルキオンはローマへ来たとき、すでに律法と恩寵との区別をパウロから学んでおり、キリストにおける啓示の絶対的な新しさという確信のもとに、すでに旧約聖書を投げすてていた、とした場合、二つの神というケルドンの学説は、彼が必要としていた補完物となりえたはずだし、ケルドンの講義は、自分の理論をはっきり表明するための刺戟を彼に与えてくれたはずである。こうして、マルキオンが一定の体系をもつ異端者としてはじめて登場したのは、たぶんローマだったのであろう」。

離教後のマルキオンは、正統教会は堕落したキリスト教のみを説いている、として、それに代るべき純粋なキリスト教を示そうと試みた。彼は、自らの手で改訂した新約聖書を発表し[9]（旧約は排斥する）、それの註解である『対立論』*Antitheseis*（残っていない）を著し、一方、組織と教理の強固な統一性をもつ独自の教会の組織につとめた。歿年は不明であるが、一六五年頃と推定されている[10]。

〈マルキオン派教会〉

マルキオン派教会は急速にひろがった。すでに紀元一五〇年に、ユスチノスは、マルキオンの影響が全ローマ帝国

（9）それは〈主の福音〉と云われるもので、現在も残っており、ルカ伝福音書のひとつの異本とされている。

（10）なお、テルトゥリアヌスの『異端者に対する処方』は、マルキオンが晩年に正統教会と和解して、その異端説を捨て、自派の信徒を教会へつれもどすことを約束した、と次のようにのべている。「最後にマルキオンは自己の誤謬を放棄したので、彼が教会から奪った人々を教会へ連れ戻すことに同意するなら、彼に平安を与えることが承認された。しかし死が彼にその時間を残さなかった」（三九七頁）。このマルキオン帰順説は、しかし、テルトゥリアヌスの思い違いであったのか、近代のマルキオン研究では全く無視されている。それの当否を判定する資格は、私にはない。

にひろがった、とのべているが、事実、正統教会の司教たちの狼狽ぶりを見ても、一六〇―一七〇年頃には、マルキオン派教会の信徒数が正統教会のそれをも上回り、マルキオン派こそが支配的教会となる恐れも強かったらしい。二世紀後半の有名なキリスト教著作家たちは、ユスチノス、エイレナイオス、ヒッポリュトス、テルトゥリアヌスなど、いずれもマルキオン攻撃に多大の精力を傾けている（もっとも長大かつ著名なのはテルトゥリアヌス（一六〇頃―二二二以后）の『マルキオン反駁』*Adversus Marcionem* である）が、マルキオンと闘うことは、正統教会にとってまさに死活の問題だったのである。

正統教会が数世代かかって獲得した影響力をわずか一世代の間に獲得したマルキオン派の驚異的な伸張の原因は、ブラックマンによれば、いずれも同派の教会組織にかんする次の四つの点に帰せられるという。⑴教祖マルキオンに対する信徒の深い崇敬によって、心情的な統一が保たれていたこと。天上のイエスの右にはパウロが坐り、左にはマルキオンが坐っている、とマルキオン派は信じていたといわれるが、この崇拝対象の統一性は、さまざまな異る傾向の集合体であった正統教会にくらべて、明らかにひとつの優位をマルキオン派に与えた。⑵マルキオン派には、マルキオン自身が画定した聖者の正典（カノン）があったこと。当時の正統教会で、正典といわれるものはまだ旧約聖書だけであり、新約については、各地、各派における伝承の相違から、いまだに画定された正典は存在しなかった。⑶マルキオン派の強度の禁欲主義。これが同派に、敬虔な人間としての精神的権威を与えたこと。⑷教会組織の面で、司教制度という単純な組織形態を採用したこと。正統教会では、この司教制度がまだ確立の過程にあり、全体として古代キリスト教は、各地の信徒団の連合体という性格を脱していなかったが、マルキオン派では、マルキオンの死後もその後継者が連綿として続き、その中心指導者の任命する司教が各地の信徒たちを指導して、組織的な統一が制度的に保証されていたこと（正統教会で見られるような教会会議の必要は、マルキオン派にはなかった）。――このようにパウロ・マルキオン崇拝という心情的な統一性、正典の画定による理論的な統一性、司教制度による組織的な統一性、によって、マルキオン派教会が正統教会にはない強固な一体性をもっていたことが、ブラックマンによると、マルキオン派発展の原動力であるといわれるが、更に、マルキオン派教会が、婦人をも教会の役職につけさせ（キリストにおいては男女の差別は存在しないから）、正統教会では僧侶の仕事とされているものを、多く世俗人にまかせて、正系では次第に顕著になる聖職者と世俗人とのきびしい差別を可能な限り排除するなど、その教会運営を正統派よりもはるかに民主的な基礎の上に行ったことも[11]、この発展のひとつの要因として考慮されねばならないであろう。つまり、マルキオン派は、次第に体制化しつつある正統教会の内部でいわば抑圧されかかっていた婦人や平信徒など、総じて下級者のエネルギーに依拠して、それを噴出させたのである。マルキオン派の信徒の多くは、マルキオンの名すら知らない

（11）この点については、テルトゥリアヌスの『異端者に対する処方』が貴重な証言をもたらしている。テルトゥリアヌスはこの著作の末尾に近く、異端教会の乱脈と無統制（と彼の考えるもの）を批判して、次のようにのべている。「わたしはここで異端者たちの振る舞いが、いかに軽々しく、世俗的で、人間くさく、重々しさも権威も規律ももたず、彼らの信仰に完全に釣り合っているかを記述せずに済ますことはできない。誰が洗礼志願者で誰が信徒なのかを知ることができない。彼らは雑然と入り、聞き、祈り、異教徒がいればそれと一緒にでも構わない。犬に聖なるものを与えることや、豚の前に真珠（実のところこれは偽物）をばらまくことをためらわない。いかなる規律でもそれを覆すことを彼らは率直とか公正とか呼んでいる。そしてわれわれの規律への愛着を見せかけのものだと見なす。……全員が慢心し、全員が知識を約束している。洗礼志願者は教えられる前には非の打ち所がない。またその派の女性たちには、許されないことなどあるだろうか。彼女たちは厚かましく教義を論じ、討議し、悪魔祓いをし、治癒を約束し、おそらく洗礼を授ける。その派の叙階は行き当たりばったりに、気まぐれに、脈絡もなく行なわれる。あるときは新信徒を、あるときは俗界にはまりこんだ人間を、あるときはわれわれからの転向者を、真理によって引き留めることのできない者を野心によって引きつけるために高い地位につける。反逆が功徳の代わりをする反逆者の陣営ほど、昇進が容易なところはどこにもない。そこで彼らはきょうひとりの司教をもち、あすはもうひとりの司教をもつ。きょう助祭である者があすは講師となり、司祭は俗人に戻るだろう。というのも彼らは俗人に祭司の職務を負わせているからである。……しかも彼らは自分たちの高位聖職者に対してさえ尊敬の念をもっていない。このため彼らのあいだに離教はほとんど存在しない。それに気づくこともない。しかし彼らの結合さえ絶えざる離教なのである」（四一三―四一五頁）。

無知な下層民であったという証言もあるが（これは、ブラックマンの云う第一の原因と矛盾するけれども）、これも上述の事実を示すものと考えるべきであろう。

なお、マルキオン派教会が当時の正統教会にくらべて、明らかに一歩進んだ組織形態をもっていたことは上述のとおりであるが、そこからハルナックは、正統教会が正典と信条の画定、司教制度による単一の組織の確立等の仕事を二世紀の末までに行うのは、もっぱらマルキオン派に刺戟され、かつまたマルキオン派に対抗するためであった、と主張している。「マルキオンは、その活動により、また、組織と神学にかんするその思想によって、古代カトリック教会の成立に決定的な刺戟を与え、ひとつの模範を示したのである」（二二四頁）。「マルキオン派から自己を防衛するために、キリスト教はマルキオンから、その基本的な神学をのぞいて彼がうちたてたすべてのものを借りてこなければならなかった」（二一二頁）。つまり、ハルナックによれば、マルキオン派は或る意味（否定的媒介という意味）で、古代キリスト教会の最大の組織者だった、ということになる。しかし、このハルナックの見解には、さまざまな反論もなされているようである。

三世紀に入って、西方ではマルキオン派は次第に衰微してゆく。ひとつには、その禁欲主義のために、結婚を全面的に禁止していたことから、信徒の補充がきかなかった、という要因もあるが、最大の問題は、マルキオン派と多くの共通点をもつマニ教によって、その地盤を侵食されたことであろう。しかし、東方では、マルキオン派はその後も勢力を保持しつづけた。現存する最古の教会碑文はダマスカスの近くのレババで発見された紀元三一八―三一九年のものだが、これはマルキオン派に言及したものである。それから三〇年后の四世紀中頃にも、エルサレムのキュリロス（三一五頃―八六、エルサレムの司教）は、その教理問答書の中で、誤ってマルキオン派の教会へ行かないように、と信徒たちに注意している。キュリロスの司教管区の多くの町には、正系の教会と共に、きまってマルキオン派の会堂があり、いくつかの小さな町には、マルキオン派の会堂しかなかったらしい。コンスタンチヌス帝の異端禁止令（三二五）はマルキオン派にとっても当然打撃であったに相違ないが、五世紀の中頃にも、キュロスの司教テオドレトスはマルキオン派から一〇〇〇人の信者を改宗させたと誇っており、同じ世紀に、アルメニアでもエスニコス（コルブの司教）がマルキオン反駁を草していること等から見ても、東方では五世紀にいたるまで、マルキオン派がかなりの勢力をもっていたらしい。四〇〇年頃のマルキオン派の勢力は、ローマを含む全イタリア、エジプト、パレスチナ、アラビア、シリア、アルメニア、さらにはペルシャにまで及んでいたらしい。

〈マルキオンの思想〉

マルキオン派の中心問題は、人間の救いと贖いの問題であり、ヴァレンチノス派や後のマニ教に見られるような宇宙論的な思弁は、この派には殆ど存在しない。「彼は贖いの神しか知らない。世界の創造者、支配者である神に、彼は興味を示さない」と或る研究家（プライス）は云っている。

a 人間論

一般のグノーシス派によれば、人間は〈神性の火花〉を宿していた。人間の肉体や精神は、下級の神デミウルゴスの製作物であるが、しかし、人間の内には、本来このデミウルゴスには属さない神的な〈霊〉が宿されていた。この霊があるが故に、人間はデミウルゴスの支配下にあるこの世界では〈異邦人〉なのであり、疎外感に悩まねばならないのである。従って、救いとは、一般のグノーシス派にとっては、地上に流され、捕われているこの〈天上の火花〉を解放し、それをもとの故里である〈天上〉に帰すことである。しかしマルキオンは、人間の本性が、他の世界から来ているという一般グノーシス派の根本の教義を全面的に否認する。一般グノーシス派は、この世界に対して侮蔑しか感じないが、マルキオンの侮蔑は、この世界のみならず、その中の人間自身にも及ぼされる。人間は他の世界から地上に〈流刑〉されたものではなく、その肉体も精神も、ことごとくデミウルゴスの作り出したものであり、人間（それは人間存在の全体である）の醜さ、弱さこそが、デミウルゴスの劣等性をもっともよく証明している。従って、人間は、地上の世界に対して、決して〈異邦人〉なのではなく、この醜悪な世界こそが、醜悪な人間の故里なのであり、人間は疎外感を抱くどころか、この汚濁の中で、豚のように自らもけがれはててくらしている。つまり、一般のグノーシス派とはことなって、マルキオン派によれば、人間には本来、救いに値するようなものは何物もないのである。

b　デミウルゴス

従って、人間は、その最高の部分をも含めて、ことごとくデミウルゴスに属している。マルキオンがこのデミウルゴスをいかなるものと考えていたかについては、伝承も必ずしも一様ではない。エイレナイオスの反駁書も、或る個所では、マルキオン派の二元論を〈善の神〉と〈悪の神〉の対立として描いているが、他の個所では、それを〈善の神〉と〈義の神〉との対立としている。同じような自己矛盾はテルトゥリアヌスのマルキオン駁論にも見られる。マルキオンの二元論を善悪二神の対立と単純に割り切っているのは、ヒッポリュトスであるが、彼の証言には信憑性が少いといわれ、ハルナック以后は、マルキオンの二元論を、単純な善悪二神のそれではなく、〈善（＝慈愛）の神〉と〈義（＝さばき）の神〉との対立と見ることが、一般的な定説となっている。

なお、マルキオンの弟子のアペルスが善悪の二神論を唱えたことはたしかであり、又、別の弟子プレポンは、善神と悪神の中間に第三の神を考えたといわれるが、マルキオン自身の思想は、こうしたものとは無縁であったらしい。

このデミウルゴス＝義の神は、ほかならぬ旧約聖書の神であり、裁きと復讐の峻烈苛酷な神である。それは全世界の創造者であると共に、その組織者、支配者であり、運命や自然と社会の法則〈近代的な言葉を使えば〉などは、すべてデミウルゴスの力に起因している。又、倫理的には、デミウルゴスは律法、義務、掟など、人間をしばるすべての倫理的規範の原理であり、デミウルゴスの支配は、苛酷な裁きと復讐、つまりは、〈目には目を、歯には歯を〉という下等な原理によって行われている。

こうして人間は、地上の世界の一切を統御するデミウルゴスの支配下に、苛酷な運命にもてあそばれ、裁きでおびやかされながら、この暗黒の世界で、生れ、苦しみ、死ぬほかはないのである。厳密には死ぬほかなかったのである。

c 見知らぬ神

しかし、デミウルゴスの上には、更にもうひとつの神が存在している。それは慈愛そのものの神であるが、完全な超越性の内に座しており、この世界とはなんら直接の関係をもたない。この世界にあるものは、人間をも含めて、この神をなんら証し立てるようなことはない。それは〈知られざる神〉であり、世界とも人間とも完全に〈無関係な神〉である。シリアのマルキオン派は、この神を呼ぶのに、普通〈見知らぬ者〉（アロトリオス〈異邦人〉）という名を使っていたとエピファニオスのマルキオン反駁書は伝えているが、ここにも、マルキオン派思想のひとつの基本的な性格を見ることができる。〈異邦人〉という言葉は一般のグノーシス派でも多用された言葉であったが、そこでは、人間が地上世界に対して異邦人なのであった。しかしマルキオン派は、この観念を、神と、人間を含む全世界との関係に適用する。つまり、神が人間に対して異邦人なのであり、逆に云えば、人間は世界に対してではなく、神に対して異邦人なのである。

この場合、デミウルゴスと神との関係が、理論的にはかなり問題となる。デミウルゴスは果して神なのか、神ではないのか。後期のマルキオン派の場合には、デミウルゴスは神ではなく、又、永遠の存在でもなく、世の終りには、彼が造った世界と共に、破壊さるべきものと考えられている。つまり、終局的な絶対者は善の神一人であり、デミウルゴスはそれの道具にすぎないとされるわけである。しかし、マルキオン自身の場合、デミウルゴスは永遠の存在ではないとしても、なおかつ被造物ではなく、その意味で、〈下位の神〉であった、と考えるのが至当であろう。その意味でこれは、やはり二元論の一種と考えるべきである。

d 贖い

神はこのように、世界と無関係の存在であり、人間とも又無関係の存在である。人間は一片の神性をも宿さないデミウルゴスの子であるから、神に救われる資格はひとつもない。にもかかわらず、神は人間の悲惨を見て、憐びんの念を抱いた。そして、自分とは無関係な、本来救いに値しない人間を救うために一人子を世に遣したのである。憐びんに値しない者に注がれたこの憐びんは、全く不合理なものであるが、それが不合理であればあるほど、ますます神の愛の広大無辺を示すのである。この愛は、人間の中の何物か（例えば神性の火花）によって誘発されたものではなく、全く自発的な〈無償〉なものであり、このような無償の愛によって、神は他人（つまりデミウルゴス）の子供を、進んで自分の養子として引き取ったのである。「善きお方は、その方に関係のない者たちに憐憫の情をもちたまうた。神は彼らを善としても、あるいは悪としても愛したのではなかった。そうではなくて、憐憫の情に動かされて、神は彼らをあわれと思われたのである」——これは、アダマンティオスのマルキオン駁論に引用されるマルキオン派の発言であるが、テルトゥリアヌスの反駁書に登場するマルキオン、又はマルキオン派の一人は、神のこの〈法外な愛〉を次のような言葉でのべている。「友情の義務もないのに、無関係の者に自発的に、又自由に注がれるものこそ、本来の完全ないつくしみである」。或いは、「キリストが造物主の子であったとすれば、キリストが御自身の被造物を愛したということは妥当性をもっている。しかし、キリストが外の神から出てきたとすれば、彼は外の神に属していたものをあがなったのであるから、彼の愛はまさに法外なものであった」。

こうして神は、キリストによって、デミウルゴスの支配下にあるこの世界に例外的に介入し、造物主に圧迫されていた人類を贖い出したのである。ここには「私たちがまだ弱かったころ、キリストは時至って、不信心な者たちのために死んでくださったのである」(ロマ書五・六)、「私たちがまだ罪人であったとき、私たちのためにキリストが死んでくださったことによって、神は私たちに対する愛を示されたのである」(仝、五・八)というパウロの思想が生き生きとよみがえっている。つまりマルキオンは、律法と恩寵との対立、恩寵による律法の克服というパウロ的な原理を受けつぎ、律法の神(=デミウルゴス)と恩寵の神(父なる神)という二神論の内に、その原理のもっとも尖鋭な表現を見いだしたものと云ってよい(12)。

いずれにせよ、キリストによる人類の贖いは、このように奇蹟的な、全く例外的なものであるから、歴史の内になんの先例も、まえぶれもなく、絶対的に新しいものである。マルキオンはその『対立論』の冒頭で次のように語っている。「すべての奇蹟をこえる奇蹟よ、喜びよ、力よ、驚異よ、我らは福音について何ごとをも語りえざるが故に、又、福音について何も考えるをえず、又、何物をも福音と比較しえざるが故に」(テルトゥリアヌスの引用)。キリスト教のこの絶対的な新しさという観念は、マルキオン派の思想のもっとも基本的なモチーフであり、それ故に彼らは、当時支配的なユダヤ的キリスト教に猛烈な攻撃を加え、キリスト教からユダヤ教の痕跡を完全に消し去ろうとしたのである。旧約聖書の排撃も、もとよりそこからくる。

e キリスト論

マルキオンのキリスト論は、〈様態論〉modalisme と〈仮現論〉docétisme とを特徴としている。キリストは、善なる神の〈様態〉(現われ)であって、その意味では、神そのものである。当時は正統教会において

---

(12) 「律法と福音の分離がマルキオンの最初にして主要な手柄である」(テルトゥリアヌス『マルキオン反駁』I、一九)。

も、父なる神と子なる神キリストとの個格（ペルソナ）の区別は必ずしも十分には行われておらず、神とキリストとの完全な同一視という傾向もいまだに残っていた。紀元二〇〇年頃の法王（ローマの司教）ゼフィリヌスなども「私はただひとつの神、イエス・キリストを知る」などと語っているが、父と子とのこの様態論的な混同は、マルキオン派にも明らかに見られ、アダマンティオスによると、マルキオン派のメゲティウスは、「神の死が人間の救いとなった」とのべていたといわれる。マルキオン派におけるこの様態論は、しかし、先のゼフィリヌスなどとはちがって、おそらくは意識的なものであったのであろう。福音に示された神の法外な愛をたたえることがマルキオン派の最大の目的であったとするならば、人間の贖い出しのために、神自身とは別個の個格をもつキリストが死ぬよりも、まさに神自身がキリストという形をとって死ぬことの方が、はるかに彼らの目的にかなうからである。このような考慮は、マルキオン派の仮現論にも現われている。

キリストが人間イエスとなって現われたのは、キリストが人となったのではなく（受肉の否定）、単なる仮象にすぎない、という仮現論は、キリスト教的グノーシス派に共通のものである。マルキオンにおいても、その点は変りない。彼によれば、人間の肉体はもともとデミウルゴスの作ったものであり、それが神の住みかになるということは許すべからざる瀆神でしかない。したがって、キリストは人間として生れたのではない。キリストは純粋な霊であり、地上におけるその肉体はたんなる〈幻〉にすぎない。キリストはこの〈幻〉の姿をもって、「チベリウス帝の第一五年（紀元二九年）に、救いの霊として天下った」のである。突然大人の姿で天下ったこのキリストには、もちろん、誕生も、少年時代も存在しない。

このように、マルキオン派がもっとも排除せねばならぬと考えたもの、彼らに仮現論を採用させる最大の動因となったものは、キリストの〈生誕〉の問題であった。この点は、一般のグノーシス派とはいちじるしくことなっている。一般のグノーシス派がもっとも反撥したものは、キリストの〈生誕〉ではなく、その〈受難〉であった。神が危害を加えられる、というようなことは、彼らには到底受けいれがたいものであり、それ故に彼らは、十字架にかけられるときに、天的なキリストは人間イエスから離れて、安全に天へ上ったとか〈ヴァレンチノス派〉、キリストとキレネのシモンがすりかえられ、十字架にはキリストの姿をとったシモンがかかり、キリストはシモンの姿をとって人々を嘲笑していたとか〈バシレイデス〉、さまざまな仮現論を展開していた。つまり、一般グノーシス派の場合、仮現論はとりもなおさず、受難という事実を回避するために立てられたと云ってよい。しかし、キリストの〈生誕〉を認めないマルキオン派は、逆に〈受難〉の事実を承認し、その恩恵を高唱する。マルキオン派によれば、キリストの死は、デミウルゴスから人間を贖い出す〈買い取り〉の行為である。人類は元来、正当な権利としてデミウルゴスに属しており、従って善なる神も、なんらかの正当な代償をデミウルゴスに支払わぬ限り〈現実に支払わぬ限り〉、人間を引きとることはできなかった。もちろん、神はデミウルゴスよりも上位の者であるが、自分の力によって、強制的にデミウルゴスを圧服し、いわばデミウルゴスから人間を強奪することは、善の神というその本性が許さない。従って、神を詐欺師とするのでない限り、〈受難〉はデミウルゴスへの代償として現実に行われねばならなかったのである。キリストは現実に十字架にかけられたのであり、そして現実に血を流し、死んだのである。そしてキリストは神そのものであるから〈モダリスム〉、十字架上に、神自身が現実に血を流し、そして死んだのである。[13] 救いに値しない人間を救うために、神自身が自らの命を捨てた、というこの〈受難〉の事実の内に、神の無償な、そして法外な愛が、もっともよく表われている、とマルキオン派は考える。

f　マルキオン派の聖書

福音の絶対的な新しさをとなえ、それによって、キリスト教中にあるユダヤ教的要素を全面的に排除しようと試み

(13) テルトゥリアヌス『キリストの肉について』*De carne Christi*「そして神の子が死んだということ、これはぜひとも信じなければならない。なぜならそれは不条理だからだ。そして彼は墓に葬られ、甦った。これは確かである。なぜならそれは不可能だからだ」。

たマルキオンは、当然のことながら、旧約聖書を全く認めなかった。それは、下級の神であるデミウルゴスの事蹟のみを記録したものであって、福音によってのみ示された慈愛の神とはなんの関係もないのである。従って、旧約と新約との間に連続性を設定するために、旧約の言葉の背後に、隠れた意味を探ろうとする当時流行の寓意的聖書釈義を、彼はことごとく斥《しりぞけ》る。新約聖書中でも、マルキオンが認めたものは、パウロ系のもののみであった。律法と福音の分離という彼の基本的な立場からすれば、大方の使徒はキリスト教を誤り解しているのであり、キリスト教の真髄を理解している使徒はただパウロ一人ということになる。従って、マルキオンは、パウロ書簡と、パウロ的色彩の強いルカ伝しか正典として認めない。しかも、これらの内にも、不純な（ユダヤ的な）キリスト教徒による数々の挿入があるとして、文中からのそれらの排除に努力している。マルキオンによる聖書本文のこの批評は、もとより、きわめて明確な党派的立場からくるものであるが、しかし、テルトゥリアヌスも云うように、それは〈ナイフのように〉鋭いものであり、ハルナックが近代聖書批評学の遠い祖先としてマルキオンを高く評価していることも、必ずしも故なしとしないであろう。(14)

g　むすび

以上がマルキオンの二元論的理論の大要である。善の神と義の神とを分離し、世界における悪の存在のすべてを下級の神デミウルゴスに帰して、真の神を世界と無関係のものとみなしたこの理論が、それ自体として、悪の問題の解決に成功していないことは明らかである。テルトゥリアヌスは、神の贖いの事業はなぜこれほど遅れたのか、神はそれまで何をしていたのか、とマルキオン派に正当な批判を加えており、エイレナイオスも又、至高の神は、デミウルゴスにもなぜ慈愛の手を拡げなかったのか、と問うている。もとより、デミウルゴスによる不完全な世界創出と世界支配を上位の神がなぜ黙許したか、なぜデミウルゴスに勧告して、完全な世界を作らせなかったのか、という基本的な問題は残される。又、一層突きつめて云うならば、至高の神のほかに第二の神が存在するという二元論の立場そのものが、神の全能性をいちじるしく傷つけるものであることは云うまでもない。しかし、理論的にはマルキオン主義の致命的弱点とされるこのような点こそ、心情的には、世界苦にうちひしがれた解体期古代社会の多くの人々にマルキオン主義がもっとも強く訴えた点でもあったにちがいない。地上の世界とは全く無関係な存在である神が、歴史の或る一点において、突然人間を贖い出すために、奇蹟的に地上の世界に介入し、自らの命とひきかえに、人間を暗黒から救い出した、というこの教えは、理論的にはそこに内包されるかずかずの矛盾や不合理にもかかわらず、逆に、それらの不合理の故に、それを信じる信徒達にとっては、苦難にたえるかけがえのない力となったに相違ない。この理論は悪の問題を、理論的に解決することはできなかった。又、至高の神の責任（悪の存在にかんする）を解除することにも成功しなかった。しかし、それは、この理論的不合理の故にこそ、悪に耐える力を人々に与えることができたのである。悪は理論的に解決（解消？）すべきものであるか、それとも、現実の生活の中でそれに耐え、できるならば、それを実践的に克服すべきものであるか、という、弁神論の背後にあるもっとも基本的な問題が、ここにも重くよこたわっている。

（14）テルトゥリアヌス『異端者に対する処方』「マルキオンはペンの代わりにナイフを手にして、自分の体系に重みを与えるため、すべての聖書を切り刻んだ」（四一〇頁）。

文献

Eugène de Faye, *Gnostiques et gnosticisme, Etude critique des documents du gnosticisme chrétien aux* IIe *et* IIIe *siècles*, 1913（épuisé）.

Serge Hutin, *Les gnostiques*（PUF, coll. ‹ Que sais-je ? ›, 1959）.

Robert Ambelain, *La notion gnostique du Démiurge*（Ed. Adyar, 1959）.

Robert M. Grant, *Gnosticism and early christianity*, 1959　仏訳 *La Gnose et les origines chrétiennes*（Ed. du Seuil）.

仝　, *Gnosticism. A Sourcebook of Heretical Writings from the Early Christian Period*, 1961.

Jacques Lacarrière, *Les gnostiques*（Gallimard, coll. ‹ Idées ›, 1973）.

Henri-Charles Puech, *En quête de la gnose*, 2 vol.（Gallimard, ‹ Bibliothèque des sciences humaines ›, 1978・2）.

（一九七八年頃執筆）

編註

（一） 現在のグノーシス主義研究者のあいだでは「心魂」という用語が使用される。

（二） 『キリスト教教父著作集エイレナイオス1〜5』において全訳されている（大貫隆・小林稔訳、教文館、二〇〇〇—二〇一七）。

（三） 復活後のイエスと弟子たちとの対話を内容とする、コプト語で伝えられているグノーシス主義の文書。

（四） 前出の「魔術師シモン」のこと。マゴス（マグス）は魔術師の意。

（五） 「この問いは云いかえれば、」と「ということです」は後から加筆されている。ここでだけ「です」という表現が使われているのは、講義のときの口調が紛れ込んだためであろうか。

（六） 新約聖書「新共同訳」では『ローマの信徒への手紙』、「文語訳」では『ロマ人への書』とされるが、『ロマ書』という書名もよく使用され、本ノート九三頁ではそれが用いられている。

（七） ヒッポリュトスの『全異端反駁』*Refutatio Omnium Haeresium* は、その第一巻の内容から『哲学的思想』（『哲学諸説』）とも呼ばれている。

（八） 邦訳に『哲学史および宗教史における二元論』（神谷幹夫訳、訳者による自主出版、一九八五・三）がある。

（九） ヒッポリュトス『全異端反駁』のバシレイデス反駁部分の翻訳は、「バシリデースの教説」（小林稔訳）として『ナグ・ハマディ文書Ⅰ　救済神話』（岩波書店、一九九七）に収録されている。

（一〇） マンダ教のこと。イラク南部に現存する、グノーシス主義的宗教の唯一の生き残り。

（一一） ヴァレンチノスからの引用を多く含むアレクサンドリアのクレメンスの『ストロマテイス（綴織）』は、『キリスト教教父著作集アレクサンドリアのクレメンス1、2』（秋山学訳、教文館、二〇一八）において全訳されている。以下の二つのヴァレンチノスからの引用も『ストロマテイス』より。

（一二） 『ナグ・ハマディ文書Ⅱ　福音書』（岩波書店、一九九八）のなかに全訳（荒井献訳）が収録されている。

（一三） 文末近くに「ニーグレン、t. 2, p. 118 の言葉を引用」という書きこみがある。講義中に、原註4に挙げられたニーグレン『アガペーとエロース』の邦訳第Ⅱ巻（副題は「基督教の愛の研究・基督教の愛の観念の歴史第一篇」、岸千年・大内弘助訳、新教出版社、一九五五）から、該当箇所を紹介するためのメモと思われる。

（一四） 原註4に挙げられたブラックマン『マルキオンとその影響』（三頁、二一頁）によれば、アウグスト・ビルが「テルトゥリアヌス『マルキオン反駁』第一巻の註釈と本文批評のために」（一九一一）で唱えた説。

「女法王」伝説

紀元八五五年十月にローマ法王レオ四世が死去したあと、ヨハネス・アングルスという学僧が次期法王に選出され、ヨハネス八世を名乗ったが、この法王、実はヨハンナという男装の女性で、やがて奴隷と通じて子を孕み、ローマの大道で女児を産み落とした末、在位二年一ヵ月四日の後に産褥死した――というのは有名な中世伝説のひとつである（細部については、もちろん種々の異説がある）。その話にはもっともらしい落ちがついていて、この一件にこりたローマ教会は、それ以後、法王に選ばれた者を底に孔のあいた椅子に坐らせ、毎度、下から指をさしこんで、間違いなく男であることを確認するようになった、ともいわれている。

この伝説の起源は必ずしも明らかでない。現在残っている最古の記録は十一世紀のマリアヌス・スコトゥスの年代記らしいが、以来この話はまぎれもない歴史的事実として、多くの年代記やローマ法王列伝に受けつがれ、ペトラルカやボッカッチョなどにも取り上げられた。フランスでは十九世紀に至るまで「女法王」に題材を仰いだ喜劇やヴォードヴィルが上演されているが、そもそも「法王」という名詞の女性形（中世ラテン語では papissa イタリア語では papessa フランス語では papesse）がこのヨハンナ一人のためにわざわざ作られ、イタリア語やフランス語のそれは現在でもあらゆる辞書にのっているという一事からしても、この伝説がいかにポピュラーなものであったかがわかる。それの由来としては、実在のヨハネス八世（在位八七二―八八二年）の性格の弱さに帰する説、法王選挙がとかく女性の影響力に左右されやすかったことから来るとする説、等々があるようだが、いずれを採るべきかきめる能力も興味も私にはない。ただ、レオ四世の死から次の法王ベネディクトゥス三世の即位までわずか数週間の日時しか経過していなかったことから見て、在位二年有余にわたる「女法王」の教会支配など物理的にもありえなかったことを指摘しておけば足りよう。

私がこの伝説にはじめて接したのは、ピエール・ベールの『歴史批評辞典』（一六九六年）のなかでであった。全ヨーロッパ的な啓蒙思想の形成に甚大な影響を及ぼしたこの歴史辞典には、それだけで優に一冊の本になるほど長大な「女法王」という項目があり、厳密な史料批判にもとづいて、この伝説の虚構性が徹底的に暴露されている。ベールがこの項目にそれほどまでの紙幅をさいたのは、カトリック対プロテスタントという時代の宗教対立のなかで、ほかならぬこの「女法王」問題が重要な争点のひとつをなしていたからである。ローマ教会の「堕落」を宗教改革の第一の理由とするプロテスタント陣営にとって、ローマ法王座にかつて男装の女が坐ったというスキャンダルが対ローマ攻撃の絶好の材料と目されたのは当然であった。こうして十六世紀以来、「女法王」問題はとりわけプロテスタント史家たちの手で大々的に宣伝され、それを必死に否定するカトリック史家との間に激しい歴史論争が展開された。大まかに言って、それは十六、十七の二世紀を被い、十八世紀の前半にまで及んでいる。ベールの「女法王」の項は、プロテスタントの立場からこの争点を自ら放棄することを明確に示したもので、彼が主として依拠したダヴィッド・ブロンデルの女法王否定論とともに、党派の利益より歴史の真実を重んじる歴史家の知的勇気の模範として、後代にまで大きな感銘を与えたものであった。

遠い昔の、いささか滑稽な話ではある。だが、ブロンデルやベールがその稀有な知的勇気のゆえに、おのが党派のなかでいかに惨澹たる立場に置かれていたかを知れば、いまなお暗然たる思いにとらわれぬ者はいないであろう。国家や党派が自己に有利な虚構にしがみつく「女法王」まがいの話は、私たちの周囲にもありすぎるほどあるからである。

（『歴史書通信』四五号、一九八四年六月〔歴史随想三二〕）

辞書を訳す

本は「読む」もの、辞書は「引く」ものときまっているが、「読む」ための本がまま「字引がわり」にも使われるように、「引く」ための辞書が「読む」に足るだけの面白さや思想性を備えていることも珍しくない。辞書を「訳す」ことに意味があるのも、主にそのような場合であろう。ディドロらの『百科全書』がそうであったし、筆者が数年来訳出にたずさわっているピエール・ベールの『歴史批評辞典』もそのひとつにかぞえられよう。

啓蒙思想の最大の武器庫として十八世紀の全ヨーロッパ的ベストセラーだったこの辞書は、優に一冊の本になるほど長大なスピノザの項や、キリスト教的弁神論への鋭い批判などで、とかくその哲学的側面を注目されがちだが、元来は人名を主としたまぎれもない歴史辞典であった。ベールの著作集全七巻の中心としてこの本を三巻に抄訳することをきめた時、筆者が何よりも心がけたのも、原書の持つこの性格を可能なかぎり損わないようにすることだった（そのためには、原書の記述のわずか一割ほどにすぎないのだが、各巻千ページ余の分量が最低限必要となった）。今から思えば、それが苦労の始まりだったようである。名も知らぬ古い歴史家や教会著作家の氾濫、おびただしいラテン語の書名や引用文。図書館らしい図書館を持たぬ貧乏大学にいる悲しさで、もっぱら他校の図書館を利用したいばかりに、豊富な目録類を備えた大学にわざわざ講師として傭っていただくような羽目にまで立ちいたった。

しかし、「啓蒙思想の先駆者」という通念ではとらえきれない原著者の生きた世界が多少ともかいまみられて、「信念の危機」の時代を徹底的に生き抜いたこの思想家が別の身近な姿で眼前に立ち現われるようになったのも、ひとつにはこうした悪戦苦闘のおかげであった。少なくとも筆者にとって、「辞書を訳す」ことは無駄ではなかったようである。

（『図書』四二三号、一九八四年十一月）

「弁神論」から「苦しむ神」へ

古代ギリシャの哲学者エピクロス（前三四二―二七一）は次のように言ったと伝えられています。「神は悪を取り除きたいが出来ないのか、出来るがしたくないのか、したくもなく出来もしないのか、したいし且つ出来るのか、そのどれかである。したいが出来ないなら、神は無能ということになるが、それでは神にふさわしくない。出来るがしたくないなら、神は嫉み深いということになるが、それは神にはありえない。したくもなく出来もしないなら、神は嫉み深くて無能ということになるが、そんなのはもう神ではない。したいし且つ出来るということだけが神にふさわしいのだが、それなら一体悪はどこから来るのか、神はなぜ悪を取り除かないのか。」このエピクロスの言葉を伝えるのは四世紀初頭のキリスト教神学者ラクタンティウス(1)（二六〇頃―三二五頃）ですが、この人はさらに続けて、多くの哲学者はこの論理に当惑してしまい、神は地上に起こることに責任を負わないと白状せざるをえなかったと言います。事実、神の摂理を否定して、神はこの世の出来事に一切介入せず、天上の至福を楽しんでいるだけだ、というのがエピクロスの考えでありました。

今日のお話の題目にある「弁神論」のすべての問題が、今ご紹介したエピクロスの言葉に要約されております。「弁神論」あるいは「神義論」というのは、英語では「サイアダシ」、フランス語では「テオディセ」といい、これはギリシャ語の「テオス」（神）と「ディケ」（正しさ、正当化）の二つの語から作られた言葉で、一八世紀初頭の哲学者ライプニッツ（一六四六―一七一六）の造語ですが、内容を一言で申せば、神の摂理とこの世にある悪とを理論的に折り合わせて、悪は神の責任ではないことを証明する議論、つまり悪に関する神の弁護論をいいます。摂理とはもちろん神による世界の統治運営という意味ですし、悪とは一般に望ましくない事柄を意味します。これはさらに、たとえば戦争や自然災害・苦痛・不幸・病気・死等、一般に望ましくない事態をさす自然悪、スコラ用語だと物理的悪、それから望ましくない行為、つまり罪悪をさす道徳的悪とに大別されますが、いずれにしろ、この世界に種々の不幸や罪悪が満ち満ちているということは誰もが経験で知っている事実で、そこから、神が統治するこの世界にどうしてそういう悪があるのかという問いが必然的に生じることになります。この問いはいわば神の観念と共に古いもので、すでに古代ギリシャでも、エピクロスが最初に引いたような言葉で問題の所在を指し示していたわけですが、とりわけ一神教的世界観のもとでは、この問題が一層差し迫ったものにならざるをえません。キリスト教の神学も、イスラムの神学も、昔からこの問題に頭を悩ませてきたわけです。

キリスト教の歴史を見ても、紀元三世紀頃迄のグノーシス系の各種異端派や、その後を継いだマニ教と正統キリスト教との思想闘争の中では、ほかならぬこの悪の問題が中心的な論点をなしていました。キリスト教弁神論の基本的な骨組みは、こういう思想闘争の中で作り上げられたわけですが、そこで最大の役割を演じたのはマニ教からの転向者だったアウグスティヌス（三五四―四三〇）であります。

悪の問題をめぐるアウグスティヌスの議論は、哲学的なレベルのものと、神学的なレベルのものとに分けられますが、哲学的なレベルで中心をなすのはいわば存在論的な議論であります。そこでは、根源的な一なるものから万物が段階的に流れ出たという新プラトン派のプロティノス（二〇五―二六九）のいわゆる「流出説」に基づいて、およそ存在するすべてのものは多かれ少なかれ善で、したがって悪は実在ではなく、単に善が欠けているにすぎない、と主張されます。たとえば、闇は闇としてあるのではなく、光が欠けていること、病気も健康が欠けていること、そして道徳的な悪というのは、人間の意志がより大きな善ではなく、より小さな善へ向かうことだ、というわけです。さらに

（1）ラクタンティウス『神の怒りについて』、第一三章。

もうひとつ、神が造った世界は全体としては神の完全性を反映するけれども、全体としての世界が美しくあるためには、それを構成する諸存在の間に完全性のばらつきがなくてはならない、それはちょうど、画面の上に明るい部分と暗い部分があってこそ絵が美しいのと同じだという「宇宙論的」ともいえる議論があります。また個別的にも、火の熱さを感じてこそ人間は火から遠ざかって火傷をしなくてすむように、あるいは不幸の中でこそ善人の徳が輝き出るように、悪はより大きな善を生み出す手段なのだとも言われます。

第二に神学的レベルの議論ですが、これは言うまでもなく原罪というキリスト教の教義に基づいています。アダムが罪を犯す前には人間と世界の関係は非常に調和のとれたもので、人間は苦痛も死も知らなかった、しかし、アダムが罪を犯してからは、それに対する正当な罰として、人間のみならず生きとし生けるものの苦痛と死が、そしてあらゆる自然悪がこの世に入り込んだのだ、とアウグスティヌスは言います。それでは、なぜアダムは罪を犯したのでしょうか。アウグスティヌスによれば、それは神から与えられた自由意志、つまり善も悪も自由に選べる能力を人間が悪用したからです。人間は神の手になる被造物のうちで最高の地位にあるものですが、神はこの最高の被造物に、何よりも貴重な贈物としてこの自由意志を、言葉をかえれば道徳的な能力を与えた、そして、人間がたまたまこの自由意志を悪用して罪を犯し、それに対する制裁としてありとあらゆる自然悪を蒙るようになったのだ、だから悪があるのは神のせいではなく人間のせいだ、というのが神学的レベルでのアウグスティヌスの議論です。

以上ご紹介したのが、アウグスティヌスによって定式化された古典的なキリスト教弁神論の概要です。アウグスティヌスは紀元四〜五世紀の人ですが、それ以降、中世をずっと貫いて、このような弁神論がキリスト教会に連綿と継承されていきます。たとえば、中世スコラ哲学の巨峰だったトマス・アクィナス(一二二五—七四)などを見ても、悪に関するその理論はアウグスティヌスのものと基本的に変わりありません。そして一方では、とりわけ悪の問題を根拠にして正統キリスト教に鋭い批判を浴びせた、マニ教の流れを汲むカタリ派などの異端派は、十字軍の武力と異端審問の火刑台によって徹底的に圧殺されたわけであります。

こうした古典的なキリスト教弁神論に根本的な異議が呈されるようになったのは、一七世紀末から一八世紀初めにかけてであります。この時代はちょうど科学革命の時代で、スピノザ（一六三二―七七）、ライプニッツ、ロック（一六三二―一七〇四）などの近世哲学の巨人達が相次いで輩出した時期でもあります。そのころ、プロテスタンティズムへの迫害のためにフランスからオランダへ亡命していたピエール・ベール（一六四七―一七〇六）という思想家がいました。これは普通、啓蒙思想の最大の先駆者とされる人ですが、この人が生涯にわたって執拗に行なったのが、ほかならぬキリスト教弁神論への仮借ない批判であります。アウグスティヌスが定式化したような理論では、この世界に満ち溢れる悪について神の責任を解除できない、したがって、善の神と別に悪の神を立てた往年のマニ教徒がキリスト教弁神論に浴びせた批判もそれなりに正当なものだったということをベールは明らかにしていきます。

まず、存在は存在であるかぎり善で、悪は実在ではなく欠如にすぎないというアウグスティヌス以来の存在論的な論理ですが、ベールによれば、これは存在論の次元と道徳の次元との幼稚な混同に過ぎません。たとえば悪の権化とされる悪魔にしても、悪魔の持つ力は単に力として抽象的に見れば善であるかもしれませんが、しかし、その力が常に悪い方向に向けられて、さまざまな罪や禍を引き起こすという道徳的な邪悪さがそれで帳消しにはならない、とベールは言います。また、いろいろな存在の間に完全性のばらつきがあるほうが全体としての世界は美しいのだという宇宙論的な論理に対しても、人間の罪や悲惨がどうして世界全体の美しさに寄与するのかが具体的に示されなければ、これは空論に過ぎない、しかし人間は宇宙の全体を認識してはいない以上、人間世界の悪が宇宙全体の美に寄与する仕方など示せるわけがない、と応じます。しかし、ベールが一番精力を傾けたのは、アウグスティヌス以来古典的な弁神論の中核をなしてきた自由意志論、つまり、神が与えたこよなき贈物である自由意志をたまたま人間が悪用した結果、諸々の悪が生じたのだから、悪の責任は神の側ではなく人間の側にある、という論理を打ち崩すことであります。この論法に対して、ベールは、こういう自由意志の悪用を神は予見していたのかいなかったのか、という問いを立てます。もし予見していなかったら、神は全知どころか全く目先がきかないことになりますが、これはありえないことです。しかし、もし予見していたら、神はあらかじめ手を打って、人間が自由意志を悪用するのを防ぐべきだったでしょうし、仮に防げなかったとしたら、これほど有害な結果を生じて大多数の者が地獄に落ちる原因になるような贈物を軽々しくすべきでなかったろう、とベールは言います。たとえば、自分の娘がダンスパーティに行くのを母親が許す場合、そのパーティで娘が男に誘惑されて純潔を失うということをあらかじめ知っていながら、それでも娘の自由意志に任せておいたら、そんな母親は母親の名に値しない、人間の罪に対する神の態度もそれと同じだ、というような、いささか下品なたとえも使われます。いずれにしろ、アウグスティヌス以来のキリスト教弁神論は、哲学的にも神学的にも全く不備で、こんな議論ではこの世界に充満する悪について神の責任は解除されず、神は悪の張本人にならざるをえない、というのが結論であります。

この人は一体何を言いたかったのか、という点については昔からいろいろ議論があります。これは仮面を被った無神論者だったのだという解釈もあれば、無用な議論をせず黙って神を信じるべきだと言いたかったのだという解釈もあります。そうした解釈問題に今は立ち入りませんが、ベールによる古典的弁神論の解体作業は、その後の一八世紀思想に巨大なインパクトを与えました。悪の問題というのは一八世紀ヨーロッパのひとつの強迫観念で、ライプニッツからサド侯爵（一七四〇—一八一四）に至るまで、多くの思想家がこれと格闘せざるをえなかったわけです。

この解体作業が生み出した思想の流れは、もちろん決して一様ではありません。たとえばライプニッツは、ベールへの直接的な反駁を通じて古典的な弁神論を立て直すために有名な『弁神論』（一七一〇）という本を書きました。そこでは古典的弁神論の多くの論理が更《あらた》めて再整備されて、神の完全性という概念の分析を通して、神は可能なすべての世界のなかで最善の世界を選んだこと、罪も不幸もない世界は確かに思い描けるけれども、そのような世界は実際に選ばれなかった以上、現にあるこの世界より全体としては劣っていたに相違ないことが主張されます。神の完全性という概念を出発点にして、現実世界の全面的な肯定に向かうこのライプニッツの形而上学的弁神論は、その後、もっと通俗的な形では、「あるものはすべて良し」というイギリスの詩人ポープ（一六八八—一七四四）の言葉などにも受け継がれて、初期ブルジョア思想を彩る楽天主義に根拠を与えることになります。ヴォルテール（一六九四―一七七八）の有名な小説に『カンディード』（一七五九）というのがありますが、それは、こういう楽天主義的な夢が現実の経験によって次々と裏切られていく苦い覚醒の物語です。

一方、古典的弁神論に対するベールの徹底的な批判は、一八世紀の無神論者たちに神を否定する恰好の論拠を与えました。カトリックの司祭でありながら実は無神論者で、神と宗教を攻撃する遺稿が死後に流布された一八世紀前半のメリエ（一六六四―一七二九）から、ディドロ（一七一三―八四）の親友で『百科全書』のスポンサーだったドルバック男爵（一七二三―八九）、さらにはフランス革命期のサド侯爵に至るまで、悪の問題の無神論的な運用の例は枚挙に暇がないほどです。もちろん、無神論と一口に言っても、思想の内容はいろいろですけれども、いずれにしろ、キリスト教弁神論の解体の中から、そういうラディカルな思想が育っていったことは間違いありません。

さらにルソー（一七一二―七八）のような例もあります。『エミール』（一七六二）の冒頭には、「創造者の手から出てきたときには、すべてが善である。人間の手の中で、すべてが堕落してしまう」という有名な言葉がありますが、ルソーの思想的営みの根底に、自然あるいは自然の造り主である神の善という観念があることはよく知られています。ルソーもまた、ベールによる古典的弁神論の破壊作業に大きな脅威を感じていて、いわばそれとの対決の中で自分の思想を練り上げていきます。アウグスティヌス以来、悪は人間の自由意志から来る、神の責任ではない、というのが弁神論の通有の論理で、ルソーも基本的にはそれを踏襲するわけですが、ただ同時に、「神が造った自然」とは本質的に違う、「人間が造った社会」という因子を導入して、社会的な不平等をはじめとする諸悪の根源を人間社会自体のうちに求め、神ではなくほかならぬ人間の手で罪と悲惨が生み出された経緯を具体的に明らかにしようとします。つまりルソーは、古典的弁神論の解体という事態に直面しながらも、ライプニッツのようにそれを同じ平面で再建しようとするのではなく、弁神論から社会科学へという思考の大きな転換をはかることで、間接的に神の善を守り抜こうとするわけです。確かにこれは、弁神論と反弁神論の遺産の実り豊かな継承の仕方だったと言えましょう。

一七九一年に哲学者のカント（一七二四—一八〇四）が著わした『弁神論のすべての哲学的試みの不成功について』という含蓄に富んだ論文があります。これは、弁神論の在来の論理を総点検したもので、「哲学の法廷で戦わされたこの訴訟からわかるのは、現在までのところ、いかなる弁神論もその約束を果たさなかったということだ」と結論されます。フランスでも、すでに一七六〇年代にロビネ（一七三五—一八二〇）という哲学者が、およそ善とか義とかいう人間の間でしか成り立たない道徳的性質を神に付与するというのがそもそもの間違いで、神のそういう性質と悪の存在との関係を論議する弁神論も反弁神論も共に虚妄の議論だと主張しておりました。摂理と悪をめぐる一八世紀の諸々の議論は、このカントやロビネで一応決着をつけられたようにも見えます。しかし、この問題は実際には一九世紀以降もたえず論議されていくもので、また、この問題の底にあるのは、罪と悲惨のただ中にある人間がこの世界に対してする痛切な問いかけでありますから、神の道徳的な性質や、さらには神の存在自体を否定してみても、問題が簡単に消えてなくなるわけではありません。たとえば、「歴史とは弁神論である」というヘーゲル（一七七〇—一八三一）の有名な言葉がありますが、歴史によって生み出されたすべてのものは、また歴史によってはじめて意味付けを与えられ、いわば歴史によって贖われる、こうして歴史は終局的に神の正しさを証明するという考えは、ヘーゲル主義の子だった、神を否定するマルクス主義にも形を変えて受け継がれました。しかし、現在、全世界の目の前に露呈されているものは、「歴史による贖い」というような観念を神ならぬ人間の政治が安直に利用しようとした場合、いかに惨憺たる結果が生じざるをえないかということでもあります。

現代のキリスト教思想の中でこの悪の問題がどう考えられ、理論的にどう処理されているのかを、全体にわたって詳しくご紹介することは、専門外の私には到底手に余ることであります。ただ、先頃たまたま目にふれた、フランスで出ているカトリック系の宗教雑誌(2)が悪と苦しみの問題の特集をしておりまして、その中である神学者(3)が次のように述べているのを見て、少しく感銘を受けたことだけご報告しておきます。以下はその言葉です。「進歩の必要なモーメントなら悪は悪でなくなる、とライプニッツは考える。スターリンもそうとしか言わなかった。ヒトラーもしかり。

こういう悪の合理化は、表面的なばかりか不正である。不正なら、これもひとつの悪である。それは、悪を消し去ることではなく、悪に悪を加えることだ。」この特集には、広島・アウシュヴィッツなどの名がさかんに登場しますけれども、確かに、広島やアウシュヴィッツの惨禍をくぐってきた今の世界で、アウグスティヌスやライプニッツなどの在来の弁神論はもはや到底維持できないと宗教者自身も感じていることは間違いないようです。この世界は可能な限り最善の世界だ、とライプニッツは言いましたが、いかにライプニッツでも、今生きていたら、広島やアウシュヴィッツのあるこの世界のほうが、そんなもののない世界より全体として優るなどと言い切る勇気はなかったでしょう。そういう中で、アウグスティヌス以来のキリスト教弁神論がともすれば帯びた「悪の合理化」という性格を極力払拭して、神の正当化と悪の正当化を根底から切り離そうとする努力が宗教者たちの手で行なわれていることも、ひとつの新しい流れと言えます。たとえば、今一部の神学者が唱えているのは、広島やアウシュヴィッツのみならず世界のどこでも人間が苦しみ血を流しているとき、実は神自身がそういう人間に寄り添って、自らも苦しみ血を流しているという考えで、キリストの十字架が啓示した神とはまさにこのような「苦しむ神」であって、古典的神学の言うような、どんな感情にも動かされず人間世界から完全に超出した神というのは、キリスト教とはもともと異質なギリシャ哲学の悪影響による間違った観念だ、と主張されています。この考えの是非をここで云々するつもりはありません。私自身これについてはもっと勉強しなくてはいけませんし、この理論にはまだまだ詰めるべき点が多いようにも思われますが、それにしても、古代から近代にまで至る弁神論と反弁神論の延々たる議論を見てきた上でこういう考えに接すると、何故かホッとするのも事実です。もしかすると、それは仏教的な伝統に培われた日本人の感性がそうさせるのかもしれません。そういえば、この「神の痛みの神学」といわれるものの開拓者が、ほかならぬ日本人の神学者(4)

---

(2) Fêtes et Saisons, Nº 441, janvier 1990.

(3) フランソワ・ヴァリヨン神父。

(4) 北森嘉蔵(一九一六—)『神の痛みの神学』(一九四六。英訳一九六五、独訳一九七二)。

だったということも、なんとなくうなずけるわけであります。

（外国語部教授　一九九二年四月）

（『祝禱文化講演集』第七輯、駒澤大学、一九九四年十一月）

現代におけるユートピスムの可能性と不可能性

野沢協氏インタビュー

野沢協／植田祐次監修『啓蒙のユートピア』（全3巻）刊行に際して

――ユートピスムということで言えば、六〇年代までは語りえたある種「薔薇色の未来図」が七〇年代、八〇年代を閲《けみ》して、例のソ連邦の解体に至って以後は、今日さほど意識の高くない人でさえユートピアなんて冗談じゃないということになる……

野沢　それも善し悪しなんでしょうね。幻想が崩れたのは人間がそれだけ利口になったということでしょうし、抑圧的なひとつの社会体制が倒れたのは、そこから別の抑圧が生まれるおそれが強いにしても、とにかく当面、鎖が一本そこで切れたということでしょうから、それ自体は喜ぶべきことだと思うんですよ。でも、その反動で、今と違った世界とか、別の社会とか、そういうものへの想像力がひどく乏しくなっちゃいましたね。そんなもの、ほとんど考える余地がないみたいになっちゃいました。長い目で見れば一時的な現象でしょうけど、とにかく今は、社会的な一種の宿命論が気分として支配的ですね。もうひとつの歴史、もうひとつの社会がありえたなんてことは考えも及ばないでしょう。でも、本当にそうなのかと思いますね。現に起こったこと、したがって今あることは天地創造以前から完全にきまっていて、動かしようのないものなのかどうかっていうのは、神学の世界なんかでは昔から議論されてきた問題です。たしかに、或ることが起こった以上、それが必然になるような原因があったわけで、そうでなければ原因のない結果というおかしな話になるわけですけど、でもそういう必然性というのは、そのことがすでに起こったという事実から逆算した結果なんで、実際に事が起こる前には、いつだっていろんな選択肢があって、きまったコースなんかありはしないんです。未来はいつでも不確定なんですから、ありうるけどまだないものを想像することをタブーにする必要なんてないでしょうね。

――ですから今、価値観が多様化しているとか言われますが、そんなことは全くないと思われるのですが。

野沢　そうですね、そんなことはないですよ。自分が今いる世界を相対化することもできないようなところに、多様な価値なんてありえませんからね。こういう宿命論的な風潮はもちろん生活保守主義の産物でしょうけど、たとえばマルクス主義にあるような決定論的な歴史観の頽廃した形――もちろん誤解によるんでしょうけど――がそこに一枚嚙んでるのかもしれませんね。宗教の世界なんかでは、往々にして、決定論的な思想というのは人間の主体的なエネルギーをいちばん発揮させて、宿命論的な無気力とは逆の効果を生むことも多いんですけど。

――いわゆる「啓蒙思想」の時代にしても、これは十九世紀に至るための一ステップだというふうについ考えがちなのですが。

野沢　もっと近いところだと、啓蒙思想というのは一七八九年のフランス革命を準備した思想だという見方がかつては強かったですね。それもしかし、全くの結果論ですね。一つの時代にはいろんな要素があるんです。あらゆるものが近代市民社会に向けて収斂していく、というようなことでは全然ないだろうと思いますね。いろんな要素の中で歴史が結局一つの道を選び取ったということでしょう。

――コロンブスの新大陸発見以来のことで言えば、いわゆる「善良な未開人」の神話がユートピア物語に影響したということはあるのですか。

野沢　これはかなり深いところでつながっているだろうとは思います。ただ、「善良な未開人」というのは、文明以前の民族です。ユートピアの物語の中にそういう民族を登場させたものもあることはありますが、概してユートピアの住人は未開人ではありませんね。ある程度の文明を持っている民族です。今度訳出するものをみても――全く文明の利器を持たない、極端に言えば農耕すらしないという民族はほとんど出てきませんよ。これはトマス・モア以来そうでしょう。

こうしたユートピア物語が当時たくさん書かれた背景にはいろいろな事情があったのでしょうが、地理的発見の直後の時期、大航海時代のあとの時期に当たるんで、まだまだ知られていない土地がいっぱいある。したがって、旅行家の本とか宣教師の報告とか、現実の旅行記がさかんに読まれました。小説以上によく読まれているという当時の人の言葉がありますが、ユートピア物語の流行もそういう事情にのっかっているのだろうと思います。自分たちの知らない別の社会・別の習俗があるということ――そうした未知のものへの欲求がさらに肥大化した形なのだろうと思います。また、実際の旅行記なのか、架空の旅行記なのかよくわからない作品も残っています。そのへんの境目は曖昧ですね。

実際のところ、こうしたユートピア物語は何よりもまず読み物として迎えられたのでしょう。未知の国へ行く際の難船の話とか、さまざまな冒険、そうしたものを読者は結構楽しんでいたんでしょう。だからそこから、単に社会理論・社会思想的なものだけを抽出するのは――実は僕の「前書き」にもいささかそういう傾きがあるのですが――一面的だと思いますね。

――そういういわば荒唐無稽な物語というのは、野沢さんの若き日の友人であった故・澁澤龍彥さんが好んでいたものでもありましたね。

野沢　そうですね。僕も架空の旅行記をもう四十年ばかりいろいろ読みためてはきましたけど、基本的な趣味の所在というのは、澁澤の場合とそうは違っていないと思います。二人とも、抽象的な思考は苦手で、具体的な物珍しいもの、掘出物めいたものを集めてきては楽しむという点では共通しています。若い頃、澁澤としょっちゅう会ってした会話でも、こんな面白い本があった、こんな変った作品を読んだ、というようなことばっかりでしたね。お互い、とても話が合いましたし、海賊小説や世界滅亡物語なんかを書いたマッコルランなんていう作家は、二人とも大好きでしたね。まあ二人とも、本当に面白いものはまだ発見されていないからそれを自分の手でみつけだすんだというような、そんな意気ごみがたしかにありました。架空の旅行記なんかも、よく話題になったもんです。ただ、三、四十年前には、今みたいにそういう作品の覆刻版なんかありはしませんから、一冊みつけて読むだけでも大事件でしたが。今度出したあの本も、僕個人の気持としては、理屈より前に、ああいう面白い、奇想天外な話をまとめて紹介したいという意図がいちばんだったんですよ。それともうひとつ、ユートピアというのは、具体的なユートピア作品を抜きにして、いわば「ユートピア」という観念ひとつで議論される傾向が強いでしょう。ああいう翻訳と、日本では今まで全く知られていなかったいろんなタイプのユートピア像を実例として提供したら、もう少し具体的な、実りのある議論の場が開けるんじゃないかという、期待というより願望がありました。ただ抽象的に、ユートピアの死滅とか復権とか言ってみてもはじまらないでしょうからね。もちろん、実際にしているのは、フランスという一国の、それも十八世紀という限られた時代についてだけですけど。

――歴史研究も精緻になったことはとても素晴らしいのですが、一方でトータルな展望が見えないという嫌いも……

野沢　歴史の研究も最近はきわめて細分化されてきて、すぐれたものもあり、今までにない角度からのアプローチなど情報としてはありがたいのですが、ただ何でも同じレベルでテーマたりうるという豊かさの反面、トータルなものが欠落しているという嫌いはありますね。しかしまあこれは、それ以前の大文字の歴史への反動みたいなものでしょうね。歴史的な事象の間のヒエラルキーが崩れたことへの反動です。崩れたこと自体は結構なことだと思うんですが……

――同じ出版社から野沢さんは浩瀚《こうかん》な「ピエール・ベール著作集」も訳出されていますが。

野沢　ベールとは大学を出たての頃からの付き合いですから、これもやはり四十年以上になりますね。著作集を出しはじめてからでも、かれこれ二十年になります。版元さんは大変だったと思いますよ。

昔の作家とか思想家とかの「現代的意味」は……というような問題の立てかたが僕は嫌いです。現代とはどういう時代かについての共通の認識がないところで、その現代にとっての意味なんてことを云々してもはじまらないでしょう。理屈を付けようとすればいくらでも付きますけど、なんとなく嘘っぽくなっていやですね。この仕事を長年続ける動機として、まあ人前でも言えることは、もちろんあの思想家が十八世紀のヨーロッパで果たしたとても大きな役割が何よりの前提としてあるわけですけど、世間（と言っても、ヨーロッパ思想の研究家以外はベールの名前なんて知らないでしょうし、それで一向かまわないんですが）で普通抱かれるベール像をなんとかひっくりかえしたいということと、その作業を通じて、思想の歴史の複雑さに少しばかり照明を当てたいということですね。ベールというのは十八世紀のヨーロッパで広く読まれて、啓蒙思想家たちの武器庫みたいになった人です。フォイエルバッハやマルクスもとても高く評価してますし、普通は、懐疑論的な立場を取った、啓蒙思想の先覚者と見られています。宗教的には、フランスで少数派のプロテスタントでした。当時、フランスのプロテスタントは大弾圧を受けて、非合法化されます。ベールもオランダへ亡命して（もっとも、亡命したのは非合法化より前ですが）、結局その亡命地で死んだわけです。オランダでは、プロテスタント内部のこれまた少数派として、組織の中で迫害されたり、いろんな辛酸をなめるんですね。ベールが書いたものを細かく調べたり、まわりで行なわれたいろんな論議と照らし合わせたりすると見えてくるんですけど、これはとても、普通言われるような「プレ啓蒙思想家」なんてものじゃありません。実際は、二重の少数派という複雑な位置にいたプロテスタントの宗教思想家、どぎつい言葉を使えば一種の神学論争家です。そういう人が、本来非常に保守的な立場から、自分の考えるプロテスタンティズムの「原理」なるものを守ろうとして言ったことが、結果的には後の啓蒙思想に、特にそれの破壊的な側面にものすごく大きな影響を与えたんですから、思想の歴史というのは本当に一筋縄ではいかないものなんですね。さすがに本国のフランスでは、十九世紀的なベール像はもう乗り越えられていますけど、日本ではまだまだですね。そういう古くさい通念を打破することが、あの仕事の目的です。まあ僕の場合、戦後の経歴からくる不幸な性格なんでしょうけど、いつでも何か打倒すべきもの（もちろん、個々の人間じゃありません。ひどく抽象的なものです）を目の前に設定して生きるという習慣がついてるもんで、思想史研究のほんの一角という、昔にくらべるとうんとつつましい場になっちゃいましたけど、それでも、そういう小さい場所で、いやな言葉ですが「戦って」いるつもりなんですよ。迫害される少数派の中の、そのまた少数派に心を惹かれるっていうのは、一九五〇年代、六〇年代の自分の姿を間接に見ているからなんでしょうけど、そういうことは人さまの前で言うべきことじゃありませんし、言っても所詮無意味でしょうね。（了）

（『図書新聞』一九九七年三月二十二日）

ピエール・ベール　Pierre Bayle（1647-1706）

「ヨーロッパ意識の危機」の時代といわれる十七世紀末〜十八世紀初頭の一大転換期を代表するプロテスタント思想家で、その仕事は哲学・神学・歴史など多方面にわたり、長く啓蒙思想の先駆者の筆頭にあげられてきた。

Ⅰ　略伝

一六四七年十一月十八日、ピレネー山脈北麓の寒村カルラ（現名、アリエージュ県カルラ＝バイル村）に改革派の牧師の子として生まれた。ピュイローランスのプロテスタント大学で学ぶうち、一六六九年に一度カトリックへ改宗、翌年すぐプロテスタントに復帰した。このような再改宗は「再転落者（relaps）」として法で禁じられていたため、ジュネーヴへ逃亡し、同地の大学で神学を学んだのち、一六七五年にセダンのプロテスタント大学の哲学の教授となった。この大学には神学の教授として、後に彼の論敵、迫害者となるピエール・ジュリユーがいた。フランス全土でプロテスタント圧迫が激しさを増してゆく時期で、この大学も一六八一年七月に強制閉鎖されたため、同年十月にオランダのロッテルダムへ亡命し、同市に新設された高等学院（École Illustre）の歴史と哲学の教授となった。前記のジュリユーも同じ学校の神学の教授に就任した。

一六八二年に初期の代表作『彗星雑考』と、王権の進めるプロテスタント絶滅政策を歴史的に正当化するカトリック史家の著作に反駁した『マンブール氏の《カルヴァン派史》の一般的批判』を相次いで発表し、さらに一六八四年から一六八七年にかけては、書評を中心とした月刊の学芸新聞『文芸共和国便り』を刊行し、すぐれた学術ジャーナリストとして全ヨーロッパ的な名声を博した。フランスでは一六八五年十月にナントの勅令が廃止されてプロテスタンティスムが非合法化されたが、ベールはこの宗教迫害に抗議して、一六八六年に『ルイ大王のもと、カトリック一色のフランスとは何か』を発表、さらにこの年から、「良心の自由」と宗教的寛容を訴えた『〈強いて入らしめよ〉というイエス・キリストの言葉に関する哲学的註解』(一六八六―八七)とその『補遺』(一六八八)を出版した。一六八八年には、フランス人の亡命プロテスタントが大挙して参加したイギリス名誉革命が起こり、列強の対仏戦争が開始されるなど、全ヨーロッパ的な激動の時期だった。この状況の中で、一六九〇年、亡命プロテスタント中に盛んな攻撃文書による反仏キャンペーン、名誉革命に勢いづいた人民主権論や抵抗権論、カトリック教の滅亡という予言の流行などを痛烈に批判したある匿名文書が出版されてセンセーションを起こし、ベールはその著者と目されて(著者ではないにせよ、その出版に関与したことは間違いないとされている)、上記の諸傾向を体現する同僚教授ジュリューなどから、内部攪乱者、フランスの手先という激しい攻撃を浴びせられ、以後数年間、ベール派(対仏穏健派)とジュリュー派(対仏強硬派)の間に熾烈な文書合戦が続いた。一六九三年にロッテルダム市の政変とオランイェ公(イギリス王ウィリアム三世)の圧力のためベールが教職を罷免されたのも、オランダの政争と連動した亡命フランス人のこの内部抗争が遠因だった。

教壇から去ったベールは、それ以後、もっぱら文筆によって生活を立て、すでに一六九二年に刊行を予告していた『歴史批評辞典』を一六九六年に出版、これはフォリオ判二巻四冊という巨大な本で、一七〇一年には増補した第二版が出、死後にもさらに多くの版を重ねた。一七〇四年には、初期の作品で扱った問題をさらに深めて再説した『続・彗星雑考』を発表し、最晩年には、『歴史批評辞典』で論じた神の摂理と悪の存在を哲学的に両立させうるか否かの問題を中心に、キング、ルクレール、ジャクロなど同じプロテスタント陣営内の自由主義的・理性主義的神学者たちと凄まじい神学・哲学論争を行い、その論争文を主とする小論集『田舎の人の質問への答』(全四部、一七〇三―〇七)や、もっぱらこの論争に充てられた二篇からなる死後出版の対話篇『マクシムとテミストの対談』(一七〇七)を出し、かねてからの胸の病で発熱に呻吟しつつも、息を引き取る寸前まで論争文を書きつづけて、一七〇六年十二月二十八日、ロッテルダムで看取る者なく世を去った。享年五十九歳であった。

II 主要著作

(1)『彗星雑考』(一六八二)

一六八二年三月に出た第一版の正式題名は『ソルボンヌの博士L. A. D. C. 氏への手紙。哲学・神学より引きしいくたの理由によりて、彗星はいかなる不幸の前兆にもあらざることを証明す』、大幅に加筆して翌年九月に出版した第二版以降のそれは『一六八〇年十二月の彗星出現に際して、ソルボンヌの某博士に送った諸考察』。ベールの名を一躍高からしめた初期の代表作で、主題は一見、彗星を災厄の前兆と見る俗説への批判にあるかのようだが、こうした迷信批判自体はさして新味のあるものではなく、著者もその点に最大の力を注いだわけではない。ベールの意図は明らかに、この問題を手がかりとして多方面にわたる種々の考察を自在に展開することにあり、中でもとりわけ、彗星が災厄の前兆ならば神は偶像崇拝によって無神論を打破するために奇蹟を行ったことになる、という指摘を出発点として、主に道徳的見地から異教の偶像崇拝者と無神論者を相互に比較した長い部分は、著者が最も力をこめたものだった。無神論者も世俗的観点からは有徳たりうる、無神論者の社会もそれなりに存立しうる、等々の主張がその論議の中で導き出され、そこから『彗星雑考』は十八世紀の読者たちにより、宗教の支配を脱した「自律的道徳」の宣言的な書、非宗教的社会の到来を予告する予言的著作とみなされ、その世紀に少なくない「有徳な無神論者」像を形象させる根拠ともなった。

しかし、ベール自身がこうした「脱宗教」の方向や、まして無神論の積極的な顕揚を目指していたとは思えない。上記の比較論の根底にあったのはむしろ、神の恩寵に浴さぬかぎり宗教の表面的な信奉はなんら道徳の改善をもたらさない、また一方、「義とする信仰」とは別に、世俗社会は壊敗した人間的諸情念の自律的メカニズムによって動くという、恩寵と「選び」をめぐるカルヴァン派の神学的主張と、そこから引き出される人間論的な帰結であった。その他、強制と買収を併用するプロテスタント圧迫への倫理的非難、偶像崇拝者と重ね合わされるカトリック教徒の道徳的頽廃への攻撃、プロテスタントを棄教させる上に大きな力を発揮して改革派が多大の脅威とみなしていたボシュエの著作への反駁等々、そこで論じられるのは当時のフランス改革派が直面する理論的・実践的な諸問題で、その意味から、この書は「雑考」という独特の形を取った一種のカルヴァン派論争書にほかならなかった。同時代のプロテスタントの読者はまさにこのようなものとしてそれを歓迎したが、関心を異にする後代の読者がそこから汲み取ったものは、前述のとおり全く別種のメッセージであった。

(2)『〈強いて入らしめよ〉というイエス・キリストの言葉に関する哲学的註解』(一六八六―八七)

ナントの勅令の廃止を頂点としたプロテスタント迫害を弾劾し、「良心の自由」を徹底的に主張して、ベールを「宗教的寛容」の代表的な使徒たらしめた著作。もちろん、迫害への論難自体はプロテスタント陣営から一斉に起こったもので、宗教的強制を一般的に非とする主張もその中で部分的にはなされていたが、この書ほどその主張を原理的に突きつめたものはなく、その意味で、これはまさしく出るべくして出た本であった。ほぼ同じ時期にロックの『寛容についての書簡』(一六八九)が出、ベールとロックのこの二作は期せずして「宗教的寛容」論の二大古典とされているが、ロックの寛容論が政治的原理に立脚していたのに対し、ベールのそれはあくまでも倫理的要請として

「良心の自由」を主張したものだった。良心の命令に従う義務はなんびとにとっても絶対的であるということが立論の大前提で、したがって、異端者の「迷える良心」も当人に服従の義務を課す権利は正統派の「正しい良心」となんら変わらず、この良心に反する行為は当人にとって最大の罪である以上、社会秩序を乱さぬ範囲でいかなる良心も尊重されねばならず、宗教的信仰は原理的に各人の自由たるべし、というのがその主張の骨子であった。信教の自由を宗派的弁証から切断して普遍的な土台の上に据えた点、「基本的信仰箇条」の選別にもとづいた自由主義的神学者たちの「教会内寛容（tolérance ecclésiastique）」論を完全に払拭した点にこの寛容論の当時として際立った特色があり、かような議論はやがて当然ながら、改革派自体に残る「不寛容」主義への内部批判にまで進んだ。ベールの寛容論は当時のプロテスタント陣営内でも全面的には受けいれられず、特に、政治権力によるカトリック教の打倒に期待を寄せるジュリューなどは、「宗教的無差別論」としてそれに激しい攻撃を浴びせた。

(3)『歴史批評辞典』（一六九六）

ベールの名を不朽ならしめた最大の代表作。在来の歴史記述や、モレリの『大歴史辞典』をはじめ各種の辞典に見られる誤謬や書き落としを摘発・訂正する「誤謬の辞典」、「他の本の試金石」としてはじめ構想されたが、製作の過程で計画はやや変更され、通常の歴史辞典と、当初考えた「批評辞典」を折衷したような形となった。各項目は二つに分けられ、一段に組んだ本文には人物の略伝など歴史辞典的な記述を収め、詳細な批評的論議は細かな活字で二段に組んだ脚註に回すという構成になったが、脚註の分量は通常、本文の数十倍、数百倍にのぼり、これが記述の主体をなしている。項目の総数は二千余で、大半は人名（十六、十七世紀の人物が最も多い）だが、地名や宗派名も若干ある。項目の選択は全く無計画で、たとえばアリストテレスやスピノザの項はあってもプラトンやデカルトの項はない、などである。

ぼう大な脚註の中で最大の比重を持つのは、無数の引用文を対比しつつ歴史記述の不正確さや一方的な性格を抉《えぐ》り出す史実をめぐる細かな論議で、とりわけ党派的（主に宗教的・宗派的）偏見による歴史の偽造・歪曲への批判は徹底しており、激しい宗教的抗争の渦中で歴史の真実を守り抜こうとする強固な意志を感じさせる。前世紀来、プロテスタントのローマ教会攻撃に絶好の材料を与えてきた「女法王」伝説を全面的に否定した「女法王」の項などはその典型であろう。しかし、こういう批評的・考証的な論議とは別に、この書が読者の関心を集めた主因の一つは、脚註の随所で展開された各種の哲学的・神学的論議で、特に、アナクサゴラスからスピノザ、ライプニッツに至る古今の哲学体系に対する犀利な批判は、この書を一種の「批判的哲学辞典」たらしめてもいた。予言者ダビデの背徳に仮借ない批判を浴びせた「ダビデ」の項、世界に漲《みなぎ》る罪と悲惨につき神の摂理を理性で弁護しきることは不可能だとした「マニ教徒」、「パウリキウス派」などの項、懐疑論の宗教的効用を論じた「ピュロン」の項、『百科全書』にもそのまま盗用された「スピノザ」の項などが特に名高いが、この書が十八世紀に神学・形而上学批判の宝庫として争って読まれたのも、教会筋から反宗教の書の筆頭にあげられたのも、それらの項を中心とする『辞典』のかような側面に由来していた。この書は十八世紀前半に九版を重ね、英訳三種、独訳一種の全訳も出、文字どおり十八世紀最大・最長のベストセラーとなって、ロシアのエカテリーナ女帝が二年をかけて全巻を読破したなど、愛読者は「啓蒙のヨーロッパ」の全域にいた。十九世紀のキルケゴールもマルクスも、この書を座右に置いていたという。

Ⅲ　むすび

フランス啓蒙思想の先行者として、たしかにピエール・ベールほど多大の役割を演じた者はなく、十八世紀の教会筋からこれほど危険視された前代の思想家もフランスにいなかった。「思想の自由」に通じる宗教的寛容の主張はもとより、宗教からの道徳の独立、非宗教的社会の展望、宗教的歪曲を排した歴史記述の全面的見直し、神学・形而上学批判などは、いずれも啓蒙思想の好みのテーマで、そのそれぞれについて後の思想家たちが利用する絶好の武器を遺したベールの著作は、文字どおり啓蒙思想の最大の「武器庫」というべきものだった。また個別的にも、ライプニッツやヴォルテールからサドに至るまで十八世紀の思想家が必死に取り組んだ「悪」の問題を哲学的思索の中心に初めて据えたのはベールであったし、フランス十八世紀のスピノザ批判のありかたを半ば決定づけたのも、「思考する物質」というロックの仮説をいちはやく取り上げ、「魂のある原子」という別の仮説を対置して物活論的唯物論に道を開いたのも、ライプニッツの予定調和説に反対して『辞典』を舞台に論争を交し、さらに死後には、摂理と悪をめぐるその破壊的論理に対抗するためライプニッツが『弁神論』を著したのも、いずれもこの思想家であった。後のディドロが彼を「われわれの同時代人」と評し、十九世紀以後にも「先駆的啓蒙思想家」というベールの位置づけが伝統的にされてきたのもそこから来ている。この伝統的なベール観はさらに、「破壊的懐疑論者」とみなすものと、十七世紀の自由思想家やデカルト、マルブランシュの遺産を継承してそれをいっそう急進化させた「批判的合理主義者」と見るものとに大別される。

しかし、かようなベール観は一九六〇年代以前には支配的だったが、今では過去の遺物と化しつつある。筆者の見るところ、ベールは何よりもナントの勅令廃止期の論戦的な改革派理論家であり、その所説も当時のフランス改革派が置かれた歴史的状況や、直面した諸種の対外（対カトリック）論争、内部論争に深く規定されていた。たとえば、十八世紀のキリスト教攻撃者に絶好の武器を与えたその痛烈なダビデ批判の背景には、この王の行動を現に論議の的とした名誉革命をめぐる新旧両教会の論争があったし、ベールの思想的遺産の中でも最大の、摂理と悪をめぐる詳細かつ徹底的な議論も、晩年の論争でとりわけ明らかになるように、実は、カルヴァン派の絶対的予定説は神を「罪の創出者」にするという、カトリック陣営やプロテスタント内部の自由主義者たちの攻撃に応えて、自由意志説を掲げる彼らに同じ非難を投げ返すという論争的な意図から発していたことは疑いない。それらの論議を貫くベールの立脚点は、信仰絶対論（fidéisme）に裏打ちされた伝統的カルヴィニスムそのもので、教理的立場からすれば、ベールはすでに時代遅れになりつつあったプロテスタント保守派の論争家だった。このような立場からするその議論が、一つには「良心の自由」論や歴史批評に最も顕著に見られるような宗派の枠を超出する普遍的視座により、また一つにはその論理の稀に見る徹底性と絶大な破壊力により、論争を直接的に規定した歴史的状況を超えて、新たな読者に新たな問題関心にもとづいて読み替えられ、半ばは意図に反して啓蒙思想の形成に巨大な役割を演じたというのが、歴史の中でのこの思想家の逆説的な姿だったと思われる。

[文献]『ピエール・ベール著作集』(八巻)野沢協訳、法政大学出版局、一九七八—九七。

(『フランス哲学・思想事典』弘文堂、一九九九年一月三十日)

寛容と殉教——エリ・メルラを読む

エリ・メルラ（Élie Merlat, 1634-1705）をいつか読みたいと若い頃から思い続けていたものだが、先年、比較的長期間パリに滞在する機会に恵まれて、ラテン区の裏通りにある改革派教会系の小さな図書館へ日参した折に半世紀近くの宿願がようやく叶った。これはナントの勅令が廃止されてプロテスタンティズムが非合法化された一六八五年当時の改革派の牧師で、すでに一六八〇年に国外追放となり、ローザンヌ大学の神学教授として死んだ人である。その『主権者絶対権論』（Traité du pouvoir absolu des souverains, 1685）が私の目当てだった。

メルラに触れる学者たちはこの本を、一六八〇年代の宗教迫害における被害者側の無力と敗北主義を示す極限的な事例として語るのが常である。「神の子らは現世に僅かな興味しかなく……悲惨が募れば募るほどキリスト者はますます地を軽んじ、安息を望み見る天国をますます欲するようになる。こうして、不幸の内で最大とされる死すら、キリスト者には最大の幸福となる」、「君主から蒙らされる禍に恨み、怒りを抱くどころか、キリスト者はそこから得られる霊的効用ゆえにそれを悦び、神がさしのべる父の手をそこに見る」——忍従、無抵抗、殉教の覚悟をひたすら説くこういうメルラの言葉には、いささかマゾヒズムの匂いすらある。昔どこかで読んだこの強烈な発言が記憶に刻みつけられていたことが、長く温めた私の思いの原因だった。

午后の二時から六時までというこの図書館の開館時間の短かさから、読了には意外に日数を要したが、それでも通読して多くのことを新たに知った。ひとつはこの書の発表が、非合法化直前の時期の唯一の抵抗運動とされているいわゆる「ツールーズ計画」と深く関わりあっていたことである。「履き違えた熱意から死へと駆り立てられ」、「犯罪的な謀反を英雄的な敬神行為とする」嘆かわしい風潮と闘うのが現下の急務、と冒頭の章が公刊の意図を述べているのは、そのことを語ったものに相違ない。

「ツールーズ計画」とは、後に殉教者となる弁護士クロード・ブルソンを中心に、一六八三年五月にこの町で策定された改革派有志の行動計画で、同年七月四日を期して、礼拝が禁止され会堂が取り壊されたあらゆる土地で、一斉に非合法の礼拝集会を強行するというものだった。これは明らかに政治的示威行動で、自衛のための武器の携行も暗に合意もしくは認容されていたらしい。結果は無残だった。南仏の三地方のみで辛うじて、それも遅れて決行された集会は、各地でカトリック住民との衝突、軍隊による鎮圧という最悪のコースを辿り、夥しい死者を出した上、イザーク・オメルなど複数の牧師が死刑に処せられた。メルラが叛徒として死ぬ「えせ殉教」を排し、ただ無抵抗の死をのみ勧めた背景には、こうした流血の惨劇があったのである。

この無抵抗主義の表明は、ルイ一四世の宮廷に「良心の自由」を求めるためのいわば担保の役をしている。メルラによれば、各人の生命・財産を含む「現世の物事」はすべて君主の支配に属し、君主はそれを意のままに扱えるが、来世に関わる宗教の本質的部分はそうではない。これは個人の良心の問題で、地上の権力の支配が及ばぬ聖域をなす。「良心は神にのみ属し、それを唯一知りうる者、裁ける者として神が自分用に取って置いたものだから、この世の君主も残りの一切が例外なく自分に委ねられたことで十分とすべきだ」といわれる。「良心の不可侵性」はこの時期、迫害に抗議する改革派の著作家が口々に唱えたものだったが、注目すべきはメルラがこの主張を、多くの場合それと未分化な宗派的弁証といとも無雑作に切り離すことである。彼は言う。宗教的良心が神にのみ属すということは信仰内容の真偽・当否とは無関係で、「真理そのものと同じく、真理と思う誤謬にも」当てはまり、「神を恐れ宗教を大事にする者はみな、自分が認識した真理ばかりか、自分が抱懐し自分には真理に見える誤謬をも固く守らねばならない」。これは同じ時期にピエール・ベールが「良心の自由」を万人に開かれた普遍的原理として掲げる際の鍵をなした「迷える良心の権利」の観念そのものである。ベールと同様メルラにとっても、良心の権利とは一義的には、それに従う義務を当人に課す権利であり、権力も立ち入れぬ聖域として尊重される権利はそこから発する二次的権利にすぎないが、ともかく「良心の自由」は万人が普遍的に浴すべきものとされる。「この格率はフランスその他のプロテスタントと同じく、イギリスのローマ・カトリック教徒にも、ローマにいるイスラム教徒にも不可侵のものである」とメルラは言い切る。

こういう普遍的寛容論と、迫害に対する無抵抗主義とはいかにして結び付くのか。まず考えるべきは、メルラもベールも当時の改革派の大多数と同じく、神権的絶対王政の固い支持者だったことである。君主は権力の行使に当り地上の何物にも制約されないというのが彼らの大前提だったから、自派への寛容を求めるに際しても、君主の温情にひたすら訴えるしか彼らには策がなかった。また、その温情に浴するためには、改革派自身が寛容に価する（政治的に）無害な存在であることを実証せねばならないから、王命への反抗に通じる政治的画策を固く慎み「受動的服従」に徹することこそが、寛容を得るための必須の前提条件とみなされた。

党派の運命の打開を図る集団的政治行動の場を自ら閉した彼らにとって、残る道はただ、おのが信仰を死を賭しても守り抜く信徒個々の孤絶した闘いしかなかった。メルラにもベールにも共通して見られるのは、宗教問題の重心が「集団」から「個人」へと決定的に移動していることである。信徒個々の良心こそ暴虐に抗する最後の砦、最小にして最強の抵抗線、という思いが彼らには等しくあったのであろう。そして、問題をひとたび各個人の良心というぎりぎりの一点に還元すれば、そこではまた、いかなる者の良心もみな同質であり対等であるところから、自他を問わずあらゆる宗教・宗派に開放される「良心の自由」という主張がおのずと導き出されたに相違ない。これは、政治権力による「法王教《パピスム》」廃絶の夢を追い続けた改革派指導者ピエール・ジュリューが、党派の勝利に寄せるこの政治的期待のゆえに普遍的寛容をあくまでも拒み通したのと対照的だった。

メルラの書に後々まで浴びせられた敗北主義という非難は、政治的にはたぶん当っている。これはたしかに敗者の思想だった。だが、一六八三年夏の一連の非合法集会が、やがて一八世紀を貫いて改革派再建の礎石をなした「荒野《あらの》の集い」のはしりだったのとはまた別の意味で、敗者が敗者の自覚に徹することで紡ぎ出したこの思想も、宗派の歴史にとどまらぬより広い場で、未来に向けて貴重なひとつの種を播いたのである。

（『思想』九二九号、二〇〇二年七月〔思想の言葉〕）

第二部　学生時代の作品

現代文学

〔魯藜の詩二篇について〕

中国の現代文学について、私は若干の飜訳小説に接したほか、殆ど知る機会をもちませんでした。ですから、こゝでも中国文学乃至はそのある作家について、まとまった論評を加えることは私にはできません。ただ偶然目にすることができた魯藜《ろれい》という人の二つの詩について断片的な感想を記してみたいと思います。勿論その詩は飜訳されたものであり、原語を知らない私には、ごく間接にしかその詩を理解できないに違いありませんが。

一つは「桑乾河《そうかんが》の支流にて」というさして長くない詩です。それは次のような一節から始まっています。

おお　桑乾河の支流よ
おまえは母の涙のように流れているね
年おいた女が
小川の岸で
泣きながら着物をゆすいでいる
その手に流れる水は
海の水よりからいのだ

丁玲《ていれい》の「太陽は桑乾河を照す」をも残念乍ら読んでいない私には、この川がどんな川であり、中国人民の解放の闘いとどういう関係をもっているのかはわかりません。私はただこの名前から中国の沃野を流れている川一般を連想し、その畔で着物をゆすいでいる年おいた女から、中国のあらゆる川のあらゆる畔で、やはり泣きながらうずくまっていたあの国の女たちの姿を思い浮べるだけなのです。しかし、その対象がある特定のものであろうと否とに拘らず、短い七行の一節の中に封建的抑圧の下にあった人民の苦しみとその苦しみの歴史とを、これほど圧縮して歌いこんだ作品を、私はほかに見たことがありません。海の水よりからい小川の水で泣きながら着物をゆすいでいる老婆というイメージから、その老婆が辿ってきた長い生活の道のりと、その永い月日をみたしていた算《かぞ》えきれない苦しみの連続とを、読者は一読の内に思いうかべます。封建中国のすべての生産関係や搾取の形態を知らない私にも、このイメージは、中国の農民の上に押しかぶさっていた永い年月の苦しみの集積を、そのたえがたいほどの重量で、漠然とながら伝えることができます。丁度、同じ中国の版画にある、農民のほりの強い、頬骨の突きでた横顔から、黒く落窪んだ目から、我々があの国の人民の苦しみの歴史を、胸をえぐられるように痛切に感じとることができるように。苦しみの涙が寄り集って川をなしたという、どこかの農村の伝承にでもあるような、非現実的な、それでいて胸に迫るような迫真力をもった連想が、この一節を支え、その詩の意味を、真の深さにおいて指し示しています。そして、そこから、岸辺で着物をゆすいでいる老婆の苦しみの一生が、桑乾河の歴史であり、あの国のすべての川の歴史であり、又中国そのものゝ歴史でもあることを、この一節はそのぎり〳〵の切実さで読者に知らさずにはおきません。

おお　桑乾河の支流よ
おまえは母の涙のように流れているね

一見奇異にすら感じられるこの最初の二行の、きわだった意味の深さはこゝにあります。こうして、この二行のみではなく、この節のすべてを貫いている深く、しかも実に美しい抒情性も、長い封建の抑圧に苦しめられていた中国の幾億の人民の生活感情の中にその発生の母胎をもっていることがわかります。これは苦しみの抒情であり、この詩の発想そのものが、実は農民の苦しみからの発想なのです。

同じ作者の詩「石臼」では、この苦しみが更に具体的な姿で描きだされています。この詩にもやはり老婆が登場しています。

おお　黄河の東に　十五年
黄河の西に　なげすてられた七十年よ
その背は　まがり*
その肺は　黒ずみ
その手は　しなび
その足は　ふるえ
そのことばは　にごり
その息づかいは　みだれた
だがまだ歯を　くいしばり
石臼を　まわす……
まわる　まわる　はてしなく　まわる
永遠に　さびしくまわるのか　石臼よ

重い石臼の一回転ごとに、苦しみが老婆の背中を曲げ、その肺を黒ずませ、その手をしなびさせ、その息づかいを乱していった……こうした、暦の上に苦しみで刻みつけられたような一日々々の集積された八五年の年月について、ここでは何も云うべき言葉はありません。その年月と、苦しみの累積の上にこそ、この詩の始めの一節にある

おお　桑乾河の支流よ
おまえはいつから流れているのか
おまえは　わたしたちのばあさんと　くらべっこできるか
ばあさんは　もう八五年生きてきた

八五年　それはけっして長くはない

という言葉も、強く生きてくるのだと思います。この一節は、自分の同胞の長い苦しみの一生を強調するために、詩人が好んで用いた反語であったと同時に、この一人の同胞のみではない、すべての中国人民の五千年にわたる重く暗い歴史を、反語ではなくて、ありのまゝに訴える作者の強い叫びのようにも聞かれます。

これが反語であるにせよなかったにせよ、その苦痛の日々の底に次第にもえ上ってきた希望の火について、この詩人は実に美しく、又巧みに歌いあげています。

あ、のろ〳〵と春がおとずれる

春のしらせをもって

新時代にむかって

あの山おくに　赤い花がさいた

八五年の暗黒を刻みこまれ、くらい封建の搾取と、貪慾な旧礼教によって、豚や犬のように這い歩くことを押しつけられた農民にとって、希望の火は、決して一度に烈しくもえ上るものではありません。それは、始めは毎日の苦痛と、疲労と、困憊の底にも、なにかわからないが消し去ることのできないかすかな薄明りのようなものとして意識され、その薄明りは、それを取巻くすべての暗いものとの闘いの中で、一日々々と目に見えないほど僅かずつ、光をましてゆくものなのです。それが、ぽっかりと赤い花を開くまでには、どれほどの月日と強い忍耐がいることでしょう。それは、石臼を廻しながら八五年を生きてきた老婆の心の中で、その八五年をくつがえす仕事なのだからです。雪の下の芽がほんの僅かずつ伸びてゆくように、又働きつかれた農夫がゆっくり腰をのばす時のように、希望は花を開くために、毎日算えきれない迂余《〔ママ〕》曲折をへながら、それ自体苦汁にみちた足どりで僅かずつ前へ進んでゆくものです。

私は日本の農民を思いうかべます。荒川の水源地帯、秩父の山奥で、ある日私に話してくれた三十がらみの山林労働者のおばさんを私は忘れることができません。ご亭主は山へ入ったきり三月に一度しか帰らない。板切れをつなぎ合わせた小屋の中で、おばさんは疥癬だらけの二人の子供をか、え、たった三畝しかない畑を耕していました。「同じ山で暮してるといっても、一方じゃ何百町歩ももってるやつがいるかと思うと、一方じゃおれたちみたいに食うやくわずのやつもいる。いっそ何もかも始めからやり直しにして、山でも畑でも、みんな分けちゃえたら」おばさんはそれにつけ加えて、家の前の川原をさしながら、「あの川も、どの岩からどの岩までがだれんちの、それからあの岩までがだれんちのってきめたら……」と半ばふざけたような調子で云ったのです。この川の分配の話は、いわばおばさんの冗談でした。しかし、垢と泥でまみれた山奥の山林労働者のおばさんの顔が、その時、何か楽しい空想に耽っている時のような、明るい表情に変ったことを、それから一年ほどたった今でも、私は忘れることができません。魯藜の詩の中と同じような封建の苦しみとその苦しみの歴史とが、あのおばさんの顔の中にも、又日本のあらゆる農民の顔の中にも、同じように刻みこまれていることを、恐らく知らない者はいないでしょう。そして、日本のすべての農民の心の中に、魯藜の詩にある山奥の赤い花のように、希望がぽっかりと咲きでるために、我々がいったい何をしなければならないかを、あらゆるこの国の良心は、真剣に考えてみる必要があるのではないでしょうか。

＊〔編註〕　筆者が依拠している『イェンアンからペィチンえ――中国抵抗詩集』では、「その　背なかは　まがり」となっている。

（一九五二年度末、東京大学文学部中国文学科における小野忍の講義に提出されたレポート）

平和のための闘いと戦后の民主的詩運動

まえがき

一九四四年のフランス解放から現在まで、マーシャル・プラン、北大西洋条約等を通じて、日々に激化してゆく帝国主義者の戦争政策と、又、この新しい脅威を前にして日ごとにより広く結成されつゝある平和と独立の戦線と、この二つの対立を主軸として急テンポで運動する現代フランス社会のなかで、詩人はどのような歴史的任務を負わされ、又、どのようにしてこの任務に応えてきているか。

以下の文章はそのことの追究を目的としている。

序文にかえて

「詩の復活」と戦后

一九四一年から四四年にいたる抵抗の闘いが、ファシスト・ドイツによるフランスの奴隷化に反対する国民的な闘いであり、その闘いの血のなかから生れた「抵抗の詩」が、解放を求める広範な国民感情の歌い手であったとすれば、今、民族の危機とさえも呼ばれる新しい脅威と、それに対抗する強固な国民的な戦線が、真にフランスという名に価する詩と詩人のすべてに要求しているものはなにか。

Et s'il ne s'agit plus de ce combat d'hier, aujourd'hui a son combat comme hier, et pour ce combat doit avoir sa poésie, une poésie nouvelle, différente, moderne à la façon de nos étranges conditions d'existence, dans le monde où Paris sans lumière veut à tout prix être encore la lumière du monde…

昨日に昨日の闘いがあったなら、昨日と同じように、今日にも今日の闘いがある。そして、今日の闘いのためには、今日の詩がなければならぬ。光りを失ったパリが、ぜがひでも再び世界の光りになろうとしているこの時代に、我々の特異な生存条件にしたがった、新しい、違った、現代的な詩がなければならぬ。

『ベル・カントの年代記（*Chroniques du Bel Canto*）』[1] のなかでアラゴン（Aragon）はこのように云っている。

（1） アルベール・スキラ社、一九四七年版、三〇ページ。

こうして、昨日までの詩が、ファシストに対する国民的な闘いの強力な武器でありえたように、現在も又、祖国フランスの解放、平和と民主的自由との確保、貧困や飢餓の一掃、これらをめざすフランス国民の闘いに、詩がいかに寄与するか、具体的には、この闘いを詩がいかに反映し、それに立上った労働階級を先頭とするフランス人民の感情をいかに豊富に再現するか、又、民族の夢と希望をいかに美しくうたい上げ、民族的な闘いにすぐれた見通しを与えることができるか、この点に、現代の詩を測る一切の評価の基準がなければならない。

　こうした、現代の歴史的使命に応える詩は、サロンの談笑や、書斎の孤独な冥想の底からうみだされるものではなかった。詩は、もはや観念や言葉の遊戯であることをやめ、平和と戦争の二つの力をめぐって、現代史の諸事件が火花を上げる、生きた現実の社会のなかから、まさに、その

　完全になまのままの、みじめで、もえるような、常に美しい真実(1)　la vérité très nue et très pauvre et très ardente et toujours belle.

をうたうものとして現われた。この真実を伝える詩は、フランス民族の声となって、石つぶてのように、抑圧する者へ投げつけられねばならなかった。

…………………………

　更に考慮しなければならないことは、抵抗の闘いを通して、詩人や読者の層も大きく変化してきたことである。国民感情の歌い手としての詩は、当然、選ばれた少数者に捧げられた詩でもなければ、豪奢なシャンデリヤの下で読まるべき詩でもなかった。占領と抵抗、そのような当時のフランスの現実が要求していたものは、こういった詩ではなく、いわゆる「詩を理解する」少数者の枠を破って、文学も知らず、いまだかつて詩を読んだことすらないような広範な国民に、読まれ、聞かれ、その血肉となるような詩にほかならなかった。それは、フランスの人民が共通に抱懐する、国民的な怒りや憎しみや希望をうたうという内容の面のみでなく、表現の上でも、主観的な暗喩や寓意やを出来る限り排除した、簡潔で、より直接的な形式を要求した。見る詩よりも、聞く詩、うたわれる詩がより多く、

選ばれたのも、このような要請に由来していた。

又一方、普及の面でも、アラゴンの諸作をはじめ、数多くの「抵抗の詩」は、タイプで打たれたり、無数のパンフレットに印刷されて、全国の町や農村へ散っていった。詩は工場の油でよごれ、畠の土にまみれた。マキの隠れ家のなかでは明日の戦闘の糧となり、希望を失いかけた者には、それを支える力となり、詩は、民族解放の闘いの、一大組織者の役割を果した。

同時に、詩人は「月桂冠をかぶった例外者」ではなくなった。

戦争と占領の数年の間に、詩は、今まで詩のことなど考えなかった人達にとっても重大な関心事となった…… 無数の人達が、やめていた詩作を又はじめたり、或は、自分が詩人であることに、はじめて気がついたりした。(2)

Pendant les années de guerre et d'occupation, elle (la poésie) est devenue chose d'importance capitale pour beaucoup qui l'avaient jusqu'alors négligée... Beaucoup sont redevenus poètes ou se sont aperçus qu'ils étaient poètes...

詩人は、町にも、村にも、強制収容所にも、マキの隠れ家のなかにもいた。詩は、民衆が互に理解しうる言葉で、それぞれの胸にたぎる思いを伝えあう、一種の会話のような性格をおびた。そして、人民のなかにのみひそんでいる真に偉大なもの、すなわち、祖国や同胞に対する愛と連帯性の感情、犠牲にたえぬく勇気や英雄主義を深く汲みつくしてゆくなかで、詩はかつてない程、豊かで、明るく、同時に、高い人間性にあふれたものとしてよみがえった。象徴主義から、ダダ、超現実主義へと、枯渇と頽廃の道を歩みつづけてきた詩は、人民の闘いに深く根を下すことによ

(1) 同書、三三五ページ(エリュアール「書く理由」の引用)。(『ラ・ネフ(*La Nef*)』第六〇・六一合併号)二〇四ページ。
(2) クローディーヌ・ショネ「ラ・ポエジー(La Poésie)」

って、その本来の姿に立ち帰ることができたのである。それは、フランスの詩にとって、一種の復活の曙光であった。昨日の詩のこの遺産の上に立って、更に、新しい条件の下で、自分を一層大衆的なものとし、人民大衆の生活感情によって、一層自分を豊富化してゆくこと、国民感情の歌い手であり、新しい闘いの武器としての詩には、必然的に、このことが要求されなければならなかった。

昨日の詩の教訓のなかにこそ、今日の詩の基礎がある。何故なら、いくら諸君が必死に鼻をかんでみても、暦の上で、昨日の詩が今日の詩の丁度前に位置しているのをやめさすこともできなければ、無から有も生れないからだ。生きている我々の力も、死んだ人々の犠牲と切りはなすことができない。(1)

Et dans la leçon de la poésie d hier sont les racines de la poésie d'aujourd'hui : car vous aurez beau vous moucher de toutes vos forces, vous ne ferez pas que la poésie d'hier ne soit sur le calendrier juste à la veille de la poésie d'aujourd'hui, et rien ne naît de rien. Ni notre force de vivant ne peut être séparée du sacrifice de nos morts.

（1）アラゴン、前掲書、二三〇ページ。

〔第一部　一九四五年―四八年の時期〕

第一章　戦后の出発

第一節　解放直后のフランスの情況

戦后の詩、それは、昨日の闘いの勝利と記憶のなかから出発している。

詩のみならず、一九四五年から四六年、乃至は四七年春頃までの時期は、あらゆる面で、いわば、血と廃墟のなかから勝利をかち取ったフランス人民が、この勝利を新しい条件の下で更に前進させるために、比較的順当な闘いをつづけることのできた時期である。この時期の特徴を、四五年一月、モーリス・トレーズ（Maurice Thorez）は次のような言葉で簡潔にのべている。

手みじかにいえば、解放直后のフランスの情勢は、つぎのように特徴づけられたのである。
――フランスの復興のために働こうという人民大衆の意志
――民主主義の息吹きの成長
――国内におけるフランス共産党の威信と役割の増大

抵抗に勝利したフランス人民にあらたに課せられた任務は、戦争及び占領によって悪化させられたフランスの経済状態を立てなおすために、生産を上げ、通貨を安定させることであり、又、一九四〇年の敗北の一つの要因であった、民主主義の不十分さを克服するために、新憲法を制定し、トラストの独裁を阻止するための重要産業の国有化や、経営協議会の設立等、民主主義を強化し、高揚せしめることであった。

人民大衆の手による、このような民主的なフランスの再建を、もとよりトラストは黙認するはずがなかった。トラスト分子は潰滅したファシスト・ドイツに代って、アメリカのトラストに新しい支柱を求めながら、フランスの復興と独立にたいする抗争にとりかゝった。彼等は生産の発展を妨碍し、インフレによって経済生活を攪乱し、新憲法の実施を阻み、国有化に反対し、又、マダガスカル、ヴェトナム等の海外諸地域で、彼等の特権を維持するために、侵略的な冒険政策をおしすすめた。

だが、トラスト分子のこのような反動的な政策にも拘らず、この時期は、「銃殺者の党」(Parti des fusillés)と呼ばれたフランス共産党の周囲にかたく結集したフランス人民が、全体として強力なヘゲモニイを握っていた時期であり、四七年五月までは、共産党代表もフランス政府部内にあって、社会補償や労働組合権の再建、軍需産業の平和的転換等、いくつかの進歩的な施策を実施していった。国民作家委員会が、セリーヌ(Céline)、モンテルラン(Montherlant)、ジオノ(Giono)等戦犯作家のリストを作成したのもこの頃であり、一言でいえば、この時期は、多大の犠牲を払って抵抗に勝利した人民が、その勝利を更に拡大するために、困難ではあるが希望に満ちた闘いを続けた時期であった。又、この時期は、勝利の喜びと誇りの中から、昨日の闘いがふり返られた時期でもあった。飢えと寒さ、屈辱と怒り、或はオラドゥール(Oradour)(編註　オート＝ヴィエンヌ県のオラドゥール＝スュル＝グラーヌ村で、一九四四年六月一〇日、ドイツ軍は六三四人の住民を虐殺し、村全体を焼き払った。ジャン・タルデュウの詩集『石化した日々』収録の詩「オラドゥール」参照。)やモンリュック砦(Fort Montluc)(編註　リヨン市の三区に一九二一年、軍の施設として建てられた監獄で、ナチス占領下ではレジスタンス派の収容所並びに拷問と虐殺の場として利用された。)の虐殺、拷問、暴行のかずかずが、昨日の生々しい記憶となってよみがえってきた時期、そして、ファシストによって切り刻まれた一人々々の胸の痛手が、深くいやしがたいものであればあったほど、奴隷の地位に甘んずることを断乎として拒んで、フランスが生きるために、自らは倒れていった人々の追憶が、一人でも多くの人間の胸に墓碑銘として刻まれ、感謝の花環で飾られなければならなかった時期、また、これらの民族の英雄を先頭とした闘いが、全民族的な体験として普遍化され、その闘いの経験の中から何を学びとるかが、各人の「いかに生くべきか」の問題として提起されねばならなかった時期、このような時期に、戦后の詩の出発点はあったのである。

第二節　秘匿出版の合法性獲得と、抵抗の体験の普遍化

上にのべたような全般的な動きは、文学の上にもいちじるしく反映された。フランスの解放によって、従来非合法的に出版されていた『パンセ』(*Pensée*)、『フランス文学《レットル・フランセーズ》』(*Lettres françaises*)、《深夜叢書《エディシオン・ド・ミニュイ》》(Editions de Minuit)、セゲルス(Seghers)社のポエジー(Poésie)叢書等は、いちはやく合法性をかちとり、又、戦時中、愛国的な詩人のより所の一つであった、スイスのヌーシャテルで発行されている叢書《ローヌ手帖《カイエ・デュ・ローヌ》》(Cahiers du Rhône)も、戦后はスイユ社(Editions du Seuil)を通じて、フランス国内でも公然と刊行されることになった。こうして、アラゴンやヴェルコール(Vercors)の諸作をはじめ、占領と抵抗の時代に、フランス国民の血となり肉となった多くの作品が次々と公刊されて、もはや偽名や匿名ではなく、今までよりも更に広範な層のなかへ持ちこまれた。詩についても、かつて、筆写されたり、タイプで打たれたりして連絡の悪条件下に運ばれ(エリュアールのある詩のごときは、マッチ箱大の紙に印刷されて、秘密に持ちはこばれた)、ある時は外国で出版されて、ひそかにフランス国内へ持ちこまれ、又ある場合には、口から口、耳から耳へと、暗誦されて伝えられていった沢山の詩篇が、あの当時の引き裂くような叫びや、豊かな愛情のうねりをそのまま伝えながら、一冊の詩集にまとめられ、出版されて、公然と大衆の前におどりでた。詩であると小説であるとを問わず、占領の期間、これらの作品にふれることもなく、又解放の闘いの真の姿

を知りえなかった人々も、程度の差こそあれ、これらの作品の中に豊かに盛られた抵抗の感情が、昨日までの自分自身の感情と大きな親近性をもっていることに気づいたことであろうし、あの見ず知らずの人々の闘いが、文字どおり全民族の怒りと希望の上に立った国民的な闘いであったことを知ることができたであろう。こうして、抵抗の体験の全国民的規模での普遍化は、あの闘いの中の人間を、その行動や、日常の生活感情の微細な点にまでわたって形象化した文学作品によって、最も効果的に行われたものにちがいない。

なお、この時期に、はじめてフランスで合法的に公刊された詩集の主なものは次のとおりである。

ルイ・アラゴン（Louis Aragon）：『エルザの目（*Les Yeux d'Elsa*）』セゲルス社、『グレヴァン博物館（*Le Musée Grévin*）』ビブリオテク・フランセーズ（Bibliothèque Française）社、『フランスの起床ラッパ（*La Diane Française*）』セゲルス社、『祖国のなかの異国にて（*En Etrange Pays dans mon pays lui-même*）』セゲルス社。

ジャン・カスウ（Jean Cassou）：『獄中でつくった三十三のソネ（*33 Sonnets composés au secret*）』《ローヌ手帖《カイエ・デュ・ローヌ》》とエディシオン・ド・ミニュイ社。

ジャン・ケイロール（Jean Cayrol）：『贖罪の鏡（*Miroir de la Rédemption*）』《ローヌ手帖》、『夜と霧の歌（*Poèmes de la Nuit et du Brouillard*）』セゲルス社。

リュック・ドゥコーヌ（Luc Decaunes）：『故郷の風（*L'Air natal*）』《ローヌ手帖》。

ピエール・エマニュエル（Pierre Emmanuel）：『汝の守り手とともに戦え（*Combats avec tes Défenseurs*）』セゲルス社、『自由はわれらの歩みをみちびく（*La Liberté guide nos pas*）』セゲルス社、『怒りの日（*Jour de Colère*）』フォンテーヌ（Fontaine）社。

ポール・エリュアール（Paul Eluard）：『一九四二年の詩と真実（*Poésie et Vérité 1942*）』《ローヌ手帖》とエディシオン・ド・ミニュイ社、『ドイツ兵の集合地で（*Au Rendez-Vous des Allemands*）』エディシオン・ド・ミニュイ社。

アンドレ・フレノオ（André Frénaud）：『東方の三博士（*Les Rois-Mages*）』セゲルス社。

ロベール・ガンゾ（Robert Ganzo）：『パンフレット（*Tracts*）』ジャン・オービエ（Jean Aubier）社。

ユジェーヌ・ギュウヴィック（Eugène Guillevic）：『切断（*Fractures*）』エディシオン・ド・ミニュイ社、『執行命令（*Exécutoire*）』ガリマール（Gaillimard）社。

ジャン・マルスナック（Jean Marcenac）：『銃殺されたひとの空（*Le Ciel des Fusillés*）』ボルダス社。

ロイス・マッソン（Loÿs Masson）：『悪の手よりわれらを放て（*Délivrez-nous du Mal*）』セゲルス社、『この世の詩篇（*Poèmes d'Ici*）』《ローヌ手帖》、『光は水曜日にうまれる（*La Lumière naît le Mercredi*）』セゲルス社。

レオン・ムシナック（Léon Moussinac）：『非純粋詩集（*Poèmes impurs*）』サジテール（Sagittaire）社。

リュシアン・シェレール（Lucien Scheler）：『荒天用ランプ（*La Lampe Tempête*）』エディシオン・ド・ミニュイ社。

ピエール・セゲルス（Pierre Seghers）：『公有財産（*Le Domaine public*）』セゲルス社。

ジャン・タルデュウ（Jean Tardieu）：『息のつまった神々（*Les dieux étouffés*）』セゲルス社。

『詩人の光栄（*L'Honneur des Poètes*）』エディシオン・ド・ミニュイ社。

『ヨーロッパ（*Europe*）』エディシオン・ド・ミニュイ社。


こうして、かつて地下で流布された詩集が、相次いで合法的に出版されたのと並んで、この時期には、また、アラゴンの『新断腸（*Le nouveau Crève-Cœur*）』[1]に収められた詩篇をはじめ、単行本としてもケィロールの『人間と鳥たちの気晴らし（*Passe-Temps de l'Homme et des Oiseaux*）』[2]など、戦争や抵抗、或は強制収容所の思い出等をうたった、いくつかの新しい作品が発表された。

（1）ガリマール社、一九四八年。
（2）《ローヌ手帖》とスイユ社、一九四七年。

文学の動き全般を見ても、この時期は、そのような内容をえがいた小説、記録、回想録等がいわゆる「読書界」を風靡した時期で、文学賞なども、多くそれらに与えられていた。

第二章　抵抗の戦線の分裂

第一節　待機主義者の公然たる裏切り

戦后のフランス社会を見る折に、まず注意しなければならないことは、戦時中から戦后にかけての、フランスの階級関係の変化である。具体的には、ファシスト・ドイツに対する抵抗の戦線そのものが、枢軸諸国の敗北という新しい国際的な力関係のもとでは、必然的に分裂の過程をとらざるをえなかったということである。一面における対独協力と、一面における見せかけだけの抵抗（これは、「待機主義」（attentisme）に見られるように、きわめて消極的な性格のものであり、むしろ、労働階級を先頭とする広大な民族解放の運動を中から掘りくずし、それをブルジョワ反動家に有利な方向へ向けかえることを目的としていた）、この二股をかけたトラストの支配者、金融寡頭制の二百家族の人々（ド・ゴール（De Gaulle）は、まさに彼等の代弁者であった）にとっては、かつての「自由」、「民主主義」のスローガンも、もっぱら、フランスの解放と国民生活の向上を求める大衆の感情を、反動支配の強化に利用する武器にすぎなかった。戦后の新しい情況のもとで、抵抗の精神を正しく継承して、復興と、独立と、民主主義強化のために闘うことなど、彼等にとって問題となりえなかったことはいうまでもない。国民を搾取し、超過利潤を確保するためには、彼等はやがて公然と、見せかけだけの「自由」や「民主主義」をかなぐりすて、フランスの復興を妨碍し、フランスをアメリカのトラストに売り、ヴェトナム、マダガスカルの独立運動に流血の挑発をしかけたのである。

こうして、抵抗の運動に内包されていた矛盾は、戦后の新しい条件のなかで、次第に鋭い対立となって現われてきた。なぜなら、勤労大衆は、生活をより明るくするという日常的な利害のためにも、独立と、自由と、復興とを、なによりも必要としていたから。

第二節　文学戦線における分裂の反映

このように、二百家族と、彼等に指導されるフランス・ブルジョワジー、云いかえれば待機主義者たちが、名実ともに、国民大衆からの分離と敵対の方向に移行していったことは、文学の面にも大きく反映されずにはいなかった。

元来、反ナチの文学運動自体、ファシスト・ドイツに反対するという一つの共通点で統一されていたとはいえ、その中の人々の、それぞれの立場や思想は、全く異質的なものを多く含んでいた。あの闘いに参加して、ある場合には自分の一身さえも失った広範な人民大衆の生活感情とは別個に、ある作家にとっては、抵抗は、あらゆるものに「ノン！」と云うことによって、「真の自由」を全身的に体験する場であったり、又ある人々にとっては、人間の宿命的な悲惨の表現であったり、固定した善の力と悪の力とが、歴史の弁証法的な発展と無縁な形で挑みあう闘いであったり、あるいは、アンリ・ミショオ（Henri Michaux）についてロラン・ド・ルネヴィル（Rolland de Renéville）が書いているように、内奥の世界の平静を乱す外部の圧力に対しての闘いであったりした。

このようなそれぞれの立場の限界は、ファシスト侵略者が打倒され、フランスの解放と平和がかちとられると同時に、その限界をもっている人々を、現実の社会的な動きや、その中における国民の休みない闘いから切りはなし、かつての共同の戦線に亀裂を生じさせる分解作用として働いた。万事に「ノン！」と云うことによって「真の自由」を満喫できた作家は、反抗すべき巨大な敵が打倒された后には、もはや抜け道のない虚無感の中にしか、自己の居場所を定めることはできなかったし、ファシズムを抽象的な自由や美と対置させていた人々は、ファシストの敗北によって、現実との一切の結びつきの鉤を失ってしまった。自由や解放の問題を、明日のパンのために汗を流す大多数の国民の立場から見るのではなしに、あるいは一般的な「実存」の問題として、あるいは抽象的な「善悪」の問題として把えていた人たち、云いかえれば、本質的に、進歩性を失ったブルジョワジイの思想的代弁者であった作家や詩人の多くは、現実社会からの結びつきを失い、ある場合には、国民大衆の敵として不名誉な変貌をとげていった。トリスタン・ツァラ（Tristan Tzara）が『シュルレアリスムと戦后（*Le Surréalisme et l'Après-Guerre*）』[1]の中で語っているように、ブルジョワジイにとっては、繁栄した生活と、それなりの地位を確保する自由は、「すでに獲得された」のであり、従って、解放后における彼等の闘いといえば、その独占的な位置を守るための闘いしか、もはや必要とはされなかった。彼等にとっては、貧困や抑圧からの自由を日々に「獲得しなければならない」人民大衆の状態なぞ、けっして問題になりうるはずはなかったし、逆に、国民の闘いに対する恐怖と敵意を感じなければならなかったのである。反共反ソの闘士としてのモーリヤック（Mauriac）やダヴィッド・ルーセ（David Rousset）の戦后の歩みは、明瞭に、このようにもっとも醜悪なブルジョワジイの動向を忠実に反映したものにほかならなかった。又、サルトル（Sartre）やカミュ（Camus）、エルヴェ・バザン（Hervé Bazin）、ジャン・ポーラン（Jean Paulhan）らが辿った、現実社会からの遊離と、抽象化の傾向も又、彼等の階級的な立場を明らかに示したものと云わざるをえなかった。

第三節　天使の姿へかえった詩人たち

詩においても、もちろん問題は同じである。むしろ、抵抗の運動になんらかの形で参加した既成詩人の数が多かっただけに、戦后における分裂は、より深刻な印象を与えたかもしれない。エマニュエルやケィロールの戦后の傾

（1）ナジェル（Nagel）社、一九四八年。

向、ルネ・シャール（René Char）の抽象的な予言者めいた姿、フレノオの頽廃、又、形はちがっても、ミシェル・レリス（Michel Leiris）が『癲癇（*Haut Mal*）』[1]で生きることへの恐怖をうたったことや、ミショオが『よその場所にて（*Ailleurs*）』[2]でガラバーニュ[3]や魔法の国[4]の旅行記に合せて、あらたにポデマ[5]の紀行詩を発表して、これらの

ヨーロッパよりも住みやすい[6]

Il s'y est trouvé plus à l'aise qu'en Europe.

空想の世界にこもっていったのも、「オラドゥール（Oradeur）」[7]をうたったタルデュウや、ポンジュ（Ponge）やクノー（Queneau）の戦后の詩作も、それぞれの特殊的な条件はあるにしても、ともに、これらの詩人の現実社会からの遊離をもって特徴としていた。そして、現実社会から遊離することによって、これらの詩人は次々と、抵抗の陣列から去っていったのである。一九四六年二月に、アラゴンは次のように書いている。

解放の大きな感動ののちに、ふたたび鶯とたわむれはじめた人たち、以前から天使のようなふりをつづけている人たち、彼等は、或る種の詩はもう用済みになったものと思いかけている。だが、その詩は、フランスの夜の闇のなかで、かつて、危険な煙草の火のように、その詩のありかを人々に知らせた、ある燃えるような性格を少しも失ってはいないのである。とはいえ、「天使たち」の時代がまたやってきた。生活に対して目を閉ざした詩の時代、沈黙を守った者の一人であったことを人々が名誉とするような時代がまた訪れた。「待てば海路の日和かな」という言葉が、又、かしこい人たちの金言となり、その人

Ceux qui ont recommencé, après les grandes émotions de la libération, à jouer aux rossignols, ceux qui continuent à s'appeler des anges, sont tout prêts à considérer comme révolue une poésie qui n'a pourtant rien perdu de ce caractère brûlant, qui la signalait dans notre nuit comme une dangereuse cigarette. Mais le temps des « anges » est revenu, le temps de la poésie aux yeux fermés sur la vie, le temps où on se glorifie d'avoir été l'un des silencieux; le tout vient à point à qui sait attendre est à nouveau la devise des sages, et s'ils entendent encore — à supposer qu'ils entendent encore, — le cri de ce poète démodé :

たちは、たとえ流行おくれの詩人が、
われわれにはあの大きな龍骨は作れなかった。われわれには
　作れなかった。
われわれは小舟を作って、辛うじて名誉を保った。
だが、死んだ人たちはどうなるのか
と叫ぶのを聞いても（それも、まだ彼等が聞く耳をもっての話だが）、彼等は眉根を上げたり、肩をすぼめたりするだけである。なぜなら、この人たちに名誉のことなど話すのはぶしつけだし、死人の話しなどすることは、全く無趣味なことだからである。(8)

Nous n'étions pas assez, nous n'étions pas assez pour cette grande
　carcasse.
Nous avons sauvé l'honneur avec un brigantin
Mais les morts ?
ils lèvent comme des sourcils leurs épaules, car si parler de l'honneur pour eux c'est manquer de tact, parler des morts c'est vraiment manquer de goût.

では、アラゴンのこの一般的な説明の上に立ちながら、天使の姿へかえった、それぞれ特徴的な三人の詩人、しかも、戦時中には、おのおの抵抗の闘いに活動した、ルネ・シャール、アンドレ・フレノオ、ピエール・エマニュエルについて、抵抗の当時から戦后にいたる変化を、作品を基礎に、検討してみよう。

（1）ガリマール社、一九四五年。
（2）ガリマール社、一九四八年。
（3）『グランド・ガラバーニュの旅（*Voyage en Grande Garabagne*）』（ガリマール社、一九三六年）、『よその場所にて』に収録。
（4）『魔法の国にて（*Au pays de la Magie*）』（ガリマール社、一九四一年）、『よその場所にて』に収録。
（5）『ここ、ポデマ（*Ici, Poddema*）』（メルモ〔Mermod〕社、一九四六年）、『よその場所にて』に収録。
（6）『よその場所にて』七ページ。
（7）『息のつまった神々（*Les Dieux étouffés*）』所載。『石化した日々（*Jours pétrifiés*）』（ガリマール社、一九四八年）九九〜一〇一ページ。
（8）アラゴン『ベル・カントの年代記』一二八〜一二九ページ。

ソノー――ルネ・シャール

街の雑踏からひとり離れ、女は子供を両腕にだいて立っていた。なかば熔けさった火山が、火口をだきしめていたように。女は子供の耳にささやいていた。ささやきは、彼女の頭のなかを静かにかけめぐり、それから、昏睡に落ちた口に孔あけて外にあふれでた。母と子のうち、一人は星の殻ほどの重さもなかったが、くらい困憊が二人の姿からにじみでていた。困憊の水は、かたまることもなく、いつまでも街路のうえを流れていった。それは、貧しい人々の、冬にさきがけた終末だった(1)……

Cette femme à l'écart de l'affluence de la rue tenait son enfant dans ses bras comme un volcan à demi consumé tient son cratère. Les mots qu'elle lui confiait parcouraient lentement sa tête avant de trouer la léthargie de sa bouche. Il émanait de ces deux êtres, dont l'un ne pesait guère moins que la coque d'une étoile, un épuisement obscur qui bientôt ne se raidirait plus et glisserait dans la dissolution, cette terminaison précoce des misérables.

と、かつて、戦争で夫を失った妻と子が、夕ぐれの雑踏の街をよろめいてゆく姿を、同情に満ちた悲痛な調子でうたいあげながら、

むきだしになった弱さひとつ(2)

la vulnérabilité qui ose se découvrir

で結びつけられたフランスの民衆が、この苦しみと悲惨からのがれるためには、

わたしは今から見る。やがて、自分の兄弟のまわりから、疲弊と悪への服従を払いのけたとき、たえまなく彼等に挑む恫喝の力をうちくだき、それを屈服させたとき、いくたりかの人々は、

J'entrevois le jour où quelques hommes qui ne se croiront pas généreux et acquittés parce qu'ils auront réussi à chasser l'accablement et la soumission au mal des abords de leurs semblables en mêne

もはや、おのれを寛大とも、純潔なものとも思わなくなるだろう……(3)

temps qu'ils auront atteint et maîtrisé les puissances de chantage qui de toutes parts les bravaient,…

と、抑圧に対する非妥協的な闘いに立ち上った人々に讃辞をおくり、又、自分自身もパルチザンの戦闘に参加したなかで、

現実世界と私との間には、今日はもう悲しい帷はなくなってしまった(4)

Entre le monde de la réalité et moi, il n'y a plus aujourd'hui d'épaisseur triste.

と書いたルネ・シャールが解放后に発表した詩集、『粉砕された詩（*Le Poème pulvérisé*）』(5)の序文のなかで、

今日の人々は、詩が、他への尊敬や普遍性を殆どもたず、非寛容で焼けつくような彼等の生活をかたどっていることを望んでいる。

Les hommes d'aujourd'hui veulent que le poème soit à l'image de leur vie, faite de si peu d'égards, de si peu d'espace et brûlée d'intolérance!

なぜなら、たえず、自分の同類の者にうちたおされないかとい

Parce qu'il ne leur est plus loisible d'agir suprêmement, dans cette

---

（1）「原質（Eléments）」（『ひとり残って（*Seuls demeurent*）』ガリマール社、一九四五年）二七ページ。
（2）同書、二八ページ。
（3）同書、二八ページ。
（4）『ヒプノスの紙片（*Feuillets d'Hypnos*）』（ガリマール社、一九四六年）七八ページ。
（5）フォンテーヌ社、一九四七年、七ページ。

う宿命的な懸念に脅かされているために、彼等にはもう、立派に行動するひまなどなくなってしまったのであり、自分の無気力な富が、彼等を拘束し、つなぎとめているために、本能も弱められてしまった今日の人々は、生きている人間でありながら、自分の名のかけらすらも失ってしまったからである[1]……

préoccupation fatale de se détruire par son semblable, parce que leur inerte richesse les freine et les enchaîne, les hommes d'aujourd'hui, l'instinct affaibli, perdent, tout en se gardant vivants, jusqu'à la poussière de leur nom.

と、社会的な鋭い利害の上に根ざした、詩の党派性や非妥協性、又、そういうものに貫かれた、生活の反映としての詩を、口をきわめて罵倒しながら、「悪魔祓い（La Conjuration）」[2]、『粉砕された詩』[3]、「物語る泉（La Fontaine narrative）」[4]、『クレール（*Claire*）』[5]の諸作では、詩人をとりまく社会的な諸関係や諸対立を一切抽象して、「寛容」や「愛」による全人間の和解や、人間と自然との交感を説いて、これを「革命」と呼び（特に、これは一九五〇年の『早起きの人々（*Les Matinaux*）』[6]において強調されている）、この「革命」による「人間の変革」を、ジョルジュ・ムーナン[7]（Georges Mounin）も云うとおり、なかば予言者めいた調子でうたう⸨詩人の立場は、『粉砕された詩』のなかの次のような言葉によっても明瞭である。すなわち、

詩――再評価された人間の内部の未来生活[8]⸩

Poésie, la vie future à l'intérieur de l'homme requalifié.

のを見るとき、彼の云う「新しい誠実[9]」（la nouvelle sincérité）という言葉のなかに、彼の詩のもつ、一見ヒューマニスティックな明るさにも拘らず、解放后のこの詩人を把えた、現実生活からの背離と抽象化の傾向を、即座に読みとることは容易である。このような傾向は、単に戦后の彼をとらえたものではなくて、最初に引用した戦時中の作品の、あの表現形式の中にも反映されていたし、『ヒプノスの紙片[10]』の序文の次のような言葉からも明瞭に読みとることが

できるのであって、それは、抵抗の当時から彼の限界として、一貫して存在しつづけてきたものにちがいなかった。

これらのノートは、ある種のヒューマニズムの記録である。そのヒューマニズムは、自分の義務を意識し、自分の美徳については謙虚であり、「近寄ることのできない」自由な天地を、自分の太陽たちの幻想のために取っておきたいと望み、そのための「あたい」は払う覚悟をきめていたのである。[11]

Ces notes marquent la résistance d'un humanisme conscient de ses devoirs, discret sur ses vertus, désirant réserver l'inaccessible champ libre à la fantaisie de ses soleils, et décidé à payer le prix pour cela.

ソノニ――アンドレ・フレノオ

戦后の歩みに、シャールと比して、明るさと暗さの差はあるにしても、同じような現実社会からの背離をアンドレ・フレノオも又犯した。かつて、『東方の三博士（*Les Rois-Mages*）』[12]におさめられた、数多くのすぐれた詩のなかで、ある時は、

（1）同書、七ページ。
（2）『激情と神秘（*Fureur et Mystère*）』（ガリマール社、一九四八年）に収録。
（3）フォンテーヌ社、一九四七年。
（4）『激情と神秘』に収録。
（5）ガリマール社、一九四九年。
（6）ガリマール社、一九五〇年。
（7）『シャールを読みましたか？（*Avez-vous lu Char ?*）』（ガリマール社、一九四六年）。
（8）『粉砕された詩』八八ページ。
（9）「粉火薬」、同書、五一ページ。
（10）ガリマール社、一九四六年。
（11）『ヒプノスの紙片』一二ページ。
（12）セゲルス社、一九四六年。

われわれが、厄介な司揮官たちの云いなりになりながら、
あやまたぬ未来の火をかき立てていたとき、
静かな未来について、長いこと語りあっていたとき、
愛すべき未来に、よごれをつけていたとき、
貧乏なわれわれの貨幣である、額の上の汗で、
腐りおちない未来を買いとっていたとき、
馬鈴薯の配給はとても足りなくて、
パンも、女の乳房も、別の世界のものだったので、
冷たい自分の歯で、われわれが過去を暖めていたとき[1]
……………………

Quand nous tisonnions l'impeccable avenir
au hasard de nos kommandos calamiteux
quand nous rabâchions le silencieux avenir
quand nous entachions l'adorable avenir
quand nous achetions l'avenir incorruptible
avec la sueur de nos fronts la monnaie de notre pauvreté
quand nous réchauffions le passé avec nos dents froides
parce que la pomme de terre était régal insuffisant
et le pain et les seins de la femme étaient de l'autre côté
……

と、ブランデンブルク強制収容所内での、餓えと寒さと孤独に苦しめられた日々をうたって、その中から、

狼どもも、夏の夕空の虹の輝きも、うちかつことができない[2]

Ni les loups ni la splendeur de l'arc-en-ciel des soirs d'été n'en auront raison.

フランスの未来への確信を高くかかげ、又、ある時は、暴虐なヘロデの治下に、キリストをたたえに訪れた、あの東方の博士たちになぞらえて、ファシストのもとにある祖国で、その希望と明日のために、云いようもない苦難にも拘らず闘っている愛国者の感情をえがきあげた（「東方の博士の嘆き（Plainte du Roi-Mage）」[3]）この詩人の、戦后における変貌は、占領当時のその活動を知る者にとって、ひとしく意外の感を抱かせた。

俺は、恥をかかすために、人間をくさしたのだ
俺は、自分をあわれだとは思わない[4]

Si j'ai dénigré l'homme c'est pour lui faire honte
Je n'ai pas plus pitié de moi.

という二行のエピグラフをもってはじまる、一九四六年の詩集、『「床下の詩篇」と「くらい結婚」(*Poèmes de dessous le plancher*, suivis de *La Noce noire*)』[5]は、全巻二六篇、文字どおり、希望のない生活の澱みの表面に浮上った油のような、醜悪に誇張したイメージの交錯によって作りあげられていた。「牝牛の小便にひたっている鼠の群」、「新婚の女のシュミーズの裏にいる南京虫」とか、「死んだ女がよこたわっているベッドの中の獣」や、「煮えたっているデブデブの女」というような、ゴミ溜めの底をひっくり返したのにも似た、醜くただれた物象の、乱雑で不自然な組み合せ。又、「あんまり暑かったので、つい欲情にかられてしまった」人々とか、「二人の体から蛇がはいだしてくるような」不潔な情交とか、「犬と犬とがくっつくようにいっしょになる」男女や、「ホテルで犬を飼っている淫売婦」など、人間的な明るさや、まともな感情さえも失って、敗徳《(ママ)》と、無秩序と、動物的な情欲の底にうごめいている人々、そのような、性器のみになかば還元されたような、「民衆」のくらい群像。そして、そこから発散しているのは、一切が腐爛し、くずれてゆく、うみただれた世界の、胸をつくような汚濁の臭気である。

深渕を出ると、腐敗がおそいかかってくる[6]

Hors l'abîme / La pourriture s'affaire

---

(1)「想い出(Souvenir)」(『東方の三博士』)一二五ページ。
(2)「想い出」、同書、一二六ページ。
(3) 同書、一二七〜一四〇ページ。
(4)『「床下の詩篇」と「くらい結婚」』七ページ。
(5) ガリマール社、一九四九年。
(6)「深淵を出ると(Hors l'Abîme)」(『床下の詩篇』)一一ページ。

このようにくずれてゆくもの、このように蝕まれてゆくもの、その誇張した露悪的な強調の中で、この詩人が読者に伝えようとしたもの、それはもはや、抵抗の運動中に彼をとらえた、祖国への切なる愛着や、手放さぬ未来への希望というような、あの積極的な感情ではなくて、世界はこれほどまでに不潔であり、人間はこれほどまでに堕落しており、人生は何ら生きるに価しないのだという、生活嫌悪の虚無的な感情にすぎなかった、それは又、疲労であり、自虐であり、抜け道のない自己嫌悪の感情にすぎなかった。

俺は、ここをとおって生きてゆくのに疲れきっている(1)　et moi je suis toujours las de passer ici et de vivre.

又、

俺はお前が嫌いだ。お前が俺に似ているから。　—Je te hais parce que tu me ressembles
お前の愛情の中に、俺は、ヘドをもよおすような俺の顔しか読みとれない(2)　Dans ton amour je ne lis rien que mon exécrable visage —

こうした、あらゆるものに対する嫌悪と軽蔑の中で、詩人がどれほど、

あいつが嘲笑しても、人間を侮辱しても、悪く思わないでくれ、兄弟よ……

少《すくな》くも、あいつは努力しているのだ。努力していることだけは、はっきりしている(3)

—Il ne faut pas le juger mal s'il ricane, s'il insulte l'homme, frères…

…Et du moins il s'efforce, je vous affirme qu'il s'efforce.

と読者に歎願しても、

アハハハハ…………死ねというなら　Ahahah... S'il le faut
シカゴへだって、シシーヌへだって、くたばりにいってやるさ(4)　J'irai crever à Chicago
Ou dans la Chichine

というような自棄的な調子からは、具体的な解決も、希望も、何ひとつ生れてくるはずはなかった。こうした、多分に露出狂的な、否定面のみの強調は、どれほど、現に我々が生きている現実世界からは、遠くへだたっていたことであろう。さきにのべたように、腐敗した世界に生きている「民衆」として詩人がえがきだしたものは、自分の生活の貧しさについての自覚もなく、明日のパンをも考えることなしに、「白木の檻のような小さな寝場所」で、折りかさなっていびきをかき、「犬と犬とがくっつくように」女をだく、頭脳もない、家畜のような「賤民」たちだった。フランスの大衆の全体をこのようなものとしてえがきだすことが、どれだけ、現実の作為的な歪曲であるかはいうまでもない。しかも、それをえがく詩人の調子には、なんという侮蔑と嘲笑がかくされていたことであろう。

やつらは歯をむきだして接吻した　Ils s'embrassaient à pleines dents

---

(1)「子ども(L'Enfant)」、同書、七〇ページ。
(2)「われら二人の肉体について(De nos deux Corps)」、同書、一九ページ。
(3)「あいつは努力している(Il s'efforce)」、同書、八〇ページ。
(4) アラゴン『ベル・カントの年代記』の引用による。一二〇ページ。

やつら、あわれな犬ども(1)　　Pauvres chiens mes pauvres enfants

あるいは、

やつらは列を組まないで、ちりぢりばらばらになっていった。あとには、家に、しめ殺された三万人の子供たちしか残っていなかった。

— Ils ne défileraient pas mais ils déferleraient. — Et après il ne reste dans les maisons que trente mille enfants étranglés…

……………………　　……………

だが、やつらがしようとしていることなど、なんでわかるか(2)。

Mais comment savoir ce qu'ils voulaient faire…

民衆をこのように「賤民」化し、それに対して、見くだした嘲笑と悪罵をはなつ、詩人のこの態度の中に、自己嫌悪の感情と表裏の関係で結合された、階級的な優越感を読みとることは、じつに容易なことである。抵抗の時代においてすら、すでに、

俺は額の汗を呪う　　je maudis la sueur de mon front
俺は、自分の労働者じみた手をにくむ(3)　　et je hais mes mains ouvrières

と、労働にたいする憎悪と、華奢な白い手に対する愛をうたったこの詩人が、戦后の新しい階級関係と諸矛盾のなかで、貧困と、腐敗と、自己嫌悪と、「賤民」に対する侮蔑をうたって、没落し、ルンペン化する小ブルジョワの、交錯した劣等感と優越感との代弁者となったことは、決して不自然な変貌ではなかったのである。

だが、このような憎悪や蔑視から必然的に結果される道は、かつて、『夜の果てへの旅（*Voyage au bout de la nuit*）』[4]の作者、ルイ゠フェルディナン・セリーヌが辿ったように、人間の尊厳やあらゆる価値を蹂躙しさろうとする、ファシスト、戦争放火者に奉仕し、その忠実な番犬となる道以外にはないのである。

……………………………………………………………………………

それればかりではない。現実生活との結びつきを断った人たち、現実生活を、抽象的な夢や思弁の中の問題としてしか理解しえなかった人たちは、よし、暴虐なもの、不正なものに加担する道を選ばなかったにせよ、それに対して現実的な打撃を与え、それを打倒する社会的な力の形勢に、直接的、実際的な寄与を与えることはできない。逆に、彼等は、その抽象性そのものの故に、客観的には、暴虐なものの手先としての位置におちいってゆく場合が、少《すくな》からずあったのである。

ソノ三――ピエール・エマニュエル

上にのべたような点から、抵抗の運動に参加した、例えばエマニュエル、ケィロール、マッソン等の詩人の偉大さは、彼等が戦争やファシズムの問題を、人間社会の歴史的な運動から切りはなされた、宿命的な善悪の対立の現われとしてのみ理解したことにあるのではなしに、そのような限界のある抽象的な立場に立ちながらも、なお、占領と抵

（1）「世界の終わり5（Fin du Monde 5）」（『床下の詩篇』）六三ページ。

（2）「世界の終わり3（Fin du Monde 3）」、同書、五九～六〇ページ。

（3）「道（La Route）」（『東方の三博士』）一一七ページ。

（4）ドノエル社、一九三四年。

抗というその瞬間においては、善を担う人々が誰であり、悪を担う人々が誰であるかを正しく把握して、歴史的な正義を担う国民大衆の現実生活の中での闘いに、全幅の支持と激励を与えたことにあったのである。いわば、彼等の行動は、当時においては、歴史の進む方向と完全に一致していたのであった。ケィロールが「夜と霧」（Nacht und Nebel、フランスのパルチザンを、ドイツ兵はこう呼んでいた）をうたい、エマニュエルが銃殺された人質をさして、

名もないこの死者たちを、ぼくらは遺産としてひきつぐだろう
かれらの血まみれな屍を、ぼくらは共有するだろう(1)

Ces morts ces simples morts sont tout notre héritage
leurs pauvres corps sanglants resteront indivis.

と、断乎たる闘いの決意を語ったのも、又、マッソンが「ロシア軍への祈り（Prière pour les Russes）」(2)をうたって、キリスト者の立場から、ソ同盟に愛情と感謝をささげたのも、彼等が、悪を追いのける正しい現実的な力の所在を、間違いなく把握していたからにほかならない。

　このことを確認するとき、我々は戦后のエマニュエルらの歩みの中に、明らかに一つの後退を認めなければならない。一九四七年に出版されたケィロールの『人間と鳥たちの気晴らし（*Passe-Temps de l'Homme et des Oiseaux*）』という、強制収容所の体験をうたった詩集の後書きの中で、エマニュエルは、ケィロールが、

特定の瞬間から、又、言葉で云いあらわすことができないほど全面的な拘束力をもつ、我々が生きてきた特定の事件から出発して、その事件の中から我々が得た、人間の内的経験の世界に沈潜し、その経験を統一し、普遍化し、人間性の糧となるまでに、それをまとめあげた(3)

partant du moment même, de l'événement que vous avez vécu, si totalement contraignant que la langue ne peut le décrire, il s'enfonce dans l'expérience intérieure de l'homme, que vous avez acquise au sein de l'événement. Cette expérience, il l'organise, la rend universelle, l'intègre à la somme dont se nourrit l'humanité.

ことを高く評価して、この詩集から学ぶべきものは、

> 人間は彼を殺すものより偉大であり(4)
> « l'homme est plus grand que ce qui le tue »

又、

> 最高の芸術は道徳の創造と一致する。それは、本能の混沌に対する勝利であり、道徳創造と相並んで、「法」の強制力を打ちやぶるものだ。(5)
> l'art le plus haut rejoint la création morale, qu'il est une victoire sur le chaos des instincts et tout ensemble une conquête sur les contraintes de la Loi

という作者の訴えなのだとのべている。

たしかに、俘虜生活の体験から、「人間は彼を殺すものより偉大なのだ」という結論を得たことは、人間への尊い確信であったにはちがいない。だが、具体的な現実社会の諸関係の中で、この「法」とは、誰が、誰を、何のために拘束する「法」なのか。又、「人間を殺すもの」とは誰のことを云うのか。ファシスト・ドイツに対する闘いの時期には、「人間を殺すもの」とは、侵略者と、フランス国内でのその手先を意味していたし、「人間」とは、広範なフラ

（1）「人質（Otages）」（『自由はわれらの歩みをみちびく（*La Liberté guide nos Pas*）』セゲルス社、一九四六年）四三ページ。
（2）『悪の手よりわれらを放て（*Délivrez-nous du Mal*）』（セゲルス社、一九四五年）所載、六一～六二ページ。
（3）『人間と鳥たちの気晴らし』一〇五ページ。
（4）同書、一〇四ページ。
（5）同書、一〇三ページ。

ンス国民の意味であり、「法」とは、ファシストやその手先の暴虐を正当化する装飾品にすぎなかった。では、ファシスト・ドイツが倒された解放后のフランスでは、その関係はどう変ったか。これには、ケィロールもエマニュエルも、ついに答えようとはしなかった。戦争の傷手と窮乏の中で、さまざまの矛盾に押しつぶされている無数の貧しい人々、そして、この悲惨を除去するために、圧倒的多数の「人間」が心から望んでいた、生活をより明るくするための「法」、このような現実社会の中の具体的な諸問題は、彼等の関心の外におかれていた。『人間と鳥たちの気晴らし』の全篇、その後書きまでも含めて論議されていることは、もっぱら、俘虜生活の追憶と、そこから引きだされた「人間性一般」についての、「尊厳」や「自由」という問題にすぎない。このように抽象的な論議におちいることによって、彼等は、具体的な現実の生活から背を向け、国民大衆から孤立する道を辿ったのである。抵抗の時代、人民こそが正義の担い手であることを、当時の社会的諸条件のもとに正しく理解して、彼等に対する支持と共感をおしまなかったこの二人の詩人にとって、『人間と鳥たちの気晴らし』は明らかに、彼等の后退を示す一つの指標にちがいなかった。又エマニュエルにとっては、『ソドム（*Sodome*）』[1]や『オルペウス讃歌（*Orphiques*）』[2]（**編註** この詩集の刊行は「解放后」ではなく一九四二年なので、誤記と思われる）等、解放后の詩作に現われた欠陥を鋭く暴露したものでもあった。

更に、このような「人間の尊厳」や「自由」についての抽象的な論議が、一九四六年二月、チャーチルのフルトン演説以来、帝国主義者の新戦争政策の、最も重要な思想の一環をなしていることを考えるとき、『人間と鳥たちの気晴らし』のこのような欠陥は、単に現実社会からの離反をあらわすのみではなしに、彼等が、客観的には、国民大衆への裏切りの道に進む危険性をも、多分に内包するものであった。

事実、エマニュエルの場合、現在の歴史的な瞬間において、自由や進歩の担い手がだれであるかについての完全な無知は、一度《ひとたび》ファシストが打倒された后には、いまだに継続している、広範な人民に対する資本主義的な抑圧の中にではなしに、人民の権力を基礎にした、ソ同盟の社会主義体制の中に、「自由に対する侵害」や「抵抗すべき敵」を見出させるにいたったのである。こうして、戦后における情勢の進展は、エマニュエルを反ソ反共の詩人に育てあげたし、「共産主義的全体主義」から「個人の自由」を守る「自由の戦士」(『ラ・ネフ(*La Nef*)』第六〇・六一合併号所載の「現代文学にかんする考察(Réflexion sur la Littérature moderne)」等を見よ)、すなわち、国民の敵、抵抗運動の裏切者へと、堕落させたのである。この意味からも、一九四七年の『人間と鳥たちの気晴らし』は、この詩人のその后の歩みを予測させる、一つの指標の役割を担っていた。

(1) エグロフ社、一九四四年。

(2) ガリマール社。

第三章　新しい条件下の詩人の闘い

抵抗の戦線がこのように分裂し、かつての待機主義者が、フランスの復興と民主主義との公然たる敵であることを明らかにした后は、このような敵と徹底的に闘ってゆく中で、生産を上げ、民主主義的な自由を拡大し、抵抗によってかちとった勝利を更に強固なものとしてゆくことが、労働階級を先頭とする国民大衆に、あらたな任務となって課せられてきたことは、さきにのべたとおりである。

そして、詩人にも又、あらたな任務が提起された。それは、抵抗の時代の体験と教訓を最大限に生かしながら、あの時代から何を学びとり、現在何をなすべきかという問題に正しい解決を与え、詩を通じて、その闘いの方向を明確にしてゆくことにほかならなかった。

真に国民大衆の立場に立つ詩人は、よくこの任務をはたしえたのである。

第一節　「いかに生きるべきか」

ソノ一――『とだえざるうた』とツァラの諸作

［A］『とだえざるうた』

一九四六年に発表されたポール・エリュアールの『とだえざるうた（*Poème ininterrompu*）』[1]は、抵抗の時代、「自由（Liberté）」[2]、「クーヴル・フゥ（Couvre-feu）」[3]などで、フランス人民の胸のうちにたぎった怒りと、希望と、愛をうたいあげ、その中で、一九四二年に革命の前衛の列に参加したこの詩人が、抵抗の勝利という、この歓喜にみちた条件の下で、みずから過去をふり返って、その遍歴の跡をたどり、「現在いかに生くべきか」という問題を真剣に提起して、その解決を求めようとした作品であった。自己の発展の道のりをかぞえることによって、詩人は、現在の立っている地点を定め、未来への出発点とするために、一つの指標をおこうとしたのであった。

七百行に及ぶ、複雑で、暗喩的なイメージにみちたこの作品は、そこに現われてくる一人の女性への愛（一九一八年の『平和のための詩（*Poèmes pour la Paix*）』[4]から、『苦しみの都（*Capitale de la Douleur*）』[5]、『愛、詩（*L'Amour, la Poésie*）』[6]をとおして、彼がたえずうたいつづけてきた愛）を通じて、「私」という一人の男が、闇から光明へと、たえず歩みつづけてゆく姿をうたいあげている。

わたしはだんじて誤ってはならぬ　　Je ne veux pas me tromper
わたしがどこから出発するかを忘れてはならぬ[7]　　Je veux savoir d'où je pars

（1）ガリマール社、一九四六年。
（2）『詩と真実（*Poésie et Vérité*）』（スイユ社と《ローヌ手帖》、一九四六年）所載。
（3）同右。
（4）『選詩集（*Choix de Poèmes*）』（ガリマール社、一九四九年）所載。
（5）ガリマール社、一九二六年。
（6）ガリマール社、一九二九年。
（7）『とだえざるうた』一九ページ。

と、詩人が回想の窓を開いて、過去を見つめたとき、詩人はその遍歴の出発点を、次のような言葉の中で見いだした。

わたしの生れは涙であった。
疲れであり、苦しみだった。
美の影ひとつそこにはなかった。
善の影ひとつそこにはなかった[1]。

Mes origines sont les larmes
Et la fatigue et la douleur
Et le moins de beauté
Et le moins de bonté

また、

けれども男は
男はおもい未開の身ぶりをし、
男は沼地のような心をもち、
男はとりとめもない本能と
流謫の肉をもち、
男は温室の日の光りをもち、
目をとざし、稲妻を負い
男は不死ではなく、男はひきさかれ、
希望の血汐を額にしたたらせ、
男は過去につまずき、
つねに後悔にさいなまれ、
ひとりさびしく、いつまでもかわらずに、

Mais l'homme
L'homme aux lentes barbaries
L'homme comme un marais
L'homme à l'instinct brouillé
A la chair en exil
L'homme aux clartés de serre
Aux yeux fermés l'homme aux éclairs
L'homme mortel et divisé
Au front saignant d'espoir
L'homme en butte au passé
Et qui toujours regrette
Isolé quotidien

何ももたず、責任の重荷にあえいでいるもの[2]、　　Dénué responsable

それは、彼もその一員である小市民たちの第一次大戦后の混乱を背景にした、不安であり、苦悩であり、希望のない放浪だった。生きることへの疑問にたえずつきまとわれ、生まれたことへの悔恨にさいなまれ、ある者は、若くして年老いた自分を意識し、ある者は、旅に、麻薬に、黒人芸術に逃避し、

（自分の姿を見えなくするために　　Ils méditent leur absence
かれらはその影の中に身をかくす[3]）　　Ils se cachent dans leur ombre

又ある者は、

希望を知らぬ世界のなか　　Prendre sens dans l'insensé
不合理なもののなかに意味を見いだすときだ[4]　　Dans ce monde sans espoir

と、空想の世界の中に、生きるよりどころを見つけだそうとしたような、いわば、

ひび割れた大空に　　Sur le ciel tout ébréché

（1）　同書、一九～二〇ページ。
（2）　同書、一四ページ。
（3）　同書、二九ページ。
（4）　同書、二八ページ。

星の光りはこけがおいしげ（り）①　　Les étoiles sont moisies

ったような世界であった。

だが、その暗黒の世界の中で、失われない唯一のもの、それを詩人は、一人の女性の姿をかたどって現わした。その女性は、

着物をとり、姿をかくし、眠りにおち、　　Nue effacée ensommeillée
えらばれて、けだかく　孤高であり②　　Choisie sublime solitaire

……………………

粗野で、あいまいで、片言のものをいい、　　Sauvage obscure balbutiante
太陽にてらされ、きらびやかな光りを負い③　　Ensoleillée illuminée

……………………

あざむかれ、ときほごされ、こなごなになり、　　Surprise dénouée rompue
くろぐろと　いやしめられ、泥によごれたもの④　　Noire humiliée éclaboussée

すなわち、生活のもつあらゆる明るさと暗さを反映し、あらゆる女性のあらゆる性格をわかちもった女性、いわば、遠い昔から、すべての詩や音楽でほめたたえられてきた「女性」、永遠に男性の友であり伴侶である「女性」の、普遍化された姿としてえがかれた。

わたしはいつまでも最初の女、ゆいつの女だ⑤　　Je serai la première et la seule sans cesse

また、

わたしはわたしの母、わたしはわたしの子(6)

Je suis ma mère et mon enfant

この女性にたいする作中の男の愛は、従って、一人の男性の一人の女性に対する、偶然的な愛としてではなく、場所と時代によってことならぬ、普遍化された「男と女の愛」、昔から今にいたるまで、地上のすべての人々に、生きる喜びと希望を与えた泉であり、それなしには、人類の生存すら不可能であるような、いわば「両性の絆」として、少くも、その大きな反映としてえがかれねばならなかった。一人の女性にたいする愛情の中に、このような、人類にとって本源的な「両性の絆」を認めることは、結局、人間の生存条件の是認につながっていた。

おまえのおかげで、光りから光りへ
ぬくもりからぬくもりへと　わたしは移る
おまえの口をとおして　わたしは語り
幸せをうべなう太陽のように、おまえはすべての中心にある(7)

Par toi je vais de la lumière à la lumière
De la chaleur à la chaleur
C'est par toi que je parle et tu restes au centre
De tout comme un soleil consentant au bonheur

こうして、愛の確認は生存の肯定になり、幸福を求める歩みの出発点となった。

---

(1)　同書、二七ページ。
(2)　同書、九ページ。
(3)　同書、一〇ページ。
(4)　同書、一〇ページ。
(5)　同書、一三ページ。
(6)　同書、一三ページ。
(7)　同書、二六ページ。

男は最初の口づけのためにひざまづく
夜はそのかみの夜に似ていた
出発だ。過去の日はここに終った。(1)

Il se mit à genoux pour un premier baiser
La nuit était pareille à la nuit d'autrefois
Et ce fut le départ et la fin du passé

だが、あらたに出発したこの「男」が、目をあげて現実の生活を見たとき、まず見いださねばならなかったものは、なんであったか。

そのとき男はよびおこした、眠りにおちた影を、
無言のつぶやきの冷えきった死灰の色を
盲人の灰を　不毛の世界を
希望のない日と眠りのない夜を

Alors il réveilla les ombres endormies
La cendre grise et froide d'un murmure tu
La cendre de l'aveugle et la stérilité
Le jour sans espérance et la nuit sans sommeil

かぎられた生活の平等のまずしさを

L'égale pauvreté d'une vie limitée

すべての言葉が反射しあい
すべての涙が影をうつしあう(2)

Tous les mots se reflètent
Et les larmes aussi

彼が見いだしたものは、戦争と貧困におしひしがれ、光りもない不毛の世界の中で、くらい日夜をあけくれしている数限りない人々であり、ひとしい抑圧の下で、貧しさを平等にわかちあい、同じ苦悩と同じ意志とで貫かれた人の群だった。この人々も、彼と全く同じ生存の条件を負い、苦しみの下で同じ幸福を求めている。

生きている人々は、すべてわれわれ二人に似ている(3)　Et tous les vivants nous ressemblent

このとき以来、彼の前には、一つの新しい任務が提出された。一人の幸福は万人の幸福なくしては不可能であり、無意味であること、そのことが、今后のすべての規範として確認されなければならなかった。一人に対する愛は、「われわれ二人に似ている」人々に対する愛の中に融合され、愛する女の「手の筋のひとつひとつ」は、共通の悩みと喜びをわかちあう「他人の手の筋へつながって」ゆき、こうして、彼は、「万人の未来のために身がまえをかたくし、生れてくるすべての子供と、その太陽のために、「あいくちを張って生きている」人々、

かわいた家具が鳴るように、(かれらは) ものを言い　Ils parlent comme un meuble craque
鉛の鐘の音や　Leurs lèvres tremblent de plaisir
くろい金貨の無言のかがやきに(4)　A l'écho de cloches de plomb
　A la mutité d'un or noir

唇を喜びでふるわせる、「いつわりで、そして虚妄でかこまれ」た人間にたいする断乎たる闘いに立上らなくてはならなかった。このような、万人の未来のための闘い、一歩々々歴史を刻んでゆく闘いの中でこそ、人は「自分の姿をとりもど」し、「世界を自分の富と誇る」ことができたのである。

ひとつだけとり残された心臓を、わたしは心臓とは名づけまい　Un cœur seul pas de cœur

---

(1) 同書、一五ページ。
(2) 同書、一五ページ。
(3) 同書、一七ページ。
(4) 同書、一七ページ。

ひとつの心臓、それは万人の心臓だ[1]　　Un seul cœur tous les cœurs

とうたった詩人は、このような連帯性に貫かれた人民の闘いを、星の無限にちりばめられた夜の空にたとえ、その中の一人々々の人間を、その天空のドームの上の、「光りと視線」をゆり動かす、それぞれのかすかな星の動きとして、喜びにみちあふれた表象で、美しくえがきあげたのである。

この万人のための、万人の闘いの中で、人間の未来についての、輝かしい希望と見通しが生れてきた。「もう一段上にのぼれば」という言葉でいくつにも区切られた、この詩の后半の二行節の連鎖は、階段を一歩々々上ってゆくごとに新しく開けてゆく世界、という比喩的なイメージを用いながら、暗黒から光明へと、たゆみなく前進する人間の歩みをえがきだした。アラゴンが云うように、これは単なる連続ではなくて、地上の幸福を求める前進の足どりであり、その意味から、この詩の前半が、「たえず過去につまずき、後悔にさいなまれる」一人の男の変革の過程を、その意識のさまざまな面に照明しながら、きわめて複雑な形でうたいあげたのに対して、短い、簡潔なリズムをもったこの二行節の連鎖は、一歩々々とたえず行手を切り開いてゆく民衆の、ゆるぎないその足どりの正確さを、そのままうつしだしていた。それは、いわば行進曲の軽快さと力強さであり、その単純な二行の長い反復の中に、読者は、民衆の狂いのない足音をきくことができる。この足音は、貧困や、無秩序や、怯懦や、孤独や、あらゆる種類の夜の底からわきおこり、

悲惨は永久に大地をおおい　　La misère s'éternise
残忍なものの腹はみたされ　　La cruauté s'assouvit

豪奢な氷河のうえに　　Les guerres s'immobilisent

いつまでもとけぬ戦いがあり(2)
Sur les glaciers opulents

る世界をとおって、前へ前へと進んでゆく。そして、このたえまない前進の中で、「ひとつずつ虚妄の論拠はくずれ」、「教えこまれた記憶の従順な構成法も、しだいしだいに解体し」、ついにおとずれるものは、自由、万人が貧困と抑圧から解放され、一人々々の内にかくされたあらゆる可能性が美しく開花する社会、である。

そして　たちまちに
自由はおとずれ
自由は五月の空に芽ばえ
白熱の光りをおび
雲にも火が
鳥にも火が
穴ぐらのなかにも火がもえ
ひとびとは外におり
ひとびとはいたるところにおり
ひとびとは席をしめ
壁をうちくずし
パンをわかちあい
太陽の衣をはぎ

Et c'est très vite
La liberté conquise
La liberté feuille de mai
Chauffée à blanc
Et le feu aux nuages
Et le feu aux oiseaux
Et le feu dans les caves
Et les hommes dehors
Et les hommes partout
Tenant toute la place
Abattant les murailles
Se partageant le pain
Dévêtant le soleil

(1)　同書、一七ページ。
(2)　同書、三二ページ。

額に接吻しあい
あらしを体にまとい
手に接吻しあい
時間と空間を
肉体のように花咲かせ
かんぬきに歌をうたわせ
胸に呼吸をさせる

ひとみはつぶらに開き
どのかくれがも見やぶられ
あの愚かしかった悲しみに
貧乏は涙がでるほど笑いこけ
真夜中の空に木の実が熟し
真昼の空には月がうれる[1]

……………………

青春は宝であり
老年は宝であり
太洋は宝であり
大地は富源であり
冬は毛皮であり
夏は涼しいしげみであり
秋は客をもてなす牛乳であり[2]

S'embrassant sur le front
Habillant les orages
Et s'embrassant les mains
Faisant fleurir charnel
Et le temps et l'espace
Faisant chanter les verrous
Et respirer les poitrines

Les prunelles s'écarquillent
Les cachettes se dévoilent
La pauvreté rit aux larmes
De ses chagrins ridicules
Et minuit mûrit des fruits
Et midi mûrit des lunes

La jeunesse est un trésor
La vieillesse est un trésor
L'océan est un trésor
Et la terre est une mine
L'hiver est une fourrure
L'été une boisson fraîche
Et l'automne un lait d'accueil

……………………

このような社会は、まだ詩人の国に訪れてはいない。だが、虚妄の支配者、この「われわれの間に根をもたぬ人殺したち」をうち倒し、地球上の六分の一ですでに具体化された、この可能な夢を実現するために、民衆に対する愛と、幼児のような素朴な心と、希望と確信をもって闘ってゆくこと、これこそが「人生に忠実」な道であることを、詩人は強調した。いまだに実を結んでいないこの希望を、人民はかならず実現させるにちがいない、という不動の信頼が、この詩の全篇を、輝くばかりの明るい楽天主義で色どっている。もはや、「絶望するのはあやまり」であり、不断の闘いと、前進と、連帯性という新しいモラルが、詩人の生活の指針としてかちとられたのである。この意味から、『とだえざるうた』は、詩人の遍歴を回顧したものと同時に、未来を作る人間はいかに生きるべきかというモラルの問題について、詩人が抵抗の過程で身につけた確信を、うたいあげたものにほかならない。そして、このモラルにみちびかれた詩人の任務は、

わたしの愛する　生きているおまえのために
二人の愛する　生きているすべての人々のために
愛しあうことしか望まない人々のために
（わたしは）人間のなぎさをうたいつづける[3]

A chanter des plages humaines
Pour toi la vivante que j'aime
Et pour tous ceux que nous aimons
Qui n'ont envie que de s'aimer

（1）同書、三八〜三九ページ。
（2）同書、三九ページ。
（3）同書、一七〜一八ページ。

ことであった。

はたして、詩人は、この詩集のあと、一九四九年に出版された『道徳の教訓（*Une Leçon de Morale*）』[1]の中で、

> 悪は善に変えられなければならない……　私は、病いと貧困の黒い太陽を、苦い夜、あらゆる影と偶然の水溜め……　を、否定し、なくしたかったのだ。たとえ、全生涯のうちで希望のただの一瞬しかもちえなかったとしても、私はこの闘いに従ったであろう。たとえ、その闘いに敗れねばならぬとしても……。なぜなら、他の人たちが勝利するだろうから。[2]

> Le mal doit être mis au bien… / J'ai voulu nier, anéantir les soleils noirs de maladies et de misère, les nuits saumâtres, tous les cloaques de l'ombre et du hasard… / Même si je n'avais eu, dans toute ma vie, qu'un seul moment d'espoir, j'aurais livré ce combat. Même si je dois le perdre, car d'autres le gagneront.

と、ほとんどパセティックな姿勢で、このモラルにたいするはげしい追求をつづけてゆきながら、同時に、一九四八年の『政治詩篇（*Poèmes politiques*）』[3]、五一年の『すべてを言うことができる（*Pouvoir tout dire*）』[4]では、人間の真のなぎさ、すなわち、地球上のあらゆる地点で、数限りない人民が、抑圧と搾取の制度をうち倒して、働く人間の自由な世界を作り上げるために、日夜血を流して闘っている、その希望にみちた闘いの姿を、一変した、単純な詩形の中でうたいあげたのである。

……………………………………

エリュアールが抵抗の闘いの中から見いだした、人民の未来への童児のように明るい確信と楽天性、それは、ファシスト・ドイツとの血まみれな闘いに参加した詩人の多くが、祖国の解放という勝利の喜びの中に、それぞれの形で、ひとしくうたいあげたものであり、それは又、これをうたった詩人のみでなく、抵抗の勝利から、フランスの復興と

民主主義の強化へと、たえまない闘いをつづけてゆくフランス国民にとって、昨日の闘いから汲みとった、真に貴重な富であった。

[B]『独り語る』と『許された木の実』、及び『シュルレアリスムと戦后』

かつてのダダの創始者トリスタン・ツァラが、一九四五、四六年にそれぞれ著わした詩集、『独り語る（*Parler seul*）』[5]、『許された木の実（*Le Fruit permis*）』[6]を見ても、いまだに古い形骸を多分にまとったそのスタイルの晦渋さにも拘らず、そこにうたわれているものは、古い世界の必然的な没落と、それに代る輝かしい未来の到来についての予測であり、又、このような変革をうながす真の力、抑圧の底から立上る民衆の、力のみなぎった肖像だった。『独り語る』の中の最も主要な作品、「老人と若者の言葉（Les Paroles des Vieux et des Jeunes）」[7]は、ことに、若い者と老人がこもごもに語る言葉のやりとりという形をとりながら、老人に象徴された既成社会の支配者と、若い者に象徴される広範な人民大衆の間の、鋭い対立をえがきだした。

まず、老人に対する若い者の対話は、次のような言葉からなっている。

（1）ガリマール社、一九四九年。
（2）『道徳の教訓』序文、一三ページ。
（3）ガリマール社、一九四八年。
（4）レゾン・デートル社、一九五一年。
（5）『作品選集（*Morceaux choisis*）』（ボルダス社、一九四七年）所載。
（6）同右。
（7）同書、二八〇～二八二ページ。

お前は、フリュートの、熱にうかされた死を
溺れた母音字でかざりたてた。
お前は、鹿のようにすばやく駆ける雲をそだて
お前は王たちにまじって歩いた。
お前は奴隷制度の円い肉ゼリイをほおばった。[1]

tu as couronné la mort fiévreuse de la flûte de voyelles noyées
tu as nourri le nuage du pas précipité du cerf
tu as marché parmi les rois
tu as mâché l'aspic rond de l'esclavage

あるいは、

お前は、小笛の雲のざわめきでとりまかれ
塵の意識から、お前の頭だけがうかびでている。
お前は　まだ塵になってはいないが
信用される理由のなかに　呑みくだされてしまった言葉は
もう実質を失ってしまった。追憶の泥を吐き出してしまった。[2]

tu t'entoures du remous des nuages de fifre
ta tête seule émerge de la conscience de poussière
tu n'es pas encore poussière et pourtant la parole engloutie
dans sa raison de croire a vidé la substance
la boue de sa mémoire

このような言葉が、どれほど難解な言葉であり、そのイメージがどれほど不明瞭なものではあっても、この数行の中に、かつての進歩性を完全に失った古い社会制度の腐敗や虚飾、あるいは、この制度の中で奴隷の地位におとされている人民の血と汗で肥えふとる支配者に対する、抗議の声を聞きとることはできないであろうか。その声は、詩の中では、若い者——人民の口をついて出てくるものとして書かれている。作者も、又二人の対話を記録する第三者としてではなしに、明確にこの人民の側に立つ者として、自分自身の声をも人民の声に託して、資本主義制度の悪と頽廃を、するどくえぐり、告発したのである。

では、「若いもの」はどうか。「そこでお前は何をしているのだ」という老人の問いに、若い者はこう答える。

わたしは、小豚の口のなかの、刺のあるバラを待っている。
太陽がだまったときに、曲り目をのばした
道の新しい腰を待っている。
子供の頭のなかには　もう鏡もなく
嘘（編註　原語 sel は「塩」の意）もなく、
鳥のしっぽもなく、
あるものはただ、鋭敏な電気の細い叫びと
空間の幸せを目標にした　あらゆるものの分散と
あらゆるものの　すばらしい喜びだけだった。(3)

j'attends la rose hérissée
dans la bouche du marcassin et la hanche nouvelle
de la route dépliée alors le soleil s'est tu
dans la tête de l'enfant il n'y eut plus de miroir
ni sel
ni queue d'oiseau
rien qu'un cri ténu de fine électricité
et la dispersion des choses selon le bonheur de l'espace
leur bon plaisir

前の引用にも増して極端に寓意的なこの言葉の中からも、やはり、その真実の内容をさぐりだすことは可能であろう。民衆が念願している未来の世界、それは、強力な人民の権力を基礎にした喜びの世界であり、それは、幸福にむかう、一本の、曲りくねっていない、まっすぐな道、子供のように明るく単純な世界であった。いわば、それは、現代のあらゆる道がそこへ通じている、社会の光明にあふれた姿であった。

こうして、若い者と年老いた者との対話を、多分に「純粋詩」的な表象によってえがいた作品も、このように、社会主義の勝利を待望する勤労人民と、頽廃した現存社会の支配者、ブルジョワジイの階級対立という、極めて現実的

（1）「老人と若者の言葉」（『作品選集』）二八〇ページ。
（2）同書、二八一ページ。
（3）同書、二八一～二八二ページ。

であり、高度に政治的な内容を包含している。

そして、この対立の両極は、それぞれ、全くことなった色彩の下にえがきだされた。一方は

巫女の大梁で組みあげた老人　vieillard aux poutres sibyllines
思弁の　たちじゃこう草をはやした老人　vieillard au thym de la pensée
無花果と、星の房をした葡萄の老人　vieillard de figues et de raisin d'étoiles
皮膚の木がしげる植民地をもった老人　vieillard aux colonies de plantes de peau
奇抜ななりをした花々の、ビロードのような貪慾さ、　la voracité de velours des fleurs harnachées
いらくさの火のなかに投げこまれた目(1)　les yeux jetés au feu des orties

であり、他の一方は、

窪地のへりの小娘　petite fille au bord du ravin
巻糸の小娘　petite fille de fusée
海の肌をした小娘　petite fille à la peau de mer
瞼のつけ根の小娘(2)　petite fille de la naissance des paupières

であり、一方が代表する、神秘主義や植民地搾取や、どぎつい頽廃と、他方が代表する、労働と新鮮な若さと、この二つの際立った対照の中から、詩人は、真に未来をになうものがだれであるかという問題に、明白な答えをうちだしたのである。人間の未来は、けっして、

狼の口のなかで
道がとっくに埋まってしまっている(3)

dans la gueule du loup
la route depuis longtemps enterrée

追いつめられた闇の支配者（ブルジョワジイ）のものではなくて、若さにあふれる勤労人民のものだという確信が、比喩的な晦渋なイメージの連鎖の中にも、一種の明るい楽天主義となって、この詩の全篇を包んでいる。

「老人と若者の言葉」にうたわれた未来への確信を、更に闘争的な姿勢で吐露したものとして、翌年書かれた『許された木の実』の中の、「飲んで選ぶ（A boire et à choisir）(4)」をあげることができよう。そこには次のような一節がある。

日ぐれの鐘の音の化学的な乱調よ、
死んだ星々でうずまる太洋のなかに沈め。
わたしはわたしの餓えの上に住む。
われわれの日々はたがいに見つめあい、
たがいに知ることもなく、はなれあうこともない。
孤独な海藻たちの、踏みにじられた頭、泡立つ視線。
ただ一つだけの火花でも、それが人間のひびきを内に含んだとき、

sombrez dérèglements chimiques des sonneries de couchant
dans l'océan jonché d'étoiles mortes
je reste sur ma faim
nos jours se regardent
sans se connaître et ne se quittent plus
tête piétinée regard écumant des algues de la solitude
il suffit à un seul éclat étincelant de recueillir le son humain

（1）同書、二八二ページ。
（2）同書、二八一ページ。
（3）同書、二八二ページ。
（4）同書、二九一〜二九二ページ。

たちまち、水は口をさして湧きあがり、
馬は、模造した数限りないダイヤモンドの
燦然とした鉱脈のなかに、後足で立つ。

pour que l'eau monte à la bouche
que les chevaux se dressent dans les veines
fulgurants de mille suppositions de diamant

そのとき、眠りの鱗を身にまとった女王、
われわれの心労の女王、われわれの手のための雪も、
道々であびせかけられる侮辱の言葉と、
冬の風がわれわれの顔に叩きつける靴底の火の下で、頭をあげる[1]。

alors la reine enrobée dans les écailles de sommeil
reine de nos peines neige pour nos mains
dresse aussi la tête sous l'injure des rues et le feu des semelles
que le vent d'hiver nous jette à la figure

ここにうたわれている人民は、もはや、未来を待ちのぞんでばかりいる人民ではなかった。よりよい生活を求めて、断乎たる闘争に立ち上る人民の姿が、ここでは、より直接的なイメージによって、鋭くゑがきあげられた。たがいに顔も知らない無数の人間、踏みにじられた頭や泡立つ視線、この民衆が生活の上にかたく足をふみしめて、もはやたがいにはなれあうこともなく団結し、あらゆる侮辱とあらゆる圧迫をはねのけて、一つの火花を無限の広さに伝えながら、あいついで闘いを開始する。彼等には、

狼たちの冷静さと、光りをみちびく喜び[2]

la lucidité des loups / et la joie conduisant la lumière

があり、彼等の決定的な闘いは、崩壊にひんしたこの社会の混乱を、永久に、過去の暗闇のなかへ追い落して、素朴な歓喜と、共感にみちた、新しい社会の到来が告知される。

唯一の国境のように揺れうごく夜の中心に　au cœur des nuits vacillantes comme une seule frontière
幼少の日の国々の　永遠の切口が象眼された[3]　s'est incrustée l'éternelle blessure des pays de l'enfance

こうして、人民にとって、「幸福」は、もはや「禁断の木の実」ではなくて、闘いのある限り、必ず「許された木の実」としてうたわれた。事実、ここに引用された二篇のみでなく、『独り語る』、『許された木の実』に収められたすべての作品が、この「許された木の実」――人民の幸福が保証される社会への、明らかな期待であり、又、予告であった。

かつてのダダイストから、このような革命と未来のうたい手への変貌、それは、本質的には、詩人が、動揺する小ブルジョワジィの立場から、将来の担い手、プロレタリアートの立場への移行を示したものであった。そして、この移行を最も明瞭に物語っているのが、一九四八年に出版されたその論文『シュルレアリスムと戦後（*Le Surréalisme et l'Après-Guerre*）』[4]である。この論文の中で、ツァラは、ダダや超現実主義の発生から、現在までのその歩みをあとづけながら、戦後における超現実主義者の任務は、もはや、ブルジョワ社会に対する見通しのない反抗に終始することでも、愛や、無意識やリビドというようなもので、この世界のすべての現象を形而上学的に説明しようとすることでもなくて、思想的には、唯物弁証法の立場に立ち、行動的には、労働階級を先頭とする現実の革命運動に参加することのみが、超現実主義の運動に、当初から主観的にはあった現実変革の方向を、真に発展させる道であると説いて、そのような革命的な実践の中でこそ、超現実主義者たちが計画した、夢と行動の統一も、弁証法的に実現しうるのだと主張した。超現実主義者のあの反抗が、それのみでは不十分であって、新しいものによって超克されなければなら

（1）同書、二九二ページ。
（2）同書、二九二ページ。
（3）同書、二九二ページ。
（4）ナジェル社、一九四八年。

ないとのべている点など、明らかにこの詩人の進歩の跡をものがたるものである。

だが、他面、ツァラは、超現実主義的な創作方法に、いまだ「実験的意義」を附与することによって、古い形骸に妥協した。いわば、旧来の超現実主義的な詩を、内容面では否定しながら、形式の面では肯定しつづけていたのである。このような矛盾は、さきに引用した一九四五、四六両年の彼の詩作の中にも明瞭に現われている。そこにうたわれていたものは、もはや、かつての小ブルジョワ的の反抗ではなくて、プロレタリアートの立場に立った、闘争であり、未来に対する見通しであった。だが、それをうたうツァラのうたい方が、なんと非現実的なイメージにみちた、形式主義的なうたい方であったろう。それは、本質的に、彼が否定するブルジョワジイの、最も極端な文学的頽廃の形式であった。このように、プロレタリアートの立場に立ちながら、ブルジョワ的頽廃の形式を固守するという矛盾は、唯物弁証法を主張しながら、究極的に云って、客観的な現実を、主観的な表象の中に解消させてしまう、観念的な創作方法を是認するという矛盾として、ツァラの中に現われていたのである。

内容的な変革は、当然形式の変革をもうながすものでなければならない。又、詩が、本質的に、認識の一つの手段である以上、唯物弁証法を肯定する詩人の創作方法は、客観的な現実世界を、その運動と発展において、その詩の中に、最大限に忠実に反映させること以外にはありえない。こうして、思想的には超現実主義を克服したツァラの次の課題は、当然、形式の上でも古い形骸を一掃して、新しい立場に沿った新しい形式を、自ら生みだしてゆくことであった。この課題は、一九五二年の彼の詩作の中では、飛躍的に、正しい解決の方向に向っている。

ソノ二――若い世代の人々

ツァラやエリュアール（『とだえざるうた』にも、ツァラの作品と同じ、内容と形式の間の矛盾が存在した）が、こうして、ファシスト・ドイツへの抵抗の過程で、新しい階級的立場を確立し、戦后の創作活動の中でも、多くの部分的な欠陥はありながら、それぞれ、その立場をさらに固めていったのと並んで、彼等より一層年若い詩人たち、多くは昨日までの闘いの汗と血痕の中で成長してきた二十代の人々は、あの闘争からなにを学び、生きるべき道を、いかにつかみとったのであろうか。何人かの作品を例にとってみよう。

［A］ジャン＝バティスト・アンジュリ

夜と霧……　お前はどこへいったか、
夢のなかで、俺は手さぐりにお前をさがす……　夜
そして霧、すき間のない夜のなかの夜、
汽笛の叫びでつんざかれた、黒い血の夜、
墓場の夜、墓掘人の夜、
冷酷な夜、暁もおそらくない夜、
苦しみの井戸——夜……
夜と霧、もう俺にわかるのは苦しみだけだ、
一日また一日と　待つことの恐怖と
まだ死なないでいようとする勇気だけだ。
こなごなにされた頭、ただの一撃で
なにもかも忘れ、うつろになったこの頭だけだ。
俺にはもう　人間の使う言語も、
母である言葉の明るい顔立ちもわからなくなった。

Nuit et brouillard… Où es-tu partie ?
Mon rêve te cherche à tâtons… Nuit
et brouillard Nuit dans la nuit sans fissure
Nuit de sang noir labourée de sirènes
Nuit-cimetière, Nuit des fossoyeurs.
Nuit sans pitié Nuit peut-être sans aube
Puits de souffrance — Nuit…
Nuit et brouillard. Je ne sais plus que ma douleur
L'horreur d'attendre un jour et puis un jour
et le courage de ne pas mourir
Tête fracassée tête d'un seul coup
apaisée et vide.
Je ne sais plus le langage des hommes
Le clair visage des mots maternels

すべてが苦しみ、すべてが夜、そして、狼どもが待っている
——狼が待っているのだ……
むこう、夜の野原のはてに
しゃがれた不眠のなかの　俺の国がある。
むこう、夜の野原のはてに、
焼けた地面から　兵士らが立ち上る。
祖国よ、俺たちはお前を失った、
やつらは、お前を、俺たちの手からもぎとった。
嘘と、魔法と、銃剱のとりこにされたお前を、
俺たちは泣きながら探し歩いた。
そして今、俺たちはお前を救いだしたのだ、
あわれに裸にされた祖国、やつらに売られ、裏切られた祖国よ、
俺たちは　お前の血の香りを知った。
お前の血は、また、俺たちの血であった。
燃えている家は　すべて俺たちの家であり、
倒れる男は　すべて俺たちの兄弟だった、
悲鳴と、十字架と、絞首台と、拷問される人の体は、
すべて俺たちを身ぶるいさせた。
——だが、俺たちは、俺たちが希望する明るい世界をうちたて
　るだろう。
墓石の上に花咲く　美しい空、
荒らされた小麦畑の上の　美しい空

Tout est douleur et tout est nuit. Les loups attendent
— Les loups attendent…
Au bout des plaines de la nuit là-bas
C’est mon pays dans sa rauque insomnie.
Au bout des plaines de la nuit là-bas
Du sol brûlé se lèvent les soldats
Nous t’avions perdue, Patrie
Ils t’avaient arrachée de nous.
Nous te cherchions en pleurant prisonnière
des mensonges des sortilèges des fusils
Et voici que nous t’avons recueillie
pauvresse nue qu’ils ont vendue et trahie.
Nous avons connu la saveur
de ton sang et c’était notre sang
Chaque maison qui brûle était la nôtre
Chaque homme qui tombe notre frère
Chaque cri nous a fait tressaillir chaque croix
Chaque potence chaque corps torturé
— Mais nous le bâtirons ce monde clair de notre espoir
Le ciel est beau qui fleurit sur les tombes
Le ciel est beau sur les blés saccagés.

夜のはてに、今こそ太陽が昇るのだ。
……………
倒れていった　多くの青春の青い眸が
雪の原のむこうで、なんと美しく輝いていることだ[1]。

Au bout de notre nuit le jour se lève…
……………
— Qu'ils sont beaux derrière les champs de neige
Les yeux bleus des printemps perdus!

この詩は、『夜の血（*Sang de la Nuit*）』という詩集に収められた、ジャン＝バティスト・アンジュリ（Jean-Baptiste Angeli）の作品「夜と霧」である。くらい、悲劇的なイメージが、カンヴァスの上にいくたびもなすられる黒絵具のように、くりかえされ、積み重ねられ、短く、刃物のように鋭い言葉が、ある場合には質問となり、呼びかけとなり、詠歎となって、せわしないまでにたたみかけられる、「夜と霧」の悲痛な世界の歌。そこで、くらい、簡潔な言葉の反復は、抑圧と暗黒の巨大な重量を伝えるひびきとなってうたわれている。ファシストの血まみれな抑圧の下にある民衆の、言いようもない苦しみと、いきどおり、そして、わずかでも光りのさす方向へ、彼等が向ける必死の眼差しの色が、文字どおり一つの絶叫となって、「夜と霧」この一篇のみでなく、『夜の血』全体に、沸騰する黒絵具のような雰囲気を与えている。

俺たちはどこへゆくのだ。草原に流れた血は、
鴉どもに　騒々しい笑いをあびせかけられる。
俺には一人の同志がいた。あいつはどこにいるのだ。
行軍の途中で見失ったままだ。

Où vont nos pas ? Le sang des plaines
exalte le rire ivre des corbeaux
J'avais un camarade où est-il ? Perdu sur les routes

（1）「夜と霧（Nuit et Brouillard）」（『夜の血（*Sang de la Nuit*）』セゲルス社、一九五一年）一三〜一四ページ。

あいつの眼は、貪欲なくちばしで血を流しているだろう。ああ、
　いつになったら夜明けの光りがさすのだ。
昼を迎える暁の光りが、いつになったら血の色を流すのだ[1]。

Ses yeux saignent aux becs voraces Ah quand luira l'aube
Quand saignera l'aurore d'enfanter le jour ?

そして、あの苦しみを全身に刻印しながら、苦難な闘いに立ち上り、倒れていった人々、暗黒の時代のあの英雄たちが、暗い色調の上に、彫りの強い横顔でえがきだされる。『夜の血』、この題名が示すとおり、詩人がもっとも強くうたいだそうとしたものは、暗夜の時代に、自分の血でフランスを守った人々、あの時代の唯一の希望であり明るさだった人々への、胸の底からほとばしる共感であり、愛惜であり、感謝であった。

天使長の顔と、野武士の明るい目をした兄弟、
一対百で、夜の偉業をなしとげた沈黙の英雄、
血を流す泥のなかを　影のように歩き、
狼のように走った　怒りの使者、軍帽をかぶったアリエル、
人間の言葉を忘れたドイツ兵らの前でも、
高い背をけっして曲げようとしなかった　お前、
危険ななかでも、へさきのように昂然としていた
兵士、
泉のような目と、水晶のような心と、鉄の手をした
兵士
俺の兄弟よ[2]……

Mon frère au visage d'archange au regard clair de condottiere
Héros silencieux des hauts faits nocturnes un contre cent
A pas d'ombre dans la boue sanglante
A pas de loup messager de colère Ariel casqué
Toi qui n'as jamais courbé ta haute taille
devant nul reître au langage inhumain
Soldat
debout dans le péril pareil à une figure de proue
Soldat
aux yeux de source au cœur de cristal à la main de fer
Mon frère…

だが、この流された血、青春をファシストの手にうばわれた「美しく青い目」にたいする愛惜と追悼は、彼等にたいする一つの責任となって、詩人の今后の生き方を決定しなければならなかった。彼等を忘れることが、彼等にとっての二度目の死であると同時に、彼等にたいする追悼が、単にそれだけの回顧的なものに終ったならば、それは、彼等にたいする侮辱であり、裏切りであったろう。それゆえに、

生きのこったという、この恐ろしい幸福を許してくれ(3)　Il faut me pardonner l'affreux bonheur de survivre

と、犠牲者にむかって、胸をかきむしられるような調子で叫んだ詩人は、又同時に、次のような言葉でうたったのである。

兄弟よ、だがお前は死んではいない。ここにいるのだ。　Mais tu n'es pas mort mon frère. Non. Te voici.
お前はここにいるのだ。お前が示した手本は、これからは俺たちの武器となる。　Te voici. Ton exemple est désormais une arme.
そうだ、進もう。しっかり俺の手をひいてくれ。俺が、兵士と、未完に終ったその勝利しか　思いださないために(4)。　Ah marchons. Conduis-moi durement qu'il ne me souvienne que du soldat et de sa victoire inachevée.

（1）「大量の血（Sangs）」、同書、一二ページ。
（2）「俺の兄弟よ、聞いておくれ（Mon Frère, écoute）」、同書、九ページ。
（3）同書、九ページ。
（4）同書、一〇ページ。

抵抗の英雄たちを真に追悼する道は、暗黒と暴虐に命限り闘った彼等の生き方を学びとることにほかならない。彼等の踏んでいった道を、自分の足でさらに固め、フランスの解放という、あのかちとった勝利をさらに強化して、人民が搾取者を打倒することによって終局的に勝利する日まで、たえず闘い進むことである。人民の勝利が未完である限り、これを完成させ、「われわれが希望する明るい世界をうち立てる」ために、暗黒のあらゆる手をくだき去ること、そのことを、ジャン＝バティスト・アンジュリは、『夜の血』、この

孔のあいた咽からほとばしる　絶叫のような黒い血[1]　Le sang noir a jailli comme un cri de ma gorge trouée

の詩集で、引き裂くように鋭く訴えたのであった。

……………………………………………………

同じような訴えを、ジャン・マルスナックも『人間の歩み（*La Marche de l'Homme*）[2]』の中でしている。

そうだ。たしかに私は、もっとも正しかった人たちが死んでゆくのを見た。　C'est vrai J'ai vu mourir les plus justes des hommes
そうして、彼等の追憶は、顔の上の目のように、　Et leur mémoire est devant nous
今もわれわれのすぐ前にある。　Comme des yeux sur un visage
彼等はだまっているのにたえられない。　Ils supportent mal le silence
そして、話すに、われわれの声しかもっていないのだ。[3]　Ils n'ont que nos voix pour parler

[B] ポール・ショロとクロード・セルネ

かつて超現実主義者であったポール・ショロ（Paul Chaulot）も、この死者にたいする追憶と、闘いの継承の決意を、『生きている者として（*Comme un Vivant*）』[4]の中で次のようにうたった。

彼等は　わたしの歌の言葉をさぐりだす
彼等は　わたしの言葉をわかちあう
彼等は　わたしの記憶という
かたい鎧をまとっている。

Ils fouillent les mots de mon chant.
Ils se partagent mes paroles.
Ils se couvrent de ma mémoire
Comme de la meilleure armure.

彼等の苦しみは　わたしの口をひきつらせる
彼等の汗は　わたしの額の上を流れる、
彼等の命が　わたしの血管に脈うっている。[5]

Leur angoisse crispe ma bouche.
Leur sueur coule de mon front.
Leur vie monte au ras de mes veines.

あるいは、

ぼくらの愛は　彼等の熱でもえ立っている、

Notre amour brûle de leur fièvre.

（1）「エピローグ（Epilogue）」、同書、二一ページ。
（2）セゲルス社、一九四九年。
（3）『人間の歩み』二九ページ。
（4）セゲルス社、一九五〇年。
（5）「陽の高み（La Hauteur du Jour）」（『生きている者として』）一八ページ。

この愛がこまかにふるえるのは　彼等のバリケードの上を
砂塵がふるえながら舞っているからだ、
この愛情がつきないのは　ぼくらの接吻から
彼等の命がまたよみがえってくるからだ、

Quand il frémit c'est la poussière
qui vole sur leurs barricades
et s'il dure c'est que leur vie
recommence à notre baiser.

……………………………
彼等の思い出は
ぼくの肩にもたせかけた　お前の額のように　しめっている、
その思い出は　ぼくらの愛撫のなかを流れている、[1]

. . . .
Leur souvenir a la moiteur
de ton front contre mon épaule.
Il passe au fil de nos caresses

……………………………

このような決意と同時に、

生きる者として、わたしは　生きている人々に語るだろう[2]

Je parlerai comme un vivant parle aux vivants

というマヤコフスキーの一節をエピグラフに飾ったこの詩集『生きている者として』の中にあるものは、夢と、空虚と、くらい世界にあった詩人

（ぼくらの裸な眸のまわりを
世界はぐるぐると廻っていた、
ぼくらの涙の鏡のおもてに
自分の姿がうつらなくなったのに驚きながら

Autour de nos prunelles nues
le monde tournait étonné
de ne plus trouver son image
à la surface de nos larmes

世界は　沼地のほとりへ
狩人のように迷いこんでいった、
それは、ぼくらが孤独な笑いでもって
自分を守っていたからだった。[3]

Il se perdait comme un chasseur
sur les rives d'un marécage
car nous avions pour nous défendre
la solitude de nos rires.

が、四年間における、共通の苦しみと、涙と、闘いの時期をとおして、いかにして、

ぼくらの唇よりも
もっと広く愛する勇気[4]

le courage d'aimer
au-delà de nos lèvres.

すなわち、同じように苦しみ、悩む「生きている人々」にたいする愛情と連帯性を強く意識して、それを行動の指針とするにいたったか、いかにして、孤独な夢の世界から、はげしく血を流す現実世界に、詩人の生きる場所を見いだしていったかという、あらゆる神秘と同じように、驚異と光明にみちた、一人の人間の変革の歴史であり、又、この、エリュアールによれば、「万人にたいする愛」を基礎にした、詩人の今后の生き方についての、明確な立場の宣明にほかならなかった。

（1）「スクワール・デ・ジノサンまたは日ごろの歩み（Le Square des Innocents ou les Pas quotidiens）」、同書、三三～三四ページ。
（2）同書、八ページ。
（3）「伝説のためのスケッチ（Esquisse pour une Légende）」、同書、二一ページ。
（4）同書、二三ページ。

生きている者として、わたしは
目ざめたときに開かれる手の価値を知っている[1]

Comme un vivant je sais le prix
d'une main qui s'ouvre au réveil

この二行の言葉に要約されているように、この詩集のすべてに満ちあふれているものは、あてもない夢の遍歴から、生活の意義と価値とを再確認して、現実社会への必然的な参画の道を歩んだ詩人の、いわば、長い睡りからさめたときのような、新鮮な生活感覚と、すなおな歓喜の表情であった。

かわきすぎたのどの中で
もえていた言葉

les paroles qui brûlent
dans les gorges trop sèches.

や、

朝への期待が
腐っている場所への
信仰[2]

ma foi
à l'endroit où pourrit
l'attente d'un matin.

は、もう完全に消しさられて、詩人は、

煤煙の町の上に
すばらしい愛の諸文字が縞に入っている[3]

et sur la ville des fumées
rayent les mots d'un grand amour

のを見、又、日の光りを反写《〔ママ〕》する窓々が、詩人に、その窓の背後にある生活の秘密をおしえてくれ、いわば、詩人をとりまく名もない無数の人々は、詩人にとって、同一の世界の中で、生活という固い絆でつよくむすばれた、友情と連帯性の対象として意識された。

朝方は　お前の声を聞くだけで
わたしの記憶の中に　溜息がわきあがる、
工場の扉でとじこめられてしまう
すべての人たちの溜息が、
その扉が　ギロチンの刃のように鳴る音を
お前の声はわたしに教えてくれる、
愛する者よ、他の人たちの苦しみが
われわれの夜明けが訪れるのを　味方してくれるのだ、[4]
Juste ta voix au petit jour
pour que mûrisse en ma mémoire
le soupir de tous ceux sur qui
se referme un portail d'usine.
Ta voix me révèle qu'il claque
comme un couteau de guillotine.
Mon amour, la peine des autres
prend le parti de notre aurore.

こうして、光りを喪失した、純個人的な夢や空想の表象から、現実生活の上に目を向けた詩人は、同時に、この生活の中でさまざまの苦しみを背負わされている、名もない人々への人間的な共感をうたう詩人であった、又、共同の暁を迎えるために、どのような苦痛や涙の中にも、一片の光りをさがしながら、たえず前へ進みつづける詩人、い

（1）「生きている者として」、同書、一〇ページ。
（2）「別の道（Une autre Route）」、同書、二六ページ。
（3）同書、二七ページ。
（4）「スクワール・デ・ジノサンまたは日ごろの歩み」、同書、三二ページ。

わば、社会変革の立場に立つ詩人でなければならなかった。「オーブリ＝ル＝ブーシェ街（Rue Aubry-le-Boucher）」[1]、「別の道」[2]、「スクワール・デ・ジノサンまたは日ごろの歩み」[3]等で、貧困と悲しみによごれた場末の町々と、そこへ住む民衆に、同情と友愛の目を注いだショロは、『生きている者として』では、調和のとれた、おだやかな言葉とイメージを用いながらも、現実社会を変革して、万人の未来をより豊かなものとするために、勇気と、理性と、敵にたいする憎しみにみちて闘いつづける決意を、次のように明らかにしたのであった。

生きている者として　わたしは
夢を切りひらいて、自分の道を歩んでゆく、
生きている者として　わたしは
わたしの血に応える　自分の理性をもっている。

明るく晴れた世界に
同志の心臓が鼓動しつづけている限り、
わたしの家が
地上にその位置をしめている限り、

わたしは　生きている者として
迷いがさめる所まで歩きつづけよう、
われわれの足もとで　ときには憎しみが
夏の日よりもはげしく燃えさかるだろう。

Comme un vivant j'ai mon chemin
à débarrasser de mes rêves
comme un vivant j'ai ma raison
prête à répondre de mon sang.

Aussi longtemps qu'il fera clair
où bat le cœur d'un camarade
Aussi longtemps que ma maison
tiendra la place de sa vie

je marcherai comme un vivant
jusqu'à l'usure d'un vertige.
A nos pieds la haine parfois
brûle mieux qu'un soleil d'été.

生きている者として　わたしは涙の滴のなかに
たとえかすかでも　幸福の光りと、
嵐のあいまの　わずかな青空の一片をも
つかみとる勇気をもっている。(4)

Comme un vivant j'ai le courage
de capturer dans une larme
le moindre reflet du bonheur
le moindre bleu d'un ciel d'orage.

ショロがいう、「生きている者」とは、このような現実変革のために闘う者のことであり、この道こそが、この世界に生活する者として、真に進むべき道、生きるに価した道だった。

生きている者として　わたしは
死の胸に顔をうずめてうずくまることを拒否する(5)

Comme un vivant je me refuse
à me blottir contre ma mort.

とうたって、よどんだ過去の生き方からの断乎たる絶縁を宣言した詩人は、戦后の新しい情況の中でも、抵抗の伝統を正しく受けついで、「オーブリ＝ル＝ブーシェ街」や「スクワール・デ・ジノサンまたは日ごろの歩み」に、貧困と苦悩を洗いおとす暁の光りがさすまで、「生きている者として」、確実な足どりで、明るく、愛情にあふれて進みつづけるのである。

（1）同書、一一〜一五ページ。
（2）同書、二六〜二七ページ。
（3）同書、三〇〜三四ページ。
（4）「生きている者として（Comme un Vivant）」、同書、九ページ。
（5）同書、一〇ページ。

仮空《〔ママ〕》な夢の表象から現実社会へ、くらい絶望から、万人の未来を目ざす前進的な闘いへという、前進的な自己変革の過程を、クロード・セルネ（Claude Sernet）も、いくつかの作品であきらかにした。「動物物語の終焉（Fin d'un Bestiaire）」という詩は、次のような作品である。

猛獣使いのように
鞭や術策をつかい　勇気をふるって、
わたしは不幸の獣たちを馴らす。

孤独の麒麟
絶望の獅子、苦悩の鬣狗《〔ハイエナ〕》、
退屈の金狼、豹、鰐、
熊や　虎、
貧困の象、
苦痛の狼、怒りの猿、
疑いや、心痛や、涙や、
不正の恐ろしい河馬
貧乏、忘却、死……

わめき、叫び、恐怖、

Ainsi que le dompteur des fauves
A coup de fouet, de ruse ou de courage
Je dompte à ma façon les bêtes du malheur

Girafes de la solitude
Lions du désespoir, hyènes de l'angoisse
Chacals d'ennui, panthères, crocodiles
Voici des ours, des tigres
Les éléphants de la misère
Les loups de la douleur, les singes de la rage
Le doute, les soucis, les larmes
L'hippopotame affreux vraiment de l'injustice
La pauvreté, l'oubli, la mort…

Rugissements, ces cris, cette épouvante

憎悪にかみつく憎悪、吠えたてる悲歎、
あえぎ　うめき　扉を叩き
又、鞭に答える怒りの叫びが　わたしには聞える。

だが、わたしもまだ檻の中にいるのだろうか
不幸の獣たちにまじって　わたしもわめいている獣だろうか。
世界は自由だ。そして、わたしは自分の力を知っている。
これからは、より自由になろうとする　わたしの力と
より強くなろうとしながら闘う力、
そして、格子も横木もないこの世界を。

砂漠が野原となり、泉の水が澄むとき、
棘の枝にも喜びの花が咲くとき、
夜明けから夜明けへ　うたう波のように
仕事をしあげて　休息をかちとった人たちが
愛の場所へ　いっしょに帰りを急ぐとき、
そのときには　もうおとなしくなった不幸の獣を
わたしは　ひと思いにしめ殺すだろう。[1]

La haine mord la haine et la détresse aboie
J'entends râler, gémir, frapper aux portes
Et la colère enfin répondre à coups de fouet

Mais suis-je encore dans la cage ?
Moi-même une autre bête
Hurlant parmi les bêtes du malheur ?
Le monde est libre — et je connais ma force
Ma force désormais de me vouloir plus libre
Ma force de lutter en me voulant plus fort
Le monde sans barreaux ni grilles…

Quand le désert sera verdure et sources claires
Quand chaque épine aura ses fleurs de joie
Quand d'aube en aube et comme un flot qui chante
Les routes vers l'amour ne partiront qu'ensemble
A l'heure du repos gagné, de l'œuvre faite
J'égorgerai, dociles, mieux soumises
Les bêtes du malheur!

（1）「動物物語の終焉（Fin d'un Bestiaire）」（『書かれるべき詩篇（*Poèmes dus*）』セゲルス社、一九四九年）一三～一四ページ。

檻のように外部の世界から遮断された、完全に閉ざされた自我と、その中の、孤独や、懐疑や、絶望の想念、このような、現代のインテリゲンチャの多くをとらえている否定と、暗黒と、抽象的自我の世界から、一歩ぬけだして、檻の外の現実世界に目を向け、この世界が自由で、人の力による変革が可能であること、その変革のために闘う過程で、自分も古い世界の暗い残渣を一つ一つ除き去りながら、最后には、勝利した社会的変革によって、絶望や否定というくらい野獣たちの、生存そのものの条件をも、完全に無にすることができるということが、詩人のあらたにかちとった世界観として、ここでは主張されている。そして、この詩の中で確立された、過去の闇を実践的な活動の中で克服する前向きの方向に従って、詩人は、いまだ清算されぬ古い残渣を引きずりながらも、現存社会の変革のための基本的な力である労働階級の立場、すなわち、希望と、闘いと、連帯性の立場へ立つために、前進的な歩みをつづけてゆくのである。その中で、自分の日々の活動は、かつての無気力と暗黒にたいする、小さいながらも一つ一つの勝利として、意識され、これらの小さい勝利、一歩々々の前進の積み上げが、自分変革の完成という見通しにつながるものとして感じられている。その感情を、セルネは「……で、続きを話せば（… et j'enchaîne）」の中で、こうたっている。

夢の古ぼけた砂漠から　わたしが遂にぬけだしたこと。
わたしが　ふたたび自由な身で、
再発見され、わがものとなった大地の上を
もえるような顔した人たちにまじって歩いてゆくこと、
それは　わたしの勝利だ
やはり　わたしの勝利だ、
試錬にたいする、一日々々のわたしの勝利だ。
……………………………………

Et que je sorte enfin du vieux désert des rêves
Et qu'à nouveau je marche libre
Parmi la terre offerte et reconnue
Et ses brûlants visages d'homme
C'est ma victoire
Quand même ma victoire —
Victoire au jour le jour sur mon épreuve
……………

わたしは一歩をふみだしたところだ。[1]

――Je viens de faire un pas

……………………………………………………………………………………

こういう、ショロやセルネのたどった自己変革の過程は、その后にも、ピエール・ルフォール（Pierre Lefort）が、詩集『大火災（*Le Grand Feu*）』[2]、ことにその中の一篇「ポール・エリュアールに（À Paul Eluard）」[3]で、又、トリスタン・ソヴァージュ（Tristan Sauvage）が、詩集『雄鶏が鳴く前に（*Avant que le Coq ne chante*）』[4]で、ともに、それぞれの形でえがきだした。抵抗の闘いのなかで、エリュアールやロベール・デスノス（Robert Desnos）等について見られたと同じような、現実世界との結合への広範な動きが、やはり抵抗の当時と同じような、国民的な統一戦線の広さと、その中における積極的なインテリゲンチャの動向の反映として現われてくるのを、われわれは、主として一九四九年以后の過程で見るであろう。

〔C〕ジャニーヌ・ミトー

ショロやセルネに見られたと同じような、民衆にたいする愛と、積極的な現実変革の身がまえを、別の詩人ジャニーヌ・ミトー（Janine Mitaud）の詩集『生き急ぐ（*Hâte de vivre*）』[5]からも読みとることができる。この詩集に収められた、一九四二年八月から四九年五月までにいたる二十三の詩のおのおのは、キリスト者であるこの詩人が、八年

（1）「……で、続きを話せば」、同書、一二一ページ。
（2）セゲルス社、一九五一年。
（3）『大火災』二二六～二二七ページ。
（4）セゲルス社、一九五一年。
（5）セゲルス社、一九四九年。

間にわたる現実社会の苦しみの中で、それぞれ、抑圧される者へのはげしい愛と共感をうたった詩であり、その流動するような言葉の流れと、すみきった豊かなイメージの中に、どのような暗黒の底でも、たえず光りを見出し、未来へと指向する、闘うもののみがもつ明るさと確信がみなぎった詩篇である。

わたしは、あなたがたのパンと涙をわかちたいと思う、
あなたがたのそばをわたしは歩く、一歩々々が魅惑をきたえあげてゆく。
あなたがたといっしょに　わたしは荒れた地面と海を見つけだす

……………………………………
われわれの清い願いは　風の手に乗って、
毎日、未来の花びらのまわりに群をなす。
あなたがたの涙のなかの喜びを　わたしはわかちたい、
わたしは　あなたがたの豪奢な糧を味わいにゆく、(1)

Je cherche à partager votre pain et vos larmes ;
Je marche auprès de vous, chaque pas forge un charme.
Je découvre avec vous le sol âpre la mer ;

. . . .
Pris aux gestes du vent, nos plus sereins désirs
Essaiment chaque jour près des futurs pétales :
Je veux participer à votre joie en larmes ;
Je vais goûter vos fastueuses nourritures :

現実社会の中で苦しめられている者の立場に立つこと、彼等の悩みと喜びをわかちもつこと、これが、恐らく、占領の時代に詩人がはじめて見出した、キリスト者としての生きる道であったにちがいない。だが、単に「貧しきもの」としてではなく、単に「涙の中にパンをひたす」ものとしてでもなく、未来にたいする無限の可能性をもち、搾取者を鉄の両腕でうちたおすことによって、その未来を闘いとってゆく人民、人民をこのような闘いの姿の下で認めたとき、詩人と人民との共感は、単なる慰めではなく、さらに強固な連帯性として意識されなければならなかった。こうして、銃殺者を前に、ただ神へ祈った詩人（四二年八月）、暗黒の恐怖の下で、ただい

っときの祭りをたのしむ群衆をうたった詩人（四四年一月二十三日）は、同時に、人民がファシストにたいして武装して立上る「神聖な日」をうたい、殺された愛国者たちの唇にうかんだ、死でさえもうばうことができない愛の微笑（四四年六月二十四日）をうたわなければならなかったのである。

きびしい太陽の下で　みんな独りではない、
死の苦しみも愛も、わかちあわれる。(2)

Nul n'est seul sous l'âpre soleil.
L'agonie ou l'amour en partage.

このような、闘う連帯性に立った詩人、キリスト者は、戦后の新しい闘いの中でも、その立場を堅持しつづける。ファシストの手から、たといフランスが解放されても、

労働と埃で彫り刻まれた顔(3)

Traits burinés par le travail et la poussière,

の上に、貧困と抑圧の手がのしかかっている限り、太陽を求める詩人の闘いは、人民の闘いとともにつづいてゆく。

生きているときにも団結し、最后の港でも団結していた
一万人の仲間たち(4)

Dix mille compagnons,
Unis pendant la vie, unis au dernier havre,

（1）「四三年二月十九日（19 Fév. 43）」（『生き急ぐ』）一一ページ。
（2）「四六年五月十五日（15 Mai 46）」（同書）二七ページ。
（3）「生と死（La Vie et la Mort）」、同書、一七ページ。
（4）「生と死」、同書、一七ページ。

彼等の唇にのこった最后の愛の微笑を、現実生活の中で、万人のために花咲かせるには、彼等の手にあった武器を、生きのこった者がかたく握って、彼等が倒れた点から、ふたたび前進をはじめねばならない。ジャニーヌ・ミトーは、その身がまえを、次のような詩でうたった。

わたしは鍵をさがす、わたしは共感をさがす、
冬のとがった角が　わたしを
枯枝につもった霜の針先へひっかける。
空の、鋼の刺が　わたしを傷つける。
しかし、磁石はまわり、夜が明ける。
太陽はしずかな捏粉《こねこ》のように
霧のなかへ　光りの泡をおとしながら昇る。
世界は若々しい木の実でざわめき、
若くて死んだ人々から　火が贈られる。
彼等は、地下活動をするプロメテのように、
その実の核をつくりあげたのだ。
笑いと、貧しい生活のなかで、
彼等の肩は果肉にひだをつけ、
彼等の手のひらと、彼等の指は、
土と、血と、熱狂の跡を　その実につける。
樹液のなかには　彼等の息吹きが流れている。
Je cherche la clé je cherche l'accord
Et les angles vifs de l'hiver m'accrochent
A des caps de gel à des branches vides
Aux piquants d'acier du ciel je me blesse
Mais l'aimant pivote et c'est l'aube
Le jour lève comme une pâte reposée
Avec les bulles de ses lampes dans la brume
L'espace bruisse d'un fruit neuf
Le feu lui vient des morts précoces
Ils modelèrent le noyau
Tels des Prométhées clandestins
Dans le rire et dans la misère
Leurs épaules rident sa pulpe
Leurs paumes et leurs doigts le marquent
De terre de sang et d'incandescence
Leur souffle passe dans sa sève

中途で断たれた彼等の前進が　今われわれを前へ押しやる。　Tous leurs élans rompus nous pressent
彼等の青春は　われわれのなかで熟し、　Leur jeunesse mûrit en nous
われわれのなかに　彼等の命はみちている。　Qui sommes denses de leur vie

自分の太陽を　人々はそれぞれ持ちよって作るのだ(1)　Les hommes groupent leur soleil

この最后の一句の中にも、すでに一つのものが暗示されている。抽象的な「全能な神」というような存在に代って、人民の団結した闘いこそが、地上に幸福の種をまく力であることが、次第に詩人に意識されてくる。又、理想の世界は、いわゆる「神の国」や「とりもどされた楽園」というような、空想的な表象の世界にあるのではなくて、現実生活の中で、人民が、一人々々の汗と希望と闘いとをむすびあわせて、一歩々々作りあげてゆくのだという、極めて現実的な思想が、彼女に新しくかちとられてゆく。それは、詩人にとって、抽象的、観念的な神秘主義からの大きな前進であった。この詩から二年后、かつて、銃殺者のために神へ祈るキリスト者であったジャニーヌ・ミトーは、あらたに獲得された思想的な立場を次のような詩にこめてうたっている。

空虚なオルガンと　だまりこくった壁のあいだで　息をひきとった宗教の泥沼のなかで、生きている人々はなにをしようとしているのか。　Que vont faire les vivants dans le marais d'une religion morte entre les orgues creuses et les murailles muettes.

(1)「太陽 (Soleil)」、同書、二九ページ。

人生が、ガラスにうつった舞踏会の旗の　ゆがんだ形ではなくなるために、
Que la vie ne soit pas le reflet gauchi des drapeaux du bal dans la glace
理想が　追憶のなかのものとならないために
Que l'idéal jamais ne se range dans les souvenirs
人生が　光りのように、その日その日の現実のなかにあるために、
Que la vie soit actuelle comme la lumière
そのために、わたしの愛は屈せずに闘う[1]。
Mon amour s'entête

こうした立場に立った詩人は、もはや、神秘的、宗教的な表象や、絶望した心にうつるさまざまな幻覚的イメージなどをうたいあげる詩人でもなければ、現実社会の緊急な諸問題をはなれて、星や花に楽しむ詩人でもありえなかった。日々の生活の中で、笑い、泣き、乏しいパンをかせぎ、明日が今日よりも明るい日であることをねがう人民へ、詩人がささげた愛、虐殺や拷問や火災という悲劇の重圧の下で、詩人が真に生きる道として選んだこの愛、そして、抑圧されるその人民への共感と連帯性の意識、このような精神は必然的に、この詩人を、常に人民、「太陽をそれぞれ持ちよって作る人々」の、苦しみと、闘いと、たえまない未来への志向とをうたいつづける者としなければならなかった。

たしかに、これらの詩の中には、愛や共感や連帯感情はありながら、時に、その対象との若干な位置のずれを感じさせるものはあった。そのような場合、たえず人民と結合し、同一の場所にあらねばならないとする努力は見えながらも、元来彼等と同じ場所にある者、いわば彼等の中の一人としての意識や感情は読みとることが難しかったことは事実である。又そのような「場所の相違」が、例えば、搾取し抑圧する者にたいする、人民の必死な感情はむしろうたわずに、その闘う人民にたいする同情や、愛や、共感をうたうという詩人の態度の中にも、少《すくな》からず反映していた

ことも事実である。だが、この「場所の相違」が、一面における限界としてありながら、この詩人は、占領と抵抗という国民的な経験の中で、真に正しく人民の立場を選び、戦后にもその立場を堅持し、後に見るように、ギリシャの愛国者や、平和への意志をうたう詩人として、人民の闘いとともに、不断の前進をつづけてゆくのである。
その詩人の立場は、多くの詩の中で暗示される、彼女の詩法を通じても、明瞭に看取されるであろう。

そして　言葉の象徴は
絶望をかくす衣となる。
あなたがたは　煙や木の葉をうたう
樹液や火よりも生きいきとした　わたしの体を
あなたがたは　いろいろなイメージにちぢめてしまう。
わたしの体は　あなたがたにとって、肉体の輝きもないものと
　なり、
あなたがたは　それを　非現実の世界へ移してしまう
……………………………
わたしは生きている。わたしの叫びは
これらすべての架空の砂漠をたちきってゆく
寛容な小鳥も　オアシスも
わたしの領土には生まれてこない。(2)

Et les symboles du langage
Déguisent bien le désespoir
Vous chantez fumées et feuillages
Vous réduisez à des images
Mon corps plus vif que sève et feu
Il perd pour vous l'éclat charnel
Vous le rangez dans l'irréel
……………
Je suis vivante et mon cri tranche
Tous ces déserts imaginaires
Oasis, oiseaux indulgents
Ne croissent pas dans mon domaine

（1）「四九年一月（Janvier 49）」、同書、三一ページ。
（2）「四八年六月（Juin 48）」、同書、三〇ページ。

又、

言葉の夜のなかで　北の方角を見つけねばならぬ。
わたしの愛は　わたしの羅針盤
わたしの暖《あたたか》い北極星だ、

わたしは見つけだす、単語と、鍵と、人の顔を
傷口と　パンを
闘いと　光りを
正しい方向を向いた多くの人の心を
いく千の　額と　標的と　挑戦を、(1)

Il faut trouver le Nord dans la nuit des paroles
Mon amour est ma boussole
Et ma chaude étoile polaire

Je découvre les mots les clés les visages
Blessure et pain
Lutte et lumière
Cœurs bien orientés
Milliers de fronts cibles défis

象徴的な、非現実的なイメージは、元来、絶望した者の仮装の手段であり、未来を作る人々の立場に立つ詩人の道は、「正しい方向を向いた」広範な人民の「心」と、その生活を、又闘う姿を、たえず発展の展望に立ちながら、直接的、具体的にうたいあげる道でなければならなかった。

……………………………………

この道はエリュアールの云った「人間のなぎさをうたう」道であり、アラゴンが『ベル・カントの年代記』で「情況の詩」として強く主張した道であり、又、より若い人々、すなわち、アンジュリやミトーと同年輩、もしくは僅かばかり年長の、ギュウヴィックやマルスナックが自己の道として選んだ道でもあった。

［D］ギュウヴィックとマルスナック

抵抗の時代に、フランス国民の心の中にたぎっていた、烈しい、複雑な感情の蓄積を、極めて単純な一つのテーマを通じて、ことごとくほとばしるように流出させた、突き裂くような簡潔な言葉の詩、「残骸（Des Restes）」[2]、「ブルターニュ（Bretagne）」[3]等の詩人ギュウヴィックは、一九四七年に公刊された詩集『執行命令（*Exécutoire*）』[4]の最後の詩「詩法（Art poétique）」[5]で、現実世界に生きている詩人の、真に立たねばならない立場はなんであるかを、次のように規定した。

ベンチに腰かける　On s'assoit sur des bancs
空が目のまえにある　Et le ciel est devant.

椅子に腰かけて　On s'assoit sur des chaises,
体をもう少し楽にする　Un peu pour être à l'aise.

椅子に腰かけて　On s'assoit sur des chaises
空を見る　A regarder le ciel,

（1）「羅針盤（La Boussole）」、同書、三四ページ。
（2）『切断（*Fractures*）』（エディシオン・ド・ミニュイ社、一九四七年）二一一〜二一二ページ。
（3）同書、一六〜一七ページ。
（4）ガリマール社、一九四七年。
（5）『執行命令』二〇七〜二〇九ページ。

風を見る
毛虫を見る、苺を見る

頭がぼんやりしたように
時間が余っているように

空にむかって話しかけようとする
風にむかって話しかけようとする

だが　よく見たまえ
そんなことするのは　生きた人間じゃない

金狼でもなく
滝でもない

舟でもなければ
生きた人間でもない

ときどき笑ったりしても　やはり同じだ
息をしているのは　別な人々だ

A regarder le vent,
La chenille ou la fraise.

Comme on a vague à l'âme
Et qu'on a bien du temps,

On veut parler au ciel,
On veut parler au vent.

Il faut bien voir pourtant
Qu'on n'est pas des vivants.

On n'est pas des chacals,
On n'est pas des torrents,

On n'est pas des nacelles,
On n'est pas des vivants.

On a souvent beau rire,
C'est d'autres qui respirent.

だまっていたり
程よい話をしたりするのは　別の人々だ

彼等は足を地につけて立ち
彼等は大きな流れをつくる

人間たちのなかにいて
人間たちが気にいっている

彼等が風にむかって話すのは
ほんとに話をするからだ

苺や　毛虫や
子供を見るのは

ほんとに眺めるだけでなく
見るからだ

自分の命を　彼等は
生きているのだとも　云えそうだ

風にむかって話すのは

C'est d'autres qui se taisent
Ou parle congrûment.

Ils ont mis pied sur terre,
Ils sont un grand courant,

Ils sont parmi de l'homme
A se plaire avec l'homme,

Et s'ils parlent au vent,
C'est qu'ils parlent vraiment.

S'ils regardent la fraise,
La chenille ou l'enfant,

C'est véritablement
Qu'ils voient en regardant.

Même on dirait vraiment
Qu'ils vivent le vivant.

Et s'ils parlent au vent

彼等が風を生きるのは

風とおなじに
自分のつとめを持っているからだ

彼等は　足を地につけて立っている
そうして　たくさんすることがある

結局　世界の全体を
つくらなければならないからだ

僕等は　椅子にすわって
風を見る

僕等はベンチに腰かけている
そうして　壁が目のまえにある

壁は僕等の上にのしかかる
僕等は生きた人間じゃない

彼等は壁を吹きとばし
前進しながら生きてゆく[1]

Et s'ils vivent le vent,

C'est qu'ils sont à leur tâche
Comme est aussi le vent.

Ils ont les pieds sur terre,
Ils ont beaucoup à faire.

Car c'est toute la terre
A la fin qu'il faut faire.

Nous sommes sur des chaises
A regarder le vent.

Nous sommes sur des bancs
Et le mur est devant.

Il est sur nous, le mur,
Et l'on n'est pas vivant.

Eux font sauter le mur
Et marchent en vivant.

この詩が伝えている教訓は明白である。死んでいる詩人と生きている詩人——死んでいる詩人は、現実社会の動きや歴史の運動から自分を切りはなして、それらとは無関係に、末梢的なものや空想的なものをもてあそび、世界をそれらのものに矮小化してうたう詩人、人間の生活をおびやかす重圧にたいしては無力であり、社会的な生存の意義を失った詩人である。又、それは「椅子に腰かけた」怠惰な詩人である。生きている詩人、詩人の名に真に価する者のとるべき道は、このような怠惰な夢をむさぼる道ではない。生きている詩人の道は、現実社会の上に足をすえ、微細な対象の中にも、歴史の発展の複雑化された反映を見抜き、現実世界の変革という無限に大きな任務を負い、この変革のために闘うこと、人間の可能性に限りない信頼をよせ、それを圧迫するあらゆるものを粉砕して、一歩々々、未来をきずきあげてゆくことである。そうすることによって、詩の世界は、客観世界の巨大な広さにまで拡がることができ、そうする中で、詩人は、真に充溢した生活や、高い感情を見いだすことができる。この道は、透徹した現実認識と、変革のための不断の闘いの道である。

詩人はなにをうたうべきかという問題に、ギュウヴィックはすでに抵抗の時代に、その『エレジー（*Elégies*）』[2]の中の次の一篇で、明白な解答を与えていた。
隅の方にいて　いつまでも
影へむかって話していなければならない人たちがいる
澄みきった夜に
Il y en a qui doivent
Parler, parler encore à l'ombre dans les coins
Des plaies qui cicatrisent avec beaucoup de mal
（1）「詩法」（『執行命令』）二〇七〜二〇九ページ。一九四六年。
（2）ポワン・デュ・ジュール（Editions du Point du Jour）社、

はげしい痛みをともないながら固まってゆく傷口と
自分をおさえて寝かしつけている
壁をおしのけて、なかばその口を開いた池を
語りつづけなければならない人たちがいる。

この壁に沿って歩いて
この壁を開こうと
つとめなければならない人たちがいる

形も名前もない　すべてのもののために
見つけてやらねばならない　言葉と名前で。[1]

Dans la nuit la plus claire
Et des étangs qui bâillent
On dirait contre un mur
Qui les tiendrait couchés.

Il y en a qui doivent
Longer ce mur, le même,
Et tâcher de l'ouvrir

Avec des mots, des noms qu'il s'agit de trouver
Pour tout ce qui n'a pas de forme et pas de nom.

すなわち、抑圧される人々、そして、この抑圧にたいして抵抗し、闘争する人々の、苦しみと闘いを、彼等にかわってうたいあげること、云わば、被搾取人民のうたい手となることのみが、変革のために闘う詩人にとって、真に正しい道であり、怠惰な夢におぼれない「生きている」詩人の進むべき方向であることを、詩人は確認している。ギュウヴィックは、こうして、その「詩法」の中で、悲劇の時代の教訓を総括し、すべての詩人のまえに提起されている歴史的任務はなんであるかという問題に正しく答えて、『獲得（*Gagner*）』[2]、『生きる意欲（*Envie de vivre*）』[3]へとつづく発展の方向を、誤りなく定めることができたのである。

戦時中、自分みずからも武器をとってパルチザンの闘いに加わり、その中から、荒々しいまでな感情の烈しさをこめて、ファシストにたいする激烈な憎悪と、銃殺された「便衣隊・パルチザン」の同志への復讐の誓いを、粗野ともいえる、極度に直截な詩でうたったジャン・マルスナックが、ファシストの降伏直后、それらの詩を集めて公刊した『銃殺されたひとの空（*Le Ciel des Fusillés*）』[4]の序文、「オラドゥール派宣言（Manifeste de l'Ecole d'Oradour）」の中で、戦闘的な言葉で提起した問題も、同じく、「今后、詩人はいかに生くべきか」という問題にほかならなかった。オラドゥール、あの虐殺の町の名に象徴される、ファシストの暴虐、そして、その暗黒の手で、荒らされた畑、焼かれた家、ことに、殺されていった幾十万の犠牲者、これにたいして、われわれはなにを負っているのか。フランス国民の中に、永久に埋めることのできない、空虚な、巨大な孔として黒くうがたれた、あのいく十万の人々の死を、生きのこった者は、いかにしてつぐなうことができるのか。

われわれが愛していた人たちの死によって、彼等がかくしていたにちがいない未来の約束を、われわれが失ったとき、われわれは、永久に払いきれないほどの借りを背負いこんだのだ。[5]

en perdant la promesse que devaient tenir certains hommes que nous aimions et qui sont morts, pouvons-nous croire qu'une dette a été contractée qui ne nous sera jamais assez payée.

この借財を、たとえ僅かでも支払うこと、殺された人々に、たとえ僅かでもつぐなうこと、そのためには、生きの

（1）「エレジー」（『執行命令』）一一ページ。
（2）ガリマール社、一九四九年。
（3）セゲルス社、一九五一年。
（4）ボルダス社、一九四五年。
（5）『銃殺されたひとの空』一八ページ。

こった者が、あのオラドゥールの悲劇を二度とくり返さぬために、闘う以外にはありえなかった。あの悲劇を胸の奥深くきざみつけ、その真の原因がなんであったかを正しく見きわめ、それを断乎として除去することのみが、生きのこった者の進むべき方向であり、任務であった。

> われわれは全世界の苦しみを体験した。この苦しみをいやすには、忘れることも、無知であることも、薬とはならないことを、われわれは知っている。(1)
>
> Nous avons connu le mal sur la Terre. Et pour nous en guérir, nous savons bien que l'oubli n'est pas un remède, ni l'ignorance.

あるいは、

> オラドゥールの暁にくらべられるものはない。毎日の夜明けが人間の顔をほりきざみ、細かい形をえがいてゆく。最初には粗けずりの下彫りしかなかったところに、今日、空の光りは、完全に仕上った人の姿を照らしだす。その人間は、正義が自分になにを義務づけているかを知っており、又、この世に自分が生れてきたのは、まず第一に、別な場所、別の時代では、別な名前で呼ばれているにしても、この国で、現在、われわれが「オラドゥールの巨人」と呼んでいる者に、自分も又闘いをいどむためであったことを知っている人間である。(2)
>
> Il n'est rien de pareil aux aubes d'Oradour. Chacune d'elles sculpte et affine le visage humain. Là où vous n'aviez qu'une ébauche, la lumière de ce ciel éclaire un être définitif qui sait ce qu'il doit à la justice, et qu'il n'a été d'abord mis au monde que pour défier à son tour celui qui peut porter, ailleurs ou dans d'autres temps, d'autres noms, mais que dans ce pays et aujourd'hui nous appelons le Géant d'Oradour.

この「オラドゥールの巨人」のために、グラナダでロルカ（Garcia Lorca）はたおれ、サン＝ポル・ルー（Saint-Pol

Roux）はたおれ、ジャコブ（Jacob）はたおれ、彼等より前にアポリネール（Apollinaire）がたおれ、ボードレール（Baudelaire）は頽廃し、ランボー（Rimbaud）は逃亡し、ネルヴァル（Nerval）は自殺し、ロートレアモン（Lautréamont）は姿を消した。「オラドゥールの巨人」とはだれか。それは、帝国主義戦争とファシズムを生み、大衆の饑餓と貧困をうみだすもの、資本主義的社会機構そのものにほかならない。オラドゥールをくりかえさぬためには、ファシズムの母胎である資本主義機構そのものを地上から一掃し、搾取と隷属と戦争を知らぬ社会を地上にうち立てなければならない。ファシスト・ドイツが倒壊しても、ファシズムの危険、オラドゥールをくり返す危険は、資本主義体制の存続するかぎりなくならない。したがって、ファシスト・ドイツの暴圧の下から生きのこった人間の、死者をはずかしめない唯一の生き方は、この「オラドゥールの巨人」、資本主義体制を終局的に打倒するために、抵抗の闘いを休みなく継続することにほかならない。このように、資本主義体制の打倒と、社会主義体制の勝利のために闘う、真に歴史的発展の上に立つ詩人を、マルスナックは「オラドゥール派（Ecole d'Oradour）」と名づけたのである。

オラドゥール派では、怠惰であってはならないと教えている。他の詩の諸流派は、わざわざ怠惰を育てている。それらは、怠惰を自分の旗にする。血の中には怠惰が流れている。怠惰が、それらの支柱でもあり、根でもある。

〈多少の逸楽と、多少の倦怠と、云々………〉

オラドゥール派では、だれも退屈していない。過去の幻影から自分自身を守り、それらの幻影が、太陽の明るい笑いの上に夜の仮面をかぶせてしまうのを防ぐため、しなければならないこ

A l'Ecole d'Oradour, on vous apprend à ne pas être lâche. Les autres écoles poétiques cultivent la lâcheté; elles en font leur drapeau; elles ont la lâcheté dans le sang; la lâcheté comme armature et comme racines.

« Un peu de volupté et un peu d'ennui, etc... »

A Oradour, on ne s'ennuie pas, car il y a trop à faire pour se défendre contre les images du passé, pour éviter qu'elles ne plaquent à jamais le masque de la nuit sur le rire éclatant du soleil.

（1）同書、一五ページ。

（2）同書、一六ページ。

とがあまりにもたくさんあるからだ(1)。

この点から、マルスナック、そしてオラドゥール派の創作方法も決定される。「絶対のもの」、「永遠のもの」、このような形而上学的な存在を、彼等の詩は決定的に排除する。人間の社会も、人間の認識も、一切が変革と運動の過程にある以上、変革を許さない「絶対的な」、あるいは「永遠な」存在物の設定は、現実社会において無力な者、又は、発展の展望を失ったものの、空想であり、偽瞞にすぎない。変革の道に立つ詩人は、一切を、運動しつつある現実社会へ引きずり下《おろ》す。苦しみ、それは単なる「苦しみ」ではなくて、人間の力で除去しうる、現実生活の中の「個々の苦しみ」であり、それは、もはや、人間の宿命ではなく、不滅な「苦悩の神」でもない。

かげ口好きな王子らに　わたしは　のこらず別れを告げた。
わたしは　人をこわがらす　しょうばいをやめにした。
絶望する　まともな理由などありはしないのだ。

絶望というのは　寒いこと、腹のへったこと、
絶望というのは　酒や肉などが乏しいこと、
絶望というのは　家賃があまり高すぎること、
絶望というのは　疲れているのに休めないこと、
絶望というのは　自由が生殺しにされてしまうこと、
見通しのない夢にうつった明日が
今日と同じ日のように見えるときには、
絶望というのは　そういう明日の姿のこと、

J’ai dit adieu à tous ces princes clabaudeurs
Je ne fais plus métier de l’épouvante
Le désespoir n’a pas de raisons avouables

Le désespoir c’est d’avoir froid C’est d’avoir faim
Le désespoir c’est le vin et la viande rare
Le désespoir c’est le loyer trop cher
Le désespoir c’est la fatigue sans repos
Le désespoir c’est la liberté qu’on assomme
Le désespoir c’est l’image du lendemain
Quand les lendemains se ressemblent
Dans un rêve sans lendemain

そして　明日がそうだと信じこむことだ。

わたしは　星の世界の旅行はしない。
だまっていることの悲劇は　もうたくさんだ。
絶対的な寒さなどありえない。純粋な沈黙などもありえない。
もしもわたしが火をおこしたら、もしもお前がしゃべりだしたら、
ひとこと　ひとこと　焔から焔へと
われわれは　いっしょに光りを作りだすだろう。(2)

Et c'est de croire à cette image

Je ne suis pas un voyageur stellaire
C'en est fini de la tragédie du mutisme
Il n'est pas de froid absolu Il n'est pas de silence pur
Si j'allume un feu Si tu parles
Mot à mot et flamme à flamme
Nous ferons la lumière ensemble

このようにして、一切が現実社会に引き下され、一切が現実社会の問題として提起されたとき、いかなる苦しみの中にも希望があり、いかなる悩みの中にも、未来へ向う見通しがある。変革の立場に立つ詩人は、一切を現実社会の問題として理解する詩人であり、それは同時に、真の明るさと楽天性とをもった詩人である。このような現実主義は、本質的に、未来を作る階級の立場に立つことを意味している。

以上、エリュアール、ツァラ、アンジュリ、ショロ、セルネ、ミトー、ギュウヴィック、マルスナック、この八人

（1）同書、一六〜一七ページ。

（2）『人間の歩み（*La Marche de l'homme*）』三一〜三二ページ。

の詩人の例によりながら、解放后までも、抵抗の精神を守りつづけた詩人たちが、戦后の闘いの出発に当って、「詩人としていかに生きるべきか」の問いに、それぞれ、いかにして答えたかを見た。生きるべき道。それは、人民の未完の勝利をさらに前進せしめることである。そこには、必然的に、さまざまのニュアンスの相違はある。或る場合には、抑圧される者への愛と共感が特に強調され、或る場合には、あの悲劇的な時代の悲痛な感情が、いまだに色濃く反映されている。だが、そこに共通したものは、彼等のすべてが取った現実変革の立場であり、未来のための闘いの身がまえと、勝利にたいする確信と希望とが、同じ明るさとなって、すべての詩人のうちにあった。ここにあるのは、抵抗の陣営からはなれていった人々の、虚無的な頽廃でも、卑俗なビュルレスク趣味でもなく、又、抽象的な「自由」の論議でもなくて、人民の運命に自己の運命を結びつけたものの、希望にあふれた楽天性にほかならない。

では、このような人民の立場を真に確定しえた詩人たちは、当時の客観的な情況の中で、その現実の要請にいかに応え、詩をもって、どのような闘いを行ったのか。

第二節　あらたな「情況の詩」

ソノー――アラゴンとゴーシュロン

［A］アラゴンの『新断腸』

あらゆる意味で、「社会参画」の詩人の代表的存在とされているアラゴンの戦后唯一の詩集『新断腸（*Le Nouveau Crève-Cœur*）』を、我々はまず第一にあげねばならないであろう。だが、この詩集を一読するとき、誰しも抵抗を通じての詩人の目ざましい発展と対比して、それを更に前進せしめる方向よりは、むしろ、その発展を后にひきもどす後退的な傾向しか、見出すことは困難にちがいない。一九四六年から四七年頃までに書かれた作品を主とするこの詩集は、その中に、個々の積極的内容をもった詩はあるにしても、全体として、当面の現実的課題からは、多分に切りはなされた作品と云わなければならない。それらを包んでいたものは、勝利した者の、心地よい安堵と回顧の気分であった。「二年たって（Deux ans après）」[1]、「みじめなひと時（Un Temps de Chien）」[2]、「暦の詩（Vers d'Almanach）」[3]、「おまえのため（Pour Toi）」[4]、「アヴィニョン（Avignon）」[5]、「水死者（Les Noyés）」[6]、これらの詩が、そしてこれらの詩の

（1）『新断腸』（ガリマール社、一九四八年）一〇～一三ページ。
（2）同書、一四ページ。
（3）同書、二二～二六ページ。
（4）同書、六九～七〇ページ。
（5）同書、七一～七二ページ。
（6）同書、七三ページ。

中でうたわれた悲劇の時代、あの

死人は気楽であると　だれしもが考えた[1]　Un mort on croirait qu'il repose

時代の思い出が、いかに、かちとられた勝利の喜びと、追想の甘い虹の色で、やさしく、美しく、色どられていたにしても、それは多くの場合、単なる安堵の吐息であったり、再び見出した自由への歓喜であったり、又、占領の時代にフランス国民が味わされたあの苦しみをいやす、甘い鎮静剤にすぎなかった。もとより、歓喜は当然であったし、苦しみをいやすことは必要であったろう。だが、人民の詩人のまえには、常に、いかに闘いを進めるかという問題がたえず提出されてこなければならない。その点からすると、『断腸（*Le Crève-Cœur*）』[2]、『エルザの目（*Les Yeux d'Elsa*）』[3]、『フランスの起床ラッパ（*La Diane française*）』[4]、『祖国のなかの異国にて（*En étrange Pays dans mon Pays lui-même*）』[5]等によって、ファシストに対する国民的な抵抗を、その真の高さと広さをもってうたいあげたアラゴンは、戦后の『新断腸』では、ごく部分的にしか、この任務に応えることはできなかった。あの国民的な体験は、今日の闘いの糧となり、教訓となるのではなしに、むしろ、未来との結合を失った、「閉ざされた追憶」の枠の中にとじこめられ、矮小化されてしまっていた。

ふしぎなほどに　いい天気　Il fait beau à n'y pas croire
今までなかったような　いい天気[6]　Il fait beau comme jamais

という、喜びと安堵の中で、マルスナックが『オラドゥール派の宣言』の中で叫んだ、あの悲劇の真の意味と教訓は、アラゴンの詩からは、ほとんど姿を消し去ってしまった。

ああ、道ゆく人よ、
今夜は、眠っている人たちを　おこすのはやめたまえ(7)

Oh vous qui passez
Ne réveillez pas cette nuit les dormeurs

という一節が、この詩集の全体の雰囲気を代表している。それは、けっして、アラゴン自身が『ベル・カントの年代記』の中で主張した、「新しい闘いの中の新しい詩」ではなかった。

こうした全体の後向き的傾向の中で、あの有名な「エルザへの愛」のうたいかたそのものも、抵抗の時代とは、いちじるしくおもむきをことにした。「おまえのために」、「アヴィニョン」等でうたわれた妻への愛は、もはや『エルザの目』、『フランスの起床ラッパ』でうたわれた愛と、同質のものとして理解することさえむずかしい。『フランスの起床ラッパ』中の、たとえば「鏡にむかうエルザ(8)」という一篇をとってみても、鏡にむかって髪をくしけずるエルザの金髪と、遠景の火災の火の手が二重写しになるという、美しい絵画的なイメージをとおして、詩人の妻にたいする愛情と、焼かれ、ふみにじられてゆく祖国にたいする愛、そしてファシストへの怒りとが、たがいに切りはなせない一つのものとなって、なんと緊密にうたわれていたことだろう。その詩によって、悲劇の下にあるフランス国民は、妻への愛、生活にたいする愛が、祖国や同胞にたいする愛に通じていなければならないことを、なんと力強く訴

（1）「おまえのため」、同書、六九ページ。
（2）ガリマール社、一九四一年。
（3）セゲルス社、一九四六年。
（4）セゲルス社、一九四六年。
（5）セゲルス社、一九四七年。
（6）「五位鷺の叫びⅣ（Le Cri du Butor IV）」（『新断腸』）八八ページ。
（7）「ダッハウを忘れるための唄（Chanson pour oublier Dachau）」、同書、八四ページ。
（8）『フランスの起床ラッパ』三一〜三二ページ。

えかけられたことだろう。だが、『新断腸』でうたわれたエルザへの愛は、本質的に、このような外的情況や人民の闘いとは、全く切りはなされたものとしてとらえられた愛にすぎなかった。「おまえのために」に現われてくる、「てんぷくした列車」や、「火の手が消えた村の廃墟に残っている、一枚の黒板」や「畑のあぜみちに立っている、三つのそまつな墓標」など、悲劇的な現実世界の中のさまざまの姿も、ここでは、ただエルザへの愛にその影をうつした、単なる動かぬ「風物」であり、又、その愛の明るさを浮き立たせるための「暗い背景」の役割しか演じるものではなかった。現実世界は、ここでは、風や空の色と同じようなものに解消され、純個人的な愛の心象の中に、矮小化され、押しこめられてしまった。そして、この愛そのものは、たとえば「アヴィニョン」で、ロメオとジュリエット、ペトラルカとラウラの愛と同じように、たたえられ、美化されてゆく中で、しだいに現実社会との結びつきを失って、一種神格化される危険さえ内包している。

このように、客観世界のすべてを、個人的な表象の中に解消させる傾向は、表現形式の面でも、従来からかなり強くあった形式主義的な欠陥を、『新断腸』では、更に拡大してうみだす結果となった。「タピスリー（Tapisseries）」[1]の諸篇にことに特徴的にあらわれたこの欠陥は、所詮、詩集全体の、内容における后退の反映にほかならなかった。

もちろん、さきにものべたように、この詩集に積極的な部分が皆無であったというわけではない。「ジャン・ド・ショーニーの歌（La Chanson de Jean de Chauny）」[2]で、詩人は「罰をうけない過ちのように、くりかえし云いふるされたことば」、すなわち、民衆の肉となり血となっている、伝統的な言葉と形式のすぐれたものを継承し、発展させて、国民的な内容をうたいこむという、抵抗の時代から彼が一貫して主張している、古典の継承という問題を再びとりあげて、詩の形をとおして、彼の詩法を明らかにしている。又、「一九四六年（MCMXLVI）」という詩は次のような詩である。

またしても詐欺がはじまった。

C'est la nouvelle duperie

大仰な香具師《ヤシ》がねり歩きだした。
いのちがけな言葉がまきちらされて、
叫んでいるものは信用されそうだ。
けれど、かれらのうたっている言葉の節が
祖国の歌の調べだとだれが思う。

この世の中は　売り物にでた宮殿だ。
宮殿には火の手がくすぶりつづけているのに
上にひろがる空が青いので
まもなく、くずれた屋根が頭の上におちてくることを
中に住む人は気づこうともしない。
この家は　とうに灰だけになっているのだ。

表の間では
人食い人種の合奏会だ。
一階にも　二階にも　三階にも　四階にも
嘘の鉢植えに色とりどりの花が開く。
雨風にうたれて色あせた戸口では、
死の神が侮蔑の笑いをひびかせている。

Qui se mène à grandes clameurs
Les mots sont ceux pour qui l'on meurt
On croirait ceux-là qui les crient
Mais l'air auquel ils les marient
N'est pas celui de la patrie

Ce monde est un palais à vendre
Encore habité par le feu
Comme au-dessus le ciel est bleu
Les gens y vivent sans comprendre
Que la toiture en va descendre
Car c'est une maison de cendres

Dans la cour d'honneur on entend
Le concert des anthropophages
Le mensonge à tous les étages
Met ses pots de fleurs éclatants
Sur le perron pâleur du temps
La mort rit d'un rire insultant

（1）『新断腸』五五～五九ページ。

（2）同書、三八～四〇ページ。

井戸に沈んだ夜闇の色の太陽のように
蓄音器は廻る、蓄音器は廻る、目にもとまらずに。
今夜も空しく、自分の影を逃れようとして
踊り手たちは　相手かまわず　すがりつくだろう。
胸もうつろに
たがいに顔も見つめあえない踊り手たちなのだ。

窓をとおして　砂浜のうえに
殺された幼児の群がわたしには見える。
村に火の手がかけられたのを見ても、
金狼は気長に立とうともしない。
そのころ、カフェのテーブルに腰かけて、
「即自の先在性」が理解されたとだれかが云う。

どこからか　香水の香りもかくしおおせない
腐敗のにおいがただよってくる。
あすもなく　墓場ももたぬ
これがかつての夢の跡なのか。
いま、冒険趣味の船長たちは
もういちど　ペストがおそうのを待ちこがれている。

昨日、殺戮の嵐がすさんだところ、

Le phono tourne tourne vite
Comme un soleil noir dans un puits
Les danseurs auront cette nuit
Qu'importe ce qui vient ensuite
Cœurs absents Regards qui s'évitent
Pour la vanité de leur fuite

Par la fenêtre j'aperçois
Des enfants tués sur des plages
Et comme on brûle des villages
Les chacals patients s'assoient
Tandis qu'au café se conçoit
La priorité de l'en-soi

D'où vient l'odeur de pourriture
Que si mal masquent nos parfums
Seraient-ce nos rêves défunts
Sans lendemain sans sépulture
Les capitaines d'aventure
Espèrent des pestes futures

Il est des massacres récents

今日、海のかなたの楽の音に足をあわせて
仮想の水死者は踊りつづける。
つきさく叫びも消し去られたまま、
ああ、その叫びも、もう道ゆく人にはきこえないのか、
こうして、血の色をした黄昏が空におちかかる。(1)

Mais les naufrageurs de chimères
Ont des musiques d'outre-mer
Pour étouffer les cris perçants
Qui n'atteindront plus les passants
Dans ce crépuscule de sang

抵抗の闘いの中の、希望や、歓喜や、英雄主義とはげしいコントラストをえがきながら、この諷刺的な詩は、誇張された、やや無秩序な表象の集合の中から、血でかちとった解放の后にくる戦后の社会での、ブルジョワジイの頽廃と堕落とをうたいだしていた。ラジオや新聞をつうじて、たえずばらまかれる虚偽の宣伝、絶望した人々の狂気のような歓楽、実存主義、ジャズや、アメリカの頽廃した文化の流行、新たな大戦の準備、これら、「とうに灰だけになっている」宮殿の部屋々々でくりひろげられる騒々しい狂躁を、詩人は、ごみ箱からあふれでる不潔なものや、腐敗したものを、ひとつずつ丹念にかぞえあげるような具合に、ようしゃなく暴露し、その醜悪さを、なかば怪奇なイメージをつうじて、強烈にあばきだした。それは、崩壊するブルジョワ社会のみにくいスペクタクルであった。その意味では、この詩を包んでいる一種の乱雑な雰囲気も、そのみにくさを強調するのに一つの効果を与えていたろうし、この詩も崩壊のスペクタクルとしては、けっして不成功とはいえない。このような詩は『新断腸』の中には「一九四六年」以外にもいくつかあった。「五位鷺の叫び(2)」のⅠ、Ⅶ、Ⅷなどがそれであり、ことにそのⅦは、これら全体の性格を規定するような、次の象徴的な詩句で飾られていた。

(1) 「一九四六年」『新断腸』一六〜一七ページ。
(2) 同書、七九〜九七ページ。

彼等は　世紀の黒板に　白いチョークで

秘密の葬式の　いつわった問題を書きしるす(1)

Au tableau noir du siècle ils tracent à la craie

Les faux problèmes blancs d'un funèbre secret

だが、これらはあくまで暗いスペクタクルであり、くずれかけた宮殿の中の狂燥〔ママ〕を、はたから望見している眺めにすぎなかった。そして、これを眺めている詩人の目が、なんと、第三者の傍観的な目に似ていたことであろう。詩人と、彼の目のまえにくりひろげられるこの腐敗した光景との間には、ただ、舞台と観客の間の、あの見るという唯一の絆しか存在しなかった。現実には、ブルジョワ社会を、一個の宮殿の中に、他から完全に切りはなされたものとして、とじこめることもできなければ、この詩の中で、腐敗と堕落という局面だけをえがかれているブルジョワジイも、現実社会の中では、他階級を抑圧し、支配する闇の王者であり、この抑圧と支配という基本的な性格、いわば他階級との関係においてとらえられたブルジョワジイの位置の問題を度外視して、腐敗や堕落をそれのみでとらえてみても、そこからは、このような腐敗をなくすため、いかにすべきか、という問題もでてこなければ、このブルジョワジイに搾取され、抑圧されている被搾取階級、ことに、詩人がその立場に立っているプロレタリアートがいかに行動すべきかという問題も、みちびきだされるはずはなかった。そこでは、「見ること」が「行動すること」の契機となることができず、人民の詩人にとってもっとも提出を要求されている「いかに闘うか」という問題は、けっして、彼の口からは語られることがなかったのである。その結果、ここでも又、現実社会の諸問題は、詩人一個の視覚の中に、ただ封じこまれてしまった。又、表現の問題としても、詩人の敵意にあふれた目が、「いかに闘うか」という積極的な問題と結合されないとき、そこには、ただ、毒々しいパロディーの形しかうまれてくるはずがなかったのである。

［B］ジャック・ゴーシュロンの『大いなる悲惨・墓碑銘』

ブルジョワ社会にたいするこのような諷刺、それは、ジャック・ゴーシュロン（Jacques Gaucheron）の詩集『大いなる悲惨・墓碑銘（*La grande Epitaphe-Misère*）』[2]の中で、アラゴン以上の強烈な憎悪をこめてうたいだされたものである。余分のイメージも言葉も一切取りすてられた、簡潔でリズミカルな、この詩集を構成するすべての詩が、たがいに連関しながら全体として作りだしていたものは、崩壊しつゝ、ある資本主義社会の断面図であり、そして、この全体として構成された資本主義社会は、被搾取者の爪で作られた腕環や、歯でできた首飾りや、女の髪の毛で織った絨緞や、頭蓋骨をくり抜いたインク壺やで飾られた、一つの見世物小屋として提示され、読者は、案内人にみちびかれて、そこで演ぜられる諸場面を見るという、完全にカリカチュアライズされた形でうつしだされた。それらの場面に登場する人物は、たとえば、抜け道のない反抗を唯一の生き甲斐とする人々[3]であり、いわゆる「文明からの逃亡者[4]」であり、小心な年金生活者[5]であり、愚かな信心家[6]であり、汗を流す労働者[7]であり、辺鄙な田舎の農民[8]であり、これらすべては、

Des billets de banque à plein portefeuille
Qui puent la sueur et la misère

汗と貧乏のにおいのする
札束をいっぱい財布にいれた[9]

（1）「五位鷺の叫びⅧ」、同書、九五ページ。
（2）レゾン・デートル（Editions Raisons d'être）社、一九四六年。
（3）「盲目の人々のために（Pour les Aveugles）」（『大いなる悲惨・墓碑銘』）二五～二六ページ。
（4）「夢を振りまく人々（Les Semeurs de Rêves）」、同書、三三～三四ページ。
（5）「愚か者ども（Les Imbéciles）」、同書、四一～四二ページ。
（6）「日曜日（Dimanche）」、同書、三五～三六ページ。
（7）「灰を撒き散らす人々（Les Semeurs de Cendre）」、同書、二九～三〇ページ。
（8）「田園（Campagne）」、同書、三七～三八ページ。
（9）「吸血鬼ども（Les Vampires）」、同書、四三ページ。

卑猥で、堕落した大実業家[1]に、あるいは偽瞞《〔ママ〕》され、あるいは踏みにじられ、ひとしく搾取される人々として、そこに姿を現わしている。その中で、偽瞞された人々や無気力な敗退者は、詩人の筆によって、徹底的にヤユされ、嘲弄された。たとえば、信心家は、祈りの最中に、烏で畑を荒され、「文明からの逃亡者」は、陸地のはてでも海のはてでも、たえず同じ壁に頭をぶつけて呆然とする男である。そして、この闇の王国の支配者、大実業家が、読者は、さながら腐敗と醜悪の権化として、最大級の憎悪をこめて描きだされるのを見た。

だが、これらの作品が極めて概念的であり図式的である所に、この詩集の最大の欠陥がひそんでいる。これらの詩の対象の選定が、いかに社会学的な正しい分析にもとづいたものであっても、その諸作品の中にあるものは、資本主義社会の各層が、最大限に単純化された一般的な類型の形をかりて姿を現わしたものにすぎない。いわば、ここに登場するものは、それぞれことなった位置に立つ、生きた「人間」ではなくて、人間の仮装もなかばしかまとわぬ、それぞれの階層の単なる「傾向」ないしは「特徴」の羅列のみである。たとえば、労働者は、

金属の上に　石の上に
流れる数トンの汗

石切場で　鉱山で
流れる数トンの汗

機器の上に　器具の上に
流れる数トンの汗[2]

Des tonnes de sueur sur le métal
Et sur la pierre.

Des tonnes de sueur à la carrière
Et à la mine.

Des tonnes de sueur à la machine
Et sur l'outil.

に還元されたし、絶望者は、

犬の裂かれた腹のように　Qui râlait à fleur d'herbe douce
青草の中で　ごぼごぼいっているもの[3]　Comme un ventre crevé de chien

として描かれているにすぎない。要するに、人間——その具体的な生活や感情から切りはなされた、各層の「死んだ類型」が、入れかわり立ちかわり読者の前に提出されたのであり、このような「死んだ類型」の提示からは、人間的な感動や教訓をうることはむつかしかった。

ただ、そのような総体的な欠陥はもちながらも、『大いなる悲惨・墓碑銘』の中には、部分的に、比較的具体性に富んだ、いわば、生活や感情を、一般化、類型化することなく、比較的なまのまま再現しえた作品も僅かながら見られる。「田園」、「吸血鬼ども」、「秩序について（De l'Ordre）」[4]、ことに「孤児の異議申し立て（Clame de l'Orphelin）」[5]がそれである。

かわいた風の中の　Aussi léger qu'un hareng saur
燻製鰊のように軽く　Dans le vent séché.
針金にかけてある　Aussi dur qu'un torchon gelé
凍った雑布のように固く　Sur un fil de fer

（1）「吸血鬼ども」、同書、四三〜四五ページ。
（2）「灰を撒き散らす人々」、同書、二九ページ。
（3）「盲目の人々のために」、同書、二五ページ。
（4）同書、一九〜二〇ページ。
（5）同書、三九〜四〇ページ。

砂漠の砂丘におきざりになった
骸骨のように白く

Aussi blanc qu'un squelette oublié
Sur la dune du désert

貧乏の綱を首に巻きつけて
父さんは首吊った

Voici mort pendu mon père
Au nœud coulant de la misère.

父さんは一生
死ぬように苦しい思いをした

Dont l'agonie
A duré le temps de la vie.

その苦しみを　あんなに長いことかけて味わってきたのは
父さんの肉だったのか　血だったのか　怒りだったのか

La chair, le sang et la colère
Qui donc la boit si lentement ?

地面も神様も　天使も悪魔も
綱が　たくさんの首をしめるのを防いでやるほど
手は多くない

Ni terre ou dieu, ni ange ou diable
N'ont assez de mains pour tenir la corde
A tordre les gorges.

父さんの血を呑んだやつはだれだ[1]。

Qui donc a bu le sang de mon père ?

ここにあるのは、困窮の故に自殺した人の子の、腸をえぐるような、素朴な悲しみであり、いきどおりである。極度に簡略化された鋭利な言葉が、その感情の悲劇性を強調するのに役立っている。『大いなる悲惨・墓碑銘』の中に一貫している、資本主義体制に対する詩人の怒りと憎悪は、このような、強烈でしかも具体的な感情の再現をとおしてのみ、真に人間的な感動を与えるものとして、読者の胸をうつことができたのである。
このような積極的な面、すなわち、観念的な前衛詩人から、被抑圧大衆のうたい手への詩人の発展を示す面は、次に引用する、「バリケード（Barricades）」[2]（一部）での、蜂起する民衆の、生きいきと希望にあふれた形象をとおって、一九四九年の『調書（*Procès-Verbal*）』[3]、一九五一年の『ジェリコ（*Jericho*）』[4]における、客観的な情況に対応した、力強い闘いの歌へと、これ以后、急速な成長を示してゆく。

石畳をしいた場末の坂道
ごみため、汚物、
どぶにたまった腐った水に
とりかこまれて

みんな日ぐれを待っていた。
日ぐれには、猫の毛並も灰色に変る、
日ぐれには　石畳の町は一人残らず　棍棒とベッドの横木を握って　表へ出るだろう、
日ぐれには　空き腹が声を合わせて、貧乏はいやだと叫ぶだろう。

靴屋は

Dans la rue pavée du faubourg en pente
Avec sa poubelle, avec ses ordures
Avec ses eaux de pourriture
Dans les caniveaux,

On attend le soir où les chats sont gris
Quand tous les pavés seront de sortie
Avec les brancards et les bois de lit,
Quand les ventres creux crieront la misère.

Le cordonnier dans son réduit

（1）「孤児の異議申し立て」、同書、三九～四〇ページ。
（2）同書、四七～五二ページ。
（3）セゲルス社、一九四九年。
（4）セゲルス社、一九五一年。

バラックの中で背を曲げて
にこにこしながら
自分の軍靴に　新しい鋲を打っていた

金属工は　倉庫の中で
騎銃の照門と
歩兵銃の引金に油をひいた、

女は　箪笥の中の敷布をひき裂いて
救護班のためのきれを作った、
たきぎを置いてある裏庭では
うすのろな子供が
鉄砲の弾をかじっていた。

石畳をしいた場末の坂道で　みんな日ぐれを待っていた、
日ぐれには　猫の毛並も灰色に変る
日ぐれには　石畳をしいた町ぜんたいが
町ぜんたいと　くいしばった歯が
一人のこらず表へ出て　バリケードのうえに立つのだ。[1]

Courbe l'échine
Et met des clous neufs à ses godillots
Avec le sourire.

Le métallo sous le hangar
Graisse le cran des carabines
Et la gâchette des flingots.

Une femme dans son armoire
Déchire un drap pour la charpie,
Dans l'arrière-cour, où sont les fagots,
Un enfant idiot
Mordille des balles.

Dans la rue pavée du faubourg en pente
On attend le soir où les chats sont gris
On attend le soir où tous les pavés,
Où tous les pavés et les dents serrées
Seront de sortie sur la barricade.

『新断腸』における后退的な傾向と、『大いなる悲惨・墓碑銘』における強い図式性、このような両者の欠陥が現われてくるためには、一九四五〜四六年の客観的な情勢が多分に影響していたにちがいない。

この時期は、枢軸国の全面的崩壊の時期であり、抵抗の闘いを闘いぬいた広範な人民が解放の勝利を輝かしく印した時期であって、対独協力と、見せかけだけの「抵抗」とに二股をかけた、二百家族を中心とするフランスのブルジョワジイは、いまだに、戦后における態勢の整備を完了していなかった。勝利した人民に対して、ブルジョワジイは、積極的な反動攻勢をもってのぞむ代りに、むしろ、表面的な協力の装いの下で、フランス産業の復興の阻止と、生産ボイコットという消極的な戦術をもってのぞんでいた。従って、この時期には、両者の闘いはまだ、一九四七年以后のそれのような、火花を立ててしのぎを削る、あの激しさを、少くも表面的には帯びていなかった。

アラゴンの詩に見られた「追憶への耽溺」も、所詮、このような一見平静な時期の所産でしかなかったし、又、進歩と反動の二つの陣営の闘いが、いまだ激烈な様相を呈するまでに到っていなかったという客観的な事情から、ゴーシュロンの作品に見られるような、資本主義社会の図式的解剖と概念的描写とに終始するという欠陥も、当然現われてくる可能性をもっていたのである。

だが、この時期にも、勝利をめざす人民の闘いはつづけられていたし、中でも、ギリシャ、スペイン、ヴェトナム等では、毎日、抑圧者と闘う人民の血が流されていた。そして、このような闘いのある限り、必ず、この闘いの現実的な要求に従った詩が、うみだされねばならなかったのである。

（1）「バリケード」、同書、四七〜四八ページ。

ソノ二　国際的連帯性にこたえて

［A］エリュアールの『政治詩篇』

アラゴン、ゴーシュロンの作品に比較して、一九四八年に出版されたエリュアールの詩集『政治詩篇（*Poèmes politiques*）』[1]は、『とだえざるうた』で「万人の未来のために」、「人間のなぎさをうたいつづける」ことを誓ったこの詩人が、二年間にしるした決定的な進歩の跡をものがたっていた。ここでうたわれているものは、もはや、「自分はいかに生きるべきか」という内省の世界ではなくて、現実に、詩人の身のまわりで、あるいは、詩人の知らないスペインやギリシャで、ともに反動支配権力と闘い、豊かな生活と、あふれる光りのために闘っている、あらゆる被搾取人民の闘いの姿であった。この詩集につけたアラゴンの序文にあるように、「一人の地平線から万人の地平線」に目をうつした詩人は、もはや、克服された闇と絶望の世界、いわば「とざされた一人の地獄」をうたうのではなしに、打ちかつことのできる「万人の地獄」、すなわち、現実社会における被搾取人民の苦しみと、その闘いのうたい手となったのである。

その過程で、創作方法も又、根本的に変化しなければならなかった。『とだえざるうた』の中にいまだ色濃くまといついていた、主観的な、非現実的な表象、客観世界の忠実な反映ではない観念的なイメージは、『政治詩篇』の中からは、ほとんど完全に除去されて、日常的な、素直な言葉でうたわれた、簡潔な詩は、国民の闘いを軸にして発展してゆく客観的な現実世界のありのままの反映となることができた。こうして、内容においても、形式においても、詩と真実とは完全な一致を見るにいたったのである。

わたしはシャペル街に住んでいる
わたしの細胞新聞の名は
〈町の友だちは語りかける〉
売るのではなく　くばってあるく
支払いは読むためのわずかな時間でことたりる

わたしの心はいっときも〈町の友だち〉をはなれない
〈町の友だち〉はわたしに語りかけ　わたしを励まし
町に住む一人であることを誇らせる
友情を増し　意欲を増し
力をあわせて強くなろうと

わたしの町の通行人は　おなじ苦悩をもつ
またおなじ希望をもつ、不幸の重荷を軽くしたいと。
またおなじ愛するもの、わたしの心はかれらとともに。
わたしの心はそっくりそのまま　すなおなかれらの心にやどる
そのことを知って　わたしは語る　かれらのために。

かれらは語る、わたしのために、われらの言葉はおなじ言葉だ、

J’habite le Quartier de la Chapelle
Et le journal de ma cellule s’intitule
Les Amis de la Rue vous parlent
On ne le vend pas on le distribue
Il ne nous coûte rien qu’un peu de notre temps

Et mon cœur est avec les Amis de la Rue
Ils me parlent ils m’encouragent
A être un homme de la rue
Multiplié par l’amitié par le désir
D’être ensemble pour être forts

Dans ma rue les passants ont les mêmes soucis
Et les mêmes espoirs d’un peu moins de malheur
Mêmes amours aussi mon cœur est avec eux
Mon cœur est tout entier dans leur cœur innocent
Je le sais je parle pour eux

Ils parlent pour moi nos mots sont les mêmes

（1）　ガリマール社、一九四八年。

他の町々に、よその人たちに、われらの町は通じている[1]　Notre rue mène à d'autres rues à d'autres hommes

……………………………………

細胞新聞をくばりながら、市民の一人々々に話しかけ、彼等の生活の不満や要求を正しくつかみとり、その要求をいかにして獲得するかを大衆とともに考え、闘いの意義と見通しを示してゆくこと、この一見単純に見えながら、もっとも複雑であり、もっとも困難な、共産党員としての日常活動をやりぬくには、単に、大衆にたいする、はたからの同情や愛では不可能であり、共通の生活と生活感情がなによりも強く要求される。エリュアールのこの一篇の詩には、その日常活動の体験を通じて、このような共通性の意識が、大衆の中の一人であることへの誇りと、同じ闘いの中にある者同志の愛情と信頼にまで高められて、明るく、又確信にみちてうたいあげられている。

同時に、共通の事業のために闘う、見知らぬ人々への友愛が、詩人の心を新しく鼓舞した。スペインでファシスト・フランコと闘う人民、ギリシャで、一九四六年以来、米英帝国主義者に援助された王党ファシストと武器をもって闘うパルチザンたち、彼等はフランス人民の兄弟でありエリュアールの兄弟だった。シャペル街の通りは彼等の街々に通じており、同じ暗黒の力をうちたおすために、彼等は困難な闘いをつづけている。

スペインの血の色をした　スペインのパルチザンがあり　Il y a les maquis couleur de sang d'Espagne
ギリシャの空の色をした　ギリシャのパルチザンがある[2]　Il y a les maquis couleur du ciel de Grèce

「アテネ（Athéna）」、「スペインで（En Espagne）」、「スペイン（Espagne）」等で、詩人はこれらの見知らぬ人民に、熱烈な友愛の挨拶と激励を送り、共通の勝利、人民の未来を告げ知らせた。

この世のもっとも美しい目が
ひとつの願いをうたいだした。
牢獄の壁をこえて
悲しみで傷ついた瞼をつらぬいて
もっと遠く
見とおしたいと……
牢獄の格子はうたう
自由の歌を
歌声は遠くひろまってゆく
人のゆきかう道にそって
荒れくるう太陽の
強烈な日ざしのなかを
うしなわれ　ふたたび見いだされた生活
生命ある夜も昼も
亡命者たち　徒刑囚たちよ
きみたちは闇のなかに火を育てる
その火は夜明けをみちびくのだ
Les plus beaux yeux du monde
Se sont mis à chanter
Qu'ils veulent voir plus loin
Que les murs des prisons
Plus loin que leurs paupières
Meurtries par le chagrin
Les barreaux de la cage
Chantent la liberté
Un air qui prend le large
Sur les routes humaines
Sous un soleil furieux
Un grand soleil d'orage
Vie perdue retrouvée
Nuit et jour de la vie
Exilés prisonniers
Vous nourrissez dans l'ombre
Un feu qui porte l'aube

（1）「ヴァイヤン＝クチュリエの想い出に（A la Mémoire de Paul Vaillant-Couturier）」（『政治詩篇』）三七ページ。

（2）「愛の力について（Dit de la Force de l'Amour）」、同書、四一ページ。

露にひたる　さわやかな夜明けを　La fraîcheur la rosée

勝利を　La victoire

そして勝利の喜びを[1]　Et le plaisir de la victoire.

［B］ジャニーヌ・ミトー

この人民の国際的な友愛の感情を、ジャニーヌ・ミトーも又うたった。その詩「ギリシャ四四（Grèce 44）[2]」は飢え死にしたギリシャの一少女を、かぎりない愛と同情をこめてうたいながら、「青空にかがやく大理石」や、「光りにみちあふれる円柱をかざる高貴な顔」や、暖い海と空の国、ギリシャで、この死に象徴されるような、しいたげられ、抑圧される人民のあることを呪い、全世界のすべての良心が、この圧政に抗議し、すべての人民が、ギリシャに真の暁を迎えるために結集しなければならないことを訴えた。そして、この詩の背景には、「食べるものもない」ギリシャの人民の、「反抗と渇望、自由でありたいという渇望の叫び」が手榴弾の爆発音にまじって、つきさくように鋭くひびいている。

もひとつの歌、「クリスティノ・ガルシアの出発（Le Départ de Cristino Garcia）」は、このような闘いでとらえられて、刑場へひかれてゆくギリシャの愛国者への追悼の詩である。その中で、詩人は次のようにうたっていた。

わたしは涙をながしたくない　Je ne veux pas verser de larmes;

泣くと　目がかすんでしまうから、
もうこの世にはない　あなたの微笑が忘れられなくとも
いつもはっきりと　ものを見なければならないのだ。
愛は　血のかがやきによっても消しさられない、
刑場の太陽は　木の芽をふくらましてゆくだろう。[3]

On pleure, on est aveugle ;
Il vaut mieux voir plus clair
Malgré le souvenir de ton sourire absent.
La lumière du sang n'abolit pas l'amour.
Le soleil des charniers doit mûrir des bourgeons.

犠牲者の追悼は、ここでも又、未来にたいする明徹な見通しと、ゆるぎない希望に裏づけられていた。

［C］マドレーヌ・リフォの『愛する勇気』

——監守の足音で
また　苦しい日が始まります
アテネ《〔ママ〕》でもマドリッドでも
監獄のなかは　いつも冬です

　　同志よ　がんばって
　　がんばって

— Le pas du garde éveille
un soleil de douleur.
A Béthune, à Madrid
en prison, c'est l'hiver.

Camarade, tiens le coup
Tiens le choc

（1）「スペイン」、同書、三五ページ。
（2）『生き急ぐ（*Hâte de vivre*）』二三〜二四ページ。
（3）同書、二五〜二六ページ。

最后まで

——アレスで　お手紙を書いているところです
子供たちは　まだ
夏の着物をきています
炭坑は冬でしょう

　同志よ　がんばって
　がんばって
　がんばって

——やつらは　われわれに発砲しました
彼の瞳孔が　黒い孔のようにひろがりました
《いけない、運んでゆくな》と云ったきり
彼は死んだのです　立ったままで

　同志よ　最后まで
　がんばって
　がんばって

守らなければならない空と
かちとらなければならない日々を

Jusqu'au bout.

—Je vous écris d'Alès.
Nos enfants sont encore
dans leurs robes d'été.
Au coron, c'est l'hiver.

Camarade, tiens le choc
Tiens le coup.
Tiens le coup.

—Ils ont tiré sur nous.
Ses yeux s'ouvraient tout noir.
« Non, ne me portez pas » —
Il est mort là, debout.

Camarade, jusqu'au bout
Tiens le choc.
Tiens le coup.

Nous avons pris sur nous,
sur notre dos à tous

わたしたちは　みんなで
背負ったのです
　同志よ　がんばって
　がんばって
　がんばって
愛する人よ　東の空を見ながら
わたしたちのことを考えて
わたしたちのことを考えて。空は雲ひとつありません
夜は　わたしたちをこわがっているのです
　同志よ　最后まで
　がんばって
　最后まで[1]
tout le ciel à garder,
tous les jours à gagner.
Camarade, tiens le choc
Tiens le choc
Tiens le coup.
Mon amour, pense à nous
en regardant vers l'est.
Pense à nous, il fait clair.
La nuit a peur de nous.
Camarade, jusqu'au bout.
Tiens le choc
Jusqu'au bout.

ここにあげた詩は、戦后の民主的な詩にとって最大の収獲のひとつであった、Ｃ・Ｇ・Ｔ（フランス労働総同盟）の婦人労働者マドレーヌ・リフォ（Madeleine Riffaud）の詩集『愛する勇気（*Le Courage d'aimer*）』[2]の中の一篇である。

（１）「シャンソン（Chanson）」（『愛する勇気』）二一三〜二一四ページ。
（２）セゲルス社、一九四九年。

それぞれの節の中でうたわれた、スペインの、ギリシャの、フランスの、あるいは炭坑で働き、あるいは獄中にとらえられ、あるいは弾圧の犠牲となった人々の、苦しみや、親子の愛や、英雄主義が、「がんばって」、「最后まで」という二つの言葉を組みあわせたルフランによって、なんと固く、一つにむすび合わされていたことであろう。このルフランは、たがいに見ず知らずの労働者たちの闘いをつなぐ、愛と激励のきずなとなり、それにつながれた世界のすみずみの労働者は、生活を守り、豊かな未来を獲得するために、すべての力を一つに合わせ、一丸となって前進するものとしてうたいあげられている。この詩のみではない。『愛する勇気』に収められているすべての作品が、世界のあらゆる国で、たとえ皮膚の色や着ている服はことなっても、同じように、労働の汗と埃でまみれた人民が、ともに、一つのよりよい世界を目ざしながら、たがいに呼びかけあい、たがいに支えあって、苦しみにも倒れることなく進んでゆく姿である。友愛の感情は、この詩集の中で、世界を一つにつなぐ、香り高い花環となり、スペインで、ギリシャで、ヴェトナムで闘う人民に、詩人が語りかける愛と激励の言葉は、肉親にたいする言葉のような、たぐいない優しさにあふれている。世界の人民は、ここで、文字どおり兄弟としてえがきだされた。ギリシャで、売国奴の司法大臣を射殺し、自分も刑場で銃殺された一パルチザンをうたったすぐれた長詩「春の野の死者（Mort au Champs du Printemps）」の中で、詩人は、その愛国者に、次のような優しさと親しみをこめて語りかけている。

同志よ　わたしはあなたを知っています、	Camarade, je te connais.
どんな顔であなたが寝るかも　知っています	Je sais comment tu dors :
わたしの兄弟が寝るのを　見てきましたから	J’ai vu nos frères dormir.
あなたが　手を　バンドの上に置いているのも　見たことがあります、	J’ai vu tes mains se reposer,
そうして　どこでもよい	posées à plat sur la ceinture

あなたの体が　地面のうえに
横になっているのも　見たことがあります。
あなたは睡ります。でも　睡るのは　あなたのためではありません。
強くなるためには　睡るのも仕事のひとつなのです
あなたは　わたしたちのそばに　いつまでもいます
あなたの寝息は　わたしたちを支えてくれます。
同志よ、わたしはあなたを知っています
寝ているあなたは
わたしの好きな人にそっくりです(1)

et ton corps étendu
sur le sol, n'importe où.
Tu dors et ce n'est pas pour toi.
C'est un devoir pour être fort.
Tu restes près de nous.
Ton souffle nous soutient.
Camarade, je te connais :
Tu ressembles, dormant,
à un homme que j'aime.

こうした友愛の根底にあるもの、そして、この詩集全体を、そこにあらわれてくる悲劇的ないく場面にもかかわらず、一つの明るい色調でおおっているものは、人民のみがもつ、生活にたいする真に素朴な愛情であり、その人民の生活という唯一の尺度によって測られた、善と悪との、真に素直な評価であった。生活をわずかでも明るくするもの、それがどれほど血にまみれたものであっても、それのみが正しいものであり、詩人は、これに、愛情のこもった視線を投げかけている。そして、生活にたいするこの素朴な愛を基礎に、それをより明るいものとするために闘う勇気と、将来への光明にみちた希望とが、その上にかたく結合されている。「春の野の死者」の中で、王党ファシストに銃殺

（1）「春の野の死者」、同書、一二ページ。

されるギリシャの一少女の語る箇所がある。

《わたしは　苦しむために生れたのではありません
わたしは　苦しむのはきらいです
わたしが好きなのは　太陽と
わたしの体を　なでたり　抱いたり　はなしたりしてくれる人
　の手です、
わたしが好きなのは　道でゆきあう真実と、
ここにも、あすこにも、どこにもいる　わたしの兄弟たちの
　目の色をした自由です
わたしは　痛いのがきらいです
わたしの体は　苦しむのがなによりきらいです、
わたしの体は　身を守ろうとします、わたしの体は　ぐったり
　なってしまいます、
そうして　体は叫ぶのです、《死んではいけない》と、
わたしの体は　幸福になるためにできているのです[1]》

« Je ne suis pas faite pour souffrir.
Je n'aime pas souffrir.
J'aime le soleil et les mains
qui savent caresser, tenir, perdre mon corps.
J'aime la vérité rencontrée dans la rue,
La liberté couleur des yeux
de tous les frères que j'ai, ici et là, partout.
Je n'aime pas ce qui fait mal.
Mon corps déteste la douleur.
Il se défend. Il se délie.
Il crie : « Défense de mourir ! »
Mon corps est fait pour le bonheur »

人間は苦しむために生れたのではなく、幸福であるために生れたのであり、この幸福をかちとるためにこそ、世界中の人民は力を合せて闘わねばならない。生活を愛すること、全世界の兄弟を愛することは、従って、闘うことであり、豊かな明日のために闘う人民こそが、「愛する勇気」をもっている唯一のものである。「愛する勇気があるのは

人民（Le Courage d'aimer, c'est le Peuple qui l'a）」という、この詩集の最后の長詩が訴えていることも、まさにこのことにほかならない。

パリの鳩たちが　サン・シュルピスのまえで
昼になると水浴びをするのを　わたしは見た

J'ai vu se baigner les pigeons de Paris
A midi devant Saint Sulpice.

わたしは　みなと同じように　パリの町を見た。
秘密のおきてが　わたしたちのあいだにあった

J'ai vu Paris comme personne,
Nous avons un code secret.

わたしは　戦争中に　こんな掛時計があるのを知った——
針がとれ　傷がつき　屑鉄同様になり
蒼ざめた月のように
のっぺりしたものになりながら
それでも　時計は　ぴったり時の数だけ鳴った。

J'ai bien connu, pendant la guerre,
L'horloge qui sonnait le jour —
Sans aiguilles, blessée, bonne pour la ferraille,
Lune pâle, sans rictus,
Elle disait l'heure justement.

それでも　わたしが知るかぎり　世界中でいちばん美しいもの
は
それは、毎日ひろがってゆく　わたしの国の
そこに住んでいる人たちの顔なのだ

Mais ce que j'ai connu de plus beau sur la terre
Ce sont les visages des hommes
De mon pays toujours plus grand.

（1）「春の野の死者」、同書、一四ページ。

☆

わたしは　あなたたちからは遠いところで　話しています
あなたたちを　わたしは見たこともありません

いろんなお伽話のすじのなかにしか
あなたたちの顔も　でてきたことはありません。

でも　サイゴンの娘さんたち
あなたたちの睡りのなかには　もう
角一本のけだものの　白い群など　現われてくることもないの
　でしょう

サロニカでも　マドリッドでも
どぶのなかには　腹を割られた人形が捨ててあります
子供の靴が片方だけ　その靴をはいたちぎれた足と

あなたたちが死んでゆくとき
あの人たちは　つまらない云い草ばかり並べています

あの人たちの家の　屋根の風見をまわしているのは
ミュンヘンから吹いてきたのと　同じ風です

☆

Je parle loin de vous.
Je ne vous connais pas.

Sous la trame des contes
On aperçoit votre visage.

Jeunes filles de Saïgon,
Elles ne passent plus, les licornes,
En troupeaux blancs, dans vos sommeils.

A Salonique et à Madrid
Gisent dans les ruisseaux les poupées éventrées.
Un soulier d'enfant avec un pied dedans.

A la minute où vous mourez,
Ils disent c'est des histoires.

Les girouettes de leur toit
Tournent au même vent qui souffla de Munich.

でも　あなたたちが好きな　わたしたちは
働くことが　太陽をかちとることが
あなたたちを助けることだということを
よく知っています

わたしが　あなたたちのことを話すのは
わたしに　話す権利があるからです。

〔ジミイ〕

広場のまんなかで
彼等が黒人をしばり首にかけたとき
二十トンの血が空を流れた

彼等が黒人の首のまわりに
牛をつなぐ綱をかけたとき
二十トンの空が　彼の心臓へ流れこんできた

大きな体がぶらさがって
死にぎわの苦しさでよじれたとき
二十トンの苦しみが　わたしたちの額でのたうった

Mais nous qui vous aimons
Nous savons bien que travailler,
Gagner notre soleil,
C'est encore vous aider.

Si je parle de vous
J'ai le droit d'en parler.

Jimmy.

Vingt tonneaux de sang roulaient dans le ciel
Quand ils ont pendu le nègre
Au milieu de la place.

Vingt tonneaux de ciel roulaient dans son cœur
Quand ils passèrent autour du cou
La corde à attacher les veaux.

Vingt tonneaux de fiel roulaient dans nos fronts
Quand le grand corps se balança
Tout tordu de mort.

二十をいく倍もする　圧しつぶされた心臓と
百をいく倍もする　呑みこんだ涙と
千をいく倍もする　ふりあげた拳が
この国に、又、世界のあらゆる国々にある

黒人や白人や　兄弟たちが　いたるところで絞め殺されてゆく

この綱はけっして腐りはしない
——この綱で
こんどは　わたしたちが　しばり首にするのだ

〔ロリタ〕

あばれて　わめいて
あの女《ヒト》は助けを呼ぼうとした
でも　でも　牢屋にいるのに
そんなことをして　なんになる

壁には　耳はない
鎖には　心はない
兵隊たちは　木の兵隊だ

Vingt et vingt et vingt cœurs broyés
Cent et cent et cent larmes bues
Mille et mille et mille poings dressés,
Dans le pays et les pays de l'univers.

Nègre ou blanc étranglé à des frères partout.

La corde ne pourrira pas
— Avec de la corde,
On pend.

Lolita.

Elle aurait voulu se débattre
Hurler, appeler à l'aide
Et pourquoi, pourquoi faire
Quand on est en prison.

Les murs n'ont pas d'oreilles
Et les fers pas de cœur.
Les soldats sont en bois.

おびえたあの女《ヒト》のなかで
昔の少女が
石だたみにころがって
泣きながら
錠前を額でうちつづけていた

あの女《ヒト》は消えていった　壁のむこうへ
鍵の音がした　むこうへ
人が死んでゆく方角へ

あの女《ヒト》は立ったまま　石のように歩いていった
あの女《ヒト》の目のなかに
きらっと　やいばがひらめいた

〔ダン〕

彼はわたしたちに　よく云った
《わたしの国では
緋色、とかいう花が　木に咲きます》
彼はわたしたちに　よく云った

En elle, épouvantée,
Cette enfant qu'elle était
Se roulait sur les dalles
Et frappait en pleurant
Son front sur les serrures.

Elle disparut derrière un mur
Derrière un bruit de clefs.
Du côté où l'on meurt.

Debout, pierre qui marche,
Elle avait dans les yeux
les deux éclats d'acier.

Danh.

Il nous disait : « Dans mon pays
les arbres font des fleurs
qu'on appelle : écarlates »

Il nous disait : « Dans mon pays

《わたしの国では　まっ白なお米の神さまが
もうじき　だれにも笑いかけるようになるでしょう》

《わたしの国に　いつかあなたがいらっしゃるころには
きっと　りっぱな国をお見せしますよ》

彼はわたしたちに　よく云った
《わたしの国》　そして　《フランス――ほんとうの――》と、

インドシナの木には　ふしぎな実がなった
その実は髪の毛でつるさがっていた――日にあたって腐っていった

〔いもうと　ヴイ〕

いもうとよ
あの人たちは　お前に　いじわるをした

あの人たちは　お前の
目の奥をぶった

お前は　ときどき

sourira pour chacun
la blanche fée du riz.

« Dans mon pays, quand vous viendrez,
vous verrez comme il a grandi ».

Il disait : « Mon pays »
et « la France — la vraie — »

Les arbres d’Indochine ont eu d’étranges fruits,
liés par les cheveux — Le soleil les pourrit.

Petite sœur Vui.

Petite sœur,
ils t’ont fait mal.

Ils t’ont frappée
derrière les yeux.

Tu souris quelquefois

窓からのりだして　にっこり笑う

お前の笑いは
道のむこうへ消えてゆく

足音や　人声や
自動車のひびきで　きれぎれにされながら

いもうとよ
あの人たちは　お前に　いじわるをした

わたしの国の　冬の風が
お前の顔色を　うばってゆく

お前は　毎日　毎夜
ますます細くなってゆく　流れのようだ

絹の着物のしたで
——お前はもがいている　手のとどかないところで——

わたしには　お前の病気がなおせない
小鳥をだまらせることができないように

penchée à la fenêtre

et ton sourire s'en va
se perdre dans la rue,

déchiré par les pas
les autos et les voix.

Petite sœur
ils t'ont fait mal.

Le vent de notre hiver
arrache tes couleurs.

Tu coules plus menue,
chaque jour, chaque nuit,

Dans le fourreau de soie.
— Tu te débats, très loin —

Je ne sais pas plus te guérir
Qu'on ne peut calmer un oiseau.

〔メルポ〕

夜明けの光りが　地面から
死んだ人たちから　さしてくる

夜明けの光りが　一心に
屋根をかすめて　のぼろうとしている

　お前の母さんは　なにより花が好きなのです
　でも、壁でとりかこまれた　わたしたちの庭を
　花が　好きになってはくれないのです

夜明けの光りが　石から
血から　さしてくる

夜明けの光りが　ゆっくりと
沼地や　刑場を　てらしていった

　夜明けの光りが　ひろがりながらのぼってゆきます
　灰色の空が消えてゆく　今日はかならずよい天気でしょう

Melpo.

L'aurore naît à fleur de sol,
A fleur de morts.

L'aurore peine à s'élever
Frôlant les toits.

Ta maman aime bien les fleurs
Ce sont les fleurs qui n'aiment pas
Notre jardin entre les murs.

L'aurore point à fleur de pierres,
A fleur de sang.

Elle a traîné sur les marais,
Sur les charniers.

L'aurore monte et s'élargit.
Le gris s'efface. Il fera beau.

——二輪か三輪　花もあるいは開くかもしれない——

夜明けの光りが
この子の額を　そっとてらす

☆

鷓鴣《しゃこ》が鳴いてた時代、つないだ猛犬が狂ったように吠えたてた
　時代
そういう時代は　もうおしまいです
今のひとたちは　勇気にあふれて
しっかりと　地面と太陽の間に立ちます

みんな、もう独りではありません
わたしたちは　毎日
同じぬくみと　同じ苦しみを味わいます
フランスでも　又　世界のどこでも
身ぶりや　顔立ちはちがっても
わたしたちは　同じ工場の労働者
わたしたちは　おんなし歌をうたうのです

わたしが話した人たちは
みんな同じ目をしています

— Deux ou trois fleurs pourront s'ouvrir —

L'aurore éclaire, doucement,
Le front de mon petit enfant.

☆

Il est fini le temps des rappels de perdrix,
Le temps des chiens méchants que la chaîne rend fous.
Les hommes d'aujourd'hui ont des cœurs courageux
placés juste où il faut, entre terre et soleil.

Ce ne sont pas des solitaires.
Nous avons la même chaleur
La même peine chaque jour.
En France et partout sur la terre
Gestes, visages différents,
Nous sommes du même chantier.
Nous chantons la même chanson.

Les hommes que je dis
ont le même regard.

☆

――なんでも見とおす目をした
はやぶさのような目をした
まばたきもしないで太陽を見つめる　太陽のような目をした
わたしの好きな人
あなたに会ったのは　いつでも町なかでした

あなたの顔は　たくさんの顔のなかにうつっています
池の水にも　地下鉄の窓にも
あちこちの店のウインドにも――
あなたの声は　わたしの兄弟たちの声とおなじです
わたしの胸のなかにだけ　あなたはいるのではありません

人民は　わたしたちに
愛する勇気をおしえてくれます

☆

――人の手は　まどろんだ子供の
額のうえに置かれています

――人の手は

☆

— Mon amour aux yeux de raison
Aux yeux d'épervier
Aux yeux tout en soleil
Qui fixent le soleil sans se fermer,
C'est toujours dans la rue que je t'ai rencontré.

Je trouve ton reflet sur beaucoup de visages,
Sur les étangs, les vitres des métros,
Sur les glaces des magasins —
Ta voix est celle de mes frères.
Tu n'existes pas qu'en mon cœur.

Le peuple nous apprend
Le courage d'aimer.

☆

— Main d'homme sur le front
D'un enfant assoupi.

— Main d'homme qui brandit

手榴弾をつかんで投げようとしています
――人の手は
しっかりと　ハンマアの柄をにぎっています

戸じまりした戸が
開いたように

産婦の　とじていた目が
開いたように

にぎっていた拳が
急に開いたように

壁が開いて　わたしの国が現われます
この国は　もっともっと広く　開けてゆく
あなたの国です　わたしの国です
そしてかならず　わたしたちはこの国をかちとるでしょう[1]

（四七年六月）

La grenade-soleil
— Main d'homme qui durcit
Au manche du marteau.

Comme s'ouvre la porte,
Autrefois condamnée,

Comme s'ouvrent les yeux
De la femme accouchée,

Comme s'ouvrent soudain
les poings que l'on serrait,

C'est mon pays, ouverts les murs.
C'est ton pays et mon pays
Toujours plus grand ouvert
Et nous le gagnerons.

(Juin 47)

（1）「愛する勇気があるのは　人民」、同書、二五～三二ページ。

ソノ三――新たな闘いの呼びかけ

ミトーやリフォの口をついて出た、全世界の人民の国際的な連帯性の感情、これは、さきにものべたクロード・セルネやポール・ジャマティ（Paul Jamati）の作品にも、より戦闘的な調子でうたわれている。

［A］クロード・セルネの『書かれるべき詩篇』

戦后の民主的な詩運動の中で、創作及び批評に、最も積極的に活動している一人であり、又、東欧諸国の作品の飜訳者としても知られているクロード・セルネは、その処女詩集『書かれるべき詩篇（*Poèmes dus*）』[1]に収められた、一九四八年五月の作「愛の詩（Poème d'Amour）」で、次のようにうたっている。

愛する女《ヒト》よ　あなたは大理石のように白い手をしている
かつて　ギリシャの野原や丘陵で
人々が　そのなかから　明るくまぢかな空と
神々と　寺院と　英雄たちとを
しずかにさぐりだそうとした　あの大理石、
今もその上に　英雄たちの忠実な血がほとばしるように流され

Tes mains, ma bien-aimée, ont la blancheur du marbre
Ce marbre dans lequel paisiblement des hommes
Là-bas, parmi les champs et les collines
Cherchaient en d'autres temps l'azur meilleur et proche
Des dieux, des temples, des héros —
Ce marbre sur lequel jaillit encore

ている
あの大理石のように白い手をしている。

愛する女《ヒト》よ　あなたの目は夜明けのような光りをしている
また、あの明るい海と　もえ立つような浜辺の
あるときは澄んだ緑、あるときはやや濁った青い色をしている
それは　ギリシャで　英雄たちの忠実な血が
いまもほとばしるように流されている　あの島山の明るい頂に
　囲まれた
海と浜辺の色。

愛する女《ヒト》よ　あなたの心は　ギリシャで死のいばらに傷つきな
　がら
希望と怒りで生きている　あの人たちの心の
静かな誇りと　力の自覚と
単純な勇気にあふれている。
自由に、うたうように鼓動している　あの人たちの胸から
英雄たちの忠実な血が
いまも　ほとばしるように流れている。

Le sang fidèle des héros…

Tes yeux, ma bien-aimée, ont la lumière d'aube
Le vert tantôt serein, le bleu tantôt plus trouble
De cette heureuse mer, de ces brûlants rivages
Là-bas, parmi les clairs sommets des îles
Où cependant on fait jaillir encore
Le sang fidèle des héros…

Ton cœur, ma bien-aimée, a la fierté tranquille
La force reconnue et le courage simple
De tous ces cœurs vivant d'espoir et de colère
Là-bas, parmi les ronces de la mort —
Ces cœurs chantant de battre et ne battant que libres
Et dont jaillit et coule encore
Le sang fidèle des héros…

（1）　セゲルス社、一九四九年。

しかし　愛する女《ヒト》よ
同じく身を守るために闘っている　わたしたちの愛に、
どうして　美しい夢の道、喜びの鏡、
さめることのない恍惚の時などが考えられよう。
抱きあう　わたしたちの目のまえに　牢獄がそびえ、
星空をかけてゆく小鳥の旅が　わたしたちの接吻を
犠牲者の灰へ
英雄たちの忠実な血へつないでいるのに[1]

Mais notre amour, ma bien-aimée
Oh notre amour qui lutte aussi pour se défendre
Comment pourrait-il croire aux beaux chemins du rêve
A ses miroirs de joie, aux heures sans réveil
Si chaque étreinte est un baiser devant la geôle
Si chaque oiseau qui monte à son abri d'étoiles
Le lie aux cendres des martyrs
Au sang fidèle des héros

10 mai 1948

世界のどこかで人民の血が流されているかぎり、ひとりじめの夢や幸福は許されない。抑圧と搾取が世界のどこかの片隅にでも残されている限り、万人のより明るい明日をきずきあげるという、人間の真の生き方は、この抑圧し搾取する者に、断乎たる闘争をいどむこと、そして、これを打ちたおすことを要求している。世界のどこかで人民の血が流されているのにたいして、沈黙することは共犯となることであり、犯罪を看過することは、それ自体、犯罪であると、詩人は「スペインからギリシャへ（De l'Espagne à la Grèce）」[2]で強調した。悔恨や、涙や、同情のみではなくて、必要とされているのは、全世界人民の解放の闘いを、それぞれの場所、それぞれの持ち場で、さらに激化させてゆくことであり、それこそが、スペインにおける殉難者の灰や、ギリシャにおける英雄たちの血を、つぐなうことができる唯一の道であった。

革命的な労働階級の立場を選んだ詩人は、こうして、柔軟な、和《やわら》かい色調の中に、はげしい闘いの意欲を秘めた作品を数多く書いた。子供にたいする愛や、妻への愛、貧困な生活の中でのさまざまな夢想というような、ごくアンティームな感情の中にも、たえず闘いの意志が、それと結合された形でつらぬかれた。個人的で、身近な、愛や夢と、革命的な意志とが、見事な闘いの弁証法によってむすびあわされていた。「わが娘（Ma Fille)」は、そのような弁証法の一つの適例を示している。

あの子の声より　あの子の顔より
しずかに　はっきりと
自分をおびやかす者に
「ノン」というあの子の調子で
わたしは　あの子がわかる(3)

Mieux qu'à sa voix, qu'à son visage
Je reconnais plutôt ma fille
A sa façon tranquille et claire
De dire à ce qui la menace
— Non!

又、この闘いの感情こそが、生きることのあかしであることを、詩人は多くの詩の中で訴えている。

こぶしと　怒りで
彼は身を守る——彼は生きている(4)

Avec ses poings, sa rage
Il se défend — il vit

生活と未来を守るための闘い、この闘いの意志と切りはなされたとき、いかなる愛情も、夢も、歴史的な積極性をもたない不毛な感情であること、又、社会変革のために闘う中でこそ、子への愛、妻への愛、同志への連帯性等、あらゆる人間的な感情は、その最大の美しさと豊かさをもつことができるということを、詩人はかたっている。たとえ

（1）『書かれるべき詩篇』二〇～二一ページ。
（2）同書、一七ページ。
（3）「わが娘」、同書、二四ページ。
（4）「男（L'Homme）」、同書、一六ページ。

ば、「一つの言葉の力（Puissances d'un Mot）」は、闘う者がたがいに呼びかけあう「同志」という一言の中に、いかにさまざまの、親近性のある感情が、豊富にこめられているかをうたっている。

ぼくらは呼ぶ、「同志」と、
そして、開いた戸口は　たのしい夜明け
日光のかがやき　愛する友の顔……

この夜明けと　この光りのさざめきと
この愛の笑いとが　とうとう又　ぼくらのものとなるためには
どれほどの闇と
怒りと　憎しみと　涙が
又、どれほどの苦しみと憤怒の日々が
闘いのなかの　どのような叫びと　どのような希望の歌が必要
　だったろう

ぼくらは呼ぶ　「同志」と、そしてぼくらは「戸口」をたたく、
たちまち　日光がゆらいで
ほころびた顔は　夜明けのように笑いだす。
怒りはしずまり　いつまでもしずまったまま……
愛する友は　憎しみも涙もきれいに忘れて、
ぼくらに答える、「さあ、はいりたまえ、同志諸君」と、

Nous disons : camarade —
Et la porte qui s'ouvre est une aube de fête
Un éclat de lumière, un visage d'amour…

Ah combien de ténèbres
De colère et de haine et de larmes
Que de jours d'amertume et de rage
Et quels cris dans la lutte et quels chants dans l'espoir
Pour qu'enfin nous revienne cette aube
Ce frisson de lumière et ce rire d'amour!

Nous disons : camarade — et frappons à la porte
Aussitôt la lumière frissonne
Le visage qui s'ouvre a le rire de l'aube
La colère s'apaise et demeure apaisée
Et l'amour, oublieux de la haine et des larmes
Nous répond : entrez donc, camarades…

——あなたがたは本気にしないらしい
でも簡単なことです、やってみなさい[1]。

— Vous semblez ne pas croire
Cependant c'est très simple : essayez!

こうした、闘いの中でこそかちとられる、感情の豊かな充溢が、この詩人の歌を、たえず、一種のみずみずしい色調でいろどっている。これは、日常の生活感情の中にまで根ざした闘いの真の根強さと、その豊富な力の源とを、あますところなく反映したものにほかならない。「世界の中のわが娘（Ma Fille dans le Monde）」[2]、「ぼくらは確信している（Nous en sommes certains）」[3]、「ヴァカンス（Vacances）」[4]等の諸作も、やはりこのような詩であった。

だが、日常的なアンティームな感情にまで不可分に結合されてあらわれた闘いの意志、それは、すでに一九四五、六、七年頃のいかなる詩人の作品にも見られなかったような、一種の鋭さと激烈さとをかねそなえていた。圧迫に対する憎しみと怒りは、もはや思惟の問題や、まして言葉の問題ではなくて、全身のすみずみから、さながらほとばしるような、はげしい迫力をもって語られた。さきに引用した「わが娘」という短い一篇にも、それはうかがうことができたし、又、この闘いの感情の、アンティームなものとの結合の強さ自身が、このような感情の根強さと熾烈さの現われであったことは、前にものべたとおりである。そのはげしさは、一日の労働をおわって家路へいそぐ労働者の感情をうたった詩、「伝言（Message）」では、いわば、絶叫のようなものにまでなって示されている。その詩の前半は、次のようにうたっている。

今日の仕事は終りだ。

La tâche de ce jour est achevée

（1）「一つの言葉の力」、同書、二八ページ。
（2）同書、二五〜二六ページ。
（3）同書、二九ページ。
（4）同書、三〇ページ。

もう夕方、ようやく休んでくつろげる時間、
ようやく　しずかな気持ちになれる。

不気嫌〔ママ〕も、怒りも、苦しみも、
心配も、つらさも、明日まではおしまいだ。
じだんだふむのも、もがくのも、
行ったり来たりするのも、一番弱いやつでいることも、もうおしまいだ
味のないパンも、くいしばった歯の味も、
ぎしぎし軋むような言葉も、腹へ呑みこんだ叫びも、屈辱も、
おしまいだ、おしまいだ、おしまいだ、おしまいだ。(1)

Et c'est déjà le soir, la trêve, la détente
Et l'heure est de nouveau sereine

Finis jusqu'à demain les hargnes, les colères
Les affres, les soucis, les peines
Fini de piétiner, de nous débattre
D'aller, de revenir et d'être les moins forts
Finis le pain sans goût, le goût des dents qu'on serre
Les mots grinçants, les cris rentrés, les servitudes
Fini, fini, fini…

このような憎しみや、苦痛や、闘いの感情のはげしさは、一九四八年二月に書かれた「パブロ・ネルーダのために（Pour Pablo Neruda）」では、より明確な輪郭の下にあらわれた。そこでは、「わが娘」の中の、「自由をおびやかす者」がだれであるかがはっきりと示され、「伝言」で見られた、沸騰するような怒りの欝積が、どのような情況の中で、だれに向けられたものであるかが、ネルーダの迫害に抗議するという、この詩の内容をとおして、明瞭にされた。大西洋をへだてた南アメリカの小国チリで、国土と人民を星条旗に売り渡した売国支配者を、上院の議場で弾駭〔ママ〕した（一九四八年一月六日）パブロ・ネルーダにたいして、これを叛逆罪で告発し、裁判にかけようとしたビデラ政府、そして、その背后にあるアメリカ帝国主義、彼等を「人殺し」と呼び、ファシスト枢軸国にかわって、あらたに跳梁しはじめたこの「人殺し」の復活に、断乎として抗議したこの詩は、チリ人民とフランス人民との共通の敵、アメリカ帝国主義、フランスの少女や労働者のこの最大の敵にたいする仮借ない闘いをよびかけたものにほかならなか

った。

ぼくらは再び見つけねばならぬ
犯罪にむかって「ノン」というための言葉を

憤激の言葉、怒りの言葉、
人殺しどもをうちのめす言葉を

一人の人間がつぶやく言葉
群衆が声をそろえて叫ぶ言葉を

犯罪が犯されるのを　ぼくらは見たから、
人殺しどもが生きかえるのを　ぼくらは見たから。

ぼくらは血を流しながら待ったのだから、
同じ希望で待っているのだから

——同じ希望と　同じ期待と
それは　同じ暴虐に「ノン」というためだ

Il faut que nous trouvions encore
Les mots pour dire au crime : non!

Les mots de rage et de colère
Les mots qui frappent les bourreaux

Les mots qu'un homme seul murmure
Et que la foule dresse en cri —

Car nous avons connu le crime
Voici revivre les bourreaux

Car nous avons saigné d'attendre
Voici qu'attend le même espoir

— Le même espoir, la même attente
Pour dire au même outrage : non!

（1）「伝言」、同書、二二一ページ。

同じ血と　同じ闘い
それは　同じ青空を光りでみたすためだ

ぼくらは再び見つけねばならぬ
同じ時　同じ闘い　同じ言葉を

一人の人間の追いつめられた叫びを
ぼくらはみんなでくり返さねばならぬ

犯罪に　もう一度　猿ぐつわをはめねばならぬ
人殺しどもを打ちたおさねばならぬ。[1]

Le même sang, la même lutte
Pour éclairer le même azur…

Il faut que nous trouvions encore
Cette heure, ce combat, ces mots

Il faut que nous sachions reprendre
Le cri traqué d'un homme seul —

Il faut rebâillonner le crime
Il faut abattre les bourreaux!

29 février 1948

［B］ポール・ジャマティの『日付入りの詩篇』

セルネのこの詩をつらぬいている、「あらたな人殺し」にたいする抗議の叫びは、別な詩人、ポール・ジャマティの作品では、より荒けずりな、はげしい調子でうたわれている。彼の詩には、リフォやセルネの作品に見られたような、感情の豊かさはないし、又、政治的な感情が、日常の生活感覚の中に深く根をおろし、それと不可分に結合されているというすぐれた長所もない。そこでは、それ自体で切りはなされた政治的な感動が、そのまま、なまの形で、リズムもなく、イメージにも乏しい、むしろ散文的な詩の形をかりて、紙面にたたきつけられている。だが、そこには又、歯ぎしりをそのまま詩にしたような、敵にたいする憎しみと憤りの爆発があった。『日付入りの詩篇（*Poèmes datés*）』[2] に収録された、一九四八年十月の「ギリシャ頌歌（Ode à la Grèce）」の第一部、及び、同年四月十二日の「メッセージ（Message）」を引用してみよう。この二篇のみでなく、その詩集に収められたすべての作品は、「日付をつける」ということからもうかがわれるように、急テンポで運動する現実社会の動きを、最大限に反映させようとする、一貫した作者の意図によってつらぬかれている。

お前、双児の姉妹《キョウダイ》のような
「理性」という子と「デモクラシイ」という子を
すべての人民の幸せのために　胸へ抱きしめていた　お前、
お前は今、専制と狂気の
餌食にされながら　反抗している

ＭＰのジープがアテネの通りを走ってゆく
軍艦の砲門が　アクロポリスに向けられている
航空母艦はピレウスの沖を航行する

六十人の金融王が　彼等の意志を
お前におしつけようときめたのだ、
六十人の金融王が　ヒトラアそこのけの

Toi qui portas dans ton sein comme deux sœurs jumelles
Pour le bonheur de tous les peuples
L'enfant Raison et l'enfant Démocratie,
Te voici la proie cabrée
De la tyrannie et de la démence.

Les jeeps de la MP roulent dans les rues d'Athènes,
Des canons de marine sont braqués sur l'Acropole,
Un porte-avions s'avance au large du Piréé.

Soixante rois de la finance
Ont résolu de t'imposer leur volonté :
Soixante rois ont résolu

（1）「パブロ・ネルーダのために」、同書、一八～一九ページ。

（2）セゲルス社、一九五〇年。

悪事を働こうときめたのだ

この世界には　まだ人間屠殺場が不足だったのだ
ごちゃごちゃに積まれた手足の残骸も不足だったのだ
愛国者の葡萄の実もまだ不足だったのだ
監獄の圧搾器も不足だったのだ
死の収容所も不足だったのだ
拷問部屋も不足だったのだ

毎朝
お前の町々の郊外で
お前の群島の美しい島々で
銃殺執行班の頭の上に
蜂の巣のようにされた屍体の山の上に
バラ色の指をした
夜明けの光りがさしのぼる

（「ギリシャ頌歌」第一部[1]）

高慢なヤンキイよ　君らは祖先の恥さらしだ
彼等の誇りは　自由と正義の誇りだったのに
君らの誇りは　金の誇りだ

De surpasser Hitler.

Il n'y a pas eu dans le monde assez de charniers,
Assez de membres disloqués entremêlés comme des broussailles :
Il n'y a pas eu assez de grappes de patriotes
Poussées au pressoir des prisons,
Ni assez de camps de mort
Ni assez de chambres de torture.

Chaque matin
Dans les faubourgs de tes villes,
Dans les plus belles îles de ton archipel,
Sur des pelotons d'exécution,
Sur des monceaux de cadavres criblés
Se lève
L'aurore aux doigts de rose.

Orgueilleux Yankees, indignes de vos pères,
Car leur orgueil était celui de la liberté et de la justice
Et le vôtre est celui de l'or,

高慢なヤンキイよ
君らが犯罪人をうち倒したのは
こんどは君等が犯罪をするためだったのか

君らが　自分の努力と自分の力を
君らの兄弟の努力と力に結びつけたのは
その兄弟を　次には棄て去るためだったのか、

多くの生命を犠牲にしたのは
今度は生命に挑戦するためだったのか。
解放したのは　もう一度
くびきでつなぐためだったのか。
戦争の首をしめあげたのは
また戦争を跳梁させるためだったのか。

ビキニ、それなどはまだ序の口だ、
殺したのは　豚や山羊だけだったから。
だが、なんと恥しらずな提督たちだ
広島？　長崎？　君らはもっとひどいこともするだろう。

Orgueilleux Yankees,
N’aurez-vous triomphé du crime
Que pour le prendre un jour à votre compte ?

N’aurez-vous conjugué vos efforts et votre puissance
Aux efforts et à la puissance de vos frères
Que pour en venir à renier vos frères ?

N’aurez-vous sacrifié des vies
Que pour vous jeter contre la vie ?
N’aurez-vous délivré
Que pour entraver ?
N’aurez-vous jugulé la guerre
Que pour la libérer ?

Bikini, ce n’est pas assez :
Massacrer seulement des porcs et des chèvres,
Quelle honte pour des amiraux!
Hiroshima ? Nagasaki ? vous ferez mieux.

（1）『日付入りの詩篇』一五～一六ページ。

東ヨーロッパでも
西ヨーロッパでも　世界のどこでも
人々はけっして君らを通さないだろう。
君らがしいて通ったときには
通ったあとの灰のなかから
人々は姿をあらわすだろう。

だが、君ら、ほんとうのアメリカ人よ
リンカーンやホイットマンのおいたちよ
人間性の闘士として　勇ましく立上る人たちよ、
フランスのこの挨拶を受けてくれ、
世界のすべての人民の挨拶を受けてくれ。
やさしく信頼にみちた　ぼくらの挨拶と
ぼくらの喜びの歓声を受けてくれ。

（「メッセージ[1]」）

Il y a des hommes à l'Orient de l'Europe,
Il y a des hommes en Europe et par le monde,
Il y a des hommes
Qui ne vous laisseront point passer
Ou qui, si vous passiez quand même,
Surgiraient des cendres sur vos arrières.

Mais vous, vrais Américains,
Neveux de Lincoln et de Whitman,
Qui vous dressez courageusement comme des combattants de l'humanité,
Recevez ce salut de France,
Le salut des peuples de la terre,
Notre salut le plus tendre et le plus confiant
Et nos clameurs d'allégresse.

12 avril 1948

……………………………………………

セルネやジャマティの作品に見られた、真に打倒すべき敵はだれであるかについての明確な訴えと、その敵にたいする、もえ上るような憎しみの感情、そして闘いの意志のはげしい高まり、それはさきにものべたように、一九四七年ごろまでのどのような作品にも、けっして現われてはこなかったものであった。それが現われるにいたったことは、客観的な情勢そのものの変化の反映以外ではない。

一九四五年から四六年にかけて、フランス産業の復興阻止と生産ボイコットという、より消極的な戦術によって、人民の高揚した力に対抗してきたフランスのトラスト分子は、その期間に、アメリカ帝国主義からの援助によって急速に態勢を整備して、一九四七年ごろからは、より露骨で積極的な反動攻勢を開始した。

四七年五月の共産党閣僚追いだしを一つの転機とするこの攻勢は、対外的には、四八年三月の西欧連盟の結成、七月のマーシャル計画による米仏双務協定の締結と、一歩々々、フランスを政治的にも経済的にも、ウォール街独占資本家に従属させ、アメリカの半植民地に化してゆく一方、対内的にも、フランスの民族産業をアメリカの実業家の利益のために完全に荒廃させ、インフレによって、勤労者の実質賃金を大幅にへらし、四七年十二月、「労働者の自由と保護、および共和国防衛のために、国内における暴力とサボを取締る」共和国防衛法の制定、四八年三月の治安維持強化法、又、武力弾圧専用の特殊警察軍「共和国保安隊」の設立、六月には、クレルモン・フェラン ゴム工場スト弾圧、十月末から十一月末にいたる、北フランスの炭坑ゼネストにたいする、十三万の軍隊を動員した未曾有の大弾圧（これに対しては、ジャマティが「猛将たち（Foudres de Guerre）」[2]を書き、アルマン・モンジョ（Armand Monjo）も「炭鉱夫たちの虐殺者（L'Assassin des Mineurs）」[3]をうたっている）等、勤労人民の諸権利を公然とふみにじる、暴力とテロルのファシスト的態勢を強化していった。他面では、ヴェトナム戦の軍事費は累年増加され、フランスの「再軍備」は急角度に進んだ。国際的な「冷たい戦争」という情況の中で、こうして、二百家族を中心とするフランスのブルジョワジイも、米国独占資本への完全な従属という点を軸にしながら、貧困と、ファシズムと、あらたな戦争の政策を強行していったのである。

（1）同書、一三～一四ページ。
（2）同書、一九～二〇ページ。
（3）『時事問題（*L'Actualités*）』（セゲルス社、一九五〇年）二四ページ。

もはや、一九四五、六年の「比較的おだやかな」時期はすぎ去った。抵抗に勝利したフランス人民の上に、再びあらたな脅威がおそいかかり、第三次大戦を阻止し、フランスの民族的独立をかちとるための、労働階級を中心とする闘いは、さらに激化されなければならなかった。それと同時に、平和と独立のための広範な国民戦線が、日に日に幅広く結成されていった。再び、新しい国民的な抵抗が開始されなくてはならなかった。

その中で、詩も又、ファシスト・ドイツとの闘いの伝統を継承して、この広範な国民感情のうたい手として、ますます広く、ますます力強い「闘いの詩」とならねばならなかった。ここにあげられた多くの詩に横溢する、人民の力への確信や、未来への希望や、抑圧する者への憤りや、国際的な人民の友愛の感情も、この四九年以降の激烈な闘争の中で、そのはげしい試錬〔ママ〕の火をくぐって、きたえあげられ、みがきあげられ、又その真価をたしかめられねばならなかった。

以上、第一部で扱ったのは、アメリカ帝国主義に対する平和と独立の戦線、いわば、あらたな抵抗のための広範な国民戦線が結成される以前の、云ってみれば、戦后の第一期とも称しうる時期である。

（一九五二年末に東京大学文学部に提出）

第三部　革命と文学

ギネアの実験

世界地図を見ると、南北にのびるアフリカ大陸が西に突きだした大きな鼻の先に、ギネア（ギニア）という三字がかすかにのっています。一九五八年に独立した人口三〇〇万のこの小さな国が、まだ四〇才の大統領セク・トゥーレのもとに、アフリカの将来をためすひとつの実験室として今世界の注目を集めています。アフリカの過去と未来、それを貫いて生きているアフリカの人間――この三本の糸をないあわせた独特な国づくりの実験がこの草原と密林の国で展開されているのです。

＊

アフリカは未開野蛮な大陸、文明とは縁のない蛮人が住む暗黒地帯といわれてきました。しかし、これはヨーロッパ人がつくりあげた一種の伝説にすぎないようです。

すでに八世紀頃から、西アフリカ一帯にはガーナ、マリ、ガオなど多くの帝国が栄えていました。エンクルマ・ガーナ首相も昔のガーナ帝国の隆盛を次のように語っています。「西暦紀元の初期……イギリスの国民が国家を形成するよりもさらに遠い昔に、私たちの祖先は偉大な帝国をつくったのであります……そのガーナ帝国では、法律家と学者がとくに尊敬され、民衆は毛と木綿と絹とビロードの衣服をまとっていたといわれています。銅、金、織物の取引がおこなわれ、人びとは宝石と金と銀の武器をたずさえていました」。各地で発見されている黒人帝国の遺跡には高炉の跡などもあり、ガラスの製造もすでに工業段階に達していたようです。学問や教育も発達し、大学や天文台もあり、とくにトンブークトゥー大学はアラブの学者もかなわない程の高い水準を誇っていました。植民地以前の西アフリカの文明は当時のヨーロッパ文明にけっして劣るものではなかったのです。

＊

ヨーロッパ人の進出で黒人帝国は次々と亡ぼされました。ギネア海岸は大規模な奴隷《どれい》狩りの舞台になり、黒人たちは奴隷としてアメリカへ売られてゆきました。やがてギネアはフランスの植民地になります。

植民地制度が与えたのは進んだ文明ではなくて、重税と強制労働とゴムや作物の強制供出でした。税金を払えない者は家畜や種子や食器まで没収され、時には畑の穀物や子供さえ抵当に入れられました。フランス領のアフリカでは最大のバナナ産地でありながら、農民の栄養が一日一〇〇〇カロリー、はざかい期にはわずか二〇〇カロリーだったということは、植民地搾取のすさまじさを語っています。教員の数は全国で一一一人（一九三五年）、住民の八割までが文盲でした。

＊

黒人にも人間の尊厳と誇りがあるという当然の真実を貫きとおすことがギネアの独立運動の第一の眼目でした。フランスの脅迫にもかかわらず、段階的な独立というコースをとらずにこの国が一足とびに独立を選んだのはアフリカ人にも自分の運命をきり開く力があることを証明しようと思ったからです。セク・トゥーレもいうように、これはアフリカ人全体の誇りをかけた実験でした。この国をアフリカの希望の星と見る多くの人びとが、アフリカの各地から、世界の全土から、次々ギネアの国づくりにはせさんじてきたことも、この独立がもつ深い意義を示しています。コンゴのような混乱はこの国では遂に起りませんでした。それだけではありません。首府コナクリでは市民が自発的に街の清掃を始め、農村でも住民の自発的な労働で学校や市場や橋や合計数千キロの道路がたちまち建設されました。それも国費を一文もかけず、人力だけでおこなわれたということです。

国づくりの目的は、アフリカの個性を生かした真にアフリカ的な国をつくることです。セク・トゥーレによると、元来アフリカの社会はまだ階級に分れておらず、住民全部が村ごとに、共同の生活をいとなんでいます。「アフリカではだれも飢死《うえじに》をしない」のはそのためなのです。こういう調和のとれた社会のしくみをあくまで保ちながら、工業化の段階まで発展するという独特の試みが、今この国では進められています。よその国の制度をそのまま輸入するのではなくて、アフリカはアフリカ独自の発展の道を歩まなければならないのだといわれています。そこからまた、ギネアの民主主義もほかでは考えられない程徹底した形をとっているようです。この国ではどんな法律もどんな施策も、国中の村々で住民全部が何ヵ月も議論したあとでなければけっしてきめられません。国際問題にいたるまで、各村の寄りあいでまず討議され、その結果を何度も持ち寄って始めて国の政策が立てられるのです。人民はたんに政府を監督するだけでなく、あらゆる政策を自分できめる「国の頭脳」だし、人民の知識と権利には制限がないのだと、セク・トゥーレはいっています。

人間同志の連帯で支えられた大家族のような国をつくりあげ、ゆくゆくはこれをアフリカ全土にひろげて大きなアフリカ合衆国を建設すること、これがギネアのえがいている雄大な未来の設計図なのです。この夢が実現すれば、今の資本主義世界とも社会主義世界とも違う第三の新しい世界が広大なアフリカ大陸に姿をあらわすことになるでしょう。

さいごに、独立前後のギネアでうたわれた歌のひとつを紹介しましょう。

月がのぼると
空は明るくなり
太陽がのぼると
雲は消える。

陰謀家には気の毒だ。
象よ、陰謀があってもお前は平気だ。
お前は獅子《しし》をも恐れない。森のなかで
お前はだれにも喧嘩《けんか》を売らない。
お前はほんとうのことしかいわない。
お前があらわれると
真実がかがやきでるのだ。

象は目ざめたアフリカの象徴なのです。

(『まなぶ』一九六二年一月号)

アラゴン著　小島輝正訳『聖週間』上・下

過去を現代と未来に結ぶ壮大な歴史のドラマ

一八一五年二月末エルバ島を脱出したナポレオンは三月一日フランスに上陸、民衆の歓呼のなかを一路北へ進み、やがてパリを奪回、史上〈百日天下〉と呼ばれる一時的な再征覇をなしとげた。国王ルイ十八世は国外に逃亡、外国同盟軍の庇護を求める。

この小説は、ナポレオン軍がすでに南仏を席捲した〈枝の主日〉の朝から、国王とついで王弟アルトワ伯の一行がベルギー国境をこえ、やがて暗夜に復活祭の鐘が鳴るまでの喧騒と混乱の七日間（聖週間とは復活祭に先立っての一週間をいう）を、壊走する王室軍を中心として描いたものである。

作者アラゴンは大作『レ・コミュニスト』をあらわしたフランスの世界的コミュニスト作家として日本の読者にも親しまれているから、あらためて紹介するにも及ぶまい。ただ、一九五八年に発表されたこの小説が、『レ・コミュニスト』以来ひさびさに筆をとった著者最新の小説であることを記すにとどめる。

降りつづく雨と泥濘のなかを、舞台はパリから次第に北へ移動する。美食と猥談が唯一の関心事である国王、金貨の樽をかかえたアルトワ伯、王族と没落の運命をともにする名門貴族の子弟たち、ナポレオンからブルボン王家へ、そして今ブルボンからナポレオンへ再度の寝返りをたくらむ将軍たち、離反する将校、尽忠の烈士を気どる義勇兵——さまざまな個人的ドラマがこの圧倒的な歴史のドラマとないあわされた〈亡者たちのコミック・ダンス〉。またいっぽうには、ナポレオン復活に狂喜する民衆や、活動を開始した共和主義者の地下組織がある。

かずかずの実名人物を登場させたこの小説は、これも実在の画家であるテオドール・ジェリコー（王室軍の中尉）の一週間の経験と反省を軸として展開されるが、訳者もいうとおり、あえて主人公を探すならば、それは急転する歴史そのものであろう。

だが、この歴史は現在をも、さらにはわれわれの未来をも種子としてそのなかに包含している。これは言葉の正確な意味での〈歴史〉である。

王室軍が敗走する北フランスの原野は現代の黒一色の炭坑風景と、激論する共和主義者へのテオドールの共感はルールのスト労働者にたいする若き日のアラゴンの共感と、そして、臨終の床にある老共和主義者が小説の末尾で若い世代に託す未来への希望は、六十歳をこえる老コミュニストの感懐と、それぞれ微妙に重なりあう。過去の内にさぐられる〈未来と呼ばれる墓地の花の種子〉。過去を現在と未来に接続させ、〈過去全体を未来の方向へ向けなおそうとした〉この試みによって、『聖週間』は凡百の歴史小説をこえる真の意味での〈歴史小説〉となった。

一八一五年の一週間を題材としたこの物語が時代のへだたりをこえてわれわれを鼓舞するのも、まさしくそのためであろう。『レ・コミュニスト』に劣らぬフランス民主主義文学のすぐれた収穫というべきである。（都立大学・仏文研究室）（B6判上・下四八〇円　平凡社）

（『読書の友』一九六三年六月十五日）

ルイ・アラゴンの『聖週間』

「歴史のなかの未来」への賛歌

ルイ・アラゴンの近作『聖週間』が翻訳された。『レ・コミュニスト』の中絶以来ひさびさの小説である。『レ・コミュニスト』は、第二次世界大戦初期の揺れうごくフランス社会の全体像を、そのなかでの共産党員のたたかいを中心にえがいた壮大な叙事詩であるが、『聖週間』は、一八一五年三月十九日から二十五日までの復活祭に先だつ一週間、エルバ島から帰国したナポレオンに追われて国王ルイ十八世が国外に逃亡するという、フランス近代史のきわめて緊迫した一時期を題材にえらんでいる。一九四〇年のフランス軍がナチの機械化部隊にけちらされた北フランスの原野を、一八一五年の王室軍はなだれをうって南から北へ壊走する。無能な国王、私闘にあけくれる王族たち、寝返りの機会をうかがう将軍連、降りしきる雨と泥濘《でいねい》。腐敗した支配層に徹頭徹尾利用された軍隊は、暗夜の国境線上で、第二次世界大戦のフランス軍とおなじく混乱のうちに見殺しにされる。その絶望と憤激。いっぽう、崩壊する旧社会の内部には、一九四〇年の共産党員にも比すべき共和主義者の根づよい地下活動があり、そこでは労働者と農民の同盟が語られ、〈人民に奉仕する軍隊〉という観念が着実に発酵してゆく。『レ・コミュニスト』でのジャンとセシールの覚醒《かくせい》とおなじく、ここでも、一人の画家の現実への開眼が小説の展開のたて糸となって進行する。

安易な類推はもとより避けなければならないが、小説『聖週間』は、あえていうならば、あの大作『レ・コミュニスト』を歴史のなかで再現したものと考えてよい。一九四〇年と一八一五年の歴史的条件の相違や相互の特殊性をもちろん前提としたうえで、なおかつ、これは『レ・コミュニスト』という一枚のフィルムを一八一五年のスクリーンのうえに映写した画像であるというならば、はたしていいすぎであろうか。小説の結構や状況の類似だけではない。王室軍が敗走してゆく北フランスの水びたしの野良《のら》が、筆の進みにつれて、いつしか、ボタ山のひしめく現代の炭坑風景に変貌《へんぼう》するのも、労働者や貧農の現実にふれた主人公の感慨が、ルール炭坑のストライキを前にした若き日のアラゴンの心理と一体をなしてえがかれるのも、また、小説の終わりに近く、死の床にある 人の老共和主義者の未来に託す希望が、そのまま、ことし六十五歳に達した著者みずからの感懐へ自然に延長されるのも、いや、宿の娘を凌辱《りょうじょく》した貴族将校の家系が、いまでもフランスの支配層のうちに根を張っているというような一見不必要と思われる指摘すら、過去と現実との重なりあいというこの小説の中心主題を、いささか、くどいまでの執拗《しつよう》さで著者みずからが説ききかせたものに相違ない。これは歴史小説ではないとアラゴンは冒頭でことわっている。たしかに、『聖週間』は過去を過去としてえがいた小説ではないし、その意味ではアラゴンの指摘は正しい。しかし、過去と現在の接点にしか、その接触の火花のうちにしか、歴史小説はありえないとするならば、『聖週間』はまさしくことばの正確な意味での歴史小説であろう。

もちろん、王室軍が通過する雨の原野は現代の炭坑地帯ではない。一八一五年の共和主義者が直面した問題は、一九四〇年の、また現在の共産主義者が直面する問題と同質ではない。『聖週間』は『レ・コミュニスト』の変え歌ではないし、旧社会の崩壊という一般的な主題のたんなるバリエーションでもない。逆に、一八一五年の歴史的な個別性のうちに、その微妙で錯綜《さくそう》したひだのうちに深くさぐりをいれることによって、作者ははじめて過去と現在とのこのなまなましいかかわりあいを生きた姿でつかみとることができたのである。

以上の紹介からも、『聖週間』が過去を題材にえらんだこと、ひとりの共産党員も登場しないことなどが、けっして現代からの逃避や作者の〈政治的後退〉を意味するものでないことは、明らかであろう。ところが、最近、新聞雑誌に発表された『聖週間』の書評・紹介には、このような誤った評価が見うけられる。たとえば、『日本読書新聞』六月十七日号の書評で稲田三吉氏は、「党員作家としての道をひたすら進んできたアラゴンは、この作品のなかで、自分の過去が絶望と挫折《ざせつ》の連続であったと告白している。『レ・コミュニスト』において、希望にあふれ、たくましく、そしてつねに正しい共産党の姿を描いたあのアラゴンは、この『聖週間』では見られない」と『レ・コミュニスト』からの断絶をとき、そして、このようなアラゴンのほうがより強い共感を読者にいだかせると語っている。評者自身の〈挫折感〉をそのような形でこの小説のなかに「読みこむ」ことが、少なくとも作品理解の問題として、まったく勝手気ままな感情移入にすぎないことは明白である。トレーズも、この革命的作家について「いかにも自分の旗をポケットにしまいこみ現代の問題に背を向けてしまったかのようにほのめかす」このような『聖週間』の評者たちを「小人物」と呼び、過去をえがいたこの本から「現代の行動にとって、くめどもつきぬ教訓がひきだされることを理解しない人たち」は、「ずいぶんと盲である」といっている。

ところで、『聖週間』が一八一五年というスクリーン上にうつしだされた現代の画像であるとするならば、それをうつしだす光とはなにか。つまり、現代を通して過去を見るアラゴン自身の立脚点はどこか。いうならば、それは先取りされた未来であろう。小説の最後で、作者はつぎのように語っている。「この本、一見過去に目を向けているかにみえるこの本も、実は私としては未来を探求するひそかな努力に外ならないかもしれないのだ。……私が、疑惑と確信に攻めたてられながら、綾なす織糸を追って歴史のこの古いふしぎなダマスカス織、さまざまな人と色どりで織りなしたペルシャじゅうたんをとりあげたのも、ほろびた時代の雑踏に身を投じたのも、いま私が生涯の軌道を終えつつある現代世界の単純化された直線的な視像からむりやりに身を引きはなして、私自身の、我々自身の、そしてとくに我々から生まれ、我々にそむき、我々を踏みこえ、乗りこえるもの、あの未来と呼ばれる墓地の春の無数の種子を過去の粉末のなかに探しだすためであったろう。そこで私はおそらく、私に残された時間の短さを推察して、私の全力をあげ、全意志力を発揮し……過去全体を未来の方向へ向け直そうという愚かな試みをしたのであろう」。ここでは、過去が現在と重なりあうと同時に、この現在をもこえた未来によって照写されている。過去とは、未来によってはじめてその意味とその生命を付与されるひそかな可能性にほかならぬ。過去、現在、未来を大きくひとつに包みこみ、一八一五年春の一週間のうちに凝縮させた『聖週間』は、こうして、歴史小説であるとともに、まさに〈歴史〉の小説となった。ここにあるのは、消えさった過去への追想ではなくて、〈歴史のなかの未来〉への真率な賛歌である。

未来とは、それをになうもの、〈青春〉ということばにおきかえてもよい。もともと、前大戦後の超現実主義の時代から、レジスタンス期の詩作をへて、『レ・コミュニスト』にいたるまで、形こそちがえ、アラゴンがつねにうたいつづけてきたものは、ほかならぬ青春の歌ではなかったか。腐敗した社会の全破壊にかけた青年の夢と錯乱。歴史によってはばまれ、引きさかれたオーレリアンとベレニスの恋（『オーレリアン』）。祖国と自由のためのたたかいが若い男女のけなげな愛の進行と並行的にたかまってゆく一九四〇年のフランスの青春（『レ・コミュニスト』）。そしていま、歴史のやみのなかでアラゴンがうたいあげたのも、この青春によせる限りない希望であろう。（フランス文学者）

（『聖週間』は小島輝正訳、上下二巻、各巻四八〇円、東京都千代田区四番町四平凡社発行）

（『赤旗』一九六三年七月六日）

クロード・モルガン『世界の重み』

悪しき政治とのたたかい

一九三五年十月、兵役をおえた一人の労働者がビヤンクールの自動車工場に採用される。ピエール・タラーグ、二十二才。政治はやらない——これがピエールのモットーである。だいじなのは、仕事をすること、みんなと仲よくすること、おとなしく働いて、早く熟練工になることだ。自分の採用が首を切られた組合活動家の後釜であっても、それは自分の知ったことではない。

作者モルガンによれば、〈世界の重み〉を感じるとは、個人の生活をいやおうなしに規定する政治的・社会的な無数の関連を意識すること、それにより、卑近な日常的関心からぬけだして、自分の社会的任務を自覚することであるという。ピエールは世界の重みを感じない。真空な世界の、孤絶した中心点。

ビラをくばった同僚の名を社長にあかさなかったのも、ビラの主張に共鳴したからではない。仲間を売るといういやしい行為をするにしのびなかったからである。「なかまなんだ！　おれの仲間なんだ！　あいつらは政治をやっている。あいつらはおれを、あいつらのいまいましい政治に引っぱりこんだ——何もたのみもしないこのおれを。だが、バルビエは……あの元気のいいギリエは……それからシェノー。それにヴィダラン。なかま。みんな仲間だ。おれは言えない。」解雇通告。

きわめて素朴な仲間への信義。〈みんなと仲よくすること〉の延長にすぎないその行為によって、まったく非政治的な姿勢のまま、彼は後向きに政治の世界へ引きこまれる。自分が自分にしか属さぬことを確証するための行為が、逆に、政治との抜きさしならないかかわりの前に彼を立たせる。政治はいたるところにある。政治から所詮のがれる道はない。それはピエールがはじめて知った〈世界の重み〉だった。

正直、政治はやりたくなかった。だが、政治から自由になろうと思ったら、政治を回避するわけにはいかぬ。政治はやりたくない！　サッコとヴァンゼッチ、ツーロンの暴徒。政治はやりたくない！　棍棒をもったファシストのデモ。政治を嫌悪しながら、新しく入った工場で、彼は組合に加盟する。ストライキ。政治を嫌悪しながら、いやそれ故に、彼は共産党の一員となる。

人民戦線の勝利と崩壊。ミュンヘン。大戦の勃発。動員されたピエールは、やがてドイツ軍の捕虜となる。フランスの降伏。脱走、彼は抵抗運動の地下組織に入る。ピストル、手榴弾、火焔瓶、襲撃につぐ襲撃。アウシュヴィッツで死んだ妻。残してきた乳呑み児。「おれは政治活動はしない。ヒトラーがおまえを屈服させる。おれは政治活動はしない。ヒトラーがおまえを彼の戦車にしばりつける。おれは政治活動はしない。おれは女房に接吻し、がきどもをつれてぶらつくほうが好きだ。ヒトラーがおまえの女房とおまえのがきどもから、パンを取りあげてしまう。」嫌悪に裏打ちされた政治への献身。政治がいやなら、今は一人でも多くのドイツ兵を倒すことだ……

一九四四年八月二十四日、パリ解放。その日、市街戦で傷ついたピエールは、野戦病院の一室で息をひきとる。「幾百万の仲間たち……」――みんなと仲よくするというかつての日常的なモットーを世界のなかへ壮大に延長させたこの一句が、彼の最後の言葉となった。

平穏なるべき日常と、それを破壊する政治の手――極度に尖鋭化されたこの対立図式から、非政治的な政治活動家という特異な人物が造形される。政治による破壊から日常性を守るには、政治への参加も辞すべきでないというこの小説の教訓は、もちろん正しい。だが、日常性の物神化と政治一般の忌避という立場が、すべての悪しき政治と闘う真に有効な武器であるか否かは、また別問題であろう。そして、〈非日常的な政治〉と〈非政治的な日常〉という虚構の二元論をうち破り、政治と日常性の双方を統一的に再組織するためには、この作者が見いだしえなかった別の立場が——階級的な立場——なによりも確立されねばならないはずである。(東京都立大学助手)(石川湧訳、岩波現代叢書　三二〇円)

(『読書の友』一九六四年一月一日)

ジュール・ヴァレース著　谷長茂訳『パリ・コミューン』

強烈な反抗の本能

同じ『名作』のレパートリーをあきもせずにくりかえしている一連の世界文学全集に、かねてから私は強い不満をもっていた。それだけに、ジュール・ヴァレースの作品が『世界の文学』の一冊に加えられたことの喜びは大きい。編中の『決起』はすでに戦後まもなく邦訳されているが、いずれにせよ、世界の無産者文学ないし社会主義文学のこの隠れた（隠された）古典が多くの読者の目にふれるようになったことを、私は心から歓迎したい。

作者ヴァレースは一八八五年に死んだ社会主義的なジャーナリストで最初の労働者権力の出現といわれるパリ・コミューンでは、コミューン派の新聞『人民の叫び』を創刊し、国民軍大隊長、コミューン委員としてバリケードに立った。その葬儀には十万人のパリの労働者が延々の葬列を組んだといわれる。

『パリ・コミューン』は、ヴァレースの自伝的三部作『ジャック・ヴァントラース』の第一部『生いたち』と第三部『決起』とを合わせたものだが、中心は、作者が積極的な参加者として立ちあったパリ・コミューンの内面記録『決起』であろう。そこでは、教師あがりの左翼ジャーナリストである「反抗者」ヴァントラースの目をとおして共和制樹立の一八七〇年九月から、コミューンが血の海に没した翌年五月末までの激動の経過が、スピーディーな筆でいきいきと日録ふうに再現されている。実名で登場するブランキ、二十区中央委員会の激論、絶望的なバリケード戦。とくに、政府軍の攻撃開始から「血の一週間」にいたるコミューン壊滅の過程は、すさまじいほどの迫真力をもってえがかれている。

それにしても、この小説を単なる実録以上に高めているものはなんだろうか。それは全編にみなぎる、しいたげられた者のうらみといきどおり、絶望に裏うちされた強烈な反抗の本能――つまりは、この流血の歴史をはげしく生きたヴァレースと、彼が代弁する銃殺された人々の、そのかけがえのない真実であろう。

わが国でも、戦前の弾圧下に、フランス文学への愛着をただこの一作のみにこめて、しょせん発表の見込みのない『決起』の邦訳をひそかにこころみたいくたのジャック・ヴァントラースがいたことを、私は知っている。彼らの多くは、すでに貧窮と労苦の末に世を去った。いま、古今の大作家と並ぶ文学全集の一冊となったこのヴァレースの美装本を前にして、むくわれなかったこれらの戦士たちのおもかげを、私は思いおこさずにはいられない。＝中央公論社・世界文学25　三九〇円＝（**野沢協・東京都立大学助教授**）

（『北海道新聞』一九六五年十月二十六日、夕刊）

この訳書を　亡き小出峻氏にささげる

マドレーヌ・リフォ『〝ベトコン〟の戦士たち』訳者まえがき

この本はフランスの婦人ジャーナリスト、マドレーヌ・リフォのルポルタージュ『〝ベトコン〟のマキで』Madeleine Riffaud : Dans les maquis "Vietcong" の全訳である。著者は、ベトナム問題についてすでにいくつかの著作をもつウィルフレッド・バーチェットとともに、昨年十一月末から今年一月末にかけて、南ベトナム解放区に短いが、しかし充実した取材旅行をおこなった。この記録は、西部高原地帯からメコン・デルタにいたるまで、この《銀河の国》を広く探訪した著者が、解放村の農民や都市の非合法活動家、解放民族戦線の指導者など多くの人びとと接触し、いわゆる《ベトコン正規軍》とも生活をともにするなかでつかんだ戦う《南部》の表情を、もっぱら彼女自身の体験に即して物語ったものである。全体として私的な印象記に近いものだが、解放村の日常生活、医療問題、教育や文化の問題、さらにはジャングルの風物や、そのなかに生きる兵士らの風俗、習慣、食事、歌など、著者が書きしるすこの戦いの無数の細部は、文中に語られる多くの男女の生活の歴史とともに、そのひとつひとつが南ベトナム問題の真のありかを示す貴重なデータをなしている。著者が南ベトナムをおとずれたのは、大規模な北爆開始やアメリカ地上軍の大量投入の直前にあたるが、ここにのべられた事実の多くは今も変わらずに生きつづけているであろう。

この記録は『ユマニテ』紙の本年二月十七日号から三月四日号まで約十回にわたって連載され、その後大巾に筆を加えて、九月にジュリアール書店から単行本として出版された。飜訳も、もちろんその単行本をもとにしている。

＊

著者マドレーヌ・リフォは一九二四年の生まれ。第二次大戦中には学生のレジスタンス組織に加わって、武装闘争の第一線ではたらいた。彼女のすさまじい戦いと異常な体験とは、フランス解放後の一九四五年八月、時の臨時政府首相ド・ゴールが彼女にあたえた論功行賞の文面からもうかがわれる。

「……彼女は対独抵抗運動学生グループの結成いらいその活動に参加。一九四四年七月ソルフェリノ街でドイツ士官を殺して逮捕され、ドイツ軍特務憲兵隊およびゲシュタポにおいて一ヵ月をこえる拷問を受けた。ついで死刑の宣告をうけたが、市民蜂起によって解放されると、ただちに戦闘部署にかえって戦いをつづけた。

彼女は三人の同志とともにベルヴィル゠ヴィエット停車場のドイツ軍列車を手榴弾で攻撃し、列車がトンネルに退避するのを余儀なくさせ、車中にあったドイツ兵全員を捕虜にすることができた。共和国に戦いがつづくあいだ、彼女は分隊の先頭にたって戦闘に参加し、与えられた任務を完遂した。彼女はつねに同志の先頭にたち、戦闘にあっては勇敢な行動と抵抗精神のすぐれた模範であった……」

ピカソがこの《抵抗運動のジャンヌ・ダルク》の肖像を描いたのも、この頃のことと思われる。

リフォが詩作をはじめたのは抵抗運動の最中からであるが、解放後数年間に彼女は『愛する勇気』、『ジャスミンの話では』、『にぎりこぶし』という三冊の詩集を矢つぎばやに出版し、ポール・エリュアールの流れをひく新進の女流詩人として注目された。その作品の多くは、戦いのなかでの愛と連帯をすなおな言葉でうたいあげた心あたたまる詩であった。たとえば、

同志よ　わたしはあなたをよく知っています
あなたの眠りかたもわかっています
兄弟たちが眠るのを見てきましたから

バンドの上においたあなたの手も　見たことがあります
そして　どこでもよい
あなたの体が地面のうえに
よこたわっているのも　見たことがあります

あなたが眠るのは　あなたのためではありません
強くなるためには　眠るのも仕事なのです
あなたはわたしたちのそばにいます
あなたの寝息はわたしたちを支えてくれます

同志よ　わたしはあなたをよく知っています
寝ているあなたは
わたしの好きな人にそっくりです
（『愛する勇気』より）

（なお、参考までに『愛する勇気』の末尾にある長詩《愛する勇気があるのは　人民》の訳を、このまえがきの最後に収録しておく。これが書かれたのは一九四六、七年と思われるが、次の段にのべる彼女のジャーナリストとしての活動の特異な視点は、すでにこの詩にも明瞭な形をとってあらわれている。）

＊

しかし、彼女の戦後の生活にもっとも大きな位置を占めるのは、ジャーナリストとしての活動であった。それも、戦後しばらくは西ヨーロッパの進歩勢力のうちでさえとかく等閑視されがちだった被圧迫民族の解放闘争の実状を伝える特異なジャーナリスト、彼女自身の言葉をかりれば《従軍記者》としての活動である。第一次ベトナム戦争、アルジェリアの独立闘争、そして、今血みどろな戦いがつづけられている第二次ベトナム戦争——このような戦後二十年の民族解放闘争の主要事件と歩調をあわせて、彼女の足跡はベトナム、アルジェリア、チュニジアの各地に……とつづいている。たえず生命の危険をおかし、自国の植民地主義者の空爆やテロで傷つきながら、この二十年間、西ヨーロッパの戦後社会をゆるがせたかずかずの歴史的事件をよそに、彼女はひたすら被圧迫民族の苦痛と戦いの代弁者として終始した。『ユマニテ』や労働総同盟の機関紙に特派員として現地から彼女が送ったルポの多くは、病院のベッドの上で書かれたという（これらのルポは、『解放戦争の二十年』という標題で、この訳書の姉妹篇として邦訳出版されている）。

＊

西ヨーロッパの知識人として異例に属するこのような生きかたが、そもそも何に由来するものであるか——このことを翻訳の過程でもわたしはたえず考えた。抵抗運動でいちどは死刑を宣告されたこの女性にとって、戦後とは所詮一種の《余生》にすぎなかったのではないか。またそれゆえに、みずからが武器をとって戦ったあの抵抗運動の延長線上、つまりはそれと近似の状況のうちにしか、この女性は自己の存在を定位しえなかったのではないか。あるいは、かつて死の危険を前にして味わった人間相互の愛情と連帯を再び発見しうる場は、もはや西ヨーロッパの《コンクリートのジャングル》の内ではなく、抑圧された民族が死を賭して戦うアルジェリアの砂漠やベトナムの密林の内にしかなかったのではあるまいか、など。しかし、こうした心情的な解釈も所詮はふたしかな（また、或る面では危険な）推測の域を出ない。むしろ、戦後二十年の歴史を被圧迫民族の苦しみに寄りそう形でしか生きられなかったこの女性のひとつのきわだった足どりが、彼女の属するフランスにとって、ヨーロッパにとって、あるいはまたわたしたち自身にとって、いかなる意味をもつものであるか、という重い問題をこそ考えるべきであろう。

*

この訳書は最初、小出峻氏の飜訳で世にでるはずのものであった。『ユマニテ』紙にのったこのルポルタージュにいちはやく着目されて、その訳筆を最初にとろうとされたのも同氏であった。しかし、八月十六日に同氏が突然他界されたため、本来はお手つだいの共訳者にすぎなかったわたしに全責任が負わされることとなった。非力なわたしがこの突然の代役を充分につとめえなかったことは、あらかじめお詫びせねばならない。

小出峻氏の五九年の生涯は、文字どおり奉仕と自己犠牲とに貫かれたものであった。戦前から非合法下の活動家であられた同氏は、戦後は『新時代』、『世界政治資料』など国際雑誌の編集委員として、諸外国、とくにフランスの解放運動にかんする文献資料の訳出に全精力を傾けられた。マドレーヌ・リフォがアフリカやアジアの被圧迫民族の声となることに終始した戦後の長い二十年間を、小出峻氏は、このような解放の呼び声を日本の読者に伝える欠くべからざる仲介者として、ひたすらに歩みとおされた。そのかん、同氏によって日本の活動家や一般読者の手にとどけられた貴重な文献は、およそ何万枚に達したことであろう。また、こうした陰のはたらきが、いかに多くの肉体的、経済的な犠牲を強いたことであろう。報われることなく終わったこの労苦と献身の生涯について、わたしは言うべき言葉を知らない。ただ、この訳書を同氏の最後のお仕事として墓前にささげ、同氏の長いご苦労をひたすら思うのみである。

小出峻氏とマドレーヌ・リフォと、この二十年の年月をただひとすじに生きぬいたともにすさまじい二つの人生について、思いをめぐらす機会に恵まれたことは、この飜訳の作業からわたしがえたひとつの悲しい収穫であった。

＊

おわりに、原著の原稿の写しをお送りくださるなど、この訳書の早期出版に終始ご協力をたまわった著者および原書肆ジュリアール書店、ベトナムの地名、人名等につき折にふれご教示をいただいた真保潤一郎氏、いろいろとお手数をおかけした理論社編集部の石田和巳氏に、心から御礼申しあげたい。

一九六五年十月

野沢　協

愛する勇気があるのは　人民

パリの鳩の群れが　サン＝シュルピス教会のまえで
午《ひる》　水浴びをするのをわたしは見た
人とは違った目で　わたしはパリの町を見た
わたしたちは秘密の暗号をもっている

戦時中に　わたしはこんな掛時計があるのを知った——
針がとれ　傷がつき　屑鉄同様になり
あおざめた月のように
のっぺりした姿で
それでも時計は　ぴったり時の数だけ鳴った

しかし　わたしの知るかぎり　地上でいちばん美しいのは
それは　毎日ひろがってゆくわたしの国の
そこに住んでいる人たちの顔だ

＊

わたしは遠いところから話しています
わたしはあなたがたを知りません
お伽話のよこ糸のしたに
あなたがたの顔はあらわれます

でも　サイゴンの娘さんたち
あなたがたの眠りのなかには　もう
一角獣の白い群れなどあらわれてはこないでしょう
サロニカ〔ギリシャの地名〕でも　マドリッドでも
小川には　おなかの裂けた人形が捨ててあります
子どもの靴が片方だけ　そのなかのちぎれた足と

あなたがたが死んでゆくとき
あの人たちは言います「みんな嘘さ」などと

あの人たちの屋根の風見をまわしているのは
ミュンヘンから吹いてきたのと同じ風です

でも　あなたがたが好きなわたしたちは
はたらくことが　太陽を手にいれることが
あなたがたを助けることだということを

よく知っています

わたしがあなたがたのことを話すのは
話す権利があるからです

《ジミー》〔アメリカ人〕
広場のまんなかで
彼らが黒人をしばり首にしたとき
二十トンの血が空にのたうった

黒人の首のまわりに
彼らが牛の綱をかけたとき
二十トンの空が彼の心臓にのたうった

大きな体がつるさがって
よじれたまま動かなくなったとき
二十トンの苦しみが　わたしたちのひたいでのたうった

二十をいく倍もするおしつぶされた心臓と
百をいく倍もする呑みこんだ涙と
千をいく倍もするふりあげたこぶしが
この国にも　世界のほかの国ぐににもある

黒人や白人がいたるところで　兄弟たちにしめ殺されている

この綱はくさらない
——この綱で
人をしめるのだ

《ロリタ》〔スペイン人〕
あばれて　わめいて
彼女は助けを呼ぼうとした
でも　牢屋のなかで
そんなことをしてなんになる

壁には耳はない
鎖には心はない
兵隊たちは木製だ

おびえた彼女のなかで
昔の少女が
泣きながら
錠前をひたいでうちつづけていた

彼女は消えていった　壁のむこうへ
鍵の音のむこうへ
人が死んでゆく方角へ

身をおこして　彼女は石のように歩いていった
両眼は
はがねのようにきらめいていた

《ダン》〔ベトナム人〕

あの人はいつも言っていた
「わたしの国では
むくげの花が木に咲きます」

あの人はいつも言っていた
「わたしの国では　まっ白なお米の神さまが
もうじき　だれにも笑いかけるようになるでしょう」

「わたしの国に　いつかあなたがこられるときには
きっと　りっぱな国をお見せしますよ」

あの人はいつも言っていた
「わたしの国」そして「フランス――ほんとうの」と

インドシナの木にはふしぎな実がなった
それは髪の毛でつるさがり――日にあたって腐っていった

《いもうとヴイ》〔ベトナム人〕

いもうとよ
あの人たちはおまえにいじわるをした

あの人たちは　おまえの
目をぶった

おまえはときどき
窓からのりだしてニッコリ笑う

おまえの笑いは
道のなかに消える

足音や　人声や
自動車の音できれぎれになって

いもうとよ
あの人たちはおまえにいじわるをした

わたしの国の冬の風が
おまえの顔色をうばってゆく

おまえは　毎日毎夜
ますます細くなる流れのようだ

絹の着物のしたで
——おまえはもがいている　手のとどかないところで
わたしにはおまえの病気がなおせない
小鳥をだまらすことができないように

　　《メルポ》〔ギリシャ人?〕
夜明けの光が　地面から
死んだ人たちからさしてくる

夜明けの光が　一心に
屋根をかすめてのぼろうとする

　母さんは　お花がだいすきなの
でも　壁にかこまれたこの庭を
　お花が好きになってはくれないの

夜明けの光が　石から
血からさしてくる

夜明けの光が　ゆっくりと
沼地や刑場をてらしていった

　夜明けの光がひろがりながらのぼっていきます
薄墨色は消えてゆく　今日はかならずよい天気でしょう
——二、三輪　花もあるいは開くかもしれない

夜明けの光が
この子のひたいをそっとてらす

*

鷓鴣《しゃこ》が啼《な》いた時代　つないだ猛犬がほえ狂った時代
そんな時代はもう終わりました
今の人たちは　勇気にあふれて
地面と太陽のあいだのあるべき場所に立っています

もうひとりではありません

わたしたちは毎日
同じぬくもりと同じ苦労を味わいます
フランスでも　地上のどこでも
身ぶりや顔だちは違っても
わたしたちはおんなじ作業場の労働者
わたしたちはおんなじ歌をうたいます

わたしが話した人たちは
みんな同じ目をしています

*

かしこそうな目をした
ハヤブサのような目をした
まばたきもしないで太陽を見つめる明るい目をした
わたしの好きな人
あなたに会ったのはいつも町なかでした

あなたの顔は　たくさんの顔のなかにうつっています
池にも　地下鉄の窓ガラスにも
あちこちの店のウインドにも――
あなたの声は　わたしの兄弟と同じです
わたしの胸のなかにだけ　あなたはいるのではありません

人民はわたしたちに
愛する勇気をおしえてくれます

*

――人の手は　まどろんだ子どもの
ひたいのうえにおかれています

――人の手は
手榴弾をつかんで投げようとしています
――人の手は
ハンマーの柄をしっかりとにぎっています

しめきった戸が
開いたように

産婦のとじた目が
開いたように

にぎったこぶしが
急に開いたように

壁が開いて　わたしの国があらわれます
それは　ますます大きく開けてゆく
あなたの国です　わたしの国です

わたしたちは　かならずそれを手に入れるでしょう
（『愛する勇気』より）

（マドレーヌ・リフォ『〝ベトコン〟の戦士たち』野沢協訳、理論社、一九六五年十一月発行）

ポール・ニザン『トロイの木馬』解説

Ⅰ　反ファシズム――一九三四年六月

ここに訳出した『トロイの木馬』は、一九三五年にパリで出版された。執筆は一九三四年の秋から三五年の前半にかけてと推定される。舞台はフランス中南部の都市ビルフランシュ、時期は一九三四年六月の一週間、物語のクライマックスは、この町で起こったファシストのデモと、それに対する労働者の対抗デモである。

作品の理解のために、一九三〇年代のフランスでおこなわれた反ファシズム運動と、その中で一九三四年六月の占める或る特殊な位置について、あらかじめ若干の解説を試みなければならない。フランスにおける反ファシズム運動は通常「人民戦線」運動と呼びならわされている。しかし、歴史的な経過を見れば明らかなとおり、いわゆる「人民戦線」戦術がこの運動の内に定着され、一定の成果をあげるまでには、理論的にも実践的にもさまざまな紆余曲折があったのであり、いわば、長期にわたる「生みの苦しみ」ののちに、この路線ははじめて確立されたのである。このような経過に若干の照明を当てることは、反ファシズム運動史の正しい理解のためにも、また、小説『トロイの木馬』の内容が歴史と状況を異にする日本の読者に無用な誤解をひき起こすのを避けるためにも、ひとしく必要なことと思われる。

（二）

一九二九年秋ウォール街をおそった恐慌がフランスに波及したのは一九三二年であった。従来、政府の資金撒布《さっぷ》政策により恐慌の波及が人為的に抑えられていただけに、ひとたび発生した恐慌は激烈をきわめ、特に一九三四～三五年は、フランス経済にとって最悪の時期であった。工業生産指数は、一九二八年を一〇〇として、三二年七九、三三年一〇七、三四年九九、三五年九四と推移している。この工業恐慌には、ほぼ一年遅れのテンポで農業恐慌が伴い、小麦価格は一九二九年を一〇〇として、三五年には実に五一にまで暴落した。失業手当の給付者は一九三五年に四二万五千人に達したが、失業者の実数はほぼその二倍と推定されている。

いわゆる「二百家族」を中心とする大資本は、生産の集中と国内市場の独占を強化する一方、賃金の引下げ、社会的支出（国家による）の削減等、一連のデフレ政策によって、恐慌の負担を国民大衆に転嫁しようとした。そして、労働者階級や、恐慌で打撃を受けた国民各層からの必然的な反撃を抑えるために、政府による弾圧政策を強く推進させた。警察力は飛躍的に拡充され、それによる労働運動への攻撃が強まった。議会制度の弊害や、行政府強化の必要が論議され、一九三三年一月、隣国ドイツでヒトラーが政権を獲得したことも、この傾向に一層拍車をかける結果となった。

こうしたブルジョア国家の全体的な反動化と並んで、とりわけ注目されねばならないのは民間ファッショ団体の活動である。極反動的な一部資本家によって賄われ、恐慌で痛手を受けた中産階層をひとつの主要な基盤としたこれらの団体は、ファシスト独裁の実現をめざして、特に一九三二、三年以後、活発な示威運動を展開し、急速にその勢力を拡大した。当時の主要な右翼団体は、まず「伝統右翼」的なものとして、一九〇五年に創立された王党派の「アクション・フランセーズ」、前世紀末の「愛国者同盟《リーグ・デ・パトリオット》」の流れを汲んで一九二四年に創立された「愛国青年団《ジュネス・パトリオット》」、在郷軍人系の右翼団体としては、一九二七年に創立された「十字火団《クロワ・ド・フー》」、ムソリーニのファシスト党やヒトラーの突撃隊にならった狭義のファシスト団体としては、青シャツにナチスばりの長靴とベルトをつけた「フランス連帯団《ソリダリテ・フランセーズ》」（一九三三年創立）、イタリアにならい「純正ファシズム」を標榜する「フランス党《パルティ・フランシスト》」（一九三三年創立）、さらに外郭的な親ファッショ団体としては団員九〇万を呼号する「全国在郷軍人同盟《ユニオン・ナシオナル・デ・ザンシャン・コンバタン》」、同じく七〇万の「納税者同盟《リーグ・デ・コントリビュアブル》」などをあげることができる。これらの団体中もっとも恐れられていたのは、ラ・ロック大佐を首領とする「十字火団」であった。一九三四年二月当時団員三万五千をかぞえ、月々千人の割りで拡大していたこの団体は、文字どおり内乱用の軍事組織で、市街戦にそなえて常時演習や動員訓練をおこなっていた。彼らは武器として、機関銃、野砲、さらに最低一五〇機の飛行機を所有していたといわれる。

　これらのファッショ団体がいっせいに街頭に躍り出たのは、一九三四年二月六日であった。これより先、一九三三年一二月に、「スタビスキー事件」と呼ばれる空前の大汚職事件（スタビスキーは国際的詐欺師で、一九三三年六月、偽造のハンガリー政府公債を担保に、バイヨンヌ市営銀行から三億フランを引出した。この引出しのために、彼は植民地相ダリミエを始めとする政府高官、代議士など多数を買収していたが、不正が発覚し、スイス境の山中で警官の包囲下に自殺した）が起こり、政界上層の腐敗ぶりが暴露された。これに対する民衆の憤激を利用したファシスト勢力は、二月六日、「泥棒をやっつけろ！」のスローガンのもとに下院の襲撃を試み、議事堂とセーヌ川ひとつをへだてたコンコルド広場を中心として、パリ市中の各所に暴動、焼打ちを組織した。暴動は夜半まで続き、警官側に死者一、負傷者一六六四、デモ隊に死者一六、負傷者六六五を出した。

　下院の占領やクーデターの計画は失敗したが、翌七日、ダラディエ内閣が組閣後わずか八日で倒れ、かわりに右翼的なドゥーメルグ内閣が成立したことは、ファシスト陣営の実質的な勝利を意味した。

　以上が、歴史的な「二月六日事件」の大要である。一九三〇年代の反ファシズム運動は、ほとんど皆、この暴動の強烈な衝撃によって始動を与えられたといってさしつかえない。その後、二月九、一二両日の反ファッショ・デモ、社共統一行動協定の締結（七月二七日）、人民戦線結成（三五年六月）、人民戦線政府の成立（三六年六月）へと、事態は急速に展開してゆく。この中で、ニザンの小説に描かれた一九三四年六月までの経過を、当時のフランス共産党の動きに焦点を当てて、やや微視的にながめることとしたい。

（二）

フランス共産党もすでに認めているとおり、二月六日のデモには一部の共産党員も参加していた。デモの隊列からは『マルセイエーズ』と『インターナショナル』の歌声がこもごも上り、それらは「泥棒をやっつけろ！」という叫びの中に溶け合ったといわれる。このデモへの共産党員の参加は、ひとつには空前の大汚職に対する国民的な憤激の表現でもあるが、またこれは、従来共産党がとってきた「ファシズムに反対し、ファッショ化しつつある民主主義に反対する」という基本的な方針からも或る程度説明することができる。事実、同じ二月六日、党書記長トレーズが下院でおこなうはずであった演説の草稿には、次のような言葉が記されていた。

「労働者階級は党の呼びかけにより、ファシストと腐敗した諸君の民主主義の双方に対して、同時にたたかうであろう。

国際的な経験も証明するとおり、ブルジョア民主主義とファシズムとの間には、本質的な相違はない。ファシズムはブルジョア民主主義から生まれる。

コレラとペストのどちらがよいなどと言えるものではない」。

ファシスト団体の活動と共に、体制全体のファッショ化をひとつの主要な危険と見た共産党の目に、警官隊によるデモ隊への発砲が、人民への挑戦、ファッショ化への新たな一歩、と映じたことも想像に難くない。一夜明けた二月七日の『ユマニテ』紙（共産党機関紙）は、「人殺しの政府を倒せ！　ダラディエ（首相）、フロ（内相）を投獄せよ！」と見出しにかかげ、翌八日号も、ダラディエの退陣とドゥーメルグの登場を次のような言葉で報じた。「銃殺犯の内閣は辞職。ファシズムへの新たな一歩——ドゥーメルグ」。

しかし、六日のすさまじい暴動は、ファシスト団体の活動に対する過少評価を到底許すものではなかった。すでに当日夜、暴徒の喚声が聞こえる下院の議場で、モーリス・トレーズは次のように発言している。

「われわれは、すべてのプロレタリアと、兄弟の社会党員労働者たちに呼びかける。彼らが街頭に出て、諸君〔政府〕が解散させようとしないファシストの徒党を追いはらうように。また同時に、諸君が自分の体制、自分の腐敗した〈金融〉共和制、ウストリックやスタビスキー輩の共和制を守るために派遣した勢力〔警察、軍隊〕とたたかうように」。

同じく二月六日夜に開かれた政治局会議は、この点を一層具体化し、労働者階級の反撃、大衆的な政治ストとデモをただちに組織することを決定した。デモの日どりは九日、場所はパリのレピュブリック広場ときまり、その呼びかけは八日朝の『ユマニテ』に発表された。

*

九日当日、政府はあらゆるデモを禁止して、パリの東部一帯を戒厳状態に置いた。動員された警官、憲兵、保安隊は計二万、そして予備には歩兵、騎兵、砲兵計二〇個連隊が控えていたといわれる。午後七時、約五万の労働者は工場から、警官隊に固められたレピュブリック広場に向けてデモを開始し、この広場から東停車場一帯にかけて、約五時間にわたり凄惨な市街戦を展開した。デモの主力は共産党員、共産青年同盟員と、共産党系の統一労働総同盟の組合員であったが、途中から社会党系の社会主義青年同盟員や中立系の労働組合員も応援に加わって、「統一行動！」の歓呼に迎えられた。この夜の闘いで、デモ隊は死者九人、銃弾による負傷者六〇人、警棒による負傷者千人、逮捕者一二〇〇人以上を出した。

トレーズの論文「人民戦線とフランス共産党」は、ファシズムに対するプロレタリアートの最初の組織的反撃であるこの二月九日のデモについて、次のような言葉をのべている。

「この記憶すべき夜は、事件のその後の経過に多大の影響を与えた。それはファシズムに対する第一の防壁となった。人民大衆の前衛によっておこなわれたこの英雄的闘争、ファシズムとそれを庇護した警察に対するこの武器なき闘争――それは反動勢力と資本家寡頭およびそのテロリストたちに、プロレタリアートが前進しつつあること、プロレタリアートは傍観者ではないこと……を証明した」。

*

二月六日の暴動に対して、社会党も独自に反撃を組織した。社会党機関紙『ポピュレール』の二月七日号は、翌八日午後七時からパリのバスチーユ広場で「全勤労人民」の大デモをおこなうことを呼びかけた。共産党と統一労働総同盟がそれと別個に九日のデモを計画し、実行したことは、前述のとおりである。当時、共和制擁護の旗じるしをかかげた社会党と、ブルジョア共和制の打倒を唱える共産党との根本的な立場の相違は、「社会ファシズム」非難等にあらわれた積年の対立感情ともあいまって、両党間の共闘を困難なものにしていた。すでに六日の深更にも、社会党内で共産党との統一行動に熱心だったセーヌおよびセーヌ＝エ＝オワーズ両県連の活動家が、七日に共同デモを組織することを共産党に申し入れ、すげなく拒否されたいきさつもあった。

社会党が計画した八日のデモは、結局、労働総同盟（社会党系）が予定していたゼネストと歩調を合わせるため一二日に延期されたが、その前日の一一日、共産党は突然態度を一変し、『ユマニテ』を通じて、その影響下の労働者に、翌日のストとデモへの積極的な参加を呼びかけた。この「転換」の理由については種々の臆測がなされているが、真相は不明である。

いずれにせよ、共産党と統一労働総同盟の参加によって、二月一二日の闘いは全労働者階級の統一的な闘いとなった。この日、職場を放棄した労働者は全国で四五〇万、デモ参加者は一〇〇万以上をかぞえた。

当日、政府はパリの東端部とその外郭の郊外に限って一応デモを許可したため、行進は平穏におこなわれた。参加者は五万とも八万とも一五万とも言われる。郊外のバンセンヌから解散地のナション広場に至る広いバンセンヌ通りでは、左側に社会党系のデモ隊、右側に共産党系のデモ隊が平行して進み、「団結」、「統一行動」と互いに連呼しあった。社会党系の人民戦線史家ジョルジュ・ルフランも言うとおり、「一二日のパリのデモは六日の効果を一部帳消しにするような大勝利だった」。

＊

以上が一九三四年二月の事件のあらすじである。一二日デモの成功で、一応ファシズム対反ファシズムの闘いの第一ラウンドは終了した。一方には六日の「小革命」を成功させたファシスト陣営、他方には階級的な統一に向けて一歩を踏み出した労働者勢力、そして親ファシズム的な傾向を内包しつつ、この両者のバランスの上に乗るかのごとく見えたドゥーメルグの「挙国一致」内閣——当時の全体的な政治地図は、ほぼこのような形に要約されよう。もちろん、労働者階級の統一はあくまでも一歩を踏み出したのみであって、社共両党間の不信と敵意は依然すさまじいものがあった。ブルジョア共和制に対する共産党の態度も、従来と変わりなかった。政治局員のラメットは二月一五日下院で演説し、「共和制擁護」に反対して次のようにのべた。「われわれはブルジョア共和制を擁護するのではない。それを打ち倒し、破壊するのだ。この共和国は金融上層や大工業家、ウストリックやスタビスキー輩の共和国だから」。つまりこの段階では、「人民戦線」はもとより、「民主主義擁護」、「共和制擁護」という考えも、共産党内にはいまだに芽ばえていないのである。このような状況は一九三四年の六月まで続いた。

(三)

二月一二日の闘争から七月二七日の社共統一行動協定の締結に至る約五ヵ月間は、一応反ファシズム運動の第二期と言える。『トロイの木馬』が取扱うのもこの時期である。

ドゥーメルグの「挙国一致」内閣は、この五ヵ月間にその反動的な性格を露呈した。八万五〇〇〇人の公務員の解雇予告、教員五〇〇〇人の馘首、鉄道従業員恩給の削減、大資本優遇の税制改革——四月から五月にかけて、このような施策が一連の大統領令《デクレ・ロワ》によって実行された。また政府は、逓信従業員に忠誠宣誓を要求したり、公務員の団結権をおびやかすなど、労働者階級への攻撃を強める一方、議会の権限を制限するための憲法改正を提唱し、合法的手段による独裁の樹立を狙うものとして、物議をかもした。

この時期は、ファシスト陣営にとっても反ファシズム陣営にとっても、二月中にそれぞれがあげた成果を全国的に定着させ、その影響を末端にまで浸透させる重要な期間であった。両陣営とも、二月六日、一二日のような大示威運動に代わって、中小規模の集会・デモを頻繁に国内いたるところで組織した。パリのみでも、二月から六月までの間に、反ファシズムの集会は九三〇回、デモは二二回、地方では同じ期間に集会が六三四回開催された。首都と地方とを問わず、この時期には、機動力を誇るファシスト側がまず集会、デモを組織し、労働者（時には農民）側が急遽対抗デモで応えるというのが定石だった。「反ファシズムの波は、抗しがたい勢いで全国的に高まっている。ファシスト徒党がパレードや集会をやろうとすれば、必ず大衆の強力な反撃が湧き起こるのである」——モーリス・トレーズは四月二六日の『ユマニテ』でこのように述べている。そこから、二月の諸事件では見られなかったファシスト集団と労働者集団との直接的な激突が各地で起こり、犠牲者の数も急速に増大した。二月から六月までに、ファシストと、彼らを援護する警官隊の手によって、一六人の労働者が殺害された。

六月にはいると、ファシストと労働者の衝突は頂点に達した。某右翼記者によるこの月の「犯罪日誌」を引用すると、

「——グルノーブルで極左分子がフィリップ・アンリオ〔ファシスト政治家〕の講演を妨害。憲兵が突撃し、一二〇人負傷。

――カンブレでは、「十字火団」の集会をめぐって乱闘が起こる。騎馬憲兵隊が突撃。

――ドナンでは、一五〇人の共産党員、社会党員が一五人程の「愛国青年団」員を袋だたきにする。

――バランシエンヌでは、反ファッショ集会のあとデモに移ろうとしたが、憲兵隊に阻止される。

――プリバでは、フィリップ・アンリオをおそったデモ隊を、狙撃兵がようようのことで撃退する。

――サン＝テチエンヌでは、「十字火団」の集会に抗議して、デモ隊が市役所前の広場におしかける。バリケードが作られ、市電がひっくり返される。保安隊は石を投げられ、並木の柵の鉄棒でなぐられる。数回の突撃で、ようやくデモ隊は退散。四〇人負傷。

――ツールーズでは、スカピーニ〔右翼文筆家〕とテタンジェ〔「愛国青年団」の首領〕が「愛国青年団」の宴会に出ていたところ、暴動が勃発。県庁の囲みを解くために、保安隊が突撃。数千人のデモ隊はガソリンの缶に火をつけ、ベンチや鉄柵でバリケードを作る。自動車の焼き打ち。保安隊に向けてピストルが発射される。四時間がかりで、バリケードを占領。狭い道で、馬が倒れる。負傷者は保安隊四四人、デモ隊一二二人」。

ここにはのっていないが、六月一〇日には、前出のグルノーブル、カンブレと並んで、ルーベ、シャビル、リヨン、パリ、モンタルジでもファシストへの対抗デモが起こり、モンタルジでは一人の労働者が殺された。また、一七日にはマルセイユで、二一日にはロリアンで、労働者とファシスト・警察との間に、バリケードによる市街戦が展開された。

こうして、二月九、一二日に首都で起こった反ファシズムの闘いは、六月にはまさにフランス全国へ波及するにいたった。

＊

以上が、『トロイの木馬』に取扱われた一九三四年六月の概況である。この六月の或る日に、小説の舞台となったビルフランシュの町で、ここに描かれているような事件が現実に起こったかどうか、残念ながら訳者は知らない。いずれにせよ、この小説の描く労働者とファシスト集団の衝突が、ファシストのデモ→労働者の対抗デモ→警察・保安隊の介入、発砲という基本的な筋書から、並木の鉄柵による急ごしらえの武装、騎馬の保安隊を狭い通りに引き込んで戦う市街戦の戦術等の細部に至るまで、この月に多くの地方都市で続発した流血事件のまさに典型的なものであることを、一応記憶にとどめれば足りよう。

(四)

各地でおこなわれたこれらの闘争は、いずれも共産党系の労働者を主体としてたたかわれた。しかし、この時期の顕著な動きは、共産党が指導するこれらの闘争に、社会党の下部党員や地域支部が党指導部の禁を侵して参加するケースが急速に増大したことである。こうして、全国いたるところで社会党員と共産党員との統一行動が実現し、ツール大会後一四年ぶりに、社会党の赤旗と共産党の赤旗が同じ風にひるがえった。『トロイの木馬』にも、統一して反ファッショ集会を開くビルフランシュの労働者の感激が美しい言葉でつづられている。

統一デモはさらに常設的な「反ファシズム行動委員会」の組織へと進み、組合次元では、労働総同盟系と統一労働総同盟系の合体による単一組合結成の動きが起こった。反戦・反ファシズムのアムステルダム・プレイエル運動にも、四月頃から社会党の多数の支部が参加しはじめ、五月下旬の社会党大会では、この運動への参加決議が三分の一以上の賛成を集めた。

＊

こうした統一の前進を、当時の共産党はどのようにとらえていたか。

「統一戦線の広く深い流れが、幹部の反対にもかかわらず、社会党系の労働者を、ファシズムに反対し挙国一致と大統領令の政府に反対する闘いに引き入れている。大衆の心の中に、深甚な変化が起こっている。社会党系の労働者もモスクワの方を、共産主義インターナショナルの方を、ボルシェビズムの方法の方を向くようになった。〈資本主義に突撃をかけようという考えが、大衆の意識の中で熟しつつある〉（スターリン）」――『カイエ・デュ・ボルシェビスム』誌、一九三四年四月一日号。

「プロレタリアートの統一の風は力づよく吹きわたり、さまざまな障害を吹きはらい、抗しがたい力で、勤労者をモスクワの方向に引きよせている」――『ユマニテ』五月二七日号。

ここに引用したのは、党書記長トレーズの二つの特徴的な発言である。戦術的には、統一戦線の拡大がいわゆる「階級対階級」戦術の勝利として理解されていること、戦略的には、この統一戦線があくまでもプロレタリア革命のためのプロレタリア統一戦線として把握されていることが、こうした発言からもうかがわれよう。

「階級対階級」は、もちろんコミンテルン全体がとった一時期の支配的な戦術であるが、フランスの場合、それはまず一九二八年の総選挙で、社会党への労農ブロック結成の提案としてあらわれ、やがて一九三二年の第七回党大会で明確に定式化された。これは、改良主義、日和見主義の影響から労働者を脱却させ、階級としてのプロレタリアートの全勢力を動員して、ブルジョアジーとたたかうことを眼目としたもので、現実には、(1)「ブルジョアジーの手先」である社会党に対する激烈な攻撃、(2)社会党の下部党員やその影響下の大衆を共産党の影響下に引き入れる下部での統一戦線、という二つの要素から成り立っていた。一九三四年二月から六月にかけて共産党が実行したのも、まさしくこの「階級対階級」戦術であり、この期間に拡大した統一戦線は、『ユマニテ』の言葉を借りれば、「〈階級対階級〉のたたかう統一戦線」（三月八日号）であった。

当時、共産党内にも、社会党上部との交渉・協定の必要を説くジャック・ドリオなどの一派があったが、党主流はこれと激しい党内闘争を展開し、ドリオは六月末の全国協議会で党から除名された（彼はやがてファシズムの陣営に身を投じる）。この六月まで、党指導部があくまでも主張したのは、社会党とその指導部の仮借ない暴露により社会党の下部大衆を引き抜いて作る・共産党指導下での統一戦線であった。「共産党と社会党の結婚にかんするあらゆるお喋りは、ボルシェビズムの精神とは根本的に無縁である。われわれは社会民主主義と手を結ぼうとは思わない。……水と火を結婚させられるものではない。……われわれが望むのは、社会党員、共産党員、無党派の労働者を、ブルジョアジーに反対し、ブルジョアジーの主要な社会的支柱である社会民主主義に反対する闘争に結集することである」――『ユマニテ』四月一三日号（トレーズ）。

このような戦術を支えていたのは、ファシズムの危機をプロレタリア革命に向けて突破するという、当時の共産党の基本的な方針であった。二月六日事件の直後、一時党がかかげた「人殺しの政府を倒せ」、「ダラディエ、フロを投獄せよ」等のスローガンは、その後三月半《なかば》の中央委員会総会でセクト的偏向として自己批判されたが、なおかつ、ファシズムとファッショ化しつつあるブルジョア民主主義とを両面の敵（むしろ、一つの敵の両面）と見る二月以来の見方に根本的な変化はなかった。ブルジョア民主主義それ自体がすでにファッショ化しつつあるならば、ファシズムに代わるものはプロレタリア革命によるソビエト政権の樹立以外にありえない。事実、二月から六月にかけての反ファッショ・デモで最も多く叫ばれたスローガンは、「労働者・農民の政府をつくれ」であり、「いたるところにソビエトを」であった（『トロイの木馬』で労働者が壁書きをするのもこのスローガンである）。「社会党は共和制を救おうとする。〈ファシズムと反動の党派から共和制をもぎとろう〉とする。……これに反して、共産党は〈ソビエト権力〉のためにたたかっている。フランス・ソビエトの綱領を提示して、勤労者の熱狂的な拍手を浴びている」――これは『ユマニテ』四月一九日号にのったトレーズの言葉である。ファシズムの打倒＝プロレタリア革命というこの脈絡の中では、職場や地域の統一行動委員会も明確に「未来のソビエトの萠芽」と規定された。

このような前提に立つ限り、二月から六月に至る全国的な反ファシズム闘争の盛りあがりが、運動者たちの目に、プロレタリア革命の切迫を告げるものと映ったことも、けだし当然と言わねばならない。トレーズも、前掲の『ユマニテ』四月一九日号の論文で、「革命の波の加速度的な高まり」を語っているが、七月二日、パリの社共両党組織が共催した集会でも、弁士たちがこもごも立って、まぢかに迫るプロレタリア革命への燃えるような期待を述べた。「この世のいかなる力も、われわれが手と手を組んでプロレタリア革命に向けて前進するのを防ぐことはできない」、「すでにプロレタリア革命の轟きが、ラインのかなたから聞こえてくる」等々……

「みんなきたるべき日を思った。そうだ。彼らの前にはすでに、戦闘と銃声と死体のつづる未来が、流血の未来がひろがっていた。気温の上昇と息づまる時代の空気は、戦争の稲妻と内乱のあらしの前ぶれだった。……この町だけではない。幾百という町々の暗がりのなかで党員たちがやってきたじみなたたかいは、ついに激動の門口にたどりついた」（本書一四九ページ）――『トロイの木馬』のこの言葉も、或る意味で、当時の一般的な雰囲気を代弁していたといえよう。

（五）

戦略的にはプロレタリア革命、戦術的には階級対階級という反ファシズム闘争の路線に実質的な修正を加えたのは、六月二三〜二六日にイブリで開催された共産党の全国協議会であった。

転換のきざしはすでにひと月前から現われていた。五月末、『プラウダ』紙の論説は、大衆の内にある統一戦線への願望を過少評価するのは犯罪であると断じ、とりわけ、社会党がまだ政権を取っていないフランスのような国では、社会党上部に対する統一戦線の申し入れが可能なはずである、と示唆した。この『プラウダ』の論説は三一日の『ユマニテ』に転載され、その前後から、社会党指導部に対する共産党の呼びかけが活潑化し、社会民主主義攻撃は徐々に弱まっていった。六月一一日、社共両党の最高指導者が相寄り、相互非難の中止について討議した。

イブリ協議会も形の上では、「ソビエト政権樹立」のスローガンや「階級対階級」戦術を放棄したわけではない。しかし、その決定の実質的な内容は、明らかに「人民戦線」的な方向に向けて一歩を踏み出したものであった。その転換は次の三点に要約されよう。

一、ファシズムとブルジョア民主主義の区別が強調され、「民主主義擁護」が新たな目標として掲げられたこと。協議会冒頭の中央委員会報告は、この点について次のように述べている。「われわれがブルジョア民主主義を破壊するためにたたかっているようなことを、わが党の活動家たちが喋ったり書いたりしている例が、まだかなり見られる。こうした一面的な言いかたは絶対にまちがっている。……共産党員はあらゆる形のブルジョア独裁に反対してたたかっている。それは、たとえこの独裁がブルジョア民主主義という形をとっている場合でも同じである。しかし共産党員は、ブルジョア政治制度がどういう形をとろうとかまわない、などとは絶対に思っていない。共産党員は、ブルジョア民主主義が反動的な方向に変貌しながらファシズムの露払いに堕落してゆく過程を、具体的な形で暴露している。しかし共産党員は、大衆自身が獲得した一切の民主的な自由を、過去、現在、未来にわたって守りぬく」。

二、社会党との統一戦線については、社会党の下部大衆を指導者から切り離して、共産党の路線に引き入れる、という「階級対階級」的な統一戦線方式から、指導部を含む社会党全体との共闘の方向に舵が向け直され、それにともない、社会民主主義攻撃や統一戦線における党の指導権の問題についても従来の立場が修正された。

三、さらに、このような労働者階級の統一戦線を基礎として、従来とかく等閑に付されがちであった農民、都市小ブルジョアなど、一連の中産階層を包含した広範な反ファシズム戦線の確立が主張された。そして、こういう「国民的」な立場への移行を示すものとして、トレーズが前年の四月に下院で述べた「われわれプロレタリアは国を愛する」という言葉が、あらためて全党により承認された。

このように、一九三四年六月のイブリ協議会は、伝統的な外皮の下にその後の人民戦線政策を構成するすべての要素を内包していたと見てよい。まさに決定的な転換であった。

＊

この協議会ののち、社共の統一戦線は当然飛躍的に拡大した。それは従来の支部—細胞段階から県連段階の共闘へと進み、七月四日パリで、ついでリヨン、マルセイユ等々で、両党県連間の統一行動協定が調印された。この統一の流れは、七月一五日の社会党臨時全国評議会でも、ファシズムと戦争に反対するため共産党と共同行動をおこなうという提案を三四七一票対三六六票の圧倒的多数で可決させ、七月二七日、全国的な社共統一行動協定の締結にまで至るのである。

二ヵ月後の一九三四年一〇月九日、社共両党代表からなる調整委員会の席上で、トレーズは社共の統一戦線をいっそう拡げて（急進党にまで）、中産階層と労働者階級の提携を固めることを提案した。「反ファシズムの人民戦線」という言葉が『ユマニテ』紙上に現われたのは一〇月二二日からである。こうして「人民戦線」という語と、その内容をなす、反ファシズム・ブルジョア民主主義擁護のための労働者階級と中間諸階層の提携、という観念は、六月以前に支配的だった反ファシズム・プロレタリア革命という思想に代わって、一〇月以後、運動の中へ徐々に定着していった。

以上の記述から、ここに訳出した『トロイの木馬』の素材が、フランスにおける反ファシズム運動のどのような地点に位置づけられるかは、おおよそ明らかにされたことと思う。この物語が進行する一九三四年六月は、前述のとおり、労働者の反ファシズム闘争、具体的にはファシストの挑発に対する労働者の反撃が、フランスの津々浦々でもっとも激烈に展開された月であり、またその中で、共産党員と社会党員との下部での共闘が飛躍的に拡大した月であった。『トロイの木馬』が描くのも、フランス中南部の小都市で社共両党の共闘によってたたかわれるこのような反フ

アッショ・デモのひとつである。
それとともに、一九三四年六月は、少なくとも共産党系の運動を取った場合、反ファシズム闘争の戦略・戦術に重大な変更が起こり、ファシズムの危機をプロレタリア革命に向けて突破するという従来の路線から、民主主義擁護、中産階層との提携という「人民戦線」路線に向けて、運動全体の転換がおこなわれた月でもあった。また、共産党員は国を愛するということが全党的に始めて認められた月でもある。

『トロイの木馬』に描かれたビルフランシュの党員たちの思想と心情は、言うなればこの六月の転換以前のものである。ここに登場する労働者たちは、自分の国と自分の町をはげしく憎み、はげしくのろっている。国を愛するどころか、彼らは「フランスと戦う」のであり、彼らが住む労働者街は、敵地に忍び入った「トロイの木馬」なのである。一般の市民たちを軽蔑し憎悪する彼らは、この同胞たちから「浮く」ことをいささかも意に介さない。そしてひたすら、フランスとこの町を転覆させる流血の革命を待ちこがれ、その接近の予感に心をおののかせている。

共産主義者が愛国者であり愛郷者であることが通例となった人民戦線以後の運動のありかたからすれば、ニザンの描く党員たちの心情はいささか奇異に思われるかもしれない。しかし、前述のとおり、反ファシズム闘争の転換点をなす一九三四年六月以前には、このような思想と心情こそがまさしく運動全体に支配的だったのであり、この月を中心として各地で激しくたたかわれた反ファシズム闘争も、たぶん、かような思想と心情に支えられてこそ始めて可能となったのである。

プロレタリア革命の戦略と、いかなる妥協をもこばむ「階級対階級」の戦術のもとに、黙示録的な動乱と流血の革命があらゆる救済要求を一手に集約した時代、自分の国と自分の町、そして自分の同胞をはげしく憎み、はげしくのろうことが、実は国と町と多くの同胞の幸福につながっていた時代——反ファシズム運動を描きつつ、およそ定型化した反ファシズム運動（人民戦線運動）のイメージからは遠いこの小説は、ある意味で、その後再び帰ることのなかったこの時代のひとつの形見と言うべきであろうか。

フランスにおける反ファシズム運動は、一九三四年六月以後、『トロイの木馬』を支配する思想や心情とはいわば異なった線に沿って展開された。そして、人民戦線の結成、人民戦線政府の樹立という一定の成果をあげ、一九三五年七～八月のコミンテルン第七回大会では、世界の革命運動のすぐれた範例として称揚された。中国で抗日統一戦線が確立されたのもほぼ同じころである。このような共産主義運動の（特に、民主主義の理解や統一戦線戦術の）その後の展開を考慮しつつ、なお、小説『トロイの木馬』に描かれた一九三四年六月のフランスの労働者の闘いと、それを生みだした同年二月以来の反ファシズム闘争の全過程から、われわれは何を学びとらねばならないのだろうか。揺れ動く情勢のなかで、訳者にも、本書を読まれるすべての方々にも、歴史はこの重い問いかけを発している。

（付）

この解説を書くに当たっては、主として次の文献を参照した。

モーリス・トレーズ『人民の子』、国民文庫、一九五五年
同　『人民戦線とフランス共産党』、資料版、発行年不記
同　『トレーズ政治報告集』、第一巻、未来社、一九五五年
Œuvres de Maurice Thorez, livre II, tome 6 (février-août 1934), 1951 ; tome 7 (septembre 1934 – janvier 1935), 1952, Editions Sociales.
Histoire du Parti communiste français (manuel), Editions Sociales, 1964.
Jacques Fauvet, Histoire du Parti communiste français, tome I, Ed. Fayard, 1964.
Gérard Walter, Histoire du Parti communiste français, Ed. Somogy, 1948.
Jacques Chambaz, Le Front populaire pour le pain, la liberté et la paix ; Claude Willard, Quelques aspects du fascisme en France avant le 6 février 1934, Editions Sociales, 1961.
Georges Lefranc, Histoire du Front populaire, Ed. Payot, 1965.
Georges Lefranc, Le Front populaire, coll. ‹ Que sais-je ? ›, 1965.

Daniel Guérin, Front populaire, révolution manquée, Ed. Julliard, 1963.
Jean Grandmougin, Histoire vivante du Front populaire, Ed. Albin Michel,1966.
Maurice Chavardès, Le 6 février 1934, Ed. Calmann-Lévy, 1966.
Antoine Prost, La C. G. T. à l'époque du Front populaire, Ed. Armand Colin, 1964.
J. Plumyène et R. Lasierra, Les fascismes français, Ed. du Seuil, 1963.

II　ポール・ニザン

ポール・ニザンを語るのは苦しいことである。

ジャック・リゴー、ルネ・クルベル、ピエール・ドリュ＝ラ＝ロシェル……いわゆる「両大戦間」のフランス文学には、今なお声をひそめずには語れないようないくたの悲劇的な作家がいる。しかし、その名の呼びおこす痛みが、あるいは痛恨が、これほどまでに激しく切なる作家は少ない。また、その生涯が、あとに残された人々の間にかくもすさまじい憎悪と非難の応酬をひき起こした者も少ない。

この飜訳のひとつの意図は、両大戦間の歴史を激しく生きたポール・ニザンの生と死を、またその文学を、よりよい世界を願うすべての人々の共通の遺産とすることにある。解説ももちろんその線に沿って書かれる。

（一）

ポール・ニザンは一九〇五年二月七日に生まれた。ここに訳出した『アデン・アラビア』で、ニザンは「私はフランスの農夫である」（本書二二一ページ）と語っているが、事実、彼の祖父はブルターニュの農夫の出であり、ニザン自身の内にも、現実に彼がたどった道とは奇妙に裏腹な強い定住癖、海や冒険への嫌悪、一軒の家と安定した家庭への欲求など、一種農民的な気質が支配的だったらしい。ただ実際には、彼の父は国有鉄道の技師で、家はかなり裕福な小ブルジョアの家庭であった。

パリの名門アンリ四世中学。ついで、フランス随一の秀才校・高等師範学校（一九二四年入学）。ここまでは典型的なエリートのコースである。しかし、やがてニザンはこのコースから大きくそれていった。

もともとニザンは、極度に不安な精神の持ち主だったらしい。一五歳の時、この少年は修道院入りを志し、またやがて新教への改宗を計画して母親の激怒を買った。共産主義に惹《ひ》かれ、次には右翼に傾き、また三転して共産主義へもどるといった具合だった。自殺をはかったこともあるという。「磁気嵐や極光で磁針が狂い、東西南北とあてもなく回りつづける羅針盤」（本書一六八ページ）――これは後年のニザンが自己の青春にあたえた定義である。

この彷徨《ほうこう》の内に、第一次大戦後の青年たちを共通にとらえた不安と動揺、自我と世界の解体の意識を見ることは、余りにも容易であろう。ニザン自身、青春の彷徨の決算書ともいうべき『アデン・アラビア』では、二〇歳の彼をとらえたこの混迷を明らかに「時代の病」と考えている。さらにニザンには、父親ゆずりの一種偏執的な死の恐怖があったことも忘れてはなるまい。

不安と恐怖が生みだしたものは、「脱出」の欲望である。宗教、夢、自殺、あらゆる逃げ道を試みたあげく、一九二六年一〇月の或る日、学業を棄てたニザンは追われるように紅海南端のアデンへ向けて旅立った。

（二）

旅の神話はいずれにせよ、異郷で色あせてゆくものであろう。一九二〇年代の「脱出文学」の代表作であるマルク・シャドゥルヌの小説『バスコ』（一九二七年）は、不安な自己を引きずったまま海の涯まで旅しても、所詮救いはないという反省を語り、空間依存的な「脱出」の無益を強調した。ポール・モランのエッセイ『ただ地球のみ』（一九二八年）も、快速船や飛行機の時代となった今は、地球上にもはや神秘は残されていないと述べて、別の角度から地理的なロマンチシズムにとどめを刺した。

しかし、ポール・ニザンのように、脱出が覚醒への道であったケース、ヨーロッパから必死に逃れた若者が、この旅によって逆に、ヨーロッパの真の姿を発見し、それとの闘いを決意するに至ったケースは、おそらく稀有に属するだろう。彼の処女作『アデン・アラビア』は、この稀有な「脱出」から「闘争」への転回の記録である。

「脱出」といっても、もともとニザンはアデンに何を期待していたのか。それは必ずしも明確でない。しかし、求めていたものがなんであれ、現実に彼が見いだしたのは、まさに、彼が逃れようとしたものそれ自体だった。アデンはヨーロッパ以上にヨーロッパ的な、いわば圧縮されたヨーロッパだった。「肝腎なのは、アデンが、われらの母なるヨーロッパの強度に圧縮された姿だったこと、ヨーロッパのたんなる縮図だったことである。数百人のヨーロッパ人が、長さ五マイル、幅三マイルの徒刑場のように小さな空間につめこまれたまま、西ヨーロッパ生活の線と比例が構成する図形を、そっくりそのまま小さな形に再現していた」（本書二〇五ページ）。

こうして彼は、「自分が恐れていた人々のあいだにまた落っこちて」（本書二二一ページ）しまったのである。進退きわまった彼は自殺をはかった。

アデンとそこに住むヨーロッパ人を彼がはじめて注視するようになったのは、この自殺が失敗し、意識がよみがえってからだと言われる。その時彼が見たものは、この植民地の町で、まさに自らの「経済的本質」にまで還元されたヨーロッパの「人間」の赤裸々な姿だった。ヨーロッパでは芸術が政治が思想がこの本質をおおいかくし、さまざまな鏡でこの本質をゆがめて映している。しかし、アデンにはそれがない。ここには、一切の装飾物を剝脱され、資本主義経済の一個の歯車という純粋状態にまで還元された人間がいる。彼らの生活を支配するのは、ヨーロッパとアメリカの市場の変動のみである。裸にされたこの解剖模型は、西ヨーロッパの人間の真の姿を示してはいないだろうか。一言で言うならば「経済人」、ホモ・エコノミクスである。

かつて自分を恐怖させたもの、不安と逃亡の因となったもの、その実体はこれだったのだ。「さんざまわり道をしたあげく、けっきょく私は、あんなにこわがっていたもとの枝の上に落ちてしまった。つまり、自分が逃げようとした恐ろしい影に、またぶつかってしまったのだ。しかし、それもただの人間であること、こわいのは数が多いからにすぎないことを、私は見抜いた。私は近くへ寄ってはかってみた。大きさも形もフランスの人間と同じである。ただ、彼らをもののけのように見せていた夜、伝説と知識とことばと芸術の夜が、死骸までからからにする日の光でかき消されてしまっていた。なんと重みのない人間だろう。その同類になるのをこわがった理由も、なんとかんたんなことだったろう」（本書二二三ページ）。

不安と恐怖は、今や憎悪と闘志に変わった。恐怖の実体をつかんだ瞬間から、逃亡はもはや不必要となる。彼はこの敵とたたかうために、いそぎフランスへ帰った。「翌年、彼はもどってきた。それは夜だった。だれも彼のことを待ってはおらず、私は一人で自分の部屋にいた。……彼はノックもせずに入ってきた。蒼ざめて、やや肥って、不気味な姿だった。彼は私に言った、『浮かない様子だね』。私は答えた、『君もだ』。そこでわれわれは一杯飲みに行き、二人で世界中を非難した」（集英社刊「世界文学全集」、第二五巻、二七〇ページ）――彼の帰国の夜を、友人のサルトルはこのように回想している。

『アデン・アラビア』は、かつての恐怖の実体ホモ・エコノミクスと、それが支配する資本主義フランスへの激烈な闘争宣言で終わっている。

「今こそ、恐怖の原因と戦うときだ。手をよごすときだ。……恐怖からすっかり解放されるために、私は戦いという場を選ぶ」（本書二四七ページ）。

「人間の敵の中で、フランスほど私に身近な敵はなかった。私が力のおよぶかぎり、最大の危害を加えられるのは、このフランスをおいてない。……ヨーロッパは死人ではない。それは榕樹《ようじゅ》のように、二次的な根をいたるところにおろした一本の木の株である。この株をまずたたこう。その葉陰で、全世界が滅びつつあるのだから」（同二二五ページ）。

「もはや、憎むことを恐れてはならない。もはや、狂信的であることを恥じてはならない。……われわれの行為のただ一つでも、怒りを含まぬものであってはならぬ」（同二四九ページ）――このすさまじい絶叫で、アデンへの逃亡の旅はしめくくられた。

このエッセイはニザンの精神的自伝、その青春の彷徨のひとつの決算書といえる。不安や恐怖から、その原因をなすものとの徹底的な闘いへ――『アデン・アラビア』で表明されたこの転回の決意は、結局、ポール・ニザンの全生涯を規定するものとなった。以後一三年間、ダンケルクで銃弾にたおれるまで、彼はこの書が宣言する道を文字どおり阿修羅のように駆け通すのである。

（三）

アデンでの決意を具体化する道は、当然共産党に加入することであった。一九二七年、ニザンは二二歳で入党した。「ニザンはマルクス主義に一切をこめた。自然学も形而上学も、行動の情熱もまた自己の行為を生かそうとする情熱も、シニスムもまた終末論的な夢も。……人類のために一切を粉砕すること、そこにニザンは晴ればれとした喜びを感じていた」――サルトルはこう言っている（前掲書二九一～二九二ページ）。

入党は、幼時から彼をさいなんだ死の恐怖への絶対の防壁とすら考えられた。共同の事業のために強固な連帯で結ばれている者は、世代から世代へと受けつがれるその事業の内で、まさに集団として不死であるだろう。ソビエト旅行で、社会主義の国の青年たちが死の恐怖を語るのを聞くまで、この考えはニザンの精神を支配した。まさしく、革命運動への参加は、生きることと死ぬことの双方を彼に教えてくれたのである。

もちろん彼も、最初から職業革命家の道を選んだのではない。妻子ある身で、たぶん生活のことを考えたのであろう、哲学の教授資格試験に合格すると、彼はリヨンに近いブールの高等中学《リセ》校の教師になった。しかし、教師稼業のかたわら、地域の失業者委員会を組織して統一労働総同盟への加盟工作をおこなったり、選挙に立候補したりした。こうしたことは地元の新聞でも攻撃の的となり、視学官からも最後通告をつきつけられるなど、さまざまな圧迫の因となったらしい。

一九三四年に結局ニザンは教壇を去り、党機関紙『ユマニテ』の編集部にはいった。そして以後、ジャーナリストとして、作家として、哲学者として、一言で言えば「党の文筆家」として終始するのである。

機関紙編集者としては、『ユマニテ』から程なく夕刊紙『ス・ソワール』に移り、一九三六年にはその国際政治欄の責任者となった。同年に勃発したスペイン内乱では、同紙の特派員として現地からの報道を寄せた。

これより先、ニザンは、一九三二年に創設された「革命的作家芸術家連盟」の書記局にはいり、また同連盟の親団体「世界革命的作家同盟」の書記をも兼ねて、バイアン＝クチュリエ、アラゴンなどとともに、左翼文化運動の中枢的な地位を占めた。連盟の月刊機関紙『コミューン』の編集書記もニザンとアラゴンの二人であった。一九三四年八月にモスクワで開かれた第一回全ソ作家大会に彼が出席したのも、このような資格からであろう。大会終了後、ニザンはソビエト・アジアを旅行して、革命後のロシアにおける教育事情を視察した（その報告は雑誌『ユロープ』の一九三五年五月号にのった論文「シンドバッド・トシクストン」である。これは、封建社会の古来の停滞を打ち破る共産主義的教育のダイナミズムを讃美している）。その後、一九三五年六月の第一回文化擁護国際作家大会（パリ）の準備と開催、同じく第二回大会（一九三七年七月、スペイン、パリ）のそれなどもあり、特に第一回大会の四日目には、議題の「ヒューマニズム」について自ら報告をおこなった。

党機関紙をのぞく大衆的な紙誌では、前掲の『コミューン』、『ユロープ』のほか、バルビュスの創刊になる新聞『モンド』、また、その廃刊（一九三五年一〇月）後新たに発行された人民戦線派の週刊紙『バンドルディ』などに、ニザンはしばしば寄稿している。なお、『バンドルディ』では、ニザンの妻アンリエットが、マルロー夫人クララとともに婦人欄を担当していた。

刊行されたポール・ニザンの著作は次の七点である。

一九三一年『アデン・アラビア』、三二年『番犬』、三三年『アントワーヌ・ブロワイエ』、三五年『トロイの木馬』、三六年『古代唯物論者』、三八年『陰謀』、三九年『九月のクロニクル』。このほか、ドライザーの小説『アメリカの悲劇』と、アリストファネスの喜劇『アカルナイ人』の飜訳もある。

（四）

一九三二年に出版されたエッセイ『番犬』は、『アデン・アラビア』の姉妹編に当たる。『アデン・アラビア』がニザンの精神的自伝を兼ねたブルジョア・フランスへの激烈な闘争宣言であったとすれば、『番犬』はこのブルジョア支配の正当化にあてられた現代フランス哲学に対するすさまじい弾劾の書であった。批判の対象は、哲学界の大御所ブランシュビックを筆頭に、視学総監パロディ、ソルボンヌ大学教授ラランドから、バンダ、マルセルといった在野の学者にまで及んでいる。

『番犬』の中でニザンがまず指摘するのは、「瞑想の凪《なぎ》の中で眠りこけている哲学者たちの脱俗、浮世ばなれ」（リーデル版三四ページ）である。哲学者たちが取扱うのは、抽象的な「精神」、「観念」、「道徳」、「最高善」、「理性」、「正義」等々であって、人間の現実生活を構成する具体的な事件や具体的な不幸ではない。「われわれの涙の谷から離れていることが本物のしるしだ、と哲学者たちは錯覚して」（三六ページ）いる。「哲学者たちは地上への牽引力を感じない。彼らは天使よりも軽く、われわれが愛する生きている人々のあの重量を持っていない。人間の間を歩きたいという欲求を、彼らは一度として感じない」（五五ページ）。

こうした現実からの遊離によって、哲学は「正義」、「自由」等の公約を果たすことができない。それのみか哲学は、自分が追求すると称する大目的を現実には裏切っている。抽象的な「自由」に関する論議は、植民地抑圧等に現われた現実的な自由の欠如を隠蔽することにしか役立たない。同様にして、現実の悲惨は「悲惨」の観念の前に、現実の生活は「生」の観念の前に消えうせる。この哲学は常になにかを隠す哲学である。

そこから、この哲学の階級的な本質は明らかとなる。ブルジョア哲学が奉仕するのは精神でも真理でもなく、まさに現存の秩序であり、哲学者の使命は、この秩序を美化し、搾取されている人々が搾取の実態を見るのを防ぎ、反抗を未然に抑止することにある。ブルジョア哲学者はおしなべてブルジョアジーの「番犬」なのだ。

ブルジョア哲学の脱俗の仮面をはぎとらなければならない。「今こそ、彼らを追いつめる時である。戦争について、植民地主義について、工場の合理化について、恋について、各種の死について、失業について、政治について、自殺について、警察について、堕胎について、この地上を真に占領しているすべての要素について、彼らの考えをただす時である。今こそ、彼らが人をあざむくのをやめる時、演技をするのをやめる時である」（七〇ページ）。

では、このブルジョア哲学に代わるべき人民の哲学、「被抑圧者の哲学」とは何か。それは、抑圧され搾取されている者の具体的な要求を代弁する哲学、十分に自覚化されない意志や反抗を明瞭な形で表明し、非人間的なすべての状況を告発して、それへの闘いに人をふるい立たせる哲学である。「哲学者は、搾取されている者の要求や憤激の専門家にすぎなくなる」（二三九ページ）。

古来、すべての哲学は、それぞれの実践的な意図に見合った理想の人間像を提示してきた。古代哲学は「賢者」を、中世哲学は「聖者」を、近代哲学は「市民」を。これに対し、被抑圧者の哲学が指し示す人間は、レーニンの言う「職業革命家」にほかならない。

被抑圧者の哲学がかようなものであるならば、その哲学者がプロレタリアートと結合し、その声の中のひとつの声とならねばならないのも、見やすい道理である。「革命的な哲学の有効な仕事が可能となるのは、哲学者と革命を担う階級との深いつながり、結びつき、一体化によってのみである。哲学者は、プロレタリアートの機関との実践的なつながりによってしか、彼が義務づけられた告発の仕事をなしとげることはできないし、彼が目指している人間的な価値を主張することもできない。……革命的な哲学の専門家は政党人になれ、とまで言わねばならない」（二三八ページ）。

これこそ、生身の「人間」を擁護する唯一の方法である。頽廃と死を免れる唯一の可能な道である。「死をがえんじない者、共犯者となることを欲せぬ者、空虚と恥辱を受けいれぬ者は、すべて、プロレタリアートの陰に身を投じる」（二二六ページ）のだから。

＊

ベルグソンからバンダに至るブルジョア哲学を一括的に断罪したこのエッセイは、見ようによれば、当時の共産党が推進した「階級対階級」戦術の哲学分野への適用と言うこともできよう。たしかに、『番犬』が、人民戦線戦術との関連で一九三〇年代後半からフランス・マルクス主義に顕著となる傾向、ブルジョア諸哲学の区別やそれらへの異なる対応など、総じてブルジョア哲学への「精緻」な対決の仕方を欠いていることに、「階級対階級」戦術を背景とした三〇年代前半のフランス・マルクス主義に共通するひとつの歴史的性格を読みとることも不可能ではない。しかし、この政策的な前提の有無にかかわらず、『番犬』を貫くものは、あくまでもポール・ニザンの「肉声」である。切りつけるような極度に攻撃的なその言葉――この背後には、『アデン・アラビア』で語られた青春の彷徨、恐怖と不安、さらには自己の出身階級と、かつて自ら選んだ「哲学というお役所仕事」への「あらん限りの」不快感、燃えたぎる憎しみのすべてがある。「哲学者の行動は、そのとき、墓穴掘りの行動に近いものとなる。生きている人間が、死んだ人間を埋葬し火葬するのだ」（二二七ページ）――革命的な哲学を語るこのニザンの言葉の内に、われわれは、生を確保するためにあらゆる死の力と闘うことを誓ったあの『アデン・アラビア』の決意表明を再び見る思いがしないだろうか。

哲学は人間の現実的な要求に応《こた》えなければならないという『番犬』の中心的な命題は、ニザンによってその後もたえず繰り返された。一九三五年前後に彼がおこなった「共産主義的ヒューマニズム」の提唱も、内容はそれ以外のものではない。たとえば、同年六月の第一回文化擁護国際作家大会でおこなった彼の講演も、この新たなヒューマニズムを「人間の思惟の抽象的条件ではなく、人間生活の具体的条件を考慮するヒューマニズム」と規定した上で、現代における思想の真のありかたについて、次のように語っている。

「不具、頽廃、堕落、苦悶が未曾有の勢を以て支配している世界では、ヒューマニズムの古き伝説をくり言《ごと》するのは激しい嘲罵を買うことになろう。見渡せば、ありとあらゆるしるしが滅亡のしるしである。人間は今ほど貧しく寂しく、今ほど卑しめられ抑えつけられたことはない。彼を抑えつけている権力――経済と政治と裁判と警察のあらゆる権力――それこそは人が運命と呼んでいるものの実相である。われわれは饑餓と貧困と苦悩を見る。われわれは戦争の時代に生きている。今は人間であることがなんの誇りでもない。……プラトンやカントの言葉ではなくて、エピクロスの言葉を言うべき時が来た。〈肉体は叫んでいる。飢えと渇きと寒さから救ってくれ〉と」（小松清編『文化の擁護』、昭和十年、一三五～一三六ページ）。

翌年、娼婦と奴隷の哲学者であったこのエピクロスを中心に、古代唯物論者の文集（『古代唯物論者』）をニザンが編纂出版したのも、同様の意図から出たものであったろう。

（五）

ポール・ニザンは三編の小説を残している。ペンによる闘いを次善の策と見たニザンの目には、小説の構成を整え、登場人物を緻密に描き分ける等の仕事は、所詮屈辱的な作業としか映らなかったのであろうか、それとも、直接的な心情吐露の欲求が余りにも強かったのであろうか、技法的にはニザンの小説はみな未加工の半製品に近い。筋の展開が突然中断されたり、作中人物の名前が簡単に置換可能であったりする。しかし、この荒けずりな作品は、またそれ故に、手なれた文壇小説には得がたい一種新鮮な魅力をたたえている。

最初の小説『アントワーヌ・ブロワイエ』は、ニザン自身の父親とおぼしき鉄道技師の一代記である。下級鉄道員の息子として生まれたアントワーヌは、国立工芸学校を卒業し、ツール機関区の組立工をふりだしに、急行列車の運転手、機関区副主任、同主任と、順調な出世コースをたどってゆく。私生活では、先輩の機関区主任の娘と結婚し、一女を上げ、それを死なせ、ついで男子を作る。

外から見れば「幸福」と言える典型的な小ブルジョアの生活である。しかしニザンは、この「幸福」の底にあるおそるべき悲惨と退廃をあばき出す。プロレタリアから小ブルジョアに成り上がったアントワーヌは、実は上方へ、脱落した一人の「落伍者」にすぎなかった。この出世によって、彼は自分の出身階級、そこにある被抑圧者の連帯から決定的に切りはなされた。それ以来彼は、ひたすら会社に忠誠をつくし、もっぱら「仕事の鬼」となる。しかし、人生の劇で、他から与えられた役柄を演じぬくことが、果たして「生きる」ということなのか。

「人間はこうしていつでも、疎外され、手足をもがれ、自分自身とは別物になった人間の断片にすぎないのだろうか。アントワーヌの人間の内には、なんと多くの未開拓な部分があったことだろう。流産したものが、結婚によって、旺盛かつ無関心な食欲で〈職員たち〉を食べてしまうこの〈会社〉によって食い殺されてしまったものが、なんとたくさんあったことだろう」（一三七〜一三八ページ）。

時々、彼はこうした生活をやめて、「何か新しいもの、何か別なもの、本当に自分自身になりたいと思う」（一三九ページ）。しかし、それを実行する勇気はない。彼はまた、生活のルーチンの中へ、「本質的な懶惰を秘めた仕事」（一三九ページ）の中へ落ちこんでゆく。

緩慢な死にすぎないこの生は、まさに死そのものによって復讐される。彼が終生内に秘めていた「大きな空洞」は、晩年に至って、突如、偏執的な死の恐怖となって爆発する。夜ごと、彼は死の不安にかられて起き上がり、ひとり深夜の町を彷徨する。しかし、「彼が恐れていたのは、もう肉体的な死ではなかった。それは、彼の全生涯の醜悪な顔、彼自身のこのうつろな姿、時間の灰の中をあてどなく早足で歩いてゆくこの頭のない存在だった」（三一〇ページ）。死は、人間を裏切った彼の生の裏返しの姿にすぎなかったのである。

事実ニザンの父親は、晩年このような錯乱に陥っていたらしい。また、この死の恐怖は、実はニザン自身のものでもある。しかし要は、アントワーヌ・ブロワイエというこの「疎外され、手足をもがれた」人間の生と死、その「幸福」の陰にひそむ退廃と悲惨と狂気とを激しくあばきだすことによって、ポール・ニザンが父親の世界、彼自身が生まれ育った世界、つまりは自らの「原生活」から必死に身を引き離そうとしていること、書くという行為を通じて、それを埋葬し乗り越えようとしていることである。『アデン・アラビア』や『番犬』と同じく、小説『アントワーヌ・ブロワイエ』もひとつの「訣別の書」であった。

＊

すでに邦訳出版されているニザン最後の小説『陰謀』（集英社刊「世界文学全集」、第二五巻）については、詳述を避けたい。

一言で言えば、これは一九二〇年代後期の青春の、ひとつの「恥の記念碑」である。高等師範に在学する急進的なブルジョア青年ラフォルグ、ロザンタールらは、「革命的」な雑誌を発行し、パリの防衛計画書を軍から盗むなどの「革命陰謀」を企てる。所詮は児戯に等しいこのみじめな革命遊び――それには、主人公とその義姉とのみじめな恋や、劣等感からするみじめな裏切りがからまり、ここに「青春の恥」のひとつの全体像が描き出される。ポール・ニザンが自己の（そして同世代人の）青春をどのようなものと見ていたかは、抒情や郷愁の影すらないこの残酷な青春小説が何よりも鮮烈な形で示している。

なお、この作品が一九三八年度のアンテラリエ文学賞を授けられたことを付記しておこう。

『アントワーヌ・ブロワイエ』と『陰謀』の中間に書かれた『トロイの木馬』は、この二作とやや性格を異にしている。前記二作が、あるいは父親の生涯を描き、あるいは同じ世代の青春を描いて、要するに彼の「原生活」への自己告発といった性格を色濃く帯びていたのに対し、『トロイの木馬』は、ニザンが選びとった労働者階級の当面の闘いをテーマとした、もっとも普通の意味での「闘争文学」である。「党の文学」という名称が『トロイの木馬』ほどストレートに当てはまる作品はない。

＊

その特異性のひとつの鍵は、この小説の執筆時期にある。『トロイの木馬』は一九三四年(おそらく九月)、ソ連邦タジック共和国のスタリナバードで筆を起こされた。それは著者が、同年八月にモスクワで開催された第一回全ソ作家大会に出席し、そのあとソビエト・アジアの教育事情を視察していた途次である。

この作家大会は、有名なジダーノフ演説がおこなわれ、「現実を革命的発展において描き出す」社会主義レアリズムの方法が強く主張された大会であった。また、「労働者階級と農民との生活および彼らの社会主義のための闘争を作品のテーマの基礎にすえるような文学」の必要が説かれ、文学の党派性と教育的な役割が強調された大会でもあった。

はじめて社会主義の国を訪れて、その建設に目を見はったニザンが、この国の作家たちの創作方法を自己のものにしたいという願望を抱いたことは、想像に難くない。おそらくニザンは、この大会の少なからざる影響のもとに、まさに「党の政策」を描く「党の文学」として、中央アジアの宿の一室で『トロイの木馬』の筆をとったのであろう。

だが、このような枠組の中で、もうひとつ、彼が是非とも語りたかった別種の問題があったようである。それは前作でも取扱われた死の問題にほかならない。人はいかにして死すべきか? また、いかにして死を克服しうるか? 事実、『トロイの木馬』には、いくつかの異なる死と、死に対するいくつかの異なる対応の仕方が、物語の展開の中で対立的に提示されている。堕胎手術の失敗から文字どおり無抵抗に死の餌食となるカトリーヌ、警官との乱闘で「自ら死を選びとる」ポール。「死しか信じない」学校教師のランジュは、たえず不安にかられ、暗い幻想の内をさまよっている。労働者たちはポールの死体の確認に行くが、往路に感じた名づけようのない死の恐怖は、ポールの体に残る弾痕を見た時、恐怖そのものとしては消滅し、ある特定の対象（権力）へのはげしい怒りと闘志に変わる。

ここにはおそらく、少年期から彼を悩ましてきた死の問題について、当時のニザンが達したひとつの解決があるのであろう。死を、抽象的にではなく、その具体性（弾圧による死、貧困ゆえの堕胎手術による死）においてとらえること、それらの死の原因となるものに対し、進んで自己の死を賭けた戦いを挑むこと、このような「死を以て死を制する」（ニザンの言葉を借りれば、「命を手に入れるために命をかける」）以外に、現状において死を（また死の恐怖を）克服する道は存在しない。労働者の「集団としての不死」の夢がこのソビエト旅行によって崩れさった今、ニザンはこのようなことを自らに説き聞かせていたに相違ない。

なお、『トロイの木馬』にはランジュという奇怪な人物が登場している。この虚無主義者の内に、ニザンの友人サルトルのある種の面影を見ることは、ごく自然であろう。しかし、『トロイの木馬』の諸人物中もっとも鮮明に形象化されたこの陰鬱な学校教師が、死への恐怖をも含めて、明らかにニザン自身の分身であること、少なくとも、作中でブロワイエも言うとおり往年の彼自身の姿であることを、念頭に置かねばならない。この分身がファシストになることを運命づけられているというニザンの記述の内には、『アントワーヌ・ブロワイエ』や『陰謀』で見たニザンのすさまじい自己告発が再び顔をのぞかせている。

（六）

外報記者としてニザンが常に力説したことは、フランスとソ連との提携によるナチへの対抗の必要であった。彼の最後の作『九月のクロニクル』が、登場人物一二〇人にのぼる一種壮大な歴史劇の形でミュンヘン協定の内幕を詳細に暴露したのも、主たる狙いはもとよりそこにあった。それだけに、独ソ不可侵条約の突然の締結（一九三九年八月二三日）と、それによる反ファシズム運動の一時的解体が、彼を深い混乱に陥れたことは理解できる。ニザンがフランス共産党を去ったのは、それから約一ヵ月後であった。すでに第二次大戦は始まり（九月三日宣戦）、彼にも召集令が下っていた。

党の陣列への参加を死から逃れる唯一の道と考えたポール・ニザンが、党から去るやたちまち死の手に奪い去られたのも、ある意味では当然のことだったかもしれない。一九四〇年五月二三日、ダンケルク撤退作戦中に一発の銃弾が彼の命を奪った。

彼が携行していた手記と、『陰謀』の続編に当たる小説『ソモジェラの夕』の原稿は、戦友のイギリス兵の手で土に埋められた。戦後の一九四五年、ニザンの妻がその場所を掘り返したとき、原稿はもはや土に帰して、跡形もなくなっていたといわれる。

無視、誹謗、弁護――これらが三つ巴となってくりひろげるポール・ニザンの「死後の生」は、すでに一九四一年に始まっていた。それについては今は述べない。

（付）この翻訳の底本としては、『トロイの木馬』はガリマール書店発行の第四版を、『アデン・アラビア』は、もとのリーデル版が入手不能なため、一九六一年にマスペロ書店から刊行された新版を、それぞれ用いた。

（ポール・ニザン『トロイの木馬』野沢協訳、世界革命文学選32、新日本出版社、一九六七年一月二十五日発行）

『トロイの木馬』の訳者　野沢協氏

「一九四五年の四月に海軍兵学校にはいり約四ヵ月で敗戦を迎えましたが、この間本土決戦にそなえての壕ほりや切り込み隊の演習ばかりさせられました。リンチがひどく一ヵ月に八〇〇まで数えたことがあったくらいです。当時、体は天皇のもちものというので、下痢をしたことが上官に知られると同班の仲間が、全員なぐられるのでした。ある晩、消灯後上官に呼びだされた一人が四階のランカンから飛び降りて自殺しました。いつもリンチを受けて顔が二倍ぐらいにはれあがっていたのですが、俳句や短歌をやる気のやさしい少年だったのです。股がへそまでさけて、翌日のあけがた死んだ。私たちは雑巾で床に流れた血を洗った。北海道からきた母親に対しては不忠者あつかいだった……あと一ヵ月で敗戦という時です。」

多感な少年期に受けたこの悲しみと怒りを野沢さんは東京都立大学の助教授として仕事をしている今も抱きつづけている。敗戦で中学にもどり、浦和高校に入学したが、軍隊で死ぬことをたたきこまれた少年にとって、将来生きつづけることができるということが不自然に感じられてならなかったそうである。

野沢さんの大学時代は学生運動が嵐のような試練を受けた時代であった。フランスの第一次大戦後の絶望的な文学から、野沢さんは次第に第二次大戦後の左翼詩人たちへ接近していった。

「学問についてしんけんに考えるようになったのは大学を卒業してからでした。十七世紀から十八世紀にかけての宗教関係の思想史が専門ということになっていますが、このように古いものへ接近していったのは、決してゆきあたりばったりではなく、学生運動をふくめて若かったころの生活体験が核になっています。ラシーヌやモリエールの時代の文学や思想にしても、そこには地下の流水のように新しい時代への準備があり、その過程で時期が熟さなかったために人びとが味わわなければならなかった苦渋にみちたたたかい、そんなものを汲みだしてゆきたいと考えています。変なことですが、若いころから自分がとらえる問題はいつも同じものだという気がするのです。」

今度新日本出版社から出版されたポール・ニザン『トロイの木馬』は世界革命文学選のなかでも異色の作品である。

「日本でのポール・ニザン紹介は、かたよっていますね。サルトルというフィルターを通してしか理解していない。」

「ニザンの文筆活動がもっとトータルに位置づけられなければならない。第一次大戦後の不安から知識人たちがどうしてたちあがっていったか、ニザンがアデンでヨーロッパ以上のヨーロッパのゆがみを発見して、たたかう決意をしてゆく。二〇年、三〇年代の知識人たちが共産党を中心にした人民戦線運動にかけた希望は、『プロレタリアートの声のなかの一つの声になる』というニザンの直截な論理にきわめて典型的に表現されています。」

野沢さんはこの本を手がけたのを契機に、三〇年代のフランスの知識人の動向を、とくに当時の文化擁護の運動を中心に統一戦線の立場から調べようと思いたったとのことである。ジュリアン・バンダのように最後のデカルト主義者でブルジョア合理主義者だった人が、現実の政策では、共産党を支持し、ファシズムとのたたかいに参加していったという。

ひとつひとつ言葉をたしかめるようにしながら、野沢さんは一九三〇年代のフランス知識人の問題を展開していった。そしてその内容が、現在の日本の知識人たちの課題と密着して考えられていることが痛いほどわかるようである。

野沢さんは、こんど東京都立大学教職員組合の書記長にえらばれた。いま、「舞鶴事件」を理由とした阿部行蔵教授の不当な解職を取りけさせるための復職闘争にとりくんでいるが、それもまた、野沢さんの知識人論の切実さを支えているのを感じないではいられない。

（文責・編集部）

（新日本出版社刊　世界革命文学選32　三四〇円）

（『読書の友』一九六七年三月六日〔この本　この人〕）

パリ・コミューン記念日を迎えて

その意義といくつかの教訓

パリの東端、木立ちに囲まれたペール・ラシェーズ墓地の一角に、なかば壁面のかけ落ちた穴だらけの古い煉瓦《れんが》塀《べい》があります。「連盟兵の壁」と呼ばれるこの塀は、パリ・コミューンが血の海におぼれた一八七一年五月二十七日、この墓地に追いつめられた最後の連盟兵（コミューン兵）たちが政府軍の銃火に倒れたゆかりの場所で、壁の穴はそのときの弾痕《だんこん》といわれています。

コミューンの成立

一八七〇年七月、フランス皇帝ナポレオン三世がはじめたプロイセン（現在のドイツ）との戦争は、たちまちフランス軍の敗北に終わり、九月二日、皇帝はセダンでドイツ軍の捕虜となりました。それから二日後、パリの民衆は蜂起《ほうき》して、共和制を宣言し、ここにフランス第二帝制は倒壊したのです。

しかし、新たにつくられた「国防政府」は、徹底抗戦を叫ぶパリの民衆の声には耳もかさず、翌年一月末、ドイツ軍との休戦協定を締結し、講和を準備するための国民議会をボルドーに召集しました。ティエールを首班としてできた臨時政府が仮講和条約に調印したのは、二月二十六日のことです。

国民軍に組織されたパリの民衆は政府の屈従政策に強く反対しましたが、政府はこの武装した民衆に終始敵対的な態度をとり、ついに三月十八日、軍隊を動員して首都の占領と国民軍の武装解除を試みました。しかし、このくわだては失敗に終わり、逆に国民軍は、各官庁を接収し、政府当局者をベルサイユへ追放して、国民軍中央委員会が首都の全権力を掌握しました。これがパリ・コミューンを樹立した三月十八日の革命です。革命の主体は首都の労働者階級でした。

「パリのプロレタリアは、支配階級の怠慢と裏切りとのなかにあって、公務の指揮を自分たちの手ににぎることによって時局を収拾すべきときがきたことを理解した。……プロレタリアートは、彼らの権利がたえず脅かされ、彼らの正当な志望のすべてが絶対的に拒否され、祖国は破滅し、かれらのすべての希望は破綻《はたん》したことを目前にみて、国家権力を掌握することによって自分自身の運命をその手ににぎり、自分の勝利を確保することが、彼らのさしせまった義務であり絶対的権利であることを理解した」。二十日に発表された宣言文には、このようにのべられています。

二十六日には八十五名のコミューン議員が選挙され、執行委員会をはじめとする十の委員会に分かれて活動を開始しました。

コミューンの政策

コミューンは「議会ふうの機関ではなくて、同時に執行し立法する行動的機関」（マルクス『フランスにおける内乱』）でした。それは第一歩から既存のブルジョア国家機構の破壊作業にとりかかりました。コミューン最初の政令は、常備軍を廃止し、それを武装した人民からなる国民軍にかえることを定めていますが、ついで第二の措置として、すべての公務員を公選で選び、リコール可能なものとし、その賃金を労働者なみにおさえることが布告されました。教会と国家の分離や、教育の無料実施も決定されました。

経済的な面では、所有者が放棄した工場を労働者の協同組合に引きわたすことがきめられ、さらに、製パン所の夜業の禁止や罰俸の禁止、借家人の追い立てや質草の売却の禁止など、各種の社会立法もおこなわれました。

しかし、やがて政府軍とのたたかいに忙殺されるコミューンには、これらの施策をじゅうぶんに実施する余裕はありませんでした。十七万の政府軍は、ドイツ占領軍の援護のもとに、四月なかばにパリ攻囲戦の火ぶたを切り、五月二十一日には首都の城壁内に侵入しました。

約四万の国民軍は、バリケードをよりどころに必死の抵抗をつづけましたが、二十四日には市の西半分を奪われ、二十八日の昼すぎには最後のバリケードも陥落してコミューンは流血の内にその幕を閉じたのです。政府軍はこの上なくむごたらしい虐殺をおこない、五月二十一日から二十八日までの期間は、いまでも「血の週間」と呼ばれています。

コミューンの教訓――その一

七十二日の短命だったとはいえ、パリ・コミューンは史上はじめてうちたてられた労働者の権力でした。ロシア十月社会主義革命に先立つこと四十六年、一八七一年のパリの労働者は、以後の世界史がたどる大きな道筋を、そのたたかいと血によってさし示したのです。「一九〇五年と一九一七年のロシア革命は、ちがった情勢とちがった条件のもとではあったが、コミューンの事業を継承した」（『国家と革命』）とレーニンは語っています。「われわれはみな、今日の運動においてコミューンの肩にになわれている」（『コミューンにかんする講義プラン』）とも。

しかし、コミューンをただ歴史的な回顧の対象に終わらせることはできません。なぜなら、その経験の内には、労働者運動がいまも汲《く》みださねばならない多くの教訓が秘められているからです。

第一に、ブルジョアジーが祖国を破滅におとしいれるとき、民族の利益を守りぬく主勢力はまさに労働者階級をおいてないこと、労働者階級は「自身の解放のために闘うことによってのみ……国民の事業をなしとげられる」（マルクス『フランスにおける内乱』第一草稿）ということを、コミューンは事実をもって明らかにしています。レーニンが「コミューンのきわめて独特な性質」（『コミューンの教訓』）といった、この民族的課題と階級的課題の結びつきは、その後の歴史のなかでもはや「独特」のものではなくなりました。日本の労働者階級もいま、民族的、階級的課題（反帝・

反独占）にたちむかっています。

第二に、労働者の革命は既存の国家機構をただ「奪取」するにとどまらず、それを破壊し粉砕せねばならないことを、コミューンは「数百の綱領や議論よりも重要な実践的行動」（レーニン『国家と革命』）によって教えています。常備軍を武装した人民に、特権的な官僚を人民から選ばれた低給の吏員にそれぞれかえたコミューンの措置は、その意味で巨大な歴史的意義をもつものです。

マルクスが『共産党宣言』の一八七二年版序文に、「労働者階級はできあいの国家機構をそのまま掌握して、自分自身の目的のために行使することはできない」という『フランスにおける内乱』の文章を新たにそう入したのも、コミューンのたたかいから大きな教訓を導きだしたからでした。『ゴータ綱領批判』から『国家と革命』へとつづくマルクス・レーニン主義の国家理論の発展にコミューンの経験が演じた役割は、どれほど強調しても、強調しすぎることはありません。

コミューンの教訓――その二

もちろん、パリ・コミューンにも多くの欠陥や弱点がありました。レーニンは、コミューンの敗北の原因を歴史的な二つの制約に帰着させています。「社会革命の勝利のためには、少なくとも二つの条件のあることが必要である。すなわち、生産力の高度の発展と、プロレタリアートの準備ができていることである。しかし一八七一年には、この条件は二つとも欠けていた。フランスの資本主義はまだたいして発展していなかったし、フランスは当時主として小ブルジョアジー（手工業者、農民、小商人など）の国であった。他方、労働者党はなかった。労働者階級の準備と長い期間の訓練もなかった。労働者階級の大部分はまだ、自分の任務とその実現の方法とについて十分に明らかな認識をもっていなかった。プロレタリアートの本格的な政治組織も、広範な労働組合も、協同組合もなかった……」。

（『コミューンの思い出』）

コミューンの運動が自然発生的なもので、意識的な準備も、明確な綱領もなかったこと、運動の基盤が数十の労働組合、クラブなど雑多な組織からなっていてその統一を欠いていたこと、指導部内にも思想的な統一がなく、小ブルジョア急進派（ジャコバン派）と「本能だけの社会主義者」であるブランキ派の連合勢力が多数を占め、加えて、相対的に少数のインタナショナル派の内部にもプルードン流の小ブルジョア的無政府主義の影響が強かったことなど、コミューンがかかえていた幾多の体質的な欠陥や、ベルサイユへの進攻とフランス銀行の接収を怠ったという戦術上の錯誤も、帰するところ、これらの歴史的な制約からひき起こされたものでした。

だからこそ、マルクス、エンゲルスに指導された国際労働者協会は、コミューン敗北の教訓に立脚して、一八七一年九月のロンドン協議会で、各国に独立の労働者政党を結成することを、国際労働者運動の重要な課題としてかかげたのです。

今日の「コミューン至上主義」の誤り

最近、中国で起こっている事態とも関連して、パリ・コミューンは多くの人びとの強い関心を呼びおこしています。そして、発表される各種の「コミューン論」のなかには、パリ・コミューンを史上最高の革命と見る「コミューン至上主義」のにおいを感じさせるものもあります。

国際労働者運動のその後の発展をまったく無視するこの盲目的なコミューン礼賛の誤りは、それが賛美するパリ・コミューンの真の姿と歴史的意義をみるならば、おのずから明らかとなるでしょう。

まず、「コミューン至上主義」者は、革命は既存の国家機構を粉砕せねばならない、というコミューンの教訓を力説します。しかし、コミューンが粉砕したのはブルジョア国家機構という「労働者階級を奴隷化するための政治的用具」（マルクス『フランスにおける内乱』第二草稿）にほかなりません。たとえば、新民主主義革命後の中国国家をブルジョア国家とみなすのでないかぎり、コミューンの名による国家機構の破壊をそのままあてはめることはできません。

そして、革命後の権力についていえば、コミューンの敗因のひとつは、レーニンもいうとおり、むしろ労働者の権力をじゅうぶん強化しなかったことにあるのです。

つぎに、この「コミューン至上主義」は、労働者階級の前衛党組織にたいする無視と、不可分の関係にあります。コミューンの自然発生的な運動が無条件で礼賛されるひとつの理由も、そこにあるようです。しかし、労働者階級の前衛党の計画的な指導によらぬ単なる自然発生的な運動にとどまったことは、コミューンの長所ではなく、まさにその致命的な弱点でした。コミューンの経験からまなんだ国際労働者協会が、その敗北の四ヵ月後に、労働者党の結成を重要な課題としてかかげたことは前述のとおりです。

レーニンは論文『パリ・コミューンと民主主義的独裁の任務』の末尾のなかで、つぎのようにのべています。「パリ・コミューンから自分のための教訓を汲みとるにあたって、われわれはコミューンの誤り……をまねてはならず、正しい道をさししめしている、実践的に成功した諸方策をまねなければならない……。われわれは、一八七一年の偉大な闘士たちから〈コミューン〉ということばを借りてきたり、かれらのスローガンの一つ一つを盲目的にくりかえしたりせずに、ロシアの事態に合致する綱領的、実践的なスローガン……を明確にぬきだしてこなければならない」

コミューンの経験を真に生かす道は、これ以外にはありません。いま一部に見られる、特定の国の指導者にたいする事大主義的追随と結びついた盲目的なコミューン礼賛を前にして、われわれはこのレーニンの教えにくりかえし立ちかえる必要があるでしょう。

×　×　×

ことしも三月十八日がめぐってきます。

市街戦の銃声がやんでから二日後にコミューンの不滅の偉業をたたえたマルクスのことばは、以後百年の歴史のなかで、その真実性をますます明らかにしています。

「労働者のパリとそのコミューンとは、新社会の光栄ある先駆者として、永久にたたえられるであろう。その殉教者たちは、労働者階級の偉大な胸のうちに祭られている」(『フランスにおける内乱』)

(東京都立大学助教授)

(『赤旗』一九六七年三月十六日)

心情的な「文革」礼賛論の実体

『展望』『世界』の山田慶児論文について

ブルジョア論壇をにぎわす「文化大革命」賛美論者のなかで、最近とくに活動的な一人に、ことし中国を訪問した山田慶児氏があります。同氏の訪中報告は『展望』九月号、『世界』九、十月号と、今秋の総合雑誌にたてつづけに三編発表されました。いずれも、どちらかといえば心情的な「文革」賛美論ですが、そこには、マルクス・レーニン主義の理論上見すごすことのできないいくつかの重要な問題も含まれています。以下、同氏の「文革」賛美論の核心をなす一、二の論点をとりあげて、若干の検討をこころみたいと思います。

一　労働者階級の前衛組織の破壊に拍手

三つの論文に共通する山田氏のもっとも主要な論点は、「文化大革命」によって、プロレタリア独裁を「共産党とその書記局の独裁」に代行させる「共産党の代行主義」が打倒され、真のプロレタリア独裁が樹立された、という主張です。

（注）代行主義とは、トロツキーがとなえ、アイザック・ドイッチャーがうけ売りしてきた概念。それは、労働者階級の前衛部隊である共産党を労働者階級から切りはなした主張で、社会主義諸国では共産党がプロレタリアート独裁を「代行」し、さらにそれを書記や書記長が「代行」するというふうに、事態をゆがめてえがきだしたものです。

そして、山田氏は、「造反派」の手で共産党の諸組織が解体させられた中国の現状を、もろ手をあげて歓迎し、つぎのようにいいます。

「共産党はいまのところ、行政区をふくむ諸組織において完全に機能を停止し、実質的には解体している。それを共産党の独裁ではないプロレタリア独裁とよんでもいいだろう（『世界』十月号）

前衛党の解体を歓迎する同氏は、さらに、いま準備中といわれる新しい「党」規約に、党中央への不服従を許容する一項がある、という点をとりあげて、「こうなれば、もう共産党であるかどうかを越えて、はたして政党といえるかどうかさえ、問題でしょう。……これはあきらかに政党の死滅の第一歩であり……」（『展望』）と、まさに手放しの賛辞を呈しています。

しかし、共産党の存在と、民主集中制の組織原則、そして、この共産党のになう全人民への指導の責任が、社会主義革命と社会主義建設の成功を保証するうえで欠くことのできない条件であり、プロレタリア独裁の基本的な土台石であることは、マルクス主義にとって自明の原理です。山田氏のいう「共産党の死滅」が、「共産党の独裁ではないプロレタリア独裁」の樹立どころか、逆に、プロレタリアートの前衛組織を破壊することによって、プロレタリア独裁自体をも破壊し、後退させるものであることは明らかでしょう。

この党破壊を「人民の勝利」といい、あらゆる権威への限りない反抗を革命の至上の原理とみなす山田氏の主張は、民衆の「反抗本能」や「不逞《ふてい》な熱情」を革命の第一義的な原動力として賛美した往年のバクーニンに近い、心情的な無政府主義の主張ということができましょう。

二 「国家の死滅が始まった」という空論

山田氏の第二の論点は、「文化大革命」によって中国には「コンミューン国家」が出現し、国家の死滅が始まった、という主張です。

「中国は一個の巨大なコンミューンへと変質しつつある。中国はあきらかに、『国家の死滅』の第一歩をふみだしたのである。……レーニンにとって国家の死滅は絵にかいた餅にすぎなかった。しかし、中国の革命派はそれを実践にうつしている」(『世界』九月号)。

ことしの二月、上海市の「奪権」がパリ・コンミューンの再現として中国内外にさかんに宣伝されたことは、記憶に新しいところです。その後ほどなく「コンミューン方式」は中国内部でも否定され、コンミューン問題は事実上そのまま立ち消えとなっています。このことはよく知られているところです。

山田氏の論文は、当の毛沢東一派も放棄したコンミューン論議をこと新しく持ち出して、それを、これまた毛沢東一派もいわぬ「国家の死滅」という命題と勝手に結びつけ、「文化大革命」を文字どおり天高く持ち上げた、先走りのおべんちゃら議論の典型といえるものです。

レーニンはたしかに、パリ・コンミューンの労働者権力について、それが「国家から(即ち、一定の階級の抑圧のための特別の権力から)もはやなんらの国家でもない或るものに転化」(『国家と革命』)した、と語っています。しかし、同時にレーニンは、プロレタリア独裁の時期にも国家はなお必要であり、国家の死滅は、資本家の抵抗が終局的に粉砕され、階級と階級対立が完全に消滅した共産主義社会でしか実現しないことを、また正当に指摘しています。レーニンによれば、こうした国家の死滅は漸進的な過程で、広範なプロレタリア民主主義の実現によって達成されるものです。だからこそ、それは廃棄ではなくて死滅なのです。

このレーニンの規定と中国の現状とを対比してみれば、中国では国家が死滅しはじめたという山田氏の主張が、まったくの空論にすぎないことは明らかでしょう。プロレタリア民主主義どころか、前衛党の党組織や、プロレタリアートの各種の大衆組織、さらには社会主義国家の正規の機構までが系統的に破壊され、「紅衛兵」の一連の不法行為で社会主義的法秩序が無残にじゅうりんされている事態を見ても、また、プロレタリア独裁下でもブルジョアジーとの階級闘争が数百年規模で存続するという毛沢東一派の主張に照らしても、プロレタリア民主主義の不断の拡大による国家の死滅を、現下の中国で語ることができるでしょうか。答えは明らかなはずです。

かつてバクーニンは、一八七〇年のリヨン暴動で、群衆が市役所を占拠したとき、いちはやく国家の死滅を声高く宣言して、マルクスの嘲笑《ちょうしょう》を浴びました。「文化大革命」下の中国について国家の死滅を性急に口走る山田氏の主張も、そのこっけいさにおいてバクーニンに劣らない、無政府主義的性格の盲想〔ママ〕以外のなにものでもありません。

三　「毛沢東信仰」への奇妙な解釈

しかし、権威破壊、組織破壊の一面的な賛美や、国家の死滅の性急な主張など、終始、心情的な無政府主義的立場から「文化大革命」を肯定する山田氏は、それだけにまた、現在の中国の盲目的な毛沢東崇拝には、当惑の色を隠せないでいます。

そこから同氏は、この「毛沢東信仰」は「代行主義の置土産」である、それは「造反有理」(むほんには道理がある)の徹底によって早晩克服されるべきものである、という苦しい弁解をこころみています。

けれども、社会主義制度下のすべての権威の破壊を無条件に美化する無政府主義的な逸脱と、破壊されるすべての権威にとって代わるひとつの「超権威」(＝毛沢東)の存在とは、同氏がいうように相いいれないものではなくて、実は、相互依存的な関係にあるものと考えるべきでしょう。

古来、民衆の無軌道な反抗を意図的にあおりたてることは、専制支配を策すデマゴーグたちの常でした。先にのべた、民衆の「反抗本能」を一面的に賛美するバクーニンの無政府的な革命論が、現実には、絶大な個人権力のにない手として、その秘密組織の成員にたいし文字どおり生殺与奪の権をにぎる指導者バクーニンみずからへの、絶対的、盲目的な忠誠の要求と表裏一体をなしていたという故事を、ここで思いおこすのもむだではありますまい。

権威破壊の無政府主義的な絶対化といい、指導者個人への盲目的な忠誠の要求といい、いずれもマルクス主義的組織原則からの逸脱が生んだ奇怪な鬼子にすぎません。

それらが相互に依存しあい、ひとつの逸脱が一見それと矛盾する他の逸脱にささえられてしか存在しないという「文化大革命」下の異常な事態は、まさにこの異常さそのものによって、民主集中制というマルクス主義的組織原則の正しさをみごとに実証しています。「反面教師」とは、多分こういうことをいうのでしょう。

（思想史専攻）

（『赤旗』一九六七年十一月十二日）

アンドレ・モーロワ著　谷長茂訳『青年と人生を語ろう』

片すみの幸福を説く　ブルジョア的「常識人」の人生論

とって八十才の経験ゆたかな老作家が、人生のかどでに立った一青年にあたえる処世訓——というのがこの随筆のふれこみである。

著者モーロワは、かずかずの小説や『英国史』、『アメリカ史』、『フランス史』などの通俗的な歴史書で日本の読著にもなじみの多いフランスの現代作家。第一次大戦直後からブルジョア的「常識人」の代表格として、上流社会でもてはやされる「無害」な文学を量産し、功なり、名をとげ、産をなし、アカデミー・フランセーズの会員として、昨年秋「栄光」のうちに世を去った。「全生涯にわたって積みかさねられた知識と経験」ゆえに、「若人の人生案内に必要なもろもろのルールを提供できる権利をモーロワが主張したとして、だれひとりこれに異議をとなえるものはないでしょう」と訳者は「あとがき」でのべている。だが、「全生涯にわたる経験」の以上のような内容をこころえておくことも、いちおうの予備知識としてむだではあるまい。

さて、この人生案内は、生活の諸事に対処する基本的な心がまえとして、「自分より他人のために生きねばならない」、「誠実であらねばならない」など四か条の教えをのべたあと、教養、レジャー、金銭、恋愛、結婚から政治や信仰の問題にいたるまで、前後十数章にわたって、著者の体験からみちびきだされた一般的な格率を、無経験な若者への忠告という形で語っている。いわく、憎しみに答えるに憎しみをもってしてはならない、古典を尊重せねばならない、生活の焦点をきめよ、最小のことを完璧になしとげよ、金銭を蔑視するな、ただし金銭の奴隷となるな、指導者たる者は客観性と情熱を適当に配合させよ……等々。

こういう処世訓の一般的な当否を問題にしてもはじまるまい。およそすべての人生論がそうであるように、ここでも問われねばならないのは、これらの教えが個々に持つ抽象的な妥当性ではなくて、それらが前提としている著者の現実把握のありかた、また、それらの断片的な命題がそこへおのずから収斂してゆく著者の人生観、社会観の全体的なありようであろう。その意味では、「世界を変えようとしても不可能」だから、ひとつの職業に徹することを心がけよとか、「国家はひとつで、各人の繁栄は万人の繁栄につながる」とかいう発言や、さらには、フランスの国王やロシアの皇帝が「もっと賢明で世情に精通していたら」、フランス革命やロシア革命なしにも「おなじ結果を獲得できたかもしれない」などというおろかな感想にいたるまで、みな、前記のあたりさわりのない処世訓にきわめて具体的な意味をあたえる鍵言葉として、見すごすわけにはいかないのである。厭世観や革命思想など気ちがいざたとしか思えない、現状に百パーセント満ちたりたこのサロン名士は、それゆえにこそ、「無害」な教訓をつづりあわせながら、ブルジョア秩序の枠内でのささやかな「片すみの幸福」を説いてやまないのだ。

かげりもなければ血の吹く傷口もない、大きな不合理への大きな怒りもいらだちもない、こういうノッペラボウな人生を、しかし、自覚的な若者たちは全身の力をあげてこばみとおすだろう。いま、フランス全土をゆるがせている「五月革命」のもと、反権力の戦闘に立ちあがった年わかい無数の労働者、学生たちに、徹底的な現状肯定のうえになりたったこのモーロワの人生案内は、はたしてなにをおしえたのであろうか。

（都立大学助教授　フランス文学）

（二見書房　四五〇円）

（『読書の友』一九六八年六月十七日）

フランス革命の原動力〝魚売りの女たち〟

十九世紀の歴史家ミシュレは、フランス大革命の女人群像をえがいた『革命の女たち』という美しい本の一章を、つぎのようなことばではじめています。

「男たちが七月十四日をつくり、女たちが十月六日をつくった。男たちが王国のバスチーユを占拠し、女たちがフランス王国そのものを占領して、それをパリの手に、大革命の手に渡した」

一七八九年七月十四日、パリの民衆が圧制の象徴バスチーユ監獄を占領した事件は、フランス革命のもっとも代表的なできごととされています。しかし、ミシュレがこれとならべてあげた同年十月五、六日の婦人の行動は、とかく七月十四日の陰にかくれて、一般にはあまり知られていないようです。けれども、この両日のたたかいは、その重要性において、バスチーユ監獄の占領にけっして劣るものではありません。

七月十四日のパリの蜂起は、約半月で地方の都市や農村にひろがり、フランス全土を革命の渦に巻きこみました。この民衆の力をバックとして、議会は八月四日の夜、貴族や僧侶の封建的な特権を全廃することをきめ、さらに八月二十六日には、「人はうまれながらにして、自由かつ平等の権利を有する」という文句にはじまる有名な「人権宣言」を可決して、民主主義社会の基本的な原理をたからかに宣布しました。

しかし、ベルサイユにいた国王のルイ十六世は、拒否権を盾にとって、議会がきめた改革令や人権宣言を、どうしても裁可しようとしませんでした。それどころか、あら手の軍隊を地方から呼びよせ、革命を武力で弾圧する準備をすすめていたのです。いっぽう、パリでは食糧不足が深刻になり、各所で暴動がおこりました。生活と革命を守るには、ベルサイユにいる国王を、パリの民衆のもとへつれもどすべきだ——こういう声がおこりだしたのは九月下旬からのようです。運動の先頭に立ったのは、食糧不足でもっとも苦しんでいた女たちでした。「女性が革命の前衛に立ったのである。それもふしぎではない。女のほうが男よりはるかに、苦しみをあじわっていたからだ」とミシュレも語っています。

十月五日のひるごろ、市場の魚売りの女、露店の女、場末の婦人労働者、いきな身なりのブルジョア女など、あらゆる階層からなる総勢六千人の婦人たちは、パリの市役所前に集合し、そこから二十マイルはなれたベルサイユへむけて行進を開始しました。夕方、目的地へついた女たちは、国王と議会に要求書をつきつけ、その晩おそく到着した男性の部隊と合流して、ついに王宮にまでなだれこみ、翌六日、えんえんたる列をつくって、国王一家をパリへつれもどしました。豪雨でずぶぬれになった女たちが、パンを槍の穂先にかかげたり、黄ばんだポプラの枝をかざしたりしながら、国王の馬車をかこんでパリへ凱旋したのは、夜もふけた午後十時ごろといわれています。

このデモによって、国王はついに議会がきめた改革令を裁可しました。魚売りの女たちの「ベルサイユ行進」は、こうして、民主主義革命を軌道にのせる大きな原動力になったのです。これ以後、国王も議会も、蜂起したパリの民衆のまっただなかにおかれ、革命は王制の廃止、国王の処刑へとバク進してゆきます。

×　×　×

フランス革命の歴史には、革命側・反革命側ともに、たくさんのヒロインが登場します。急進的な革命指導者マラーを暗殺して、反革命派に「聖女」とうたわれたシャルロット・コルデー、穏健革命派の指導者で断頭台に消えたロラン夫人……。しかし、「革命の女たち」の筆頭にあげられるのは、やはり、「ベルサイユ行進」で、革命のその後の道すじをきめた、名もなく貧しいあの「魚売りの女たち」でしょう。革命はなによりも民衆の仕事なのですから。

（都立大助教授）

（『新婦人しんぶん』七九四号、一九六八年八月一日〔世界「婦人の歴史」〕）

フランスの革命文学と労働者像の変遷

〈上〉

第二次大戦後のフランス港湾労働者のたたかいをえがいたアンドレ・スチールの『最初の衝突』が、新日本出版社から世界革命文学選の一冊として発行されている。

日本のフランス文学紹介は、古典的作品をはじめ、戦後のサルトルなどのものも含めて決して少ないとはいえないが、そのわりには、革命的運動をえがいた文学作品の紹介は、きわめて少ない。そこで編集部では、『最初の衝突』発行を機会に野沢協氏に近代フランスの革命文学のなかの労働者像の変遷をたどっていただいた。

あれ狂う群衆とゾラの小説

「……女達が姿を現わしていた。千人に近い人数で、駆け歩いているために乱れた髪はそそけ立ち、襤褸の下から露わな膚が現われていた。それは食うや食わずの人間を産み疲れた雌の裸身だった。その中の幾人かは子供を腕に抱き、弔いと復讐の旗幟のように捧げ、揺すぶっていた。……それから次に男たちが転げるように現われた。少年坑道人夫、採炭夫、修繕夫、憤怒に燃えた二千の同勢、色褪せた半ズボンも、ぼろぼろの毛糸も見わけられないくらいに身を寄せ合い、混り合い、土色一色に塗り潰されて、唯一の塊をなして行進する密集した集団だった。……この時、日は沈みかかり、名残りの光線が黒ずんだ緋色をして平野を血のように染めていた。その時、道路はまるで血を押し流しているようで、女と男が屠殺最中の屠殺者のように朱に染んで走り続けていった。……」

これは一八八四年に執筆されたゾラの小説『ジェルミナール』(邦訳 岩波文庫)の一場面である。ゾラはこの年、二度にわたって北フランスの炭坑地帯を訪れ、坑夫の悲惨な生活に衝撃を受けた。当時、彼が訪れたアンザン炭坑では五五日に及ぶ大ストライキが行われており、出動した軍隊に対して、坑夫たちは坑底に籠城して戦っていた。無政府主義者のすさまじい炭坑爆破を以て終る『ジェルミナール』は、このアンザンの長期ストに取材したものである。

この小説が描く労働者は、何よりも「たけり狂った群衆」であった。それは盲目で非人格な、嵐や津波にも似た一種の物理的な力であって、単純な本能と単純な「肉体的思考」に促され、抑圧に対するすさまじい暴動に立ち上るのである。その意味でこの労働者は、かつてルナンが哲学劇『カリバン』(一八七八年)に登場させたプロレタリア、あの「半人間」の反抗奴隷と本質的に異なるものではなかった。そしてこのような労働者観はミルボーの『悪い牧人』(一八九七年)など、労働問題を扱った初期の文学作品にほぼ共通のものであったと言える。

孤独な理想主義的労働者像

ルナンが『カリバン』を書いたのは、パリ・コミューンの直接の衝撃によるものであった。コミューンを扱った文学作品は少なくないが、挫折に終ったこの蜂起の理念を一人の人物に形象化し、ゾラが「怒れる群衆」としてとらえた革命的な労働者の「魂」を始めて描き上げたのは、リュシアン・デカーブの『フィレモン』(一九一二年)、『柱』(一九〇一年)であった。『フィレモン』の主人公はコミューンの活動家で、運動の壊滅後からくも生きのびてスイスへ逃れ、数年後に恩赦で帰国して、今はパリの裏町に住む一人の労働者である。プルードンの著作を座右に置き、コミューンの思い出のみに生きるこの老革命家は、「自由な人間の自由な社会」というあの蜂起の理想を固く守って、そのためには老後の慰めである籠の小鳥を空へ放つことすらいとわない。やがて力つき、仕事を奪われるや、他人の情によって生きるよりも、あくまで自由な人間として自ら命を断つことを選ぶ。この老コミュナールの厳しい、木彫のような肖像は、『柱』――これは、パリ・コミューンが国際主義的な理念のために、ナポレオンの戦勝記念柱を自らの手で引き倒した象徴的な事件をめぐる物語である——の主人公の沈欝な殉教者的横顔とともに、理想主義的な初期労働運動の文学的な形見として、今なお読む者を感動させずにはおかない。

荒れ狂う無定形な群衆と孤独な殉教者——第一次大戦までのフランス文学に現われた「闘う労働者」の姿はほぼ以上のようなものであった。悲劇的に分裂したこの二つの労働者像を共に止揚すべき「組織」の観念は、文学の地平にいまだに現われてはいないのである。

（つづく）

野沢協氏は東京都立大学助教授

『最初の衝突』上製版・新日本出版社七五〇円

〈下〉

自覚した労働者群像の登場

第一次大戦後の「新文学」の流行のかげで、労働者階級の未来への抱負を内省的な筆致で語り、かつてルナンが半人間と見たカリバン（プロレタリア）の人間的権利を主張したのは、ジャン・ゲエノの評論『**カリバン語る**』（一九二八年）であった。「私はもう絶望しない。この世界を私はもう憎まない。これがいずれ私のものになること、精神と同盟すれば、私こそそれの最後の主人となることを知っているのだから」。ポピュリスムの流れと交錯しつつ、階級的な自覚に支えられた労働者文学がフランスに確立されたのも、このカリバンの再登場とほぼ時期を同じくしている。

この傾向を代表するのはルイ・ギユの『**民衆の家**』（一九二七年）であろう。これは第一次大戦前夜、ある地方都市における労働運動の誕生を描いた小説である。ここに登場する靴工、左官、郵便配達夫などは、貧しい生活の中で体得した「団結の必要」という原理から、まず社会主義者の小サークルを作り、ついで組合を結成し、最初のストライキをたたかい、最初のメーデーを祝い、やがて彼ら自身の城である「民衆の家」(労働会館)を自力で築き上げてゆく。家に残った妻と子が手と手をとって踊りだす最初のメーデーの喜び、限りない夢をはらむ「民衆の家」の建築作業……。ここに描かれたのは、もはや無定形な群衆でも孤独な殉教者でもない、共通の理想と固い組織の絆で結ばれた「自覚的な集団」としての労働者である。こうした労働者は、ゲエノの自伝『四十男の日記』(一九三四年)でも、靴工組合を組織する父親の姿を通じて描かれているが、いずれにせよこれは、当時の労働者文学がはじめて作品に登場させたひとつの新しい人間像であった。

しかし、組織を作ってたたかうこの労働者たちも、何物にも依存せぬ「自由人」であることをやめたのではない。組織とは自由人のいわば自由な連合であって、それを構成する個人の上にけっして超出するものではない。『民衆の家』の労働者は、「頼りになるのは自分たちだけ」という言葉を口ぐせにしている。『四十男の日記』には、病気の妻をかかえた靴工がスト破りに走る場面があるが、この行為も、それにともなう苦悩や悔恨も、もっぱら、彼の孤絶した内面における「良心の危機」として展開している。当時の「革命文学」、たとえば第一次大戦中のスペインの革命運動を描いたヴィクトル・セルジュの『われらの力の誕生』(一九三一年)や、十月革命直後のペトログラードを舞台に革命と反革命との死闘を書いた同『征服された町』(一九三二年)などでも、革命組織と個人との関係はやはり同じ図式に還元される。組織はそれを構成する個人の自由な意志の総和であって、革命組織がひとつの生きた全体として個人の上に超出し、個人の存在を規定するという有機的な関係は見られないのである。

前衛党の存在と革命的人間

個人の上に超出する有機体としての革命組織――この問題は前衛党の存在によってはじめて提起されたものであった。文学作品中でこれが問われるのも、したがって前衛党の行動を描いた作品である。第二次大戦前のこの面での代表作はポール・ニザンの『トロイの木馬』（一九三五年、邦訳・新日本出版社「世界革命文学選」に収録）であろう。この小説に登場する労働者たちは、「党という大きな機械の歯車」として、各自の部署でたたかっている。作中の一人物が独白するとおり、彼らは党によってはじめて生きる意味を与えられた人びとであり、革命的な集団の一部であることが、彼らには生を肯定する唯一の手段となっている。この作品が読者の心を打つのは、ファシストや警官隊との市街戦といった外面的な事件ではなくて、むしろ、「俺たちにあるのは自分の体だけだろう。選ぶっていっても、道は二つしかないのさ。一生おびえて暮らすか、命を手にいれるために命をかけるか」といった言葉で、これらの人物が日夜迫られるぎりぎりの選択、その主体的な決断が語られる時である。党に育てられ、導かれ、党のひとつの歯車であることに生存の意義を見出した彼らは、しかもなお、生の意味、死の意味を問う各自の孤絶した内省の中で、日常不断に党を自ら選びとっている。

『トロイの木馬』と『最初の衝突』の間には十五年の歳月がよこたわっている。その十五年間に、人民戦線、レジスタンスをへたフランスの前衛党は、労働者階級の内に揺るぎない地位を確立した。党と階級は不可分のものとなり、労働者にとって党はもはや選びとられる存在ではなくなった。『最初の衝突』に登場する一九五〇年代の党員労働者らが、『トロイの木馬』の人物たちがしたような深刻な内省や、それによる党と自己との絆の不断の再確認を必要としないのも、ある意味では当然のことかもしれない。なぜならこの労働者たちには、党の集団の中へ組み入れられていること以上に自然なありかたはないからである。前衛党という生きた全体の一部として、各自の持ち場でのたたかいに全力を傾けることが、とりもなおさず彼らの存在そのものをなしている。アラゴンはレジスタンスの中で「共産主義的人間」を描いたが、ここでスチールが描くのは「党の人間」である。集団の一部としてあることを自己の本質とする労働者——この新しい人間類型は今後さらに深くきわめられねばならないだろう。

一九二一年、アンザン炭鉱に生まれたスチールは、ゾラが描いたあの坑夫たちの孫に当る。『ジェルミナール』の荒れ狂う群衆から『最初の衝突』の党活動家たちへ、この三代の労働者像の変遷の内に、私たちはあらためて歴史のたしかな足どりを見ることができるのである。

（付記）ここにあげた作品の内、邦訳があるのはゾラ『ジェルミナール』（岩波文庫）、ニザン『トロイの木馬』（新日本出版社）、スチール『最初の衝突』（同）の三点にすぎない。日本のフランス文学紹介の歪みを痛感せずにはいられない。

（おわり）

（『読書の友』一九六八年十一月十八日・二十五日）

セレブリャコワ著『フランス革命期の女たち』上・下

単純明快な人物把握

革命の中の女、または「革命の女」を書くことと、女を素材として革命史をなぞることとは、おそらく似て非なる作業だろう。前者ではミシュレの周知の名作があるが、本書は疑いもなく後者に属する。著者はマルクス、エンゲルスを扱った伝記小説でわが国にも知られている現代ソ連の女流作家。本書は一九二九年に出たその処女作らしい。その後、著者の粛清、名誉回復といった事情があるようだが、本書とは直接の関係はない。

ここで語られるのは、初期民衆運動の立役者テロアニュ・ド・メリクール、マラーの暗殺者シャルロット・コルデー、ジロンド派の女指導者ロラン夫人、「過激派」の活動家クレール・ラコンブなど、革命期にそれぞれ名をはせた十一人の女性の生涯である。これらをつうじて革命の推移や諸党派の浮沈を浮き彫りにしようというのが作者の意図であるらしい。何よりも題材の面白さで、どの章も一気に読ませる力をもっている。筆はなかなかに達者であるし、あらかじめ立てた歴史的評価にもとづいて各人物が善人・悪人に色分けされ、ロベスピエールより「右」に位置するすべての人物の行動はおしなべて個人の悪徳から説明されるといったたぐいの単純明快な人間把握《はあく》も、たぶん一部では歓迎されよう。歴史博物館に手ぎわよく分類配列されたレッテルつきの蠟《ろう》人形にも、一定の啓蒙的価値はあるのだから。

これを読みながら私が思いうかべたのは、ある実在の元コミュナール、無名のプルードン派労働者の生きざま、死にざまの内に、圧殺されたコミューン革命の魂を鮮烈に結晶させたリュシアン・デカーブの小説「フィレモン」である。このデカーブを、また前出のミシュレを、それぞれの革命のいわば「かたりべ」たらしめたものを、マルクス主義の誇りにみちた当時二十四歳のこの歴史解説者に要求するのは、もともと無理な注文だったのかもしれない。西本昭治訳。

（岩波書店　新書・各一八〇円）

東京都立大学助教授

（『日本経済新聞』一九七四年二月二十四日）

革命歌『インタナショナル』歌詞改訳案（一番のみ）

在来の日本語歌詞

立《た》て、飢《う》えたる者《もの》よ、
今《いま》ぞ日《ひ》は近《ちか》し。
さめよ、わがはらから、
暁《あかつき》は来《き》ぬ。
暴虐《ぼうぎゃく》の鎖《くさり》 断《た》つ日《ひ》、
旗《はた》は血《ち》に燃《も》えて、
海《うみ》をへだてつ、われら、
かいな、むすびゆく。
いざ、たたかわん、いざ、
ふるいたて、いざ、
ああ、インタナショナル、われらがもの。
いざ、たたかわん、いざ、
ふるいたて、いざ。
ああ、インタナショナル、われらがもの。

原歌詞の散文訳

立《た》て、地獄《じごく》で地《ち》に縛《しば》られた者《もの》たちよ、
立て、飢《う》えの徒刑囚《とけいしゅう》たちよ。
道理《どうり》が火口《かこう》で雷鳴《らいめい》を発《はっ》している。
終末《しゅうまつ》の噴火《ふんか》だぞ。
過去《かこ》を白紙《はくし》に返《かえ》そう。
奴隷《どれい》の群衆《ぐんしゅう》よ、立《た》て、立《た》て。
世界《せかい》は土台《どだい》が変《か》わろうとする。
われらは何物《なにもの》でもないが、すべてになろう。
終《お》わりの戦《たたか》いだ、隊伍《たいご》を組《く》もう。そうすれば、明日《あす》、
インタナショナル〔国際労働者協会〕は全人類《ぜんじんるい》となるだろう。
終《お》わりの戦《たたか》いだ、隊伍《たいご》を組《く》もう。そうすれば、明日《あす》、
インタナショナルは全人類《ぜんじんるい》となるだろう。

フランス語原歌詞

Debout, les damnés de la terre !
Debout, les forçats de la faim !
La raison tonne en son cratère,
C'est l'éruption de la fin.
Du passé, faisons table rase
foule esclave, debout ! debout !
Le Monde va changer de base,
Nous ne sommes rien, soyons tout.
C'est la lutte finale,
Groupons-nous et demain,
L'Internationale sera le genre humain.
C'est la lutte finale,
Groupons-nous et demain,
L'Internationale sera le genre humain.

直訳による日本語新歌詞案（二つ）

第一案

立《た》て、地《ち》に伏《ふ》す者《もの》、
立《た》て、飢《う》えたる者《もの》、
道理《どうり》の火口《かこう》とどろく。
終末《しゅうまつ》の噴火《ふんか》だ。
過去《かこ》を白紙《はくし》に返《かえ》そう、
奴隷《どれい》よ、立《た》て、立《た》て。
世界《せかい》は変《か》わる。われらは
無《む》だが、すべてになろう。
終《おわ》りの戦《たたか》いだ、
隊伍《たいご》を組《く》もう。
インタナショナルは明日《あす》の人類《じんるい》。
終《おわ》りの戦《たたか》いだ、
隊伍《たいご》を組《く》もう。
インタナショナルは明日《あす》の人類《じんるい》。

第二案

立《た》て、地獄《じごく》の亡者《もうじゃ》、
立《た》て、飢《う》えの囚人《しゅうじん》、
理性《りせい》の火口《かこう》とどろき、
終末《しゅうまつ》の噴火《ふんか》ぞ。
過去《かこ》を一掃《いっそう》しよう、
奴隷《どれい》よ、立《た》て、立《た》て。
世界は変わる。われら、
無からすべてとなろう。
終《お》わりの戦《たたか》いに
隊伍《たいご》を組《く》めば、
インタナショナルが明日《あす》は全人類《ぜんじんるい》。
終《お》わりの戦《たたか》いに
隊伍《たいご》を組《く》めば、
インタナショナルが明日《あす》は全人類《ぜんじんるい》。

（自筆原稿、二〇一五年三月）

第四部　翻訳

オカンクール元帥とカネー神父の対話

サン・テヴルモン

【解説】『オカンクール元帥とカネー神父の対話』(一六五四年)は、十七世紀後半のフランスの思想家、サン・テヴルモンの、もっとも代表的な小品のひとつである。サン・テヴルモン[1]は、一六一〇年にうまれ、一七〇三年、イギリスで生涯をとじたが、後半生は、ほとんど、イギリスの宮廷でおくった。その伝記および思想について、くわしくのべるだけの紙数はないが、ベイル、フォントネルらとともに、十八世紀の啓蒙的な思想[2]の出現を、すでにある程度十七世紀において準備した、先駆的な思想家の一人である。ガッサンディが十七世紀前半に復活させた、エピクロスのモラルと、ラ・モット・ル・ヴァイエを中心とした宗教的な懐疑主義とが、彼に重大な影響を与えており、歴史、演劇、道徳、宗教、哲学など、多方面に筆を染めているが、体系立った、理論的な著作はなく、折にふれてしたためた、短い断片が、作品の大部分を占めている。訳出した小品は、宗教問題についての彼の著作の、白眉をなすもので、理性と信仰、教会内の対立、あるいは、宗教問題全般にたいする作者の態度が、ある程度うかがわれるはずである。

×　×

(1) シャルル・ド・マルグテル・ド・サン・ドニ。

(2) 特に、ヴォルテール。

オカンクール元帥(3)の家で、或る日、食事をしていたとき、同席していたカネー神父(4)が、知らず知らずのうち、宗教がわれわれに要求する、精神の服従という問題に、話しをもっていってしまった。神父は、たくさんの新しい奇蹟や、最近見られたいくつかの天啓について話したあとで、最後に、あらゆるものを理性によって検討しようとする、例の自由思想家なるものは、ペスト以上に敬遠する必要がある、という結論をくだした。

「自由思想家の話しを、あなたはいったい、誰にむかってしているのです、と、元帥は云った。あの連中を、わし以上によく識っている人間は、どこにいますか。バルドゥヴィルも、サン・ティバル(5)も、みんな、わしの無二の親友でした。わしを、伯爵殿(6)の一党にひっぱりこんで、リシュリュー枢機卿(7)にたてつかせたのも、あの二人です。自由思想家のことを識っているかですと？　あの連中の云ったことを、全部集めて、本にすることだって、わしにはできますよ。バルドゥヴィルが死んで、サン・ティバルがオランダに引っこんでしまったあと、わしは、ラ・フレットやソーヴブッフ(8)の友達になりました。二人とも、とりたてて頭の切れる男ではなかったが、しかし、実に気のいい連中でした。ラ・フレットという男は、ほんとにいいやつで、わしとは、大の仲よしでした。わしが、あの男の親友だという証拠は、あれの命とりになった病気のときに、大いに御披露に及んだはずです。ラ・フレット、ブウトヴィル(9)と決闘までしたラ・フレットともあろうものが、まるで蠟燭みたいに、細々と消えてゆくのを見て、このわしも、じっさい腹が立ったのです。ソーヴブッフとわしは、なんとかして、この友達の名誉を救ってやれないものかと、ずいぶん苦労しました。結局、わしは決心したのです。この男を、ピストルでうち殺して、勇士らしい死にかたをさせてやろう。わしは、ピストルを、あの男の頭に、あてがいました。しかし、部屋のなかにいた、ジェジュイットの坊主が、その時、わしの腕を押したので、弾はそれてしまったのです。わしは、この坊主が、なんともしゃくにさわってたまらなかったので、とうとう、ジャンセニスト(10)になってしまった。

——お忘れになってはいけませんぞ、閣下、とカネー神父は云った。お忘れになってはいけませんぞ。悪魔はいつも、人間を狙っています。キルクイト・クァエレンス・クェム・デヲレット（獲物をさがして歩きまわっています）。閣下は、私ども[11]の神父たちに、少しばかり腹を立てていらっしゃる。悪魔は、その機を利用して、不意打ちに、閣下にとびかかってきます。そうして、閣下を、食い殺してしまうのです。いや、食い殺すだけでは、たりません。閣下をジャンセニストにしてしまいます。ウィギラーテ、ウィギラーテ（御注意が肝要です。御注意が肝要です）。人類の敵には、警戒しても、警戒しすぎるということは、ないのですから。

——神父さんの云われることは、ごもっともです、と、元帥は云った。悪魔は、絶対に睡らない、という話しを、わしも聞いたことがある。わしらも、悪魔と同じように、注意力を働かすべきですな。よい足、よい眼になる必要がある。しかし、悪魔の話しはやめようじゃありませんか。ひとつわしの好みについて、お話ししましょう。わしは、まず、戦争が好きだった。戦争の次には、モンバゾン夫人[12]が好きでした。モンバゾン夫人の次は、御存知のとおり、

(3) シャルル・ド・モンシー、侯爵。当時の将軍。三十年戦争末期に武功をたてた。この会話が行われたフロンドの乱当時は、宮廷側に立って活躍していたが、一六五八年裏切り、ダンケルクで、フランス軍により殺された。この会話は、彼の居城のあったペロンヌが舞台である。

(4) ジャン・ド。一五九四年に生れ、一六七〇年に死んだ、実在のジェジュイットの僧侶。

(5) ともに、当時の自由思想家の一人。

(6) ルイ・ド・ブルボン、ソワソン伯爵。リシュリユーにたいする陰謀を、再三たくらんだ。一六四一年には、リシュリユー打倒と称し、イスパニヤ軍と結び、叛旗をひるがえしたが、ラ・マルフェの闘いで殺された。

(7) ルイ十三世時代の宰相。

(8) ともに、当時の自由思想家。

(9) フランソワ・ド・モンモランシー・ド、伯爵。有名な決闘家で、リシュリユーの決闘禁止令にそむいて、斬首された。

(10) ジェジュイットとジャンセニストは、カトリック教内部で、敵対関係にあったが、この会話が行われる前年には、法王がジャンセニウスの五ヶ条命題を弾駭〔ママ〕しており、両派の対立は、当時激烈をきわめていた。

(11) ジェジュイットの。

(12) 公爵夫人、マリー・ド・ブルターニュ。当時の宮廷で、令名をうたわれた女性。

哲学です。

——戦争がお好きなのは、御無理もありません、閣下、と、カネー神父はこたえた。戦争の方でも、閣下が、たいそう好きなようです。ですから、閣下に、いろいろな名誉を、わざわざ贈物にしたわけです。ところで御存知でしょうか。かくいう私も、とうとう軍人になってしまいました。王様は、フランドル軍[13]の病院の、教導師の位を、私にたまわったのです。病院の教導師になるというのは、軍人になることでは、ないでしょうか。じっさい、カネー神父が、兵隊になるなどと、いったい今まで、誰が考えたでしょう。しかし、閣下、私もとうとう兵隊になってしまいました。神様におつくしするのは、軍隊にいても、クレルモン学院[14]にいたとしても、同じことです。ですから、閣下が、戦争がお好きだとしても、べつに罪にはなりません。戦争にゆくことは、国王につかえることですし、国王につかえるということは、神につかえることですから。しかし、ことモンバゾン夫人になると、もしも閣下が、あの方に欲念をおもちになったとしたら、失礼ですが、おもちになった欲念は、罪深いものです。いや、と申しても、閣下はべつに、あの方に、欲念などは、おもちにならなかったに相違ない。清浄無垢な友情で、あの方を愛しておられたわけでしょう。

——神父さん、なにを云われる。わしに、馬鹿のような愛しかたを、しろと云われるのか。オカンクール元帥は、閨房で、溜息をつくことばかり、勉強したわけではありませんぞ。わしは、あのひとを抱くことばかり考えていた。よろしいか、神父さん。抱くことばかり、ですぞ。

——抱くことばかり考えていた！　なんというお言葉です、抱くことばかり、考えていた！　閣下、ほんとうは、冗談に、こんなことを云っていらっしゃるのでしょう。サン・ルイ[15]の神父たちでしたら、こんな、抱くことばかり、考えていたなどという、お言葉を聞いたら、きっと、びっくりして目をまわしてしまいます。しかし、長いこと軍隊にいると、どんなことでも、平気で聞けるようになるものです。まあ、よろしいでしょう。閣下は、お楽しみに、こんなことを云っていらっしゃるのだ。

——お楽しみどころではありませんぞ、神父さん。わしが、どれほど、あの人を愛していたか、御存知か？
——ウスクェ・アド・アラス（祭壇まで〔死ぬまでの意〕）というわけですね、閣下。
——アラス（祭壇）なんてよしてください、神父さん。よろしいか、と、元帥は、庖丁をとりあげて、その柄を握りしめながら、云った。もしも、あの人が、あなたを殺せと、わしに云ったら、わしはとっくの昔に、あなたの心臓へ、この庖丁を、突き通していたはずですぞ。」

神父は、この言葉を聞いて、びっくりした。それに、元帥の興奮している様子を見て、びっくりする以上に、こわくなった。そこで神父は、助け舟を呼ぶために、胸の中で、祈禱をとなえはじめた。この危難から、どうか救ってくださるようにと、心の底で、神さまに祈った。しかし、神父は、お祈りには、あまり信用をおいていなかったので、お尻を、そうっと動かして、目立たぬように、元帥のそばから離れようとした。すると、元帥の方でも、お尻を、おんなじように動かして、神父のあとを追いはじめた。ふりかざした庖丁を、おろそうともしない元帥の恰好は、まさに、モンバゾン夫人の云いつけを、今にも実行しそうな気配だった。

私は、生れつき、いたずら好きにできているので、カネー神父がおびえている有様を、しばらくの間は、面白がって見ていた。とは云うものの、元帥が、興奮のあまり、座興から惨劇をとびださせそうなので、私も、しまいには、こわくなった。そこで、私は、元帥に、モンバゾン夫人は、もうおなくなりになったではありませんか、と注意した。カネー神父にしても、もういなくなったかたを、こわがる必要は、幸い、ないはずです、と私は云った。(16)

(13) 当時、フランドル地方では、フランス宮廷軍が、コンデ公及び、それを援助するイスパニヤ軍と闘っていた。
(14) ジェジュイットの経営する学校。
(15) 当時の、主要なジェジュイットの僧院。
(16) モンバゾン公爵夫人の死んだのは一六五七年であるから、まだ当時、夫人は存命していたわけだが、サン・テヴルモンは、カネー神父を救うために、こうした嘘を云ったのである。

「神様というものは、何事につけても、いいようにはからってくださるものです、と、元帥はまた、話しはじめた。あの人は、たしかに絶世の美人でしたが、それでも、わしは、だんだん退屈になってきました。丁度そんな時に、あの人は死んでしまったのです。あの人のそばには、ランセ師[17]とかいうジャンセニストのはしくれが、いつもくっついていました。この坊主は、ほかに人がいるときは、恩寵[18]の話しばかり、あの人にしていましたが、さて二人っきりになると、全然別な話しをしはじめるのです。わしは、それを見て、ジャンセニストの連中とは、きっぱり縁を切りました。それまで、わしは、デマレ神父[19]の説教は、かかさず聞いていましたし、誓いをたてるという場合にも、かならず、ポール・ロワイヤル[20]の人たちにかけて、したものです。しかし、その時以来、わしは、ずっと、ジェジュイットの人たちのところへ、告解にゆくようになりました。わしの息子に、もしも子供ができたら、クレルモン学院で、勉強させるつもりです。クレルモン学院へいかないやつには、遺産はやりません。

――あゝ、神へ通じる道というものは、なんと不思議なものでしょう！ と、カネー神父は、大声をあげて云った。神の正義というものは、なんと玄妙不可思議なものでしょう！ ジャンセニストのしゃれ男が、閣下が好意をもたれた御婦人の、あとを追いかけまわしていた。慈悲ぶかい主は、嫉妬の気持を善用されて、閣下の良心を私どもの手の中に、収めさせたもうたのです。ミラビリア・ユディキア・トゥア・ドミネ！（主よ、おんみの正義の、なんと玄妙なること）」

神父の敬虔な思い入れがすんだので、私も、話しへ入ってかまわないのではないかと思った。そこで、私は、元帥閣下は、モンバゾン夫人に、恋をされたあと、今度は、哲学を愛好なさったのではないか、とたずねた。

「哲学というやつを、わしは実際、愛しすぎるほど、愛したものです、と元帥は云った。いや、まったく、首ったけになっていたものです。だが、もう、ほとぼりはさめました。二度と、よりはもどりませんよ。哲学というやつは、最初の親だとか、林檎だとか、蛇だとか、地上の楽園だとか、天使だとかいう言葉で、わしの頭を、まったく、こんがらかしてしまいました。[21]わしは、危うく、なにもかも、信じられなくなってしまうところでした。信じられるものが何かあったら、ほんとにお慰みと、いいたいほどでした。しかし、そうした時期もすぎましたし、それ以来、わしは、宗教のためとあらば、はりつけにかかってもいいような気でいます。いや、なにも、宗教が、昔より、道理にかなったものに見えてきたからではありません。逆に、宗教というものは、昔考えたより以上に、道理にかなわないものだという気が、今のわしにはします。だが、あなたに、なんと云ったらよいのか、わからないのだが、理由はさっぱりわからないのに、わしは、はりつけになってもいいような気がしているのです。

——それは、結構です、閣下、と、神父は、たいへん信心深そうな鼻声で、またしゃべりだした。それは、結構です。この衝動は、けっして人間的なものではありません。それは、神のみもとから発しているものです。道理ぬき、まったく、これこそ本当の宗教というものです。さよう、道理ぬき、です。閣下、なんとすばらしい恩寵を、神さまは、閣下にたれたもうたことでしょう。エストーテ・スィクト・インファンテス（童児のごとくあれ）。子供は、けがれを知りません。なぜでしょうか。それは、道理を知らないからです。ベアティ・パウペレス・スピリトゥ（心貧しきものは、幸なるかな）。心貧しいものは、罪をおかしません。理性ですって？　いいや、罪をおかさないのは、理性をもっていないからです。道理ぬき、あなたに、なんと云ったらよいのか、わからない、理由はさっぱりわからないの

---

(17)　アルマン・ジャン・ル・ブーティリエ・ド。若くから僧侶として顕職についたが、かなり遊惰な生活を送っていたといわれる。のち、顕職をしりぞき、トラップの僧院の改革者として活躍した。モンバゾン夫人の死が、この変化の契機であったと一般に伝えられている。多くの宗教的な著作がある。

(18)　恩寵に関する理論は、ジェジュイットとジャンセニストの重要な対立点であった。

(19)　トゥッサン・ギイ・ジョゼフ、ジャンセニストの説教家、文筆家。

(20)　ジャンセニストの修道院。

(21)　ここにでてくるような言葉は、哲学よりはむしろ神学に関係する言葉であるが、サン・テヴルモンは、ここで哲学という言葉を使うことによって、オカンクール元帥の、哲学にたいする無知を嘲笑し、同時に、神学にたいする批判をのべているわけである。

に、まったく、なんと美しいお言葉でしょう。このお言葉は、金文字で、大書しておく必要があります。宗教が、昔より、道理にかなったものに見えてきたからではありません。逆に、宗教というものは、昔考えたより以上に、道理にかなわないものだという気がします。天上の問題に関心をもっている人間には、このお言葉は、ほんとうに、神の言葉とも聞えます。道理ぬきとは！　閣下、なんとすばらしい恩寵を、神さまは、閣下にたれたもうたことでしょう！」

神父は、理性にたいして抱いている、聖なる憎しみを、まだまだしゃべり足りないといった様子だった。だが、元帥閣下のところへ、宮廷から手紙がきたので、このいとも敬虔な話しは、腰を折られてしまった。元帥は、小声で、手紙を読んだ。そして、読み終ると、その場に居あわせた私たちに、手紙の内容を、聞かせてくださった。

「わしは、ほかの連中のように、政治家ぶりたいのだったら、宮廷からきた文書を読むときには、自分の部屋へ、引きさがってしまうところです。だが、わしは、どんな場合にも、卒直に行動し、卒直に話しをすることにしています。枢機卿殿[22]からの知らせでは、ストゥネー[23]が陥落して、一週間後には、宮廷も、ここへくるそうです。それから、テュレンヌ[24]、ラ・フェルテ[25]といっしょに、アラス[26]の救援にゆくために、攻囲軍の指揮が、わしにまかされたそうです。いや、じっさい、今でもはっきりおぼえていますが、宮廷がジアンにいたころ[27]、テュレンヌのやつ、わしが殿下[28]（の軍勢）にやられるのを、平気な顔をして見ていおった[29]。おそらく、今度は、あいつに仕かえしをする機会が、ありそうです。アラスが助かって、テュレンヌがやられれば、願ったりかなったりなんだが。まあ、わしは、できるだけのことをします。わしに云えることは、それだけです」

元帥は、その時の戦闘の一部始終や、テュレンヌ殿を恨むいわれがあると考える点を、もっとわれわれに話したいらしかった。しかし、そのとき、われわれのところへ知らせがきて、部隊はもう、町からかなり遠くへいってしまった、ということを、教えてくれた。そこで、われわれも、予定より早く、いとまごいをしなければならなかった。

カネー神父は、馬がなかったので、宿営地まで乗ってゆく馬を、一頭提供していただけないか、とたのんだ。

「どういった馬を、お望みですか、神父、と、元帥が云った。

――閣下、わたしのお答えは、シュアレズ神父[30]が、やはりこういった折に、メディナ・シドニヤ公[31]に云われた言葉と同じです。クァレム・メ・デケト・エッセ・マンスェトゥム（わたしが、かくあらねばならぬごとき、おとなしい、静かな〔馬〕です）。

――クァレム・メ・デケト・エッセ・マンスェトゥムですって。わしも、すこしは、ラテン語がわかりますよ、と元帥は云った。しかし、マンスェトゥム（おとなしい）というなら、馬よりも、むしろ牝羊（訳註 brebis「信徒」の意もある）の方がよろしかろう。だれか、神父さんに、わしの馬をさしあげろ。わしは、あいつの勲功章が大好きです。わしは、あいつの友達ですよ。さあ、わしの駿馬を、神父さんにさしあげろ」

わたしは、ちょっとした用を足しにいって、それから、じきに、行軍中の部隊に追いついた。われわれは、無事平

---

(22) 宰相マザランのこと。
(23) コンデ公とイスパニヤ軍のよるストゥネーは、フランス宮廷軍の手により、一六五四年七月に奪取された。
(24) アンリ・ド・ラ・トゥール・ドーヴェルニュ。当時のフランスきっての名将、元帥、子爵。はじめ、反宮廷側に立ったが、ここにでてくる時代には、宮廷側について活躍していた。
(25) アンリ・ド・ラ・フェルテ・サン・ネクテール、公爵。宮廷側の将軍、元帥。
(26) ストゥネー陥落後、宮廷軍は、イスパニヤ軍に包囲されていたアラスの救援におもむき、八月末に、その囲みをといた。
(27) やはり、フロンドの乱の最中。宮廷は、一六五二年四月一日に、ジャルジョーからジアンに移っている。
(28) 皇族の一人、コンデ公のこと。当時コンデ公は、反宮廷軍の代表者であった。
(29) 一六五二年四月七、八日の、ブレノーの戦いのこと。コンデ公はこの戦いで、オカンクール元帥の軍を撃破したが、テュレンヌは、深追いしたコンデ公の軍を、ひきつけてうち、大損害を与えて撃退した。
(30) フランシスコ。一六一七年に死んだ、イスパニヤのジェジュイット神父、神学者。
(31) ガスパル・アロンゾ・ペレス・グスマン。イスパニヤの政治家。一六六四年歿。

穏に、行軍を続けていった。だが、そんな行軍でも、カネー神父は、へとへとになってしまった。わたしは、オカンクール元師の駿馬にまたがってゆく神父に、途中で、ゆきあった。元師の馬というのは、実に気の強い、はげしい馬で、いつもいらいらして、少しも、じっとしていなかった。衜《クツバミ》をいつでも噛みながら、しょっちゅう脇の方へ走りだしたり、たえず、いなないたりしていた。しかし、神父の羞恥心を、いちばん傷つけたことは、この馬が、そばへ寄ってくる、よその馬という馬を、手当り次第に、牝馬あつかいにして、みだらな恰好をすることだった。

「驚きましたね、神父さん、と、わたしは、そばへ寄って、云った。あなたは、なんていう馬を、もらったんです。あなたが、あれほどほしがっておられた、シュアレズ神父の馬というのは、いったいどこにいるのです。

――あ、、わたしは、もうだめです。へとへとです」

神父の泣きごとは、とまりそうもなかった。そのとき、突然兎がとびだした。百人ほどの騎馬武者が、列をはなれて、兎のあとを追いだした。すさまじい、ピストルの音が鳴りひびいた。敵と小競合がおこっても、こんなにはげしく、ピストルをうつことはなかったろう。神父の馬は、元師をのせて、矢弾の下をくぐりなれてきた馬だったので、たちまち、神父をのせたまま、かけだした。そして、あっという間に、列をはなれた騎馬武者たちを、ことごとく、追いぬかしてしまった。ジェジュイットの坊さんが、自分ではいやなのだが、どうすることもできずに、みなの先頭に立って、かけてゆく有様は、見ていて実に面白い図だった。さいわい、兎は、しとめられた。わたしは、神父が、三十人ほどの騎馬武者にかこまれて、先陣の血まつりといってもよい、この狩の、あなたは殊勲者だと、ほめそやされているのに、ゆきあった。神父は、こうした讃辞を受けながら、表向きは、つつましそうなふりをしていたが、腹の中では、シュアレズ神父の云った、マンスェトゥム（静かな）などという言葉は、まるっきり馬鹿にしていたし、元師閣下の暴れ馬にまたがって、自分がたてたつもりになっている、この手柄に、すっかり有頂天になってしまっていた。しかし、まもなく、ワニタス・ワニタトゥム・エト・オムニヤ・ワニタス（空の空なるかな、而してすべて空なり）という、サロモン(32)の名言を、神父は思いだした。ひと汗かいたあとの、体の冷えがやってくるにつれて、暑さのために忘れていた、五体の痛みが、よみがえってきた。見せかけだけの名誉は、まことの苦痛に、席をゆずってしまった。神父は、社交界の、のんびりとしたくつろぎや、自分が棄ててきた、平和な生活の、おだやかな雰囲気が、なつかしくなってきた。だが、そんな考えに、いくらふけってみたところで、なんの足しにもならなかった。宿営地まで、どうしても、行かなければならないのである。神父は、馬にはもう、くたくたにまいってしまっていたので、いっそ、歩卒のいちばん先頭を、かちで歩いてゆくことにして、乗馬は棄ててしまおうかと思った。そういう神父の様子を、わたしは見た。

そこで、わたしは、神父に、はじめの苦痛（すなわち、暴れ馬にのってゆく苦痛）をとりのぞいてやり、あとの苦痛（すなわち、歩いてゆく苦痛）も、味わわずにすむようにしてあげた。というのは、神父にしても、これ以上は到底望めないような、世にもおとなしい馬を、わたしは、神父にあげたのである。神父はわたしに、くりかえし、礼を云い、わたしの親切に、よほど痛み入ったらしく、職業的な顧慮などは、何もかもふりすてて、謹慎なジェジュイットの坊さんというよりは、むしろ、自由な、誠実な人間として、わたしに話しをしてくれた。わたしは、オカンクール殿を、神父は、どうお思いになるか、と訊いた。

「りっぱなお方です、と、神父は、わたしに云った。りっぱなお心の方です。あのかたは、ジャンセニストと縁を切られました。わたしどもの神父たちも、あの方に、たいそう御恩になっています。ただ、わたし個人としては、もう金輪際、食卓で、あの方のそばには、坐らないつもりです。それから、金輪際、あのかたから、馬は拝借しないつもりです」

出だしから、こういううちわった話しをされたので、わたしは、すっかり嬉しくなり、神父の本音を、もうひとつ聞いてやろうと思った。

（32）旧約にでてくる、イスラエルの王。

「ジャンセニストと、あなたがたの神父さんたちが、こう仲が悪いのは、いったい、どうしてですか。恩寵の教義について、考えかたがちがうせいですか。

——馬鹿な、と神父はわたしに云った。恩寵について、同じ考えをしていないから、わたしたちが憎みあっている、などと思うのは、とんでもないことです。わたしたちの間が、まずくなったのは、恩寵のせいでもなければ、五ヶ条の命題(33)のせいでもありません。人間の良心を、自分だけが支配したいという気持が、いっさいの原因なのです。わたしどもが、天下をとっているのを見て、ジャンセニストは、その支配権を、自分の手に奪おうと思ったのです。この目的に達する方法として、連中は、わたしどもとは正反対の方法を使いました。わたしどもは、温和、寛恕という方法を用いています。連中は、逆に、いかめしい、厳格な様子を、わざと気取っています。わたしどもは、神さまが慈悲をたれたもうた、いろいろな例を示して、魂を慰めます。連中は、逆に、神様が裁きを下された例を示して、魂を、ふるえ上らせるのです。わたしどもが、希望をかかげる所に、連中は恐怖をかかげます。そして、わたしどもが、自分の方へさそいよせようとしている相手を、連中は、屈服させようとしているわけです。それは、なにも、この両方の側が、人の済度ということを、考えているからではありません。どちらも、人を済度することによって、自分の信用をつけたいのです。ありていに申し上げれば、魂を導く人間の利益の方が、導かれる人間の、救霊の問題よりは、だいたいいつも、先に立っているわけです。わたしは、さっき、元帥殿にお話ししたときとは、全然ちがった調子で、あなたにお話ししています。元帥とお話ししたときは、わたしも、純然たる、ジェジュイットの僧侶でした。しかし、あなたにお話しするときは、軍人らしく、腹をうちわって、わたしは喋っているのです」

わたしは、軍人という、このあとの方の職のおかげで、神父が抱くようになった新しい精神を、口をきわめて、ほめそやした。わたしがほめたので、神父も、かなり気をよくしたようだった。わたしは、もっともっと、もちあげるつもりだった。だが、もう夜が迫ってきたので、われわれは、別れなければならなかった。神父も、わたしの態度に満足していたし、わたしも、神父の打ちあけ話しに満足したまま、二人は別れた。

〔阿部義夫訳〕

（『ジャンル』創刊号、一九五五年七月二十日発行）

(33) パリ神学大学幹事のコルネは、一六四九年に、ジャンセニスムの祖ジャンセニウスの七ヶ条の命題を告発し、これはのち、五ヶ条に要約されたが、一六五三年、この五ヶ条は、法王の教書によって弾駭《〔ママ〕》された。

愛国者の手紙

フランスのプロテスタントへの
政治的寛容と
そこから結果する
王国にとっての利益について

「王ノ栄光ハ民ノ多キニアリ」
（箴言、第十四章二十八節）

拝復、

お便りでお教えくださったニュースには、確たる根拠があるのでしょうか。フランスのプロテスタントがこうも久しく願いつつ、これまで不可能とみなしてきた境遇の変化を期待させるのは、空頼《そらだの》みのしすぎではないのでしょうか。我らの最愛の君主〔一〕の顧問会議をリードする愛国主義の精神が対象を拡げ、時代の不幸で永久に忘れられる運命にあるかに見えた民の上にも目を投じられるのでしょうか。最良の君主の宗教心を籠絡しなくなるのでしょうか。文字どおり民の父であられるあのおかたが、御自分の王国にはプロテスタントがいること、臣民のこの部分は、実を言うと、為すおそれのある悪という面からではなく、市民としての存在だけでも与えてやれば引き出せる善という面から考慮に値することを、ようやく認めるお気持になられるのでしょうか。

フランスではプロテスタンティスムを抹殺しようとしました。いくたの理由から、それは善事だと思われました。宗教も政治もナント勅令の廃止〔二〕を等しく求めると言われましたし、教会の福利も国家の福利もこの流血の犠牲を必然的に要求すると主張されました。それでも、ああいう苛酷な説ほど根拠のないものがどこにありましょう。

政治的寛容が聖書のきまりだけでなく、教父たちの見解とも一致することを立証する仕事は、神学者たちに任せます。フルーリ〔三〕のような、フェヌロン〔四〕のような人がいるだけで私には足ります。人道の義務がキリスト教の義務と矛盾することは絶対ありえぬ以上、誰かが宗教について私たちと考えが違っても、それを罪に問えないことを理解するのに、さほどたいした知識はいらないと思います。しかし、ルイ大王〔十四世〕〔五〕の君臨のもと、洞察力と知恵をあれほど証拠立てたフランスの大臣たちが、プロテスタント教の抹殺から王国全体におのずと生じるはずの測り知れぬ損害を見越さずにいられたなどということが、私にはどうしても納得できそうにありません。国家にとってあれほど命取りだった大変動の隠れたバネを、私ごときが調べようとするのは、身のほど知らずでもあれば、余計なことでもありましょう。ただ、この問題について私がした考察をお伝えするのをお許し願いたいのです。そうすれば、我らの最愛の君主としても、御自分の王国のプロテスタントに寛容であられ、往時の特権の一部を彼らに返してやる以上に、公益への愛とお心のお優しさの輝かしい証拠をお示しになれまいということで、貴方も同意してくださるものと期待しております。そのために、まず、フランスでプロテスタント教の抹殺に続いた数々の禍の、詳細ではなくても忠実な画像を描いてさしあげましょう。その次には、プロテスタントへの寛容から結果する現実的な利益を検討いたします。そして最後に、この点について、もしかすると貴方がなさるかもしれぬいくつかの反論にお答えすることにしましょう。国家の仕合わせと、市民たちの浄福と、君主の栄光がかかる時には、公益愛から貴方は喜んで、読むため一時間くらいは犠牲になさるだろう、という確信がなかったら、私としても、貴方を退屈させるのを恐れるところでしょうが。

ナント勅令の廃止に続いた禍の数々

過去数世紀の経緯には幕を引いて、ああいう恐ろしい時代の記憶を蘇らせないようにしましょう。宗教というヴェールをかぶった野望と政略が、ヨーロッパ中で住民の血を洪水のように流させ、狂信の憤怒が極点に達して、君主たちの神聖なお身すら尊ばなかった〔六〕時代でしたが。

そういう鉄の時代をルイ大王は消滅させられました。大王のお心の広さは民草にも伝わり、温情と人間味が習俗の獰猛さに後続しました。こういう変化がどこにでもあったらよかったのに。でも、旧来の偏見は、そんなものとまっさきに闘うべきだった人〔高位聖職者〕の多くの内で、いまだに優勢を保ちました。結束して御自分に敵対するヨーロッパを打ち負かされた上でも、陛下にはまだ、もっともっと見事な勝利をお収めになる材料が残っております、栄光を極点まで持っていくには、国内から異端を根絶せねばなりません、と、みんなあの君主を説き伏せました。

一見すると、その計画を実行するほどたやすいことはなさそうでした。問題はプロテスタントを鉄火で迫害することではなく、或る者は恩恵で釣り、或る者は旧来の特典を奪って、〔カトリック〕教会の懐《ふところ》へ帰るように促し、そういう二重の方法で知らず知らずこの党派を弱め、残りの者には命令するだけにすぎなかったからです。このプランは三十年にわたって練り上げられました。それから次に、プロテスタントの人数は激減して、辛うじて痕跡が二、三残っているにすぎません、と大王に言い聞かせ、そうやって国家に大損害を与える形で陛下の宗教心を籠絡したあげく、かの有名なナント勅令廃止を御手《み》からもぎ取ったわけです。この最後の一手に、えせ宗教熱は拍手喝采しましたが、本当の愛国者は嘆き悲しみました。私たちは今日でも、あの廃止に続いた災難の数々を悼《いた》んでおります。

こういう禍を貴方に全部隠そうとしても無駄でしょう。それを見ないためには、自分の意志で目をつぶらねばなりますまい。ナント勅令の廃止によって、フランスは著しく弱まり、近隣諸国の力は激増しました。わが国の製造業は没落し、商業は回復不能な痛手を負いました。

フランスは著しく弱まったと申しましたが、その真実を証明してさしあげるために、たいした努力をする必要もありません。王国の力が住民の数にあるというのは、異論の余地のない原理なのです。フランスですら、この格率にはみんな確信を持っていたため、ナント勅令の廃止に続いて移民が続出しそうなのを見越し、それを防ごうとして無理なことまでやりました。出国を企てる者に全員、この上なく厳しい刑罰を科したのです。しかし、迫害とドラゴナード〔七〕で絶望の極まで行った不幸者の群を抑えるのに、こんな努力はなんと無駄だったでしょう。見せかけの瀆神的な棄教をして良心を裏切るわけにはいかず、主権者の手で身分も一切剝奪され、羽目をはずした兵隊の乱暴狼藉で悲惨の極に追い込まれ、家父たちは破産し、妻たちは暴行され、子供たちは腕からもぎ取られ、財産は掠奪に任された彼らが、死ぬことすらも最も甘美な慰めとみなした以上、おのが救いを逃亡の内に求めるのを阻めるほどに強力な、どういう威嚇がありえたでしょうか。ですから、移住でさらされるどんな危険をも彼らが物ともしないのが目にされました。十年足らずのうちに、イギリス、オランダ、スイス、ドイツ、デンマーク、そして北欧全域が無数の逃亡者に溢れました。災禍から逃れ、祖国から遠く離れて、全く無一物で酷寒・酷暑にさらされつつ、生きのびられただけでもまだ仕合わせと思う人々でした。

ヴォルテール氏は、そういう亡命者の数を八十万にしかならぬとしています。しかし、私が所持する、忠実さが折り紙つきの覚書類をもし持っていたら、この有名人にも、あの不幸な〔ナント勅令の〕廃止このかた、今日までに、二百万以上の人がフランスから出国したと請け合っても誇張にならないのが分かったでしょう。これほど驚異的な人数の内には、才覚（産業）と勤労で考慮に値する者がどれだけいなかったでしょうか。フランスのような王国にとって、二百万の住民を失うとは、なんという損失でしょう。私たちが人間を必要とすることは御存知のとおりです。君主の栄光からも、近隣諸国のやっかみと落ち着きのなさからも、私たちはいやでも常に強大な陸軍を維持せざるをえないわけですが、そういう陸軍を補充するためにも。わが国の海軍をできるだけの完成度まで持ってゆき、海の主人と称する者〔イギリス人〕の高慢な傲りを抑えられるようになるためにも。人間がいなければ衰弱状態から脱却できぬわが国の植民地を、人でいっぱいにするためにも。設立以来、私には富の涸れることなき源で、その繁栄がひとえに王国の元プロテスタントの疲れを知らぬ生業のおかげだったわが国の工場を支えるためにも。さらに、あれほど貴重なのになおざりにされすぎている農耕者という、王国のあの部分を増加させるためにもです。農耕者の人数があまりに少なすぎるため、みんな過労でやる気をなくし、土地のかなりの部分が耕されずに放置される有様ですから。こういう損失はどれも私たちの目に映り、祖国愛から私たちは嘆き悲しみますが、近隣諸国はそれで得をし、それだけにいっそう、この損失は著しくなります。イギリスにはフランス人のプロテスタントがウヨウヨいて、みんなその産業で国民を富ませ、商業を花咲かせています。それどころか、アメリカにあるグレート・ブリテンの植民地がこれほど強大になったのは、ドイツやフランスからの移民によるにすぎません。昨年の夏、十年住んだヴァージニアからの帰途に当市〔ローザンヌ〕を通った一人のスエーデン人が私に請け合ってくれましたが*、その人のアメリカ滞在中、毎年ほぼ三万人のドイツ人かフランス人が到着したそうです。そういう人は迫害のため祖国を捨て、イギリスに世にも温かく迎えられたのでした。こうして、かくも短期間のうちに、近隣諸国は三十万を余分に手に入れたことになります。少なくともその半分は、もし迫害がよそに避難所を求めるよう強いなかったら、フランスの支配下で暮らす方がいいと思ったはずですが。

* 最近、『プロテスタントの非合法結婚についての覚書』[八]を見たところ、同じ事実がそこで報じられているのがみつかりました。あの傑作の著者に誰がそれを通知したのかは知りませんが、ここでもう一度それを繰り返すのも悪いこととは思いませんでした。この話はいくら公にしても十分ということはなさそうですし、それのみならず、私は当市を通ったあの外国人の口からじきじきそれを仕入れたからです。

同じ移民によって、オランダはどれだけの国力を手に入れなかったでしょうか。七州連合〔オランダ共和国〕の町という町には、フランス人のプロテスタントが溢れています。スペイン継承戦争では、そういう者でまるまる何個連隊も編成され、彼らはフランスを相手に新たな主権者のため戦って、かつての同胞に浴びせざるをえぬ一撃一撃に、心の底まで痛みをおぼえました。

ドイツのプロテスタント諸州のほぼ全部でも同じです。そこでは一歩行くごとに、フランス人のコロニーにぶつからざるをえないでしょう。そういうコロニーは、政治に刺激された人道が提供してくれた救援のおかげで、今日では世界一繁栄しています。プロイセン王の国についてはなんと言いましょうか。この国の無人の荒地《ランド》や砂地は、亡命者たちの手によって、肥沃で美しい田園に変わりましたし、首都〔ベルリン〕だけでも、絶望のため祖国を追われ、宗教だけから異郷に引きとめられる二万余のフランス人住民を抱えています。この人たちの産業こそが、賢く恐るべきあの君主〔九〕の勢力の土台でした。

しかし、政府の注意に最も値するものは、亡命者の数だけでなく、とりわけ、亡命者が外国へ持ち去った利益です。そういう利益は誰にも否定できず、自然な結果として、わが国のあらゆる工場や、広く商業一般に甚大な影響を及ぼさざるをえません。数ある亡命者の中には、自分の財産を一部救い出した人も多かったにせよ、富としておのが生業（産業）しか持ち出せなかった人は、それより限りなく多かったでしょう。でも、この生業たるや、わが国の商業にはなんと破滅的だったでしょう。ナント勅令廃止前、フランスは国の工場の製品をほとんどヨーロッパ中に溢れさせていました。この貿易が王国へ流入させた莫大な金額も、そこから御判断願えます。商品と引きかえに、スペインはペルーから金《きん》の地金《がね》を持って来ましたが、地金の固有の価値はせいぜい、それで払った額の三分の一で、したがってあとの三分の二は、わが国の職工、わが国の商人の勤労と才覚の値段でした。ドイツ全国でも、ポーランドでもデンマークでもスエーデンでも、着る服はほとんどフランス製の布ばかりで、それを買う時は現金払いでした。イギリスですら、わが国の工場から買い、巨万の富をフランスへ持って来ました。こうして、フランスの職工たちは豊かになり、商業は花開き、王様の金庫はいっぱいになって、長期の破滅的な戦争にも王様が耐え抜かれるようにしました。この戦争は、王様の勢力を妬む近隣諸国がたえず仕掛けたものでしたが、臣民の忠誠と勇気と富の内にみつける策のおかげで、王様はいつも赫々と、こんな戦争を乗り切られました。戦時中にも、わが国の国境をどんな侵略からも守るため、鉄壁の要塞がいたるところに築かれました。大兵力の陸軍が我らの君主を地上の覇者にし、恐るべき艦隊が海洋列強を震えおののかせ、こういう過大な支出が金庫という金庫を空《から》っぽにしたかに見えた時にも、いとも壮麗な宮廷と、いとも華々しい祝祭と、いとも堂々たる建物が、王国のあり余る資力を告げ知らせ、首都〔パリ〕に外国人の群を引き寄せました。

あの頃と今では、なんという違いでしょう。外国人は私たちの過ちで得をしました。彼らの国には、フランス人亡命者が各種の工場を立ち上げました。イギリスもオランダもデンマークもスエーデンも、プロイセン王の国も、〔ドイツ〕女帝でハンガリー女王[一〇]の国も、わが国の商品がなくてもやっていけるだけでなく、フランスの工場に由来する布の流入を厳禁すらしています。かつては流血の〔宗教〕裁判所がカトリックでないすべてのものを恣意的に弾圧していたスペインも、今では昔より賢くなって、フランス人のプロテスタントを誘致しています。宗教裁判もプロテスタントに寛容で、政府も彼らを優遇し、それを有効に利用して、工場を立ち上げています。その工場が遅かれ早かれ、回復不能な損失を私たちに与えるおそれがありましょう。

この絵には誇張がある、実際は大違いで、禍は私が見せるほどひどくない、などと言われたくありません。数人の地方長官の覚書に基づいてブーランヴィリエ伯爵[一一]が言ったこと[*1]をお読みください。ド・ラ・ブルドネ氏[一二]は明言します。ナント勅令廃止前、コードベック、ヌシャテルその他では革帽子が製造され、北欧やオランダやイギリスへ輸出されて大売れに売れたものだが、勅令廃止以来、亡命者がそれらの国に工場を設け、それがノルマンディの工場から販路を奪ってしまった、と。かつてはルアンに、オランダ人をはじめとして多くの外国人が上陸し、定住する者も少なくなくて、商業をおおいに利したものだが、ナント勅令の廃止で、そういう者は引き上げてしまった、と。カーンの地方長官のフーコー氏〔一三〕は告げます。[*2] 一六八五年〔ナント勅令廃止の年〕以来、当納税区では商売が極端に減った、いちばん有力な商人だったプロテスタントの退散で、商業を支えられる者がほぼ全部いなくなり、残った者には立て直す力がなかった、と。モープー・ダブレージュ氏〔一四〕は政府に書き送ります。[*3] ポワトゥー地方のコロンジュ町には浮綾織の工場が出来ていたが、戦争に加えて、それの売買を一手に支えていたユグノーが退去したため、工場はほとんど同時に倒産した、と。ラ・シャテニュレ町にも工場があったけれども、同じ原因で同じ失墜をした、と。ブゾン氏〔一五〕も請け合います。[*4] ギュイエンヌ地方のクレラックはナント勅令廃止前、商業が非常に活潑だったが、あれ以後、最良の商人の多くが退去を余儀なくされた、と。〔ビスケー〕湾《ベイ》の海運に支えられていたネラックの商業は、勅令廃止で主な商人が破産するか逃亡するかしたために、甚大な打撃を蒙った、と。さらに、ミロメニル氏〔一六〕が告げる[*5]のは、なんという様変わりでしょう。こう言うのです。あの廃止前、トゥールにある絹織物工場ひとつで、八千台の紡織機と七百基の水車を動かし、二万人の職工と、ほかに絹を繰るための四万人余を雇傭して、当時、トゥールの絹の定価は毎年一千万リーヴルにのぼっていたが、廃止後はもう紡織機千二百台、水車七十基しか残らず、雇傭人員も四千人にすぎない、と。一六八五年以前にはそれだけで紡織機三千台を持っていたリボン製造業にも、あの時期以後、紡織機は六十台しかなくなった、と。こういうのは、誰も疑えない事実です。ニーム、リヨン、マルセイユその他、王国の枢要な地の商業に起こった、これよりずっと衝撃的な減退をお話しして、事実の数をふやすのはいとも容易でしょう。しかし、かほどの禍を語ってこれ以上貴方のお心を引き裂く勇気がありません。この禍は私たち自身が張本人の筆頭で、あらかじめ予見できましたし、蒙昧な宗教熱の逆上した叫びなどより優先して、深く考えた賢明な政治の勧めに耳を貸す気さえあったら、必ず予防できたはずなのですから。

＊1　ブーランヴィリエ『フランスの国状』〔一七〕。ルアン納税区の〔覚書〕抜萃《ばっすい》。
＊2　カーン納税区の〔覚書〕抜萃。
＊3　ポワトゥー納税区の〔覚書〕抜萃。
＊4　ボルドー納税区の〔覚書〕抜萃。
＊5　トゥレーヌ納税区。

不寛容が惹き起こした禍を癒やす方法

しかし、なめる禍を感じるだけ、嘆くだけで足りましょうか。愛国者でありつつも、それを癒やす方法を考えずにいられましょうか。また、かつての利益を回復させてくれるほど効果的な方法をみつけられましょうか。事は可能だ、というのが私の主張です。これから、その方法をお示ししましょう。わが国が弱まったのも、近隣諸国が強大になったのも、フランスの製造業と商業がともに衰退したのも、原因はひとえに、プロテスタントに対してした迫害にあった、ということはお見せしました。その上でなら、往時の特権の一部をプロテスタントに返してやれば、大臣たちも、ナント勅令の廃止から起きた禍を全部癒やすのみか、それによってさらに、いとも多大でいとも堅固な利益を王国に得させるだろう、ということを証明してさしあげるのはたやすいでしょう。

かつて与えられていた特権をプロテスタントに全部回復させるのが適切かどうか、その点は今検討しません。プロテスタントに浴させてもいい良心の自由の限度を決めるのは、私たちを統《す》べられる君主の慎重なお知恵がなさることです。しかし、心に奉じる宗教を公然と告白することだけでも彼らに許してやってごらんなさい。〔信奉する改革宗教と、強制されるカトリック教という〕両方の宗教への裏切者にすることで彼らの良心を傷つけたりせぬ結婚の仕方を、彼らに定めてやってごらんなさい。子供を奪われまいか、財産を没収されまいか、土牢や漕役船などの恐ろしい目をわが身に味わわされまいか、という今の不断の恐怖から彼らを解放してやってごらんなさい。要するに、ユダヤ人に拒まない利益と同じものをプロテスタントにも与えてやってごらんなさい。そうすれば、君主と祖国を生来愛するこの民に、さような寛仁が生み出すはずの効果が目にされましょう。

隠そうと思っても無駄なことで、疑いようもなく、大臣たちはよく知っています。移民がやんだどころではなく、少し前からかつてないほどふえていることが。密使にこっそりたきつけられたり、四方からされる多大の利益提供《オファー》でおおっぴらにはげまされたりして、プロテスタントが続々と退去してゆくことが。昨年夏にはポワトゥー州だけでも五十家族以上が出国したことが。祖国を去らざるをえなくするものが、なめさせられる禍のひどさだけだということが明白とはいえ、ほんの僅かでも希望のかすかな光があれば、プロテスタントは残る決心をするはずだ、ということにも異論の余地はありません。かつての特権の一部でも実際に回復されたら、どういうことになるでしょうか。

私たちを欺いて、見せかけの棄教で結婚の許可をやっと手に入れる偽善者が彼らの間にいるにしろ、何が起ころうと物ともせず、荒野の牧師の前で非合法の結婚をして、刑法の定める厳罰のみか、子供が早晩私生児と宣告されて、相続権がなくなる危険にもさらされる方がいい、と思う者もいるにしろ、そんなことをして安息を乱すくらいなら、故国を去るか結婚を諦める方がいいと思う者は、それより限りなく多いのです。さて、或る者は退去し、或る者は独身を守ったら、国家は、この上なく大事な奉仕を引き出せるはずの臣民を無数に失わないでしょうか。反対に、彼らが結婚するのを許したら、父親・母親の神聖な権利を彼らにも与えたら、さっそく一年目から、十万回以上の結婚式が挙げられましょう。級数の計算は簡単で、少なくとも年に約五万の住民が王国には余計に供給されるはずです。それだけいれば、わが国の土地を耕すにも、わが国の工場を維持するにも、とりわけわが国の陸上兵力と海軍力をふやすにも、どれほどの温床になることでしょう。

この最後の項は、現下の状況では私たちの注意を引く価値が何よりもありますから、そこに立ち止まるのをお許しください。御存知のとおり、ノルマンディ地方の海岸部には大体においてプロテスタントしか住まず、ポワトゥー地方からバイヨンヌまででも、海岸の住民の少なくとも四分の三は同じ宗教を告白します。海が近いため、この者たちはもっぱら航海にたずさわります。イギリス人には水夫が必要ですし、逃げ出したがる者には、海を渡るほどたやすいことはありません。ライヴァルに武器を提供せよと、不寛容は私たちに促すのですか。このライヴァルと戦うため、私たちがそういう武器を有効に使えるはずの時にです。自然と正義が私たちに与える優越を利用して、イギリス人が前々からたえず侮辱してきた〔フランスの〕国旗を畏怖させせられるはずの時にです。最強の艦隊に乗り組ますためにも、フランスが人員に不足したためしがないのを私は知っています。しかしまた、イギリスには同じ利点があるどころでなく、自国の水夫を補充するため外国人の必要があり、外人を引き寄せようとして苦労も出費も惜しまぬこと、フランス人、ドイツ人、オランダ人の水夫が助けてくれないと、イギリスの艦船の数が半減するはずのことも、知らない人がどこにいましょう。私たちの過ちがいつまでもイギリス人を利するのですか。過去が未来に対する私たちの目を開かす時ではありませんか。

わが国の陸上部隊も同じです。フランス人は生まれながらの兵士で、それを導くのは栄誉ですし、勇猛心と忠誠心は折り紙つきです。王国の人口を維持したら、正当な方法で数をふやしたら――つまり、プロテスタントに祖国で暮らす手段を得させ、わが身に恐れることも、家族や財産に心配することもなくしたら、ということですが――こんなに多数の外人傭兵部隊などなくて済むようにできないでしょうか。外人部隊を維持するには、自国民の部隊を維持するよりずっと金がかかりますし、外人部隊は大体において、脱走兵の続出で、人員が限りなく目減りします。それも、彼らの奉仕が必要不可欠になる時にです。というのも、スイス生まれのスイス人や、アルザス・ロレーヌがフランスに供給できる臣民を除いたら、そのほかの者を当にすることが合理的にできるでしょうか。そんな者は、欲得や自堕落や脱走でこちらへ来たにすぎませんから、折あらばすぐ、同じ動機から去って行きます。将校はそのため破産し、軍務には支障をきたし、作戦の成功はおぼつかなくなります。一方、自国民の部隊だけ遠征に連れて行けば、そのようなリスクはなく、成功間違いなしと安心していられましょう。フランスの兵士は生まれつき勇猛なだけでなく、主権者の栄光と祖国の名誉とおのが家郷の保全への熱意に燃えてもいるからです。また、金を払って外国人を傭い、それで王国の臣民をいたわるのがひとつの政略でも、他人に頼る必要など感じずに自足しようと努めることこそ、もっともっと大きな政略ではないでしょうか。

この考察から、私はおのずと、政府の注意のありったけを引く価値のある別の考察へ導かれます。これまでは、良心にしたがって生きる自由を与えれば王国に残らせられる臣民のことしか申しませんでした。しかし、祖国から出て異国の民となり、そこに定着しながらも、異郷にはいやいやいるだけで、少しでも楽になれそうな当さえあれば大喜びでフランスへ戻るつもりでいるあのフランス人プロテスタントの群に目を向けられたら、貴方はなんとおっしゃいますか。親和力なのか、偏見なのか、真理なのか、誰しも祖国を愛するものですが、フランス人には他国民にないこういう利点があります。風土に恵まれ、土地が肥沃で、同胞は愛想が良く、統治も穏やかなため、当然ながらフランス人は外国の支配をよろず毛嫌いすることです。逃げようと肚をきめるには、プロテスタントもどれだけの不幸をなめねばならなかったでしょうか。生まれた国で或る種の寛容さえ期待できたら、みんなどれほど喜んで帰国しないでしょうか。

　元プロテスタントから生まれて外国で育った子供は、親の生地などもう忘れているよ、今いる国の好みや習慣が身についてるよ、自分の良心と平安について何も恐れるものがなくても、金輪際フランスへ戻るまいね――などと言ってほしくありません。そんな反論をするには、いまだかつて知り合いに亡命プロテスタントがいなかったのでなくてはなりません。かく言う私は、そういう人を目《ま》近に見て、考えかたも知っていますから、フランスへの帰国を心から願わぬ者は百人中十人もいない、と確言いたします。おのが宗教に寛容が与えられるという第一報に接するや、亡命プロテスタントが四方から何千人と戻って来て、十年もたたないうちに、王国にはそういう者が少なくとも百万人は余計にかぞえられましょう。わが国のような王国にとって、この人口増はなんという利益でしょう。また、それの重要性を認めれば、どんな値段でもそれを手に入れるべきではないでしょうか。

　でも、私は何を言ってるのでしょう。王様の臣民が維持されること、祖国から去った者が戻ってくること、我らの君主の栄光を妬む近隣諸国の力が減ること、その君主の臣民の数が確実に増すこと――こういう利益だけを、私は寛容と不可分な実りとみなすわけではありません。実りといえば、もっともっと著しいものがほかにいくらもありますが、そういうものはおそらくいまだかつて考えられたためしがありませんでした。わが国の製造業の凋落も、わが国の商業と、ひいては王国の富の減少も、プロテスタントにされた迫害と、彼らが外国に避難所を求めざるをえなくなったことにもっぱら起因するというのは、誰しも認めるところです。よその国に設立された工場が、大体において、繁昌を亡命フランス人にのみ負うことは、一人ひとりが知っています。しかし、みんなが知るわけではなく、確実無比な真実として私が保証できるのは、そういう工場が今日でももっぱらフランス人の手で支えられ、〔フランス人の〕プロテスタントが祖国へ帰って暮らすのが容易になったら、今からでもすぐ凋落するだろうということです。実際、原因が亡命者側の政略にあるのか、亡命先の民の無頓着と安心感にあるのか分かりませんが、事実は事実で、外国の工場はフランス人の助けがなければけっして立ち行けないでしょう。父親は息子にしか知識を伝えませんし、傭う職工もフランス人です。しかも、祖国でなめる日ごとの迫害と、誘致のためにする盛大な約束のせいで、そういうフランス人の数は日一日と、減るのでなく逆にふえます。要するに、その国の土着民は、フランス人の知識を役立てることなど考えもせず、フランス人の勤労を享受しているわけです。この真実を前提に置けば、職工たちに祖国への道を開いてやって土台に一撃を加えると、たちまちにして、外国の工場など必ず倒壊してしまうことに、貴方も同意してくださいましょう。また、いくつか残るはずだと仮定しても、その数は微々たるもので、製品の品質も悪いため、外国人はいつまでも、一番の源としてフランスに頼らざるをえないでしょう。プロテスタントは一人として、王国から出てゆくことなどもう考えなくなりましょう。今、わが国の州という州にはスイスからの密輸品が氾濫していますが、その暁にはスイスももはや、こういう驚異的な量の密輸品を供給しなくなりましょう。オランダ、オーストリア、イギリス、デンマーク、スエーデン、プロイセンなども、フランスの商品の国内流入を禁じる法令を廃止せざるをえなくなりましょう。外国人は自らフランスへ来て、私たちの金庫にお金を置くでしょう。産業は報われ、貿易商は富み、王様が取り立てる租税は日に日にふえ、商業は花開き、国民の勢力も栄光も拡大し、すべてのフランス人のあまねき幸福が揺るぎない土台の上に安らうでしょう。

最後に、寛容一般の利益を貴方に確信していただくため、事実によって推論を支えるため、ヨーロッパの国でも、一種の精神的君主制を国内に樹立するのでなく、反対に、良心の自由への賛意を表明した諸国を、よくよく見ていただきたいと思います。貴方はグレート・ブリテンを御存知です。人間の数にしろ、人間に依存する諸州の面積にしろ、国の産物にしろ、さらには、商業との関係における国の位置にしろ、グレート・ブリテンがフランスと比較になどならないのは知っておいでてしょう。それでも、これほど目立つ、これほど一般的な劣勢にもかかわらず、あの王国は、いかに破滅的な戦争にも耐え抜けるだけの、また、海洋の支配者を僭称してフランスなどあえて物ともしないほど強大な艦隊を維持できるだけの強力な資源を国内にみつけています。

そういう多大の資源はどこから来るのですか。通商が供給するのさ、と貴方はおっしゃるでしょう。ごもっともです。それは私も認めます。でも、この通商自体は、全住民に与える寛容からでなかったら、何に由来するのですか。あの国では、カトリック教徒もプロテスタントもユダヤ人もクエーカー教徒も、申し分のない和合と平安の内に暮らしています。よその国で迫害された人たちで、異端審問官と彼らの血なまぐさい〔宗教〕裁判所から逃れるための避難所をロンドンにみつけているのです。そこで暮らさざるをえないため、この人たちは産業を興して需要に応えるわけですが、そうするのも、手に入れたものは平穏に所有でき、誰もその邪魔をしないだろうと確信するから、勤労の実りは自分の子へ残せると安心しているからです。各人が私利を追いつつ、おのがじし、全員の幸福に寄与します。田園は耕され、技芸は報われ、商業は花開き、国はヨーロッパでも最強国のひとつです。

この例に、もっともっと衝撃的な別の例を加えてください。七州連合〔オランダ共和国〕の住民をよく見てください。スペインの支配下にあって、人知れず平穏に暮らすことしか考えなかった職人や漁業者の民が、圧迫する暴君らに対し、あえて反乱を起こしたのです。宗教裁判の蛮行で反抗に駆り立てられて、流血を好む修道僧の憤怒のため火刑台上で生贄にされるくらいなら、自由を守りつつ武器を手に討ち死にした方がいい、と思ったのです。その立場の正しさには、遂に成功が応えてくれました。アルバ公爵〔一八〕の傲慢さも譲歩を余儀なくされました。フランスに支援され、勇敢でも賢明でもある君侯〔一九〕にひきいられつつ、幸多きバタヴィア人はスペイン軍に勝ち、宗教裁判の桎《くびき》を振り払いました。しかし、不寛容の命取りな結果をわが身に痛感したその民が、今度は自分自身が不寛容になることなど、どうしてできたでしょうか。ですからみな、かつての主人の過ちに陥るのを入念に慎みました。そのまねをするのでなく、その例を役立てたのです。そこで、市民の列に加えてほしいと言う者には、よろず手を差し伸べることにしました。その権利に浴するためには、人間であって有徳なだけで十分なようにしました。カトリック教徒はその地に教会堂を立ち上げ、プロテスタントは会堂を建て、ユダヤ人はシナゴグを建設しました。みな一緒に兄弟として抱き合い、一人ひとりが良心の光にしたがって神に仕え、論争は学校へ追いやられました。愛徳に満ちたこの和合と相互の我慢のおかげで、多幸な住民の数は日増しにふえ、商業も富も勢力も見る見る増し、せいぜい半世紀のうちに、オランダはその船団で大洋を被い尽くし、ヨーロッパ中に武威をとどろかせ、アジアの奥でまで恐れられるようになりました。

　この画幅はスペインの画幅と対照的です。スペインが「カトリック」という名〔一〇〕を与えられたのは、その名に値するのをやめたかに見えた時、私たちがその弟子たるべき情深い師〔イエス・キリスト〕の原理ほど自分と無縁なものはないことを、行為で証明しだした時にすぎませんでした。世界一栄える、世界一の強国たるのに、あの大王国に不足なものは何もありません。この国がかつて、勝ち誇るローマ軍にどれほど抵抗したか、次いで〔ローマの〕一属州と化してからも、世界のこの都〔ローマ〕にとってどれほどの富源となったかは御承知のとおりです。続く数世紀には、蛮族〔ゲルマン人〕の大集団の侵入を受け、内戦で荒らされ没落しながらも、この国はそのつど、土地の肥沃さや、住民の熱意と才覚や、通商に有利な立地のおかげで、災禍から立ち直りました。しかし、宗教裁判がこの国に旗を掲げ、それの有害な声にフェルナンド〔一一〕は耳を貸しました。マウル人〔イスラム教徒〕を負かしただけでは足りず、王国から奴らを放逐せねばと思ったのです。その上、人減らしの仕上げとして、ユダヤ人を根こそぎにすることも決められました。盲目なあの国民を啓蒙するために、宗教が命じる手段を使ったなら、私たちがみな負う愛徳の義務を果たしたことでしょう。しかし、松明《たいまつ》を手にして福音を説き、納得させられぬ者を火あぶりの犠牲に供し、こちらと意見が違うという罪しか犯していない人に前代未聞の残虐行為をはたらき、そんなことで神格のお気に召す御奉公をしようとなどするのは、仕える神を冒瀆することですし、告白する宗教を否認することですし、人間の資格を放棄することですし、豹や虎より残酷になることです。それゆえ、ドミニコ会士〔異端審問官〕の宗教熱の生贄にされた不運な犠牲者たちになめさせた不幸が、スペイン自身にはねかえりました。かつてはあれほど人口が多かったこの国の諸州も、今日では広大な無人の地にすぎません。町には住む人が、田舎には耕す人が不足しています。それ自体では最高に肥えた土地も、耕作者がいないため、あちこちで目に映るのは、住民に忘恩を責めるかに見える不毛の畑ばかりです。たしかに、ここ数年、或る賢い大臣[二二]が、ほかの点ではあれほど尊敬すべきこの国民に寛容の利点を感じさせようとして全力を挙げたのは事実で、〔フランス人の〕プロテスタントをこの王国へ誘致し、工場の設立のため優遇しました。でも、この人の愛国的な熱意は本人にも高くつきました。宗教裁判の恐ろしい雷霆《らいてい》がとどろいて、愛国者の声を圧殺しました。Nicolas[二三]が戴冠し、エンセナダ[二四]は流謫の地で呻吟しています。

ポルトガルも同じです。隣国〔スペイン〕からの感染で、この国も同じ軛《くびき》をかけられ、宗教裁判所は今日でもいまだ支配権を行使して、この国を呑み込もうと口をアングリあけたかに見える地獄の数々を物ともしない有様です。暗闇が生んだ忌わしい子よ。宗教の恥辱よ。人類の災厄よ。呪うべき迫害根性よ。お前はいつまで諸国民の上に君臨するのか。愛と平和の神を崇めると告白して、その足跡を辿らねばこの神の約束にけっしてあずかれまい、とわきまえている諸国民の上に。

貴方に恐怖心しか吹き込めぬこんな絵はやめる時です。私としても、自分の気性と合わないことをせずには、こんなものは描けませんでした。不寛容がフランスに惹き起こした禍があまりに現実的なものにほかならぬことは、推論によっても事実によっても証明してさしあげました。政治的寛容がそれらの禍を全部癒やし、多大の利益を祖国に得させるはずなのも、同じように論証してさしあげました。申し分なく貴方に納得していただくために残っているのは、二、三の反論に答えることしかもうありません。その中には、しごく重大らしく見えるのも少なくありませんが、本当の市民にふさわしい愛国主義の精神で、注意深く考察する労を取ってくださるなら、そんなものを木端微塵にするのも私にはたやすいでしょう。

第一の反論

君主制国家に宗教が二つは存立できぬ

神学者を自任するつもりなどないということは、この手紙の冒頭でお知らせしましたから、次のような重大問題の議論に立ち入ることは御免除ください。キリスト教徒の間には教会内寛容があるべきか否か、また、それはどこまで拡がるべきか、ということです。しかし、反抗的な子に破門宣告《アナテマ》を発し、決定を受け入れようとせぬ者と交わりを絶つ権限が教会にある、というのが事実だとしても、だからといって、教会が説得できない者は迫害すべし、ということになるでしょうか。要するに、プロテスタントは君主の宗教を告白するという利点を持たないから、王国で寛容に浴すべきでない、ということでしょうか。不寛容論者は肯定説を唱え、第一の理由として、フランスでは二つの宗教が絶対に並立できない、一人の王《ロワ》とひとつの法《ロワ》しかない君主制国家には、信仰《フォワ》もひとつしかあるべきでない、と言うでしょう。また付け加えて、過去の経験からわれわれは未来について賢くなるべきだ、十六、七世紀に王国を揺るがした動乱はもっぱら宗教の違いから起こったが、寛容によってプロテスタントに増殖の時間を与え、次には国家の内で有力な党派を作る時間を与えたら、たちまち同じ動乱が再発するはずだ、とも。この論法はもっともらしく聞こえますが、それに眩惑されるおそれがあるのは、対象を遠くから、それも一面からしか見ない習慣がついた人だけでしょう。

君主制的統治のもとでは、宗教が二つは存立できぬ、そこで両方の宗教に寛容なのは、国家の内に欠陥を温存することだ、と言われます。そこでまず、この原理が真実で、実際より根拠があると仮定しましょう。ただ、最小限このことには同意していただけましょうが、この原理に合わせるためには、それを実行に移す或る種の可能性をあらかじめ予見し、次には最適の手段を選び出さねばなりますまい。

迫害が、加辱刑と体刑が人心を抑えて義務へ立ち帰らせよう、と思われてきました。二世紀以上も前から、こういう命取りの薬が不断に用いられてきました。

「宗教改革」と称するものがフランスで確立されるのを防ぐため、それの前進を抑えるため、その派の人数を減らすために、何をしなかったでしょうか。いたるところで流されたああいう血の河とか、蒙昧な僧族のたけり狂った狂信と逆上した宗教熱の生贄にされたああいう無数の不幸者とか、さらには、考えただけでも人間の本性が身震いするあの聖バルテルミの日[二五]とか、その他、当時の年代記に語られて、マンブール神父[二六]自身ですら

　　アンナ禍ハ時ノ手デ消サレ、
　　後ノ世代ハ信ジナイ！

と言わざるをえなかった夥しい残虐行為とか——そんなものを貴方に思い出していただくことが私にできましょうか。

いいえ、私としてはむしろ、マンブール神父と同様に、あんなものは永久に記憶から消し去れたらと思います。私が貴方にお願いするのは、ただ、そこからおのずと出てくる帰結を引き出してくださることしかありません。それは、プロテスタントになめさせた迫害も、その人数を減らすのではなく、それをふやすにすぎなかったということ、多数

の市民を王国から奪った末にも、その血の中につかった末にも、相変わらず、プロテスタントを全部根絶やしにするのは不可能だと感じられ、結局、往時の自由を彼らに返してやったということです。

そういう経緯に、私は驚くどころではありません。これが私の精神に差し出すのは、しごくありふれたもの、全く自然なものだけで、ほかには何もありません。人の心というものを研究したなら、誰にも分かるはずのことですが、暴力には、実力〔行使〕には、心を納得させえたためしがないのです。他人を説得しようとする者が、あらかじめ、教育すべき相手に信頼される秘訣をみつけていなかったら、いかに明白な真理も、いかに堅固な論証も、一切の価値がなくなるのです。どれほど不合理な宗教にも、どれほどお粗末な迷信にも、そんなものを打破するために立てられていた人が、精神の蒙を啓こうとするのでなく、精神を支配しようとした時は、それなりの殉教者がきまって輩出したのです。

この真実の裏付けとして、実例をいくつ引いてさしあげられないでしょうか。四世紀の有名な異端の教祖アリオス[一七]にしても、当初、アレクサンドリア教会が破門宣告《アナテマ》と追放ではなく、はじめから宥和と愛徳という手段だけ使っていたら、彼を連れ戻す以上にたやすいことがあったでしょうか。また、あの異端の伸張以上に有害なことがあったでしょうか。とにかく、それを告白する者を追放するために俗権が使われたわけですから。紀元三一九年[一八]にはアリオスが一人ぼっちだったのに、紀元三五六年[一九]には、アリオス信者がキリスト教圏全体に氾濫していました。ガリアでは聖ヒラリウス[二〇]が、東方では聖アタナシオス[二一]が、それとともに正統派司教のほぼ全員が司教座を追われました。リベリウス[二二]自身も、流刑から戻りたい一心で、リーミニ公会議[二三]の決定文書に署名する[二四]という情《なさけ》ないことをやらかしました。

以後の諸世紀にも、この真実が何度裏付けられなかったでしょうか。いわゆる「宗教改革」[二五]に際しても、反抗する子に教会が武力で報復するのでなく、慈母として同情の手を差し伸べたら、ルターやツヴィングリの運動を最初の源で止めるのはローマの宮廷〔法王庁〕次第でできた、と私たちに確信させる証拠が、どれだけみつからないでしょうか。なのに、説得ではなくて、かよわい一修道士の大胆な所業を処罰すべきだと思ったのです。その修道士を擁護した者には雷霆〔破門宣告〕が投じられました。人心は殺気立ち、宣戦が布告され、病《やまい》にはつける薬がなくなりました。

さらに、外国の例や、今と離れすぎた〔時代の〕例を探すまでもなく、ひとつだけお尋ねするのは、一六八五年の有名な〔ナント勅令〕廃止このかた、プロテスタントの人数がフランスで減ったかどうかです。ラングドック州とセヴェンヌ地方だけでも、大量殺戮と処刑で十万を越すプロテスタントの命を奪いました。王国のほかの地方でも、最低限それと同数のプロテスタントを殺しました。また、それを限りなく上まわるプロテスタントがフランスから出国しました。なのに、こういう損失にもかかわらず、プロテスタントは今日でも、ナント勅令廃止前に劣らぬほどたくさんいます。この事実は大臣たちもよく御存知で、必要なら私も論証できますが、厳罰路線では、迫害と体刑では、プロテスタントが自説を固守するのをけっして防げまい、なめさせられる禍自体が迫害に対して身を固くさせるにすぎまい、国家に役立つ驚異的な数の臣民がいつまでも失われ、敵国にはフランスなど物ともしないようになる新たな力が供給されよう、こうして、目指した目的地に近づくどころか、そこからますます遠ざかってしまうだろう、ということを、その事実は、この世にあらんかぎりの推論よりもよく証明してくれます。

反対に、寛仁が厳罰の後を襲ったら、民の幸福のためお生まれになった君主が、お心のお優しさにのみお耳を傾けられるようになったら、一方で俗権が猛威を揮《ふる》うのをやめ、他方で尊敬すべき司牧者たちが、無知な者を教育することに、迷える羊を連れ戻すことに、自分が代理人を務める情深い師〔イエス・キリスト〕の行ないを見倣って、そういう行為でプロテスタントを教化することに倍旧の熱意を注いだら、やがて事態は一変するでしょう。迫害で人道が被害を受けても、迫害の犠牲者がおのれの不幸の張本人におのずと反撥を感じても、敵とみなす者を信用することなどけっしてできないというのが証明ずみの真実でも、同時に異論の余地がないのは、自分を圧しつぶす災厄がやむのを見たら、プロテスタントも、与えようとする教育にもっと気安く耳を傾けるはずだということです。その時には、開明的な博士のする論証が、彼らの心にもっともっとたやすく近づけるはずだということです。名誉を奪われ、官職や高い地位から排除され、単なる一市民の身分に追い込まれたプロテスタントは、これまでの二倍も生業にはげみ、勤労と富をなし、暮らしにゆとりが出来るため、ほかの臣民は政府から与えられるのに自分は身分上奪われている褒賞や勲章への欲が出て、目を開き、教育を受けるでしょう。迫害が教会から永久に遠ざけたはずの者が、寛仁と宥和と褒賞によって教会の懐《ふところ》へ戻るでしょう。一言《ひとこと》で言えば、宗教上の熱意は乗り越えるべき困難に比例して常に増しますから、殉教者になる可能性を民から除いたら、証聖者〔殉教者に次ぐ聖人で、宗教迫害に耐え抜いた者〕の熱情も人数も減り、無関心が人心をとらえ、偏見が次々となくなり、真理が心への道を開くでしょう。

この第一の反論に反駁するに当たって、私はまず、この反論が立脚する原理が真実だと仮定する、と申しましたし、その仮定に基づいて、この原理から引き出したがる帰結に答えました。

そこで今度は、この原理自体に攻撃をかけ、君主制国家には同じひとつの宗教しかあるべきでないという主張の根拠になるこの命題ほどの虚偽はないことを証明してさしあげるのをお許しください。主権者に対する臣民の義務に反した危険な格率を唱え、主君にすべき忠誠の誓いをこの同じ臣民に免除したり、弛《たる》んで腐った道徳を説いたりする宗教に寛容であることが問題ならば、この原理にも根拠がありましょう。でも、それらの異なる宗教が、こういうすべての義務について同じ原理しか持たず、いかなる試練にも耐える主権者への忠誠を同じように求め、主権者が自分と会派を異にする時もそれに愛着を持つよう臣民に促し、それぞれの道徳が同じ格率しか含まず、同じ徳の実践しか命じない場合、君主制国家で両方の宗教に寛容であるのを拒む理由が私には分かりません。信仰箇条のいくつかについて双方の考えが違ってもです。カトリック教徒が実体変化〔三六〕を信じ、カルヴァン派の者がそれを信じないからとて、ベルリンにいるカトリック教徒はカルヴァン派の者ほど良い臣民にならないのでしょうか。先頃の戦争で、プロテスタントのハンガリー人は、女主権者〔三七〕のために献身する度合がカトリック教徒のハンガリー人より劣ったでしょうか。プロテスタントのハンガリー人は聖父〔ローマ法王〕を自分の教会の首長と認めないのにです。慎しみのない宗教熱が時として両派の間に不和の火を煽っても、そういう際は、主権者の法令ひとつ、勅語ひとつで、そんなトラブルの発頭《ほっとう》人《にん》を罰し、病《やまい》を癒やせないでしょうか。住民を一致さすために国の人口を減らす必要がありましょうか。

しかし、これほど乱暴な決意を固めようとする時にさえ、少なくとも、あらかじめ、成功の確実性を確かめる必要がないでしょうか。

プロテスタンティスムをフランスですっかり根絶やしにするのは不可能だということは証明してさしあげました。移民が続出したのに、この上なく乱暴な、この上なく長期にわたる迫害を受けたのに、プロテスタントが今日、人数では一六八五年当時と変わらぬほど強大なことすら論証しました。しかし、可能とは思われませんが、仮にプロテスタントをすっかり根絶やしにすることが遂にできたとしても、退治すべき第二の水蛇《ヒュドラ》〔ギリシア神話に登場する怪物。巨大な体で、頭が九つ（この数は伝承によって五から百まで諸説がある）あり、ヘラクレスに退治されたと伝えられている〕が残ってないでしょうか。いわゆる「ジャンセニスト」を厄介払いするために、熱心家たちは同じ方策を指示しないでしょうか。この二つのセクトの灰の中から、新たな党派が生まれるおそれがないでしょうか。こうして、人の気質がまちまちなのにかんがみても、臣民全部の意見の一致が見られるよりむしろ、臣民全部を次から次へ血祭りに上げるほかなくならないでしょうか。そこから結論を出しましょう。一王国には一宗教しか許容しようとしないのは、プラトンの国家〔ユートピア〕を作りたがること、不可能に挑《いど》むこと、それどころか無駄骨を折ることなのです。宗教の多様性が君主制国家でも十分存続できることは、経験が証明してくれるのですから。

実際、プロイセンの統治以上に絶対的なもの〔三八〕、それ以上きちんとして、それ以上平穏なものがどこにありましょう。そこでは三つの宗教*の信奉者がなおかつ平和に暮らし、良心の全き自由に浴しています。〔ドイツ〕女帝でハンガリー女王〔三九〕の国は、あの女性君主が迫害者の口をふさがせて以来、寛容によって被害を受けたどころではなく、今ほど強大なことはかつてなかったほどなのです。広大なロシア帝国でも、カトリック教とプロテスタント教が公然と寛容に浴すとはいえ、宗教をめぐる些細なトラブルさえ一度も起きませんでした。マホメット教徒自身すら、キリスト教の種々異なる宗派を大目に見てやることが、自分らの味わう平穏と、自分らの持つ専制的な権威をほんの僅か侵害したと気づいたためしもありません。動乱が起こったのも、血が流れたのも、迫害者の宗教熱が精神的勢力の正しい限界を踏み越えようとした国々だけのことでした。厳罰路線に効果がないのを認めた上でも、それの命取りな結果を何千回と経験した上でも、偏見の犠牲になりつづけようと私たちはまだ意地を張るのでしょうか。

* カトリックとルター派とカルヴァン派です。この国でとても人数の多いユダヤ人のことは今言いません。

第二の反論

プロテスタントの宗教的な格率も、彼らの過去の行状も、フランスで彼らを寛容に浴させるのに反対する

こう言われましょう。でも、プロテスタントは求める恩恵に値しないよ。落ち着きがなくて乱を好む奴らは、あれほど何度も行動で示してきた共和主義的精神を内部に保つ宗教の原理に従ってるよ。信じよと持ちかけられる〔宗教上の〕教義を検討する習性がついているから、王冠から発する法令についても、同じようにしたがるだろうよ。そん

なわけだから、奴らの服従も〔主権者への〕愛着も、当にすることはいつまでもできまいね――と。

この反論を貴方に引いてさしあげるのは、先入主を持つ無教養な人たちがしょっちゅうそう繰り返すのを聞いたからですし、さような偏見を打破することが肝要だからです。この偏見にもし根拠があったら、プロテスタントにいかなる恩恵を与えることにも政府が同意するのを阻む実に強力な動機を形成するはずなのですから。

この反論は二つの分枝からなっており、順序立てて答えるには、その二つを分離せねばなりません。第一の分枝は、主権者にすべき服従をめぐるプロテスタントの教理を攻撃するもので、第二の分枝は、彼らに固有だといわれる性格、過去・現在の行状からして彼らに帰する根拠があると思う性格に関わるものです。

「国家の内に（語るのはモンテスキュー氏です）*宗教が誕生し形成される時、その宗教は通常、確立される場所の統治の見取図に従う。その宗教を受け入れる人々も、他者に受け入れさせる人々も、政治秩序の観念としては、自分が生まれた国のものしかまず持たぬからである。

＊『法の精神』、第二十四巻、第五章。

二世紀前にキリスト教がカトリックとプロテスタントという不幸な二分割をされた時、北方民族はプロテスタント教に帰依し、南方民族はカトリック教を守った。北方民族には南方民族にない独立・自由の精神があり、今後いつまでもあるはずで、目に見える首長を持たぬ宗教の方が、それを持つ宗教より、風土から来る独立性にふさわしいからである。プロテスタント教が確立された国自体でも、政治の面でいろんな革命が起こった。大君主らを味方につけたルターは、上位の者を外部に全然持たないような教会の権威をそれらの君主に愛好さすことはまずできなかったろうが、共和国に住む民族や、君主国のしがない町民を味方につけたカルヴァンには、上位者も貴顕も設けずにおくことがいくらもできた。」

今じかに引用してさしあげた高名な著者を、私は尊敬すべき限りまで尊敬しており、あの人が多くの資格でかくも正当に手に入れた名声をあの人と争うことなど金輪際しません。しかし、あの人の知識と経験をこのように高く買うからこそ、分かりにくさなどいささかも容れる余地すらない問題で、あの人がどうしてこんなにひどい間違いを犯せたのか、私にはどうしても理解できないでしょう。「人は宗教について、政治秩序の観念としては、自分が生まれた国のものしかまず持たぬ」とあの人は言い、そして、こういう根拠に基づいて、君主制の国家にはカトリック教の方がプロテスタント教より向いている、と請け合えると思っているようです。

そこで、ローマの宗教の尊敬すべき首長〔ローマ法王〕の権威と、君主制的統治の格率との間にみつけた類似性を、あの有名作家が何によって基礎づけたのか問うことを許してほしいと思います。それの根拠は定めし、君主制的統治では主君の意向が臣民の行ないの規準になる、ということにあるのでも、王国の法律に解釈が必要な際、好きなように法律を説明する権利を主君が神から受け取った、ということにあるのでも、国益が求める時、旧来の法律を廃止する権限を同じ最高存在〔神〕から貰っている、ということにあるのでも、さらには、功績に報いるにしろ、有罪な者を罰するにしろ、主君の身ひとつに最高権威が存する、ということにあるのでもありますまい。

山の向こう〔イタリア〕でもあえて主張する勇気がほとんどないような原理を採用するには、モンテスキュー氏は良きカトリック教徒、良きフランス人でありすぎたのだと思います。ローマ教会と君主制的統治との間に氏がみつけると称した類似性は、ですから、どちらにも目に見える首長がいる、ということにしかありえません。あの人はそうほのめかしているかとすら見えます。「目に見える首長を持たぬ宗教の方が、それを持つ宗教より、風土から来る独立性にふさわしい」と言う時です。しかし、その場合はさらにうかがいますが、目に見える首長を持てば、そのこと自体で国家は君主制的になるのですか。ポーランドのことは言わなくても、イギリスには目に見える首長がいないでしょうか。それでも、国王は議会なしには何もできない以上、イギリスの統治は君主制と大違いです。目に見える首長に同じく統《す》べられるスエーデンも、君主制国家と言えるでしょうか。法律を制定し廃止する権利があるのは、集まって国会を開く国民だけなのです。元老院は諸身分から託された権威しか持たず、その諸身分が元老院に報告を求めるのです。さらに、国王も正確に言えば国民のチーフにすぎず、国民の主人ではないのです。

これらの王国の造りをローマ教会の造りとくらべ、イギリス王やスエーデン王の権威を聖父〔ローマ法王〕の権威とくらべてみたら、ぴったり一致するのが分かりましょう。

全体としてのキリスト教圏は同一国民しか形成せず、司教たちはその国民を統《す》べるべく摂理が定めた人々で、法王はこの霊的共和国の首長、ということになりましょう。法王の決定は常に尊重すべきだが、法王が招集して、自らが司会するなり、法王特使に司会させるなりした公会議でそう宣言されるかぎりでしか信仰の規準とみなされない、ということになりましょう。このことにひとたび同意したら、ローマ教会の位階制は君主制的統治よりむしろ共和制的統治だ、ということも白状すべきでないでしょうか。

そういう観点からよくよく見たら、ローマの宗教の方がプロテスタント教より君主制国家に向いているなどと見えましょうか。ローマの宗教は目に見える首長を認めますが、霊的権威はその首長の下位にある司教たちの集団に存するのです。一方、プロテスタント教はたしかに、私たちが全員崇める目に見えない首長〔イエス・キリスト〕しか認めませんが、その首長には絶対的に服従すべきだと思っています。ローマの宗教には、首長の権威の限界を議論する落ち着きのない子らが常にいましたし、今日でもまだいます。〔四〇〕一方、プロテスタント教は、天上でも地上でも全権を与えられたお方〔イエス・キリスト〕の廃止すべからざる決定にしか耳を傾けないのがならいです。プロテスタントは検討する、としてもいいですが、そもそもこれは、課せられる義務が聖書で教えられていることを納得するためにすぎません。この事実がひとたび証明されたら、検討はやみ、服従が続きます。したがって、その面では、君主制的統治に反するものがプロテスタントの宗教に何もありはしません。

それに、主権者が会派を異にしていても主権者に服従すべし、というプロテスタントの教理は実に明白で純粋で鮮明ですから、道徳のその部分で罪を犯すキリスト教徒がいても、そんな非難に値するのはプロテスタントでないにきまっています。

カルヴァンははっきり教えます。[*1] 忠実且つ誠実に役目を果たす君主に服従すべきのみならず、「一般に、どんな仕方で統治するにせよ、あらゆる君主の支配に服従せねばならぬ。君主の義務をなんら果たさぬ時でさえ。」ツヴィングリ〔四一〕は迫害されるキリスト教徒に、「苦難の内、殉教の内での堅忍不抜が得さしめうる」以外の策を提供しません。[*2] エコランパーディウス〔四二〕は、「反抗者の立場を弁じるどころか、為政者には不平を言わずに服従すべし、国王には従うべし。国王が不敬の徒でも」と言います。[*3] ブーツァー〔四三〕は「君主の権力の正当性を検討するのを禁じ、君主には無条件に服従すべし」とします。[*4] ブリンガー〔四四〕は、「不敬な君主たちの権力は神から来るのか」と問うて、「疑いなくそうだ」と答え、「服従せぬのは神にさからうことだ」と請け合います。[*5]

＊1　『〔キリスト教〕綱要』、第四巻、第二十章、二十五・二十九部。及び『小品集』。及び『再洗礼派・自由派に反対する教え』、四六六ページ以下。
＊2　『ツヴィングリ著作集』、第一冊、七九ページ、「キリスト教信仰説明」、第三十七箇条。
＊3　エコランパーディウス、ダニエル書　第三章十六節について。
＊4　ブーツァー、ロマ書第十三章について。
＊5　ブリンガー、ロマ書第十三章について。

これ以上多くのくだりを引いてあげるのは御勘弁ください。貴方がうんざりなさるおそれがありますし、どのみち、今主張したことの裏付けにしかならないのですから。これらの言明と、ローマ会派の非常に有名な多くの著者の言明とのあまり都合のよくない比較なども、しないでおくのをお許しください。ひとつだけ私に同意していただきたいのは、主権者に対する臣民の義務をめぐるプロテスタントの格率は君主制的統治になんら反しないということ、それほど根拠のない事実をモンテスキュー氏が主張したのは間違っていたということです。あの人が応用の面でも原理の面よりうまくはいかなかったのを、これから証明してさしあげましょう。

あの学識豊かな法官は、こう主張します。「十六世紀の大変動に際して、北方民族はプロテスタント教に帰依し、南方民族はカトリック教を守った。北方民族には南方民族にない独立・自由の精神があり、今後いつまでもあるはず……だからである。」

こんな誤謬に陥るほどモンテスキュー氏が歴史に通じてなかったと思うことが許されましょうか。そうではなくて、あの人は一部の同胞の気に入られたい、それと同時に自分の風土理論を裏付けたい、と思ったのではないか、と勘ぐるのが正しくないでしょうか。ですから、このくだりを反駁するため足を止めることはしないでおきます。私のかわりに、事実が語ってくれましょう。

プロテスタント教が支配するデンマークは最も専制的な王国のひとつですが、それでも南方から遠く離れています。プロイセン王〔四五〕の国も、それより赤道に近いわけではまずないのに、あの主権者以上に絶対的なものが何かありますか。スイスはフランスの南部諸州と同じ〔緯〕度に位置しますが、それでも、国の共和制的統治にしごく満足しており、国内に確立されている宗教の間の相違も、それらの民族の自由への傾きをいささかも減らしませんでした。それらの民族が暴政の軛を脱したのは十六世紀の大変動よりずっと前のことで、ローマ教会に服しつづけた諸州も、そのためにおのが自由を守らないわけではありません。ですから、統治形態を決めるのは、民族特有の気質でも、住む場所の風土でも、告白する宗教でもないのです。肝腎のフランスでも、プロテスタントの人数はいつも非常に多くなかったでしょうか。ナント勅令がこの国に存続しつづけていたら、この数はそれより無限に多くならないでしょうか。「カルヴァンは終始、共和国に住む民族や、君主国のしがない町民しか味方につけられなかった」とモンテスキュー氏はたしかに主張しました。しかし、知らない者はどこにもいない事実に、あの人はどうして目をつぶれたのですか。だとすると、フェラーラ公妃〔四六〕にしろ、アンリ四世〔四七〕の母君のジャンヌ・ダルブレ女王〔四八〕にしろ、あの大王御自身にしろ、〔四九〕コンデ〔五〇〕、ブイヨン〔五一〕、ロアン〔五二〕といった君侯にしろ、コリニ〔五三〕、トリムイユ〔五四〕、クレルモン〔五五〕、シャティヨン〔五六〕、シュリ〔五七〕、ラ・フォルス〔五八〕といった人たちにしろ、祖国の歴史を御存知の貴方には列挙してあげるまでもないフランスのその他多くの名家にしろ、一体どの階級に入れるのですか。

引いてさしあげた反論の第二の分枝へ移らせてください。プロテスタントの過去・現在の行状に関わる部分で、彼らに対する敵対感情を政府に持たすため、その行状はまっ黒な色に描かれるのが常です。マンブール神父〔五九〕やその同類が言う悪口に答えるだけでよければ、私としてもじき肚をきめ、その項は黙殺するでしょう。それらの著者が公正を欠くことは今や周知で、連中の大演説にも正当な値札が付いているからです。

しかし、そういうでたらめな非難を千遍も繰り返した人はほかにもおり、才人たちすらそれを受け売りしました。最近は特に、尊敬すべき高僧*までが。ですから、フランスのプロテスタントには〔カトリック側の〕党派心がそう見せたがったほど罪はなかったのを証明するため、私も一言せざるをえないと思います。たしかに、もうじき出てから三年になる『……自然と理性と啓示と政治の全き一致〔六〇〕』という題の傑作を貴方にお読みいただいたら、そんな苦労を私がしないでも済みましょう。この本の作者は、陛下にお仕えした元大尉でプロテスタントだと名乗りますが、兄弟たちの行ないの弁明を企て、理性も宗教も政治も等しく寛容のために弁じることを無敵の力で証明します。ただ、あの本は願わしかったほどフランスで普及しませんでしたし、入手した人が少ないため、それを見る機会が貴方におありでなかったおそれがありますから、作者がもっと長々と述べたことを、かいつまんで繰り返しましょう。

＊　アジャン〔の司教〕殿〔六一〕、その手紙〔六二〕で。

プロテスタントは精神に落ち着きがなく、乱を好むたちだ、彼らとともにトラブルが、混乱が王国に入り込んだ、百年近くフランスを荒廃させた内乱も彼らが原因だった、ルイ十四世の勢力を以てしても連中を抑えられず、今日でもまだ彼らは不服従を証し立てている、と言われます。それが非難で、以下に御覧になるのが事実です。

一五二〇年に、プロテスタンティスムはフランスで説かれだしました。そして一五六〇年〔六三〕まで、新説の賛同者は残酷きわまりない仕置きを科されましたが、身を守ろうと些少の動きをすることもありませんでした。

彼らが常々責められる最初の動きはアンボワーズ事件〔六四〕で、コンデ親王〔六五〕はそれを機に逮捕されました。フランソワ二世〔六六〕の崩御で、ロレーヌ枢機卿〔六七〕がくださせた死刑判決が執行できなくならなかったら、親王は仕置きに処せられたでしょう。しかし、プロテスタントが前々からそんな非難をすすがれたことは認めざるをえませんし、あの有名な陰謀には宗教と全然別な動機があったということが、今日では疑いようもなく知られています。国王のお身に刃《やいば》を向けようとなど、全くされはしませんでした。問題は、ギーズ一門〔六八〕の耐えがたい軛《くびき》から解放されることでしかなかったのです。あの一家は統治の手綱を独占して、王族たちや王国のお偉方全員に侮辱的な扱いをし、すでにその頃から、王冠を奪おうとする野心的な狙いを垣間《かいま》見せていたのですから。民を虐げるそれらの暴君をひっとらえようとしたわけで、国家の手にそれを引き渡す計画が立てられたのですし、しかも事は、母后〔六九〕からの繰り返しの懇請に応えてするにすぎませんでした。いかに熱心なカトリック教徒でも、プロテスタントに劣らずこの陰謀に参加していました。王国一の尊敬すべきおかた〔母后〕に服従し、そのかたを御子息の国王ともども、外国人の君侯〔ギーズ一門〕の暴虐な支配から解放しようとすることが犯罪だったのですか。

次いで起こった他の内戦のほぼ全部も同じです。それらは宗教を口実にしただけで、第一原因はいつもロレーヌ家〔七〇〕にありました。

それでも、当時のプロテスタントの行動をここで軒なみ正当化するつもりはありません。ただ、彼らの行ないに非難の余地のありそうな折が多々あっても、最低限、そう見せようとされたより彼らの罪は限りなく軽いとして、プロテスタントの権利も認めてやらねばなりません。

この真実をもっとよく感じるためには、国王シャルル九世〔七一〕とアンリ三世〔七二〕の一代記を思い出し、その点では、誰より開明的で不偏不党な著者であるド・トゥー法院長〔七三〕がそれらの御代について言うことに頼るだけで足ります。度を越した放蕩のあらんかぎりの内で育てられ、自分が最高権威を保つことしか考えぬ野心家の母親に引き回される、ああいう君主たちを想像してください。残酷で、隠険で、ブルボン家〔七四〕を圧しつぶすためにギーズ家をちやほやし支えたかと思うと、じきに今度は、ギーズ家の暴虐から自由になるため、ブルボン家に助けを求めたりしたあの女性の行状に思いを至してください。同様の情念に駆られて、今君臨する分枝〔七五〕が消えかかるのを見るや、王冠の正統な継承者たちを押しのけて玉座への道を開こうとし、そこへ至るため、宮廷にも首都にも強大な党派を作って母后を震えおののかすのみか、王国の住民の三分の二と僧族全部を反ブルボンに立たせるのが目的で、宗教をも口実に使ったあのロレーヌ家〔ギーズ家のこと〕を想像してください。さらに、生まれからして最も神聖な権利を持ち、個人的な多くの資質からも尊敬に値《あたい》し、おのれを導く罪深い狙いをもはや隠さぬギーズ家の犯罪的な企図に憤慨することしかできなかった〔初代〕コンデ親王をよく見てください。そして最後に、どこでもかしこでもプロテスタントに対してされたあいう非道な虐殺や野蛮な残虐行為を考えてください。そうすれば、追いつめられたあの不幸者たちが、自分らの宗教を告白している、生まれつき統治の任に当たるべく定められた一人の王族が先頭に立ってくれるのを見て、力で暴力を抑えるため、自分の命と財産を守るため、とうとう武器を取ったのに驚く人はいないでしょう。およそ残酷ないじめに四十年余も耐えてきた彼らに、この最初の武装反乱を責めることなどできますか。彼らが剣を抜いたのは、摂政王妃カトリーヌ・ド・メディシスの要請に、たっての頼みによるにすぎなかったのです。彼らが戦ったのは、ギーズ一門が置く囚われの状態から国王を解放するためにすぎなかったのです。聖王ルイ〔七六〕の立派な子孫〔ブルボン王朝のフランス王〕が今日フランスの玉座に君臨されるのも、彼らのおかげだったのです。彼らの忠義と剛勇がなかったら、外国人の君侯〔ギーズ家〕がブルボン家の遺産を横領して、もしかすると永久にそれを奪ったかもしれないのです。なのに、そういう人を私たちは謀反人扱いするのですか。それとも、『全き一致』〔七七〕の著者の表現を使えば、「王党派」という呼称を与えるべきだったのはむしろ彼らの方で、ギーズ公爵〔七八〕、モンモランシ筆頭元帥〔七九〕、サン＝タンドレ元帥〔八〇〕こそが本当の謀反人、それだけが国家の敵ではなかったのですか。

ナント勅令の発布にまで至るその後のあらゆる戦争にしても、動機はほかにありませんでした。プロテスタントには何度も平和を与えましたが、〔講和〕条約はいつも、結ばれたと同時に破られました。それどころか、往々、わが国の特に尊敬すべき歴史家たち*を信じるなら、そういう講和はプロテスタントに安心感を吹き込んで、次には、それだけいっそう容易に彼らを圧しつぶす役にしか立ちませんでした。少なくとも、身の毛のよだつ「聖バルテルミの日」〔八一〕に先立ったゾッとするような静けさは、それこそが第一の動機でした。〔あの虐殺で〕プロテスタント党はすっかり消滅した、と、当時は糠《ぬか》喜びしたものですが、新たな戦争〔第四次宗教戦争〕が起こって、あんなのはプロテスタント党の敵意をいっそう掻き立てたにすぎないことが証明されました。この新たな武装反乱のあと、ラ・ロシェル講和〔八二〕が結ばれましたが、この講和も以前の講和より長続きすることはまずありませんでした。

＊　ド・トゥー(八三)、メズレ(八四)、ル・ラブルール(八五)

シャルル九世(八六)が遂に崩御され、アンリ三世(八七)が後を継がれましたが、エノー法院長(八八)の証言によると、＊アンリ三世は君臨せぬかぎりでしか支配する価値ありと見えなかった無力な君主で、尻軽なため、カトリック教徒にもユグノーにも胡散《うさん》くさがられ、迷信家のくせに放蕩三昧な生活のせいで、皆に軽蔑されてしまわれました。

＊　『要約年代記』、一五八九年の項。

有名な「〔カトリック〕同盟《リーグ》」(八九)が結成されたのもアンリ三世の御代でした。同盟《リーグ》から生まれた身の毛のよだつことどもは、あまりに知られていますから、貴方のためにわざわざ跡づけることはいたしません。不偏不党な審判者という審判者にひとつだけお尋ねするのは、ああいう動乱を宗教戦争とみなせるかどうかです。また、プロテスタントが当時した動きを非難して、同時に、王冠の正統な継承者で、プロテスタントに支えられつつ、狂信者らと、その頭目のギーズ一門に対抗したアンリ四世の思い出を裁判にかけずにおくことが、果たして可能かどうかです。あの大王は、プロテスタント教を捨てることで、ようやく父祖の玉座に至られましたが、その宗教を告白していた人々は、それでも前に劣らぬ忠臣として、国王に愛着を持ち、そのことを世にもめざましく証拠立てました。ですから、国王は程なく、彼らの熱誠に報われたのです。動乱をことごとく鎮静された上で、王国内の平和を永久に打ち固めようとなさり、一五九八年に有名なナント勅令をプロテスタントにお与えになったのです。この勅令は、以後、プロテスタントの安寧と幸福の土台たるべきものでした。しかし、この勅令の甘い実を数年にわたってプロテスタントが味わいはじめるや否や、たちまち、親殺しの魔手があの英雄のお命を断ち切ってしまい、この崩御とともに、プロテスタントの不安と恐れと禍がまた始まりました。アンリ四世は一六一〇年に暗殺されましたが、早くも一六一二年には、多くの場所でプロテスタントは迫害されました。彼らのいくたの会堂は焼き払われ、彼らの牧師は虐殺され、ベアルン州に立てられていた法律は公然と踏みにじられました。一言《ひとこと》で言えば、未成年のルイ十三世[九〇]のもと、生国のあらゆる偏見をフランスへ持ち込んでいたイタリア人の皇女[九一]の統治のもとで、ナント勅令は手ひどく侵犯されました。そこでプロテスタントは、かつて譲られたものを守り抜くため、また更《あらた》めて武装しました。外国人の君侯〔ギーズ一門〕による一種囚われの身にあった先代、先々代の国王〔アンリ三世とシャルル九世〕のもとでは、玉座の本当の継承者〔ブルボン家〕に王冠を保たせることが問題だった時代には、プロテスタントが身を守ったのはいわば正当防衛とみなせても、正統な主権者〔ルイ十三世〕が、理由の正邪は別として、彼らの特権を一部削減した時には、いやそれどころか、いくたの残虐行為が彼らになされた時でさえ、プロテスタントが武器を取ったことはけっして是認できますまい。そういう時は、初期の博士たちが父祖に吹き込んでいた原理を、プロテスタントは思い出すべきだったのです。一五二〇年から一五六二年〔第一次宗教戦争が始まった年〕に至るまで御先祖たちが遵守したことを見倣うべきだったのです。蜂起などするより、むしろ死に耐えるべきだったのです。彼らの最良の神学者たちも、そういう意見でした。彼らの或る教会会議は、ラ・ロシェル会議[九二]に、言葉を尽くしてそう勧めていました。ティレヌス[九三]も、それとともに他の人たちも、この問題で何巻もの書を著わしました[九四]。ドーフィネ州のプロテスタントも、北部諸州のプロテスタントも服従の立場を守りましたし、爾余の者も派内の大領主の影響力に引きずられたにすぎないことは、予断なしに判断する気があれば、誰でもきっと認めるでしょう。

ですから、プロテスタントはじき我に返って、一六二九年の講和[九五]からナント勅令の廃止に至るまで、国王への忠誠と愛着を堅持しました。ルイ十四世の未成年期に動乱〔フロンドの乱〕が起こったのに、です。自分の特権を次々と減らされたのに、です。かつて譲歩で得たものを要求して、まんまと手に入れる機会が何度も訪れたのに、です。フランスに敵対する列強から、頻繁に誘いがあったのに、です。君らを効果的に支えてやる、見捨てることはけっしてせぬと、これらの外国が繰り返し約束したのに、です。

　この愛着、この忠誠の証拠として、この上なく尊重すべき、この上なく真正な証言がプロテスタントにはあります。私が言いたいのは、ルイ十四世御自身がじきじきおっしゃったお言葉です。一六五二年の或る勅語で、かつてプロテスタントに与えられていた各種の恩恵を再確認して、陛下はこうおっしゃいました。「RPR〔「自称改革宗教」の略称で、プロテスタンティスムのこと〕の臣民は、とりわけ現下の機に際し、愛着と忠誠の確かな証拠を朕に示してくれた。朕はそれにいたく満足している」と。三年後にイギリス王へ送られた手紙でも、同じ王様はもっと強い言葉で説明されました。プロテスタントを話題にして、こうおっしゃったのです。「私への奉公に彼らが示した忠誠を、ほめたたえる理由が私にはあります。想像を超える程までにそれを証拠立ててくれるため、彼らは何も省略せず、何事につけ、私の事業の進捗と利益のため貢献してくれますから」と。プロテスタントたちのため王様への仲介の労を取られたブランデンブルク選帝侯〔九六〕へ一六六六年に送られた別の手紙でも、あの君主は、RPRの臣民への好意を選帝侯に請け合われつつ、中でもこういう用語を使われました。「国王としての約束によって、私はそうすべく縛られております。正義を遵守するためにも、一六二九年に結ばれた最後の講和以来、彼らの服従と熱誠に私が感じる満足と、先頃の騒動〔フロンドの乱〕のあいだ彼らが示してくれた忠誠の証拠への感謝の意を表するためにも、私が我とわが身に命じるルールがこれなのです。先般の騒動に際し、彼らは私に奉公するため武器を取り、国内で私の権威に対し弓を引く反乱派の悪だくみに強力に反対して、成功を収めましたから」と。

　これこそ、いくら偏見でも、尊重する義務が常にありそうな資格です。誰でもそれを読むべきで、読めば必ずや、政府の精神にも、我らの栄《はえ》ある君主の精神にも、感化を及ぼすことしかできぬ資格です。ナント勅令が廃止されたにかかわらず、酷《むご》い不幸の数々をなめさせられたにかかわらず、今日に至るまで、プロテスタントの行為がそれを全く裏切らなかっただけに、それだけいっそう彼らの名誉になる資格なのです。

と申すのも、勅令廃止後十七年にしてセヴェンヌ地方で起こった騒動、カミザール事件〔九七〕はどうかといえば、一部の狂信者の無考えな行動を、集団全部に責めたりしないだけの公正さを、私たちは持たねばならないからです。それだけではありません。先般のあの騒動の淵源まで遡るべきなら、ああいう哀れな山の民になめさせた血なまぐさい迫害と、同じ迫害がこの民を突き落としていた恐ろしい絶望以外の何を原因とみなすのですか。迫害がどこかで旗を掲げるや、たちまちにして、狂信が広く人心をとらえるということが、起こらなかったためしがありますか。そんな例は何千何万とみつかりませんか。それでもなお、自分が最初の張本人だった悪の結果を、他者に責めるべきなのですか。今日ですら、サントンジュ地方の民が建設しようとして、さきごろ大臣たちが取り壊させた「会堂」なるものの内に、そうした悪の雄弁な証拠が見られませんか。あらかたは教育もなければ知識もなく、規律の面では一種の無政府状態にあって、慎重で賢い導き手を欠くために、有害な迷妄へ陥るほかない三百万もの人の中では、あんな行き過ぎも避けがたくはないのですか。

こう言って結びとしましょう。プロテスタントの教理も、過去の行動も、政府が彼らに政治的寛容を与えるのを妨げるべきでないのです。そこで、新たな反論へ移りましょう。前の反論に負けないほど、これも重大に見えますが、そんなものを崩すのは朝飯前です。

第三の反論
プロテスタントに寛容を与えると、カトリック教が被害を受けないか

こんなに称讃すべき危惧を、非難などいたしますまい。この危惧は、どんなに根拠薄弱でも、感じる人には本当の宗教愛があり、教会の保全に寄せるキリスト教徒らしい宗教熱があることを、いつでも証し立てるものだからです。私がお願いするのは、ただ、枯れ尾花を幽霊と見て怯《おび》えない、ということしかありません。

恐れるのは、プロテスタントの人数がカトリック教徒を上まわってしまう、ということでしょうか。プロテスタントの教理が彼らを誘惑しそうだ、ということでしょうか。道理を弁《わきま》えた人で、どちらかの説に納得できる者がどこにいましょう。

第一に、恐れるべきはプロテスタントの人数ではありますまい。今日、その人数は三百万人にしかなりません。王様の臣民のほぼ七分の一にすぎません。

寛容が与えられたらそのおかげで、また、そこから起こる移民の帰国で、プロテスタントの人数が約二百万ふえると仮定しましょう。そうなっても、プロテスタントは国民のほんの四分の一も占めないでしょうし、したがって、支配宗教〔カトリック教〕を告白する者より依然としてはるかに劣勢で、些少の不安をすら与えることはけっしてできますまい。

政治家たちがどう答えるかは分かっていますし、その言い分が絶対的に無根拠ではないのも認めます。政治家たちはこう言うでしょう。カトリック教徒の臣民の間では、繁殖の面で国家にとって死んだに等しい者が非常に著しい部分を占める。プロテスタントの間にはそんな不都合はなく、全員が妻帯できるから、したがって、プロテスタントは

いつもカトリックの臣民以上に人口がふえ、こうして徐々にそれと肩を並べるようになり、それどころか、一定の年数がたつと、それを凌駕してしまうだろう。また、そんな優位に達したら、今度は彼らが支配宗教を圧服することもできよう――と。

この反論に答えるには、次のような考察をするだけで足りましょう。一、フランスでは聖職者の数が、プロテスタントの臣民とカトリックの臣民の間に繁殖の面で目立った差ができるほど著しくない、ということです。フランスの在俗聖職者と修道聖職者の総数は二十万近くですが、それしきでは、千七百万〔国民の総人口〕の内、さほどたいしたものにならない、ということです。わが国の現代自然学者たちがした計算によると、カトリック教徒と一見対等になるだけでも、プロテスタントには何世紀も必要だろう、ということです。その原理に基づいてうかがいますが、しごく不確かな組み合わせから、何世紀もたってから起こるのを恐れる不都合を予防するため、国家の当面の利益に反する行動をすべきなのですか。その種の政策には、一部の閑人《ひまじん》な思弁家が面白がるかもしれませんが、政府の注目がこんな格率に向けられることがいつかあるとは、しごく疑わしいと思います。

ルイ十一世〔在位一四六一―八三〕からルイ十五世〔在位一七一五―七四〕までに、ヨーロッパ全体のシステムがなんと変動したでしょう。列強の間でも、なんと利害が異なるでしょう。臣民の考えかたにも、習俗にも、なんたる変化が生じたでしょう。ルイ十一世の御代の人たちが、現代のための計画など立てたら、必ず間違えたはずだということは認めざるをえませんが、わが国の今の政治家たちの考えも、二十一世紀または二十二世紀に起こる出来事とそれ以上よく一致すると期待できましょうか。

二、独身者の過大な人数を減らすことも、政府しだいでできないでしょうか。民事的な契約を結ぶことが市民に許される年齢は法律で決められてきましたが、あらゆる契約の内でいちばん真剣、いちばん重要、いちばん恐るべきものにも、同じ法律を押し拡げることが願わしくないでしょうか。十六歳で誓いを立てて独身に身を捧げた人も、十年後だったら、同じ誓願をする気があったでしょうか。

三、一方でプロテスタントがカトリック教徒より数がふえても、他方では、その意見を棄てて〔カトリック〕教会の懐《ふところ》へ戻る人がいるでしょうから、その改宗で、プロテスタントは必ずや減るはずです。この減少は、反対に、支配宗教にとって恐れるべきものではないでしょう。支配宗教には、自分の旗のもとへ馳せ参じる者にふんだんな恩恵を与える権限がありますし、官職も名誉も高い地位も自分だけが手にしているからです。同じ理由から、フランスでカトリック教徒とプロテスタントが同じ数になった時も、プロテスタントが依然としてカトリック教徒よりずっと劣勢なはずなのは明らかです。役職も官職も奪われて、完全な従属状態に置かれ、主権者に些少の不安を与えることすらけっしてできないはずですから。

最後に私はこう申します。そんなことはまず不可能に見えますが、仮にプロテスタントの方が著しく優勢になったとしても、〔主権者に対する〕彼らの服従と愛着がそれで少しでも変質を蒙るなどと、不正を犯さずに想定することはできますまい。子孫が犯すおそれのある想像以上の犯罪を〔今の〕プロテスタントに負わせぬだけの公正さを持とうではありませんか。けっして起こらぬ悪を防ぐため、現在の確かな善をわが身から奪わぬようにしましょう。それよりむしろ、過去から未来を占いましょう。プロテスタントは一貫して、我らの王様たちに愛着を持ってきましたし、彼らが武器を取ったのも国家の敵と戦うためにすぎなかったことは、すでに証明してさしあげました。アンリ四世〔在位一五八九―一六一〇〕の〔カトリックへの〕改宗〔一五九三年〕も、あの大王に寄せるプロテスタントの熱誠をいささかも減らしませんでした。ルイ十三世〔在位一六一〇―四三〕の御代にも、王国のお偉方たちに数年のあいだ甘んじて引きずられた者が一部にいたとはいえ、大多数は忠誠を守り、あとの者もじきに義務へ立ち戻りました。ルイ十四世〔在位一六四三—一七一五〕も、御自身の未成年期に起こった動乱〔フロンドの乱〕のあいだ、プロテスタントの立派な行ないにおんみずから喜ばれましたし、その後の期間の全体を通じ、プロテスタントはこの讃辞をなんら裏切りませんでした。今日でもまだ、彼らは同じ証言に十分値したのです。

最近の戦争〔オーストリア継承戦争〕で、とりわけ、敵の部隊がプロヴァンス地方へ侵入した際、プロテスタントは服従をどれだけ証《あか》し立てなかったでしょうか。外国の君主たちの密使に耳を貸すのではなく、プロテスタントの間にばらまかれた宣言書のたぐいにみすみす誘惑されるのではなく、彼らはおのが義務にしか耳を傾けませんでした。彼らの牧師たちも、もっぱら服従と忠誠だけを彼らに説きつづけました。さて、一方では課税とか貢租とか子供の誘拐とか投獄・体刑、果ては極刑とかでいじめられつつも、またもう一方では、反乱をそそのかそうと思いつくかぎりのあらゆるバネがはたらかされつつも、数の上ではすでに今から決定的な優位に立つ諸州においてすら、プロテスタントが〔主権者への〕かほどの愛着を示したのなら、君主の寛仁が、これまで彼らの頭を押さえつけていた腕をお放しになった暁には、私たちはプロテスタントから何を期待すべきでないでしょうか。これらすべての考察から、カトリック教はプロテスタントの人数から何も恐れるに及ばぬ、と結論づけましょう。プロテスタントの教理についても同じく安心すべきだ、と付け加えますが。

実際、おのが宗教を十分確信しながらも、福音が与えてくれる明確な保証とこれほど対立・矛盾する不運を予見するなどということが、果たしてできるものでしょうか。こんなキリスト教徒らしからぬ恐れを感じるのは、フランス教会を今日統《す》べる尊敬すべき高僧たちでないにきまっています。そういう人は、救い主〔イエス・キリスト〕が御自分の教会に何を約束されたか[*1]知っており、それらの予言の確かさを疑う気などさらさらないからです。私たちが期待を寄せるべきは肉ではない[*2]、と確信しているからです。弟子たちがサマリヤ人の上に天からの火を落とそうとした時、我らの神なる師がどう答えられた[*3]か教わっておりますし、かつてガマリエルが同僚らにした忠告[*4]の賢さを疑わないからです。暴力は人心を殺気立たせるだけですが、反対に、愛徳に満ちた宗教熱からはすべてを期待すべきだ、ということを経験から学んでいるからです。

＊1　マタイ伝第十六章十八節。
＊2　エレミヤ書第十七章五節。
＊3　ルカ伝第九章五節。
＊4　使徒行伝第五章三十二節以下。

厳罰路線では迷える羊〔プロテスタント〕がますます遠ざかってしまいましたが、宥和と寛容によれば彼らの心を動かし、彼らを従順にし、それを〔教会へ〕連れ戻すこともできましょう。自分の羊の群〔カトリック教徒〕が減るのではなく、それが日ごとにふえるという満足を味わえましょうし、高僧たちが負わされていて、いずれは最高存在〔神〕に御報告すべき辛《つら》い司牧の仕事で、それこそが自分にとって最高に甘美な慰めとなりましょう。少なからぬ高僧は、すでに、それの好結果を経験されました。亡きロアン枢機卿〔九八〕は、宥和と愛徳によって、ストラスブール司教区だけでも、それ以外の全王国で迫害が引き寄せた以上の新しい信者を作られました。そのお手本が見倣われますように。あらゆる君主、教会のあらゆる司牧者が、こぞってそのまねをしますように。

第四の反論

ルイ十四世がされたこと、陛下御自身が布令で再確認されたことを、撤回などせぬことに王様の栄光がかかっている

正直に申せば、この反論に答えるのを、私はしばしためらいました。こんなものを大まじめに提出していると納得するのに、今でも苦労するからです。それでは、先代先々代の国王たちがしたことは、国家にとってどんな不都合がそこから生じようと、なんでもかでも変わらず維持することに、君主の栄光があるのですか。そんなテーゼをあえて主張して、ルイ十四世を非とする判決をくださずに済みますか。あの君主は、お祖父様《じい》〔アンリ四世〕の廃止すべからざる勅令〔ナント勅令〕を廃止できるとお思いになったのではないですか。

あの大王の御代のいちばん輝かしい時期はフランスで異端の根絶に成功された時期だった、などと言っても無駄というものです。その際、国中に立てられたトロフィーとか、あの君主があらゆるカトリック列強から受けられた祝福とか、かくも多数の臣民を改宗させて感じられたに相違ない個人としての満足とか、当時教会内で鳴り響いた勝利の歌とかを、持ち上げても無駄というものです。

プロテスタントの数の多さは少なくとも一六八五年〔ナント勅令廃止の年〕当時と変わらぬこと、プロテスタントに対してした乱暴の数々も、偽善者と再転落者《ルラプス》〔プロテスタントからカトリックへ改宗した上で、またプロテスタントへ戻る者のことで、そういう再改宗は法律で禁じられていた〕を作ったにすぎないこと、あえて提出した新改宗者の夥しいリストにも、龍騎兵《ドラゴン》が無理やりさせた署名しか載ってなかったこと、迫害の発頭人ら〔僧族〕におどされたりたぶらかされたりした地方長官らが、自分の報告書で主権者の宗教心を籠絡する片棒をかついだこと、さらにはルイ十四世も、プロテスタントがまだうようよいるのに、王国で異端を根絶したと思ったこと——そういうことが今日証明されたら、あんな

喝采も、あんな勝ち鬨もどうなりますか。

それなら、度を越した熱心家の拍手に私たちの拍手を加えるのでなく、へつらいのために国益を犠牲にするのでなく、むしろ、あの命取りな廃止勅令に起因した禍を嘆きましょう。ああいう禍は、本当の愛国者を誰でも深く悲しますことしかできないもので、玉座との間に立てられていた障壁を事実真理〔事の真相〕が乗り越えられたら、けっして起こらなかったはずのものです。寛《ひろ》いお心を誰もが知るあの大王を落涙させたはずのものです。さらに、有害な結果を予見することがおできだったら、それに耐える不幸者の叫びがお耳に入れたら、大王がその流れを止められたにきまっているはずのものです。

さて、今日では、真相が白日にさらされて、王国にいる三百万のプロテスタントの惨状は大臣たちも知っているのですから、彼らに対して発せられた命取りな決定〔ナント勅令の廃止〕の動機などいまだかつて実在したためしがなく、今日でも前以上に実在はしないのですから、うかがいますが、あの決定を廃止することにどんな不名誉があるのですか。反対に、こうも著しい数の市民の境遇を和《やわ》らげることを、人道は求めていませんか。それらの市民は、単に有用なだけでなく、国家に必要不可欠でさえあるのです。我らの尊い主君の栄光に寄せる熱誠に燃え、主君への御奉公のためなら、自分の血の最後の一滴までも流す用意があり、父祖伝来の〔宗教的〕意見に愛着を持つという犯罪しか責められぬような人なのです。

しかし、ルイ十五世はフランスに異端を復活させた、などとわが国の年代記に言われるでしょうか。いいえ、そんなことはありません。言われるのは、そうではなくて、アンリ大王〔四世〕のこの御立派な後裔は、あの英雄がかつて帯びられた「民の父」なる称号に恥じなかった、ということでしょう。この幸《さち》ある御代の一日一日が、民から奉《たてまつ》られた「最愛王」というお名前に王様がどれほど値《あたい》されるか立証した、ということでしょう。王様の寛仁のほどを身にしみて感じなかった臣民はただの一人もいなかった、ということでしょう。王国の幸せをひたすら念じられる王様は、祖先たちが忠誠のかくも大きな証拠を示した、かくも多くの不幸者の嘆かわしい状態を御覧になって、胸を痛めずにはおられなかった、ということでしょう。厳罰路線を試みられても効果がなかったため、王様は、宥和と寛仁によって彼らを教会の懐《ふところ》へ引き入れようとされた、ということでしょう。広大な征服地を維持して御《み》名を不滅にされるだけでは満足なさらず、王様は何よりもまず、君主たるにふさわしいただひとつの栄光をお求めになった、その栄光とは、王国を栄えさすこと、敵国を畏怖させつつも、臣民には平和の恩典を味わわすことにあるものだった、ということでしょう。

破竹の前進に世界中が驚嘆しても、賢い人の見るところ、せいぜい幸運な兵士という名にしか値《あたい》せぬ、ああいう征服者たちの無敵な武勇を、好きなだけ持ち上げるがいいでしょう。アレクサンドロスはアジアの半分をおのが帝国に従わせ、カエサルはガリア人に勝ち、ゲルマン人を抑え、おのが祖国をも鉄鎖につなぎました。彼らは多大の栄誉に飾られており、その名は子々孫々にまで知られましょう。しかし、彼らが克ち得た名誉には、市民の幸福に気をくばることにだけ専念したティトゥス〔九九〕に寄せられた正当な讃辞ほどの値《あたい》がありますか。ティトゥスは、〔ローマ〕帝国の版図を拡げるのではなく、臣民の幸せしか考えなかったからです。謀反人を罰しながらも、彼らの境遇には涙を流さざるをえなかったからです。これから先もずっと、みんなアレクサンドロスの勇気には驚き、カエサルの慎重さには感心するでしょうが、アレクサンドロスもカエサルも、ティトゥスのように「人類の歓喜」とは呼ばれず、トラヤヌス〔一〇〇〕のように最良の君主とも目されますまい。

君主たちにとっても、爾余の人間にとっても、真の栄光に至る道はひとつしかありません。それは、摂理によって自分が置かれた馬場を立派に立派に走り切ることです。広大な諸州を統《す》べるべく運命づけられた君主たちは、統治した王国の広さによってではなく、そこに住む民草に味わわせた幸福によって、玉座を取り巻く追従者《ついしょうしゃ》たちのほめ言葉によってではなく、自分が幸せにした国民の歓呼によって、後世から判定されるのです。

さいわいにも私たちが従う高潔で慈悲深い君主には、これらの格率が常日頃、案内人の役をしてきました。戦争中、敵国に強いられて、同盟国を助けるために武器を取られたのが王様の偉大さですが、敵の列強を打ち負かされた上で、ヨーロッパに平和を与えるため、臣民の血をこれ以上流さぬために、御自分の利益も犠牲にされた王様は、それよりさらに偉大でした。

王様のお心の偉大さがこんなにはっきり証拠立てられた上でも、フランスのプロテスタントはいまだになお、おのれの境遇に絶望することなどできましょうか。全国民の利害が、君主の寛仁と相俟って、自分らのために弁じてくれているその時に、彼らの悲惨に終止符を打つよう、最良の君主に促しているその時に、です。陛下にとって実に栄《はえ》ある、王国の利益にとっても実に肝要なその事件が早く起こるように、君主から権威の一部を託されたかたがたにまで、それどころか玉座の足もとにまで、私のかよわい声が聞こえてほしいものです。そうしたら私は、この「民の父」に、これまでお目に隠されてきた不幸の数々を描いてさしあげるでしょう。一部は王国の国内で、なんとも耐えがたい軛のもとに呻吟し、一部は亡命地をさまよいつつ、おのれの勤労も血も祖国に捧げたいと望郷の念に燃えている、ああいう夥しい数の不幸な臣民に憐憫の目をお向けください、とお願い申し上げるでしょう。先述した非合法な結婚の不幸な結実で、現行法では全く無戸籍になるおそれがあり、今後必ずや、王国のほぼすべての州に混乱とトラブルを持ち込むにきまっている五十万に余る無辜《むこ》の人の通訳を、私は務めることでしょう。打ち捨てられた田園を、不毛な荒地《ランド》を、私は陛下のお目にかけるでしょう。そんな場所も、投下される財に利子つきでお返しするため、耕作者の手しか求めていないのです。蒙らされるいじめのせいで、あの不運な民の間に漲る恐ろしい失意落胆を、私は描き出すでしょう。工場の破産を、商業の衰退を、わが国の植民地の弱さを、わが国の海軍力の減少を、金持たちの出国を、貧乏人たちの絶望を、また、それにもかかわらず、忍耐と愛着によってのみ君主のお心を動かそうと全員がたじろぎもしない堅忍ぶりを、宗教的な集まりの内でまで彼らがする、陛下の御代の弥栄《いやさか》と、陛下御自身の御長命と、王家のかたがたの御息災のための祈願を、主権者への服従に悖《もと》るか、最高存在〔神〕への従順に悖るか、どちらかにならざるをえないという、彼らが置かれる恐ろしい立場を、また、これらの義務の双方を両立させれば、自分が生まれ育った宗教を、良心を裏切らずには捨てられぬと思う宗教を侮辱せずにはいられないその窮地を、です。

こういうのは、君主〔ルイ十五世〕のお心を動かす、なんと効果的な手段でしょう。慈愛こそ、この君主の支配的な御性格で、その人情味はあまねく知られており、父性愛の数々の証拠をたえず民にお示しになってきたのですから。そうすれば、君主は同情心を起こされて、過去の悪の記憶を破棄され、現在の悪に手を打たれ、今後起こりうる悪を予防されましょう。王国内の商業は活気を取り戻し、国には富が溢れ、臣民の数は日に日に増し、本当の市民はこぞってそれに拍手を送りましょう。敵国はそれに震えおののき、フランスは今後もひきつづき、「最愛の君主」を祝福ずくめにし、わが国の年代記は、歴代の王様の中でもいちばん正しいおかた、いちばん優しいおかた、いちばん力のあるおかた、いちばん偉大なおかたとして、陛下のことを後世に告げ知らすでありましょう。

敬具

完

〔なお、原著の最終ページ（一一九ページ）の最下段には、次のような訂正文が小さな活字で印刷されている。二二一ページ一三行目〔本訳書では○ページ○行目〕*の「〔ビスケー〕湾《ベイ》（Baye）」は「ベイズ（Bayze）」と読め〕

＊〔編註〕本書では四〇一ページ九行目にあたる。

〔一〕「我らの最愛の君主」　フランス王ルイ十五世（一七一〇―七四、在位一七一五―七四）のこと。ルイ十五世は、ルイ十四世の孫だったブルゴーニュ公ルイの子で、曾祖父ルイ十四世の死により、五歳でその後を継いで即位した。幼少期には、オルレアン公フィリップ二世（ルイ十三世の孫で、ルイ十四世の甥）が摂政を務めて、解放感に溢れる「摂政時代」（一七一五―二三年）を現出したが、その後、一七二六年から親政を行なった。ルイ十五世の時代は啓蒙思想の形成期で、ルイ十四世が「大王」、「太陽王」と綽名されたのと対照的に、ルイ十五世は「最愛王」（le Bien-Aimé）と綽名された。その子で次の王だったルイ十六世は、フランス大革命により、最後は断頭台の露と消えた。

〔二〕「ナント勅令の廃止」　ナント勅令は、フランス王アンリ四世（一五五三―一六一〇、在位一五八九年―一六一〇）が一五九八年四月に発した勅令。宗教戦争を終熄させ、フランスに宗教的平和を招来させるため、プロテスタンティスムを合法化した画期的なものだったが、アンリ四世の孫であるフランス王ルイ十四世（一六三八―一七一五、在位一六四三―一七一五）は、一六八五年十月のフォンテヌブロー勅令によってナント勅令を廃止し、プロテスタンティスムを再び非合法化した。フランスのプロテスタントが合法性を更めて獲得したのは、大革命開始の前々年、一七八七年にすぎなかった。

〔三〕「フルーリ」　アンドレ・エルキュール・ド・フルーリ（一六五三―一七四三）。ほぼ同時期に、有名な教会史家のクロード・フルーリ（一六四〇―一七二三）という人物もおり、それと区別するために、こちらのフルーリを「枢機卿フルーリ」、「フルーリ枢機卿」と呼ぶことも多い。このフルーリはフランスのカトリック聖職者、政治家。ロデーヴの生まれ。タイユ税収税人の子で、パリの学院で学んでイエズス会に入り、一六六六年に司祭に叙階した。一六七九年に国王ルイ十四世の王妃マリ＝テレーズの施物分配僧となり、一六八三年にこの王妃が死ぬと、ルイ十四世自身の施物分配僧に転じ、さらに一六九八年にはフレジュスの司教となった。一七一五年にルイ十四世が死に、その曾孫のルイ十五世が五歳で即位すると、この幼王の教育掛に任じられ、同王に大きな影響力を持った。一七二三年に摂政のフィリップ・ドルレアンが死んだ頃には国務顧問会議や良心顧問会議の一員として台閣に列していたが、一七二六年にルイ十五世が親政を始めると、ブルボン公（コンデ親王）を遠ざけて自らが宰相となり、次いで枢機卿の地位も得た。政治家としては、国家財政の均衡をはかるため、年金の削減、タイユ税の軽減などの内政改革を行ない、外交上も平和政策を取って国力を回復させ、ルイ十五世治世初期の善政はフルーリに負うところが大きかったが、国威の発揚という面からそれを不満とする者も宮廷には多く、ジャンセニスム問題の処理に失敗したという宗教政策上の要因とも相俟って、一七四三年一月二十九日にパリ近郊のイシで他界した時には、それを惜しむ声はあまりなかった。

〔四〕「フェヌロン」　フランソワ・ド・サリニャック・ド・ラ・モット・フェヌロン（一六五一―一七一五）。フランスのカトリック聖職者。ペリゴールの没落貴族の家に生まれ、一六七五年に司祭となり、一六八五年のナント勅令廃止前後にプロテスタントの改宗事業にたずさわった後、一六八九年に王孫ブルゴーニュ公の教育掛に任ぜられた。その前年、神秘家のギュイヨン夫人を識って静寂主義の感化を受け、彼女を擁護してボシュエと論争、『聖人の格率解説』（一六九七年）を書いたが、この書はルイ十四世の圧力により、一六九九年三月十二日の法王書簡で断罪され、フェヌロンは一六九五年に大司教に任命されていたカンブレへ流され、そのまま生を終えた。ルイ十四世の専制や好戦政策への鋭い批判を含んだ小説『テレマックの冒険』（一六九九年）、女子教育論、寓話、哲学・神学書など多くの著作を著わしており、濃厚な貴族主義的色彩にもかかわらず、十八世紀思想家の多くから彼らの先駆者として深く尊敬された。

〔五〕「ルイ大王〔十四世〕」　フランス王ルイ十四世（大王、太陽王）（一六三八―一七一五、在位一六四三―一七一五）。フランス絶対王制の絶頂を画する国王で、くわしい説明は不要であろう。同王の威光もフランスの国運も下降線を辿りはじめる契機となったのが、本書の著者も言うとおり、一六八五年のナント勅令の廃止だった。

〔六〕「君主たちの神聖なお身すら尊ばなかった」　フランス王アンリ三世（在位一五七四―八九）、アンリ四世（在位一五八九―一六一〇）が、二代続けて、狂熱的なカトリック教徒に暗殺されたことを言うに相違ない。

〔七〕「ドラゴナード」　「ドラゴナード」または「ドラゴヌリ」（どちらも「龍騎兵《ドラゴン》」という名詞から来る）とは、十七世紀末のフランスで多用された、軍隊を使ったプロテスタントの強制改宗のこと。広く用いられた方法は、プロテスタントの家（のみ）に兵隊が分宿して、その家の食糧を喰い尽くし、家財道具を壊し、騒音で家人の睡眠を妨害し、乱暴狼藉をはたらき、逆《さかさ》吊り、火責め、水責め、煙責め、指挟み、爪はがし等々、ありとあらゆる肉体的・精神的拷問を加えて、曖昧な文言からなるカトリックの信仰定式書に無理やり署名させるというもので、多くのプロテスタントがそれに屈して表面上「改宗」した。もっとも、この方法の効力は、それ自体の威力よりむしろ、それが周囲に撒き散らす恐怖心にあったようで、そのため、町や村へ軍隊が到着するや、そこのプロテスタント住民が家長会議などで協議して、すぐ集団で「改宗」したため、ドラゴナードにあえて訴えるまでもなく土地の「カトリック化」が達成したことも多く、さような土地の方が、ドラゴナードによってプロテスタント住民が生活の基盤を破壊された土地よりも、プロテスタント信仰はかえって生き残りやすかったともされている。「殺害」と婦女の「強姦」は兵士たちも厳禁されていたようで、これは直接的には被害者の命を奪わぬ「無血」の方法だったため、その有効性とともに、その「穏やかさ」がカトリック側に自画自賛された。この方法は元来、ポワトゥー地方の地方長官ルネ・ド・マリヤックが発案したもので、マリヤックは一六八一年三月から十一月までポワトゥー地方でこの方法を使い、三万八千人のプロテスタントを改宗させたと報告した。また、ポワトゥー地方と隣接する海岸地帯のサントンジュ地方でも、ロシユフォールにいた地方長官のド・ミュアンが同じく一六八一年の春から、ポワトゥー地方に見倣って、兵隊の宿泊によるドラゴナードを行ない、エリ・ブノワによればこの「弟子」は「師匠」を上まわる残虐性を発揮したという。そして、一六八五年春からは、全国的な規模でドラゴナード（今回のものは「大ドラゴナード」と呼ばれる）が展開され（春にはベアルン地方、夏にはラングドック地方、等々）、やがて、フランスにもはや改革派は存在せず、したがってナント勅令は不要になったとして、同勅令は十月に廃止されたのである。イル＝ド＝フランス、ノルマンディ、ブルターニュなどの諸地方では、ドラゴナードが行なわれたのはナント勅令廃止後だった。

〔八〕「『プロテスタントの非合法結婚についての覚書』」　該当する作品はもちろんあるが、ここに挙げられる標題は元の標題を簡略化したものにすぎない。一般に、第三者がこの作品を引いたり、それに言及したりする場合、標題として『プロテスタントの非合法結婚についての覚書』、『プロテスタントの結婚についての覚書』などの簡略形を用いることが多かったが、それらは所詮略題にすぎず、元の標題そのものではなかった。参考までに、この作品の正確なフルタイトルを挙げれば、それは以下のとおりである。『フランスのプロテスタントの非合法結婚についての神学的・政治的覚書。プロテスタントのために、彼らの良心をなんら傷つけず、司教たち・主任司祭たちの良心ともなんら関わりない新たな婚姻形態を定めることで、その種の結婚をやめさせるのが、教会と国家の利益であることをお見せする』で、ここに挙げられた略題とは少しく異なる。

この作品は、本書『愛国者の手紙』（一七五六年）の前年の一七五五年に刊行地を表記せずに出版された全一四一ページの本で、翌一七五六年（本書と同年）にも改訂版が出たが、この改訂版には全一四二ページのもの、全一二九ページのもの、全一二三ページのものと複数の版がある。

この作品の作者は、伝統的に、エクスにあるプロヴァンス高等法院の検事総長で「善の友」と綽名されたJ・P・Fr（ジャン＝ポール＝フランソワか）・リペール＝モンクラール侯爵（一七一一―七三）とされていたが、二十世紀後半になって、マルゼルブの研究家グロクロード氏が発見した十八世紀の歴史家クロード＝カルロマン・ド・リュリエール（一七三五―九一）（有名な『ナント勅令廃止の原因と、ルイ十四世の御代の始めから今日にまで至るフランスのプロテスタントの状態に関する歴史的解明』（一七八八年）の著者）の或る手紙（一七八四年七月付）によると、実際はそうではなく、この作品は、パリにあるスエーデン礼拝堂の牧師ベーアとニーム出身のペトリエなる人物を中心に集まったプロテスタントのグループの合作だったという。

いずれにせよ、この作品は大きな反響を呼んだもので、カトリック側からの反駁書、その反駁書に対する反駁書など、夥しい数の関連文書が出版の翌年の一七五六年を中心に発表された。個別に述べよう。

1、著者不明の『《プロテスタントの非合法結婚に関する神学的・政治的覚書》をめぐるフランスのカトリック教徒の見解』（一七五六年）。全一四ページの小冊子で、「『神学的・政治的覚書』が最も深い闇の内に埋葬されんことを望む」としている。

2、刊行地・刊行年を表記せずに同じく一七五六年に発表された全一一五ページの『プロテスタントへの寛容についての論考、または、ひとつは《全き一致》、もうひとつは《フランスのプロテスタントの非合法結婚に関する覚書》と題する二作品への回答』。当時の不寛容派の代表的な作品のひとつで、作者は、アレクサンドル＝シャルル＝アンヌ・ランファン神父（一七二六―九二）という、説教師として名をなしたリヨン生まれのイエズス会士らしい。

3、イエズス会士のこの『論考』に対しては、同じカトリック教徒でもイエズス会と対立するジャンセニスト陣営から批判が寄せられた。六巻にのぼる『ポール＝ロワイヤル僧院史』（一七五二―五三年）を書いたジェローム・ブゾワーニュ師（一六八六―一七六三）の『フランスのプロテスタントの非合法結婚に反対する論考への答、または、《プロテスタントへの寛容についての論考、または……云々》と題する新刊文書の著者への手紙』（一七五六年六月二日付）という全三四ページの文書である。

4、1の『《プロテスタントの非合法結婚に関する神学的・政治的覚書》をめぐるフランスのカトリック教徒の見解』に対しては、『《プロテスタントの非合法結婚に関する覚書》をめぐるフランスのカトリック教徒の見解なるものへの、良きキリスト教徒の返事』という全三八ページの反駁書が、刊行地・刊行年を表記せずに、同じく一七五六年に出た。

5、当時の最も代表的なカトリック系不寛容論者だったジャン・ノヴィ・ド・カヴェラック師（一七一三―八二）も、この『神学的・政治的覚書』に反駁する『政治的・批評的覚書。王国のカルヴァン派の者らのために新たな婚姻形態を定めることが教会と国家の利益となるか否かを検討し、《フランスのプロテスタントの非合法結婚に関する神学的・政治的覚書》を駁す』（刊行地不記）という全二一八ページの大著を同じ一七五六年に出した。

6、このノヴィ・ド・カヴェラック師の本には、3に登場したジャンセニストのジェローム・ブゾワーニュ師が、『プロテスタントの結婚への寛容に反対する諸論考への第二の答、または、ひとつは《政治的・批評的覚書》、もうひとつは《真のカトリック愛国者の声》と題する二篇の覚書の著者への手紙』（刊行地・刊行年不記）という全三六ページの文書（一七五六年）で反駁した。

最後に、蛇足ではあるが、これらの文書の標題にしばしば登場する「非合法結婚」という言葉について説明しておかねばならない。国家とカトリック教会とが一体化していた旧政体下のフランスにおいて、男女の婚姻はカトリック教会から「婚姻の秘蹟」を授けられることにより初めて法的に成立し、教会堂に保管される「婚姻の秘蹟」授与者の台帳に記載されることが、即、婚姻届の受理を意味していた。しかし、もともとカトリックの信仰を持たず、その「秘蹟」を忌避するプロテスタントは、カトリックの儀式による結婚を嫌って、国外で結婚したり、「荒野」で開かれる同信徒の集まりで挙式したりするのが常だったが、カトリック教会から「婚姻の秘蹟」を授けられぬこのような結婚は法的に無効とされ、単なる男女の「野合」にすぎないものとみなされた。「非合法結婚」とは、こういう「秘蹟なき結婚」のことである。それでは、結婚した男女も法的には夫婦と認められず、したがって、そこから生まれる子供にも正式の戸籍はなく、法的には

「私生児」として、親の財産の相続権も持たないとされた。数十万人にのぼるこういう「無戸籍者」の存在という事実は、かねがね痛感されていた行政実務上の不都合で、それを解消するためには、民事的な結婚と、カトリック教会による「婚姻の秘蹟」の授与とを切り離し、「秘蹟」という宗教上の要件がなくとも、婚姻が法的に有効とされるようにするほかなかった。『フランスのプロテスタントの非合法結婚についての神学的・政治的覚書』が提唱したのはこの方法で、後に、テュルゴやマルゼルブなどの「革新官僚」の主導によって、一七八七年に「寛容令」が発せられたのも、「理念」の問題よりむしろ、行政実務上の必要によるものだった。

〔九〕「賢く恐るべきあの君主」　プロイセン王フリードリヒ二世（大王）（一七一二―八六、在位一七四〇―八六）のこと。プロイセン王フリードリヒ・ヴィルヘルム一世（在位一七一三―四〇）の子で、初代プロイセン王フリードリヒ一世（在位一七〇一―一三）の孫。「大選帝侯」と綽名され、フランスでのナント勅令廃止に際して、二万人のフランス人プロテスタントを国内に受け入れたブランデンブルク選帝侯フリードリヒ・ヴィルヘルム（在位一六四〇―八八）の孫の孫に当たる。軍事的天才を発揮して、即位早々から、二度にわたるシュレージエン（シレジア）戦争（一七四〇―四二、一七四四―四五年）を行なって、オーストリアのマリア・テレジア女帝と戦い、さらに、一七五六年にはザクセンに進攻して七年戦争（一七五六―六三年）を始め、オーストリア軍や、それと同盟するフランス軍、ロシア軍を撃破して、プロイセンをヨーロッパの一大強国ならしめた。即位前から啓蒙思想に傾倒していたフリードリヒ二世は、ヴォルテールを師と仰いでそれと交友し、産業の振興・農業の発展など内政にも意を用い、いわゆる「啓蒙専制君主」の代名詞とされた。

〔一〇〕「〔ドイツ〕女帝でハンガリー女王」　ドイツ女帝（在位一七四〇―八〇）、ハンガリーおよびベーメン（ボヘミア）女王、オーストリア大公（在位一七四〇―八〇）マリア・テレジア（一七一七―八〇）。神聖ローマ皇帝カール六世（在位一七一一―四〇）の娘で、一七三六年にロートリンゲン公フランツ・シュテファン（後の神聖ローマ皇帝フランツ一世〔在位一七四五―六五〕）と結婚した。一七四〇年に父が死んだため、ハプスブルク家の家憲にしたがってその後を継いだが、フランス、プロイセン、ザクセン、バイエルン、スペインなどの反対に遭い、オーストリア継承戦争（一七四〇―四八年）が起こった。他方、プロイセンのフリードリヒ二世（大王）はシュレージエン（シレジア）を要求し、二回にわたるシュレージエン戦争（一七四〇―四二、一七四四―四五年）が行なわれ、結局、シュレージエンはフリードリヒ二世の手に帰した。オーストリア継承戦争は一七四八年のアーヘン条約で終わり、マリア・テレジアは女帝の座を確保したが、イタリアにあるオーストリアの領土はナポリ王国の所有となった。さらに、シュレージエンの奪回を狙って七年戦争（一七五六―六三年）を行なったが、これは失敗に終わり、一七六三年のパリ条約ではプロイセンのシュレージエン領有が確認された。一七六五年に夫のフランツ一世が死ぬと、長子のヨーゼフ二世を皇帝とし、オーストリア、ハンガリーの摂政ならしめた。次子のレオポルト二世も一七九〇年にこの兄の後を継いで皇帝となったが、フランス王ルイ十六世の妃となった娘のマリ・アントワネットはフランス大革命下の一七九三年に断頭台にかけられた。

〔一一〕「ブーランヴィリエ伯爵」　通常はこの名で通るが、正確にはサン＝セール伯爵アンリ・ド・ブーランヴィリエ（一六五八―一七二二）。「歴史家」、「政治学者」、「哲学者」など、専門化したどんな呼称にも収まり切れない人物なので、漠然とフランスの「思想家」と言っておく。ノルマンディ地方のサン＝セールの生まれ。帯剣貴族の出で、はじめ軍人だったが、一六九七年に父が死んだのを機に軍務を退き、領地の管理のかたわら、研究に没頭した。中世封建制下の貴族に理想を置いた『フランス古統治史』（三巻、ハーグ＝アムステルダム、一七二七年）、『フランス貴族論』（アムステルダム、一七三二年）などの歴史書が名高く、これらは、フランス人には征服民族たるフランク人の血と、被征服民たるガリア＝ローマ人の血という二つの血脈が、前者は貴族の内に、後者は第三身分の内に流れているとした、復古的貴族主義の色濃いものだった。当然ながら、ルイ十四世の絶対主義的統治に対してはきわめて批判的で、それはとりわけ、歴史研究と並行して行なった現状分析や、提示する改革案に現われていた。具体的には、『フランス摂政オルレアン公殿下に呈する覚書。この王国をいと強大化し、王と民の収入を著増させる諸手段を盛る』（ハーグ＝アムステルダム、一七二七年）や、本書でも引かれ、後段の訳註〔一七〕でくわしく紹介する予定の『フランスの国状』（初版はロンドン、一七二七年）である。しかし、ブーランヴィリエの研究や著述はこうした歴史や政治の面だけにはとどまらず、当時「無神論者」の代名詞とされたスピノザの『エチカ』を仏訳し（刊行は二十世紀の一九〇七年〔刊行地パリ〕になってからだが）、それの反駁を装った解説文（フェヌロンやベネディクト会士フランソワ・ラミの反駁文とともに、『ブノワ・ド・スピノザの誤謬の反駁』という題で一七三一年にブリュッセルで出版）を書いたり、マホメットの伝記（ロンドン＝アムステルダム、一七三〇年）を著わしたり、占星術や神秘学に凝ったりなど、非正統的なあらゆる思想に触手を伸ばし、そのまわりには、多くの地下文書を著わしたらしい初期啓蒙思想家たちが集まった。一七二二年一月二十三日にパリで死んだが、著作はみな死後に刊行されたものだった。

〔一二〕「ド・ラ・ブルドネ氏」　ド・ラ・ブルドネ伯爵ベルトラン＝フランソワ・マエ（一六九九―一七五一）。フランスの船員上がりの植民地行政官。サン＝マロの生まれ。十歳から船に乗って、各地のフランス植民地を訪れ、十九歳で海軍中尉としてフランス・インド会社に入り、一七二三年には海軍大尉としてマヘー（インド亜大陸の南西部、今はケララ州に属する海岸の町で、フランスの植民地となった）の占領に多大の貢献をし、そのため「マエ」（「マヘー」のフランス読み）は彼の名の一部ともなった。一七三三年にはフランス島・ブルボン島の総督となって、そこをインド貿易の中継拠点、胡椒の集散地として発展させた。一七四〇年にパリへ呼ばれ、宰相フルーリからポンディシェリへ行く艦隊の指揮を任され、翌一七四一年にはイギリス艦隊を破ってマヘーの防衛に成功したが、その頃からフランスのインド総督デュプレクスと不和になり、マドラスの開城はラ・ブルドネの裏切りによると濡れ衣を着せられて投獄された。三年半にわたる裁判の末、判決は無罪だったが、心労による持病の悪化のため、釈放後程なく死んだ。『船舶帆柱論』（一七二三年）と、弁明のための『覚書』（一七五〇—五一年）という二点の著作を残している。

（一三）「フーコー氏」　ニコラ・ジョゼフ・フーコー（一六四三—一七二一）。フランスの行政官。パリの生まれ。イエズス会の学院で学んで官界に入り、モントーバン（一六七四年）、ベアルン（一六八二年）、ポワトゥー（一六八五年）の各地方長官を歴任した。特に、ポワトゥー地方長官だったのはナント勅令廃止の時期で、ラングドック地方長官のラモワニョン・ド・バヴィル、ノルマンディ地方長官のマリヤックと並んで、残虐なドラゴナードで有名な地方長官三羽烏の一人だった。

（一四）「モープー・ダブレージュ氏」　モープーには、一七四三年にパリ高等法院の首席長官となったルネ＝シャルル・ド・モープー（一六八八—一七七五）や、その子で最も有名なモープーである大法官（一七六八—七四年）ルネ＝ニコラ＝シャルル＝オーギュスタン・ド・モープー（一七一四—九二）がおり、ジャック・ダブレージュという法学者が十五世紀初頭にいたのも確かだが、モープーとダブレージュを組み合わせたモープー・ダブレージュという家名は知られておらず、いかなる辞典にも記載がない。

（一五）「ブゾン氏」　十七世紀から十八世紀の前半にかけて、「ブゾン」という名の者には、はじめソワソン、次いで二十年にわたりラングドックの地方長官を務めて、一六四三年にアカデミー・フランセーズの会員ともなった行政官のクロード＝バザン・ド・ブゾン（一六一七—八四）、その子でカトリックの聖職者となり、エクスの司教（一六八五年）、ボルドーの大司教（一六九八年）、ルアンの大司教（一七一九年）を歴任し、ルイ十四世の死後には良心顧問会議や摂政会議に加わったアルマン＝バザン・ド・ブゾン（一七二一歿）、それの兄弟で、軍人としてポルトガル（一六六七年）、カタルーニャ（一六六八年）、オランダ（一六七二—七三年）、フランドル（一六七四年）などに転戦し、一六八八年に陸軍少将、一七〇二年に陸軍中将、一七〇九年に元帥となったジャック＝バザン・ド・ブゾン（一六四六—一七三三）がいるが、本文に登場する「ブゾン氏」がどれかは突き止めがたい。もしかすると、クロードの子、アルマンやジャックの兄弟で、父と同じく行政官になった者でもいたのであろうか。

（一六）「ミロメニル氏」　アルマン＝トマ・ユエ・ド・ミロメニル（一七二三—九六）のことか。この人物はオルレアンの近くの生まれで、一七五七年にルアン高等法院の首席長官となり、高等法院全体とともに大法官モープーにより流刑にされたが、一七七四年には、ルイ十六世の宰相モールパによって国璽尚書に任命された。その後も、テュルゴの計画に反対したり、商法典の草案を作成したり、一七八〇年には拷問廃止令を発布させたり、一七八七年にはカロンヌに訴えられて失脚したりと、様々な波瀾があったが、結局、ノルマンディ地方のミロメニルで一七九六年に世を去った。

（一七）「『フランスの国状』」　訳註（一一）で説明したアンリ・ド・ブーランヴィリエ（一六五八—一七二二）の著作。フルタイトルはいささか長いが、そのまま訳せば、以下のようになる。『フランスの国状。教会統治、軍事、司法、財政、商業、製造業、住民数など、総じてこの君主国を深く知らしめうる一切に関わるすべてのものを見る。今上陛下ルイ十五世の父君であられたブルゴーニュ公殿下の御要請に基づき、国王ルイ十四世の御命令により、王国の地方長官たちが起草した覚書の抜萃。ユーグ・カペに至るこの君主国の往古の統治に関わる歴史覚書を付す』。第一版は一七二七年にロンドンから三巻本で出版され、同じくロンドンから、一七三七年の三巻本、一七五二年の八巻本も出た。

〔一八〕「アルバ公爵」　フェルナンド・アルバレス・デ・トルド（一五〇八―八二）。スペインの軍人。一五二五年のパヴィアの合戦や一五三五年のチュニス遠征で軍事的才能を発揮して、神聖ローマ皇帝カール五世に重用され、シュマルカルデン戦争のミユールベルクの合戦でプロテスタントを破り、苛酷な弾圧者として恐れられた。一五六七年にはネーデルラント総督に任命され、一万八千人のプロテスタントを処刑してオランダ独立運動を弾圧し、軍事的には成功したが政治的には失敗して、一五七三年にスペイン本国に召還され、一五八〇―八二年にはポルトガル征服戦に従事した。

〔一九〕「勇敢でも賢明でもある君侯」　オランダの初代統領だったオランイェ公ヴィレム一世（一五三三―八四、在位一五七九―八四）のこと。ヴィレム一世はオランイェ（オレンジ）公、ナッサウ伯爵で、ナッサウのディレンブルクの生まれ。神聖ローマ皇帝カール五世に仕え、一五五五年にホラント、ゼラント、ユトレヒト三州の総督となった。はじめはカトリック教徒だったが、一五六六年にルター派へ改宗、次いで改革派へ移り、オランダの独立を策して一時ドイツへ逃れたが、一五六八年にネーデルラント総督のアルバ公爵とその軍を相手に反乱を起こし、一五七八年にはユトレヒト同盟を結成させて、ネーデルラント北部七州の独立を宣し、その初代統領となった。最後は、一五八四年七月十日に、バルタザール・ジェラールという男に暗殺された。

〔二〇〕「〈カトリック〉という名」　「まことキリスト教徒なる国王」というのがフランス王の尊称であるように、「全くカトリック教徒なる国王」というのがスペイン王の尊称だった。「全くカトリック教徒なる」（tout catholique）というのは「国王」を言う場合の訳語で、スペインという国を言う場合は「カトリック一色の」と訳す方がよかろう。

〔二一〕「フェルナンド」　「カトリック王」と綽名されたスペイン王フェルナンド五世（一四五二―一五一六）のこと。シチリア王（在位一四六八―一五一六）、カスティーリャ王（在位一四七四―一五〇四）、アラゴン王（在位一四七九―一五一六）、カスティーリャ王（在位一五〇六―一六）で、カスティーリャとアラゴンを合併してスペインを統一国家とし、グラナダの占領（一四九二年）によりマウル人（イスラム教徒）との戦いを終結させ、さらに国内からユダヤ人を追放した（一四九二年）。

〔二二〕「或る賢い大臣」　後段の訳註〔二四〕にその名が登場するエンセナダのこと。説明はそこに譲る。

〔二三〕「Nicolas」　このあたりの原文はNicolas est couronné, Ensenade gémit dans l'exilで、行文からすると、この戴冠は国際的な大事件で、その波紋はスペインの宮廷にまで及び、エンセナダの失脚を招いた、ということらしい。

このNicolasなる人名は、フランス人なら「ニコラ」、イギリス人やスペイン人なら「ニコラス」、ポルトガル人なら「ニクラウ」、ドイツ人なら「ニコラウス」または「ニクラス」または「クラウス」、イタリア人なら「ニッコロ」または「ニッコラ」、ロシア人なら「ニコライ」となり、人物か、少なくとも国を特定せねば、この名の日本語表記も決定できない。本文でNicolasというフランス語表記をそのまま使い、これを日本語化しなかったのは、人物または国を特定できなかったためである。

ただ、いずれにせよ、原著が書かれた時期に近い十八世紀前半に、該当する名の君主がどこかの国で戴冠した形跡はなく、この人名の日本語表記以前に、この文章自体の正誤を問題にせざるをえない。

さて、このNicolasを何か別の名の書き誤りと推定し、戴冠が国際的な大事件だった人物を探せば、それの発見ほど容易なことはない。神聖ローマ皇帝カール六世（一六八五—一七四〇、在位一七一一—四〇）が死んだあと、一七一三年に制定されていたハプスブルク家の家憲に基づいて帝位を継承したその娘マリア・テレジア（一七一七—八〇、在位一七四〇—八〇）に対抗して皇帝の座を争い、オーストリア継承戦争を起こしたバイエルン選帝侯カール・アルブレヒト（一六九七—一七四五）がそれである。

このカール・アルブレヒトは、神聖ローマ皇帝ヨーゼフ一世（一六七八—一七一一、在位一七〇五—一一。カール六世の兄で、前任の皇帝）の女婿で、マリア・テレジアの義理の従兄弟《いとこ》に当たった。一七二五年からバイエルン選帝侯の地位にあったが、前述のとおり、フランスの援助を受けて次期皇帝に名乗りを上げ、一七四二年二月にフランクフルトで戴冠し、「カール七世アルブレヒト」と称した。このように、オーストリア継承戦争は、まず一七四〇年にオーストリアとバイエルンの戦争として始まったが、フランスやそれに追随するスペインのほか、ザクセン、プロイセンなども反オーストリアの立場からカール七世を支持し、一方、イギリスはマリア・テレジアのオーストリアと同盟を結び、こうして戦争は全ヨーロッパ的なものとなった。戦況は当初、カール七世に不利で、彼は一時、オーストリア軍にミュンヘンを占領されてバイエルンから追放され、プロイセンのフリードリヒ大王がオーストリア軍を破ったおかげで、一七四四年十月にミュンヘンへ復帰したものの、それから間もなく、一七四五年一月二十日にミュンヘンで世を去った。オーストリア継承戦争は結局、一七四八年のアーヘン条約で終結し、この条約によりマリア・テレジアが帝位を確保する一方、カール七世の遺児は帝冠と帝位継承権を放棄した。

このオーストリア継承戦争で、前述のとおり、スペインはフランスに追随してカール七世の側に立ったが、マリア・テレジアの側に立つイギリスとフランスとは敵対し、さらに、この戦争と連動して行なわれたフランス＝イギリス間の植民地・貿易戦争（一七四二—四八年）のため、両国関係はいっそう悪化した。スペインの宮廷でも、フランスとイギリスが影響力を争って、親仏路線と親英路線が対立していたが、オーストリア継承戦争がマリア・テレジアの勝利に終わったことと相俟って、在来の親仏路線への揺り戻しという形で、親英路線がいっそう強まり、イギリスの勧めによってスペインとオーストリアの条約が結ばれたりした。親仏政策を主導したラ・エンセナダが一七五四年に、フランスとの秘密同盟という嫌疑をかけられて失脚したのも、スペイン宮廷でのこういう路線対立が原因で、これもオーストリア継承戦争の余波というべきものだった。

このように、この訳註の最初に引いた原文に登場するNicolasは、原著者がAlbert（アルブレヒトのフランス語表記）と書くつもりで誤記したものと推測すれば、Nicolasが戴冠したとは、実はアルブレヒトがカール七世として戴冠したこと、ひいては全欧的なオーストリア継承戦争が勃発したことを言うものとなり、それがエンセナダの失脚を招いたというこの原文も、歴史的な事実と十分合致することになる。ただし、これはあくまで推測である。

〔二四〕「エンセナダ」　正確には「ラ・エンセナダ」であろう。ラ・エンセナダ侯爵セノン・デ・ソモデビリャ（一七〇四―八一）はスペインの政治家。ラ・リオハの貧しい村の生まれで、学歴は不明だが、なんらかの学位もあったらしい。ブルボン朝のスペイン王フェリペ五世（在位一七〇〇―二四、一七二四―四六）の宰相だったパティニョの引きによって、一七三七年に海軍大臣となり、パティニョの後を継ぐ宰相カンピリョの庇護も受けて、一七四一年に財務大臣を暫定的に務め、一七四三年にカンピリョが死ぬと、その後を継いで実質的な宰相となった。海軍大臣、陸軍大臣、財務大臣、インド大臣を兼務し、「フェリペ五世が最も好む大臣」とフランスのノアイユ公爵が回想録に言うとおりだった。一七四六年に即位した次の王フェルナンド六世（在位一七四六―五九）からも前王と同様の寵遇を受けたラ・エンセナダは、海軍力の増強、国内関税の廃止、土地台帳の創始、産業の育成、ローマ法王庁との政教条約の締結（一七五三年）など数々の実績を上げ、無力・無頓着な国王のもとでスペインが財政と海軍力を回復したのは全く彼のおかげだった。対外的には一貫して親仏路線を取り、フランスの駐スペイン大使デュラス公爵や、同じくフランスのリシュリュー公爵・元帥、さらには、フランス王ルイ十五世の愛人ポンパドゥール侯爵夫人などとも親しく、当然のことながら、フランスでは非常な人気があった。スペインの宮廷では、外務大臣のカルバハルが親英政策を主張しており、ラ・エンセナダとカルバハルはいわばライヴァルだったが、二人の関係は良好で、これは一七五四年にカルバハルが急死するまで続いた。しかし、カルバハルの死後、後任の外務大臣にウェスカル公爵が任命されたことはイギリスの差し金によるものらしく、ラ・エンセナダの面目を失墜させた。もともとラ・エンセナダに反感を持っていたイギリス人の間での噂によると、ラ・エンセナダは腹いせに、スペインとイギリスの戦争を起こさせてそこにフランスを引き込もうと画策し、引き込むためには、スペインが遠征隊を派遣して、メキシコ湾にあるイギリスの商館を襲うことまで計画したという。この風評の真偽の程は分からないが、いずれにせよ、一七五四年七月三十一日にラ・エンセナダは自宅で逮捕され、フランスとの秘密同盟、公金私消などの嫌疑をかけられて、起訴されかかった。しかし、スペイン王妃が助けてくれたため、起訴には至らず、ラ・エンセナダはグラナダへ流刑されただけで事なきを得た。一七五六年に出版された本書で、「エンセナダは流謫の地で呻吟しています」と著者が言うのは、このグラナダ流刑のことである。五年後の一七五九年に、ラ・エンセナダは再びマドリードの宮廷へ呼び戻されたが、昔日の影響力を回復することは遂にできなかったという。

〔二五〕「聖バルテルミの日」　言うまでもなく、普通「聖バルテルミの虐殺」と呼ばれるもので、一五七二年八月二十四日（聖バルテルミの祝日）の夜に、王命によりパリで行なわれたプロテスタントの大虐殺のこと。国王シャルル九世の妹マルグリット・ド・ヴァロワと、プロテスタントのナヴァール王アンリ（後のフランス王アンリ四世）の婚礼（八月十八日）を機に、集まったプロテスタントたちを皆殺しにしようという母后カトリーヌ・ド・メディシスと国王シャルル九世の計画に基づくもので、プロテスタント側は、ギーズ公爵がじきじき指揮する殺し屋部隊に寝込みを襲われてまっさきに死んだ指導者のコリニ提督をはじめとして、三千人以上が一挙に殺害された。また、この虐殺はその後、各地方都市へも波及して、全国的規模でプロテスタントの組織的虐殺が行なわれた。なお、コリニ提督がカトリック教徒の皆殺しを計画していて、プロテスタントの大量殺戮はそれに対する予防措置だった、という説も流布したが、それは、この大虐殺の直後に、かような蛮行を正当化するため、宮廷とカトリック側が意図的に宣伝した政策的な嘘だった。

〔二六〕「マンブール神父」　ルイ・マンブール（一六一〇―八六）。フランスのカトリック史家。ナンシーの生まれ。一六二六年五月に十六歳でイエズス会に入り、六年間にわたり学院で人文学を教えた後、説教師、文筆家となった。説教師としては特に、ジャンセニストたちが作ったモンス訳新約聖書を攻撃する一六六七年八月―十月の計七回にわたる連続説教が有名で、それらはアントワーヌ・アルノーが『モンス訳新約聖書の擁護、イエズス会士マンブール神父の説教に対して』（一六六七年）を書く契機となった。文筆家としても、このモンス訳聖書や、ローマ法王アレキサンデル七世の大勅書に反対するアレト、パミエ、ボーヴェ、アンジェの四司教の回状を攻撃する文書、後に『宗教論争三論文』（一六八二年）にまとめられる『聖体問題でプロテスタントを議論抜きで真の信仰へ連れ戻すための平和的方法』（一六七〇年）、『イエス・キリストの真の教会を論ず』（一六七一年）、『神の真の御言葉を論ず』（一六七一年）といった対プロテスタント論争書によって、イエズス会の対ジャンセニスト、対プロテスタント論争の一翼を担ったが、一六七三年頃から歴史書の執筆へと方向転換をして、『アリオス派史』（一六七三年）、『聖像破壊派異端史』（一六七四年）、『十字軍史』（一六七五年）、『ギリシア人離教史』（一六七七年）、『西方教会大分裂史』（一六七八年）、『ローマ帝国衰退史』（一六七九年）、『ルター派史』（一六八〇年）、『カルヴァン派史』（一六八二年）、『カトリック同盟史』（一六八三年）、『ローマ教会の樹立と特権に関する歴史論』（一六八五年）、『聖グレゴリウス大法王時代史』（一六八六年）、『聖レオ大法王時代史』（一六八七年）という、護教的色彩の濃い宗教史関係の著書を、ほぼ年一点の割で次々と公にした。当時のカトリック系宗教史家の代表選手だったが、フランス教会の権利をめぐってフランスの王権とローマ法王庁が対立するや、王権支持のガリカニスムの立場に立ったため、イエズス会からの退会をローマ法王に命じられ（一六八一年）、サン＝ヴィクトル僧院へ退いて、以後は国王からの三千リーヴルの年金で生活し、『イギリス離教史』（未刊）を執筆中の一六八六年八月十三日に卒中のため死んだ。

なお、本文の記述とも関係があるけれども、マンブールはカトリック的党派性の非常に強い歴史家で、プロテスタンティスムへの傾斜など全くない人だったが、プロテスタントへの暴力的な迫害・弾圧には反対し、前註に述べた「聖バルテルミの虐殺」などに対しては、きわめて否定的な立場を取った。彼の『カルヴァン派史』はこの大虐殺の批判的な記述で終わっていたが、次の作『カトリック同盟史』に至っては、全篇これ「同盟《リーグ》」攻撃書というべきもので、もちろんそれは「ガリカン派」という著者の立ち位置から来るものだったけれども、前作とは打って変わって、プロテスタントからも割合好意的に迎えられた。

〔二七〕「アリオス」 アリオス（またはアレイオス、ラテン名アリウス）（二五〇頃―三三六）は、古代キリスト教の異端派とされるアリオス（アリウス）派の始祖。リビアの出身。アンティオキアのルキアノスの弟子で、オリゲネスの神学を学んだ。アレクサンドリアの教会に入って執事を務めたが、アレクサンドリアの総大主教ペトロス一世（在位三〇〇―三一一）が大迫害時の離教者に対して寛大すぎるとして批判する厳格派のメリティオスに与《くみ》するとして、ペトロス一世により破門された。ペトロス一世の後を継いで総大主教となったアキラス（在位三一一―三一二）によって破門を解かれ、アレクサンドリア教会の長老となったが、アキラスの後任としてアレクサンドロス一世（在位三一二―三二八）が総大主教に就任すると、正統的三位一体論者のアレクサンドロス一世を「サベリウス主義」と批判して、アリオス主義論争の火蓋を切った（三一八年頃）。アレクサンドロス一世は三二一年頃、アレクサンドリアの地方教会会議でアリオスを破門した。その後、ローマ皇帝コンスタンティヌス一世（在位三二四―三三七）の宗教顧問だったホシウスによる調停が失敗して、論争に決着をつけるため、皇帝は三二五年にニカイア公会議を招集した。周知のとおり、この公会議では三位一体説が決議され、敗れたアリオスは皇帝によりイルリア地方へ流刑にされた。その後、アリオスはアレクサンドリアへの帰還を図ったが、そこの総大主教となっていた宿敵のアタナシオス（在位三二八―三七三）に反対されて果たさず、結局、教会との和解の寸前にコンスタンチノープルで急死した。

〔二八〕「紀元三一九年」「アリオス主義論争が始まった時」という意味であろう。前註では、この論争の開始の時期を三一八年頃としたが、それは原著者の考えとも大筋で一致するだろう。古代の出来事の正確な年代決定は至難だからである。

〔二九〕「紀元三五六年」 次の訳註〔三〇〕に述べるとおり、紀元三五六年は、ガリアの正統派指導者だったポワティエの司教の聖ヒラリウスが罷免され、小アジアのフリュギアへ流された年である。だが、それ以外に、三五六年が一般史上でも教会史上でも、さほど重要な年であったようには見えない。これはあくまでも訳者の想像で、そう断定するつもりはないが、可能性としてひとつ考えられるのは、この個所の言語 en 356 が en 359 の誤植だったのではないか、ということである。紀元三五九年ならば、後段の訳註〔三三〕で述べるリーミニ公会議が開催された年で、「アリオス主義の世界的氾濫」という本文の言う事実が裏付けられた年としては、紀元三五六年より紀元三五九年の方がはるかに良い。三五六年にせよ三五九年にせよ、正統派の後楯だったローマ皇帝コンスタンティヌス一世（在位三二四―三三七）はもはや世になく、時の皇帝はアリオス派を支持するコンスタンティウス二世（在位三三七―三六一）だった。

〔三〇〕「聖ヒラリウス」 ポワティエの聖ヒラリウス（フランス名イ

レール）（三一五頃―三六七）。ラテン教父。フランス人で、ポワティエの生まれ。はじめ異教徒で妻帯していたが、聖書を勉強してキリスト教徒となり、洗礼後程なく、三五〇年頃にポワティエの司教に任命された。アルルの大司教サトゥルニヌスがアリオスの説を導入しようとするのに反対したため、三五六年に小アジアのフリュギアへ流された。三六〇年に帰国して、サトゥルニヌスを罷免した同年のパリ公会議を推進した。「西方のアタナシオス」と綽名されたが、東方流謫中にギリシア神学を学び、また東方教会の僧院制度をガリアに根づかせるため努力した。著作では『三位一体論』が代表的である。

〔三一〕「聖アタナシオス」　聖アタナシオス（ラテン名アタナシウス）（二九六頃―三七三）はギリシア教父。アリオスと対立したアレクサンドリアの総大主教アレクサンドロス一世の助祭としてニカイア公会議に出席し、三位一体説の確立、アリオス派の断罪に大きな貢献をした。三二八年にアレクサンドロス一世の後任としてアレクサンドリアの総大主教となったが、ニカイア公会議決定を固く擁護したために、三三五―三三七年にはトリーアへ、三三九―三四六年にはローマへ、三五六―三六一年にはエジプトの砂漠へ、さらに三六四年、三六五―三六六年と、前後五回にわたって追放の憂き目に遭った。「正統信仰の父」、「教会の柱石」と呼ばれた。

〔三二〕「リベリウス」　この人物もカトリック教会では聖人とされているから、「聖ヒラリウス」、「聖アタナシオス」と言うなら、これも「聖リベリウス」と言うべきだろう。リベリウス（？―三六六）は四世紀のローマ法王（在位三五二―三六六）。ローマの生まれらしい。元来は正統的な三位一体論者で、アリオス派のアルル教会会議（三五三年）、ミラノ教会会議（三五五年）のアタナシオス弾劾決定にいずれも署名を拒み、アリオス派支持の皇帝コンスタンティウス二世と対立した。怒った皇帝は三五五年にリベリウスと他の正統派司教をトラキアへ流刑にし、対立法王フェリクスを立てた。三五七年、流刑二年にして衰弱し切ったリベリウスは、赦免を得るため、アリオス派の信仰定式書に署名して、アタナシオスの追放にも同意した。この変節はそれなりに効果があったようで、翌三五八年にリベリウスはローマへの帰還を許され、帰るやただちに対立法王フェリクスを追放した。三六一年九月に皇帝コンスタンティウス二世が死ぬと、もはや怖いものがなくなった法王リベリウスは正式に正統信仰へ戻り、以後は誰憚ることなくアリオス主義に反対し、西方帝ウァレンティニアヌス一世を正統信仰の支え手として、東方帝ウァレンスと対立させたりもした。

〔三三〕「リーミニ公会議」　紀元三五九年七月にイタリアのリーミニで開催された西方教会の司教たちの公会議で、ローマ皇帝コンスタンティウス二世（在位三三七―三六一）が招集したもの。同帝はコンスタンティヌス一世（大帝）の第三子だったが、アリオス主義に傾いた人で、三位一体をめぐる教会内の紛争を解決するため、トラキアのニケで公会議の使節団と会って、自らが作成したアリオス派寄りの信仰定式書を提示して賛同を求め、公会議側もそれに署名した。もともとリーミニ公会議に不参加だったローマ法王リベリウスは、後にこの信仰定式書を断罪したが、アリオス主義の影響が強いゲルマン系諸民族の間では、後々まで、この信仰定式書が信仰の規準として広く用いられた。

〔三四〕「署名する」　署名したことは確かだが、署名したのはリーミニ公会議の決定文書にではない。前註でも述べたとおり、リーミニ公会議は紀元三五九年に開かれたが、ローマ法王リベリウスが屈服してアリオス主義的文書に署名したのは、その前々年の三五七年のことだった。原著のこの記述は明らかな年代錯誤《アナクロニスム》である。また、リーミニ公会議の代表団がコンスタンティウス二世の作成にかかる信仰定式書に署名したという事実から、ローマ法王も公会議の議長として当然その代表団に入っていたろう、したがって法王もその定式書に署名したろう、と原著者は考えたものと想定されるが、そうだとすればこれも明らかな事実誤認で、前註でも述べたとおり、ローマ法王リベリウスはこの会議の性格を知っていてボイコットしたのか、もともとリーミニ公会議に参加しなかったから、会議の代表の一人として皇帝作成の信仰定式書に署名することなどありえなかった。三五七年にリベリウスが屈服して署名した文書は、普通「シルミウム定式書」（「シルミウム」は、リベリウスが当時流されていたトラキアの町の名）と呼ばれる出所不明の信仰定式書だった。

〔三五〕「ツヴィングリ」　フルドリヒ（フルドライヒ、ウルリヒ）・ツヴィングリ（一四八四―一五三一）。スイスの宗教改革者。トゥゲンブルクのヴィルトハウスの生まれ。ベルン、バーゼルなどの学校を経て、一四九八年からウィーン大学、一五〇二年からバーゼル大学で学び、一五〇六年に司祭となり、一五一六年までグラールスでその職に従事した。一五一六―一八年にはアインシーデルンで説教師をし、一五一八年暮れにはチューリヒの大聖堂の説教師に迎えられた。福音主義者として宗教改革運動に従事し、チューリヒの市当局が改革に好意的だったため、その力に頼って、一五二二年十月にはカトリック教会と袂を分かった上、市の公務員となり、司牧職を市から直接与えられた。一五二三年一月二十三日、約六百人が参加する第一回の「チューリヒ討論会」が開催されたが、ツヴィングリはそこに、教会に対する福音の独立性を主張し、ミサをキリストの犠牲の単なる記念にすぎぬとし、断食や聖職者の独身などカトリック教会の習慣を断罪する六十七箇条のテーゼを提出、これは集会で承認され、チューリヒ市当局はその結果、説教師たちがこれらのテーゼと一致する教えを説くよう命じ、九月二十九日には正式にこの宗教改革を採用してローマ教会から離脱した。「チューリヒ討論会」は第二回（一五二三年十月二十六日）、第三回（一五二四年一月十三日）とさらに続き、チューリヒの宗教改革もそれと歩調を合わせて進み、いずれも市当局の命令によって、行列や巡礼は廃止され、聖像は撤去され（一五二四年六月十五日の決定）、僧院は閉鎖され（一五二五年一月十五日の決定）、ミサは廃止された（一五二五年四月十六日の決定）。さらに一五二五年五月には、結婚や離婚の問題を律するという名目で、世俗人二人、牧師二人からなる「結婚裁判所」が市に設置され、これはやがて市民たちの道徳生活、社会生活全般を監督するようになった。こうしてチューリヒの宗教改革を成功させたツヴィングリは、さらにベルンや南ドイツにも改革を及ぼしたが、保守的なスイス森林五州の抵抗に遭って、スイス国内で内戦が勃発し、一五二九年の第一次カッペル戦争は和解によって収まったものの、一五三一年の第二次カッペル戦争では、従軍牧師のツヴィングリ自身が十月十一日にカッペルで戦死した。プロテスタント内部にルター派と並ぶツヴィングリ派（「聖餐形式論者《サクラマンテール》」といわれ、その流れはカルヴァン派に受け継がれた）を作って、プロテスタンティスムの二派分立を招いた人で、予定説を中心とするその神学はカルヴァンに影響を及ぼした。

〔三六〕「実体変化」 フランス語の原語はtranssubstantiationで、日本語では「実体変化」、「全質変化」、「化体」などと訳される。ローマ・カトリック教会に固有の教義で、それの根底には、聖体のパンと葡萄酒の内にイエス・キリストの体と血が実在的に臨在する（「物」としてある）というより根本的な教義があり、この「実在的臨在」の教義を前提に置いて、「形色」と呼ばれる聖体のパン及び葡萄酒と、イエス・キリストの体及び血との関係を説明するために作られた派生的な教義だった。その内容は、ミサ聖祭において、聖体のパンと葡萄酒が祭壇上で奉献される時、パンと葡萄酒の実体はイエス・キリストの体と血の実体に変化する、ということだった。ただ、奉献後にも、パンで言えばそれの大きさ、形、色、味などの属性はそのまま残存するから、「実体変化」の教義が真実ならば、奉献後にも存続するパンの属性は「実体なき属性」ということになり、一方、そこに「物」としてあるとされるイエス・キリストの体は、人体としての属性も身体各部（頭、胴体、手、足など）も持たないから、そこにあるイエス・キリストの体は逆に「属性なき実体」ということになった。このように、本来分かちがたい実体と属性との関係がこの教義によって分断されるということが哲学的には問題の点のひとつで、「実体変化」を合理化するために、「実体なき属性」もありうるとする「絶対的偶有性」などという概念も持ち出されたが、総じて「実体変化」を認めないプロテスタントからの批判は絶えなかった。ただ、プロテスタントの聖体観も宗派によって異なっており、ルター派は「実在的臨在」を認めつつ、聖体中に臨在するイエス・キリストの体と血の実体は、パンと葡萄酒の実体と共にあるのだという「共存」説または「両立」説を唱えたが、ツヴィングリ派やそれを継承するカルヴァン派は「実在的臨在」自体を否定し、聖体中でのイエス・キリストの臨在は実在的に、「物」としてあるのではなく、「霊的」に、または「象徴的」にあるにすぎないとした。

〔三七〕「女主権者」 ハンガリー及びベーメン（ボヘミア）女王でドイツ女帝のマリア・テレジアのこと。訳註〔一〇〕を参照。「先頃の戦争」とは、もちろんオーストリア継承戦争（一七四〇―四八年）のことである。

〔三八〕『プロイセンの統治以上に絶対的なもの』 プロイセン王フリードリヒ二世（大王）の統治のことを言う。訳註〔九〕を参照。

〔三九〕「〔ドイツ〕女帝でハンガリー女王」 訳註〔一〇〕を参照。

〔四〇〕「今日でもまだいます」 「今日」の「落ち着きのない子ら」とは、主にジャンセニスト、付随的にはフランスのガリカン派を考えているのであろう。

〔四一〕「ツヴィングリ」 訳註〔三五〕を参照。

〔四二〕「エコランパーディウス」 ヨハネス・エコランパーディウス（ドイツ語名フスゲンまたはハウスヒェン）（一四八二―一五三一）。スイスの宗教改革者。ドイツ人で、プファルツのヴァインスベルクの生まれ。はじめボローニャ大学で法学を学んだが、のち方向転換をして、ハイデルベルク大学、テュービンゲン大学、シュトゥットガルト大学で神学を学んだ。一五一五年からバーゼルに住み、はじめは出版社の校正係として生活を立て、エラスムスのギリシア語新約聖書(一五一六年)の校正と付註に当たったほか、アウグスティヌス、ヒエロニムス、ヨアンネス・クリュソストモスなど教父の著作の校訂版を出した。一五一八年に神学博士となって、バーゼルの大聖堂の説教者に就任し、ついでドイツのアウグスブルクの大聖堂説教者に招かれて、この頃からルターの思想に触れ、宗教改革に共鳴して、ルター擁護の文書を著わしたりした。一五二〇年に突然修道院に入ったが、翌々年には脱走してジッキンゲンの説教者となり、一五二三年にはバーゼルへ戻って、聖マルティーン教会の説教者、バーゼル大学の神学教授に就任した。彼の聖書講解は非常な反響を呼び、バーゼルの宗教改革の端緒となったらしい。チューリヒのツヴィングリと連繫してスイスの宗教改革を進め、一五二六年のバーデン討論会や一五二九年のマールブルク討論会では、ローマ教会派やルター派に対抗してスイス改革派教会(ツヴィングリ派)の立場を弁証した。一五二九年二月、バーゼルの市民たちは保守的な市参事会をクーデタで倒し、聖像とミサを廃止し、こうしてバーゼルの宗教改革は成功したが、それを見届けて安堵したかのように、エコランパーディウスは翌々年の一五三一年十一月二十三日にバーゼルで世を去った。

(四三)「ブーツァー」 マルティン・ブーツァー(一四九一―一五五一)。ストラスブールの宗教改革者。ストラスブール近郊のシュレットシュタットの生まれ。一五〇六年以来ドミニコ会の修道士だったが、エラスムスやルターの感化で福音主義に傾き、一五二一年に修道会から離脱して在俗の司祭となった。アルザス地方一帯で説教者として活動し、ためにシュパイアーの司教によってカトリック教会から破門された。一五二二年からはストラスブールに住み、一五二四―三一年には聖アウレリア教会の、一五三一―四〇年には聖トーマス教会の説教者としてこの自由都市の宗教改革を進め、その結果、一五二九年二月二十日にストラスブールではミサが廃止された。終始、ルターとツヴィングリの間の調停を図った人で、そのために持たれた一五二九年のマールブルク討論会は失敗に終わったものの、一五三六年のヴィッテンベルク和協によって相互の了解に達した。一五三八年四月にジュネーヴを追われたカルヴァンを三年にわたってストラスブールに安住させたのもブーツァーだった。しかし、一五四八年の「仮協定」によって同年八月に亡命を余儀なくされ、カンタベリの大主教クランマーに招かれてイギリスへ渡り、ケンブリッジ大学の欽定神学講座の教授の地位を提供されて、英国国教会の祈禱書の改訂に参画したり、国王エドワード六世のために『キリストの御代について』(一五五〇年)という大著を著わしたりしたが、結局、二度とストラスブールに戻ることなく、一五五一年二月二十八日にケンブリッジで世を去った。

(四四)「ブリンガー」 ヨハン・ハインリヒ・ブリンガー(一五〇四―七五)。スイスの宗教改革者。ブレムガルテンの生まれ。ケルン大学在学中の一五二二年頃に福音主義者となって、ルターやメランヒトンの影響を受けた。一五二三―二九年には、チューリヒ近郊カペルにあるシトー派修道院で教え、一五二七年にこの修道院の宗教改革をなしとげた。一五二九―三一年には郷里ブレムガルテンで説教者をしたが、一五二三年以来の知己だったツヴィングリが一五三一年十二月九日に戦死したため、その後を継いでチューリヒのグロース・ミュンスター教会の主任牧師に就任した。以後四十五年にわたってスイスの宗教改革を指導し、スイスのプロテスタント諸州の信仰を表明するスイス第一信仰告白（一五三六年）、スイス第二信仰告白（一五六六年）を起草し、チューリヒ教会とジュネーヴ教会の間にあった聖餐論での意見の相違を一五四九年のチューリヒ和協信条で解消し、ツヴィングリ派とカルヴァン派の合同を実現した。厖大な聖書註解、カトリック側や再洗礼派との論争書、宗教改革史、一万二千通の手紙などを残している。

〔四五〕「プロイセン王」　フリードリヒ大王のこと。訳註〔九〕を参照。

〔四六〕「フェラーラ公妃」　フランス名ルネ・ド・フランス、イタリア名レナータ・デステ（一五一〇―七五）。もともとフランス人で、フランス王ルイ十二世（一四六二―一五一五、在位一四九八―一五一五）の次女。後の神聖ローマ皇帝カール五世やイングランド王ヘンリ八世と婚約したが、結局一五二八年に、一五三四年からイタリアのフェラーラ公となるエルコーレ（二世）・デステ（一五〇八―五九）と結婚し、一五三四年にフェラーラ公妃となった。ルフェーヴル・デタープルの弟子で、その宮廷に多くの学者・文人を集め、福音主義に傾倒して、カルヴァンの訪問を受けたり、クレマン・マロを秘書にしたりしたが、ローマ法王の介入を恐れる夫のフェラーラ公の手で、一五五〇年にプロテスタントらは宮廷から追放され、一五五四年には彼女自身も監禁された。一五五九年に夫が死ぬとフランスへ帰り、オルレアンに近いモンタルジに隠棲したが、宗教戦争中もプロテスタントを支持して、一五七五年六月十二日に世を去った。

〔四七〕「アンリ四世」　フランス王アンリ四世（一五五三―一六一〇、在位一五八九―一六一〇）。ナヴァール王アントワーヌ・ド・ブルボンの長子で、父の後を継いで一五六二年にナヴァール王となった。母親譲りのプロテスタントで、一五六九年に初代コンデ親王が死んでからはプロテスタント派の頭領だった。一五七二年にフランス王シャルル九世の妹のマルグリット・ド・ヴァロワと結婚したが、その婚礼に集まったプロテスタントたちが「聖バルテルミの虐殺」の犠牲者となった。その後もプロテスタントをひきいて戦い、宗教戦争の末期には国王アンリ三世の軍と提携して「カトリック同盟」派に当たった。一五八九年にアンリ三世が暗殺されてフランスのヴァロワ王朝が断絶するや、フランス及びナヴァール王に即位してブルボン王朝を開いた。「カトリック同盟」派から反抗の口実を奪うため、自らは一五九三年にカトリックへ改宗したが、一五九八年四月のナント勅令によってプロテスタンティスムを合法化し、宗教戦争を終結させた。しかし、こうした政策は一部の強硬なカトリック教徒から不満を買い、一六一〇年五月十四日に、アンリ四世はフランソワ・ラヴァイヤックという男にパリの大道で刺殺された。「アンリ大王」と綽名されて、フランス史上最大の名君とされている。

〔四八〕「ジャンヌ・ダルブレ女王」　ナヴァール女王ジャンヌ（三世）・ダルブレ（一五二八―七二、在位一五五五―七二）。ナヴァール王アンリ（一世）・ダルブレ（一五〇三―五五、在位一五一六―五五）と、フランス王フランソワ一世の姉に当たるマルグリット・ダングレーム（一四九二―一五四九）の一人娘で、サン＝ジェルマン＝アン＝レーの王宮の生まれ。十二歳になるやならずで、フランス王フランソワ一世の意向により、ドイツのクレーヴェ公ヴィルヘルムと無理やり政略結婚をさせられ、一五四〇年七月にシャテルローで結婚式が挙げられたが、新婦のあまりの若さに、式の終了後、両親が彼女をベアルン地方へ連れ帰ってしまったため、この結婚は実質化しなかった。三年後、いよいよ約束を果たすべくクレーヴェへ旅立ったものの、到着直前にクレーヴェ公がドイツ皇帝軍に破られて、フランソワ一世にとっても利用価値がなくなったため、この結婚は一転して破談となった。かわりに、一五四八年十月に十歳年長のヴァンドーム公爵アントワーヌ・ド・ブルボンと結婚し、式はムランで挙げられて、後のフランス及びナヴァール王アンリ四世と、後のロレーヌ公妃カトリーヌという二人の子供がこの結婚から生まれた。一五五五年五月に父のナヴァール王が死んだため、その後を継いでナヴァール女王となり、同時に、夫のアントワーヌ・ド・ブルボンもナヴァール王（在位一五五五―六二）の地位を得た。彼女ははじめ、宗教改革には消極的で、夫より長くカトリック教会に留まったが、一五五七年にプロテスタントに改宗し、その後は、揺れの激しい夫とは逆に、最後までプロテスタントの立場を守り通したが、一五六〇年に夫がカトリック教会へ戻るのは防げなかった。この夫は第一次宗教戦争中の一五六二年十一月に、ルアンの攻防戦で重傷を負い、それが基で戦死したが、以後、ジャンヌは単独でナヴァールを治め、一五六七年にはカルヴィニスムをこの国の国教として、ここを改革派の強力な拠点とし、一五六八年には息子とともにラ・ロシェルへ立てこもって、同市の籠城戦を指揮したり、一五七〇年にはカトリック軍がベアルン地方へ侵入するのを撃退したりして、女傑ぶりを発揮した。一五七一年に息子と、フランス王シャルル九世の妹マルグリット・ド・ヴァロワの間の縁談がまとまったため、同年十一月にポーを後にしてパリに上り、結婚の準備に飛び回ったが、一五七二年六月四日に突然高熱を発し、六月九日朝に四十四歳で世を去った。死因は結核らしいが、あまりの急死に毒殺という噂が流れ、宮廷の差し金によると疑われたくないために、フランス王は遺体の解剖を命じたが、毒殺を窺わせるものは特に発見されなかったという。彼女が死んだのは、有名な「聖バルテルミの虐殺」（一五七二年八月二十四日）の二ヵ月半ほど前のことだった。

〔四九〕「コンデ、ブイヨン、ロアンといった君侯にしろ」　原文は les Princes de Condé, de Bouillon & de Rohan。この原文に三度出てくる de は同じ文法的機能を果たし、Princes と固有名詞 Condé, Bouillon, Rohan をつないでいると考えざるをえない。Princes と複数形なのは、具体的には三人だからであろう。しかし、Prince de Condé という言葉はあまねく使われ、訳者はそれに「コンデ親王」という訳語を充てているが、Prince de Bouillon や Prince de Rohan という言いかたはされず、もともとブイヨン家やロアン家は王族ではないから、訳者も「ブイヨン親王」、「ロアン親王」という言葉を使ったためしがない。ここの原文は明らかに誤記または誤植で、正しくは、第二と第三の de を削り、Bouillon と Rohan は、すぐ後段にある家名の列挙の中に組み入れるべきであろう。本文で訳者はそうせず、les Princes を Condé, Bouillon, Rohan の三つにかけるため、それの訳語も「親王」でなく、より一般的で漠然とした「君侯」という言葉を使ったが、これは苦肉の策で、率直に言えば「ごまかし」だった。さような策を弄するのではなく、原文の誤りをあえて指摘すべきであったと反省している。

〔五〇〕「コンデ」　コンデ親王家はブルボン家嫡流の次子系で、長子系に属するフランス及びナヴァール王のアンリ四世がブルボン王朝を開いてからは、代々、筆頭の王族とされていた。但し、ここで「コンデ」と言うのは、単に家系を指すのではなく、宗教戦争期にプロテスタント側の旗頭として活躍した初代コンデ親王と、その子の第二代コンデ親王とを個人としても念頭に置いているに相違ないから、この二人のコンデ親王のことは説明しておかねばならない。以下、二人の経歴を別々に述べよう。

一、初代コンデ親王ルイ（一世）・ド・ブルボン（一五三〇―六九）。聖王ルイ九世に発するブルボン家の出で、筆頭の王族だったナヴァール王アントワーヌ・ド・ブルボン（後のフランス王アンリ四世の父）の弟。ヴァンドームの生まれ。すぐれた軍事指導者で、スペインとの戦争やカレの奪還作戦に加わった。やがてプロテスタントとなり、一五六〇年三月の「アンボワーズの陰謀」（プロテスタントのクーデタ未遂事件）の実質的指導者だったが、宮廷にいて、陰謀との関わりを強く否定し、やがて、兄のナヴァール王のいるネラックに難を避けた。同年十一月、オルレアンへ出て来たところを逮捕され、死刑を宣告されたが、国王フランソワ二世の死（同年十二月五日）によって辛くも一命を取りとめた。一五六二年四月二日にプロテスタントらをひきいてオルレアンを占領した上、四月八日には挙兵宣言を発した。こうして始まった第一次宗教戦争では、当然ながらプロテスタント側の政治的・軍事的指導者だったが、一五六二年十二月十九日のドルーの合戦でカトリック軍の捕虜となり、翌年三月十九日にこの戦争が終わるまで囚われの生活を送った。第二次宗教戦争（一五六七年九月―一五六八年三月）、第三次宗教戦争（一五六八年八月―一五七〇年八月）でもプロテスタント側の旗頭だったが、第三次宗教戦争中の一五六九年三月十三日、ジャルナックの合戦で負傷して敵に捕えられた末、カトリック軍を指揮する王弟アンジュー公（後のフランス王アンリ三世）の親衛隊長モンテスキュー男爵にピストルで射殺された。

二、第二代コンデ親王アンリ（一世）・ド・ブルボン（一五五二―八八）。一五六九年にジャルナックの合戦で死んだ初代コンデ親王ルイ・ド・ブルボンの長男。父が死んだ時はまだ十六歳だったが、従弟のナヴァール王（後のフランス王アンリ四世）とともに、プロテスタント側の名目上の首領（軍事の面で実際の指揮を取ったのは後出のコリニ提督だったが）となった。一五七二年七月に従妹のマリ・ド・クレーヴと結婚したが、この妻は敵将ギーズ公爵の妻と姉妹の関係だった。翌月の「聖バルテルミの虐殺」の際、ナヴァール王とともにルーヴル宮殿に拘束され、カトリックへの改宗を促す国王シャルル九世にその時言った毅然たる言葉は有名である。しかし、この抵抗も長続きせず、結局はカトリックへ偽装改宗をし、一五七三年には、プロテスタント軍の立てこもる海港ラ・ロシェルに対する攻囲戦に参加させられた。その陣中で、不満派の王弟アランソン公と親密になったらしい。一五七四年七月、名目的な総督だったピカルディ地方からストラスブールへ脱出して、すぐプロテスタント陣営に復帰し、一五七六年一月には、ドイツ兵、スイス兵などからなる一万八千人の軍をひきいてフランスへ戻り、南仏のアランソン公の軍と合流した。同年五月に第五次宗教戦争が終わった後は、主にナヴァール王のいるペリグーやラ・ロシェルにおり、一五七七年九月の第六次宗教戦争終了後は、講和条約の秘密条項でプロテスタント側に安全保障都市として与えられたサン＝ジャン＝ダンジェリに陣取ったが、一五七九年十一月末にラ・フェールを急襲・奪取して第七次宗教戦争の火蓋を切り、諸外国の援助を要請しに一五八〇年五月からネーデルラント、イギリスなどへ赴いた後、ラ・フレクス和議（同年十一月二十六日）の直前にスイス経由でラングドック地方へ戻った。その後は主にニーム、モンペリエ、モントーバンなどにおり、一五八五年七月からの第八次宗教戦争ではラ・ブルアージュ、アンジェ、ボーフォールなどに転戦したが、同年十月末にヴァンドーモワ地方で「カトリック同盟」派の軍に包囲され、辛うじて低ノルマンディ地方を横切ってゲルヌゼ島へ逃げ、そこからイギリスへ渡って、イギリスの軍艦によりラ・ロシェルへ送り返された（一五八六年一月）。その後、一五八七年十月にクトラでナヴァール王とともに「同盟《リーグ》」派の軍を破って大勝を収めたが、翌一五八八年三月三日の夕食後、突然激しい胃の痛みに襲われ、翌々五日にサン＝ジャン＝ダンジェリで急死した。解剖の結果、毒殺と判定され、親王家の執事ブリヨーが、拷問の末に罪を自白して、七月十一日に八つ裂きの刑に処せられたが、ブリヨーが親王妃の命令で犯行に及んだと自供したため、親王妃もまた逮捕された。コンデ親王の最初の妻マリ・ド・クレーヴはすでに一五七四年に死んでおり、この親王妃は一五八六年に再婚したシャルロット＝カトリーヌ・ド・ラ・トレムイユだったが、彼女は妊娠しており、噂では、自分の小姓（親王の死去後に逃亡していた）と密通して子を孕み、邪魔な夫を毒殺させたのだ、と言われた。そのまま彼女は一五九五年までサン＝ジャン＝ダンジェリで投獄されていたが、国王アンリ四世の手で釈放され、一五九六年七月にはパリ高等法院によって無罪判決を下された。彼女はこの無罪判決の見返りとして、同年十二月にカトリックへ改宗し、親王の死後に生まれた長男のアンリ（二世）（第三代コンデ親王となる）も国王アンリ四世の命令でカトリックの教育を受けさせられたため、以後、コンデ親王家はプロテスタントではなくなった。十七世紀の名将で「フロンドの乱」の立役者だった第四代コンデ親王ルイ（二世）・ド・ブルボンは、この第二代コンデ親王の孫に当たった。

〔五一〕「ブイヨン」　ブイヨン公爵領は、フランスとベルギーの境にあってセダンを中心とする小国家で、起源は八世紀にまで遡るらしい。一〇九三年に神聖ローマ皇帝ハインリヒ四世により、ここは公爵領とされ、ロレーヌ伯爵（一〇八八年来）だったゴドフロワ（ゴドフリート）・ド・ブイヨンに与えられた。ゴドフロワは第一回十字軍に出征するに際して、この領地をリエージュ司教区に譲り、そのまま一四八三年まで、ここはリエージュの教会領だったが、一四八九年にギヨーム・ド・ラ・マルクがリエージュを占領してからは、この公爵領もラ・マルク家の所有となり、ギヨームは弟のロベールにこの領地を与えた。さらに、ラ・マルク家の相続人だったシャルロットが一五九一年にアンリ・ド・ラ・トゥール・ドーヴェルニュ公爵と結婚したため、ブイヨン公爵領はラ・トゥール・ドーヴェルニュ家の手に移った。

　ラ・トゥール・ドーヴェルニュ家（原著者が「ブイヨン（家）」と言うのは、正しくはこの家のことである）がプロテスタントになったのは、テュレンヌ子爵だったアンリ・ド・ラ・トゥール・ドーヴェルニュ（一五五五―一六二三）の時代で、アンリははじめ、不満派の王弟アランソン公や「ポリティーク派」の支持者だったが、一五七六年にナヴァール王アンリ（後フランス王アンリ四世）の陣営にはせ参じ、改革派に改宗して、アンリ四世が行なうパリ攻囲戦（一五九〇年）にも加わった。アンリ四世は褒賞として、彼をラ・マルク家の跡取り娘のシャルロットと結婚させ、アンリは以後、ブイヨン公爵を名乗るようになった。妻のシャルロットは一五九四年に子を作らずに死に、アンリは翌年、ナッサウのエリーザベト（フランス名エリザベート・ド・ナッソー）と再婚し、二人の男児を得た。長男は後のブイヨン公爵フレデリック・モーリス（一六〇五―五二）、次男は後のテュレンヌ子爵・元帥のアンリ（一六一一―七五）である。この人物は国王アンリ四世の側近で、国王の死後は摂政会議のメンバーでもあったが、根っからの陰謀家で、シュリの追い落としを策したりし、最後はプロテスタントと戦うと約束までしたが、実行に至らぬうちに急死した。長男のフレデリック・モーリスも一六三六年に、次男のテュレンヌ元帥も一六六八年に、それぞれカトリックへ改宗し、こうして著者の言う「ブイヨン（家）」は短期間にプロテスタントの家系ではなくなった。

〔五二〕「ロアン」　ロアン家は十二世紀のアラン（一世）・ド・ロアンに発するフランス屈指の古い名家。爵位は、一一〇〇年以来は子爵、一五五八年以来は伯爵、一六〇三年以来は等族公爵だった。かつてはブルターニュの主権者で、ナヴァール王家やスコットランド王家とも姻戚関係にあった。同家の構成員で、十六・七世紀の有名なプロテスタントには以下のような人がいる。

　一、ロアン子爵ルネ（一世）（一五五二歿）の妻イザベル・ダルブレ。このイザベルは、訳註〔四八〕に述べたナヴァール女王ジャンヌ・ダルブレの小母《おば》に当たる人で、一五五二年に夫のルネが戦死して未亡人となるや、五人の子供とともに公然とプロテスタンティスムに改宗した。

　二、このイザベルの子で、一五二七年にロアン家の分家となるロアン・ド・ジエ家を興し、ロアンという家名も家産も継承して、この家をプロテスタントの家系ならしめたロアン公爵、レオン親王アンリ（二世または一世）（一五七九―一六三八）。このアンリは、宗教戦争に当初、自ら参加はしなかったものの、迫害されるプロテスタントを手厚く庇護した。彼自身が参戦したのは国王アンリ四世の即位後で、一五九七年のアミアン攻囲戦で手柄を立て、一六〇三年には等族公爵に叙せられ、宰相シュリの娘と結婚した。国王アンリ四世の死後は、プロテスタント派の旗頭として摂政マリ・ド・メディシスと対立し、一六一五年に挙兵してモントーバンを奪取、その後も再三反乱を起こしたが、一六二九年のアレス和議によって自発的にフランスから退去し、ヴェネツィアに行って同国の大元帥となった。のち赦されて帰国し、一六三二年には駐スイス大使となり、翌年にはイタリアのヴァルテリーナでスペイン軍と戦って、それを駆逐したが、最後はラインフェルトの合戦でオーストリア軍との戦闘中に重傷を負い、それがもとで死んだ。

三、同じくイザベル・ダルブレの子で、第一次宗教戦争でのプロテスタント側の武将として活躍し、オルレアンでの挙兵やドルーの合戦にも加わったロアン・ド・フロントゥネ伯爵ジャン（一五七五歿）。

四、同じくイザベル・ダルブレの子で、宗教戦争におけるプロテスタント軍の勇将として鳴らしたロアン・ド・ポンティヴィ伯爵（のち等族公爵）ルネ（二世）（一五五〇―八六）。はじめ、母親のイザベルは、この息子の安全を図るため、プロテスタントの拠点だった海港ラ・ロシェルにその子を送ったが、享楽的なたちのルネには謹厳なラ・ロシェルの雰囲気が合わなかったため、一五七七年に彼はラ・ロシェルから脱走してしまった。だが、この逃亡は裏目に出て、やがてルネは、ラ・ロシェルに対抗する政府側の軍港ロシュフォールの要塞司令官の軍に誘拐され、アングレームの城に長期にわたって監禁された。やがて、同盟派《リーグ》の最後の指導者マイエンヌ公爵のはからいで自由の身となり、一五八五年に始まる第八次宗教戦争では、第二代コンデ親王旗下の武将として戦列に戻ったが、それ以後は何ひとつ重要な役割を果たさなかった。それどころか、どうやら一五八八年に、母のイザベル・ダルブレとともにプロテスタンティスムを棄教したらしい。

〔五三〕「コリニ」　どう見ても、これは「コリニ家」という家系を考えているのではなく、「コリニ提督」という個人を考えているのであろう。この提督以外に、有名な「コリニ」というプロテスタントはいないからである。

コリニ伯爵ガスパール（二世）・ド・シャティヨン（一五一九―七二）はフランスの軍人。ガスパール（一世）・ド・シャティヨン＝コリニ元帥の三男で、一五五二年に提督となり、アメリカへ何度も植民を試みさせた。一五五七年のサン＝カンタンの合戦でスペイン軍の捕虜となり、補囚中に聖書やカルヴァンの説教を読んでプロテスタンティスムに帰依し、死ぬまで敬虔なプロテスタントとして暮らした。宗教戦争が起こるや、プロテスタント軍で活躍し、当初は初代コンデ親王を補佐するこの軍の副司令官だったが、一五六九年三月十三日のジャルナックの合戦でコンデ親王が死んでからは、押しも押されぬプロテスタント軍の最高司令官として、名目的な頭領である第二代コンデ親王やナヴァール王アンリ（後のフランス王アンリ四世）を押し立てた。一五七二年八月には、ナヴァール王とフランスの王妹マルグリットとの婚礼に出るためパリにあったが、フランスの宮廷はコリニを葬ることをすでに決定していたらしく、八月二十二日、顧問会議から戻る途中のコリニは、モールヴェールというカトリック側の殺し屋によって火縄銃で狙撃され、発射された二発の銃弾の一発はコリニの右手の人差指を砕き、もう一発は左腕に命中した。この暗殺未遂事件は、二日後に起こった「聖バルテルミの虐殺」の直接の引き金となったが、この惨劇の夜、コリニは、カトリックの指導者ギーズ公爵がじきじき指揮する暗殺隊に寝込みを襲われて、まっさきに殺害され、死体は窓から、下の道路へ投げ落とされた。パリのカトリック系の暴民は、死体の頭部を切断して国王シャルル九世のところへ持って行き、国王はその首をローマ法王に、一説によるとスペイン王に献上したという。死体の残りはすでに腐爛していたが、三日にわたってパリの街々を引き回され、民衆はそれをセーヌ川へ捨てようとしたものの、官憲がそれを奪って、モンフォーコンで火あぶりにした。腐爛死体がとろ火で焼かれるのを見物しようと、民衆は祭りのように刑場へ押しかけ、国王をはじめとする宮廷もその光景を眺めて楽しんだという。しかし、最後はコリニ提督の母方の従兄弟《いとこ》に当たるモンモランシ元帥が燃え残りの死体をひそかに撤去して安全な場所へ移した上、それを提督の遺児のフランソワ・ド・コリニに託し、フランソワは提督を郷里のシャティヨン＝シュル＝ロワンに正式に葬った。

ただし、本文のこの個所に「コリニ」が登場するのは、あくまでも「家名」としてだから、家名としての「コリニ」にも一言しないわけにいかない。「コリニ」はもともと、今はエン県に入る町の名で、この名が家名に用いられるようになったのは、コリニ提督の父だった通称「シャティヨン元帥」ガスパール（一世）・ド・シャティヨン＝コリニ（一四七〇—一五二二）の代からで、それがプロテスタントの家系になったのは、もちろん、その子だったこのコリニ提督ガスパール（二世）・ド・シャティヨン＝コリニの代からである。コリニ提督は、一五八三年にオランダの初代統領ヴィレム一世に嫁すルイズ・ド・コリニ（一五五五—一六二〇）や、宗教戦争後期にプロテスタントの武将として南フランスで活躍したシャティヨン伯爵フランソワ・ド・コリニ（一五六一—九一）などの子を残したから、この家系は長く続いた。

〔五四〕「トリムイユ」　この人名は間違いで、正しくは「ラ・トレムイユ」である。植字工の誤植というより、原著者の書き間違いと考えるべきであろう。「ラ・トレムイユ」の「ラ」を落としたのは、本書の前段にもすでに同種の誤記がみつかった、誰にもとかくありがちな「うっかりミス」として不問に付すこともできようが、「トレムイユ」を「トリムイユ」と誤記したのは、それより罪が重い。

ラ・トレムイユ家は、十字軍時代にまで遡るポワトゥー地方の名家。その構成員はタラント親王、タルモン伯爵、ラヴァル伯爵、トゥアール子爵、シャテルロー公爵、タイユブール公爵などの肩書を持った。同家がプロテスタントの家系になったのは、トゥアール公爵クロード・ド・ラ・トレムイユ（一五六六—一六〇四）の代からで、このクロードは、はじめカトリック軍の武将として宗教戦争を戦った末、第八次宗教戦争中の一五八六年にプロテスタント陣営へ移り、一五八八年三月に第二代コンデ親王が急死してからは、ナヴァール王アンリ（後のフランス王アンリ四世）旗下の武将として働き、褒賞として等族公爵に叙せられた。もっとも、アンリ四世との関係はあまり良くなかったようで、理由は、クロードが誇り高い性格で、国王におもねらなかったから、また国王が、自分はクロードに軽蔑されていると感じていたから、だといわれる。

しかし、宗教戦争期のラ・トレムイユ家の構成員中、最も有名なのは、どう見ても、クロード・ド・ラ・トレムイユの妹で、一五八六年一月にラ・ロシェルでプロテスタントに改宗し、同年三月には、前々から相思相愛の仲だった第二代コンデ親王と晴れて結婚してコンデ親王妃となったシャルロット＝カトリーヌ・ド・ラ・トレムイユ（一五六八—一六二九）であろう。この女性は「コンデ親王妃」として訳註〔五〇〕に登場ずみだから、そこを参照されたい。ここで更《あらた》めて、この女性の経歴をさらにくわしく述べることもできるが、そこまでする必要はあるまい。

〔五五〕「クレルモン」　この「クレルモン」とは、十七世紀の歴史家メズレが、「偉業は信憑も、ほとんど人力も超える」と評した、宗教戦争初期のプロテスタント軍の勇将、ピル男爵アルマン・ド・クレルモン（一五七二歿）のことであろう。

一五六二年四月二日に、初代コンデ親王の指揮するプロテスタントがオルレアンで挙兵して第一次宗教戦争（一五六二年四月―一五六三年三月）が始まるや、ピル男爵はコンデ親王の呼びかけに応え、「グラモン隊」と呼ばれたガスコーニュ地方のプロテスタント貴族の集団とともにオルレアンへ馳せ参じた。だがやがて、ガスコーニュ地方の残虐なプロテスタント迫害の報に接して、迫害される兄弟たちを助けるため、少数の兵をひきいて急ぎ帰郷した。第一にしたのは、土地のプロテスタントの生き残りたちとひそかに連絡を取って、モンリュック将軍やモンパンシエ将軍のひきいるカトリック軍に対する住民の一斉蜂起を準備することだった。だが、折から、プロテスタント住民を老若男女の別なく皆殺しにするための火刑台がベルジュラックに用意されているという報に接したため、精兵三十人をひきいて出発し、白昼堂々とベルジュラック市に入った。同市のカトリック系住民も、三百人をかぞえるカトリック軍の守備隊も恐怖にかられて、ピル男爵の部隊を攻撃するのではなく、それに市からの退去を懇願するにとどまったため、男爵はそれを容れて、プロテスタントの囚人たちを釈放した上、それを連れてベルジュラックを後にした。カトリック軍の指揮官たちはこのピル男爵の部隊への追撃を命じたが、カトリック軍の軽騎兵隊がモンタニャックへ着いたのを知るや、ピル男爵はわずか十五人の兵を指揮してそれに襲いかかり、ピストルで敵の隊長を射殺した上、この軽騎兵隊を敗走させた。

その後、作戦基地として砦が必要となったピル男爵は、一五六三年一月十五日にミュシダンの要塞を占領したが、男爵の勇猛ぶりにカトリック軍はよほどの恐怖感を抱いたらしく、彼が姿を現わすだけで、戦わずに逃走するケースが多かった。ミュシダンを奪還しに来たペリゴールの奉行の軍を、男爵がわずか四十騎を従えて退却させた時もそうだった。

第一次宗教戦争は一五六三年三月十九日に終わったが、四年半後の一五六七年九月に第二次宗教戦争が始まると、ピル男爵はガスコーニュ人の連隊をひきいてフランス西部のプロテスタント軍に合流し、ポン＝シュル＝ヨンヌの占領作戦で手柄を立てたり、初代コンデ親王に従ってシャンパーニュ地方で戦ったり、コンデ親王軍がドイツ軍と合流してブルゴーニュ地方へ侵入した時は、イランシの占領と焼き打ちの立役者になったり、一五六八年三月はじめからはシャルトル攻囲戦の主力を担ったりして、そのまま三月二十三日の第二次戦争終結を迎えた。しかし、五ヵ月後の一五六八年には第三次宗教戦争が始まったため、この第三次戦争でも、まずケルシ、ペリゴール両地方のプロテスタントを蜂起させ、ベルジュラックでナヴァール女王ジャンヌ・ダルブレと合流して、アングレームの攻囲戦で手柄を立て、ポンを強襲して奪取し、モントーバンを蜂起させるのには失敗したものの、可能な限りの兵力を集めてベルジュラックとサント＝フォワを占領し、ペリゴール地方へ入って、コンデ親王のひきいる主力部隊と合流するためにサントへ向かった。この合流を阻もうとするカトリック軍の作戦から、一五六九年三月十三日のジャルナックの合戦が起こり、この合戦はプロテスタント軍の敗北に終わって、コンデ親王も敵に捕えられた末に射殺されたため、ピル男爵の部隊がサントに入ったのは主力部隊がそこから撤退した後だった。その後も男爵は、プロテスタント軍の総指揮官となったコリニ提督の下で戦いを続け、メドック島に遠征し、ラ・ロッシュ＝アベイユの合戦、リュジニャンの攻囲戦、ポワティエの攻囲戦で奮闘したが、ポワティエ戦で重傷を負って、プロテスタント軍の本拠地であるサン＝ジャン＝ダンジェリに後送された。コリニ提督はこの町の防衛をピル男爵に託し、一五六九年十月三日のモンコントゥールの合戦でプロテスタント軍の主力部隊を破っていたカトリック軍は、十月十二日からサン＝ジャン＝ダンジェリの攻囲戦を開始した。ピル男爵が指揮するのは火縄銃兵六百人、胸甲騎兵六十騎、市民兵三・四百人の、合計千ないし千五百人の兵だったが、十二月二日まで二ヵ月弱続いたこの攻防戦でカトリック軍は大損害を蒙り、戦闘は実質的にプロテスタント側の勝利に終わり、ピル男爵は、平和裡の退去を保証するという有利な開城条約をカトリック軍との間で十二月二日に結んで、サン＝ジャン＝ダンジェリを明け渡した。

それでも、カトリック軍の一部の部隊が統制に反して開城条約を破り、プロテスタント兵が市外に出るや、たちまちそれに襲いかかって、持ち物を奪ったり、果ては殺害したりしたため、ピル男爵は、自分ももはや開城条約に縛られぬとして、十二月十五日には、コリニ提督、第二代コンデ親王、ナヴァール王アンリ（後のフランス王アンリ四世）のひきいるプロテスタント軍の主力部隊と合流すべくアングレームを発《た》ち、敵の騎兵隊に追跡されつつ、ガスコーニュ地方の居城へ戻って、そこにしばらくおり、その間《かん》にベルジュラックを急襲・占領したり、成功はしなかったもののペリグーの占領を試みたりした。さらに、合流後は、コリニ提督の命令でカストルの救援に赴いたり、ルシヨン国境地帯へ派遣されたりし、アルネ＝ル＝デュックの合戦で奮戦した後、一五七〇年八月八日に第三次宗教戦争の終結を迎えた。その後はガスコーニュの領地に引きこもって、そこから出たのは、ナヴァール女王ジャンヌ・ダルブレの要請によって、女王の子のナヴァール王アンリ（後のフランス王アンリ四世）とフランスの王妹との婚礼に列席するため、この女王に随行してパリへ上京した時だけだった。

プロテスタント軍随一の勇将として、カトリック側に最も恐れられ、当然憎まれてもいたろうピル男爵は、「聖バルテルミの虐殺」（一五七二年八月二十三―二十四日の夜）に際しても、カトリック側が事前に作成していたと思われる「虐殺予定者リスト」でも上位に名を連ねていたに相違ないが、当夜はたまたま、第二代コンデ親王やナヴァール王とともにルーヴル宮殿内にいたため、辛くも虐殺を免れた。しかし、たぶん翌日のことであろう、パリの街頭で旧知のカトリック貴族と会い、前夜の虐殺に抗議したところ、相手は返事がわりに、手にした戦槍でピル男爵の脇腹を刺し、男爵はその傷のため落命した。

なお、ピル男爵アルマン・ド・クレルモンには男の子が二人いて、どちらもプロテスタントの軍人として国王アンリ四世の旗下で「カトリック同盟」軍と戦ったが、一五九一年のルアン攻囲戦で、二人とも枕を並べて戦死した。

〔五六〕「シャティヨン」 シャティヨン家は、訳註〔五三〕に述べたシャティヨン＝コリニ家の本家に当たるフランス有数の名家。シャンパーニュ地方のシャティヨン＝シュル＝マルヌに発し、初期のブルゴーニュ公が祖先だという説もあり、宮廷の侍従長や筆頭元帥を何人も輩出していた。

ただ、ここに「シャティヨン」という家名が挙げられるのは、そういう一般的意味合いの名家としてではなく、宗教戦争期に「シャティヨン三兄弟」と呼ばれて名を馳せた三人のプロテスタント有力者のことが著者の念頭に置かれていたからであろう。この三人兄弟は、訳註〔五三〕にすでに登場した通称「シャティヨン元帥」のガスパール（一世）・ド・シャティヨン＝コリニ（一四七〇—一五二二）の次男で「シャティヨン枢機卿」と呼ばれたオデ・ド・シャティヨン、同じく三男で「コリニ提督」とも「シャティヨン提督」とも呼ばれたガスパール（二世）・ド・シャティヨン＝コリニ、同じく四男の歩兵大将フランソワ・ド・シャティヨン・ダンドロだった（この三人より前に、フランソワという長男が生まれたが、幼時に死んでいた）。この三兄弟の母親はルイズ・ド・モンモランシといって、アンヌ・ド・モンモランシ筆頭元帥の妹で、そのため、この三人も広い意味では、宮廷で新興の「ギーズ閥」と対立する「モンモランシ閥」に属し、伯父の筆頭元帥やその子供たちから公然・隠然の庇護と好意を受けた。また筆頭元帥にとっても、自分の甥が提督や歩兵大将として海軍と歩兵隊のそれぞれ司令官だったことは、国軍の最高司令官として自らが軍を掌握する上で大きな力になったらしい。以下、三兄弟それぞれの個別的説明へ移ろう。

一、オデ・ド・シャティヨン（一五一七—七一）。「シャティヨン元帥」と普通呼ばれるガスパール（一世）・ド・シャティヨン＝コリニの次男で、コリニ提督やダンドロ歩兵大将の兄。シャティヨン＝シュル＝ロワンの生まれ。長男でなかったため聖職者（むろんカトリックの）となり、早くから、パリのサント＝シャペル教会参事会員、その他多くの聖職禄を持っていたが、一五三三年十一月に、僅か十六歳で枢機卿に任命され、以後は「シャティヨン枢機卿」と呼ばれることが多かった。翌年にはトゥールーズの大司教となり、さらにその翌年には、ローマで助祭に叙任されたが、終生助祭のまま留まり、死ぬまで司祭にはならなかった。一五三五年にはボーヴェの司教、兼等族伯爵となり、主にパリで贅沢な生活を送ったが、教区のボーヴェでは教会堂や病院や学校や工場を作ったり、軍隊の駐留を免除されるというボーヴェ市の特権を維持したりして、その善政により教区民から慕われた。また、文人・芸術家の保護者としても名高く、ラブレーからは『第四の書パンタグリュエル』を、ロンサールからも多くの詩を捧げられた。フランスのカトリック聖職者の中では、押しも押されぬ有力者で、一五五八年にフランス王アンリ二世がフランスでの宗教裁判所の設置をローマ法王に求めた時も、法王が指名したのはロレーヌ枢機卿（ギーズ家の当主の弟）と、ブルボン枢機卿と、そして彼の三人だった（この話は高等法院に反対されて立ち消えになったが）。一五六〇年のフォンテヌブロー名士会議やオルレアンの三部会にも出席し、宗教的紛争には長いこと中立を保っていたが、弟のコリニ提督やダンドロとはもともと非常に仲が良かったため、遂に決断を迫られて、プロテスタントの側に立つようになった。

最初の立場表明は、一五六一年の四月、復活祭に当たって、ボーヴェの司教館で聖餐をプロテスタント方式で執り行なったことだったが、その後もカトリック教会での地位は手放さず、同年五月の国王シャルル九世の戴冠式にも、九月からのポワシ会談にも枢機卿の資格で出席した。宗教戦争が迫るや、カトリック＝プロテスタント両派の和解のため、ほぼ三ヵ月にわたって必死の調停工作をしたが、これは失敗に終わり、開戦後は初代コンデ親王に随って、そのため一五六二年七月には官職を剝奪され、高等法院により告発された。そこでボーヴェ伯爵を名乗って鎧を着、八月にはラングドック地方へ行って、アントワーヌ・ド・クリュソルに南フランスのプロテスタント軍の指揮を取るよう説得した。一五六三年三月の第一次宗教戦争終結後は宮廷へ戻ったが、異端の嫌疑をかけられた他の七人の司教とともにローマの宗教裁判所に召喚され、むろん出頭しなかったため、一五六三年三月三十一日付のローマ法王の大勅書により、異端者として教会から破門された。この破門勅書が同年九月に発表されたため、一五六四年十二月にランスで地方宗教会議が開かれて、彼の罷免を決定したが、国王はそれを握りつぶした。平和回復以来、彼は再び枢機卿の服を着て、高僧として振舞っていたが、それだけではおさまらず、破門勅書にさながら挑戦するかのごとく、一五六四年十二月にはノルマンディ貴族の娘のマルグリット・ド・ロレという女性と正式に結婚した。枢機卿の服を着て結婚式に臨んだという。一五六七年九月に第二次宗教戦争が始まると、サン＝ドニの合戦（同年十一月十日）に先立つ両派の交渉にプロテスタント側の代表として当たり、その後、コンデ親王のもとへ戻って、翌年三月に和平を迎えた。一五六八年八月、カトリック軍の奇襲によって第三次宗教戦争が始まり、コンデ親王、コリニ提督らはラ・ロシェルに難を避けたが、シャティヨン枢機卿はその時、急を聞いて、ボーヴェの近くのブレールの居城から急いで出発し、カトリック軍の猛追撃を受けながら、ほとんど単身でサン＝マリ＝デュ＝モンの海岸に至り、たまたまみつけた小舟でイギリスへ渡った。イギリスでは、フランスのプロテスタントの代表として、妻とともにエリザベス女王に厚遇され、故国の同信徒への武器援助と資金援助を女王から得、さらに、ラ・ロシェルの私掠船がイギリスの港で掠奪品を売り捌く許可を取ったこともプロテスタント側を非常に助けた。一五七〇年八月に第三次宗教戦争が終わり、弟のコリニ提督から帰国を促されたため、乗船の準備を整えたが、その矢先に突然、激しい三日熱にかかって、一五七一年三月二十二日に急死し、遺体はカンタベリに葬られた。召使に毒殺されたというもっぱらの噂だった。プロテスタントに立場を変えたカトリックの高位聖職者の中でも筆頭に位する人で、その公正さ、心の寛さ、学識の高さ、信義の篤さはブラントームやド・トゥーなどカトリック教徒の歴史家からも称讃されており、兄弟愛に動かされた面はむろん否めないにせよ、いい加減な人間ではけっしてなかったようである。

二、ガスパール（二世）・ド・シャティヨン＝コリニ（一五一九—七二）。「コリニ提督」と普通呼ばれるこの人物については、訳註〔五三〕を参照。

三、フランソワ・ド・シャティヨン・ダンドロ（一五二一—六九）は、シャティヨン元帥の四男で、一に述べたオデ・ド・シャティヨンや二のコリニ提督の弟。シャティヨン＝シュル＝ロワンの生まれ。一五四三年の初陣以来、軍人として戦歴を積み、特に国王アンリ二世の治世に、母方の伯父モンモランシ筆頭元帥に取り立てられて、国王からも愛された。一五四七年に歩兵総監となり、翌年にはスコットランド遠征軍に加わり、一五五一年にはパルマ公支援のためイタリアへ派遣されたが捕虜となり、長くミラノで獄中生活を送った。獄中でカルヴァンの著作を読んでプロテスタンティスムに帰依し、以後死ぬまで、熱心なプロテスタントとして通したが、この改宗はいわゆる「シャティヨン（コリニ三兄弟」の内で最も早く、他の二人の改宗をもたらす契機ともなった。一五五六年にようやく自由の身となり、やがて歩兵大将に昇進して、一五五七年のサン＝カンタンの合戦では、籠城する兄のコリニ提督を助けるため、増援部隊をひきいて市内に入り、落城の際は兄とともに捕虜となったが、二日後に脱走して戦列へ戻った。イタリアから帰国してからのダンドロは、公然とプロテスタンティスムを告白し、ブルターニュの領地へ行く時もヌシャテル出身の牧師を連れ、各地に改革派の会堂を建てるなどしたため、時の内政を牛耳るロレーヌ枢機卿（ギーズ家の当主の弟）によって国王に訴えられた。ダンドロを愛する国王アンリ二世はダンドロを呼んでじきじき訊問したが、彼は自己の信念を隠さず、そのため逮捕されて、モー、ついでムランの城に監禁された。翌一五五九年に、自室でミサを挙げるのに立ち会うという形式的な前言撤回をして官位を回復したが、この偽装転向はカルヴァンから厳しく批判された。一五六〇年のフォンテヌブローの名士会議やオルレアンの三部会に参加し、一五六二年三月に第一次宗教戦争が始まるや、初代コンデ親王に委任されて、四月二日にはオルレアンを占領し、同市をプロテスタント側の本拠地たらしめた。その後、ドイツへ派遣されてプロテスタント諸侯からの援軍を集め、約八千人にのぼるドイツ兵をひきいて、ロレーヌ、ブルゴーニュ経由で、十一月六日に無事オルレアンへ戻った。プロテスタント軍の主力部隊が敗れた同年十二月十九日のドルーの合戦では、主力との合流が遅れて戦闘に参加できず、じきオルレアンへ戻って同市の防衛戦を指揮し、そのまま一五六三年三月の講和を迎えた。平和の回復によって歩兵大将の地位を取り戻し、宮廷に復帰したが、一五六七年には主戦論者として、第二次宗教戦争（同年九月から翌一五六八年三月まで）に至る武装蜂起を強く説き、同年十一月十日のサン＝ドニの合戦にも遅れて参加した。翌一五六八年八月に第三次宗教戦争が始まると、ノルマンディ、アンジュー、ブルターニュなどフランス西部のプロテスタントを束ね、一五六九年三月十三日のジャルナックでの敗戦の際も奮闘したが、その後間もなく、サントで熱病にかかり、僅か数日で、一五六九年五月二十七日に他界した。突然の死だったため、毒殺を疑う者も少なくなかったらしい。

〔五七〕「シュリ」ここで、宗教戦争期のプロテスタントの「名家」として「シュリ」の名を挙げることの適否を問題にすることもできよう。「シュリ」は、個人としてはもちろん、この訳註〔五七〕の後段で伝記を略述するマクシミリアン・ド・ベテューヌを言い、原著者も当然この人物のことを考えていたに相違ないが、この人物が属する「シュリ家」という「名家」があったわけではないから、また、この人物を「シュリ」と呼ぶのは、あくまでも後世の通称で、本人は「ロニ」と名乗り、「シュリ」と名乗っていたわけではなく、またそもそも、この人物が「シュリ等族公爵」に叙せられたのは、宗教戦争が終わってはるか後の一六〇六年のことであり、宗教戦争期に「シュリ等族公爵家」があったわけではないから、である。宗教戦争期のことを言うのに、その頃には存在しないかような家名を挙げるという年代錯誤《アナクロニスム》を著者は犯していたのであろう。

さて、ロニ侯爵、シュリ等族公爵のマクシミリアン・ド・ベテューヌ（一五六〇―一六四一）は、後世には「シュリ」の名で有名なフランスの大政治家。マントの近くのロニ＝シュル＝セーヌの生まれ。プロテスタントの田舎貴族で、パリで勉学し、一五七二年の「聖バルテルミの虐殺」を免れて、その後プロテスタント軍に入り、一五七六年からナヴァール王アンリ（後のフランス王アンリ四世）に仕えて宗教戦争を戦った。確信的なプロテスタントだったが、政治的には柔軟な人で、アンリ四世にカトリックへの改宗をまっさきに勧めた一人だったが、国王が改宗しても、自らは節を曲げなかった。その人格・識見・能力をアンリ四世に高く買われて、一五九六年に財務顧問会議の一員となり、一五九八年からは事実上の財務総監、一六〇一年からは肩書上もそうなって、宗教戦争で疲弊した国の再建に当たり、税制改革と徹底した緊縮政策によって赤字財政を解消し、冗費を削って支出を産業の振興に充て、道路総監（一五九九年以降）としては道路や橋の建設・再建・河川や運河の改修によって陸運・水運を整備し、土地をすべての富の源泉とみなして農業に力を入れ、築城総監（一五九九年以降）、バスティーユ城の司令官（一六〇二年以降）としては大兵器廠や国境沿いの要塞線を建設し、ポワトゥー地方の総督（一六〇四年以降）として、その地に多いプロテスタントを監督するなど、文字どおり八面六臂の活躍をした。事実上の宰相だったが、一六〇五年には正式に顧問会議の首席となり、一六〇六年には、自分のために新たに設けられたシュリ等族公爵の位を与えられた。アンリ四世の暗殺（一六一〇年）後、王妃マリ・ド・メディシスを取り巻く親スペインのカトリック派が権力の座に坐ると失脚し、一六一一年一月に宮廷から去って、一時はこの摂政と対立したが、一六一六年以後は政府支持の立場を取り、モントーバン（一六二一年）やラ・ロシェル（一六二七―二八年）のプロテスタントに対しても、政府との間に立って、服従を勧める説得を行なった。これは成功しなかったが、リシュリューはその労に報いるため、一六三四年、砲兵総監の地位の返上と引き換えに、元帥の位を彼に与えた。シュリはその後も七年生き永らえ、一六四一年十二月二十一日にヴィルボンの城で死んだ。フランス史上でも屈指の大政治家とされる人で、引退後に書いた『回想録』が一六三八年に出版された。

〔五八〕「ラ・フォルス」　前註の「シュリ」と違い、この「ラ・フォルス」家には、とびぬけた著名人が特に見当たらないから、「ラ・フォルス」は特定の人物または人物たちを念頭に置かぬ、一般的な家名と考えられる。

ただし、「ラ・フォルス」はあくまでも通称で、この家名は正確には「コーモン・ラ・フォルス」といった。この家は「コーモン家」と「ラ・フォルス家」が十六世紀に合体して出来た家で、ギュイエンヌ地方の名家とされ、ベルジュラックに近いラ・フォルスの城が居城だった。

「コーモン・ラ・フォルス家」の十六世紀初頭の当主は、カステルノー、トナン、サマザン、モンプイヤン等の領主だったシャルル（二世）・ド・コーモンで、彼の六人の子はいずれもプロテスタントになった。以下、この家に属する何人かの代表的な人物を個別に挙げよう。

一、このシャルルの長男のフランソワ・ド・コーモン（一五六二頃歿）。第一次宗教戦争（一五六二―六三年）におけるプロテスタント軍の武将だったが、ヴェールの合戦で重傷を負い、その傷がもとで死んだ。

二、同じくシャルル・ド・コーモンの次男のジョフロワ・ド・コーモン（一五七四歿）。カトリックの聖職者となり、クレラックとユゼルシュの僧院長の職禄を持ったが、第一次宗教戦争が始まる一五六二年頃、プロテスタントに改宗した。この第一次戦で兄のフランソワが戦死したため家督を継ぎ、聖職禄を手放した上、一五六八年には、サン＝タンドレ元帥の未亡人だったフロンサック女侯爵マルグリット・ド・リュストラックと正式に結婚した。その後、ナヴァール女王ジャンヌ・ダルブレとその子のナヴァール王アンリ（後のフランス王アンリ四世）に随行して、フランス王シャルル九世の宮廷へ赴き、ナヴァール王とフランスの王妹マルグリットとの婚礼に列席した。この婚礼に集まったプロテスタントの皆殺しを図る一五七二年八月の「聖バルテルミの虐殺」の際は辛くも殺戮を免れたが、一五七四年はじめに死んだ。息子が一人、娘も一人いたらしいが、息子は幼時に死んだという。

三、同じくシャルル・ド・コーモンの三男で、カステルノーの領主だったフランソワ・ド・コーモン（一五七二歿）。「聖バルテルミの虐殺」の犠牲者の一人だった人だが、いわゆる「ラ・フォルス家」の始祖に当たる人らしい。

四、十六世紀後半から十七世紀前半にかけての最も著名な「ラ・フォルス」で、ナヴァール王アンリ（後のフランス王アンリ四世）旗下のプロテスタントの武将。アンリ四世の即位後はフランス政府軍の軍人として活躍し、当時「ラ・フォルス」といえば大抵はこの人物を指していたラ・フォルス公爵ジャック・ノンパル・ド・コーモン・ラ・フォルス（一五五八―一六五二）。三に述べたフランソワ・ド・コーモンの子と思われる。

父親が殺された「聖バルテルミの虐殺」の夜は、殺し屋部隊の隊長に二千エキュの身代金を払う約束をして、辛くも殺害を免れ、その後、ナヴァール王に随ってポワトゥー地方へ行き、フランス西部で第四次（一五七二年秋から）以降の後期宗教戦争を戦った。一五八〇年には軽騎兵一個中隊をひきいて、マルマンドの攻囲戦やカオールの占領に加わり、サント＝フォワとベルジュラックの要塞司令官に任命され、一五八六年のマランの防衛戦や一五八七年のアントニの合戦で手柄を立て、クトラの合戦後に低ギュイエンヌ州の総督に任ぜられた。一五八九年には、フランス王アンリ三世とナヴァール王の連合軍とポワシで合流し、一五八九年九月のアルクの合戦で奮戦し、一五九〇年五―八月のパリ攻囲戦にも参加した。パリ開城後も、一五九一年にはシャルトル、ノワイヨン、一五九二年にはルアンの攻囲戦に加わり、一五九三年にはベアルン州総督、ナヴァール副王に任命され、ラ・フェール（九六年）やアミアン（九七年）の攻囲戦を経て、一五九九年からはベアルン、ギュイエンヌ両州でナント勅令の実施に当たった。一六〇〇年にはアンリ四世に命じられてサヴォイアへ遠征したが、途中リヨンでカルヴァンの後継者テオドール・ド・ベーズをアンリ四世に紹介したのも彼だったという。このように、一六一〇年五月に国王はアンリ四世の信認の篤い側近の軍人で、一六一〇年五月に国王が刺殺された際も、同じ馬車に同乗していたほどだった。また、ラ・フォルス公爵は、ブイヨン公爵、ロアン公爵、義理の兄弟のビロン元帥と国王の仲を取り持つ調停者としても大きな働きをし、こうした工作が毎度成功したわけではないが、プロテスタント陣営で彼が重きをなす一因となった。

さて、ルイ十三世時代の一六二〇年十月、国王軍はベアルン地方へ無血進駐し、ベアルンの併合、その地で一五六九年以来廃止されていたカトリック教の再建を実現したが、宰相リュイーヌの指導するルイ十三世政府は、その「十字軍」の鉾先を転じて、南仏プロテスタント勢力の制圧へ進もうとした。ベアルン進駐に危機感を抱いたプロテスタント側も、同年十二月二十五日にラ・ロシェルで全体会議を開き、必要な際は武力で信仰を守る旨宣言したが、ルイ十三世は翌一六二一年三月一日に、リュイーヌを筆頭元帥の資格で軍事作戦の総司令官に任命し、四月末には西部・南部へ向かうため自らパリを後にした。その報に接したラ・ロシェルのプロテスタント全体会議は、五月十日に「軍事・財政一般規定」を定めたが、これは、プロテスタント勢力を、オランダに倣った一種の連邦共和国と化すような「国家内国家」の傾向を鮮明にしたものだった。しかし、こうした武力闘争路線や「国家内国家」路線には、プロテスタント内部でも反対が多く、ブイヨン公爵、レスディギエール公爵などは参加を拒み、デュ・プレシ＝モルネも、自らが総督を務めるソーミュールに、国王軍を平和裡に受け入れた。強硬路線を取ったのはラ・ロシェルとモントーバンの二市だったが、国王軍は兵を進めて、まず五月には、最初に抵抗したサン＝ジャン＝ダンジェリを結局は開城させ、ついでクレラック、ネラックを落とし、八月十七日にモントーバンの城下に達した。城内にいたのは、ラ・フォルス公爵のひきいる四千五百人の部隊と、それに多数の義勇兵、市民軍だったが、モントーバン大学の神学教授で牧師のダニエル・シャミエが抵抗の精神的支柱となり、女性も含むまさに町ぐるみの抵抗戦だった。二万の兵力からなる国王軍の攻囲は八月二十一日から始まり、ダニエル・シャミエも十月十七日に戦死し、十一月十五日には、ボルドー高等法院での欠席裁判で、ラ・フォルス公爵は大逆罪により死刑を宣告されたが、国王軍も司令官の一人のマイエンヌ公爵が戦死し、さらに疫病や逃亡で兵力が四千人にまで激減してしまい、プロテスタント側の総帥のロアン公爵が城内への増援部隊の投入に成功するに及んで、遂に、十一月十八日に、三ヵ月にわたる攻囲を解除せざるをえなかった。国王軍の総司令官だったリュイーヌ自身も、撤退の途中、モヌールで同じ疫病のため十二月十四日に死に、このモントーバンの攻囲戦はプロテスタント側の勝利に終わった。戦闘は翌一六二二年の三月に再開されたが、ラ・フォルス公爵が元帥の位並びに二十万エキュの金《かね》と引き換えに帰順するなど、プロテスタント側では大貴族の離反が相次ぎ、ロアン公爵のみが孤軍奮闘の有様だった。結局、同年八月末からの攻囲戦に耐え抜いたモンペリエの果敢な抵抗が功を奏して、プロテスタント側は全面的崩壊を免れ、一六二二年十月十九日にモンペリエ講和条約が結ばれた。この条約はナント勅令を再確認し、全面的な大赦を布告し、個々人の財産と名誉を回復させ、ロアン公爵をカストル、ユゼス、ニームの総督に任命するとしながらも、一方ではプロテスタントの政治会議を禁止し、国王軍が占領した約八十の安全保障都市を返還せぬとするなど、プロテスタント勢力の政治的・軍事的無力化を大いに進めたもので、彼らの手に残された安全保障都市は、もはやラ・ロシェルのほか、抵抗戦に勝ったモントーバン、モンペリエの二市だけになってしまった。

　モントーバン戦以後のラ・フォルスは、一六二九年にボワ＝ル＝デュックの攻囲戦に加わり、一六三〇年にはイタリアのピエモンテ地方へ遠征して、この地方の中心都市ピニュロル（イタリア名ピネローロ）その他を占領し、一度パリへ帰った後、シャンパーニュ地方で兵を募って、陰謀家の王弟ガストン・ドルレアン（オルレアン公ガストン）のひきいる反乱軍をフロランヴィルで破り、さらに、この反乱軍をラングドック地方へ追跡して、ニームを占領、その後ロレーヌへ兵を進めてナンシーを占領し、かつてのモントーバン戦とは打って変わって、フランス政府軍の有力な軍人として大活躍した。一六三七年に等族公爵に叙せられたのも、こうした働きへの褒賞であったろう（それまでの爵位は一六〇九年以来の侯爵だったが、世上一般では、「ロアン公爵」、「ブイヨン公爵」などと並ぶ「ラ・フォルス公爵」として通っていた）。一六三八年のサン＝トメール攻囲戦とランティ攻囲戦がラ・フォルスの最後の戦いで、その後は引退してベルジュラックに近いラ・フォルスの城に引きこもり、回想録（十九世紀の一八四三年に、四巻本としてパリで出版された）の執筆に残りの時間を費しつつ、そのまま、フロンドの乱の終わりに近い一六五二年五月十日にこの城で世を去った。フランスの某百科辞典が彼の死歿地を「ベルジュラック」としているのは、正確にはこの居城の意味であろう。

　ジャック・ノンパル・ド・コーモン・ラ・フォルスは生涯に三度結婚して、男児も計十人作り、成人した男の子は計四つ（ラ・フォルス家、カステルノー、後《のち》ラ・フォルス家、モンプイヤン家、カステルモロン家）という家系をそれぞれ興したが、これらの支脈の細かい説明にまで立ち入る必要はあるまいから、原著者がした「プロテスタント名家」の列挙に付したこれらの長い訳註は、このへんで打ち止めにすべきであろう。

〔五九〕「マンブール神父」訳註〔二六〕を参照。

〔六〇〕「『……自然と理性と啓示と政治の全き一致』」　フルタイトルは『寛容を是とする自然と理性と啓示と政治の全き一致、または、宗教についての厳罰路線は人道を傷つけ、理性の光にも福音の道徳にも国家の真の利益にも等しく反することを証示する論考。陛下にお仕えした元騎兵大尉のノルマンディ貴族による』。宗教的寛容を主張する十八世紀フランスの代表的な文書のひとつで、一七五三年に匿名で出版されたが、一七五三年といえば、アントワーヌ・クールの本書『愛国者の手紙』（一七五六年）の前身に当たる『フランスの愛国者』の第一版が出版された年だった。扉には刊行地・書店名として「ケルン、P・マルトー」と表記され、Pは「ピエール」の頭文字に相違ない。そもそも、この「ケルン、ピエール・マルトー（石槌）」というのは、オランダの大手出版社エルセヴィル書店が、十七世紀の中葉に、秘匿出版（危険思想書と好色本）用に使いはじめた架空の表記で、「ピエール・ド・マルトー」、「ピエール・マルトー未亡人」等々、多くの変形を伴いつつ十八世紀まで用いられたが、こういう架空表記の文書はオランダ本が多かった。

この『全き一致』は三部からなり、第一部が全一〇三ページ、第二部が全三六七ページ、第三部が全二六〇ページ、それに註と目次を加えた非常に大きな本だった。また、一七五五年には改訂第二版が「ゲッティンゲンおよびライデン、子エリ・リュザック書店」と刊行地・店名の表記を変えて刊行された。この第二版は第一版と同じく三部からなるものの、第一部が全六〇ページ、第二部が全三一八ページ、第三部が全二三八ページと、ページ数は第一版と異なっていた。

この書の作者とされる「ボーモン騎士」(一七二八―一八一〇)は、普通は略してシャルル・エオン・ド・ボーモンというが、正式には、シャルル゠ジュヌヴィエーヴ゠オーギュスト゠アンドレ゠ティモテ・エオン・ド・ボーモンという、当時の貴族にありがちな、やたらと長ったらしい名前だった。本人は「ノルマンディ貴族」と名乗るが、実際はそうではなく、シャンパーニュ地方の、今の行政区分ではヨンヌ県に入るトネールという町の生まれ。パリのマザラン学院で学び、はじめ龍騎兵の将校だったらしいが、やがてジャーナリストに転身して、フレロンの『文芸年報』のスタッフになり、政治や財政をめぐる多くの文書を著わして、「ボーモン騎士」の名で発表した。宗教的寛容を説く『全き一致』もそうした文書のひとつだったらしい。

その後、外交官、というよりはフランス政府の秘密工作員(スパイ)としてロシアへ派遣されたが、その頃は女装して女を名乗り、ロマノフ王家のロシア女帝エリザヴェータ(在位一七四一―六二、ピョートル大帝の娘)の宮廷にも、「ボーモン女騎士」という名の女性の侍講として登場し、フランスとロシアの間の友好関係の樹立に功績があったらしい。七年戦争には龍騎兵大尉として従軍したらしいが、その後フランス大使館付の書記官としてロシアの宮廷に再び現われた時には本来の男の姿に戻り、かつての女性侍講「ボーモン女騎士」の兄弟を名乗った。やがて、一七六二年にフランスの全権公使としてイギリスへ派遣され、一七六三年の仏英講和条約の締結に功績があり、その時以後は、女装することもイギリス政府から正式に許可された。一七七七年には、女としてしか人前に出ぬという条件で、フランスへの帰国を許されたものの、それでもまたイギリスへ舞い戻り、そのままロンドンで、十九世紀の一八一〇年に貧困の内に世を去ったらしい。

フランス政府のスパイとなって以後も、長いロシア滞在の経験に基づいた『ロシア覚書』をはじめ、さらに歴史家として『ポーランド、アルザス、ナポリ王国、シチリア王国の歴史研究』、『聖史要約年代記』、『通商・海運研究』、『ロシア研究』などを著わして、或るものは「ボーモン騎士」の、或るものは「ボーモン女騎士」の名で発表し、それらの著作は『余暇』と題する八折判全十三巻の巨大な本にまとめられて、一七七五年にロンドンから出版された。これらの作品は、作者が男か女か不明という猟奇的な面から興味を引くだけで、内容は高く評価されていないらしい。

なお、この『全き一致』に対しては、カトリック側からの反駁書として、『プロテスタントへの寛容についての論考、または、ひとつは《全き一致》、もうひとつは《フランスのプロテスタントの非合法結婚に関する覚書》と題する二作品への回答』という全一一五ページの文書が、刊行地・刊行年を表記せず、一七五六年に発表された。この文書はすでに訳註〔八〕に登場しており、その訳註でも述べたが、この『回答』はアレクサンドル＝シャルル＝アンヌ・ランファン神父（一七二六―九二）というリヨン生まれのイエズス会説教師が書いたもので、ボーモン騎士はそれへの応答として、『真理の仇討ち、または、《プロテスタントへの寛容についての論考》への答。《全き一致》の著者による』を一七五六年に、刊行地不記で発表した。

さらに、標題だけは『全き一致』と共通する部分がありながら、内容はそれと全く違い、ナント勅令の廃止や、広くプロテスタントへの不寛容を礼讃するマルヴォー師の『不寛容をめぐる宗教と人道の一致』（刊行地不記、一七六二年）という全一五五ページの反駁書なども、カトリック側から当時発表されていた。

〔六二〕「アジャン〔の司教〕殿」　十七世紀の有名なモーの司教ボシュエが、生前、多くは「モー殿」と呼ばれたのと同じ伝で、ここでも「アジャンの司教」が「アジャン殿」と呼ばれているのであろう。しかし、「アジャン」はあくまでも、この人物の任地名であって家名ではないのだから、ここはどうしても、「アジャン」と「殿」の間に「の司教」という三字を補わねばならない。

この「アジャンの司教」が「シャバンヌ」という苗字だったことは知られている。

シャバンヌ伯爵家は、ビゴール伯爵家の流れを汲むリムーザン地方の古い帯剣貴族の名家で、十四・五世紀以来、有名な多くの武将を輩出していた。十五世紀後半には、「（シャバンヌ・ド・）ラ・パラス伯爵家」という分家もそこから枝分かれしており、この訳註で扱う「アジャンの司教」が本家の「シャバンヌ家」の出なのか、分家の「ラ・パラス家」の出なのかも判然としない（訳者ひとりが知らぬのではなく、一般に知られていないようである）。いずれにしろ、こういう貴族の名家の場合、二・三男は家督を継がず、分家も興さず、僧籍に入って聖職者（むろんカトリックの）になる例が多かったから、この「アジャンの司教」もそういう者の一人だったのであろう。この人物の固有名も生歿年も不明だが、それを知ることが本書の理解にとって不可欠なわけでもない。

ただ、プロテスタントへの「寛容」の是非という本書の主題から見て、それよりさらに重要なのは以下の点である。

それは、本家のシャバンヌ家の出なのか、分家の（シャバンヌ・ド・）ラ・パラス家の出なのかは定かでないが、とにかく、リムーザン地方テュルの奉行を務めたジャン＝ジョゼフ・ド・シャバンヌ（一六四〇？―一七〇五）という人物がいたことだった。この人はもともと弁護士で、ナント勅令を廃止するフォンテヌブロー勅令（一六八五年十月）をテュルの元帥裁判所に登録するための演説を行ない、それが翌一六八六年に、ラ・レオルから、八折判全五二ページの文書として出版もされていた。この演説はもちろんナント勅令の廃止を歓迎したもので、したがって、この奉行シャバンヌも不寛容論者という点では、後の「アジャンの司教」シャバンヌと同じ立場だったと思われる。それが偶然の一致なのか、両者の間の血のつながりによるのかは分からない。大まかに言えば、「アジャンの司教」は「テュルの奉行」の孫ないし曾孫の世代に属するようだが。

〔六二〕「手紙」 ここで原著者が考えているのは、たぶん一七五一年に、刊行地も刊行年も表記せずに出版された『王国内のユグノーへの寛容に反対するアジャンの司教殿から総監殿への手紙』という全八ページの小冊子で、それには最後に、「アジャンにて、一七五一年五月一日」と、発信地と日付が記されていた。標題中の「総監殿」とは、当時の財務総監ジャン＝バティスト・マショー・ダルヌーヴィル（一七〇一―九四）のことだったのが知られている。

アジャンの司教の『手紙』に対して、原著者アントワーヌ・クールは、同じ一七五一年の「七月三十一日」という日付を最後に入れた『フランスの不偏不党な愛国者、または、ユグノーへの寛容に反対するアジャンの司教殿から総監殿への一七五一年五月一日付の手紙への返事』という、四折判にぎっしり印刷した全七九ページの大きな文書を刊行地・刊行年不記のまま出版し、これはさらに一七五三年にも（「ヴィルフランシュ、ピエール・クレチアン書店、一七五三年」と表記して）版を重ねた。

一七五一年と一七五三年に出たこの『フランスの不偏不党な愛国者』は、一七五六年に出た本書『愛国者の手紙』の原型に当たるものだったから、本書の淵源はそもそも、アジャンの司教の『手紙』にあったと言っても過言ではなかった。

なお、アジャンの司教のこの『手紙』に対しては、アントワーヌ・クールによる反駁とは別に、もう一点、一七五一年六月一日という日付を入れた以下のような標題の全六ページの反駁文が刊行地・刊行年不記のまま、同じ一七五一年に出版された。『Lの主任司祭からアジャンの司教殿への手紙。あの高僧が総監殿に送った、王国内のユグノーへの寛容に反対する手紙について』である。もっとも、この反駁文はいまだに作者不明で、「Lの主任司祭」というのが本物なのか、別人（たとえば、誰かプロテスタント）がそう仮装し、「なりすました」ものなのか、結局は分からないから、かような標題の反駁文が出たという一事だけを以て、アジャンの司教の不寛容論に対しては、カトリック教会内にすら反対があった証拠と見立てるわけにはいくまい。

〔六三〕「一五六〇年」 次註で述べる「アンボワーズ事件」（普通「アンボワーズの陰謀」と呼ばれる）の年。

〔六四〕「アンボワーズ事件」 「アンボワーズの陰謀」と普通呼ばれる、一五六〇年三月にプロテスタント側が起こしたクーデタ未遂事件。幼王フランソワ二世（一五四四―六〇、在位一五五九―六〇）の御座所を押さえ、政治を壟断《ろうだん》する「暴君」のギーズ一門を排除し、初代コンデ親王を権力の座に就けることを狙ったものだった。計画は二月はじめにナントで開かれたプロテスタントの幹部たちの会合で決められたが、首謀者はギーズ一門に個人的な恨みを持つペリゴール地方の貴族ジャン・デュ・バリ・ド・ラ・ルノーディだった。宮廷は当時ブロワにあり、そこで三月十五日に決行するというのが当初の予定だったが、プロテスタントの弁護士ピエール・デ・ザヴネルの口から計画が洩れ、宮廷は急いでブロワから去って、守りやすいアンボワーズの城に移ったため、決行の日取りは三月十七日に変更された。そして、三月十五日から十九日にかけて、アンボワーズへ到着した陰謀参加者たちは次々と捕えられて処刑され、城の塔などに吊された。首謀者ラ・ルノーディも戦闘で死に、屍体はアンボワーズの橋の上の絞首台に吊された末、八つ裂きにされ、町の周辺各所の杭の上で晒し物になった。プロテスタント側の死者の数はむろん正確には分からないが、メズレなどは千二百人近くとしており、アンボワーズの街路は血の海となり、川面は屍体で覆われ、広場という広場に絞首台が林立したと言っている。しかし、すでに三月十六日から宮廷にいたコンデ親王は、この陰謀への関与をあくまで否定し、結果的に仲間を見捨てた。このクーデタ未遂事件は、第一次宗教戦争が始まる二年前のことだったが、武装した政治党派としてプロテスタントが初めて登場したもので、良きにつけ悪しきにつけ、歴史的に重要な画期をなした。ジュネーヴのカルヴァンもこの計画を知っていたが、それに反対したという。

〔六五〕「コンデ親王」　初代コンデ親王ルイ（一世）・ド・ブルボン（一五三〇―六九）のこと。訳註〔五〇〕の一を参照。

〔六六〕「フランソワ二世」　フランス王フランソワ二世（一五四四―六〇、在位一五五九―六〇）。フランス王アンリ二世と王妃カトリーヌ・ド・メディシスの間の長男で、一五五八年にスコットランド女王メアリ・ステュアートと結婚した。父王の不慮の事故死によって、一五五九年七月に十五歳で即位したが、年少でもあり病身でもあったため、妻の叔父である第二代ギーズ公爵フランソワとその弟のロレーヌ枢機卿に政治を任せ、在位僅か一年五ヵ月にして、一五六〇年十二月五日に病死した。在位中にアンボワーズ陰謀事件などもあり、宗教戦争勃発前夜の、およそ影の薄い若年の国王だった。

〔六七〕「ロレーヌ枢機卿」　普通「ロレーヌ枢機卿」と呼ばれるシャルル・ド・ロレーヌ（一五二四―七四）。初代ギーズ公爵クロード（一世）・ド・ロレーヌの次男で、第二代ギーズ公爵フランソワ（一世）・ド・ロレーヌの弟。次男だったのでカトリックの聖職者となり、一五三八年に僅か十四歳でランスの大司教に任ぜられ、一五四七年には枢機卿に任命されて、それ以後は「ロレーヌ枢機卿」と呼ばれた。兄のギーズ公爵とともに、国王フランソワ二世に絶大な影響力を持ち、この国王を自分の姪に当たるメアリ・ステュアートと結婚させた。また国務大臣として国家財政を統轄し、軍事を司る兄と二人三脚で、国政の万般を取り仕切った。学識豊かな雄弁家でもあり、一五六一年秋のポワシ会談では、聖体問題について改革派の代表テオドール・ド・ベーズと論争をしたが、ロレーヌ枢機卿が自分の雄弁ぶりを披露するためこの討論会をわざわざお膳立てしたのだ、などと悪口も言われた。その後、トリエント公会議に出席し、一時ローマへ行ってローマ法王ピウス四世と協議した後、再びトリエントへ戻って公会議の閉会に立ち会った。その後フランスへ帰って、一五六四年、一五七二年と、ランスで地方公会議を主宰し、さらに、国王シャルル九世によりスペインへ大使として派遣されたりしたが、この王の死後、ポーランドから戻る新王アンリ三世を迎えに行く途中、一五七四年十二月二十六日にアヴィニョンで歿した。プロテスタンティスムに対して極度に敵対的な人で、その面では兄のギーズ公爵をすら凌ぎ、アンリ二世の時代からプロテスタント弾圧政策を推進して、宗教裁判をフランスへ導入しようと策したり、やがて現実のものとなる「カトリック同盟」を構想したりしたために、「宗教的不寛容」の代名詞として後世の評判は良くないが、一面では文芸の保護者でもあり、ランス大学を創立するなどの文化的な功績も上げた。

〔六八〕「ギーズ一門」　ギーズ家は、十六世紀のフランスで強硬カトリック派の中核をなした家。当時はフランスの単なる一地方ではなく、独立した公国だったロレーヌの主権者だったロレーヌ公家の分家で、宗教戦争初期の当主だった第二代ギーズ公爵フランソワ・ド・ロレーヌ（一五一九—六三）はプロテスタントに暗殺され、その子の第三代ギーズ公爵アンリ・ド・ロレーヌ（一五五〇—八八）は時のフランス王アンリ三世に誅殺された。当主のギーズ公爵が軍事を統轄し、その弟で枢機卿の地位にある聖職者が財政をはじめとする内政万般を統轄して、二人三脚で国政全体を取り仕切るというのが、二代続いた同家のフランス支配のパターンだった。

〔六九〕「母后」　「母后」とはフランス王妃カトリーヌ・ド・メディシス（一五一九—八九）のこと。イタリアのフィレンツェの名家メディチ家のウルビーノ公爵ロレンツォ・ディ・メディチの娘。フィレンツェの生まれ。生後数週間で母と父が相次いで死んだため孤児となり、フィレンツェの宮殿で伯母に育てられた。一五二七年にフィレンツェでメディチ家に対する暴動が起こったため、修道院に幽閉されて一五三〇年まで過ごしたが、それでも立派な教育を受け、ラテン語、ギリシア語、歴史、地理、自然学、天文学、占星術などに長じ、乗馬も能くした。一五三〇年、フランス王フランソワ一世と、彼女の叔父に当たるローマ法王クレメンス七世との間に、フランソワ一世の次男のオルレアン公アンリと彼女を結婚させるという話が出、交渉は一五三三年にまとまって、同年十月二十八日にマルセイユで結婚式が挙げられた。彼女も夫もともに十四歳だった。フランスの宮廷では、特に、国王フランソワ一世の姉であるナヴァール王妃にかわいがられたが、一五三六年八月に、夫の兄である王太子フランソワが謎の死を遂げた（毒殺らしい）ため、夫が王位継承者となって、事実、一五四七年三月三十一日にフランソワ一世が死ぬと、アンリ二世としてフランス王に即位し、彼女は王妃となった。即位前から即位後にかけて、彼女は十二年間に計十人の子供を作ったが、中には、後のフランス王フランソワ二世（一五四四生）、スペイン王フェリペ二世に嫁す娘のエリザベート（一五四六生）、ロレーヌ公シャルルに嫁す娘のクロード（一五四七生）、後のフランス王シャルル九世（一五五〇生）、後のフランス王アンリ三世（一五五一生）、ナヴァール王アンリ（後のフランス王アンリ四世）に嫁す娘のマルグリット（一五五三生）、アランソン公エルキュール＝フランソワ（一五五五生）などがいた。夫が存命中にも、彼女は国王が不在だった一五四八年七月に顧問会議の首席に指名され、その後も一五五二年、五三年、五四年とたびたび摂政の位にあったが、一五五九年七月に夫が事故死し、長男のフランソワ二世、次いで次男のシャルル九世がいずれも若年で王位を継ぐや、摂政として事実上政治を取り仕切り、この状態はシャルル九世が死ぬ一五七四年まで続いた。彼女はギーズ家を中心とするカトリック派と、コンデ親王を中心とするプロテスタント派の間に立って、両派のバランスを取りながら王権維持のため必死の努力をしたが、大法官ロピタルを重用してプロテスタントへの宥和政策を試みたり、逆にギーズ家と組んで「聖バルテルミの虐殺」をしたり、その政策は情勢に応じて揺れ動き、一貫性のなさからカトリック＝プロテスタント両派の不信を買い、権謀術数のマキャヴェリストという評判が広く定着した。一五七四年にアンリ三世が即位してからは、摂政の座を降りて政治の表舞台から退き、アンリ三世がギーズ兄弟を誅殺した直後の一五八九年一月五日に、パリを追われて宮廷が避難していたブロワで死んだ。アンリ三世が暗殺されてヴァロワ王朝が断絶するほぼ七ヵ月前だった。

〔七〇〕「ロレーヌ家」　この「ロレーヌ家」とはギーズ家のこと。ギーズ公爵家はロレーヌ公家の分家だった。

〔七一〕「シャルル九世」　フランス王シャルル九世（一五五〇―七四、在位一五六〇―七四）。フランス王アンリ二世とその王妃カトリーヌ・ド・メディシスの次男で、夭折した兄のフランソワ二世（在位一五五九―六〇）の後を継いでフランス王となったが、一五七〇年頃までは母が摂政として政治の実権を握っていた。音楽や詩を愛する人だったが、反面、怒りっぽい粗暴な性格の持ち主で、一五七二年八月の「聖バルテルミの虐殺」も、自ら発議しながら、実行の直前には怯《ひる》んで、いやいや同意させられ、事件後には一切の責任を負うとしつつも、それへの後悔から命を縮めたといわれる。宗教戦争勃発時とその初期の国王で、一五七〇年に神聖ローマ皇帝マクシミリアン二世の娘エリザベートと結婚したが、嫡出子はなく、死後には弟のアンリ三世が後を継いだ。

〔七二〕「アンリ三世」　フランス王アンリ三世（一五五一―八九、在位一五七四―八九）。ヴァロワ朝最後のフランス王。国王アンリ二世と王妃カトリーヌ・ド・メディシスの間の第三子で、はじめはアンジュー公と名乗って、一五六七年に国王の総名代（国王軍の総司令官）となり、一五六九年にはジャルナックやモンコントゥールの合戦でプロテスタント軍を破った。一五七二年八月の「聖バルテルミの虐殺」でも首謀者の一人だった。翌年にはポーランド王に選出されたが、一五七四年五月に兄の国王シャルル九世が死んだため、帰国して即位し、アンリ三世を名乗った。不決断な性格で、対プロテスタント政策でも穏健路線と強硬路線の間で揺れ動き、当初は「ポリティーク派」に傾いて、一五七六年五月のボーリュー勅令で第五次宗教戦争を終結させ、コリニ提督をはじめとする「聖バルテルミの虐殺」の犠牲者たちの名誉回復などをしたが、強硬カトリック派がそれに反撥して、ギーズ公爵を頭領とする「カトリック同盟《リーグ》」を作ると、今度はそちらへ乗り換えて、一五七七年には自ら「カトリック同盟《リーグ》」の長たることを宣言し、プロテスタントの権利を大幅に削減するポワティエ勅令（同年十月）を発したりした。アンリ三世には子供がなく、先代・先々代の王フランソワ二世、シャルル九世にも嫡出の男子はなく、末の弟のアランソン公エルキュール・フランソワも独身のまま、すでに一五八四年に死んでいたため、アンリ三世の死によってヴァロワ朝が断絶することは確定的となった。筆頭の王位継承権者はブルボン家のナヴァール王アンリ（後のフランス王アンリ四世）だったが、このアンリはプロテスタント側の旗頭だったため、「カトリック同盟《リーグ》」派はそれに対抗して、同じブルボン家の出で唯一カトリック教徒だった老齢のブルボン枢機卿シャルル（一五二三―九〇。ナヴァール王アンリの叔父で、「シャルル十世」を名乗る予定だった）を推したり、さらには、ギーズ家が直接王冠を奪取して、ヴァロワ朝のみならずカペー王統そのものを廃絶することすら計画された。アンリ三世はギーズ公爵との接近を一度は試みたものの、一五八八年五月、同公爵が禁を破ってパリに入城し、同月十二日の「バリケードの日」の民衆蜂起により自らも首都からの逃亡を余儀なくされるや、遂に同年十二月、ブロワでギーズ公爵とその弟のロレーヌ（またはギーズ）枢機卿を誅殺し、ブルボン枢機卿を監禁した。そのため、「カトリック同盟《リーグ》」派によって廃位を宣言され、逆にナヴァール王と和解（一五八九年四月）して、ともに「カトリック同盟《リーグ》」派と戦い、両軍の協力のもとにパリを攻囲したが、攻囲戦中の八月一日にサン＝クルーで、狂信的な修道士ジャック・クレマンに刺殺された。

〔七三〕「ド・トゥー法院長」　ジャック＝オーギュスト・ド・トゥー（一五五三―一六一七）。フランスの政治家、歴史家。パリの生まれ。パリ高等法院の首席長官だったクリストフ・ド・トゥーの子。はじめ聖職者になる予定で、パリのノートル＝ダム教会参事会員で後にシャルトルの司教になる叔父のニコラ・ド・トゥーに預けられた。フランスとイタリアの各地の大学で学んだ後、一五七六年にパリ高等法院の聖職者評定官となり、一五八一年にはプロテスタント指導者との交渉のためボルドーへ派遣されて、そこでモンテーニュを識った。一五八六年に聖職から去って訴願審査官となり、一五八八年には国王アンリ三世により国務顧問官に任命されて、プロテスタント側のデュ・プレシ＝モルネらとともに、アンリ三世とナヴァール王アンリ（後のフランス王アンリ四世）との提携のため交渉に当たった。アンリ三世暗殺の報をヴェネツィアで聞くや、急ぎ帰国して新王アンリ四世に仕え、シュリとともにその最側近の顧問官として働き、一五九五年にはパリ高等法院の大審部長官となり、一五九八年のナント勅令の起草者の一人でもあった。アンリ四世の死後は、シュリの後を継いで、シャトーヌフ、ジャナンとともに三人の財務総監の一人となった（一六一六年）が、この仕事はあまり好みに合わず、パリ高等法院の首席長官になる夢を絶たれたという失意も加わって、晩年は執筆活動に主たる力を注ぎ、一六一七年五月七日に世を去った。著作にはラテン語の詩なども多いが、何よりも、ラテン語の巨大な史書『同時代史』が名高い。これは、一五四三年から一六〇七年までのフランス史を書いたもので、一五九一年から執筆を始め、一六〇四年の第一部を皮切りに、一六〇八年の第四部まで順次出版され、最後の部分は死後の一六二〇年に公刊された。全百三十八巻、二折判《フォリオ》五冊となる（一六二〇年版）。著者はカトリック教徒だったが、若き日に経験した「聖バルテルミの虐殺」を原体験として持つ宗教的寛容論者で、動乱の十六世紀を描く筆致はきわめて公正であり、また、それゆえにこそ、この書は一六〇九年にローマ教会の禁書目録に入れられもしたが、現在でもフランス史上最高の史書のひとつとされており、あちこちのぞいただけの訳者などにすら、この評価の高さはもっともだと分かる。十八世紀の一七三四年には、アベ・プレヴォ、デフォンテーヌらの手で、この書はフランス語に全訳され、四折判十六巻本として出版された。ほかに、同じくラテン語の『自伝』全六巻があり、これは『同時代史』の一六〇九―一四年版、一六二〇年版などに収められた後、一七一一年にそれだけ別個に『回想録』の題で仏訳され、十九世紀以後に色々の回想録叢書に収められた。

〔七四〕「ブルボン家」　「ブルボン家」は、フランス王ルイ九世（聖王）（一二一五―七〇、在位一二二六―七〇）に発するフランスの親王家で、ルイ九世の五男のクレルモン伯爵ロベール（一二五六―一三一七）を始祖としていた。もっとも、厳密に言うと、クレルモン伯爵を始祖とするのは「第一ブルボン家」（マルシュ＝ヴァンドーム家）で、この「第一ブルボン家」が一五二七年に断絶した後、その後を継いだ「第二ブルボン家」（マルシュ＝ヴァンドーム家）が本書の言う「ブルボン家」だった。この「第二ブルボン家」を開いた第八代ブルボン公爵シャルル（三世）がナヴァール王アントワーヌ・ド・ブルボン（一五一八―六二）や初代コンデ親王ルイ（一世）・ド・ブルボン（一五三〇―六九）の父で、アントワーヌ・ド・ブルボンの子でナヴァール王のアンリ（一五五三―一六一〇、後のフランス・ナヴァール王、在位一五八九―一六一〇）がフランス王となって「ブルボン王朝」を開き、ルイ十三世（在位一六一〇―四三）、ルイ十四世（在位一六四三―一七一五）、ルイ十五世（在位一七一五―七四）、ルイ十六世（在位一七七四―九一）と、フランス大革命まで連続してこの王朝はフランスに君臨して、大革命後の王政復古期にもルイ十八世（在位一八一四―一五、一八一五―二四）、シャルル十世（在位一八二四―三〇）と二代のフランス王を出し、この「第二ブルボン家」が消滅したのは一八八三年だった。

〔七五〕「今君臨する分枝」　どこに「君臨」するのか指示されぬから、文意が曖昧だが、これはむろんフランスのことで、「分枝」とは、フランスの「ヴァロワ王朝」を言う。ヴァロワ王朝はカペ王統の一分枝で、フランスではフィリップ六世（在位一三二八―五〇）、ジャン二世（在位一三五〇―六四）、シャルル五世（在位一三六四―八〇）、シャルル六世（在位一三八〇―一四二二）、シャルル七世（在位一四二二―六一）、ルイ十一世（在位一四六一―八三）、シャルル八世（在位一四八三―九八）、ルイ十二世（在位一四九八―一五一五）、フランソワ一世（在位一五一五―四七）、アンリ二世（在位一五四七―五九）、フランソワ二世（在位一五五九―六〇）、シャルル九世（在位一五六〇―七四）、アンリ三世（在位一五七四―八九）と連続九人のフランス王を出した。しかし、繰り返し述べるように、アンリ二世の子であるフランソワ二世、シャルル九世、アンリ三世には、いずれも嫡出の男子がなく（それどころか、アンリ三世に至っては天下周知の同性愛者だった）、この三兄弟の末弟に当たるアランソン公エルキュール＝フランソワも独身のまま、すでに一五八四年に死んでいたため、ヴァロワ王朝がアンリ三世を最後に断絶することは確定的だった。断絶した場合、王位継承の順位からして、王冠は筆頭の王族である第二ブルボン家のものとなることが予定されていた。しかし、シャルルマーニュ（カール大帝、在位七六八―八一四）の血を引くロレーヌ公家の分家であるギーズ家から見れば、ヴァロワ王朝はもとより、ヴァロワ王朝がそれに属するフランスのカペ王統（始祖は十世紀のユーグ・カペ〔在位九八七―九九六〕だった）自体が、自分とは比較にならぬ「新参者」にすぎなかったから、ヴァロワ王朝をもカペ王統をも廃絶して自らがフランスに君臨する野望をギーズ家は前々から隠さなかった。一五八八年五月十二日の「バリケードの日」に、蜂起したパリの民衆が首都を制圧し、国王アンリ三世と宮廷をルーヴル宮殿に閉じ込めた時は、その夢を実行に移す絶好のチャンスで、ルーヴル宮殿で国王の身柄を押さえて無理やり退位させ、王冠を力づくで奪っていれば、フランスに「ギーズ王朝」ないし「ロレーヌ王朝」を開くことも定めし可能であったろうが、ギーズ家の当時の当主だった第三代ギーズ公爵アンリ（一世）には、そこまで手荒な手段に訴える勇気がなく、結局、自分の弟で次の当主となるマイエンヌ公爵の言う「次善の策」が採用された。それは、王冠がブルボン家に移ること自体は避けがたい運命として甘受しつつも、せめて、プロテスタント軍の旗頭であるナヴァール王アンリ（後のフランス王アンリ四世）の登極は阻止するため、ブルボン家でも唯一カトリック教徒だった、アントワーヌ・ド・ブルボンの弟で初代コンデ親王の兄に当たるブルボン枢機卿シャルル・ド・ブルボン（一五二三—九〇）を「シャルル十世」として推戴し、この新王を傀儡《かいらい》として操りつつ、ギーズ家が実質的に君臨する、というものだった。そのためギーズ公爵は、国王と宮廷がルーヴル宮殿から脱出し、ブロワへ避難するのも許したが、結局、国王が避難先のブロワで開催した三部会の席上、弟のギーズ枢機卿ともどもに誅殺された。そこから引き出すべき教訓は、「毒をくらわば皿まで」というわが国の諺にもあるとおり、悪事をするなら徹底的にすべきであり、なまじ仏心《ほとけごころ》など起こしたら、それがため失敗して身の破滅を招く、ということだったのであろう。

〔七六〕「聖王ルイ」　フランス王ルイ九世（聖王）（一二一五—七〇、在位一二二六—七〇）。一二四八—五四年、一二七〇年と、二度にわたって十字軍に参加したが、第一回は敗れて捕虜になり（一二五〇年）、第二回にはチュニスで命を失った。中世の君主の理想像とされている。

〔七七〕「『全き一致』」　訳註〔六〇〕を参照。

〔七八〕「ギーズ公爵」　ギーズ公爵は何人もいるから、これだけではその内の誰か不明だが、モンモランシ筆頭元帥、サン＝タンドレ元帥と並べているところを見ると、これは第二代ギーズ公爵フランソワ・ド・ロレーヌのことに相違ない。第二代ギーズ公爵、モンモランシ筆頭元帥、サン＝タンドレ元帥の三人は、いわゆる「三頭政治」をともに行なった、宗教戦争勃発時のカトリック側の有名な三人組指導者だったからである。

第二代ギーズ公爵フランソワ・ド・ロレーヌ（一五一九—六三）。フランスの将軍。ロレーヌ公家のロレーヌ公ルネ（二世）の次男で、一五〇六年にフランスへ帰化し、フランスの「ギーズ伯爵」（一五〇六—二八年）、「オマール伯爵」（一五〇六—五〇年）、「ギーズ公爵」（一五二八—五〇年）を名乗ってギーズ公爵家の始祖となった初代ギーズ公爵クロード（一世）・ド・ロレーヌ（一四九六—一五五〇）の長男で、宗教戦争勃発時のカトリック側指導者。フランス王フランソワ一世（在位一五一五—四七）の下でイタリア戦争に参加し、一五五七年に帰国したが、翌年には、フランスにあるイギリスの最後の拠点カレを奪取した。自分の姪メアリ・ステュアートをフランス王フランソワ二世（在位一五五九—六〇）にとつがせ、カトリック派の指導者として、自らは軍事を掌握し、内政、特に国家財政は弟のロレーヌ枢機卿シャルル・ド・ロレーヌ（一五二四—七四）に任せて、この弟との二人三脚で国政全般を牛耳ったが、一五六二年三月一日に、部下の兵士たちがヴァッシでプロテスタント住民を大量殺害した（「ヴァッシの虐殺」と呼ばれる）ことが第一次宗教戦争（一五六二年四月—一五六三年三月）の発火点となった。この戦争が翌月に始まると、カトリック軍をひきいて、プロテスタントが押さえるルアンを攻め落とし（一五六二年十一月）、ドルーの合戦で初代コンデ親王のひきいるプロテスタント軍を破り（同年十二月）、さらに、プロテスタント側の本拠地オルレアンを攻囲したが、この攻囲戦中に、プロテスタント貴族ジャン・ポルトロ・ド・メレにピストルで狙撃されて重傷を負い（一五六三年二月二十二日）、その傷がもとで、二日後の同月十四日にオルレアン郊外で世を去った。

〔七九〕「モンモランシ筆頭元帥」 筆頭元帥アンヌ・ド・モンモランシ公爵（一四九二―一五六七）。フランスの政治家、軍人。シャンティイの生まれ。何人もの筆頭元帥や元帥を出した名家の出で、後のフランス王フランソワ一世（一四九四―一五四七、在位一五一五―四七）の遊び相手として宮廷で育った。同王の寵を受けて、一五二〇年から顧問会議に入り、やがて侍従長に任命されて、一五二二年八月のピコッカ（ミラノ郊外）の合戦での奮闘のため、元帥に叙せられた。一五二五年のパヴィアの合戦で国王とともに敵の捕虜になったが、やがて身代金を払って解放され、翌一五二六年にマドリード条約を結んで国王を解放した。以後、国王フランソワ一世に絶大な影響力を揮って、ラングドック総督、内大臣となり、一五三〇年にはバイヨンヌへ行って、マドリードで人質として囚われていた二人の王子の釈放を克ち取った。一五三四年にはプロヴァンスでカール五世のオーストリア軍の侵入と戦い、一五三六、三七年にはピカルディ地方の軍やイタリア派遣軍を指揮し、一五三八年二月には筆頭元帥、財務総監、全王国の国王総名代に任命された。しかし、一五四一年、カール五世がミラノを返還するという約束を守らなかったため、かつてその交渉に当ったモンモランシはフランソワ一世の勘気に触れて失脚し、シャンティイの城へ引退した。一五四七年にフランソワ一世が死んで、アンリ二世（在位一五四七―五九）が即位すると宮廷に返り咲き、国王顧問官、砲兵総監、ラングドック総督となり、特に、自分の妹ルイズ・ド・モンモランシが夫のシャティヨン元帥との間に作った有能なシャティヨン兄弟（コリニ提督と歩兵大将ダンドロ）は、彼が軍を掌握する上で大きな力になった。宮廷でも軍内でも、モンモランシ筆頭元帥はいわば「旧勢力」の代表者で、新興勢力のギーズ一門とは折り合いが悪く、一五五二年七月には、それまでの男爵から等族公爵に叙せられたものの、一五五六年からの対スペイン戦争ではギーズ公爵フランソワ・ド・ロレーヌと軍の指揮権を争って敗れた。この対スペイン戦では、一五五七年八月のサン＝カンタンの合戦で、四人の息子とともにスペイン軍の捕虜となった。一五五九年七月から翌年十二月までの国王フランソワ二世の治世では再び失脚し、権力はギーズ一門の手に完全に握られたが、次の国王シャルル九世（在位一五六〇―七四）の代になると、ギーズ一門とのバランスを取るため、母后カトリーヌ・ド・メディシスによって宮廷へ呼び戻された。一五六一年四月に従来の路線を転換し、サン＝タンドレ元帥の仲介によって、それまで犬猿の仲だった第二代ギーズ公爵フランソワ・ド・ロレーヌと手を結び、ギーズ、モンモランシ、サン＝タンドレのいわゆる「三頭政治」を興して、甥のシャティヨン兄弟を有力な支柱とするプロテスタント軍と戦うようになった。翌年四月から始まる第一次宗教戦争では、一五六二年十二月のドルーの合戦でカトリック軍を指揮して、初代コンデ親王のひきいるプロテスタント軍を破ったが、自らも負傷してプロテスタント軍の捕虜となり、翌年三月の講和によって、カトリック軍の捕虜となっていた敵将コンデ親王と交換で解放されるまで捕囚生活を送った。その後、イギリス軍と戦ってル・アーヴルを奪還し、一五六七年九月に始まる第二次宗教戦争でもカトリック軍を指揮したが、同年十一月十日のサン＝ドニの合戦で、混戦中、個人的な敵だったスコットランド人ロバート・ステュアートに、腰をピストルで撃たれ、翌々十二日に落命した。モンモランシ筆頭元帥もモンモランシ家も、カトリック教徒でありながら、ギーズ公爵家と対照的にイデオロギー色が薄く、筆頭元帥の息子のフランソワ・ド・モンモランシ元帥やアンリ・ド・モンモランシ＝ダンヴィル元帥は、やがて「ポリティーク」派の領袖として、ギーズ一門を中核とする「カトリック同盟《リーグ》」派と戦うようになった。

〔八〇〕「サン＝タンドレ元帥」　元帥フロンサック侯爵ジャック・ダルボン・ド・サン＝タンドレ（一五〇五頃―六二）。フランスの軍人、政治家。ドーフィネ州アルボンの城の生まれ。父のジャン・ダルボン・ド・サン＝タンドレはカトリーヌ・ド・メディシスの侍従で、リヨネ＝ボージョレ両地方の総督だった。一五四四年に陸軍中将、リヨネ＝フォレ＝ボージョレ＝ドンブ諸地方の国王名代となり、同年四月、イタリアのピエモンテ地方チェレソーレの合戦で大きな手柄を立てた。一五四七年に元帥、国王アンリ二世の侍従長、一五五〇年にリヨネ＝フォレ＝ボージョレ＝ドンブ＝オーヴェルニュ＝ブルボネ諸地方の総督、一五五一年に親裁顧問会議のメンバーとなり、一五五二―五八年には対オーストリア戦に参加したが、サン＝カンタンの敗戦（一五五七年八月十日）直後にガン（ヘント）でスペイン軍の捕虜となり、一五五九年四月に結ばれるカトー＝カンブレジ講和条約の交渉役を務めた。国王フランソワ二世の死後、それまで反目していた第二代ギーズ公爵フランソワ・ド・ロレーヌとモンモランシ筆頭元帥を、自らが仲立ちして握手させ、カトリシスム擁護のため、自らも加わったいわゆる「三頭政治」を形成したが、この三人の支配を国王シャルル九世と摂政である自己自身の「捕囚」とみなす母后カトリーヌ・ド・メディシスの要請によってプロテスタント指導者の初代コンデ親王が一五六二年四月二日にオルレアンで挙兵したため、第一次宗教戦争が勃発した。この戦争では、一五六二年十二月十九日のドルーの合戦でプロテスタント軍の捕虜となり、その場に居合わせたカトリック教徒の町人メジエールにピストルで頭部を撃たれて死んだ（一応「戦死」となっている）。メジエールはパリ市役所の書記をしていた財産家の息子で、父親はサン＝タンドレ元帥が借金をする時の保証人にたびたびなっており、元帥も、金づるであるこの金満家をつなぎとめるため、それの息子を自家の使用人として傭っていた。しかし、元帥の借金があまりに度重なったため、さすがの金満家も音《ね》を上げて、以後は保証人になるのをことわったため、元帥は腹いせに子メジエールを侮辱してくびにし、姻戚のサン＝セルナンと謀ってメジエールに喧嘩を売らせ、自分にそのことを訴えたメジエールを、貴族と町人では身分が違う、借りた金を返すというのは卑しい町民の道徳で、貴族はさようなものに縛られぬ、と階級意識を丸出しにして突き放した。怒ったメジエールは元帥家をとび出したが、機会をみつけてサン＝セルナンを殺害したため、欠席裁判で死刑を宣告され、財産も没収された。すると、元帥が国王に願い出て、その没収財産を自分が手に入れてしまったため、二度にわたるこの侮辱に憤激したメジエールは、宗教とも政治とも無関係な全く個人的な復讐のため、戦場で元帥を殺害するというあの兇行に及んだらしい。この一事も示すように、また自らも豪語したように、サン＝タンドレ元帥は道徳的には非常に問題の多い人物で、贅沢三昧の浪費家でもあれば、稀代の借金王でもあり、「三頭政治」形成の仲立ちをしたのも、宗教のためなどではなく、実は、こういう乱れた生活を続けるためで、金だけが目当てで、外国の君主の血を引いて資金も圧倒的に豊富なギーズ一門の手先になったにすぎないらしい。最後は殺害されて果てたのも、所詮は「天罰」でしかなかったものと思われる。

〔八一〕「〈聖バルテルミの日〉」 訳註〔二五〕を参照。

〔八二〕「ラ・ロシェル講和」 ラ・ロシェル講和は、一五七二年八月の「聖バルテルミの虐殺」につづいて同年秋に始まった第四次宗教戦争を終わらせた講和条約。国王軍は翌一五七三年二月から、プロテスタント軍がたてこもる海港ラ・ロシェルの攻囲戦を始めたが、結局そこを攻め落とせず、一五七三年七月六日にこの講和条約を結んでラ・ロシェルの囲みを解き、五日後の七月十一日には国王シャルル九世がブローニュ勅令を発して、第四次宗教戦争を正式に終わらせた。しかし、この講和もまた短命で、次の第五次宗教戦争が始まったのは二年二ヵ月後の一五七五年九月だった。

〔八三〕「ド・トゥー」 訳註〔七三〕を参照。

〔八四〕「メズレ」 フランソワ・ウード・ド・メズレ（一六一〇―八三）。フランスの歴史家。アランソンの近くのリという村の生まれ。外科医の子で、パリに出て、はじめサロンに出入りしていたが、やがて全三巻の『フランス史』（一六四三―五一年）を著わし、フランス随一の歴史家と謳われた。宰相リシュリューに庇護され、一六四九年にアカデミー・フランセーズに入り、フロンドの乱では反乱側に立って、多くの「マザリナード」を著わした。一六六八年に、『フランス史』の縮約版である『要約年代記』を発表し、これは『フランス史』以上の大成功を収めたが、そこに見られる政府批判によりコルベールの怒りを買い、年金を取り上げられた。晩年（一六七五年以降）はアカデミー・フランセーズの常任書記を務めた。野党精神の旺盛な、当時の「国民史家」ともいうべき人で、同じ歴史家といっても、ルイ・マンブールなどとは正反対だった。作品は今でも読むに堪える。

〔八五〕「ル・ラブルール」 ジャン・ル・ラブルール（一六二三―七五）。フランスの歴史家。モンモランシの生まれ。自前の作品によるよりむしろ、十六世紀の軍人・外交官でカトリック軍の武将として宗教戦争初期のあらゆる合戦に加わり、ついでフランス大使としてイングランド、スコットランド、ドイツ、オランダ、サヴォイア、ローマなどへ赴いたミシェル・ド・カステルノー（一五一八または一五二〇―九二）の、一五五九―七〇年を対象とした『覚書』の補足版の編集・刊行者として有名である。カステルノーの『覚書』の第一版は息子の手により、一六二一年にパリで出版されていたが、それに自ら書いた補足を加え、付属の資料をも添えてル・ラブルールが同じくパリで一六五九年に出したこの補足版は二折判《フォリオ》二巻になる大作で、以後、カステルノーの『覚書』自体がこの補足版によって読まれ、公正な史書として高く評価された。

〔八六〕「シャルル九世」 訳註〔七一〕を参照。

〔八七〕「アンリ三世」 訳註〔七二〕を参照。

〔八八〕「エノー法院長」 普通はたしかに「エノー法院長」の名で呼ばれるシャルル＝ジャン＝フランソワ・エノー（一六八五―一七七〇）。フランスの法官、文学者。パリの生まれ。父は裕福な徴税請負人だった。イエズス会の学院で学んだ後、マシヨンの影響でオラトリオ会に入り、同会のソワソンの僧院で二年暮らした。しかし、修道士生活は性《しょう》に合わなかったため、一七〇二年に僧院をとび出して還俗し、一七〇五年に二十歳でパリ高等法院の評定官となった。その頃から、多くの文人と交わったり、種々のサロンへ出入りしたりするうちに、自らも文芸への傾斜を強め、悲劇『コルネリ』を書いたり、多くの短詩やシャンソンを作ったりして、悲劇は失敗したものの、短詩・シャンソンなどは貴族的な高級サロンでももてはやされて、エノーは一躍、流行作家になった。また一方、国王、摂政などがする公式演説の原稿作りなどもして、要人たちに重宝がられもしたらしい。パリ高等法院での地位は、前記のとおり一七〇五年に評定官となった後、一七一〇―三一年には部長官だったが、その間の一七二三年にはアカデミー・フランセーズに入り、一七五三年には王妃の家令に任じられ、一七二〇年から一七三一年にかけて有名な「アントルソル・クラブ」が開催されたのはエノーの館でだった。歴史家としては、とりわけ、一七四四年にパリで出版した『フランス史要約年代記』が名高い。十八世紀のいわゆる「哲学者《フィロゾーフ》」たちの友人で、この時代の知的なブルジョワジーの代表ともいうべき典型的な人物だった。

〔八九〕「〔カトリック〕同盟《リーグ》」 わが国では「旧教同盟」という言いかたが一般的だが、「旧教」、「新教」という言葉を嫌う訳者は、さような訳語を使わない。フランス史を或る程度知る者の間では、形容詞抜きの「同盟《リーグ》」、「同盟《リーグ》派」で十分通じる。いずれにせよ、これは宗教戦争後期の一五七六年頃から作られた強硬カトリック派の国内同盟で、ギーズ一門を中核とし、一五七六年五月のボーリュー勅令でコリニ提督をはじめ「聖バルテルミの虐殺」の犠牲者たちが名誉を回復されたりしたことに、強硬カトリック派が危機感を抱いたことが結成の直接的契機となったらしい。ギーズ家の当主だった第三代ギーズ公爵アンリ（一世）・ド・ロレーヌが、弟のギーズ（またはロレーヌ）枢機卿ルイ・ド・ロレーヌとともに、ブロワで開かれた三部会の席上で、国王アンリ三世に誅殺された一五八八年から、この派はとりわけ王権に敵対し、アンリ三世の廃位を宣言したり、かつてはプロテスタントの旗頭だった次の王アンリ四世を国王として認めなかったりしたが、一五九三年七月二十五日にアンリ四世がカトリックに改宗して同盟派《リーグ》から反抗の大義名分を奪うに及び、この派は徐々に帰順した。もっとも、運動として、組織としては消滅しても、「同盟《リーグ》」の精神はその後も生きながらえ、一六一〇年にアンリ四世がフランソワ・ラヴァイヤックに暗殺されたのも、一五八九年に前王アンリ三世がジャック・クレマンに暗殺されたのと同じく、動因はまさしく「同盟《リーグ》」の精神だった。

〔九〇〕「ルイ十三世」 フランス王ルイ十三世（義人王）（一六〇一―四三、在位一六一〇―四三）。国王アンリ四世の子で、ルイ十四世の父。一六一〇年にアンリ四世が暗殺されたため、九歳で即位し、はじめは母后（アンリ四世の未亡人）のマリ・ド・メディシス（一五七三―一六四二）が摂政を務めた。一六一五年にスペイン王女のアンヌ・ドートリッシュと結婚し、一六一七年から親政を始めて母后をブロワへ追放し、はじめはリュイーヌ、リュイーヌが一六二一年に死んでから数年の混乱期をはさんで、一六二四年からはリシュリューに政治を任せ、貴族勢力の粉砕、ラ・ロシェルの占領（一六二八年）などによるプロテスタントの政治的・軍事的無力化の政策を進め、対外的には三十年戦争（一六一八―四八年）に参加した。絶対王制を完成に向かわせた国王で、リシュリューが死ぬや、その後を追うように、五ヵ月後に世を去った。

〔九一〕「イタリア人の皇女」　その名からも一目瞭然なように、フランス王アンリ四世の后《きさき》で、わが子ルイ十三世の摂政を務めたマリ・ド・メディシスは、イタリアのトスカーナ大公フランチェスコ・デ・メディチの娘だった。熱心なカトリック教徒で、親スペイン政策を進めようとしたために、リュイーヌをはじめとする高官たちと対立し、一六一七年に親政を始めた息子の手でブロワに幽閉された。その後脱出して、一六二〇年に息子に対し反乱を起こしたが、リシュリューの仲介でやがて和解し、一六二二年に顧問会議へ復帰した。しかし、リシュリューともやがて対立して、一六三〇年十一月にクーデタをもくろんだが失敗し、コンピエーニュへ流された後、そこから脱出してブリュッセル、ついでロンドンへ亡命し、最後はケルンで客死した。

〔九二〕「ラ・ロシェル会議」　フランス改革派の全国規模の会議としては、伝統的に、教理の問題を審議する「全国教会会議」と、政治党派としての統一方針を審議する「政治会議」という二種類のものがそれぞれ定期的に開催されていたが、ここで「ラ・ロシェル会議」と呼ばれるのは、時の宰相リュイーヌの指揮下にルイ十三世政府が一六二〇年から開始した南仏プロテスタント勢力への圧迫に対処する方針を審議するため、一六二〇年暮れから翌一六二一年にかけて、プロテスタント側の拠点である海港ラ・ロシェルで開催した長期にわたる「政治会議」のことである。この「政治会議」は一六二〇年十二月二十五日に開会して、必要な際は武力で信仰を守ると宣言したが、一六二一年五月十日には、さらに「軍事・財政一般規定」を定め、改革派勢力をオランダに倣った一種の連邦国家に再編する「国家内国家」路線を打ち出した。公刊した書物で「ラ・ロシェル政治会議」のこうした方針を弁証して、同会議のイデオローグとなったのは、自らも代議員としてこの会議に参加していた、改革派シャラントン（パリ）教会の長老テオフィル・ブラシェ・ド・ラ・ミルティエール（一五九六―一六六六）で、彼の『フランスのプロテスタントが、良心に恥じることなく、宗教と国家の敵が彼らにする公然たる迫害に対し、武力で抵抗しうるし抵抗すべき真の理由を語る、ラ・ロシェル会議の一代議員による』（刊行地不記、一六二二年）は、前世紀の「聖バルテルミの虐殺」（一五七二年）の直後に登場したフランソワ・オトマンやユベール・ランゲ（ユニウス・ブルトゥス）に始まるフランスの「プロテスタント・モナルコマキ」の流れの最後の代表作と目されている。

〔九三〕「ティレヌス」　ダニエル・ティレヌス（一五六三―一六三三）。フランスのプロテスタント神学者。もともとドイツ人で、シュレージエン（シレジア）のゴルトベルクの生まれ。一五九〇年にフランスへ来て、家庭教師として生活を立てたが、一五九七年にエヴルーの司教ダヴィ・デュ・ペロン（やがて枢機卿となる）とパリで神学的な討論を行ない、その記録である『聖書の不十分性と不完全性、ならびに、書かれざる伝承の必要性と権威をめぐるデュ・ペロン殿の論考への答』（ラ・ロシェル、一五九八年）によって文名を上げた。同じ一五九八年に、セダンの領主であるブイヨン公爵によってセダンへ招かれ、同地の牧師、セダンのプロテスタント大学の神学教授に任命されて、やがて同公爵の息子、後のテュレンヌ元帥の教育をも任された。多分に闘争的な性格の人で、改革派神学者のピエール・デュムーランと論争などもしていたが、改革派教会内にアルミニウス派とゴマルス派の論争が起こるや、それにも介入してアルミニウスを激しく攻撃し、『予定と神の恩寵と自由意志に関するJ・アルミニウスの説の考察』（フランクフルト、一六一二年）などを著わした。しかし、ライデン大学の教授コルヴィウスに反駁されるや、完全に意見を変えてアルミニウス主義者となり、前に劣らぬ激しさで、今度はゴマルス派を攻撃した。一六一八—一九年のドルドレヒト（ドルト）教会会議でアルミニウス派が断罪されたため、ティレヌスも一切の役職を罷免され、冬のさなかをセダンから追われたが、レモンストラント派の教会組織には加わらず、あくまでも単独行のアルミニウス主義者として、以後はずっとパリに住み、そのままパリで死んだ。彼を正統派へ引き戻すため、一六二〇年四月十八日から五日間にわたり、オルレアンの近くの城で、彼とカメロン、カペルとの討論会が行なわれたが、ティレヌスはその席でも、「カルヴィニスムよりマホメット教の方がまだましだ」などと語ったと伝えられる。また、武闘路線をきめたフランス改革派のラ・ロシェル政治会議を批判し（一六二一年の『ラ・ロシェル会議へのいましめ』）、武力抵抗を主張するテオフィル・ブラシェ・ド・ラ・ミルティエールに反駁する『《フランスのプロテスタントが、良心に恥じることなく、迫害に武力で抵抗しうる真の理由を語る》なる書の検討』（パリ、一六二二年）を著わして、王権への「受動的服従」を説き、そのため、イギリス王ジェームズ一世から英国へ招かれたが、渡英は結局実現しなかった。ほかに、『罪の原因と起源を論ず』（パリ、一六二一年）、『ドルドレヒト、アレス両教会会議の教理を実践により試す』（パリ、一六二三年）などがあり、著作の総数は二十点に近い。一六三三年八月一日にパリで埋葬された。

　なお、次の訳註〔九四〕との「つなぎ」のため、ここでどうしても、ダニエル・ティレヌスに反駁されたテオフィル・ブラシェ・ド・ラ・ミルティエール（一五九六—一六六六）のその後について一言しておかねばならない。

　テオフィル・ブラシェ・ド・ラ・ミルティエールは、その後、一六二五年にはロアン公爵の運動員として南仏プロテスタントの蜂起を画策したが、一六二七年七月にパリで逮捕され、バスティーユに投獄された。翌一六二八年一月に出獄し、トゥールーズへ赴いたが、そこでまた捕えられ、トゥールーズ高等法院で死刑を宣告されて、判決の執行は猶予されたものの、四年間の獄中生活を送った。その間《かん》に当局に買収されたらしく、出獄後は国王から年金を貰い、宰相リシュリューの意を受けて、『全世界のキリスト教徒の平和と和合について』（パリ、一六三四年）、『自称改革派教会をローマ教会に統合することにより、キリスト教圏に平和を確立する手段を語る』（パリ、一六三五年）、『カトリック教徒と福音主義派の間のキリスト教的和合』（刊行地不記、一六三六年、二巻本）などの教会合同計画を発表し、同信徒の間に物議をかもした。一六四四年にシャラントンで開催された改革派の全国教会会議には、自ら乗り込んで、その件につき裁定を求めたため、教会会議はベジエの牧師ド・クロワとルアンの牧師ド・ラングルにソーミュールの牧師アミローを補佐として付けてラ・ミルティエールと会談させたが、これは物わかれに終わり、教会会議は翌一六四五年一月、彼を正式に破門した。テオフィル・ブラシェ・ド・ラ・ミルティエールは同年四月にカトリックへ改宗し、その後もカトリックの立場から教会統一を訴える数々の書を出した後、一六六五年五月六日にパリで死んだ。

〔九四〕「この問題で何巻もの書を著わしました」 たしかに、テオフィル・ブラシェ・ド・ラ・ミルティエールに反駁した本は、ジャン・ダイエのもの、モイズ・アミローのもの、ダヴィッド・ブロンデルのものなど、合計すると十点にもなるが、それらはほとんどみな、彼の教会合同計画や対プロテスタントの宗教論争に関わるもので、『フランスのプロテスタントが、良心に恥じることなく、宗教と国家の敵が彼らにする公然たる迫害に対し、武力で抵抗しうるし抵抗すべき真の理由を語る』への反駁書は、ダニエル・ティレヌスの『《フランスのプロテスタントが、良心に恥じることなく、迫害に武力で抵抗しうる真の理由を語る》なる書の検討』しか知られていないから、「この問題で何巻もの書を著わしました」という原著の記述は、どう見ても不正確である。

〔九五〕「一六二九年の講和」 フランス王ルイ十三世（在位一六一〇—四三）は、一六二〇年代初頭に始まるいわゆる「ユグノー戦争」（南仏プロテスタント勢力の圧服）に成功して、プロテスタントの本拠地ラ・ロシェルにも一六二八年十一月一日に晴れて入城した後、翌一六二九年六月二十八日に、南仏プロテスタント反乱軍との和平協定をアレスで結び（ここで「一六二九年の講和」というのはそれのことである）、それに基づき、同年七月にアレス勅令（ニーム勅令とも呼ばれる）。この勅令は、ナント勅令を更《あらた》めて再確認し、政治的・軍事的勢力としては現に解体し無力化したフランス改革派に、純粋に宗教的な団体としては存続を保証するむね約束した。その後の経過を知っている今日のわれわれから見れば、政治的・軍事的な解体・無力化が、宗教団体としても抹殺され息の根を止められる前段階にすぎなかったことは明らかなのだが。

〔九六〕「ブランデンブルク選帝侯」 ブランデンブルク選帝侯フリードリヒ＝ヴィルヘルム（一六二〇—八八、在位一六四〇—八八）。プロイセン王フリードリヒ二世（大王）の曾祖父に当たり、後のプロイセン王国興隆の基礎を据えた名君で、「大選帝侯」と綽名される。ベルリンの生まれ。一六四〇年に父ゲオルク＝ヴィルヘルムの後を継いでブランデンブルク選帝侯となり、三十年戦争で荒らされた国土の復興に努め、ウエストファリア講和条約で東部ポメラニア、カミン、ミンデン、ハルバーシュタットなどを得た上、一六六〇年には東プロイセンをポーランドから解放し、一六七五年にはフェールベリンでスエーデン軍を破って国威を発揚した。一六七九年にはフランスの圧力により、サン＝ジェルマン条約を結んで西ポメラニアの征服地をスエーデンに返還せざるをえなかったが、国際的な大きな威信に飾られた人だった。国内的には産業の振興、海運業の創設、アフリカへの植民、財政の改革、常備軍の設置などによって後のプロイセン王国の隆盛を準備し、特に宗教的な寛容政策によって、あらゆる国の迫害される人々に自国を避難所として開放し、そのため、ドイツ人、オランダ人、ユダヤ人などが大量に流入して、ブランデンブルクと首都ベルリンは面目を一新した。一六八五年のナント勅令廃止の際も、約一万五千人のフランス人プロテスタントを自国に受け入れ、国の産業を飛躍的に発展させた。「大選帝侯」はかねてから、ルイ十四世の対プロテスタント政策に不安を感じていたが、とりわけ、フランス僧族会議が提出した約二十の新たな要求（司教座・大司教座所在地でのプロテスタントの説教の禁止、プロテスタント貴族が会堂内で持つ特別席の禁止、領主が居住しない領主館での説教の禁止、等々）を委員会へ付託するという一六六六年四月二日の勅語には危惧の念を抱き、同年八月十三日付の手紙をルイ十四世に送った。本文で引かれるのは、それに対するルイ十四世の九月六日付の返書で、ジャン・クロードの『フランス王国で残酷に虐げられているプロテスタントの抗議』（ケルン、一六八六年）によれば、この返書は「何部も写しを取られて世間に弘められた」らしく、そのせいかヴァリアントが多い。なお、「大選帝侯」は同じ問題につき、同年十一月二十四日にもルイ十四世に手紙を送っていた。

〔九七〕「カミザール事件」「カミザール」とはラングドック方言で「シャツ」を意味し、歴史的には、十八世紀初頭にセヴェンヌ地方で反乱を起こしたプロテスタント農民を言う。ここで「カミザール事件」というのは、普通「カミザール戦争」と呼ぶもので、このプロテスタント農民たちが行なったゲリラ戦のことである。この戦争は、一七〇二年六月二十四日に、ポン・ド・モンヴェールで、反乱を起こしたプロテスタント農民が、土地の主任司祭（むろんカトリックの）のド・シェラ師（一六四八―一七〇二）を殺害し、司祭館に隣接する監獄に捕われていた同信徒の囚人たちを解放したのに始まり、その報に、セヴェンヌ地方の各地でプロテスタント農民がいっせいに蜂起して、一七〇二年中には、セヴェンヌ地方の中心都市アレスもカミザールらの手に落ちた。しかし、当時のラングドック地方長官ニコラ・ド・ラモワニョン・ド・バヴィル（一六四八―一七二四）は、ナント勅令が廃止された一六八五年以来その地位にある人だったが、所詮は一介の「能吏」にすぎず、ナント勅令廃止時以来の変わりばえせぬ「ドラゴナード」一点張りだったため、討伐にはかばかしい成果を上げられず、討伐軍を指揮するモンルヴェル元帥も、一七〇三年には一敗地にまみれた。そこでフランス政府は、翌一七〇四年、スペイン王位継承戦争のさなかだったにかかわらず、精兵一万人をわざわざ割《さ》いて、後にプロヴァンス州総督となる勇将ヴィラール元帥（クロード＝ルイ＝エクトル公爵元帥、一六五三―八三）に与え、モンルヴェルに代って討伐軍の指揮を取らせた。しかし、着任早々、ヴィラール旗下の海軍陸戦隊一個連隊が惨敗を喫して雲散霧消したため、ヴィラールとバヴィルのコンビは、カミザールを分断する作戦に転じ、法的には禁止されているイギリスへの亡命を特例として許すという餌で釣って、妥協派のリーダーを籠絡して個別に帰順させた上、妥協に応じぬ強硬派のリーダーは徹底的に追い詰めて殺害する、という硬軟両様の作戦を取り、これはみごと効を奏して、ジャン・カヴァリエ（一六八一―一七四〇）などの妥協派リーダーは、一七〇四年にニームで降伏条約を結んで帰順し、カミザール討伐戦はほぼ一七〇五年に完了して、その後、一七一〇年頃まで散発的にあった局地的な蜂起も、そのつど圧殺されて、大事には至らなかった。アレスに近いマス・スヴェランにある強硬派リーダーのラポルト、通称「ロラン」の自宅跡は、現在、「荒野博物館」として大切に保存されており、国際的なプロテスタントの一大巡礼地となっている。その一方、妥協派のリーダーのジャン・カヴァリエなどは、約束どおり特例としてイギリス亡命を許され、最後にカヴァリエはイギリス陸軍の大佐にまで出世して、カミザール戦争をめぐるその『覚書』も、最初の版はロンドンから英語で出版された。

　ジャン・カヴァリエ（一六八一―一七四〇）は、十九世紀の大衆小説家ウジェーヌ・シュー（フーリエ主義の影響を受けた社会主義者でもあったらしい）の小説の主人公（および標題）に取り上げられたり、伝統的にカミザールの唯一無二のリーダーと目されたり、さらには、宗教迫害に対するプロテスタントの抵抗の象徴の地位に祭り上げられたりする人物だが、このウジェーヌ・シューにせよ、一九七六年にカヴァリエの『覚書』の新版を出した現代のフィリップ・ジュタール氏にせよ、いずれも救いがたい無知を表明して、そもそも「プロテスタント抵抗」など語る資格がないことを露呈したものにほかならない。かねてから、二十世紀初頭に出た古い版（フランク・ピュオーによる仏訳と付註によるもの、パリ、一九一八年）でこの『覚書』を読んでおり、その内容も知悉しているつもりの訳者（つまり私）に言わせれば、この男は所詮、志《こころざし》なき出世主義者の「戦争屋」にすぎず、その『覚書』も、単に自慢話を連ねただけの、およそ薄っぺら（分量ではない。「内容空疎」という意味である）な代物《しろもの》にすぎない。

　「カミザール戦争」の実相を正しく伝えたいならば、この戦争の意義を顕揚しつつ、しかも同時に、かような自然発生的運動にとかくありがちな数々の欠陥・デメリット（「狂信」と紙一重の「預言」癖や、「預言」の内容の聖書からの逸脱、とりわけ「武闘」と「聖戦」のいたずらな呼号など）にも厳しい「内部批判」を加えていて、その意味では、ジャン・カヴァリエの『覚書』などよりはるかに「内容豊富」というべき、本書の原著者アントワーヌ・クール（一六九五―一七六〇）が著わした『セヴェンヌの動乱またはカミザール戦争史』全三巻（ヴィルフランシュ〔「自由都市」の意で、ここではジュネーヴのこと〕、一七六〇年）が、……（カヴァリエの『覚書』の邦訳を出版した岩波書店ではなく）……権威はなくても志《こころざし》はあるどこか別の出版社から、「岩波文庫」にくらべれば発行部数はよし極少でも、しかるべきレヴェルに達した邦訳により、刊行されることこそが望ましかろう。

　最後に、「カミザール」なる呼称の特許権・著作権をめぐる世にもくだらぬ論争にも、一言《ひとこと》触れておかねばならない。アンリ・プーライユ（一八九六―一九八〇）の流れを汲む二十世紀前半の「プロレタリア文学」派に属して、「プロレタリア作家」というより、むしろ、オーヴェルニュ山中に根を降した「農民作家」として聞こえ、『マリア』（一九二五年）、『土の人ジャン＝マリ』（一九三一年）などの名作を書いたリュシアン・ガション（一八九四―一九八四）は、「カミザール」という呼称の特許権ないし著作権を申請して、しかるべきロイヤリティ（特許使用料）を払わぬかぎり、その呼称を用いてはならぬ、とした。一方、さような特許権・著作権が仮に当初あったとしても、最初に使用されてから五十年をとうに過ぎ、その特許権・著作権はもはや時効により消滅し、今は当然存在せぬから、誰しもその呼称を無料で用いてよい、というのが反対者らの主張であった。一説によると、ガションがその申請をしたのは一九〇四年とされているが、それだと、ガションは年齢わずか十歳でさような申請をしたという、いささか不合理な結果を招くから、申請の時期は特定せずにおく方が無難であろう。結果から見ると、この争いはガションの負けで、今となっては、「カミザール」と口にするたびに特許使用料・著作権料を収める者など、かく言う訳者（私）も含めて、世界中に一人もいはしない。いずれにせよ、これは、特許使用料・著作権料を毎度徴収したい者と、さような金を払いたくない他の者らとの、どちらにせよ卑しい「金目《かねめ》の争い」にすぎなかった。

〔九八〕「ロアン枢機卿」　アルマン＝ガストン＝マクシミリアン・ド・ロアン（一六七四―一七四九）。フランスのカトリック聖職者。ロアン家は十六世紀以来のプロテスタント大貴族の家系で、一六二〇年代の南仏プロテスタントの反乱をも主導した一族だったが、本人は、当時の大貴族の二、三男の例に洩れず、家督を継がずにカトリックの聖職者となり、一六九四年にストラスブールの教会参事会員、一七〇一年にストラスブールの協働司教、一七〇四年にストラスブールの司教、一七一三年に宮中司祭長に任命され、一七一二年にはローマ法王クレメンス十一世により枢機卿に任ぜられて、以後は普通「ロアン枢機卿」と呼ばれた。任地のストラスブールはプロテスタント（大半はルター派）が非常に多い町だったが、この高僧はプロテスタントに非常に寛容な人で、当然プロテスタントの受けも良く、開明的な枢機卿として絶大な人望があった。

〔九九〕「ティトゥス」　ローマ皇帝ティトゥス・フラウィウス・ウェスパシアヌス（三九―八一、在位七九―八一）。ウェスパシアヌス帝の長子で、部隊長としてゲルマニア、ブリタニアに従軍、六六年には父に従ってパレスチナへ赴き、ユダヤ戦争に参加した。その後、ローマへ戻る父からユダヤ戦争の指揮を委ねられ（六九年）、七〇年にはエルサレムを陥落させた。七九年に父帝の死により自ら即位したが、同じ年にヴェスビオ火山の噴火によってポンペイ市が埋没したり、ローマにも疫病と大火が起こるなどして、その治世は災難つづきだった。ティトゥスは専心、罹災者の援護に努めて、仁政を施したため、「人類の寵児」と謳われ、その短い治世は理想的な幸福の時代として長く記憶された。

〔一〇〇〕「トラヤヌス」　ローマ皇帝マルクス・ウルピウス・トラヤヌス（五二―一一七、在位九八―一一七）。スペイン生まれの人で、東方やゲルマニアに従軍、九一年に執政官に就任し、九七年にはネルウァ帝の養子となって、翌年に同帝が死ぬや即位した。一〇一年からドナウ川を渡ってダキアに遠征、一〇六年には最後的にそれを滅ぼして属州とし、さらに一一三年には東方へ出陣、一一四年にはアルメニアを占領し、さらに南進して低メソポタミアに進出、一一五年にはティグリス川を渡ってパルティア王国の首府クテシフォンを陥れ、ペルシア湾にまで達して、ローマ帝国に最大の版図を持たせたが、帰途にキリキアで歿した。内政にも意を用いて、救貧制度を拡充し、道路・橋・運河などを建設し、小プリニウスなど有能の士を属州に派遣するなど、名君として聞こえた皇帝で、キリスト教徒についても、それを積極的に探し出して迫害するのを禁じた。小プリニウスが書いた彼の称讃演説が今も残っている。

〔一〇二〕訳者は普通、掛布団として、下に厚手の毛布一枚、その上に軽い布団一枚、さらにその上にやや厚い布団一枚と、三枚重ねにして寝るが、睡眠中、無意識に、頭蓋の重みを手で支えようとして、頭蓋と枕の間に掌を差し入れるため、肩が毛布の外へはみ出して、寝入りばなの十時、十一時には寝汗をかくほど暑くても、日付が変わった後の十二時、一時、まして夜明け前の三時、四時ともなると、外気の気温と室温の急激な低下に伴い、毛布から出て露出した肩口を通じて猛烈な寒気に襲われ、寒さで目が覚めることも稀ではない。

そうなるのを防ぐためには、頭蓋を置くべき中央部と、その左右に垂れた厚手の布の袋の中に綿を詰めた棒状の「綿袋」からなる特殊な寝具を用い、その「綿袋」を抱《かか》え込むような形で、左右の肩と上腕部を上から押さえて固く防護すれば、寒さに襲われることもあるまい。また、毎朝の起床に際しても、睡眠中の横臥状態から一足とびに直立歩行の状態へ移るのではなく、まず、寝床の中で上体を起こし、そういう中腰の状態で、頭蓋を頸部で支えることにゆっくり体を慣らしつつ、たてつづけに煙草を一、二本吸って十分に目覚め切り、意識が清明になるのを待ってから、おもむろに直立歩行の状態へ移行すれば、起床と着替えでいたずらに体力を消耗して、朝からハアハア息切れしなくてもよくなろう。もちろん、「寝煙草がいちばん危険」と広く世に言われ、それは一応もっともなことではあるが、訳者がするのは横臥状態での喫烟ではなく（さようなことは、そもそも出来るものではない）、布団の中とはいえ、あくまでも寝煙草ではなく、中腰での起き煙草だから、なんの危険もありはしない。

それにしても、つけたまま寝た腕時計や、主に空腹感を指標とする体内時計でそれと知られる現実の時刻（いつでもよいが、仮に午前六時としておこう）と、枕もとの置時計の文字盤に描き出される真夜中の十二時、一時や、夜明け前の四時、五時との間には、一見して目につく、「これ見よがし」ともいうべき落差がある。文字盤に描かれるのが十二時なら、それから六時までの計六時間の、また、描かれるのが四時ならば、四時から六時までの計二時間の長きにわたるその期間には、天候・気象の激変があったかもしれず、昏睡状態にあったはずの私自身はともかくとして、正常な他の人々はその期間に種々の行為を、営為を必ず行なっていたに相違ない。

こうしたあらゆる事態、あらゆる行為がことごとく消去され、「チャラ」にされ、はじめからなかったかのごとくになるのなら、それを招いたものは、絶対的な威力を具えた必殺の塗布剤または麻痺剤としか言いようがあるまい。

では、人間としての私の尊厳を守るため、または、それほど大袈裟な言いかたをしないでも、最低限、私の面目を保つため、さような塗布剤、麻痺剤をそれ自体消去し無化する手立てがあるのであろうか。それは必ずやあるであろう。かの大哲人ライプニッツ先生にでもあやかって、およそ何事があろうと、たとえばナチスによるホロコースト（ユダヤ人の大殺戮）が敢行されようと、ヒロシマ、ナガサキに原子爆弾が投下され、七十年後の今日このごろに至るまで、罪なき市民が連日被爆〔ママ〕死していようと、それらを全部均《な》らした現実世界のトータルな帳尻は必ずどこかで合っているはずだという、およそ口から出まかせでその場限りの勝手な想定をするほど鉄面皮にさえなれるなら、たちまち視界がきれいに晴れわたり、およそ存在するすべての時間とそれの落差を一挙にことごとく無化することも、正確に言えば単なる無化にとどまらず、絶対的な威力を具えた麻痺剤のごとき極限的な負の要因を、すべてを活性化する、同じく絶対的な威力を具えた賦活剤に、極限的な正の要因に転化し再編することすらも可能となろう。若年の頃からピエール・ベールに入れ上げてきた老書生の訳者としてはまったく以て柄《がら》にもなく、正直に言えば不本意きわまりないことではあっても。これは、さような談議の根本的・本質的なくだらなさを、また邪悪さを一時棚上げし脇に置いた、所詮は一種の風流滑稽譚、非道・無道・没義道《もぎどう》な単なる笑い話にすぎないと、あらかじめ、よくよくことわってさえおくならば。

解説

本書の原著者アントワーヌ・クール（一六九六―一七六〇）は、通常、フランス改革派教会の「中興の祖」とされる人物である。出生地はいずれにせよ、フランス中央部のヴィヴァレ地方で、正確にはラ・トゥール＝デーグとも、ヴィルヌーヴ・ド・ベルグともいわれている。

周知のとおり、フランスでは、一六八五年十月のフォンテヌブロー勅令によってナント勅令が廃止され、プロテスタンティスムは非合法状態に追い込まれたが、「荒野《あらの》の教会」と普通呼ばれるこの非合法下の教会では、フォンテヌブロー勅令により全員が国外退去を命じられた牧師たちに代って、もともと職業的な牧師ではない、文字どおり「草莽《そうもう》」というべき一群の「説教者」（prédicant）が立ち現われて宣教に従事し、多くはその中で命を落とした。この「説教者」運動を象徴するのは、トゥールーズの高等法院の弁護士でありつつも、その本業をなげうって非合法の「説教者」となり、一六九八年十一月四日にモンペリエで絞首刑に処せられたクロード・ブルッソン（一六四七―九八）だったが、地元のヴィヴァレ地方を皮切りに、わずか十七歳で活動を始めたアントワーヌ・クールもまた、このブルッソンの後を継ぐ「草の根」の説教者の一人だった。十七歳といえば、一六九三年頃ということになろう。クロード・ブルッソンを除く最初の「説教者」仲間には、ヨタン、マッソン、マザック、ジロー、ブルドラン、ジヴリ、デュ・ノワイエ、デブリュック、マテュラン、サルヴ、ギュイヨンという人物が知られているが、これらの人物はほぼすべて、処刑されたり、土牢で獄死したり、漕役囚としてガリー船上に死んだりした。たとえ棄教し、カトリックに改宗しても、その最期は変わらぬか、不起訴となるため高額の身代金をさらに上乗せされるのが落ちだったという。

さらに、ナント勅令廃止後間もない一六八八年頃から、ドーフィネ地方を手はじめとして、弾圧下のプロテスタント民衆の間から無数の「小預言者」（petit prophète）が輩出して、その運動が「説教者」運動と半ば並行し、それと深く関係しつつ行なわれていた。「小預言者」の最初の例は、一六八八年二月、ドーフィネ地方クレの近くに住むイザボー（またはイザベル）・ヴァンサンという十六歳の羊飼いの娘で、この少女は眠りながら聖書の言葉を語り、背神の徒（迫害者）の懲罰と、改革派教会の再建を予言した（彼女は六月に逮捕され、数週間後、カトリックへ改宗したといわれる）が、彼女の感化で、この地方一帯に多くの男女預言者が出現した。ついで、この運動はローヌ川の左岸から右岸へ移ってヴィヴァレ地方へ波及し、二十五歳の農夫ガブリエル・アスティエ（一六八九年四月にモンペリエで、または一六九〇年三月にバイで処刑）を皮切りに、同地方全体に預言運動が燃え拡がった。その火は、一六八九年二月十九日、ラ・サルで開催された預言集会が軍隊に急襲され、四百人の犠牲者を出す（参会者は天使の加護を信じて、銃弾を浴びても、退散を拒んだという）に及んで表面的には鎮静したが、以来十年にわたって地下に潜伏した後、一七〇〇年に再びヴィヴァレ地方で燃え拡がり、さらに南下してセヴェンヌ、低ラングドック地方へ及んだ。当初は平和的なものだったこの「小預言者」運動は、一七〇二年春から徐々に「聖戦」志向を強めてゆき、この年七月にセヴェンヌ地方で始まるカミザール戦争の直接的な導火線となったのである。

「荒野《あらの》」を舞台に展開された二つの運動、「説教者」運動と、とりわけ「小預言者」運動とは、なかば「カースト」化した職業的牧師一族（たとえば、シャラントン〔パリ〕教会のダイエ一族、同じくシャラントンのクロード一族、フォワ伯爵領カルラ〔現名カルラ・バイル〕のベール一族など）を中核とする、ひからびて即応力を喪失したフランス改革派の従前の教会組織が、ナント勅令の廃止による全面的な壊滅の末に、更《あらた》めて、従来とは全く異なる民衆的な基盤の上に、新たな活力を得て蘇りつつあるしるしではあったが、およそ教会の指導者ともあれば、さような自然発生的運動に付き物な各種の欠陥・デメリットに目をつぶることは許されなかった。とりわけ「小預言者」運動の場合、もともと理性的契機の参入のない「脱自」、「夢うつつ」の状態でする「預言」の内容を支配するものが、迫害者への憎悪や復讐心といった、およそ粗野な感情、粗暴な情緒の野放図な垂れ流しとなりやすく、具体的には、聖書の教えの大枠からはみ出る暴力闘争と「聖戦主義」との無拘束な鼓吹を主調としがちで、ひいてはそれが「説教者」の宣教の内容をも方向づけるおそれがあったことである。そこでクールが行なったのは、第一に、「説教者」運動と「小預言者」運動とを截然と分離して、「説教者」運動を宣教内容の面から統制したこと、そして第二に、「説教者」の養成と再教育を行なうための神学校を、一七二九年に、ジュラ山地をはさんでフランスから指呼の間《かん》にあるスイスのローザンヌに開設し、そこで育った「説教者」たちを組織的にフランスへ送り込み、「説教者」運動の活性化と正統化を図ったこと、そして第三に、各個別教会の長老会議や、それらが地区ごとに集まった地区会議、さらには地方規模の地方教会会議から、全国規模の全国教会会議へと、下から上へ積み上がる教会の伝統的な位階構造を再建して、「説教者」運動の内容的な統制を組織論的な面でも保証する方向へ巨歩を踏み出したことだった。

アントワーヌ・クールは按手礼を受けた正式の牧師に叙任されていなかったため、まず、仲間のコルテスにチューリヒへ行ってもらい、そこでコルテスが按手礼を受けて牧師に叙任された後、帰国したそのコルテスから教会会議の席上でクール自身が按手礼を受け、自らも牧師に叙任されるという遠回りの方法を取らざるをえないほどだったが、任地不定の説教者から、ニームに任地を固定された正式の牧師となっていた一七一五年八月二十一日には、この町にセヴェンヌ、低ラングドック地方のすべての説教者と、さらに数人の世俗人有識者を集めて、非合法下で最初の地方教会会議を開き、「小預言者」運動との絶縁を決定させた。一七一六年八月二十二日にはドーフィネ地方の地方教会会議がそれに続き、クール自身がその会議の書記に任命された。一七一七年三月二日にはラングドック地方教会会議も行なわれ、こうして、フランス改革派の教会組織の再建はあと一歩のところまで進んだ。荒野《あらの》で開かれた全国教会会議または地方教会会議は、一七一五年から一七九三年に至るまであり、エドモン・ユーグの手によって、四折判全三巻の大きな記録集が残されている。

いずれにせよ、アントワーヌ・クールと、その事業を受け継いだポール・ラボー（一七一一—九五）とが、ともにフランス改革派教会の「中興の祖」として教会史に特筆されるのも、まさしく、こうした三重の活動の賜物だったと言ってよい。そして最後に、アントワーヌ・クールにせよ、このポール・ラボーにせよ、幸いにもそれぞれ優秀な息子に恵まれたこと、『原始世界の分析および現代世界との比較』（一七七三—八四）という文明史の大作を著わしたアントワーヌ・クール・ド・ジェブラン（一七二五—八四）がアントワーヌ・クールの息子であり、ラングドック州のプロテスタント有権者の支持を得て立憲議会の議員となり、「人権宣言」の内に「良心の自由」という条項を入れさせる立役者となって、最後は「恐怖政治《テルール》」期に「ジロンド派」として断頭台にかけられたジャン＝ポール・ラボー・サン＝テティエンヌ（一七四三—九三）がポール・ラボーの唯一の男児だったことを付け加えて、原著者の一般的な紹介は終えるとしよう。

アントワーヌ・クールの著作には、生前に出たものを年代順に挙げれば左記のものがあるが、これらはみな匿名で、著者が自ら名乗って出した作品ではなかった。

①、一七二一年、『ラングドック州ニーム近傍の荒野《あらの》で開かれた集会に参加したかどにより、フランスで一部のプロテスタントになされた身の毛のよだつ残虐行為の史的報告。弁明的略史、または、バナージュ氏の一七一九年四月十九日付の、信仰と主権者への忠誠の内での堅忍についての牧会教示への答となるべきフランス改革派信徒の擁護を

付す』
②、一七三〇年、『フランスの一プロテスタントへ送る手紙集。改革派信徒の結婚と、彼らの子供がローマ教会において、改革派教会の神父により洗礼されることについて』
③、一七三三年、『フランスの一プロテスタントへ送る手紙集』（②の増補第二版）
④、一七四五年、『フランス王国のプロテスタントの弁明、彼らの宗教集会について』（荒野《あらの》にて、一七四五年）
⑤、一七四五年、『《ラングドックのプロテスタントの集会について》と題して、同州の一プロテスタント貴族へ送られたD・L・F・D・M氏の印刷された手紙（ロッテルダム、一七四五年）の著者に送るフランスのプロテスタントたちの返事』（荒野《あらの》にて、一七四五年）
⑥、一七五一年、『フランスの不偏不党な愛国者、または、総監殿に宛てたアジャンの司教殿の、一七五一年五月一日付の、ユグノーへの寛容に反対する手紙への返事（一七五一年七月三十一日付）』
⑦、一七五一年、『一七四四年から今年一七五一年に至るまで、フランスのいくたの州に起こった改革宗教に関する最も特筆すべきことの史的覚書（一七五一年六月三十日付）』（刊行地・刊行年不記）
⑧、一七五三年、『フランスの愛国者』（ヴィルフランシュ〔ジュネーヴ〕、ピエール・クレティアン書店、一七五三年）（⑥の再版）
⑨、一七五六年、『愛国者の手紙、フランスのプロテスタントへの政治的寛容と、そこから王国に結果する利益について』（刊行地不記、一七五六年）（⑥の第三版）
⑩、一七六〇年、『セヴェンヌの動乱またはカミザール戦争史』（三巻、ヴィルフランシュ〔ジュネーヴ〕、一七六〇年）

訳者が本書のテクストを読んだのは、他の二つの文書と合わせて作られた、とある「人為的合本」(recueil factice)の中でだった。最初に、この言葉について説明しておかねばならない。

旧政体下のフランスでは、読書人である一人一人の購読者が小売書店で入手するのは、完成品となった表紙付きの本ではなく、本の中味だけを仮綴じにしたもので、購読者が各自、製本業者に依頼して、仔牛の革なり羊皮紙なりの表紙を付けた本の形に仕上げ、書斎ないし書庫に所蔵するのが常だったが、場合によると、同じ時期に、えてして同じ書店でたまたま入手した、共通または近接した主題をめぐる複数の仮綴じ本を合体して、ひとつの革表紙本にするということもしばしば行なわれた。「人為的合本」というのはそういう合本のことで、「人為的」とは、もともと出版社ないし小売書店が製本業者と組んで、自らの責任で作った合本として売り捌いた「本来的な合本」(recueil naturel)(さようなものがあるなら、の話だが)と区別するためにすぎない。こうした「人為的合本」の場合、いかなる仮綴じ本が一冊にまとめられるかを決定するものは、全くの偶然と、あとは購読者個々人の「気まぐれ」以外の何物でもないから、全く以て定めがたく、ただ、多くの「人為的合本」に含まれる仮綴じ本ほど広く普及し、よく売れたのであろうと、結果から推測されるにすぎない。

本書『愛国者の手紙』を含む「人為的合本」の場合、まず先頭にフレデリック＝ギヨーム・ド・ラ・ブルー(生歿年不明)の『寛容に関するイエス・キリストの精神』(L'Esprit de Jésus-Christ sur la tolérance、刊行地不記、一七六〇年、全三五九ページ)と、次に本書『愛国者の手紙』(Lettre d'un patriote、刊行地不記、一七五六年、全一一九ページ)、そして最後にアンドレ・モルレ師(一七二七—一八一九)の『興味ある主題に関する小文書』(Petit écrit sur une matière intéressante、トゥールーズ、一七五六年、全三八ページ)とがページも別立てで収められ、仔牛革の表紙を付けた総計五一六ページとかなり厚い単一の本にまとめられており、革の背表紙には、先頭の『寛容に関するイエス・キリストの精神』の原題の一部とおぼし

き

spri
DE
LERA
T

三段、計十一個の字が金文字で刻まれているにすぎない。

（二〇一五年十月）

解説

口絵写真

一枚目は『山梨日日新聞』一九六九年一〇月三〇日号に、記事「都立大の封鎖解除」（以下に引用）とともに掲載されたもの。キャプションには「当局側教官（腕章）の説得を受けている助教授、助手たち＝東京都立大で」とある。

「東京都立大学（団勝磨総長、学生数三、五九三人）は二十九日午前七時、警視庁機動隊約三百人を導入して全学バリケード封鎖を解除、十一月三日までロックアウト措置をとった。これで都内で校舎の一部が封鎖または占拠されている大学は国立でお茶の水女子大、私立で法政大、東京電機大の三校だけとなり、警視庁では反日共系各派による大学占拠の状態は一段落したとみている。

都立大の紛争は今春の入試での自衛官受験がきっかけで、六月二十八日、反日共系のストライキ実行連合が総長室のあるA棟を封鎖、その後大学立法反対闘争も加わって九月末までに本部キャンパスは全面封鎖された。

この朝、A棟屋上にはスト実連合の〝決死隊〟九人（うち女子学生三人）がたてこもり、火炎びんを投げて抵抗した。

しかし機動隊はガス弾を撃ちながら建て物にはいり、屋上にいた全員を凶器準備集合、公務執行妨害現行犯で逮捕した。

正門前では教官、大学院生ら約三十人が「都立大学評議会に抗議する集団」の横断幕を掲げてすわり込み、ろう城学生に退去命令を出しにきた団総長らに激しく抗議していた。」

二枚目は、「野沢協先生を偲ぶ会」（二〇一六年四月三十日、アルカディア市ヶ谷で開催）の参加者に配布されたパンフレットに掲載されたもの（野沢協先生を偲ぶ会実行委員会編、一五頁）。キャプションには、「一九八七年三月、自宅書斎にて。『歴史批評辞典Ⅲ』の訳稿（二一〇〇字×一三、五七四枚）を前に」と記されている。

第一部　思想史研究

ルイ十四世末期の哲学的旅行記

本論考は野沢協が二八歳のときにはじめて公にした研究論文であり、一九五八年一二月「世界文学会」の学会誌『世界文学』に掲載された。一七世紀末から一八世紀はじめにかけて数多く書かれた「哲学的旅行記」は、「一七世紀自由思想」が「一八世紀啓蒙思想」へと発展していく過程の豊かな所産であることが指摘されている。

それからおよそ四、五〇年後の一九九六年から二〇〇八年に、野沢は植田祐次氏との共同の監修で『啓蒙のユートピア』全三巻を刊行した。これは「哲学的旅行記」に代えて「社会的ユートピア」という視点を採用し、範囲も一七世紀末から大革命直前までに拡大して、その間にフランスで発表された主要なユートピア作品一八点を集成したものである。本論考で主として紹介された『ジャック・マッセの旅と冒険』（本論考では「マセ」と表記）も第一巻に収録されている。だが思いがけないことに、全巻の総序をなす第一巻の「はじめに」（一九九六年七月執筆）には、「啓蒙のユートピア」の存在意義に疑問を投げかけるような一節がある。「〈美しい夢〉が結果として悪夢に終わるのは、すでにその夢自体が悪夢と化しうる要素を内蔵しているからであろう」。ユートピア社会は一般に「日常生活の細部にまでわたる管理・統制によって個々の成員を強く規制する社会であり、多様な価値の共存が原理的にそこから排除されている」。「悪夢は〈美しい夢〉の内に最初から組み込まれているのであって、年代錯誤を承知であえて言えば、これら啓蒙時代のユートピアの内には、やがて歴史の舞台に登場するジャコバン的な〈美徳の独裁〉はもとより、遠く今世紀のナチズム、スターリン主義、さらにはポル・ポト主義に通じる要素すらあるのである」。

現在は〈美しい夢〉ユートピアを仮構するには難しい時代である。〈悪夢〉ディストピアが現実の生活を侵食している感さえ抱かざるをえない。それでも夢見る力という「希望の原理」（エルンスト・ブロッホのいう）がことごとく失われてよいわけはない。われわれがなすべきなのは「あらゆる夢の、それらが帯びる光と影の、徹底した吟味と検討」であろうと述べて野沢はこの一節を結んでいる。

（菅谷暁）

十七世紀フランスの懐疑論

これは「一九五八年度フランス文学会例会」において発表され、その後岩波書店発行の雑誌『思想』四二六号（一九五九年一二月）に掲載された、野沢協によるピエール・ベール研究の端緒をなす論考である。

「モンテーニュは矛盾した事柄を楽しげに考えており……選択の拒否から彼の柔軟で豊かな理解力が生れる」。ここでは懐疑はドグマの専横を防ぎ、多彩な思考を紡ぎだすという健全な役割を演じている。モンテーニュやヴァイエは究極において「懐疑を心地のよい枕にするという満ち足りた懐疑家」であった。初期のヴァイエには信仰の内容にも懐疑の目を向け、キリスト教を相対化する視点もあったが、結局のところ彼は理性が無力であることを認め、信仰が絶対的に真であることを説く「信仰絶対論」（フィディスム）に帰順することになった。これが彼の「キリスト教的懐疑論」の限界であった。

ヴァイエの懐疑論が「傍観的受動的」であったとするなら、「ベールのそれは著しく積極的攻撃的」であった。ここまではおそらく正しいのであろう。しかし野沢はベール研究を進展させるにつれ、ここから導かれる二つの結論を否定することになった。第一の結論はベールの懐疑論が「宗教に敵対した懐疑論」であるという規定であった。ベールはたとえば「ピュロン主義者について」（これは「ピュロン派について」という題で『ピエール・ベール著作集第八巻』一一九一―一二〇五頁に訳出されている）の一節で「最も価値の高い信仰とは、理性に最も反した真理を神の言葉にもとづいて胸に抱くような信仰である」と記していた。ここでは信仰と理性の対立、両者の二者択一が主張されているが、野沢はこれを「伝統的なベール観」にもとづき、「正統的な信仰との関係をたとえ表面的にでも取りつくろうための最後の手段」というように解釈した。いわばベールの発言を「正面から受け止める」ことをせず、「取りつくろい」という解釈を差しはさんでしまった。これがいかに変更されなければならない解釈であるかを論証するために、『ピエール・ベール著作集』の二三〇〇頁におよぶ「解説」が書かれたといっても過言ではないのだが、ここでは手近なところで本書に収めた事典項目「ピエール・ベール」から引用しよう。「この伝統的なベール観はさらに、〈破壊的懐疑論者〉とみなすものと、〈批判的合理論者〉と見るものに大別される。しかしかようなベール観は一九六〇年代以前には支配的だったが、今では過去の遺物と化しつつある。……ベールの立脚点は、信仰絶対論に裏打ちされた伝統的カルヴィニスムそのもので、教理的立場からすれば、ベールはすでに時代遅れになりつつあったプロテスタント保守派の論争家だった」。

第二の否定されなければならない結論は、第一の結論と密接にかかわるが、この論考のはじめに記されているような「この自由思想が主としてベールによって発展的に継承され、啓蒙思想を生みだす土壌となった」という史的解釈である。理性と対立させられた信仰は、一方では純化させられるが、他方では理性にもとづかないゆえに「一転してそれ自体最も恥ずべき無知迷信と区別しがたくなってしまう」。こうして啓蒙思想家たちの宗教批判の地盤が形づくられたとされる。だが再び事典項目「ピエール・ベール」を見れば次のようにある。「新たな読者に新たな問題関心にもとづいて読み替えられ、半ばは意図に反して啓蒙思想の形成に巨大な役割を演じたというのが、歴史の中でのこの思想家の逆説的な姿だったと思われる」。信仰から理性という支柱を取り払ったベールの姿は、その「信仰絶対論」的真意から離れて、啓蒙思想家たちの目には理性による宗教批判の先駆者と映ったのであった。一九六〇年代以前の「進歩主義的な」思想史家の通念とは異なり、思想の歴史をたとえば宗教から理性へというように、ある一定の方向をめざす定向的なものとして、反復や逸脱を許さぬ直線的なものとして記述することは基本的に不可能なのである。

野沢協は『ピエール・ベール著作集』全八巻を訳し終えたとき、それまでの二〇数年間を振り返った「あとがき」において、次のことを「ベール解釈のための不動の原則」として立てていたと記している（『ピエール・ベール著作集第八巻』「解説」一二三〇八―一二三〇九頁）。「ベール自身の語ることをみだりに〈韜晦〉として検討から排除し、あらかじめ立てた解釈路線に沿わぬ発言をはじめから無視するのではなく、……原著者の発言のすべてを正面から受け止めること」。おそらくここには深い自省の念がこめられているのであろう。（菅谷暁）

ドルバック『キリスト教暴露』解説

一九六八年に現代思潮社から刊行された『キリスト教暴露』は、ドルバックの著作の本邦初の完訳であった（その後ドルバックの主著の『自然の体系』が高橋安光・鶴野陵氏によって翻訳された。Ⅰは一九九九年、Ⅱは二〇〇一年、法政大学出版局刊）。「わが国における最初の本格的なドルバック論」（『自然の体系』の高橋安光氏による「解説」二八三頁）と評される『キリスト教暴露』の「解説」を、世に埋もれさせないようにとの思いからここに再録した。

『自然の体系』の翻訳は一九四九年にその三分の一が日本評論社から刊行されていた。青年期の野沢協は「薄汚れた紙に印刷されたこの〈唯物論の古典〉を学生服のポケットに持ち歩いていた」。その当時は無神論的唯物論のこの体系を、「出来上がったもの」として摂取することがそれなりに重要であった。しかしそれからおよそ二〇年後、『キリスト教暴露』の「解説」の末尾には、「原点から完成された体系へ、『キリスト教暴露』から再び『自然の体系』へと、私たちが自力で到達できるのはいつの日のことであろうか」と記されている。「出来上がった」無神論的唯物論に依存することは、大方の意味をすでに失っていた。自前の無神論的唯物論（より広くは自前の思想一般）の構築されることが期待されていた。

それからおよそ三〇年後の『ピエール・ベール著作集第八巻　後期論文集Ⅱ』（一九九七年）の「解説」二〇九八―二一〇六頁では、「悪の存在とその説明」の問題をめぐってドルバックに言及されている。ドルバックはこの世に悪が充満する事実を、神を否定するためのひとつの論拠とした。だがドルバックが神の代わりに措定した「自然」（ドルバックの言葉では「大いなる全体」）においては、善（快）の総量は悪（苦）の総量を上まわり、物理的悪は警告として役立つと考えられていた。結局のところこのように「自然」における悪の存在を正当化するのは、構図としてはライプニッツやポープの「最善説」的な「全体としての善なる世界」と異ならなかった。

「神を否定することで弁神論の問題が自然消滅するわけではない。……ドルバックがここで展開する悪の正当化の論理は、……やはり本質的に不健全なものである。……尖鋭な宗教批判で存分に発揮された〈啓蒙〉の〈批判的理性〉が、いつしか抑圧的なものに転化する萌芽をそれ自体の内に宿し」ていたのでないかと記したとき、野沢協はもはや『キリスト教暴露』と『自然の体系』を結ぶ線の延長上に、単純に位置していたのではなかった。

（菅谷暁）

グノーシス派（講義ノート）

野沢協の書斎には、「辞書を訳す」の解説で触れる『歴史批評辞典』関連の一四冊のノートとは別に、「研究ノート」と称すべき二七冊のノートが残されていた。執筆年月が記載されていないため確かなことはわからないものの、おそらく思想史研究を志した若い頃に野沢が行なった、「基礎研究」の成果なのであろう。扱われている題材は多岐にわたるが、時代ごとにまとめると次のようになる。古代については、新約前後のギリシア哲学（フィロン、新ピュタゴラス派、プルタルコス、プロティノスと新プラトン主義）、ストア派、エピクロス、デモクリトス、懐疑派、教父哲学、アウグスティヌスなど。中世については、ビザンチンの哲学、スコラ哲学（唯名論、普遍論争）、ボエティウス、アルクイン、エリウゲナ、ダミアーニ、アンセルムスなど。一六―一八世紀については、ガッサンディ、ピエール・シャロン、ガブリエル・ノーデ、ラ・モット・ル・ヴァイエ、ソーミュール学派、ヒュームとベール、フランシスコ・サンチェス、フランス社会史など。二〇世紀については、エマニュエル・ベルル、ジャン＝リシャール・ブロック、文学研究などである。異色のものとして、科学史家アレクサンドル・コイレの『デカルトについての対話』（*Entretiens sur Descartes*、一九四四年）の詳細な研究も含まれていた。

なかでもとくに目を引いたのが「古代キリスト教における二元論（二神論）的諸潮流」と題されたノートである。これには一、グノーシス派、二、マニ教、三、アウグスティヌスと中世カトリック思想における悪の問題、が超微細な文字によって四五頁ほどにわたって記されている。「グノーシス派」の文献として挙げられている書籍のうち最新のものが一九七八年発行であることから、それ以後に書かれたと推定するのが普通であるが、その書籍はあとから追加されたと考えることもできるので、執筆年について確定的なことはいえない。他方で文中のところどころに4/23、5/7、5/14の記入があるため、どこかの大学の講義で使用されたということは当初から推測された。幸いにも一九七八—八二年度に青山学院大学で行なわれた、「弁神論の系譜」という講義に出席していた方の証言によって、この「研究ノート」がその講義で使用された「講義ノート」でもあることが判明した。弁神論（「悪の問題」）の源流に位置するのがグノーシス主義なのであるから、「弁神論の系譜」という講義が「グノーシス派」から始められていたのも当然のことではある。そのノートのなかの「グノーシス派」の部分だけを本書に収録することにしたが、それはこの部分が他と比べてまとまった記述がなされていたということと、野沢協がグノーシス主義に関心を抱いていたこと、彼の思索の測鉛はグノーシス主義にまで届いていたという、このあまり知られていない事実を多くの方にお伝えしたかったことが主たる理由である。この部分だけでもかなりの頁数を要するので、マニ教やアウグスティヌスの部分は残念ながら割愛せざるを得なかった。

ノートの文字を活字化するにあたって留意したのは次の諸点である。

一　ある人物からの引用であることが明らかな文章は、原文で〈〉が用いられているものも含めて一律に「」でくくった。

二　グノーシス主義研究者間で慣例となっている表記を、〔〕内に入れていくつかの語のあとに示した。例　プレローマ〔プレーローマ〕、ソピア〔ソフィア〕、アペルス〔アペレス〕など。

三　本ノートは文献に挙げられたフランス語著作にもとづいて作成され、また他人に見せることを前提としていないため、用語や人名がアルファベットのまま記されていることがある。活字化するにあたりそれらは日本語にし、フランス語、ラテン語、ギリシア語は基本的に文中に残さないようにした。ただし重要な用語・書名はこの限りではない。
四　引用文はフランス語・ラテン語のまま記されていることが多いが、それらはすべて日本語に訳した。
五　必要最小限の「編注」をつけた。

「異端反駁」を行なったエイレナイオスやヒッポリュトスのような教父は、グノーシス主義的教説の多様さに肝をつぶし、それをギリシア神話の多頭の怪物ヒュドラになぞらえた。たしかにグノーシス主義の解説書をひもとくと、バシレイデス（バシリデース）派、ヴァレンティノス派、マルキオン派の三大教派に加え、セツ派、オフィス派、バルベーロー派、ナーハーシュ派など、なじみのない名称をもつ教派の数の多さに面食らわされる。しかもそれぞれの教派はヒュドラのひとつひとつの頭のごとく、独自の説を立てることに覇を競っているように見える。さらに二〇世紀後半になって「グノーシス」や「グノーシス主義」に関心が高まったことは慶賀すべき動向であるにせよ、それにともなってそれらがまるでオカルティズムと同質のものであるような低次の誤解が生じてもいる。このような状況のなかで、一九六六年四月にシチリアのメッシーナで開かれた「グノーシス主義の起源に関する国際学会」は、「グノーシス主義とは何か」を明確にするために、次の三点によって「グノーシス主義」を定義した。

第一にグノーシス主義は、この宇宙は悪しき造物主（デミウルゴス）によって創造されたものであり、この神は善なる至高神と対立関係にあると考える（この考えは「反宇宙的二元論」と称される）。グノーシス主義はそもそも「なぜこの世に悪が充満しているのか」という疑問を出発点としていた。その答えとして最も単純明快なのは、この世が悪として創造されたからであるというものであろう。この世に悪が存在するのではない。悪しき神によって創造されたのだから、この世そのものが悪なのである。第二に、人間もその造物主によって創られたのなら悪しき存在なのであろうかという問いに対し、グノーシス主義は人間のうちには「神的な火花」、すなわち至高神に由来する「霊的な」要素がわずかなりとも含まれていると考える。人間のうちには「霊的な」要素、「心魂的な」要素、「物質的な」要素が内包されるし、その多寡に応じて人間は「霊的人間」「心魂的人間」「物質的人間」に分けられるということは本ノートの冒頭にも記されていた。そして第三に、その「霊的な」部分を人間に覚知（グノーシス）させる救済者が必ず訪れるとグノーシス主義は考える。この救済者が、覚知した人間を至高神のもとへ連れ戻すことによって救済は完成する。グノーシス主義はこれら三点を、さまざまなヴァリエーションはあっても保持している。

以下ではグノーシス主義のいくつかのトピックについて簡単な補足説明を試みたい。本ノートの記述を理解するうえで参考になれば幸いである。

I　人間の創造

「天馬空を行くが如き」「一大神話劇」（本書七八頁）と評されているヴァレンティノス派の教説の一端を、本ノートでは詳しく記述されていない「人間の創造」について見てみよう。材料として用いるのは『ナグ・ハマディ文書I』（岩波書店、一九九七年）に収録されている『ヨハネのアポクリュフォン』（大貫隆訳）である（アポクリュフォンとは「秘密の啓示」の意味）。ヴァレンティノス派そのものが創作したというよりは、その派に影響を与えた文書と考えられているが、「訳者解説」によれば「その筋書きの首尾一貫性は、数多いグノーシス主義文書の中でも稀なものである」。以下には訳者が付した番号と小見出しの下に、そのパラグラフの梗概を記した。

12　至高神の自己分化　至高神はあるとき「霊の泉」に映る自己の姿を見つめた。すると「思考」（エンノイア）が活発になって現われ出た。

13　バルベーローの生成　それが至高神の似像のバルベーローであり、至高神と同じく人間の姿をしていたが、至高神とは異なり可視的な存在であった。バルベーローは「第一の人間」と呼ばれる。

26　ソフィアの過失　バルベーローから多くのアイオーン（擬人化された神的存在）が生まれでて、プレーローマ界はほぼ完成の域に達した。しかし最下位のアイオーンであったソフィア（知恵）は、霊の承認も伴侶の同意も得ずに、自分のなかから自分の影像を出現させたいと考えた。（エイレナイオスが伝えるヴァレンティノス派プトレマイオスの教説では、ソフィアは父なる至高神に「恋い焦がれ」、その「思い」（エンテューメーシス）をプレーローマの外に投げ捨てたのであった）。

27　異形の子の誕生　生まれたものは不完全であり、ライオンと蛇の形をしていた。

28　ヤルダバオート　ソフィアはそれをプレーローマ界の外部に投げ捨て、ヤルダバオートと名づけた。

29　ヤルダバオートの世界創造　ヤルダバオートは母のことを知らずにいたが、母から大いなる力を受けとっていたので、プレーローマ界の似像であるこの世界と、配下の七つの勢力アルコーンを創造した。

41　ヤルダバオートの思い上がり　ヤルダバオートは被造物と配下のアルコーンを見て思い上がり、「わたしのほかに神はない」と豪語した。

44　ソフィアの後悔　ソフィアはヤルダバオートを生みだしたことを後悔した。

45　「第一の人間」の自己啓示　「〈人間〉と〈人間の子〉が存在する」という声が崇高なるアイオーンからヤルダバオートのもとに届いた。バルベーローが自分を立像の形で出現させた。

46　アルコーンたちの視認　ヤルダバオートは物質の上にある水のなかにその影像を認め驚愕した。

47　心魂的アダムの創造　ヤルダバオートは「神の像に従って人間を造ろう」と考える。そしてアルコーンたちとともに、「第一の人間」の外見にならって造った像に身体と心魂的なものを与え、それをアダムと名づけた。

54　立ち上がれないアダム　こうして心魂的身体をもつアダムができあがったが、それは長いあいだ身動きできないままであった。

55　「力」の抜き取り　ソフィアはヤルダバオートに与えてしまった「力」を取り戻したいと考えた。そこでヤルダバオートに「あなたの息をアダムの顔に吹き込みなさい。そうすればアダムの体は立ち上がるようになるでしょう」と、使者を派遣して告げた。こうしてソフィアの霊的な力はヤルダバオートのなかからでて、アダムの体のなかに入り、アダムは動きだし、力を得て輝いた。

『ヨハネのアポクリュフォン』の作者の奔放な想像力はとどまるところを知らず、このあともまだまだ豊穣な神話を紡ぎだすのであるが、長くなりすぎるのでこの辺で終わりにしておこう。旧約聖書の『創世記』と比べてみればわかるように、グノーシス主義神話においては「アダムの創造」までの物語が長大である。悪しき造物主によって創造されたアダムのなかに、なぜ霊的なものが含まれているかを説明しなければならないという事情もあるにせよ、ここにかいつまんで紹介しただけでも、非常に巧みな物語が展開されているという印象を受けるのではないだろうか。古代末期のグノーシス主義者たちは神話形成能力にたけており、それがグノーシス主義文献を読む際の楽しみのひとつにもなっているのだが、それはともかくとして、こうしてもともとは至高神に由来する「霊的なもの」が、至高神→バルベーロー→ソフィア→ヤルダバオート→アダムという具合に受けつがれて、結局は人間の内部にも蓄えられることになったのである。

II　仮現論

バシレイデスによれば「十字架にかけられたのはイエスではなく、イエスに姿を変えられたキレネのシモンであり、イエスはそのシモンの形をとって人々を嘲笑しており、やがて神のもとへ帰っていったのであった」。本ノートでも言及されている（本書七五頁）、この印象的な挿話を伝えているのはエイレナイオスである。ここで注目すべきは、十字架にかけられているシモンはイエスの肉体を借りており、そのかたわらで人々を嘲笑しているイエスはシモンの肉体をまとっていることである。したがって通常の目で見た限りではこの入れ替えに気づくことはできない。しかし「肉に惑わされず霊に目覚めた者」（「覚知者」グノースティコイ）はそのことを見破らなければならない。覚知できれば霊的人間として救いが与えられるが、それができない人間には救いはもたらされない。エイレナイオスは次のように続けている。「バシレイデスの言うところでは、十字架に架けられた者を信じて告白する者はだれであれ、未だにもろもろの身体を造った者たちの支配下に奴隷とされているのである。反対に、そのような告白をしない者はだれであれ、彼らから解放されており、生まれざる父の救いの経綸を認識しているのである」（『キリスト教教父著作集　エイレナイオスⅠ』、教文館、二〇一七年、一〇二頁）。したがってこの十字架刑は、救われる者とそうでない者とを選別する重要な契機ともなっている。またここで磔刑に処されるのがイエスではなく、シモンであることからもわかるように、バシレイデスはイエスの「受難」を否認する。それに対しマルキオンはイエスの「生誕」を容認しない。イエスの生誕や成長というこの世のうちで生起する出来事を認めることは、イエスが造物主（デミウルゴス）に属することを是認してしまうことになるからである。しかし「受難」は認める。イエスは実際に血を流し、刑死したのであった。それは至高神が「詐欺師でないならば」（本書九五頁）、造物主に当然支払わなければならない「代価」だからである。というのもマルキオンには、人間は造物主のものであるという、「一般のグノーシス派」（マルキオン派以外のグノーシス派）とは異なる人間論があったためである。

Ⅲ　善なる神の無償の愛

グノーシス主義を定義した「メッシーナ提言」の二番目の項目は、人間のうちには「神的な火花」、すなわち霊的なものが宿されているというものであった。しかしマルキオンによれば人間にそのようなものはなく、人間は「豚のように汚れており」、人間のうちには救いに値するものは何も存在しないのであった。「裁きの神」が創造したこの世と同じく、その被造物である人間は醜悪であった。「一般のグノーシス派」は人間を確実に救われる「霊的人間」、救われる可能性はもつ「心魂的人間」、救済が不可能な「物質的人間」の三種に分類したが、グノーシス主義ではこの「物質的」という言葉はよく「泥的」（コイコス）という言葉によって置き換えられた。マルキオンにあってはすべての人間が「泥的」よりも汚れた「豚的」な人間であった（もっとも「泥」と「豚」のどちらがより汚れているのかは判然としないのだが）。ところが「善なる神」はこの救いに値しない、縁もゆかりもない人間に「無償の愛」を注ぎ、救おうとするのである。

Ⅳ　「悪の問題」は解決されたのか

グノーシス主義の出発点が、この世に充満する「悪」をいかに説明するかということにあったことははじめに述べた。ではその説明に成功したのであろうか。「一般のグノーシス派」では、「神的な火花」を有する人間がプレーローマ界に回収されることによって救いは成就した。この世に悪があるのはこの世が悪であるからだという説明は単純明快であるが、しかしながらその解決は此岸においてではなく、あくまでも彼岸においてなされると想定されているのではないか。またバシレイデスは「このグノーシスを持ちうる者は、千人に一人か、一万人に二人である」（本書六五頁）と述べるが、この超エリート主義には反発を覚える向きもあるかもしれない。それに対しマルキオンははるかに民衆的である。教会の創設や聖書の制定など、実際的な関心も有しており、「神的な火花」をもつ人間だけでなく、「泥的」人間も救われるという点で、多くの民衆に訴えかける魅力があったに相違ない。

しかし本ノートにも指摘されているように、至高神すなわち「善なる神」「慈愛の神」が、人間にとって「見知らぬ神」「異邦の神」であるという前提（だからこそ「無償の愛」になるのであるが）、これが理論的には弱点を構成するのかもしれない。それでも野沢協によれば、「それらの不合理の故に、それを信じる信徒達にとっては、苦難にたえるかけがえのない力となった」（本書九七頁）。野沢は本ノートの末尾で重要な疑問を呈している。「悪は理論的に解決（解消？）すべきものであるか、それとも、現実の生活の中でそれに耐え、できるならば、それを実践的に克服すべきものであるか」。そしてそれはグノーシス主義に端を発する「弁神論の背後にあるもっとも基本的な問題」なのでもあった。

この解説を草した者はグノーシス主義の愛好者ではあるが、専門的な研究者ではない。そこでこれ以上の解説は控えることにして、グノーシス主義についてもっとお知りになりたい方は、以下に掲げる解説書・研究書をお読みいただくのがよいだろう。これらはいずれもすぐれた研究者による信頼のおける書物である。

一　荒井献『原始キリスト教とグノーシス主義』岩波書店、一九七一

二　エレーヌ・ペイゲルス『ナグ・ハマディ写本——初期キリスト教の正統と異端』荒井献・湯本和子訳、白水社、一九八二
三　シモーヌ・ペトルマン『二元論の復権——グノーシス主義とマニ教』神谷幹夫訳、教文館、一九八五
四　ハンス・ヨナス『グノーシスの宗教——異邦の神の福音とキリスト教の端緒』秋山さと子・入江良平訳、人文書院、一九八六
五　マドレーヌ・スコペロ『グノーシスとはなにか』入江良平・中野千恵美訳、せりか書房、一九九七
六　大貫隆『グノーシスの神話』岩波書店、一九九九、講談社学術文庫、二〇一四
七　クルト・ルドルフ『グノーシス——古代末期の一宗教の本質と歴史』大貫隆・入江良平・筒井賢治訳、岩波書店、二〇〇一
八　筒井賢治『グノーシス——古代キリスト教の〈異端思想〉』講談社選書メチエ、二〇〇四
九　大田俊寛『グノーシス主義の思想——〈父〉というフィクション』春秋社、二〇〇九
一〇　ハンス・ヨナス『グノーシスと古代末期の精神』第一部　神話論的グノーシス、第二部　神話論から神秘主義哲学へ、大貫隆訳、ぷねうま舎、二〇一五

（菅谷暁）

「女法王」伝説

歴史書を主として刊行している出版社の営業部が、情報交換・販売促進を目的として集う「歴史書懇話会」なるものがある。その会が発行する『歴史書通信』四五号（一九八四年六月）のコラム「歴史随想三三」に掲載されたのがこの随想である。

「女法王」の項目は『ピエール・ベール著作集第五巻、歴史批評辞典Ⅲ』の六—五三頁に全訳されている。プロテスタントでありながら、カトリック攻撃の絶好の材料であった「女法王」伝説を、歴史的事実ではないとして葬り去るために執拗な論証を行なったピエール・ベール。「真理への愛」を「党派への愛」よりはるか高みに置いたが、その根底には「自派の真実を守ることは、敵対する他派の真実をも、そして究極的には万人の真実、真理一般をも守ることなしには実現しえないという基本的な認識」（『ピエール・ベール著作集第三巻、歴史批評辞典Ⅰ』「解説」一一七二頁）が横たわっていたのである。

（菅谷暁）

辞書を訳す

この小文は岩波書店発行の雑誌『図書』四二三号（一九八四年一一月）の巻頭のコラム「読む人・書く人・作る人」に掲載されたものである。

『ピエール・ベール著作集第三巻』として『歴史批評辞典I』が刊行されたのは一九八二年三月のことだったが、野沢協はそのはるか以前の一九五〇年代後半から、この『辞典』を集中的に読んでいた。後年の回想によれば、野沢はこの頃「生活のための仕事に追われ」ていたが、「『歴史批評辞典』を、何があろうと毎日必ず二折判の原書で十ページずつ読むという厳格な日課を立てていた」（『ピエール・ベール関連資料集2　寛容論争集成・下』二〇一四年「訳者あとがき」一〇一二頁）。だが読むだけではなく、実際には一九六〇年代から『辞典』の主要な項目の主要な部分を人知れず翻訳していた。書斎に残されていた一四冊のノートには、微細な文字でびっしりと、一次稿とはいえ達意の訳文が記されている。『ピエール・ベール著作集』の『歴史批評辞典I・II・III』として発表するための翻訳は、そのノートの訳文を活用しながら（新たな項目の新たな部分を訳し足しながら）進められた。そしてそれが完了したとき、野沢協はおそらく万感の思いを込めて、古びた一四冊目の最後のノートの末尾に次のように書き添えた。「一九八五年一月二八日（日曜）　Zの最終項目まで訳了す、二〇年前のこれらのノートがいかほど役立ったかしれず　有難う!!!」。

（菅谷暁）

「弁神論」から「苦しむ神」へ

駒澤大学では教員が各自の研究領域から選んだある話題について、一般の聴衆に向けて語る「文化講演会」が定期的に開催される。一九九二年四月に行なわれた会で野沢協は「弁神論」について語り、その原稿は一九九四年一一月駒澤大学発行の『祝禱　文化講演集　第七輯』一―六頁に掲載された。駒澤大学の外部の者の目には触れにくい本篇は、彼がこの頃最も関心を抱いていた問題の根幹を平易に説き明かしたものとして、きわめて貴重な論考だと思われる。

一方で全知全能かつ善なる神を信じ、他方でこの世に蔓延する悪を鋭く意識する者は、「善なる神がなぜこのような悪を放置するのか」という問いに必然的に逢着せざるを得ない。また「そのような悪の存在は神の責任に帰するものではない」という弁明をなす必要性に迫られる。古来アウグスティヌスをはじめとする多くの神学者がこの弁神論を試みてきた。だがピエール・ベールはそのような古典的弁神論の虚妄なることを暴露した。悪の存在に関し、神のためには「弁じる」

のではなく「信じる」ことこそが不可欠なのだと指摘して、信仰と理性を乖離させた。続く一八世紀にはベールの問題提起を受けて、たとえばロビネ、ヴォルテール、ルソー、ドルバックなどの思想家がこの難問と格闘した。しかしこの問題は一八世紀に解決されたわけではない。いわば永遠に問われ続けなければならない性質のものだからである。むしろアウシュヴィッツ、広島・長崎という未曾有の悪を経験した現代の人間にこそ、この問題は喉元に突きつけられたものとしてあるのではないだろうか。本質的には神を信じる者にもそうでない者にも、徹底的に考察することを強迫する課題として。

なお本篇で略述された事柄は、『ピエール・ベール著作集第四巻、歴史批評辞典Ⅱ』「解説」の「摂理と悪」の節（一三四四―一三八七頁）と、『同著作集第八巻、後期論文集Ⅱ』「解説」の「悪の起源、罪の責任」の章（一八五九―二一一九頁）および「むすび」（二二九二―二三〇五頁）において精緻な分析がなされている。

（菅谷暁）

現代におけるユートピスムの可能性と不可能性

インタビューは『啓蒙のユートピア』第一巻が一九九六年一〇月に刊行されたのを機に行なわれ、この記事は一九九七年三月二二日の『図書新聞』に掲載された。ここではインタビュアーの巧みな誘導もあって、「ユートピスムの可能性」のみならず、いわば現代における「思想史研究の可能性」までも含む、多くの興味深い事柄がきわめて率直に語られている。

（菅谷暁）

ピエール・ベール

この文章は小林道夫・小林康夫・坂部恵・松永澄夫編『フランス哲学・思想事典』（弘文堂、一九九九年）の一項目「ピエール・ベール」のために野沢協が執筆したものである。全体を俯瞰しつつ委曲を尽くした紹介がなされており、ピエール・ベールへの「最初の手引き」としては最良のものであると思われる。なお主要著作として挙げられている『彗星雑考』は『ピエール・ベール著作集第一巻』に、『〈強いて入らしめよ〉というイエス・キリストの言葉に関する哲学的註解』は『同著作集第二巻、寛容論集』に、『歴史批評辞典』は『同著作集第三・第四・第五巻』に収められている。またベールの詳しい伝記としては（生活や人物を描くことより、著作や論争を説明することの方に力点が置かれているが）ピエール・デ・メゾー『ピエール・ベール伝』（野沢協訳、法政大学出版局、二〇〇五年）が刊行されている。

（菅谷暁）

寛容と殉教――エリ・メルラを読む

この論考は岩波書店発行の雑誌『思想』九三九号（二〇〇二年七月）の巻頭のコラム「思想の言葉」に掲載されたものである。

現代のわれわれからするとすこぶる奇異に思えるのだが、一七世紀末フランスのプロテスタントたちは、ナントの勅令を廃止して迫害を強化するルイ一四世に対し、基本的には反抗を試みたりはせずあくまでも恭順の意を表した。それどころか迫害に対する「忍従、無抵抗、殉教の覚悟」という主張を、先鋭なかたちで唱えたのがエリ・メルラの『主権者絶対権力論』（のちに翻訳されたときの邦題に従ってこう記す）である。

プロテスタントたちは王権神授説を受容し、迫害はカトリック僧族が王をそそのかしたために生じたと考えた。さらにメルラには「トゥールーズ計画」の失敗によって流されたおびただしい血の記憶があった。したがって無謀な実力行使はつつしみ、王の温情を求めるしかない。無抵抗に徹し、殉教も喜びとするほかはない。しかしより重要なことに、メルラの根底にはこの世のことはすべて王の支配に属していてもよいが、この世ならざることへの信仰には王でさえ決して触れることができないという確たる信念があった。こうして「良心の自由」を保持し、信仰を純化・顕示することができた。しかもこの「良心の自由」は宗派に偏するのではなく、普遍的であることを志向するものであった。「絶対的無抵抗」と「普遍的寛容」が直截に述べられた『主権者絶対権力論』は、「ベール以上にベール的」と評される書でもある。

野沢協はパリの図書館でこの書について詳細なノートをとり、そのノートにもとづいて本論考を執筆し、メルラとこの作品のより詳しい紹介を『ピエール・ベール著作集補巻、宗教改革史論』「解説」の二二五四―二二六七頁で行なった。その後原書の写真複写が入手できたため、『主権者絶対権力論』を翻訳して『ピエール・ベール関連資料集1、抵抗と服従』に収録し（三―一二七頁）、「解説」（四八一―五〇六頁、ここには本論考も全文が再録されている）において再紹介の筆をとった。

（菅谷暁）

第二部　学生時代の作品

現代文学〔魯藜の詩二篇について〕

中国の現代詩と野沢協という珍しい邂逅から生まれたこの文章は、東京大学文学部フランス文学科の学生野沢協が、同学部中国文学科の小野忍氏の授業において提出したレポートである。一枚目の原稿用紙の右上に「卒業見込」という記入があることから、一九五二年度末に書かれたと推定される。その後小野忍氏が逝去してのち、氏が保管されていた本レポートを旧友の丸山昇氏が執筆者本人のもとへ返却してくださった。表題は単に「現代文学」となっているが、これは講義題目名であったと思われる。内容に即して解説者が副題を付した。

ここでとりあげられている「桑乾河の支流にて」と「石臼」の二篇の詩は、世界抵抗詩選刊行会編訳『イェンアンからペィチンえ——中国抵抗詩集』（大月書店、一九五一年。イェンアンは延安、ペィチンは北京のこと）収録のものにもとづいている。書名からもわかるように、この書はいちはやく「現地音主義」を採用していて、魯藜には「ルゥリィ」桑乾河には「サンカンホォ」のカタカナが添えられている。なお本文中で言及されている丁玲（一九〇四—八六）の小説『太陽は桑乾河を照す』（一九四八年）は、一九五一年に「ハト書房」から邦訳がでていた。

魯藜は一九一四年に福建省で生まれた。家庭が貧しかったため、まともな教育が受けられなかったという。一九三六年に左翼作家連盟に加盟し、次いで共産党に入党。一九三九年に詩集『延河散歌』を発表して文名をあげる。一九四九年の中華人民共和国建国後は、天津市文学工作者協会主席、中国作家協会理事などを歴任。しかし一九五五年に「胡風集団事件」（共産党指導部を批判したため、反革命の罪で胡風を中心とする文学者集団が逮捕・投獄された）に連座して入獄。以後二六年間獄舎にある。一九八一年に名誉回復がなされ、「不屈の革命詩人」として高い評価が与えられた。一九九九年に死去。代表的な詩集に『星の歌』『目覚めのとき』『鍛錬』『時間の歌』『天青集』『山』などがあり、「桑乾河の支流にて」と「石臼」は『目覚めのとき』（『醒来的時候』）に収められている。

この文章の内容について贅言を費やす必要はないだろう。青年期の野沢協のみずみずしい感性に触れていただきたい。

（菅谷暁）

平和のための闘いと戦后の民主的詩運動

一　卒論の書式とページ数

東京大学仏文学科の卒業論文は、大学ノートの見開き右ページに引用文の邦訳を含む日本語本文を横書きで一行置きに書き、そのなかに引用されるフランス語の原文や出典などは左ページに、やはり一行置きに書き示すことになっており、この書式は現在でも変わっていないらしい。野澤協の卒論「平和のための闘いと戦后の民主的詩運動」は、見開きで一冊が四〇ページの大学ノート五冊目の七ページまで、すなわち大学ノート見開きの全一六七ページに及ぶ大作であった。一冊目の表紙には、本人の肉筆で「野澤協」の署名があるが、仏文研究室の助手が貼り付けたと思われる「東京大學文學部」の「卒業論文送付用紙」なるものがついており、そこにも「仏文　野澤協」と書かれ、審査教官氏名の欄には「渡辺」教授と「鈴木」教授の名が肉筆で記されて、渡辺教授名の下の欄には、受領印が捺印され、その下の送付年月日と閲了年月日の両欄にまたがって「昭和廿七年十二月廿六日」のゴム印が押されていた。卒論本文の数か所に、鉛筆で薄く下線が施された部分があるが、これはおそらく審査教官の一人がつけたものであろうと推測される。

二　肉筆の漢字と仮名遣いの特徴について

野澤協はおそらく東大に入学する前後に共産党細胞の一員となり、学生時代にはたくさんのアジビラやチラシ、パンフレット等の原稿をガリ版刷りの原紙に鉄筆で書き、謄写版印刷に付して配布していた。したがって卒論の肉筆も、印刷用の読みやすい小さな文字がぎっしりと詰まっているのだが、ある種の漢字には、「斗い」、「战争」、「囗民的」などの略字や、漢字のつくり部分をカタカナで書く方法を用いている。後者の例では、「危機」の「機」や「権利」の「権」、「階層」の「層」の字などがそれにあたり、当時のガリ版印刷用で使用された奇想天外な略字である。可能ならば臨場感を伝えるために、修正せずに書かれた通りの文字で印刷したかったけれども、そんなことは不可能なので、現在の普通の漢字に修正した。また、一定の副詞的表現や接続詞などにおいては、漢字を使ったりひらがなにしたりして、不統一な例があったけれども、表記の統一は敢えて試みていない。仮名遣いや送り仮名については、一年前までの、戦後最も乱れていた時期と違って、ようやく新仮名遣いのルールが確定しつつあったおかげで、この約二年前に大月書店の《世界抵抗詩刊行会》に加わって、アラゴンやエリュアールその他の作品の翻訳に携わったときには、児童文学者の大久保正太郎の意見を取り入れて、表音表記の方針を遵守して、「ぢ」や「づ」の使用を避け、すべてを「ザ行」の濁音表記にする方法を選んでいた野澤協も、卒論では、やがて確定する現行の現代仮名遣いの法則にほぼ従っている。

さらに、文中に現れる人名、地名、出版社名、書名、作品名などのすべては、原語の横文字綴りで示されていたが、人名、地名、出版社名については日本語のカタカナ表記に、書名、作品名については、日本語訳に変えておいた。その際、表記法と邦訳題名のいずれについても、できる限り野澤協が関与した大月書店刊の三作品、『アラゴン詩集　祖国のなかの異国にて』、『エリュアール詩集　苦しみの武器』、『フランス抵抗詩集　詩人の光栄』に使われた表記および翻訳題名を踏襲している。

なお、卒論原本では左ページのフランス語原文に出典が記され、しかも同一作品からの引用が続いても、その都度同じ出典情報が繰り返されている。訳文と原文を上下に並べた本書でこの方式を再現すると読みづらいものになりかねないので、内容・形式を整理して傍註にまわした。

三　卒論執筆まで

旧制浦和高校に入学したあとの野澤協は、文学書を読み漁るだけでなく、みずから詩作を試み、文甲でありながら独学で（許可を受けて平岡昇教授の授業を受講した可能性もあるが）フランス語を短期間でマスターしてアポリネール以降の詩人たちや両大戦間のフランス作家たちの作品を入手して次々に読破していった。二年目には肺結核の治療で一年休学しているが、復帰後の彼の読解力とフランス語の翻訳能力はいっそう伝説的となって、自作の詩にエリュアールやスーポーやセリーヌの一節を引用するだけでなく、気に入った詩人たちの手法や言語感覚を自らの技法として吸収してもいたのである。その巧みな技術は、後の訳詩においても、存分に発揮されることになる。もちろん、浦和高校の文学仲間であった澁澤龍彦や出口裕弘、文芸部にいて夭折した二人の優れた歌人、小野田秀夫と西田昇治などの影響や刺激もあったであろうが、フランス語の原典を読む読書会ではつねにリーダー役を果たしながら、高踏派的とも、モダニズム的とも、またダダイストやシュルレアリスト的とも思わせる詩作品を数多く残している。とりわけ詩行に漂う鋭い感性と明晰さとイメージの透明性、そして強烈な自殺志向においては、若き日のエリュアールとの共通性が認められる。おそらく詩人としての野澤協は、エリュアールの有名な失踪事件の一部に通じているとさえ思われるさまざまな行動や幻想をも含めて、最もエリュアールに近い資質だったのではないかと、わたしは推測している。そして、戦争と敗戦後の悲惨な現実を前にしての若者のまっとうな思考が行き着く絶望や拒絶や反抗または反乱への意志が、創作詩にも表れたのだと解釈している。

フランス語での読書遍歴はその後ますます拡大してゆき、レジスタンス期の詩人たちにかんしては、アラゴンやエリュアール、ピエール・エマニュエルなどの大詩人だけでなく、群小の若い無名の詩人たちまでを網羅しており、おそらくその間にとくにコミュニストへの共感も深まっていったに違いない。もちろん、文学だけでなく、マルクス、エンゲルス、レーニン、トロツキー、毛沢東などの著作にも目を通して革命思想の勉強もしていたであろうが、入党後には、だれか有力な活動家か理論家の影響も直接受けたのではないかと、わたしは推測している。ある日、わたしとの対話のなかで、野澤協は遠くを見るようなまなざしで、ポツリと「ある時期、蔵原惟人に見込まれて、随分期待されたことがあってね」とつぶやいた。とっさにわたしが、「えっ、それはすごいですね、まるで、ポール・ヴァイヤン＝クチュリエにかわいがられたポール・ニザンみたいじゃないですか」と言うと、「そうねえ、まあ、似てるかもしれないね」と苦笑したのである。

東大で同期だった山崎庸一郎の証言によれば、学部二〜三年時の「野澤協は、村上光彦と一緒に熱心な活動家として、いつも渡辺一夫教授の授業をクラス討論に変えようとして演説しにやってきて、先生ともめていた」そうである。しかし彼は、学部二年の学生でありながら、おそらく蔵原惟人の紹介により、大月書店の《世界抵抗詩選》の訳業に参加し、このシリーズのフランス抵抗詩編三冊、すなわちアラゴン詩集『祖国のなかの異国にて』とエリュアール詩集『苦しみの武器』（いずれも一九五一年一〇月発行）、『詩人の光栄』（同年一一月発行）を訳出している。この三冊はすべて「世界抵抗詩刊行会編訳」となっているが、この刊行会のフランス語担当のメンバーは、おそらく野澤協ひとりであったものとわたしは確信している。彼は、『アラゴン詩集』と『エリュアール詩集』については、はっきりと「ぼくが訳した」と明言したことがあるし、わたしから見れば、その「あとがき」の文章もまぎれもなく野澤協の無駄のない文体で、豊富な原典調査による正確な知識を用いて、優れた両詩人の絶妙の紹介文を書いている。そしてじつは、卒論で引用された同じ詩作品の日本語訳は、この三冊に掲載されたものと同一であることが確認された。とりわけ、エリュアールの詩の原文は、卒論の左ページにいっさい肉筆で書き示されていないけれども、その理由はおそらく、すべてを暗唱できたからであると思われる。

一九五一年は、日本におけるフランス・レジスタンス文学の紹介と研究にとっては、記念すべき年であった。雑誌でのレジスタンス文学の一番早い紹介文は、おそらく『世界文学』の一九四九年四月号に掲載された矢内原伊作の「抵抗詩人アラゴン」であったと思うが、じつはこれがアテネ文庫の一七五号として出版されたのは一九五一年の九月であった。各大学の紀要などに掲載された研究論文までは調査していないけれども、戦後に単行本としてレジスタンス文学が紹介され始めたのはこの年からであると言ってよい。すなわち、まず最初に、渡邊淳著の『神を信じていた者も神を信じていなかった者も――フランス・レジスタンスの記録――』（ナウカ社）が一九五一年一月に、続いて加藤周一の名著『抵抗の文学』（岩波新書）が同年三月に、そして前述の、野澤協が選んで訳出したアラゴン詩集『祖国のなかの異国にて』とエリュアール詩集『苦しみの武器』が《世界抵抗詩選》の第一、第二巻として大月書店から刊行されたのが同年一〇月、続いて世界抵抗詩選の第三巻『詩人の光栄』が同年一一月に刊行された。同年一二月、小場瀬卓三は、ルイ・パローの著書『戦時中における知性（*L'Intelligence en Guerre, panorama de la poésie française dans la clandestinité*）』を下敷きにして、「抵抗する知性（レジスタンス文学史）」を三一書房から出版するとともに、彼は渡邊淳、安東次男との三人の共訳でジャン・ポーランが編集したレジスタンス文学のアントロジー『祖国は日夜つくられる』の翻訳のI巻目（一九五一年一〇月発行）とII巻目（同年一二月発行）を、月曜書房から出版した。なお、このアントロジーの翻訳には、加藤道夫、白井健三郎、白井浩司、谷長茂なども参加している。

驚くべきことに、野澤協は学部二年生の時代に早くもレジスタンス文学の紹介者として、いわば匿名で、大先輩のフランス文学者たちと肩を並べて活躍していたのであった。編訳に《世界抵抗詩刊行会》の名を掲げたのは、翻訳者としての早すぎるデビューに、いらぬ批判を避ける意味もあったのかもしれないが、これがもし野澤本人の希望によるものだったならば、「翻訳者は自己主張をせずに、透明な存在のまま仕事をするべきだ」という後の主張を先取りして実践していたと言えるのかもしれない。

じじつ大月書店の《世界抵抗詩選》のシリーズで陽の目を見た全七巻のうちで、《刊行会編訳》となっているのは、フランス抵抗詩の三巻と中国抵抗詩集『イェンアンからペィチンえ』の四巻だけであり、他の三巻、すなわちマヤコフスキー詩集、ソビエト詩集、ネルーダ詩集には、個人の訳者名が明記されていた。

四　卒論のテーマとその骨格となる詩論

卒論の執筆は、野澤協にとって、大月書店における翻訳と研究の延長であった。したがって詩を扱う姿勢と評価の基準が、旧制高校の創作詩時代とまったく違ってきていることは、言うまでもない。

第一に、卒論における彼の立場は極めてイデオロギー的であり、それもはっきりとコミュニストとして、人民大衆の幸福と平和を目指す革命路線にのっとり、詩人、文学者、芸術家は何をなすべきかを真先に考えようとしている。彼は一度もレーニンや毛沢東を引用してはいないが、これは基本的に『党の組織と党の文学』においてレーニンが主張し、『文芸講話』において毛沢東が継承した「文学は革命という大きな機械の一つの歯車でなければならない」という考えとほぼ同じである。この考え方のうえに、才気煥発なルイ・アラゴンが解放とともに復刊する雑誌『ユロープ』に連載した評論「ベル・カントの年代記」で展開した詩論、「その時代に即した闘いの詩を」という「情況詩の理論」を適用して、卒論の論旨を組み立てている。つまり、簡単に言えば、ナチスの暴虐に対して闘ったレジスタンスさなかの詩と、解放後しばらくして始まるアメリカ帝国主義との闘いの時代の詩とは、当然内容も表現も違ってしかるべきであるという主張である。

卒論が扱っているのは「一九四五年～四八年の時期」であり、しかも野澤はこの時期をこの論文の第一部と分類しているから、実際には書く機会がなかったけれども、その後の時代の闘いの詩をも論ずる計画を、当時は抱いていたものと考えられる。彼はまず、ナチス占領軍とその傀儡政権による圧政に対する自由への闘いとして統一がとれていたレジスタンス期の主だった詩作品を紹介した。だが、解放後にその闘いが分裂したことを指摘し、文学活動においてもレジスタンスへの参加が見せかけのポーズに過ぎなかった「待機主義者」や、解放後にはやがて反ソ・反共の立場に移行するとともに「天使の姿にかえって」しまうエマニュエルやケィロール、抽象の世界に逃避するルネ・シャール、さらには醜悪な現実を誇張したアンドレ・フレノオなど、いずれも何らかの形で、現実生活から遊離していった詩人たちを断罪したのである。文芸も学問研究も現実の諸問題から遊離してはいけないという強い信念を抱いていた彼は、東京都立大学の教員となった後も、わたしの世代の学生に対して何度か「君たちも、自分の研究対象やテーマを、たえず自分の現実生活と突き合わせ、それとの関連で考察してもらいたい」と言い続けたのだった。

卒論は、第三章第一節からがいわば本論なのであるが、ここではまず最初に、ダダイスト、シュルレアリストを経て、アラゴンよりだいぶ遅れてコミュニストとなったエリュアールと、ダダの創始者であるトリスタン・ツァラの一九四六年頃の作品を紹介する。現実の具体的問題を解決するための苦渋に満ちた考察のなかで、「いかに生きるべきか」を問い続けたこの二人がレジスタンスのなかでみずから選び取った生き方は、コミュニストとしてあらゆる手段を用いて闘うことであった。とりわけエリュアールの『とだえざるうた』は、詩人の前半生の遍歴や試行錯誤の回顧でもあり、やっと発見した愛と真実と自由の告白の詩であるだけに、野澤協にとっては、共感と愛着が深かったに違いない。翻訳も滑らかでとりわけ美しく、読むものを感動と感嘆で満たすはずである。

次に紹介される若い世代の詩人たちも、衝撃的な「夜と霧」の詩を書いたアンジュリをはじめ、エリュアールを尊敬していた元シュルレアリストのポール・ショロと、ルーマニア出身のクロード・セルネ、のちに大詩人と評価されるギュウヴィックや「オラドゥール派」のマルスナックなど、ほとんどがやはりコミュニストかコミュニスト・シンパであるが、一人だけキリスト者として出発しながら、レジスタンスのなかでコミュニストに接近していった女流詩人、ジャニーヌ・ミトーという変り種がいる。この詩人の純粋にして優しい素直な感性が、思想的変貌とともに磨かれてゆく過程には、好奇心をそそられるであろう。

第三章第二節は《あらたな「情況の詩」》と題されて、冒頭にアラゴンの『新断腸』が紹介される。興味深いと同時に注目すべきことに、野澤協は、エリュアールとともにレジスタンスを代表するこの大詩人の『新断腸』に対し、アラゴン本人から学んだ情況詩理論を適用して、『エルザの目』から『祖国のなかの異国にて』に至るレジスタンス期の作品に比べて、解放の喜びに浸るのはある程度やむを得ないにしても、新しい現実に対処した新しい闘いの詩とは言えないものが多いとして「後退的傾向しか見出せない」と厳しく批判した。新詩集のなかでうたわれたエルザへの愛も、「たたえられ、美化されてゆく中で、しだいに現実社会との結びつきを失って、一種神格化される危険さえ内包している」と述べ、どんな芸当もやってのけるこの詩人の多彩な才能と器用さと、「客観世界のすべてを、個人的な表象のなかに解消させる傾向が、形式主義的な欠陥を拡大」させると指摘したのである。

あらたな情況の詩を生みだした現実は、フランスの大資本家どもの復活とそれを支援するアメリカ帝国主義の進出と支配であった。そして一九四六年三月のチャーチルによる有名な「鉄のカーテン演説」以後は、インドシナ戦争の勃発、反ソ・反共と東西冷戦体制の進行と、マーシャル・プラン受け入れとの交換でフランス政府内のコミュニスト閣僚が追いだされる結果となり、四九年にはＮＡＴＯが成立する。この時代に限定して、群小詩人に至るまで網羅したうえで、秀作を探し出し、しかも情況詩論にのっとって、解説した論考は、日本だけでなくフランスにおいても、野澤協のこの卒論以外には存在しなかったと、わたしは確信している。

この第二節で扱われた詩人たちは、ゴーシュロンとマドレーヌ・リフォと、ポール・ジャマティを除けばすでに第一節で紹介されている作家たちであるが、元キリスト者であったジャニーヌ・ミトーを除けば、全員がコミュニストであり、ミトーも含めて、フランス国内の炭坑労働者とはもちろんのこと、ファシストのフランコ政権と闘うスペイン人民や、王党派と闘うギリシャの民衆や、ヴェトナムの戦士たちとも連帯した闘いのうたをうたっている。なかでも、ドイツ軍の占領末期にナチスの将校を射殺して逮捕され、死刑判決を受けたものの、パリ解放によってかろうじて助かったコミュニストの女性闘士、マドレーヌ・リフォの長詩「愛する勇気があるのは人民」の翻訳には、訳者野澤協の並々ならぬ共感と敬意がこめられている。その長詩は、卒論執筆の一三年後に、やはり野澤が翻訳したリフォの著書『ベトコンの戦士たち』（一九六五年刊）の「訳者まえがき」の最後に、いま一度推敲・改訳され、洗練された表現となって掲載されているので、興味のある方は、その新しい訳詩をも味わって比較・検討していただきたいと思う。

すでにおわかりのように、この卒業論文は、一九五二年、すなわち朝鮮戦争勃発の翌々年、血のメーデー事件の年の秋から冬にかけて執筆された。したがって作者野澤協は、当時の日本共産党の国際派に属して、この党派の方針に沿って活動をしていたわけである。先にも触れたように指導教授の渡辺一夫とは絶えず教室などで議論をし、激論の末、ときには取っ組み合いにならんばかりであったと聞く。それはもちろん、真珠湾攻撃以前から戦時下における、例えば、東大仏文科教授辰野隆の戦争協力の姿勢に対する批判から始まって、渡辺一夫が『きけ　わだつみのこえ』の出版に際してとった態度（学徒動員で戦没した若者のなかには戦争賛美者もいたのだから、その手記も掲載すべきだという主張）への猛批判と、戦前に戦争賛美の『戦争文学論』を出版した丸山熊雄を戦後に東大に迎えようとした仏文研究室の人事決定（この人事に対しては、野澤協と村上光彦が先頭に立ち、在学生の激しい反対運動が起こったために実現せず、丸山熊雄は鈴木力衛のいた学習院大学のフランス文学科の教員に採用されることになった）などに対する反発があったことは確かである。野澤の卒論テーマの選び方と書き方には、これらの問題に対する批判が込められていたことに間違いはない。しかし、もちろんそれだけではない。それ以前にもうひとつ、ロンサール、ラブレー、モンテーニュから始まって古典悲喜劇作家たちのあとは、一八世紀の思想家たちをほぼ無視して、いきなりロマン派からスタンダール、バルザック、フロベールの大作家たちとボードレールやランボー、マラルメに至る大詩人など、フランス本国で評価の高い作家ばかりを紹介して教えている東大仏文科に対する、ひそかな反抗もあったのであろうと思われる。これについては、野澤より少し後輩の優れた思想史研究者である子安宣邦の貴重な証言、「もうひとつのフランス――野沢協氏追悼」（子安氏のブログ「思想史の仕事場からのメッセージ」の二〇一六年四月三〇日号参照）をぜひ参考に読んでいただきたいと、願うばかりである。

ところで、指導教授たちが野澤協の卒論をどのように評価したかについては、資料が何も残っていない。もちろん、彼は卒業して大学院にも進学しているのだから、合格点であったことは確かであるが、教授たちが卒論のイデオロギー的な面と、アラゴンの状況詩論に基づく見解を高く評価したとはとても考えにくいし、おそらくこの面ばかりに気を取られて、論文の作者が示した抵抗詩人に対する卓越した評価眼や大胆にして的確な訳詩の技術などには気が付かなかったのではないかと推測している。

渡辺一夫の「偽日記抄」（『渡辺一夫著作集11　偶感集中巻』筑摩書房、一九七〇年版、五二三ページ）には、一九五三年三月二十八日、卒業式のあとに開催された新卒業生の会で、「席上細胞学生だったN君から、『今までのやり方が間違っていました』と言われる。今まで何度忠告をしても聞いてはくれず、学生運動を浮きあがったものにしてしまい、反感を作りあげて置きながら……と思うと、今さら何をと情なくなるが、大学院にはいるN君が今後、学徒としての限界だけはきちんと守ってくれればうれしいと思っている。」と記している。N君とは、もちろん野澤協のことであるが、渡辺一夫は卒論を注意深く読んだにもかかわらず、この当時の野澤協の細胞学生としての姿しか印象になく、翻訳者・研究者としての能力や業績には、いまだほとんど注目していなかったのではないかと思われる。いつだったか、わたしの前で野澤協が、「ぼくは渡辺一夫には、恨まれていたようですよ」と、笑いながら語ったのを、いま、改めて思い出している。

五　引用された作品の原典について

卒論で引用された作品は、原則としてすべて野澤協が入手した原書なので、基本的には成蹊大学の《ピエール・ベール・研究コレクション》に収蔵されているはずと思っていたが、収蔵前にすでに紛失あるいは廃棄処分になったものもあるらしく、またコレクションのリストには載っていながら見つからなかったものもあって、成蹊大学図書館で原典を照合できないものが多数出てきた。幸いにして学習院大学や中央大学その他の大学が所蔵している作品もあり、それらは当該大学からコピーを取り寄せ、さらに、日本に存在しないもの数点については、パリの国立図書館からコピーを取り寄せて照合することができた。本書の引用邦訳の下段に掲載した原文は、すべて照合済みのものである。もちろん、野澤協の引用のし方は正確無比であり、間違いはほとんど見つからなかった。ただし、前述したようにエリュアールの引用原文は、完全に割愛されていたので、編集部で同じ版の原書と照合して、記入した次第である。

六　訳詩への賛辞

訳詩についていては多言を弄さずに、読者の判断にお任せしたいのだが、いくつか、とくに印象の深い詩文を数例だけ拾い上げて紹介し、野澤協の訳詩の特徴を指摘しておきたいと思う。自らの訳文を引用しながらエリュアールの長詩『とだえざるうた』を論じた野澤協の的確な解説文は、この卒論の華ともいうべき部分で、直接お読みいただけば、それで十分、これ以上何も付言することはない。引用された詩文は、平易な日本語でありながら入念に練り上げられており、とりわけ訳者は日本語としてのリズムを重視している。フランス語では同じ単語の反復を嫌う傾向が強いのだが、エリュアールは逆に響きを好んで敢えて反復を使うことが多い。それが、じつは日本語に合致しているのかもしれない。日本語は反復を恐れずに、多用するからである。反復が響きを調整し、リズムを整え、あたかも歌うような調べを作りあげていることに注目したい。「わたしはいつまでも最初の女、ゆいつの女だ」や「わたしはわたしの母、わたしはわたしの子」、「おまえのおかげで、光りから光りへ　ぬくもりからぬくもりへと　わたしは移る　おまえの口をとおして　わたしは語り　幸せをうべなう太陽のように　おまえはすべての中心にある」(本文一七六〜一七七ページ)などがそれである。最後の「うべなう」の一語が心憎い選択であるとわたしは感心している。

ところが他方、野澤協は、きわめて圧縮された原文を、自分が選択した解釈に確信がある場合には、断固として、たいそう説明的な訳文にしたためている。「ひとつだけとり残された心臓を、わたしは心臓とは名づけまい　ひとつの心臓、それは万人の心臓だ」(一七九〜一八〇ページ)。原文では簡潔な二行がこのようになって、しかも日本語のリズムが全然崩れることなく、なめらかであることには感嘆するほかはない。「わたしの愛する　生きているおまえのために　二人の愛する　生きているすべての人々のために　愛しあうことしか望まない人々のために　わたしは人間のなぎさをうたいつづける」(一八三ページ)。引用は、この意思表明で終わっている。

訳者が高く評価したジャニーヌ・ミトーにかんしては、「きびしい太陽の下で　みんな独りではない　死の苦しみも愛も、わかちあわれる」(二一一ページ)との表現のあとで、あっと思わせる一行があった。「自分の太陽を　人々はそれぞれ持ちよって作るのだ」(二一三ページ)がそれである。「それぞれ持ちよって作る」に相当する原語は「grouper」という動詞であった。

七　訳詩にかんする提言

一つのまとまった詩作品の翻訳を部分的に修正することは、詩全体のイメージを壊す危険があるばかりでなく、とりわけ、例えば、トリスタン・ツァラの詩は、野澤協が指摘するように、寓意性が高く難解であり、もともと単語の一つ一つが何かを意味するにしても、語の通常のつながりを拒否している面もあるわけだから、翻訳にときに誤訳があっても、作者の発する叫びは理解できると言えるのかもしれない。しかし、卒論に引用されたすべての詩人たちの原文を厳密に検討した結果、次のような日本語の修正案をあえてここに提示することにしたのは、興味がおありの読者に、原文を参照しながら、野澤協訳と修正案とを吟味する機会を提供しておいたほうが良いであろうと考えたからである。旧制高校の時代から、翻訳の迅速さと巧みさ、的確さで、定評のあるわが師、野澤協の文章に手を加えることなど、それがいかに若き日の訳業であったとはいえ、畏れ多くてできないことではあるのだが、引用原文との照合をしながら疑問を抱いた部分について、敬愛する畏友、学習院大学のティエリ・マレ教授に質問し、かつ自分の意見を述べながら彼の意見を求めた結果、いくつかの訳文には次のような修正を加えたほうがよいとの結論に達したわけである。確かにこのような検討作業は、二一世紀の現在だからこそ、そして優れたフランスの友人研究者が日本にも多くいるようになったからこそできることであって、わが恩師の学生時代には到底考え及ばないことであった。しかし、だからこそ、敢えて、恩師のお許しを願いつつ、掲載させていただくことにしたのである。関心を抱かれる読者には、二種類の日本語訳の比較だけでなく、フランス語の堪能な方々には、ぜひとも原文との照合をも、おこなっていただけると幸甚である。

158　ルネ・シャールの「原質」
敢えて身を晒す弱さ

160　ルネ・シャールの「粉砕された詩」
詩、特性を取り戻した人間の内部における未来の生

161　ルネ・シャールの『ヒプノスの紙片』
これらのノートは、ある種のヒューマニズムからの抵抗を示している。

186　トリスタン・ツァラの「老人と若者の言葉」
お前は　フリュートの　熱にうかされた死を
溺れた母音字でかざりたてた
お前は　鹿の疾駆から生じた雲を膨らませた
お前は、王たちにまじって歩いた
お前は奴隷制度の毒蛇を丸ごと頬張って咀嚼した

186　トリスタン・ツァラの「老人と若者の言葉」
お前は、小笛の雲のざわめきにとりまかれ
塵の意識から　お前の頭だけがうかびでている
お前はまだ塵になってはいないが
呑みくだされた言葉は　信じる理性のなかに
実質を投げ込んでしまった　記憶の泥を

187　トリスタン・ツァラの「老人と若者の言葉」
わたしは　仔猪の口と　行手に弧を描いて広がる道の中で
バラが刺を逆立てるのを待っている
太陽がだまったときに
子供の頭のなかには　もう鏡もなく
塩もなく
鳥のしっぽもなく
あるものはただ　鋭い電気のか細い叫びと
あちこち　どこにも　うれし気に
気ままに散乱するものだけだ

188　トリスタン・ツァラの「老人と若者の言葉」
謎めいた梁の老人
思考の　たちじゃこう草の老人
無花果と　星の葡萄の老人
皮膚に植生のコロニーがある老人
けばけばしい花々の　ビロードのような貪欲さ
いらくさの火のなかに投げこまれた目

189　トリスタン・ツァラの「老人と若者の言葉」
狼の口のなかで
昔から進路が埋めふさがれている

189　トリスタン・ツァラの「飲んで選ぶ」

日ぐれの鐘の音の化学的な乱調よ
死んだ星々でうずまる太洋のなかに沈め。
わたしは満足していない。
われわれの日々はたがいに見つめあい
おのれを知ることもなく　別れることもない

190　トリスタン・ツァラの「飲んで選ぶ」
そのとき　眠りの鱗を身にまとった女王
われわれの心労の女王　われわれの手のための雪は
冬の風が我々の顔に叩きつける道々に出くわす妨害と靴底の
　火花にもめげず
頭をあげる。

190　トリスタン・ツァラの「飲んで選ぶ」
狼たちの明敏さと　光りをみちびく喜び

191　トリスタン・ツァラの「飲んで選ぶ」
揺れ動く夜の中心に一筋の国境線のように
幼少の国々の　永遠の傷口が象眼された

200　ポール・ショロの『生きている者として』）のエピグラフ
生きている者が生きている者に語るように、わたしは語るだろう

202　ポール・ショロの「別の道」（『生きている者として』より）
のどをカラカラに乾かす
もえるような言葉
や、
朝への期待が
腐りゆく環境で
信仰の痕跡
は、もう完全に消え去って、詩人は、
町の上に漂う煤煙が
すばらしい愛の言葉を消し去ってしまう
のを見、

204　ポール・ショロの「生きている者として」（第一、第二詩節のみ）
生きている者として　わたしは　道から
夢をとり除きながら　進んでゆかねばならない

生きている者として　わたしは理性にかけて
自分の血を守らねばならない。

明るく晴れた世界に
同志の心臓が鼓動しつづけている限り
わたしの家が
この地上に生活の場を保持している限り

215　ジャニーヌ・ミトーの「四八年六月」

寛容な小鳥よ　オアシスは
わたしの領土では生育しない

221～222　ユジェーヌ・ギュウヴィックの「エレジー」（三行目から七行目まで）

澄みきった夜に
なかなか治ろうとしない傷口と

まるで壁にもたれて
それにひれ伏しているかのように
大口を開けている池について語る人たちがいる

223～224　ジャン・マルスナックの『銃殺されたひとの空』とそれに続く本文

われわれの愛していた人たちが未来への約束を果たせずに
死んでしまった以上、彼等を失ったわれわれは、奪われた
ものの埋め合わせにどれほど支払ってもらっても永久に取
り返しがつかないと言えるのではないか。

この損失の埋め合わせを、たとえ僅かでもさせること、たとえ僅かでも殺された人々に対するつぐないをさせること、そのためには、生きのこった者が、あのオラドゥールの悲劇を二度とくり返さぬために、闘う以外にはありえなかった。あの悲劇を胸の奥深くきざみつけ、その真の原因がなんであったかを正しく見きわめ、それを断乎として除去することのみが、生きのこった者の進むべき方向であり、任務であった。

230　アラゴンの「おまえのために」（『新断腸』所収）

死人がまるで一休みしている人のように見えた

234～235　アラゴンの「一九四六年」（『新断腸』所収）の第四詩節以降の修正訳

井戸の中に沈む黒い太陽のように

蓄音器は廻る　蓄音器は廻る　ぐるぐると
今宵だけは　踊り手たちのもの
あとはどうなろうと構うものか
うつろな心も　互いにそらすまなざしも
むなしく過ぎ去るのを惜しむのみ

窓をとおして　砂浜のうえに
殺された幼児の群がわたしには見える
村に火の手がかけられたのを見ても
金狼は気長に立とうともしない
そのころ　カフェのテーブルに腰かけて
「即自の先在性」が理解されたとだれかが云う

どこからか　香水の香りもかくしおおせない
腐敗のにおいがただよってくる
あすもなく　墓場ももたぬ
これがかつての夢の跡なのか
いま　一攫千金を狙う香具師たちは
もういちど　ペストがおそうのを待ちこがれている

昨日、殺戮の嵐がすさんだところ
今日、海のかなたの楽の音に足をあわせて
妄想にとらわれた難破者たちは歌い踊る
つきさく叫びも消し去られ
ああ、その叫びも　もう道ゆく人には届かない
こうして　血の色をした黄昏が空におちかかる

240　ジャック・ゴーシュロンの「孤児の異議申し立て」の最後の四行の修正訳

地や天にも　天使や悪魔にも
綱を持つ手が足りはしない
たくさんの首をしめるには
では　父さんの血を呑んだやつはだれだ。

254　マドレーヌ・リフォの「春の野の死者」（『愛する勇気』所収）

わたしの体は身を守ろうとします。わたしの体は束縛を逃れようとします。

266〜268　クロード・セルネの「愛の詩」（『書かれるべき詩篇』）全詩節の修正訳

愛する女《ヒト》よ　あなたは大理石のように白い手をしている
かつて　かの野原や丘陵で

人々が　そのなかから　神々や神殿や英雄たちの
身近でより良き蒼空を
しずかに求めていた　あの大理石
今もその上に　英雄たちの忠実な血がほとばしるように流さ
　れている
あの大理石のように　白い手をしている…

愛する女《ヒト》よ　あなたの目は夜明けのような光をしている
また、あの明るい海と　もえ立つような浜辺の
あるときは澄んだ緑、あるときはやや濁った青い色をしてい
　る
それは　かの地で　英雄たちの忠実な血が
いまもほとばしるように流れている　あの島山の明るい頂に
　囲まれた
海と浜辺の色……

愛する女《ヒト》よ　あなたの心は　かの地で死のいばらのなかで
希望と怒りで生きている　あの人たちの心の
静かな誇りと　力の自覚と
単純な勇気にあふれている
鼓動する喜びをうたい　自由でなければ鼓動しない心
そこから英雄たちの血が
いまも湧き出て　流れている…
しかし　愛する女《ヒト》よ
同じく身を守るために闘っている　わたしたちの愛にとって
　は
どうして　美しい夢の道、喜びの鏡
さめることのない恍惚の時などが信じられよう
抱きあうたびに　牢獄の前で最後の口づけをかわし
小鳥が星空をかけてゆくたびに　わたしたちの愛が
犠牲者の遺灰や
英雄たちの血に必ず行き着く限りは。

273　クロード・セルネの「パブロ・ネルーダのために」

そしていま同じ希望が待ち受けているのだから

276　ポール・ジャマティの「ギリシャ頌歌」第一部

監獄の圧搾器でつぶされる
愛国者の葡萄の実もまだ不足だったのだ

（髙橋治男）

第三部　革命と文学

ギネアの実験

『まなぶ』第一七号（一九六二年一月号）に掲載。

『まなぶ』は日本社会党傘下の「労働大学」が発行した小冊子で、「働くものの学習誌」の副題をもつ。「ギネアの実験」は連載〈えものがたり〉第12回に当たり、文と挿絵が各ページを半分ずつ占め、計四ページである。挿絵は石栗潔が描いている。

西アフリカのギネア（英語読みではギニア）地方では、第二次大戦後、五〇年代になって民族運動が活発となり、ギネア民主党は急進的な政策を掲げ、労働運動を牽引してきたセク・トゥーレが実質的に同党の代表となる。アルジェリア危機によってフランス第四共和制が崩壊し、五八年第五共和制が発足。舵取り役となったド・ゴールは、支配下のアフリカ植民地に新憲法を受け入れて「フランス共同体」に参加するか、離脱して独立するかの二者択一を迫った。「隷属の中の富裕よりは自由の中の貧困」を採って、ギネアのみが住民の九三パーセントの賛成を得て独立を達成。トゥーレが大統領になる。これ以降、アフリカ諸民族の独立の流れは奔流となっていく。

当時ギネアの意気は軒昂としており、党は強力な組織力を誇っていた。自国の個性を守りながら、立ち遅れを克服し、積極的中立主義を掲げ、将来はアフリカの統一を目指すべく、呱々の声を上げたギネアを、野沢は全面的に支持し、熱いエールを送っている。その「実験」への期待は並々ならぬものがあった。

しかしフランスとの関係が悪化し、ソ連との結びつきが強まる。国内では農業集団化、流通国営化の社会主義路線をとったが、食糧自給もままならず経済が停滞した。七〇年代後半には国内経済自由化政策に転換。資金を外国からの援助に頼らざるを得なくなり、外交面でも、西側諸国との関係改善を余儀なくされた。八四年、トゥーレ死後は、軍事独裁国家となった。

なお、この時期のアフリカへの野沢の関心は深く、彼自身の訳書として、『アフリカの未来像』正、続（セク・トゥーレ著　小出峻との共訳　理論社　一九六一年）、『黒アフリカ史』（ジャン・シュレ＝カナール著　理論社　一九六四年）がある。前者はセク・トゥーレの独立前後の演説のうちの主要なものを収め、後者は『西及び中央黒色アフリカ史』三巻のうちの第一巻であり、その著者は独立後のギネアで実践的な教育活動に参加し、史的唯物論の立場から西及び中央アフリカ史についての本格的研究を行った。第一巻は「地理――人間――歴史」と題してこの地域の地理、人種、部族社会、先史時代から植民地征服時までの概観を記している。

（田中良知）

アラゴン著　小島輝正訳『聖週間』上・下／ルイ・アラゴンの『聖週間』

それぞれ『読書の友』一九六三年六月十五日号と『アカハタ』一九六三年七月六日号に掲載された。

『読書の友』は『図書新聞』や『読書新聞』と形式の似た、日本共産党中央委員会が発行する社会科学・教育・文学・芸術などを扱う啓蒙紙であり、六面から成っている。『アカハタ』は説明を要しないであろう。

『聖週間』（一九五八年）は一週間の歴史全体を、ユナニミスム風な壁画として描いてみせる。おそらく『聖週間』の事件はナポレオンの〈百日天下〉のプロローグを成すのだから、学校教育でも教えられ、フランス人には周知の事件なのだろう。「歴史小説」と銘打ってはいるものの、作者は想像力という時効にかからない権利を行使して、楽しんでいる節も窺える。この翌年に出された評論集『創作の秘密』（*J'abats mon Jeu*）では、この小説にかなりのスペースを割いているが、こう述べている。「直線的、表面的な歴史は、小説というものの奥行きを出すには不十分だ。ここでは、でっち上げ、創造し、いわば嘘をつかねばならなかった。小説の手管とは、嘘をつけることだ」（エディション・ストック、一九九七年、四三ページ）。だからこの小説では、新しい手法も使われている。煩瑣と思えるくらいさまざまな人物たちが登場し、王侯貴族から、テオドール・ジェリコーのような「芸術家」や「知識人」、しがない庶民まで、いろいろな意見を表明するが、これは利害関係の対立する社会集団の声の反映であろう。文字通り、こうしたポリフォニーを通じて、この壮大なドラマにアラゴンは膨らみを持たせている。最後の方でアラゴン自身（作者＝語り手）が不意に登場し、死の床にある老共和主義者に代わって、「腐敗した社会の全破壊にかけた青年の夢と錯乱」を民衆の願望として語ってみせるが、これも新機軸だろう。フランソワ・ヌリシエは、この書の重要性をうまく言い現わして見せた。「この小説では過去よりも未来に比重が置かれている」。勿論アラゴンの好悪の感情も見てとれるし、現代に対するアレゴリーや諷刺もそこに含まれてはいる。作者は社会主義リアリズムの方法は放棄せずに、それを敷衍してみせたと語ってはいるが、如何であろう。アラゴンがこの小説を書いた主体的動機、そこで実現しようとした歴史の客観的成果は、どのようなものであったのだろう。この点は野沢の分析を見てほしい。

（田中良知）

クロード・モルガン『世界の重み』

『読書の友』一九六四年一月一日号に掲載。

この訳書は一九五三年が初版であるから、たぶん版を重ねたのであろう。解説者も高校・大学時代にこの書はよく目にした覚えがある。

これは無自覚な人間が覚醒・成長していく姿を描いており、意地悪な観方をすれば、党のプロパガンダ小説、殉教者伝とも受け取れるだろう。主人公はやがて状況に絡めとられ、否応なく「政治」に翻弄される。「政治」に一線を画していたのに、組合に加入し、共産党員となり、ミリタンとなり、対独レジスタンスに積極的に参加し、悲壮な最期を遂げる。

野沢は作者モルガンの言う「世界の重み」を的確に解釈している。「世界の重み」とは、人間は状況に規定され、それと如何に関わっていくかの態度を迫られることにほかならない。

野沢は結論として、「非日常的な政治」と「非政治的な日常」という虚構の二元論を打開するには、作者の見出し得なかった階級的な立場をとるべきだ、と述べる。これは当時の野沢の立場を如実に表わしているというしかない。党見解を踏まえたものだろう。

作者モルガンは占領下で、非合法新聞『レットル・フランセーズ』の編集長を務め、『深夜叢書《エディション・ド・ミニュイ》』の編集にも貢献した。本書の内容はその時の経験にかなり裏打ちされていると思われる。解放後も平和運動に従事したが、五六年のハンガリー動乱に対する党の方針に抗議し、五八年に党を去っている。

（田中良知）

ジュール・ヴァレース著　谷長茂訳『パリ・コミューン』

『北海道新聞』一九六五年十月二十六日、夕刊に掲載。

『パリ・コミューン』は『ジャック・ヴァントラース』三部作のうち二作を収めたものである。野沢の言うように、この三部作は一言にしていえば、すべて反抗を主題としている。この主人公はヴァレースその人である。子供時代は親たちや教師に虐げられたことへの個人的反抗を行うが、最終的には『決起《アンシュルジエ》』に見られるように、「社会の不正の犠牲者として、ゆがめられた世界に対して武器をとり、コミューンの旗の下、苦悩の大連盟を形成」するのである。七一年三月一八日革命勃発の日は、これまでに受けた仕打ちへの「報復」の幕開けであった。だがヴァントラースが希求するのは「報復」というよりは、正義の支配するまっとうな世界なのである。非情な社会に対する彼の憎悪はすさまじい。激烈な、時には嘲笑的な文体で、怒りを伝えていく。七一年五月の「血の一週間」。辛くも虐殺を免れたヴァントラースは、民衆と行動をともにできると再起を誓う。『決起』は単なる回顧録ではなく、新たな行動の予言の書でもあった。

実際、敵方から憎まれたため、ヴァレースと誤認された者が四人も射殺されている。ヴァレースはロンドンに亡命するが、その生活はあらゆる面で困難を極めた。八〇年の大赦で帰国するが、ジャーナリストとしての彼の舌鋒は衰えることはなかった。アナーキストのクロポトキンやルイーズ・ミッシェルの活動を評価し、植民地主義を告発し、公教育や司法制度の改革のプロパガンダを行った。社会の進歩を目指し、飢えから人々が免れるよう闘った。八五年、『決起』に最後の手を加えることができぬままに世を去った。享年五二歳であった。『決起』は女性秘書のセヴリーヌの手で一部手直しされ、八六年五月に出版される。

彼の人柄を表わす言葉を掲げておこう。「働くために生きるのだ。闘って死ぬという言葉はつけ加えてくれるな。私は道具をくれという、銃はいらない。流血ではなくパンを要求する！」

なお初訳は一九五一年三一書房より後藤達雄訳『蜂起する人々』の表題で『決起』が出されている。野沢は戦前の弾圧下に本書を訳出したいと願ってはたせなかった先人に熱い思いを捧げている。時に野沢はパセティックな心情を洩らすことがあるが、これは偽らざる胸中の自然な流露というべきものであろう。さらにこの吐露は当時の運動に殉じた人々への鎮魂のメッセージでもあるはずだ。

（田中良知）

マドレーヌ・リフォ『〃ベトコン〃の戦士たち』訳者まえがき

同書（野沢協訳、理論社、一九六五年十一月第一刷）に収録。

野沢協がはじめてマドレーヌ・リフォの詩を読んだのは、一九四七〜八年のことであろうが、たえず死の危険にさらされながら愛と連帯を歌ったこの詩人に感動して以来、彼は『ユマニテ』の紙面や新刊書のカタログなどに現れるリフォの名を、けっして見逃さなかった。五二年の彼の学部卒業論文においても、若手詩人のなかではリフォを最も高く評価している。『〃ベトコン〃の戦士たち』の翻訳を完了させたとき、「いちどは死刑を宣告されたこの女性にとって」は、第二次大戦後も、「自らが武器をとって戦ったあの抵抗運動の延長線上、つまりはそれとの近似の状況のうちにしか、自己の存在を定位しえなかったのではないか」と推測し、「抑圧された民族が死を賭して戦うアルジェリアの砂漠やベトナムの密林のうちにしか」、「人間相互の愛情と連帯を」見いだせず、「戦後二十年の歴史を被圧迫民族の苦しみに寄りそう形でしか生きられなかった」のではないかと思いやっている。しかしこの表現の裏には、海軍兵学校の残酷な虐待と被曝を生き抜いて、労働者階級の苦しみをともにしながら革命をめざそうと決意した、みずからの戦後二十年の歴史との対比と共感が二重写しになっていることは、明らかである。

小出峻との付き合いが始まったのも大学生時代、党活動のなかであったと思われる。小出は「戦前から非合法下の活動家」であり、戦後はいくつかの「国際雑誌の編集委員として」フランスの解放運動や革命運動の文献資料の紹介に励んでいた。翻訳家としてもマルクスの『クーゲルマンへの手紙』やローラン・カザノーヴァの『共産主義と知識人』（青木新書）、ジャック・デュクロの『パリ・コミューン』上下二巻（新日本選書）、その他、彼の死後には野沢が引き受けることになる、左翼思想や社会史・政治史関係の多数の《文庫クセジュ》の書を翻訳していた。セク・トゥーレの『アフリカの未来像』正・続二巻（理論社、一九六一年）は野沢協との共訳である。小出は一九〇六年生まれ。つまりサルトルやニザン、日本人なら新村猛とほぼ同世代の、野沢とは二回りも年長の翻訳家だったから、野沢にとっては貴重な先輩であったに違いない。

小出が二つ目の共訳書として野沢に提案してきたのが、マドレーヌ・リフォの『〝ベトコン〟の戦士たち』であった。ところが小出が一九六五年八月十六日に突然他界したために、野沢が一人で翻訳を完成させ、先輩への哀悼の心を込めて、訳書を墓前に捧げたわけである。野沢は、深甚の敬意をもって、小出峻とマドレーヌ・リフォを結び付け、「この二十年の年月をただ一筋に生きぬいたともにすさまじい二つの人生」と書いているが、リフォとは作品を通じてしか付き合いはなかったけれども、小出とは数々の対話と共同作業があったであろうから、戦後二十年の歴史をただ一筋に生きぬいたともにすさまじい人生は、もう一つあるのであって、われわれ読者は、それが、自分にできる最も有効なベトナム戦争反対の行動とは、リフォの著書の翻訳であると考えてこの仕事を選び取った野沢協の人生であることを、忘れてはならない。

（髙橋治男）

ポール・ニザン『トロイの木馬』解説

ポール・ニザン『トロイの木馬』（野沢協訳、世界革命文学選32、新日本出版社、一九六七年一月二五日発行）に掲載。

この解説は人民戦線が形成されていく過程を、当時の状況を背景にフランス共産党の視点から論じている。またニザンの作品についても最初の本格的な紹介といえるであろう。

内外の危機、三三年のヒトラーの政権掌握、三四年二月六日、極右やファシスト団体のパリ、コンコルド広場を中心とする暴動。こうした切迫した状況を契機に左翼では統一戦線への動きが生まれていく。「人民戦線」という呼称は一〇月あたりから共産党が用いるようになるが、七月末の社共統一行動協定までは、共産党は従来どおり「階級対階級」、反ファシズム・プロレタリア革命の立場をとり、「社会ファシズム論」によって、資本主義を内部から支える柱として、社会民主主義者や非共産系左翼を断罪していた。曲折はあったが、コミンテルンの指令により社会党との統一協定が成る。人民戦線綱領の主要な目的は反ファシズムと平和の擁護にあり、経済や体制の変革を目指すものではなかった。三五年七月の両党連合の大集会では共産党のジャック・デュクロは赤旗と三色旗、「ラ・マルセイエーズ」と「インターナショナル」の結合を説き、愛国主義と共和制擁護へと大きく「転換」する。

『トロイの木馬』（一九三五年）は、三四年六月ヴィルフランシュの党支部のファシスト勢力に対抗する一週間にわたる緊迫した活動を記したのち、日曜日、左右両派の激突する場面で幕を閉じる。この小説は、反ファシズム・プロレタリア革命の戦術の時代の姿を如実に伝えている。党員の労働者たちは「自分の国と町をはげしく憎み、はげしくのろっていた」。この小説が書かれた三五年、愛国主義に転じていた党の方針とは相容れないものであった。「浮き上がった」作品とみなされる可能性もあっただろう。野沢はこの分岐点に記された小説が突きつける歴史の重い意味を問いかけている。

この翻訳の意図を野沢は「ポール・ニザンの生と死を、またその文学を、よりよい世界を願うすべての人々の共通の遺産とすることにある。解説ももちろんその線に沿って書かれる」としている。しかし彼の視点は単純に党見解をなぞってはいない。彼独自の見解も行間から読み取れるところが多々ある。「今なお声をひそめずには語れないようないくたの悲劇的な作家」にも視野が及んでいる。解説者は後年野沢から、右翼陣営のピエール・ドリュ＝ラ＝ロッシェルやジャック・ドリオについての詳しい見解も聞いたことがある。この論評からは彼の苦衷も察せられるのである。そうしたうえで、ニザンの生涯と作品解説を虚心坦懐に読んでもらえればと思う。『陰謀』については「恥の記念碑」として非情な突き放し方をしているが、野沢の立場を考えれば無理からぬところがある。党指導部（仏）はスパイの登場するような小説を書く者は、スパイにほかならないなど、牽強付会なことを言って、この小説を貶めた。ニザンは三九年八月の独ソ不可侵条約締結後、離党する。九月にドイツがポーランドに侵攻して大戦がはじまるが、中旬にはソ連もポーランドに侵攻して、ドイツと同国を分割する。「同盟国」としていたポーランドは党により「反動国家」と規定され、大戦は「ファシスト侵略者に対する闘争」ではなく「帝国主義諸国間の争い」とみなされるに至る。「国際人民戦線」は崩壊し、党は「革命的敗北主義」つまり「帝国主義戦争を内乱に」という大転換を遂げるのである。ニザンをはじめ相当数の党員が離党した。トレーズは四〇年三月、ニザンを警察のスパイと断罪した。同年五月、ニザンは戦死する。「無視、誹謗、弁護――これらが三つ巴となってくりひろげるポール・ニザンの「死後の生」は、すでに一九四一年に始まっていた。それについては今は述べない」から野沢の心中を推し測ってほしい。本書には全訳ではないが『アデン・アラビア』の大部分も収められている。この書はアデンに「脱出」し、そこで覚醒し、「闘争」へと展開していく「決算書」にほかならない。その他のニザンの作品も野沢は懇切丁寧な紹介を行っている。後年、野沢の語ったことだが、日本共産党も当時はニザンのことをよく知らなかったから、その作品が日の目を見たのだろう、とのことであった。

ニザン関係では、髙橋治男との共訳で『妻への手紙――ポール・ニザン著作集9』（晶文社）がある。日本における最初のニザン紹介は、一九三五年の小松清編『文化の擁護』（第一書房）所載のポール・ニザン「ヒューマニズムに就いて」（大野俊一訳）と、雑誌『世界文化』一九三五年十二月号～一九三六年一月号掲載のポオル・ニザン「現代フランス文学の諸傾向（評論）」（秋田徹訳）ではないかと思う。

最後にサルトルの『アデン・アラビア』の序文の一節を掲げておこう。「……このむき出しの反抗から始めるのも悪いことではない。一切の根源に、まず拒否があるのだ。今は、老人たちよ去れ、この少年をして兄弟たちに語らしめよ。〈私は二十歳《はたち》だった。これが人生の花などと、私はだれにも言わせまい〉」（鈴木道彦訳、ただしニザンの引用部は野沢協訳）。

なお「世界革命文学選」には、パリ・コミューンを扱った『パリの虐殺』（ジャン・カスー著、村上光彦訳）などがある。野沢はこの「文学選」の編集にかなりかかわっていた。

（田中良知）

『トロイの木馬』の訳者　野沢協氏

『読書の友』一九六七年三月六日号に掲載。

野沢協は一九三〇年二月生まれであるから、少年時代はほぼ「十五年戦争」（満州事変から敗戦まで）と軌を一にしている。いわゆる少国民世代である。自由が失われ、軍国主義の風潮も強まり、青少年もそうした気運の中で忠君愛国の思想に染まり、成績優秀な者は軍幹部を養成する軍学校に進学していったのであろう。彼は海軍兵学校での陰惨な経験を述べている。連日繰り返されるリンチ、こうした恐怖心を克服してこそ、敵と対等に渡り合えるというような、内向きの論理が軍には蔓延していたようだ。戦時中の男子の平均寿命は二三・七歳という異常さだった。

野沢はさらに広島で原爆投下の翌日被曝するという十字架も負った。幸い一命をとりとめたが、死を強制され戦陣に斃れた若者たちをなおざりにして、戦後は始まったともいえよう。彼はそうした非命に斃れた田辺利宏（一九一五〜一九四二）の詩（「雪の夜」（一九四〇）、『きけわだつみのこえ』所収）を愛好していた。その詩の最後の一節を紹介しよう。

遠い残雪のやうな希よ、光ってあれ。
たとへそれが何の光であらうとも
虚無の人をみちびく力とはなるであらう。
同じ地点に異なる星を仰ぐ者の
寂寥とそして精神の自由のみ
俺が人間であったことを思ひ出させてくれるのだ。

四六年に野沢は旧制浦和高校に入学し、仏文学を志し、友人にも恵まれて、文芸部で活躍するが、それだけでは満たされず、どうやら高校時代の後期に入党したらしい。戦前の軍国主義の全面否定からの必然的帰結でもあろう。野沢は五〇年に東京大学に入学する。だが野沢は「象牙の塔」に籠ることはなかった。その時期は党にとっても激動期であり、彼はその渦中に身を投じることになる。折しも、コミンフォルムによって平和革命論が批判され、それに同調する志賀・宮本などの国際派と、批判を受け入れ難いとする徳田・野坂などの主流派（所感派）とに党は分裂する。野沢が所属した東大細胞は国際派が多数を占めたが、党中央からは分派とみなされた。六月には朝鮮戦争が勃発し、実際に世界大戦の危機意識を持った学生たちは「平和運動」を展開する。レッド・パージ反対闘争、翌五一年の出隆《いでたかし》都知事候補選挙応援、その際の占領政策違反容疑での東大生十六人の逮捕・軍事裁判に対する闘争などに国際派は深く関わった。

またこの五一年にはアメリカの意向に沿う形での単独講和が結ばれ、日本は否応なく西側陣営に組み込まれていく。一方、スターリンによる分派闘争の裁定は主流派を支持し、国際派は解散の憂き目を見る。日共の事大主義、中ソ共産党盲従の体質はこの後も続く。

さらに党によって、武装闘争の方針が具体化された。五一年末から五二年半ばまで、農村部では中国のパルチザン方式をまねた山村工作隊、都市部では火炎びん闘争が行われた。山村工作隊は旧国際派への見せしめとの説もある。野沢は山村工作隊に参加している。大学へのレポート「現代文学」では、秩父の山村のことが述べられているが、多分その時の経験を記したものだろう。血のメーデー事件の「武勇談」も聞いたことがある。卒業論文では、戦後のフランスの左翼系詩人たちの作品が論じられている。この頃のことは、実際に当時運動に関わり、野沢のことを知る方たちに訊いてみたり、安東仁兵衛など当時の活動家諸氏の回想記にも目を通してみた。往時の厳しい雰囲気は想像を超えるものであった。野沢自身はこうした運動に主体的に関わり、翻弄されもした。

　徳田の死亡もあり、「極左冒険主義」への自己批判も強まり、統一の機運が盛り上がり、党は五五年に混乱に終止符を打った。その後も五六年のスターリン批判、ハンガリー動乱などの影響で、党内は一本化されたとはいえなかった。さらに、次々と反対派が六〇年代に排除され、「自主独立」「人民議会主義」へと党は変遷していった。「革新的な組織に所属している、ということだけで、自己救済している場合はなかろうか、もしそうならそれは頽廃ではなかろうか」（佐多稲子）。野沢は六九年当時の「大学闘争」の過程で、党を批判して除名になる。

　一応、野沢の党員時代の背景説明を行ってみたが、彼のような広い多角的な視野を持った人物が、かくも長きにわたって党にとどまったことの、疑問は解けない。やはり五〇年代前半の党の分裂・混乱が影を落としていることは否めないであろう。個人的な異論や批判よりは党への忠誠を選択したと思われる。党なくして運動は成り立たないとの信念もあったのだろう。しかしスターリニズム的党の綻びは、徐々に大きくなっていく。最後は自分の信ずるところに従ったのだろう。ただスターリンについては、野沢はそのしたたかな政治力を後年まで認めていた。

　党内では「文化」部門で活躍したようだ。その責任者の蔵原惟人に重用されたらしい。『ユマニテ』などに目を通し、フランス共産党関係の膨大な文献などを翻訳している（例えば、モーリス・トレーズの『人民の子』など）。奇異な感じがするかもしれないが、六一年には澁澤龍彦たちと、もちろんペンネームでトロツキーの『わが生涯』を訳しもしている。トロツキーは、五六年頃からスターリン批判の形でいくつかの大学で、その文献が読まれ始めており、事実、その翌年に反スターリン主義の組織も誕生するのだが、誤解を恐れずに言えば、こうした「遊び心」も、野沢の懐の広さであろうか。それともシニスムの現われなのであろうか。

　抹殺され忘却の淵に沈んでいたポール・ニザンは六〇年代にサルトルによって二重の死から甦った。サルトルが『アデン・アラビア』の序文を書かなかったら、これほどのブームになったかどうかはわからない。しかし野沢の言うように「サルトルというフィルター」を脱却するには、「五月革命」を待たなければならなかった。ニザンにせよ、野沢にせよ、党活動を担っても、個人は党から見れば、いかほどの意味を持っているのだろうか？　党は特別な人間などは少しも必要としてはいないし、党員と党は一体化しているのである。そこからの齟齬が生じた時——党の保守化・体制化・事大主義が多くの要因だが——除名という形で党を去ることになる野沢も、ニザンと同じ運命を予知していたのかもしれない。

言及されている三〇年代のフランス人民戦線の動向については、そのあたりに関心を持った学生たちはずいぶんと野沢に教えを受けたはずだ。

私事にわたって恐縮だが、七〇年代前半仏文に在籍していた折、筆者は都の公立学校の非常勤講師をしていた。交通費も出ず、翌年職の保証もなかった。そうした待遇に怒りを燃やして、全都で自然発生的に待遇改善の闘いが生じ、数年かかったが、創意工夫も凝らして闘い、「同一労働同一賃金」の原則を認めさせた。行き詰った時など、野沢に話を聞いてもらって、心が晴れた思い出がある。自分を誇ることの全くない野沢が、その時珍しく、僕は名書記長だったよと語った言葉が妙に印象に残っている。事実そのとおりだったのだろう。

野沢に日本で最も評価する小説を訊いたところ、いいだ・ももの『斥候《ものみ》よ夜はなお長きや』であった。これは一九四一年のゾルゲ事件直後の、当時の暗い雰囲気を伝えている。また野沢は佐多稲子に対する敬意を終生失わなかった。

（田中良知）

パリ・コミューン記念日を迎えて——その意義といくつかの教訓

『赤旗』一九六七年三月十六日号に掲載。

パリ・コミューンについて論じるとなっているが、その背景には中国の文化大革命や当時のユーゴスラビアの「自主管理方式」を批判する意図があることは明白である。特に前者が標的にされている。

野沢のこの見解は、『マルクス＝エンゲルス全集（一八七〇～一八七二）』第一七巻（大月書店　一八六六年）に負っているところが大きいと思われる。この巻にはパリ・コミューン壊滅から二日後に記されたマルクスの『フランスにおける内乱』と、それを補足する第一草稿・第二草稿などが収められている。また野沢の訳稿も含まれている。特に、この巻の序文がベースになっているようだ。さらにマルクス主義の国家論や、プロレタリアート独裁の理論を継承発展させたレーニンの『国家と革命』も踏まえて、論が展開されている。野沢は党のスポークスマンとしてふるまっているのだから、そつなくこの論をまとめてはいるが、彼独自の見解をここに見るのは無理な話である。

プロイセンに敗北し、第二帝政が崩壊し、「国防政府」が共和派によって成立するが、屈辱的な休戦条約に納得せず、七一年三月一八日に「パリ・コミューン」が宣言され、五月下旬「血の一週間」で壮絶な最期を迎える。

この論考ではコミューンの「政策」「教訓」が述べられるが、別の視点からコミューンを眺めてみよう。以下の見解は多くを柴田三千雄氏の論考に負っている。

この革命権力をマルクス主義陣営では「プロレタリアート独裁」とし、史上最初の「社会主義革命」の試みとしてとらえている。しかし、コミューン議員の半分以上が、ジャーナリスト、法曹家などの小ブルジョワ知識人であったし、「社会主義者」といってもジャコバン派、ブランキ派、プルードン派、第一インターナショナル派などの寄り合い所帯であった。社会主義のヴィジョンについても、ジャコバン系の政治主導主義と、プルードン系の労働者自主管理主義との内部対立もあった。

さらにさまざまな諸政策にしても、ユニークなものもあるが、これは改革であって、社会主義的政策と断ずることはできないだろう。

後日レーニンが分析したように生産力の高度の発展もなかったし、プロレタリアートの成熟もなかった。コミューンはフランス革命以来の都市型民衆運動と近代的工業労働者運動の接点に位置づけられるだろう。

中国共産党と日本共産党はずっと親密な関係を結んできたが、六六年にベトナム戦争反対の国際共同行動をめぐって決裂する。また中共の友党、最大の党員数を誇ったインドネシア共産党の六五年の壊滅も影を落としているようだ。当時日共は「自主独立」路線の名の下に「人民議会主義」へと傾斜し、党勢拡大に躍起になっていた時期でもある。中共からは「修正主義」の非難を浴びていた。同年に中国で始まった文化大革命の影響にはかなり危機感を抱いていたらしい。文革では「コミューン方式」が声高に叫ばれたが、その実体は毛沢東一派（造反派）の側の、実権派に対する巻き返し、権力闘争であった。

しかし日共にしても、七〇年代にはプロレタリアート「独裁」が「執権」という訳語に改められ、「マルクス＝レーニン主義」に代わって「科学的社会主義」という用語が使われる。この時期は体制内反対派として、改良主義路線に転換していく岐路に立たされていた時期ではなかっただろうか。ここでは野沢はあまりいい役回りを務めているとは言い難いが、当時の彼の立場を考えればやむを得ないところであろう。

（田中良知）

心情的な「文革」礼賛論の実体――『展望』『世界』の山田慶児論文について

『赤旗』一九六七年十一月十二日号に掲載。

これは一九六七年の『展望』九月号、『世界』九、十月号に山田慶児が発表した論文に野沢が加えた反論である。六六年アメリカのベトナム侵略に対し、日中両共産党の間に統一戦線をめぐって対立が生じ、日共内部でも文化大革命（以下文革と記す）を礼賛する中共支持の分派が生じ、また中共派とみなされた党員が除名された。六七年には善隣会館で日中青年の武力衝突事件まで生じている。日共としては当然、中共の影響力を抑えるために、六六年に起きた文革路線を徹底的に批判する必要があった。野沢はこの任に当たることになった。また前記の雑誌は知識人層にある程度の影響力もあり、文革に好意的ともとれる論調もあったから、党としては見過ごすわけには行かなかったのであろう。

文革派（造反派）は文革を党内部に発生したブルジョワ分子と修正主義分子（実権派）を打倒するための下から上に向けての政治大革命と位置づけた。

山田は六七年五月下旬から一ヵ月間、日中友好協会（会も分裂、こちらは文革派）などの招きで、中国の大都市各地をめぐった。悪く言えば、「官製」視察旅行と言えるだろう。手放しの礼賛がかなり多い。折しも山田は北京大学学長陸平が実権派として引き出されて学生たちに囲まれて激しく面罵されている場面を目撃する。しかし彼は従来どおりの給与ももらい官舎に暮らしており、危害は加えられていないという説明に納得している。実権派の頭目とされた劉少奇が悲惨な最期を遂げたことを思えば、まだその実態は把握できていなかったのであろう。この五月、陸平を批判する大字報（壁新聞）が大学に貼り出された時、毛沢東は、パリ・コミューンの宣言書の再現として評価した。腕に赤い腕章を巻いた紅衛兵も登場してくる。当初自然発生的だった紅衛兵運動は毛沢東の支援を受け、「造反有理」のスローガンの下、権力・権威を打倒し、それは地方にまで広がった。さらに話は同年一月の「上海コミューン」に及び、奪権（造反派が実権派から権力を奪うこと）が成功し、「革命委員会」が成立したことが語られる。山田は自然発生的な民衆運動を「コミューン」の真髄と見ているようだ。毛沢東崇拝にはとまどいながらも、早晩克服されるものと楽観視している。

野沢の批判は冷静である。「代行主義」批判はスターリン主義の立場からは当然であろう。当時は実権派と名指された党や国家の指導幹部がアナーキーとも思える状況の中で打倒されていった。山田もその熱気に巻き込まれたのであろう。

革命的指導幹部・人民解放軍・革命的群衆が結合した「革命委員会」が「社会的平等」を要求する「コミューン方式」に則って、「国家の死滅」に向けて大きく前進したと称賛を惜しまない。心情のみが先行している感は否めない。野沢は党原則を踏まえてマルクス＝レーニン主義を逸脱した無政府主義的行動、指導者の個人崇拝を痛罵している。この運動はマルクスの不倶戴天の敵、バクーニン主義の展開と映ったようだ。

しかし野沢にしても、当然のこととはいえ、文革の方向性はまだ見えていなかった。民衆運動は毛沢東の権力闘争に利用され、その掌の中で踊らされていたのではなかろうか。毛沢東の後継者と目されていた林彪さえもが失脚した。「おもしろうてやがて悲しき鵜舟かな」である。七六年まで文革は続くが、八一年には全面的に否定された。国際共産主義運動も決定的に分裂し、日共も「自主独立」路線を歩むようになる。実権派の代表、鄧小平は復活し、文革中、批判の対象となっていた実権派の政策、現代化政策・対外開放政策が推進されるようになった。何とも皮肉なことである。（田中良知）

アンドレ・モーロワ著　谷長茂訳　『青年と人生を語ろう』

『読書の友』一九六八年六月十七日号に掲載

この「人生案内」は度し難い現状肯定に立脚し、批判精神皆無（若いころは多少羽目を外してよいなどと言いつつ）のブルジョワ秩序に青年たちを包摂していこうという道学先生の「処世訓」に他ならない。野沢は嗤《わら》いつつも、この人物の薄っぺらな「通俗哲学」の意図するところを看破してみせた。

「五月革命」への言及があるが、この書評はその一ヵ月後に記されている。この「革命」はド・ゴール体制、現代資本主義に対する異議申し立てであると同時に、既成左翼に対する鋭い批判をもって開始されていた。フランス共産党書記長にまもなく就任しようとしていたジョルジュ・マルシェはこれに反撥し、ロジェ・ガロディは共感を示した（のちに除名）。野沢が『ユマニテ』に目を通して、この件を知っていたとすれば、彼自身も党に対する叛旗のメッセージをさりげなく出していたことになるが、この見方はあまりに穿っているだろうか。日本でも新左翼系の学生運動が新たな展開を見せていた時期でもあった。（田中良知）

フランス革命の原動力〝魚売りの女たち〟

『新婦人しんぶん』七九四号一九六八年八月一日号に掲載。『新婦人しんぶん』は日本共産党の大衆組織「新日本婦人の会」の四面から成る機関紙である。同号には基地、保育園問題などが採り上げられているし、夏のスタミナ料理、くじらのステーキなどが掲載され、女性を主な読者としていることがわかる。

これは野沢がミシュレの『革命の女たち』所収の、一〇月五日・六日の事件における庶民女性たちの活躍の意義を紹介したものである。

ミシュレの言うとおり「まったく自発的で予想外で、真に人民的なこの革命は、とりわけ女性の行った革命であった」。七月一四日は男が担い、一〇月六日は女が担い、民衆運動は革命の原動力となっていく。この事件は、アンシャン・レジームの死亡通知であった。

なお具体的な言及がないが、この書評は『革命の女たち（河出書房の市民文庫、三宅徳嘉・山上正太郎ほか訳　一九五二年）の第一章「十月六日の女性たち」に拠っているものと思われる。

（田中良知）

フランスの革命文学と労働者像の変遷

『読書の友』一九六八年十一月十八日・二十五日号に掲載。

この論考は「革命文学史ノート」として読んでみればよいと思う。日本では大作のみがフランス文学紹介の主流になっていたが、野沢のこの試みは彼のひとつの見識の現われでもあろう。一九世紀末から二〇世紀後半期に及ぶ労働者像の変遷が端的に辿れるようになっている。屋上屋を架するかもしれないが、若干の補足説明を加える。

ゾラの『ジェルミナール』、ミルボーの『悪い牧人』（戯曲）は典型的な階級闘争を描いているが、労働者たちの決起は、搾取への怒りと飢餓に衝き動かされての自然発生的なものであった。ともに軍隊の介入を受けて「あれ狂う群衆」は凄惨な最期を迎える。なお、この二作では、当時アナーキズム運動がかなり影響を持っていたことが窺える。「悪い牧人」とは、社会主義者を意味する。彼らが闘争を議会内の改革・普通選挙制に封じ込めてしまうことを、アナーキストの側から痛烈に批判している。

パリ・コミューンも「血の一週間」で壊滅するが、リュシアン・デカーヴ作『フィレモン』の主人公、老戦士フィレモン（ギリシア神話にちなむ渾名）は生涯不屈の労働者魂を失わない。彼の口を通じて実在したコミューンのミリタンたちの思い出が愛惜をもって語られる。彼はプルードン主義者であり、絶対自由主義者《リベルテール》であった。絶対自由主義とはアナーキズムの同義語である。マルクス主義の中央集権的権威主義とは真っ向から対立する。『柱』も同じ作者による、コミューン中の大きな事件、ボナパルティズムと圧制、災禍の象徴であるヴァンドーム広場の円柱を民衆が引き倒した事件をテーマとする。二つの作品に登場するミリタンたちには、過酷な運命が待ち受けていた。彼らは節を全うした「孤独な殉教者」であった。野沢の高く評価する人物像にほかならない。

二〇世紀を迎えると、社会主義者の勢力は大幅に伸長するが、第一次大戦という試練が待ち受けており、挙国一致の「神聖同盟」に多くが包摂されるという苦難の時期を迎えた。

大戦後の労働者文学として、紹介されるのが、ルイ・ギユーとジャン・ゲーノの作品である。それぞれの『民衆の家』、『四十男の日記』においては、いずれも労働組合が結成され、「共通の理想と固い組織の絆」で結ばれる様相が描かれている。この段階も党という鉄の規律を備えた組織からすれば、「自由人」の〈個人主義的〉な連合にすぎないとされる。確かに彼らはフランス人民戦線を支えた主要な文化人であったが、共産党に全面的に同調することはなかった。ただ彼らは自分の生まれ育ったミリューに生涯忠実であった。

ヴィクトル・セルジュは作家というよりは革命家のイメージが強い。思想的にはかなりの遍歴をし、アナーキストから、共産主義者、トロツキスト、最後にはそれとも袂を分かつ。一九一七年のアナルコ＝サンディカリストを中心とするバルセロナ蜂起などをテーマとした『われらの力の誕生』、一九年のペトログラードでの革命的労働者たちの死闘を描く『征服された町』、淡々たる筆致がむしろ状況の切迫感をよく伝える。まだ「革命組織」が「個人の上に超出し、個人の存在を規定」してはいない段階にあるとのことだが、セルジュは、そうした図式では括れない、かなり特異な革命家と言えよう。

最後に、こうした「組織」を止揚するものとして、「個人の上に超出する革命組織」＝「前衛党」の存在がクローズアップされる。言うまでもなく労働者大衆、革命を指導する共産党にほかならない。ここで取り上げられているポール・ニザン『トロイの木馬』、アンドレ・スティル『最初の衝突』は社会主義リアリズムの手法が用いられ、「党と階級は不可分のもの」になり、「深刻な内省」は不必要とされる。アラゴンの『レ・コミュニスト』もこの系列に入るだろう。社会主義リアリズムは理論というよりは、党の文化介入の方式でもあった。事実、この手法は五〇年代の脱スターリン化とともに廃れていった。結論は、労働者は党に収斂されるのが「自然なあり方」とされているが、果たしてどうであろうか？「党の人間」（「党のひとつの歯車」でもある）——「この新しい人間類型は今後さらに深くきわめられなければならないだろう」との留保を野沢はつけている。

党の絶対化の結論づけはやむを得ないとしても、こうした「労働者像の変遷」の展開は野沢独自のものである。採り上げられている作品に描かれている労働者像は、党の不在による、あるいは党から距離を置いている立場・運動の〈限界性〉を示しているというよりは、その時代なりの闘争の実態を的確に映しだしているのではなかろうか。当然、党からすれば否定の対象となるアナーキズム、プルードン主義、反スターリニズムなどが含意されている。勿論野沢はそんなことはおくびにも出さず、彼の鑑識眼に十分堪えうる作品を紹介しているのである。

（田中良知）

セレブリャコワ著『フランス革命期の女たち』上・下

『日本経済新聞』一九七四年二月二十四日号に掲載。

セレブリャコワはソヴィエト＝ロシアでは覚えめでたい作家だったと言えるだろう。社会主義リアリズムに則って構築された「歴史小説」をいくつか書いているようだ。かつてこの『フランス革命期の女たち』が刊行された時、筆者は彼女たちの来歴を知っておもしろかったという記憶はあるが、啓蒙的通俗小説の域を出ないという感じがした。

この書を記すにあたって、セレブリャコワは史的唯物論の権威、歴史学者ポクロフスキーの助言を受けたとある。彼は「国民公会の諸党派の階級的基盤をまったく理解していないミシュレのような歴史家たちの弱点を指摘した」そうだ。野沢の言うとおり、作者の好悪によって、人物は判別される。ジャコバン派はジロンド派よりも革命を促進したとするし、ジャコバン派の中のロベスピエール派が、民衆運動と近かった「過激派（アンラジェ）」を弾圧したことは小ブルジョワの限界を示すなど、あまりに図式的すぎる。また近年評価の高い、人権宣言が男性市民しか念頭にないことを批判して、『女性と女性市民の権利の宣言』を出したオランプ・ド・グージュなどは、ほんの二度ぐらい端役として登場するだけである。

野沢も党を離れた結果、自分の本音を出していると思う。彼の気に入りの小説リュシアン・デカーヴ作の『フィレモン』（一九二二年）を採り上げている。主人公の「生きざま、死にざまの内に、圧殺されたコミューン革命の魂を鮮烈に結晶させた」この小説と比べると、『フランス革命期の女たち』は作者の意気込みは買えるにせよ、魂のない安手の「蠟人形」の観を免れまい。なお『フィレモン』については、「フランスの革命文学と労働者像の変遷」〈上〉を参照されたい。

（田中良知）

革命歌『インタナショナル』歌詞改訳案（一番のみ）

二〇一五年三月に書かれた。

表題一枚とフランス語原詩二枚を含めて、コクヨの二百字詰め原稿用紙合計十一枚に、マス目いっぱいの大きな肉筆で縦書きに清書されている。

これは、法政大学出版局編集部の親しい方々との談話を契機として、野沢協が、原文により忠実な訳を試みる気になって、誕生したものである。

『インタナショナル』の詩は、一八七一年六月にコミューン議員ウージェヌ・ポティエによって書かれた。同年五月下旬の「血の一週間」にパリ・コミューンが崩壊し、指名手配された当時五五歳のポティエはパリ潜伏中にこれを書き、同じコミューン議員のルフランセに捧げた。その後イギリス、合衆国に亡命し、大赦で帰国したが、晩年は貧窮のうちに八四年に死亡。コミューンの同志、アンリ・ロシュフォールが前文を付けて彼の『革命歌集』を出版し、『インタナショナル』もそこに収録された。フランス労働党北部連合書記ギュスターヴ・ドロリはこの歌がプロレタリアートのあこがれを要約しているものと思い、リールの労働者で音楽家のドジェテルに、八八年に作曲を依頼した。後にドジェテル兄弟のあいだに著作権をめぐる係争が生じたが、九六年リールの労働党全国大会で社会主義者たちが『インタナショナル』を歌い、この歌は象徴的な価値を帯びるようになった。

第一次大戦後、バルビュスの「クラルテ」運動に共鳴し『種蒔く人』を発刊した小牧近江らがこの歌に注目し、佐々木孝丸の『風雪新劇志』(昭和三四年一月、現代社、六五〜六七ページ参照)によると、最初の日本語訳を試みたのは佐々木孝丸である。「種蒔き社ではこの年(大正十二年)十一月のロシヤ革命記念日を期して、日本語版『インタ』を大々的に歌いまくろうという案を立て、その歌詞の翻訳を私がやることになった。『暴力論』で有名なジョルジュ・ソレル編纂の『社会主義辞典』に歌詞と楽譜が載っていたので、私はそれから翻訳することにした。(中略)ところで私の翻訳が、原詩につきすぎた逐語訳であった上に、ひとつの音符にひとつのシラブルを当てはめて行くという、歌曲の翻訳としては、甚だ拙いやり方をしたのが主な原因だったのだろう、歌ってみると、どことなく間のびがして、力強さに欠けるところがあった。(中略)昭和の初めになってから、佐野碩と私と二人で、も一度全部改訳――というよりも最後のリフレンを除く外、原詩に拘泥するところなく歌詞を作り直した。それが、現在歌われている『インタ』である」。野沢訳はまず原文に沿った形で訳し、さらに工夫して二つの案を提示している。緻密な訳だと思う。戦後の七〇年安保までは、かなり歌われたから、佐々木・佐野訳を懐かしく思い出す人々も多いであろう。この野沢改訳案と比較して、楽しんでいただけると幸甚である。

(田中良知)

オカンクール元帥とカネー神父の対話

同人誌『ジャンル』創刊号（一九五五年七月二十日発行）に「阿部義夫訳」として発表された。

他の『ジャンル』同人およびその掲載作品は以下のとおり。岩田宏（小笠原豊樹のペンネーム）の詩「三つのことばのバラード──自伝──」、小笠原豊樹の翻訳「バルバラ」（ジャック・プレヴェール作）、澤道子（澁澤龍彥の妹・道子のペンネーム）の詩「あしたのロンドのため」、澁澤龍彥の小説「撲滅の賦」、津島裕（出口裕弘のペンネーム）の小説「白日」。

創刊号だけで終わった『ジャンル』については、出口裕弘の『澁澤龍彥の手紙』（朝日新聞社、一九九七年、四四─七三頁）が詳しい。同書によると、『ジャンル』編集の「実務の中心にいた」のは小笠原豊樹であり、「伊達得夫（書肆ユリイカの創立者）……の肩入れで……素人ばなれのした雑誌として仕上がった」（五五頁）。

澁澤龍彥と出口裕弘は、野沢が一九四六年に入学した旧制浦和高等学校の一級上の先輩だった。澁澤の回想「一冊の本──コクトー『大胯びらき』」から引く。「高校時代、私たち数人は野沢協をリーダーとして、現代フランス文学を読む会をつくった。……私たちはヴァレリーやジッドはてんで軽蔑していて、もっぱらアポリネール以後の両次大戦間の文学を集中的に読んだ。……そのころ、野沢協の現代文学に対する熱中ぶりたるや物すごく、フィリップ・スーポーやブレーズ・サンドラールの原書を、彼はどこからともなく手に入れて、驚くべき量を読みこなしていた」（『澁澤龍彥全集』第十七巻、河出書房新社、一九九四年、一二八頁）。

出口は野沢と同じ文芸部に所属していた。「文芸部にも、澁澤を上回るスピードでフランス語を習得し、寮の部屋のささむけた畳に腹這いになって、セリーヌの『夜の果てへの旅』を読むような勉強家がいることはいた。啓蒙思想の源流、ピエール・ベールの研究と翻訳で大成した野沢協である」（『澁澤龍彥の手紙』二四頁）。

『ジャンル』刊行に先立つ一九五四年、野沢は、澁澤、出口とともにディドロ『哲学的断想』の輪読会を行なっている（同書、一〇八頁）。

なお、野沢が澁澤龍彥との交友を語ったものに、「現代におけるユートピスムの可能性と不可能性」（インタビュー、本書一一五─一一六頁）がある。

翻訳底本にいかなる刊本が用いられたかは明らかでないが、野沢協は「死後刊行をふくめて、入手可能なすべての版を参照すべし」という趣旨のことばを、解説執筆者の前で繰り返し語っていた。

＊　＊　＊

本書への収録にさいして、括弧類の不整合を修正した。

なお、フランシスコ・シュアレズ（Suarez）とガスパル・アロンゾ（Alonso）・ペレス・グスマンは、スペイン人なので、現地音主義を採るなら、それぞれスアレス、アロンソとなる。

（木下雄介）

愛国者の手紙

この翻訳は野沢協氏による最後の翻訳である。翻訳本文は完成原稿と言ってよく、訳注・解説に未完成な点を若干残すとはいえ、氏はご自身の意向どおりに、最後の翻訳作業をし遂げてなくなられたと言える。ここに氏の翻訳・解説にさらに解説を加えることは、文字通り屋上屋を架すことに他ならない。ただ、氏が生前にはご存じなかった、作品の著者同定に関わる新説は報告しておくべきだろう。

氏が訳された『愛国者の手紙　フランスのプロテスタントへの政治的寛容とそこから結果する王国にとっての利益について』は、*Lettre d'un patriote sur la tolérance civile des Protestans de France et sur les avantages qui en résulteroient pour le Royaume.* 1756 と題された一一九ページからなるパンフレットで、著者名も出版地も示されていないが、以下に述べるような事情から標記の出版年は確かなようである。氏は解説冒頭でこのパンフレットの著者をアントワーヌ・クール Antoine Court（一六九五―一七六〇）[二] として、フランス改革派教会中興の祖クールと「荒野の教会」について解説しておられる。クールおよび「荒野の教会」の記述について補足が必要とは思われない。氏は解説後半における書誌で、クールが生前に匿名で出版した著作を年代順に一〇点挙げられ、その中の九番目が氏によって翻訳された『愛国者の手紙』である。一〇番目に挙げられているカミザール戦争史を除いて、一から九までの書誌は、ジャック・プジョル「一七八七年勅令の起源、書誌研究」（『フランス・プロテスタンティスム史協会紀要』、一三三号、一九八七年七・八・九月号、三四三―三八四ページ）という論文に記載された書誌に則っておられるようだ。一七八七年勅令とは「寛容令」と称されることもあるが、非合法下に置かれているフランス・プロテスタントの戸籍を法的に整備するための勅令である。上記論文は、勅令発布二〇〇年を記念して、勅令発布までの論争経過を書誌的に追ったものである。プジョルは上記パンフレットをアントワーヌ・クール作と見なしており、野沢氏もこの判断を継承したのだと思われる。

野沢氏による書誌によれば、六番目、一七五一年（出版は一七五二年らしいが）『フランスの不偏不党な愛国者』、および八番目、一七五三年『フランスの愛国者』（六番目の増補した再版）に相当する *Le Patriote français et impartial* という作品の校訂版が、二〇〇二年に出版された[二]。校訂者オットー・セールは、その序文の中で、野沢氏書誌の九番目にあたる当該パンフレットは、クールの手になるものではなく、別系統のプロテスタント・グループによるパンフレットではないか、と推測している。その根拠も含めて、野沢氏書誌の六、八、九番目のパンフレットが出版された事情について以下に簡単に記述しておこう[三]。

一七四九年、財務総監マショー・ダルヌーヴィル Jean-Baptiste de Machault d'Arnouville（在位一七四五―五四年）は、租税に関する財政家の悲願である、身分特権を認めずすべての身分の所領や官職に等しく課税するという租税、ヴァンティエーム（二十分の一税 Vingtième）新設をルイ十五世の支持も得て提案する。だが、高等法院も全国聖職者会議も激しくこれに反発し、諸特権団体の特例は次々に認められ、原案は骨抜きになる。ところが、カトリック高位聖職者と異なって、フランス国内に非合法に存続していたカルヴァン派信徒は平等な課税に賛意を示した。ラングドック地方のプロテスタントたちは、二十分の一税を進んで引き受けると表明したらしい。彼らはすでに牧師アントワーヌ・クールらの活動や支援により、「荒野の教会」と称した秘密の礼拝集会を行い、国内組織さえ作り上げていたのである。

財務総監マショー・ダルヌーヴィルには、オーストリア継承戦争（一七四〇―四八年）という出費による財政危機を乗り越えるために、ユグノーの力さえ借りたいという意向はあったらしい。ユグノーの側には、官憲による「荒野の教会」迫害の手を緩めさせたい、少なくとも合法的結婚（とそれに基づく合法的相続）という市民的権利を得たい、という望みがあったらしい。財務総監を真ん中にしてのカトリック側とユグノー側との対立は、上記の税制問題に続いたある出来事が引金となって、両派の論戦へと発展する。

アジャン出身でプロテスタントであったためかつてリスボンに逃れ、その地で成功した商人フロンタンが、この時期に帰国の是非をフランス大使に問い合わせてきた。財務総監マショー・ダルヌーヴィルがそれに許可を出し、彼はボルドーに居住することになった。ただ、フロンタンが一時アジャンの親戚を訪ねたいと申し出たため、彼の居住地であるボルドーの地方長官がアジャンの司教に配慮を要請したらしい。

これらがすべて事実なら、それは財務総監が高位である地位を利用して秘密裏に行ったことであろう。上の要請を受けた司教は、財務総監宛に激しい怒りの手紙を書いた。カトリック高位聖職者アジャンの司教、ジョセフ・ガスパール・ジルベール・ド・シャバンヌ Joseph Gaspard Gilbert de Chabannes（在位一七三五―六七年）が書いたものらしい。「アジャン Agen の司教が財務総監 Contrôleur général des finances に宛てた手紙」という宛名書きが示すように、表向きは財務総監への抗議の手紙だが、内容は激しいカルヴァン派攻撃パンフレットである。これは当初手書きコピーで流布したようだが、一七五一年『アジャンの司教が財務総監に宛てた手紙』として秘密出版された。

すぐにプロテスタント側は応戦を考えた。アントワーヌ・クールは、スイスのローザンヌに居を定めて、当地のカルヴァン派教会やジュネーヴのカルヴァン派教会の援助を受けながら、フランス国内のプロテスタント支援を行っていたから、まずローザンヌとジュネーヴの教会の承認を得て、一七五二年に急いで『フランスの不偏不党な愛国者 *Le Patriote français et impartial*』という反論パンフレットをフランス国外で秘密出版した（これが野沢氏書誌の六に当たる）。

翌一七五三年、カルヴァン派パリ委員会の指示で、別系統のプロテスタントによる反論『自然と理性と啓示と政治の完全なる一致 *L'accord parfait de la nature, de la raison, de la révélation et de la politique*』が出版された。同年、クールも『フランスの不偏不党な愛国者』の増補版（これが野沢氏書誌の八に当たる）を出した。ところが、この増補版は、『自然と理性と啓示と政治の完全なる一致』の直後に出版されたために、プロテスタントによる同種の反駁書と見られて、流布が思わしくなかった。これについてクールはカルヴァン派牧師間の通信の中で不満を漏らし、そもそも『自然と理性と啓示と政治の完全なる一致』は『フランスの不偏不党な愛国者』を剽窃したもので、しかも基本的考えにおいて相違する、と述べている。プロテスタント容認に断固反対する『アジャンの司教が財務総監に宛てた手紙』出版後の二年間におけるプロテスタント側からの反論パンフレットは以上のごとくであった。

さて、一七五五年に『フランスのプロテスタントの非合法結婚についての神学的・政治的覚書 *Mémoire théologique et politique au sujet des Mariages clandestins des Protestants de France*』という、フランスのプロテスタントの非合法結婚を避けさせるために、彼らの新たな結婚形態を提案する本が秘密出版された。これによってカトリックとプロテスタント双方による、プロテスタント容認に関するパンフレット合戦が再燃した。この論争中に野沢氏が翻訳された『愛国者の手紙』というプロテスタント側パンフレットが出版されたのである。この題名は、クールがかつて一七五二年、一七五三年に出版した『フランスの不偏不党な愛国者』と類似しており、長らくこれはクール作と想定されてきた。しかし、このパンフレットは『自然と理性と啓示と政治の完全なる一致』を出したパリのプロテスタントたちが作成し、秘密出版したものではないかという推定も現在はなされている。この推測をしたのは、前出のオットー・セールである。その根拠として、この短いパンフレットの中で匿名の書き手は、一七五三年の『自然と理性と啓示と政治の完全なる一致』を褒め称えているが、これは上段で報告したクールの書簡での態度と一致しないということを指摘している。さらに、カトリック側からの証言という傍証もあるようだ。これで『愛国者の手紙』の原著者に関する新説の報告を終えたので、これ以上の屋上屋を架することは控えたいと思う。

〈付録〉

野沢氏が翻訳された『愛国者の手紙』を含む一連のプロテスタント側パンフレット出版の原因となった、カトリック側パンフレット、一七五一年『アジャンの司教が財務総監に宛てた手紙』の内容を、抜粋と筆者による簡単な説明を用いて、付録として付加しておきたい。『愛国者の手紙』理解の参考になれば幸いである。抜粋部分は「　」で示し、抜粋内の省略、割注は筆者による。出典などの情報は後注に示してある。

「アジャンの司教殿が〔財務〕総監殿に宛てた手紙、王国内にユグノーを寛容することに反対する。[四]

総監殿

……一通の手紙を持ってユグノーのフロンタン氏が私のところにやって参りました。それにはこのように書かれております。〈総監殿の御意志は以下の通りである。ユグノーの商人フロンタンにあらゆる種類の庇護が与えられること、また彼が厚遇されたことがこの種の貿易商たちに知られ、彼らの王国への復帰を促すこと。〉……一体何ということですか、カルヴァン派の連中を王国内に呼び戻そうとすることなどできるのですか。……あの宗派が生まれるや否や、政府に敵対する、宮廷内の君候や貴族の隠れ家になったことを、あの宗派が不満な民衆を庇護したことを、王国内に外国の夥しい数の軍隊を引き入れたことを、……七〇年にわたって王国をさまざまな党派や戦闘や動乱でいっぱいにしたことを忘れることができるのですか。[五]」

まず、この司教はカトリックの信仰こそがフランス人の心の中に刻印されているのだとして、歴史上の事実としてアンリ四世の事跡から述べ始める。

「彼〔アンリ四世〕がもし臣下の願い〔カトリックに改宗すること〕に耳を貸していなかったら、教えを受けることに同意していなかったなら、父祖の宗教〔カトリック教〕を信奉しなかったなら、おそらくは父祖からの王座を奪われていたでしょう。それほどまでにこの宗教への愛はフランス人の心の内奥に刻印されていて、その宗教の保持と栄光のためならどこであろうと彼らの心をつき動かし導けるほどなのです。[六]」

アンリ四世が「ナント勅令」を発してプロテスタントを寛容したことは抜かし、それを廃止したルイ十四世へと司教は歴史を接続させる。この王がフランスをヨーロッパ随一の国にできたのは、ユグノーを追放し、自らの臣下を見張り押さえつけるための力を、すべて対外に向けることができたからだ。だから、ユグノー追放を国家の基本法としたのであり、アウグスブルク同盟戦争の和議〔一六九七年〕でも、スペイン継承戦争の和議〔一七一四年〕でも、国際的なプロテスタント勢力に抗して、この基本法だけは譲らなかった、とこの司教は言う。

「だからこそ彼〔ルイ十四世〕は、彼ら〔自称改革派、ユグノー〕を排除することを基本法とし、それを不動のものとするありとあらゆる法手続きを整備し、宗教の栄光だけでなく、さらには、国の安泰がこの基本法と結ばれていると信じたのです。[七]」

すなわち、「ナント勅令廃止」はルイ十四世の計算された政治的行動であり、一部の徒党や、政治より宗教を優先する聖職者が、国王を操って行った施策などではないと主張し、司教はユグノー問題を宗教問題ではなく、政治問題として集約していく。

「彼〔ルイ十四世〕の壮年期に、もっとも華やかな時代に、その下で働く諸大臣たちに補佐され、深い思慮の結果、その忌まわしい臣下たち〔ユグノー〕の見解と傾向を正確に知った上で、彼はあの輝かしい一撃〔ナント勅令廃止〕を打つとお決めになったのです。実際、カルヴァン派の諸原理を仔細に考察しようとすると、彼らがなんであれ、どんな宗教とも対立しているだけでなく、さらには国王たちの敵であり、君主制に敵対しているということが分かるでしょう。[八]」

キリスト教初期教会に現れた異端では神学者が書物で論争しただけだが、カルヴァン派が現れてから事情はまったく違ってきた、と司教は言う。彼らは国家内に騒乱を引き起こし、武器を手にして自分らの祭祀を行うための教会堂を要求し、自分らの安全確保の要塞を持ちたがり、敵国と協議を行い、自分らの主人に戦いをしかけると、かつての宗教による内乱を描いてみせる。さらには、イギリスの名誉革命（一六八八年）時にカルヴァン派のこのような政治理論がジェームズ二世を廃位させ、ウィリアム三世を戴冠させたとして、ホイッグ党の書き物からだとは断るが、それを次のように要約する。

「彼らはこう言っていた。国王は権威の受託者にすぎないので、権威の実体は民衆に存する。民衆こそが国王たちを作るのであって、国王たちの持っているあらゆる権力は民衆から発する。それは民衆が君候の手の中に置いた委託物なので、王が諸条件を履行せず、王として立てられた目的を果たさないと見たら、そして民衆が王の行動に満足できない場合、その委託物を民衆は取り戻すことができる、と。……民衆を権威の所有者にする理論なのですから、民衆の気まぐれに委ねられる、どんな統治にとっても忌まわしい理論ですが、とりわけ君主制を破壊する理論なのです。[九]」

つまり、ユグノーたちは政治的に見るならば、統治を民衆に委ねるものであり、君主制への反乱者たちだというのである。したがって、カトリックの信仰を心の中心に据える君主国フランスにとっては、これまでの内乱の記憶を辿るまでもなく、彼らユグノーは排除されるべき少数反乱者であると司教は言う。だが、統治者としての国王にとってユグノーが敵となる原因は、もともと彼らカルヴァン派の教理そのものにあると、このカトリック教会聖職者はプロテスタントの宗派的教理を断罪する方向へと向かっていく。

「これ〔この忌まわしい理論〕の起源そのものは彼ら〔プロテスタント〕の信仰の原理にあるのです。教会の権力と判断を無視することから、この毒された源から、彼らは教会を攻撃することを学び、国王たちの権威を揺るがすことを学んだのです。彼らの諸原理からのさまざまな帰結を繰り広げさえすればよかったのです、初期の司牧者たちの判断について彼らが考えていたことをさまざまな君主制に適応しさえすればよかったのです。教会はその創建者の掟によって賢い教えを受け、その約束によって慰められて、そもそも司教たちの聖職はその起源を神の子から引き出していますが、その司教たちの判断に、信仰に関して持ち上がるあらゆる問題の決定を委ねております。彼らは議論を自分たちに引き受け、聖霊に補佐されて議論し、民衆には彼らの命令に服する以外の決定を残したりはしません。[一〇]」

プロテスタントの自由検討の原理こそが、すなわち自ら聖書を読みそのテキストを検討するという原理こそが、害悪の源だと言うのである。その原理によって教会の上長者の権威を無視し、その知識の蓄積と判断を軽視する、つまりプロテスタントはカトリックの権威原理を認めない。これが諸悪の源だと言うのである。彼らはこの原理を敷衍して、統治の上長者である国王たちの権威も認めないのであり、その法規を検討し自由に判断を下すようになる、と宗教的教理を司教は政治面に拡大解釈してみせる。また、司教は皮肉をこめて、一般信徒たちの日常と教会の関係を次のように描く。

「何ですって！　教会で口など開くべきではなく、家で夫に自分の疑問については尋ねるべき女性が、ですか。何ですって！　手仕事に忙殺されている職人が、ですか？　何ですって！　知識もなく、学問もなく、原理もない農夫が、聖書を検討し、そのテキストをつき合わせ、天上の教理の深い諸原理を議論することを企てようというのですか？　いったいどういうことですか！　こんな異常なことを提案できたのですか？　そうなのです、さらにはそれが承認されたのです。……こんなことが民衆によって承認されたのです、民衆のものだとされたあの権力とかによっておだてられて、民衆に与えられた主人たちと同等だという観念と、民衆には必要なものではありましたが、くびきであるがゆえに忌まわしいものであった、そのくびきを打ち壊したいという欲望とにあおられて。こんな化け物のような原理が何を生み出したでしょうか？」〔一二〕

このカトリック系パンフレットによれば、一般信徒は日常生活と家庭の中にしっかりと組み込まれ、政治的および宗教的上長者によって専一的に守られてこそ、彼らの権利も知識も生まれてくると了解すべきものであった。しかし、これを認めない人々もまた出現した、というのである。

注

〔一〕氏はクールの生没年を一六九六―一七六〇年とされているが、一九九五年に行われたクールに関するシンポジウムでは生誕年が一六九五年とされている（*Entre Désert et Europe, le Pasteur Antoine Court (1695-1760)*, Champion, 1998）。

〔二〕Antoine Court, *Le Patriote français et impartial*, Édition critique par Otto H. Selles, Champion, 2002.

〔三〕以下を参照した。Antoine Court, *Le Patriote français et impartial*, Édition critique par Otto H. Selles, Champion, 2002, p. xxv-lxxiii, Geoffrey Adams, *The Huguenots and French Opinion 1685-1787, The Enlightenment Debate on Toleration*, Wilfrid Laurier University Press,1991, p. 87-101.

〔四〕『アジャンの司教殿が〔財務〕総監殿に宛てた手紙、王国内にユグノーを寛容することに反対する *Lettre de M. l'Évêque d'Agen à M. le Controleur général contre la tolérance des Huguenots dans le*

Royaume』という作品からの引用は、前に掲げたAntoine Court, *Le Patriote français et impartial*, Édition critique par Otto H. Selles に採録されたものから引用する。そもそもこの手紙は、アントワーヌ・クール『フランスの不偏不党な愛国者』という作品に、反駁する対象として採録されて長く残ったと言える。この手紙の末尾には、「一七五一年五月一日、アジャンにて」とあるが、司教が書いたのは一七五〇年一〇月ないし一一月で、司教の秘書が手書きパンフレットの形で流布させたと言われている。実際、読書家ダルジャンソン侯爵René Louis de Voyer, marquis d'Argenson（一六九四―一七五七）は、一七五一年二月一五日にすでに、手稿でこの手紙を読んだという記録を残している。手稿を流布させた理由は、財務総監批判のためかもしれないが、明確ではない。この手紙は秘密出版されるが、誰が出したのかもその目的も明確ではない。財務総監およびユグノー攻撃のためにカトリック側が手稿を出版したのか、プロテスタント寛容のための論争を喚起しようと、わざとカトリック側の手稿をプロテスタント側が出版したのか、どちらの可能性もあろう。ともあれ、一七五一年五月二一日には、手紙の秘密出版本は二十分の一税問題に関わる他の本と一緒に、おそらくは政府にとって不穏当な論争を避けるため、高等法院で断罪された。（Antoine Court, *Le Patriote français et impartial*, Édition critique par Otto H. Selles p. XXXIX）

〔五〕Antoine Court, *Le Patriote français et impartial*, Édition critique par Otto H. Selles, Champion, 2002, p. 9.
〔六〕*Ibid.*, p. 10.
〔七〕*Ibid.*, p. 10
〔八〕*Ibid.*, p. 12.
〔九〕*Ibid.*, p. 13.
〔一〇〕*Ibid.*, p. 13-14.
〔一一〕*Ibid.*, p. 14.

（三井吉俊）

『愛国者の手紙』の内容については三井吉俊氏による解説を御覧いただくことにして、ここでは翻訳『愛国者の手紙』の周縁の事情、すなわち同作品が訳出されるにいたった経緯と、残されていた原稿の状態と、風変わりな内容の「訳註一〇一」について少しく説明しておきたい。

野沢協は『ピエール・ベール関連資料集』の『寛容論争集成』上・下（上は二〇一三年一一月、下は二〇一四年二月刊）と、『良心の自由』（二〇一五年一月刊）を完成させることによって、「寛容論資料集」の「十七世紀篇」に一応の終止符を打った。しかしこの『ピエール・ベール関連資料集』全体を企画した当初の二〇〇八年十月の時点で、すでに「寛容論資料集」の「十八世紀篇」が将来編まれることを希望していた。

それでもこれは自身では完成させる余裕がないとして、六作品からなる「素案」を示しながらも、後進の者たちが着手してくれることを「期待して」いた。その「素案」六作のなかには、ヴォルテール『寛容論』などと並んでアントワーヌ・クールの『愛国者の手紙』が含まれていた（このあたりの詳しいことは『良心の自由』「訳者あとがき」三二七—三三四、三五五—三五八頁に記されている）。『良心の自由』が上梓されてから亡くなる二〇一五年一一月までのある時期より、どのような動機によるのかを窺い知ることはできないが、野沢協は『愛国者の手紙』の翻訳に従事した。このことは公言せず、黙々と死の直前までこの仕事に専心していたようである（ご子息の証言によれば、「父の死後ほどなくして書斎に入ると、『愛国者の手紙』の原稿が散乱していて、足の踏み場もないほどであった」）。

残されていた原稿は「訳文」「訳註」「解説」の三部からなる。訳文と訳註の全部（訳註一〇一については後述）と解説の大部分は、コクヨ二〇〇字詰め原稿用紙に、すぐにでも出版社に渡せるような状態できれいに清書されていた。しかし清書された解説の途中の三〇〇字ほどと最後の二〇〇字ほどは、筆跡が通常とは異なりいくぶん乱れていた。さらに解説の最後の六〇〇字ほどは清書されず、ノートに記されたままであった。おそらくこの頃に筆をとる気力と体力が失われたのであろう。

ともかく『愛国者の手紙』は出版できる状態で残されていたので、これをどのように公刊するかについてはいろいろな案が提起された。何回かの会議がもたれ、紆余曲折もあったが、結果として本書の掉尾を飾ることになった。公刊の形態をめぐる論議に関与された各位のご了解を得たいと思う。なお訳稿を書籍化するにあたっては、本来なら訳者自身が心ゆくまでゲラを校正するのだが、それもかなわぬことなので、明らかな誤字脱字は別にして、自筆原稿を忠実に活字化するという方針をとった。なお訳文における、段落末の＊以下の文章は原註、〔 〕内は訳者による補足である。

「訳註一〇一」は謎めいた文章である。形式的には『愛国者の手紙』の訳註なのだが、それに対応する註番号は本文にはなく、内容的には同作品となんのかかわりもない。しかし体力も衰えたと思われる時期の野沢がこの文章を完成させるにあたり、並々ならぬ精力を注いだことは、「決定稿」として採用した原稿のほかに、六葉の草稿が残されていたことから推測される（そのなかには受け取った書簡の封筒の裏に走り書きされたメモもあった。急にアイデアが浮かんだため、手近にあった紙片を使用したのであろう）。だがその内容について解説を書く段になると、はたと当惑させられることになる。解説者も「謎解き」は試みたのだが、所詮それは数ある解釈のなかのひとつの私見にすぎない。それに「ミステリー小説」の解説において「謎解き」をするのはマナー違反ではないか。このような弁解をしたうえで、この「謎めいた」文章の「謎」はそのまま読者の解釈に委ねることにし、以下にはこの文中に唐突に出現する感のある「大哲人ライプニッツ先生」について若干の情報を提供することにしたい。

ヴォルテールの『カンディードまたは最善説』は、ライプニッツの最善説（オプティミスム）を痛烈に批判したものとしてつとに著名である。そこではこの世は「可能な世界のうちの最善の世界」というライプニッツの最善説が、風刺の常として、「この世にあるものはすべてよし」という戯画化された形態で揶揄と批判の対象となる。主人公カンディードが経験する数々の「この世の悪」は最善説によれば許容されるものであり、その悪は神の咎ではないと弁じるのが弁神論である（本書に収録した「〈弁神論〉から〈苦しむ神〉へ」を参照していただきたい）。野沢も最善説をおそらく故意に単純化して、「口から出まかせでその場限りの勝手な想定」であり、そのような想定をする者を「鉄面皮」と罵っている。

しかしそのようなライプニッツ像が、彼の内的論理を置き去りにした、過度に単純化されたものであることを野沢は百も承知であった。ピエール・ベールの死から三年後に発表されたライプニッツの『弁神論』（一七一〇年）は、ベールの『歴史批評辞典』と晩年の作品『田舎の人の質問への答』『マクシムとテミストの対談』（あとの二作品は『ピエール・ベール著作集第八巻』に訳出されている）を主な題材にして、ほぼ全編にわたってベールの言説に反論を加えた著作である。したがって当然ながらライプニッツとベールの思想の比較検討は、『ピエール・ベール著作集』「解説」のあちらこちらに出現するのだが、ここではとくに示唆に富むと思われる箇所を紹介しておこう（『ピエール・ベール著作集第八巻』「解説」二〇五五―二〇五七頁）。ライプニッツの「神は可能なかぎり最善の世界を作った」という中心的な命題は、「ベールが摂理と悪をめぐる論議の最後の言葉として言った〈神が行なうことはみな正しくなされる〉ということとさほど異なっていない」。しかし「両者の間には、ライプニッツにあってはそれが〈最初の言葉〉であり、ベールにあってはそれが〈最後の言葉〉であるという重大な相違があった」。ライプニッツの命題はそこから「神が悪を現に許可したからには、神の最善の計画がその悪を要求したのであり、世界をこれ以上良くすることは神にもできなかった」等々の系が導かれる起点である。ライプニッツは『弁神論』の緒論の表題を「信仰と理性の一致」とし、そこから悠然とベールの所説の批判的分析に乗り出すことができた。それに対し理性に依拠する「弁神論を徹底的に打ち崩すという……論争プロセスにこそ主眼を置いていたに相違ないベールとしては、〔〈神が行なうことはみな正しくなされる〉という〉命題ひとつですますことなどできはしなかった」。信仰と理性を峻別し、最終的には信仰絶対論（フィディスム）に行き着くにせよ、その前に「摂理に対して理性が発する個別的な異議を」「理性自体と信仰の名によって沈黙を強い」「ことごとく封殺し」なければならなかったのである。

＊　＊　＊

本書の最後に置く言葉としては、どのようなものがふさわしいだろうか。野沢協が死にゆくピエール・ベールについて記した次のような一節をやはり思い起こさずにはいられない。「この世に氾濫する罪と悲惨について神への必死の問いかけを死の床まで続け、その問いかけこそがおのれの信仰の証しであると考えたこの思想家」（『ピエール・ベール著作集第八巻』「解説」二二三〇五頁）。おそらく「神」も「信仰」も野沢には似つかわしくない。では彼は「誰に」「何に」問いかけ、その問いかけをおのれの「何の」証しと考えていたのであろうか。

（菅谷暁）

翻訳・論文等目録

翻訳

1　サン・テヴルモン「オカンクール元帥とカネー神父の対話」（阿部義夫名で翻訳）、『ジャンル』創刊号、一九五五年（本書に収録）

2　モーリス・トレーズ『トレーズ政治報告集』（小場瀬卓三代表・フランス現代史研究会訳）、未來社、第一巻　人民戦線とその勝利（一〇名との共訳）、一九五五年、第二巻　レジスタンスとフランスの解放（一三名との共訳）、一九五五年、第三巻　平和と独立のための闘い（一四名との共訳）、一九五六年、第四巻　フランス国民の団結と前進（一四名との共訳）、一九五六年

3　モーリス・トレーズ『続一戦線と党内民主主義』（フランス現代史研究会訳　七名との共訳）、未來社、一九五六年

4　セルジュ・ユタン『英米哲学入門』、文庫クセジュ、白水社、一九五九年

5　ジョルジュ・ルグロ『ファーブル伝』（平岡昇と共訳）、白水社、一九六〇年、講談社文庫、一九七九年

6　セク・トゥーレ『アフリカの未来像――黒アフリカの個性』（小出峻と共訳）、新しい人間双書、理論社、一九六一年

7　セク・トゥーレ『続　アフリカの未来像――国づくりへの理念』（小出峻と共訳）、同右

8　トロツキー『わが生涯　上・中・下』（林茂名で、栗田勇・澁澤龍彦・浜田泰三と共訳）、現代思潮社、一九六一年

9　E－M・ラペルーザ『死海写本』、文庫クセジュ、白水社、一九六二年

10　ルイ・ボダン『知識人』、文庫クセジュ、白水社、一九六三年

11　リヒャルト・レヴィンゾーン『心臓――この未知なるもの』（中山毅と共訳）、理論社、一九六三年

12　J・シュレ＝カナール『黒アフリカ史――その地理・文明・歴史』、理論社、一九六四年

13　マドレーヌ・リフォ『〝ベトコン〟の戦士たち』〝人民戦争〟の記録二、理論社、一九六五年（「訳者まえがき」を本書に収録）

14　アニー・クリジェル『インターナショナルの歴史』（秋沢勝と共訳）、文庫クセジュ、白水社、一九六五年

15　『マルクス・エンゲルス全集』第一七巻（大内兵衛・細川嘉六監訳）、大月書店、一九六六年、翻訳担当分は

①　エンゲルス「国際労働者協会ベルギー諸支部第六回大会へ」

②　マルクス「社会民主同盟の活動について」（エンゲルスの記録による）

③　エンゲルス「労働者階級の政治活動について」（手稿による）
④　マルクス「ラテン系スイス両連合のあいだの紛争についてのロンドン協議会の決議」
⑤　マルクス「一八七一年フランス人支部の規約についての総評議会の決議」（手稿による）
⑥　マルクス「〈一八七一年フランス人支部〉についての総評議会の決議案」（手稿による）
⑦　「ロンドン協議会の開会にあたってのマルクスの演説の記録」（一八七一年九月一七日の国際労働者協会ロンドン協議会会議議事録から）
⑧　「イギリス労働組合についてのマルクスの演説の記録」（一八七一年九月二〇日の同協議会会議議事録から）
⑨　「労働者階級の政治活動についてのマルクスの演説の記録」（一八七一年九月二〇日の同協議会会議議事録から）
⑩　「労働者階級の政治活動についてのマルクスの演説の記録」（一八七一年九月二一日の同協議会会議議事録から）
⑪　「ドイツおよびイギリスにおける国際労働者協会の状況についてのマルクスの演説の記録」（一八七一年九月二二日の同協議会会議議事録から）
⑫　「秘密結社についてのマルクスの演説の記録」（一八七一年九月二二日の同協議会会議議事録から）

16　『マルクス・エンゲルス全集』第一八巻（大内兵衛・細川嘉六監訳）、大月書店、一九六七年、翻訳担当分は
①　エンゲルス「ハーグ大会に総評議会を代表して提出された社会民主同盟についての報告」（手稿による）
②　マルクス・エンゲルス『社会民主同盟と国際労働者協会──ハーグ国際大会の命によって公表される報告書と記録文書』（パンフレットとして刊行）
17　ル・フェーヴル『中央アジア自動車横断』（宮前勝利と共訳）、西域探検紀行全集・第一三、白水社、一九六七年
18　クロード・フォーラン『アメリカの黒人』（山口俊章と共訳）、文庫クセジュ、白水社、一九六七年
19　ポール・ニザン『トロイの木馬』（『アデン・アラビア』の抄訳も収める）、世界革命文学選、新日本出版社、一九六七年（「解説」を本書に収録）
20　ドルバック『キリスト教暴露』、古典文庫、現代思潮社、一九六八年（「解説」を本書に収録）
21　『マルクス・エンゲルス全集』第一九巻（大内兵衛・細川嘉六監訳）、大月書店、一九六八年、翻訳担当分はエンゲルス「ビスマルク氏の社会主義」
22　アンドレ・ドクフレ『革命と反革命』、文庫クセジュ、白水社、一九六九年
23　『ポール・ニザン著作集9　妻への手紙』（高橋治男と共

訳）、晶文社、一九六九年

24 『フランス人民戦線史』（人民戦線史翻訳刊行委員会訳）、新日本出版社、一九七一年

25 ジャン・ドフラーヌ『フランスの左翼――一七八九年から今日まで』、文庫クセジュ、白水社、一九七二年

26 G・ジェフロワ『幽閉者 ブランキ伝』（加藤節子と共訳）、現代思潮社、一九七三年

27 『デカルト著作集4』、翻訳担当分『宇宙論』（中野重伸と共訳）、白水社、一九七三年

28 ポール・アザール『ヨーロッパ精神の危機』、法政大学出版局、一九七三年、叢書ウニベルシタス版、一九七八年

29 アレクサンドル・コイレ『コスモスの崩壊――閉ざされた世界から無限の宇宙へ』、人間の科学叢書、白水社、一九七四年

30 ベルンハルト・グレトゥイゼン『ブルジョワ精神の起源』、叢書ウニベルシタス、法政大学出版局、一九七四年

31 ジャン・カスー「ヴィクトル・ユゴーとわれわれ――一八四八年の時代精神①」（共訳）、雑誌『知の考古学』No.1、社会思想社、一九七五年三・四月号

32 ジャン・カスー「フロラ・トリスタンとジョルジュ・サンド――一八四八年の時代精神②」（共訳）、雑誌『知の考古学』No.2、一九七五年五・六月号

33 ジャン・カスー「『群集』とドーミエ、プルードン、マルクス――一八四八年の時代精神（完）」（共訳）、雑誌『知の考古学』No.3、一九七五年七・八月号

34 『シャトレ哲学史4 啓蒙時代の哲学』（野沢協監訳／中野重伸・福居純・中村雄二郎・沢崎浩平・小池健男と共訳）、翻訳担当分はフランソワ・シャトレ「まえがき」、R・デスネ「十八世紀のフランス哲学」、F・シャトレ「結論」、白水社、一九七六年

35 『ディドロ著作集・第1巻 哲学I』（小場瀬卓三・平岡昇監修）、翻訳担当分は『哲学断想』、法政大学出版局、一九七六年

36 M・ドベス、G・ミアラレ編『現代教育科学2 教育の歴史1』（波多野完治・手塚武彦・滝沢武久監訳）、翻訳担当分はジョルジュ・スニデール「十七・十八世紀」、白水社、一九七七年

37 『ピエール・ベール著作集・第一巻 彗星雑考』、法政大学出版局、一九七八年

38 ジャン・カスー『一八四八年 二月革命の精神史』（野沢協監訳／（二月革命研究会）・上田睦子・大津真作・加藤節子・倉沢充夫・小杉隆芳・沢崎浩平・西川直子・前田祝一と共訳）、法政大学出版局、一九七九年

39 『ピエール・ベール著作集・第二巻 寛容論集』、法政大

学出版局、一九七九年

40　『ディドロ著作集・第2巻　哲学Ⅱ』（小場瀬卓三・平岡昇監修）、翻訳担当分は「百科全書より、アグヌス・スキティクス、ホッブズ哲学、人間、マールブランシュ哲学、マニ教、哲学者、ピュロン哲学、スピノザ哲学」、「エルヴェシウス『人間論』の反駁」（抜粋）、法政大学出版局、一九八〇年

41　アンドレ・リシュタンベルジェ『十八世紀社会主義』、法政大学出版局、一九八一年

42　『ピエール・ベール著作集・第三巻　歴史批評辞典Ⅰ』、法政大学出版局、一九八二年

43　『ピエール・ベール著作集・第四巻　歴史批評辞典Ⅱ』、法政大学出版局、一九八四年

44　『ピエール・ベール著作集・第五巻　歴史批評辞典Ⅲ』、法政大学出版局、一九八七年

45　『ディドロ著作集・第三巻　政治・経済』（小場瀬卓三・平岡昇監修）翻訳担当分は「エカテリーナ二世との対談」（抜粋）、法政大学出版局、一九八九年

46　『ピエール・ベール著作集・第六巻　続・彗星雑考』、法政大学出版局、一九八九年

47　『ピエール・ベール著作集・第七巻　後期論文集Ⅰ』、法政大学出版局、一九九二年

48　フォワニほか『啓蒙のユートピアⅠ』（野沢協・植田祐次監修／三井吉俊・田中良知・小林浩・小池健男・松崎洋・白石嘉治と共訳）、翻訳担当分はドニ・ヴェラス『セヴァランブ物語』（田中良知と共訳）、クロード・ジルベール『カレジャヴァまたは合理人の島の物語』（小林浩と共訳）、シモン・ティソ・ド・パト『ジャック・マッセの旅と冒険』、法政大学出版局、一九九六年

49　『ピエール・ベール著作集・第八巻　後期論文集Ⅱ』、法政大学出版局、一九九七年

50　ドン・デシャンほか『啓蒙のユートピアⅢ』（野沢協・植田祐次監修／原宏・山内淳・植田祐次と共訳）、翻訳担当分はドン・デシャン「道徳考」、法政大学出版局、一九九七年

51　『ピエール・ベール著作集・補巻　宗教改革史論』、法政大学出版局、二〇〇四年

52　ピエール・デ・メゾー『ピエール・ベール伝』叢書ウニベルシタス、法政大学出版局、二〇〇五年

53　ドン・デシャン『ドン・デシャン哲学著作集』、法政大学出版局、二〇〇七年

54　『啓蒙の地下文書Ⅰ』（野沢協監訳／三井吉俊・石川光一・寺田元一・逸見龍生・大津真作と共訳）、翻訳担当分は『キリスト教弁証論者の批判的検討』、法政大学出版局、二〇〇八年

55　マリヴォーほか『啓蒙のユートピアⅡ』（野沢協・植田祐

次監修／木下健一・菅谷暁・楠本重行ほかと共訳）、翻訳担当分はラッセ侯爵『しあわせ王国記』、マブリ『フォシオン対談』（貴田晃と共訳）、ティフェーニュ・ド・ラ・ロッシュ『ガリジェーヌ物語またはダンカンの覚書』（橋本克己と共訳）、法政大学出版局、二〇〇八年

56　ピエール・ジュリューほか『ピエール・ベール関連資料集一　抵抗と服従』、法政大学出版局、二〇一〇年

57　ロベール・シャールほか『啓蒙の地下文書Ⅱ』（野沢協監訳／藤原真実・寺田元一・三井吉俊・楠本重行・飯野和夫・石川光一と共訳）、法政大学出版局、二〇一一年

58　デュイソーほか『ピエール・ベール関連資料集二　寛容論争集成　上』、法政大学出版局、二〇一三年

59　ソーランほか『ピエール・ベール関連資料集二　寛容論争集成　下』、法政大学出版局、二〇一四年

60　ロックほか『ピエール・ベール関連資料集・補巻　良心の自由』、法政大学出版局、二〇一五年

『ピエール・ベール著作集全八巻／補巻一』の概要（野沢協執筆、法政大学出版局刊の「内容見本」より）

近代の黎明、スピノザ、ライプニッツ、ロックらとほぼ時を同じうして、神学的形而上学の仮借ない解体作業によって全ヨーロッパを震撼させ、やがて現われる「啓蒙」の思想家たちに巨大な武器庫をもたらしたピエール・ベールは、いまだに、語られること多く知られることもっとも少ない哲学者の一人であろう。

華麗な王朝文化の裏面をなすフランス十七世紀後半の凄惨なプロテスタント弾圧により、肉親を失い、自らもオランダへ亡命して、その「自由の国」でも同信徒による数々の迫害にさらされたベールは、「権力」と「反権力」のこの二重の圧迫の中で、あらゆるドグマティズムへの尖鋭な批判の刃《やいば》を磨きあげ、理性と信仰、批判と連帯の相克を誠実に、また徹底的に生き抜いた末、ついには理性の自己破壊にまで至った。「哲学は非常に腐蝕力が強いため、傷口のただれた肉を食い去った上、さらに生きた肉を蝕み、骨をも腐らせ、髄にも孔をあける粉薬になぞらえられる。」（『歴史批評辞典』、「アコスタ」の項）底に流れるのは、十八世紀思想に色濃い理神論的オプティミズムの対極に位する苦渋に充ちたペシミズムであり、とりわけ、地上における悪と不幸の充満をめぐる神への執拗な異議申し立てを死の床までやめなかった彼は、同時にまた、歴史批判の開拓者として、独断と偏見の集積の中で事実の価値を教え、さらには、イギリスのロックと並ぶ宗教的寛容の旗手として、「思想の自由」の歴史上に不滅の足跡

を残している。複雑な陰翳と屈折に充ちたその思想は、或る時は懐疑家ピュロンの哲学の再来と言われ、或る時は仮面をかぶった無神論と言われ、また或る時は逆説としての信仰を告白したものと言われて、百科全書派やバークリ、ヒュームなど十八世紀の思想家はもとより、フォイエルバッハからキルケゴール、ハーマン・メルヴィルに至る次の世紀の多様な作家・哲学者にも少なからぬ感銘と影響を与えた。フォイエルバッハはそのベール論で、「あらゆる反ドグマティズムの論争家たちの弁証法的な〈ゲリラの首領〉」とベールを評し、マルクスもまた、「形而上学の死の歴史を書いた形而上学の歴史家」という称号を彼に贈っている。

大作『歴史批評辞典』を含めて二折（フォリオ）判八巻にのぼるベールの厖大な作品は、母国フランスでも十九世紀以後は一、二を除いて抜萃集以外刊行されず、もとよりわが国ではかつて翻訳された例がない。ここに、『辞典』の中心的な諸項目をも合わせて、その主要著作を訳出し、「ヨーロッパ意識の危機」の時代に屹立する「解体の哲学者」のメッセージを、三百年後のこの解体の時代に伝えるものである。批判の武器を日々に研ぎすまし、「空虚の中の暗夜に肉薄」（魯迅）するために。

第一巻　彗星雑考

ベールの初期の代表作『一六八〇年十二月の彗星出現に際して、ソルボンヌの某博士に送った諸考察』（初版一六八二年。この標題は翌年の第二版から使用）の全訳。彗星を災厄の前兆とする俗説の検討を軸に、占星術を含むもろもろの迷信への攻撃、「伝承」と「万人の一致」の権威をくつがえす歴史批判、プロテスタント弾圧への論難やカトリック世界の道徳的頽廃の摘発など、無数の派生的議論を展開した上、とりわけ、最大のスペースを占める無神論者と偶像教徒の道徳的比較論を通じて、信仰と倫理の断絶、思弁と実践の乖離を鋭く衝き、その果てに「神なき社会」の存立の可能性をかいまみさせた、「自律的道徳」の宣言的な書。各版の異同をも示し、さらに、この書に対する信仰破壊という非難に答えて、著者が後年著わした弁明文『彗星雑考付記』（一六九四年）の全訳を付す。

第二巻　寛容論集

ナント勅令の廃止（一六八五年）によるプロテスタンティズムの非合法化を頂点とする酸鼻をきわめた宗教迫害に抗し、宗教的寛容を原則的・徹底的に主張して、著者を近代における「思想の自由」原理の最大の使徒の一人たらしめた諸論文。

プロテスタント弾圧への激烈にして辛辣な抗議文『ルイ大王のもと、カトリック一色のフランスとは何か』（一六八六年）、「迷える良心」の権利と不可侵性という論理を軸に、主として倫理的角度から寛容を基礎づけ、寛容論の最大の古典のひとつとされる『〈強いて入らしめよ〉というイエス・キリストの言葉に関する哲学的註解』（一六八六－八七年）、その諸前提をさらにいっそう深化させた同『補遺』（一六八八年）、迫害されるプロテスタント陣営自体に残る不寛容原理に一転して攻撃の鋒先を向けた『亡命者の手紙に対する新改宗者の返事』（一六八九年）――これら、ナント勅令の廃止からイギリス名誉革命に至る激動の四年間に著わされた、宗教的寛容をめぐるベールの論稿のすべてを全訳する。

第三、第四、第五巻　歴史批評辞典Ⅰ、Ⅱ、Ⅲ

ベールの名を不朽ならしめた畢生の大作（初版一六九六年）。元来、他の諸辞典の誤記や脱漏を摘発する「誤謬の辞典」として構想され、「啓蒙」の世紀に歴史批判、神学・形而上学批判の宝庫として争って読まれた。「ディドロの『百科全書』もヴォルテールの『哲学辞典』も、ベールの『辞典』をわずかに増補した改訂版にすぎない」（ファゲ）とすら言われる。二折判四巻、しかも圧倒的な大部分を占める脚註を顕微鏡的な細字で組んだ厖大な原著の全訳は分量的に不可能であり、純然たる歴史辞典として史実をめぐる細かな論議を展開したその最大部分は三世紀後の今日では訳出しても無意味だが、不敬の非難を浴びた「ダビデ」の項、弁神問題をめぐる「マニ教徒」、「パウリキウス派」の項、懐疑論に関する「ピュロン」の項、十八世紀のスピノザ理解を或る意味で方向づけた「スピノザ」の項等々、思想的な問題性に富む諸項目、諸脚註は可能なかぎり網羅的に訳出し、ベールが書いた神学的形而上学の「死の歴史」の全貌を再現する。一六九二年の『批評辞典腹案』や、『辞典』巻末に付せられた「無神論者について」、「マニ教徒について」、「ピュロン派について」、「猥褻について」の小論など、関連する主要な諸論稿をもあわせ収める。

第六巻　続・彗星雑考

『彗星雑考』発表から二十数年後（一七〇四年）、ベールは再び彗星論に立ちもどり、正篇をさらに上まわる大部の続篇を著わした。かつて正篇で論じられた伝承や「万人の一致」の権威、占星術の虚妄、一神教と多神教、そしてとりわけ無神論者と偶像教徒の比較、無神論者の徳性、宗教なき民族の存在、宗教の社会的効用等々の諸問題を百五十章にわたってさらに詳細に論議し、非宗教的な道徳の樹立、福音と現実世界の切断の作業を二十年前よりもはるかに徹底的に推し進めて、なかんずく、「福音の道徳をふみおこなう社会はたちまち滅びる」というシニカルな逆説により、その延長上にマンデヴィルの「蜂の巣」やアダム・スミスの「見えざる手」をも予告した著者晩年の大作の全訳。

第七、第八巻　後期論文集Ⅰ、Ⅱ

『歴史批評辞典』出版後、ベールは約二百四十篇の小論を『田舎の人の質問への答』（一七〇三―〇七年）の題で逐次発表し、その最後の部分は作者の死後に刊行された。主題はきわめて多岐にわたり、悪の起源をめぐるウィリアム・キングへの批判、「万人の一致」をめぐるジャック・ベルナールとの論争、自由意志、摂理と悪、理性と信仰の一致をめぐるイザーク・ジャクロとの論争などがその中心をなしている。これらの巻は、全五冊にのぼる同書のもっとも重要な部分の訳と、あわせて、いずれも合理的・自由主義的神学者である上記ジャクロとジャン・ル・クレールを相手に、ベールがとりわけ悪の存在の神学的正当化をめぐって、文字どおり息の根の絶えるまですさまじい論戦を続けた遺作の対話篇『マクシムとテミストの対談』（一七〇七年）の全訳を収め、理性と信仰の妥協・調停を一切拒否して摂理への苦悶に充ちた問いかけを全存在を賭けて発しつづけたベールの最後の姿を伝える。なお、「付属資料」として、ジャクロの『信仰と理性の一致』、『ベール氏の神学の検討』、『ベール氏が著わした対談への答』の三冊、ベルナールとル・クレールの雑誌論文など、論敵たちがベールの生前と死歿直後に発表した論争文書のすべてをも同時に訳出した。

補　巻　宗教改革史論

『彗星雑考』と同じ年に発表された『マンブール氏の《カルヴァン派史》の一般的批判』（一六八二年）、およびその続篇『《マンブール氏のカルヴァン派史の一般的批判》の著者の新たなる手紙』（一六八五年）の全訳。カトリック史家マンブールの『カルヴァン派史』への反駁書として、フランス宗教改革の歴史を精査し、併せて、現下のプロテスタント迫害を糾弾しつつ信教の自由を説いたカルヴァン派宗教論争書だが、軽妙な筆致、紳士的な論争態度などからカトリック教徒の読者にも好評だった。ベールの出発点をなす初期の二大作で、この思想家の実像を正しく伝えるためには紹介を欠かせないので、あえて補巻の形で訳出する。付録として、反駁されるマンブールの書の全訳を付す。

論文・講演ほか（本書収録作品には＊を付した）

1* 「ルイ十四世末期の哲学的旅行記」、『世界文学』（一七号）、世界文学会編、一九五八年一二月

2* 「十七世紀フランスの懐疑論——ラモット・ル・ヴァイエとピエール・ベールを中心に」、『思想』（四二六号）、岩波書店、一九五九年一二月

3* 「ギネアの実験」、『まなぶ　働くものの学習誌　No.一七』、労働大学、一九六二年一月

4 「寛容理論の形成と発展（その一）　まえがき——ナント勅令の廃止とカルヴィニスト」、『人文学報』（三四号）、東京都立大学人文学部編、一九六三年三月（本論文はインターネット上の首都大学東京図書館機関リポジトリ「みやこ鳥」において公開されている）

5* 書評「過去を現代と未来に結ぶ／壮大な歴史のドラマ」（アラゴン著・小島輝正訳『聖週間』上・下、平凡社）、『読書の友』、一九六三年六月一五日

6* 書評「〈歴史のなかの未来〉への賛歌」（アラゴン著『聖週間』）、『アカハタ』、一九六三年七月六日

7* 書評「悪しき政治とのたたかい」（クロード・モルガン著・石川湧訳『世界の重み』岩波現代叢書）、『読書の友』、一九六四年一月一日

8* 書評「強烈な反抗の本能／実録小説以上の迫真力」（ジュール・ヴァレース著・谷長茂訳『パリ・コミューン』中央公論社）、『北海道新聞』、一九六五年一〇月二六日夕刊

9 「いわゆる〈ソーミュール学派〉について（その二）——「寛容理論の形成と発展」の補論として」、『人文学報』（五二号）、東京都立大学人文学部編、一九六六年三月（本論文はインターネット上の首都大学東京図書館機関リポジトリ「みやこ鳥」において公開されている）

10* 「『トロイの木馬』の訳者　野沢協氏」、『読者の友』、一九六七年三月六日

11* 「パリ・コミューン記念日を迎えて——その意義といくつかの教訓」、『赤旗』、一九六七年三月一六日

12* 「心情的な「文革」礼賛論の実体——『展望』『世界』の山田慶児論文について」、『赤旗』、一九六七年一一月一二日

13* 書評「片すみの幸福を説く／ブルジョア的「常識人」の人生論」（アンドレ・モーロワ著・谷長茂訳『青年と人生を語ろう』二見書房）、『読書の友』、一九六八年六月一七日

14* 「婦人の歴史——フランス革命の原動力／〝魚売りの女たち〟」、『新婦人しんぶん』七九四号、一九六八年八月一

日

15* 「フランスの革命文学と労働者像の変遷〈上〉パリ・コミューンの前後から／初期労働運動の文学的形象」（アンドレ・スチール『最初の衝突』新日本出版社の発行を機会に）、『読書の友』一九六八年一一月一八日

16* 「フランスの革命文学と労働者像の変遷〈下〉」『読書の友』、一九六八年一一月二五日

17* 書評「単純明快な人物把握」（セレブリャコワ著・西本昭治訳『フランス革命期の女たち　上・下』岩波書店）、『日本経済新聞』、一九七四年二月二四日

18 辞典項目「ベール」「歴史的・批評的辞典」、『フランス文学辞典』、日本フランス語フランス文学会編、白水社、一九七四年

19* 「『女法王』伝説」、『歴史書通信』No.四五、歴史書懇話会、一九八四年六月

20* 「辞書を訳す」、『図書』（四二三号）、岩波書店、一九八四年一一月

21* 文化講演「『弁神論』から『苦しむ神』へ」、『駒澤大学祝禱文化講演集』第七輯、一九九四年一一月（講演は一九九二年四月に行われた。）

22 「歴史批評辞典　ピエール・ベール」、木田元編『哲学の古典一〇一物語』、新書館、一九九六年

23* 「現代におけるユートピスムの可能性と不可能性／野沢協氏インタビュー」、『図書新聞』、一九九七年三月二二日

24 「翻訳文化賞を受賞して」、『日本翻訳家協会』No.一六五、一九九七年一一月

25 事典項目「ベール」、廣松渉ほか編集『岩波　哲学・思想事典』、岩波書店、一九九八年

26* 事典項目「ベール、ピエール」、小林道夫ほか編集『フランス哲学・思想事典』、弘文堂、一九九九年

27* 「寛容と殉教――エリ・メルラを読む」、『思想』（九三九号）、岩波書店、二〇〇二年七月

（作成　野澤浩・菅谷暁）

略年譜

一九三〇年二月一日　神奈川県鎌倉郡鎌倉町にて、父・野澤巳代作、母・よし、の次男として生まれる。
一九四二年四月一日　東京府立第十三中学校（のちに豊多摩中学校と改名）入学。（同校は四年で修了）
一九四五年四月一日　海軍兵学校（広島県江田島）に、第九〇五分隊三号生徒（第七七期、一年生）として入学。同年八月二十日、敗戦により、中途で解散。
一九四六年四月一日　浦和高等学校（旧制）文科甲類入学。武原寮に入る。
一九四七年四月一日　肺結核のため一年休学、自宅に戻りお茶の水にある「三楽病院」に通う。
一九五〇年三月　浦和高等学校（旧制）文科甲類卒業。
一九五〇年四月一日　東京大学（旧制）文学部仏文学科入学。
一九五三年四月一日　東京大学大学院（旧制）進学。
一九五四年四月一日　日本大学芸術学部非常勤講師（一九六二年三月まで）
一九五八年三月　東京大学大学院（旧制）満期退学
一九六〇年六月十二日　大森芳子と結婚。
一九六二年四月一日　法政大学第一教養部非常勤講師（一九七三年三月まで）
一九六二年五月一日　東京都立大学人文学部仏文科助手
一九六四年七月一日　東京都立大学人文学部仏文科助教授
一九六七年四月一日　早稲田大学第一文学部非常勤講師（一九七五年三月まで）
一九七三年四月一日　成蹊大学法学部非常勤講師（二〇〇四年三月まで）
一九七五年五月三〇日　ポール・アザール『ヨーロッパ精神の危機』（法政大学出版局、一九七三年刊）で第九回クローデル賞を受賞。
一九七六年四月一日　東京大学文学部非常勤講師（一九七八年三月まで）
一九七八年四月一日　青山学院大学文学部非常勤講師（一九八二年三月まで）
一九七九年四月一日　一橋大学社会学部（大学院）非常勤講師（同年九月まで）
一九八一年十月　東京都立大学人文学部教授（一九九〇年三月まで）
一九八一年十一月　アンドレ・リシュタンベルジェ『十八世

紀社会主義』（法政大学出版局、一九八一年刊）で第十九回日本翻訳文化賞受賞。

一九八二年四月一日　駒澤大学外国語部非常勤講師（一九九〇年三月まで）

一九八三年四月一日　学習院大学文学部（大学院）非常勤講師（一九八四年三月まで）

一九八五年七月一日　琉球大学教養部非常勤講師（集中講義）（一九八五年十月十四日まで）

一九九〇年四月一日　駒澤大学外国語部教授（二〇〇一年三月まで）

一九九五年二月二十七日『ピエール・ベール著作集』で第二回日仏翻訳文学賞（小西国際交流財団）を受賞。

一九九七年九月三十日　『ピエール・ベール著作集』で第三十四回日本翻訳文化賞を受賞。

一九九九年四月　フランスに六ヵ月滞在。帰国後、大腸がんに罹患していることが判明。手術を受け、その後の経過は良し。

二〇〇五年　二万余点にわたるフランス文学書、ピエール・ベール関連の蔵書・資料を成蹊大学図書館に収める。同図書館の「ピエール・ベール研究コレクション」がこれにあたる。

二〇一二年一月　脳内出血で東京医科大学病院に救急搬送される。翌日、開頭手術を受ける。手術自体は成功したが、左目の視野が一部欠損する。

二〇一五年十一月初旬　最後の翻訳『愛国者の手紙』の訳文と訳註を完成させ、解説を整理している途中で床に臥す。

二〇一五年十一月十八日　自宅で、医師、家族に見守られながら、午後三時五十五分、老衰にて永眠。八十五歳。この日は、長年敬愛してきたピエール・ベールの生誕日であった。

二〇一六年四月　両親が眠る静岡県の富士霊園にて納骨。

あとがき

二〇一五年十一月十八日に野沢協先生が亡くなられ、翌年の四月三十日に、《偲ぶ会》がアルカディア市ヶ谷において開催されたあと、ご子息の浩氏は、父上の書斎に残されたすべての未発表原稿と、新聞雑誌や印刷物の切り抜きやコピーに至る一切の文書と、父上が受け取った膨大な手紙をも整理され、私信以外の文書のすべてを、丹念に読まれたのだった。彼は私に父上が若き日に書いた詩編と卒論を真先に読ませてくださり、それらが出版に値するかどうかの意見を求められた。もちろん、答えが否定的になるわけがない。しかし刊行準備にはそれ相応の能力とエネルギーが必要なので、私は後輩の田中良知に相談し、萱谷暁と木下雄介を加え、ご子息とともにまずは五人からなる刊行委員会を発足させた。やがてすぐに、フリーランスの編集者である横大路俊久氏を迎え入れて、委員会は実務能力をも備えるようになった。

詩集だけは分離して、『夜の果てへ』と題し、別の一冊にまとめて刊行されるので、そちらを楽しんでいただきたい。

当然のことながらこの『評論集成』には、未発表作品を優先して収録した。そのなかで最新の日付をもつものは、先生が最後の日々に心血を注いで完成された訳稿、「愛国者の手紙」である。これこそは正真正銘の遺稿なので、同じく未発表の学部卒業論文、「平和のための闘いと戦后の民主的詩運動」とともに、分量的にも、本書の中心を占めることになった。

細かい肉筆で記入された何冊もの貴重な研究ノートは、必ずしも文章化されているとは限らないので、この種のものでは唯一、ほぼ文章化されていた講義ノート『古代キリスト教における二元論（二神論）的諸潮流』から、その第一部「グノーシス派」だけを収録した。また、すでに発表されたものでも、刊行委員会で議論・検討の上、今日入手不可能にして、かつ優れていると判断された論考は、すべて収録している。

本書のタイトルを『荒野《あらの》にて』としたのは、著者の人生と仕事とを改めて顧みると、総じて、権力の圧迫のもとで虐げられている少数派の人々につねに寄り添い、彼らに耳を傾け、彼らの意見を尊重し、彼らとともに生きようとしておられたとの印象が深いので、ナントの勅令の廃止後に、荒野《あらの》に集まって支え合うしかなかったプロテスタントの人々に想いをはせてのことである。また、表紙絵には、パリ・コミューン後に、ドーミエが『シャリヴァリ』紙に発表した *Epouvantée de l'héritage*（大意は『かくのごとき遺産に恐怖する女』）という題名の石版画を掲げさせていただいた。

野沢協先生の生涯のお仕事に、最も関係の深かった法政大学出版局が、本書の刊行を引き受けてくださったことにたいして、心から感謝申しあげる次第である。

二〇一八年九月十日

《野沢協遺稿集刊行委員会》を代表して　髙橋治男

［著者］

野沢　協（のざわ・きょう）

1930年2月1日～2015年11月18日．東京大学文学部仏文科卒業．東京都立大学教授，駒澤大学教授を務める．主な訳書：P. アザール『ヨーロッパ精神の危機』（第9回クローデル賞），B. グレトゥイゼン『ブルジョワ精神の起源』，A. リシュタンベルジェ『十八世紀社会主義』（第19回日本翻訳文化賞），J. カスー『1848年──2月革命の精神史』（監訳），『啓蒙のユートピア　全3巻』（監訳），『ピエール・ベール著作集全8巻・補巻1』（全巻個人訳，第2回日仏翻訳文学賞・第34回日本翻訳文化賞），P. デ・メゾー『ピエール・ベール伝』，『ドン・デシャン哲学著作集』，『啓蒙の地下文書Ⅰ・Ⅱ』（監訳），『ピエール・ベール関連資料集1・2・補巻』（以上の翻訳書は法政大学出版局刊）ほか．

［編者］

野沢協遺稿集刊行委員会

荒野《あらの》にて　野沢協評論集成

2018年11月1日　初版第1刷発行

著　者　野沢　協
発行所　一般財団法人　法政大学出版局
〒102-0071 東京都千代田区富士見2-17-1
電話03（5214）5540　振替00160-6-95814
組版　木下雄介
印刷　三和印刷　製本　誠製本

Printed in Japan

ISBN 978-4-588-15095-1

関連書

野澤 協 著

夜の果てへ　野澤協全詩集

1946 年，旧制浦和高等学校に入学した野澤協は詩人を志していた。その後の数年間に書きためられ，8 冊の大学ノートに浄書された約 180 篇の詩作品には，ダダやシュルレアリスム，齋藤史や逸見猶吉との格闘を経て独自の言語世界の創造に至る，比類なき精神の軌跡が刻みこまれている。70 年に及ぶ封印を解かれ，いまはじめて明かされる，“詩人 野澤協”の全貌。

四六判上製　カバー装　予 320 頁　本体 2500 円＋税

2018 年末刊行予定

野沢協遺稿集刊行委員会 編

回想　野沢協

碩学の巨星が没して早くも 3 年。敬愛する親友または恩師である野沢協をめぐって，同年輩の旧交の友をはじめ，日大芸術学部の教え子たち，都立大や青山学院大等の卒業生，研究者・編集者をふくむ 40 名の執筆者が，それぞれに忘れがたき，とっておきの想い出話を綴る追悼文集。掉尾を飾るエッセイ「父・野澤協」（野澤浩著）には，幼少期から晩年にいたるまでの故人の姿をとらえた貴重な写真を多数掲載する。

A5 判並製　カバー装　234 頁

＊本冊子は非売品ですが，ご希望の方には送料込 800 円・振込用紙同封にて郵送を承ります。下記までお問い合わせください。

法政大学出版局 営業部　　電話：03–5214–5540　fax：03–5214–5542

email：sales@h-up.com